靖江年鉴

JINGJIANG
NIAN JIAN
2018

靖江市人民政府主办
靖江年鉴编纂委员会编纂

方志出版社
Publishing House of Local Records

图书在版编目（CIP）数据

靖江年鉴. 2018／靖江年鉴编纂委员会编. --北京：方志出版社，2018. 8

ISBN 978-7-5144-3209-1

Ⅰ.①靖… Ⅱ.①靖… Ⅲ.①靖江—2018—年鉴 Ⅳ.①Z525.34

中国版本图书馆CIP数据核字（2018）第201376号

靖江年鉴（2018）

编　　者：靖江年鉴编纂委员会
责任编辑：王海荣

出 版 人：冀祥德
出 版 者：方志出版社
地址　北京市朝阳区潘家园东里9号（国家方志馆4层）
邮编　100021
网址　http://www.fzph.org
发　　行：方志出版社图书经销中心
电话（010）67110500
经　　销：各地新华书店
印　　刷：南京凯德印刷有限公司

开　　本：889×1194　　1/16
印　　张：34.25
字　　数：679千字
版　　次：2018年8月第1版　　2018年8月第1次印刷
印　　数：0001~2000册

ISBN 978-7-5144-3209-1　　定价：260.00元

供稿单位审稿领导（按姓氏笔画为序）

于　政	马晓波	王　权	王　伟	王　华	王　青	王　靖	王国平	王建禔	王海庆
王森红	毛卫平	毛红燕	毛雨华	仇　颖	卢　杰	卢宏坤	叶　军	叶为民	叶亚明
叶晓庆	申晓勇	田秋红	史亚萍	史骥涛	印江红	吕　毅	朱　靖	朱沛源	朱惠健
朱新宇	刘　军	刘　贵	刘　俊	刘　强	刘灿均	刘拥政	刘定邦	刘振东	刘德基
羊　兴	羊文华	羊进明	许　飞	孙卫东	孙月琴	孙晓军	严　羽	严忠良	苏孔兴
李　彤	李达林	李华兵	李旭东	杨　钧	杨恒庭	杨晓波	吴　彬	吴一江	吴文彬
吴东初	吴明飞	吴金凤	何　健	何剑君	汪七九	汪东初	沙旭东	沈　燕	沈永江
张　荣	张庆九	张劲松	陆　炜	陆兴松	陆钧涛	陆静波	陈　刚	陈　伟	陈　兵
陈　林	陈　鑫	陈又红	陈永东	陈亚中	陈丽霞	陈焕新	邵　铭	范红梅	范新宏
郁　雷	金桂华	周　淳	周如勇	周晓敏	赵巧新	赵明华	钟云峰	施泉国	闻　杰
闻韵萍	袁晓东	袁晓华	夏灵峰	夏建新	顾灿红	钱灿兴	钱劲松	徐　跃	徐玉海
徐永清	徐加宽	徐圣涛	徐志凤	徐爱东	郭宏义	唐文勇	浦建民	陶　虹	陶　敏
黄　宏	黄文龙	黄玉平	黄洪涛	黄颖锋	蒋国庆	蔡　斌	臧　彧	翟勇军	缪红卫
潘企根									

供稿单位分管领导（按姓氏笔画为序）

丁建新	王　勇	王　瑜	王海波	王靖东	毛金生	方　敏	卢旭东	卢红进	卢新初
叶为民	田　华	史爱梅	印明荣	成　喆	朱卫东	朱友宽	朱利亚	朱建平	朱建忠
朱艳明	朱桂芳	朱康勇	任　俊	刘　矛	刘　洪	刘　琪	刘　骥	刘　耀	刘邦跟
刘丽霞	刘昭东	刘晓岗	许　鉴	孙明江	严　震	杜运明	李　华	李　俊	李志军
杨　江	杨　静	杨立岸	吴　彬	吴玉平	吴亚明	何　湫	余中兴	应文南	沈　云
宋山海	张　云	张卫忠	张兴松	张轶群	张桂琴	张朝斌	张链斌	张群峰	陆小亮
陆宏进	陆林峰	陈　权	陈　刚	陈　洵	陈　铭	陈永光	陈旭东	陈荣坤	陈德云
郁香萍	罗　靖	季宋晔	周　兴	周　彬	周劲明	赵　辉	赵永忠	赵鹏涛	赵翠萍
荣晓霞	侯　胤	闻亚星	洪　皓	袁　斌	耿昌林	贾利雄	贾界平	顾　兵	顾万铭
顾之远	顾艳娟	顾振亚	钱　军	钱桂松	徐　进	徐　群	殷建平	高　军	高　健
展秋霖	陶炳义	黄泓轩	黄翠凤	梅　笛	曹建芳	常金林	商新民	蒋　青	臧湘兵
薛　林	薛卫东	戴金山	鞠新宇	魏小飞					

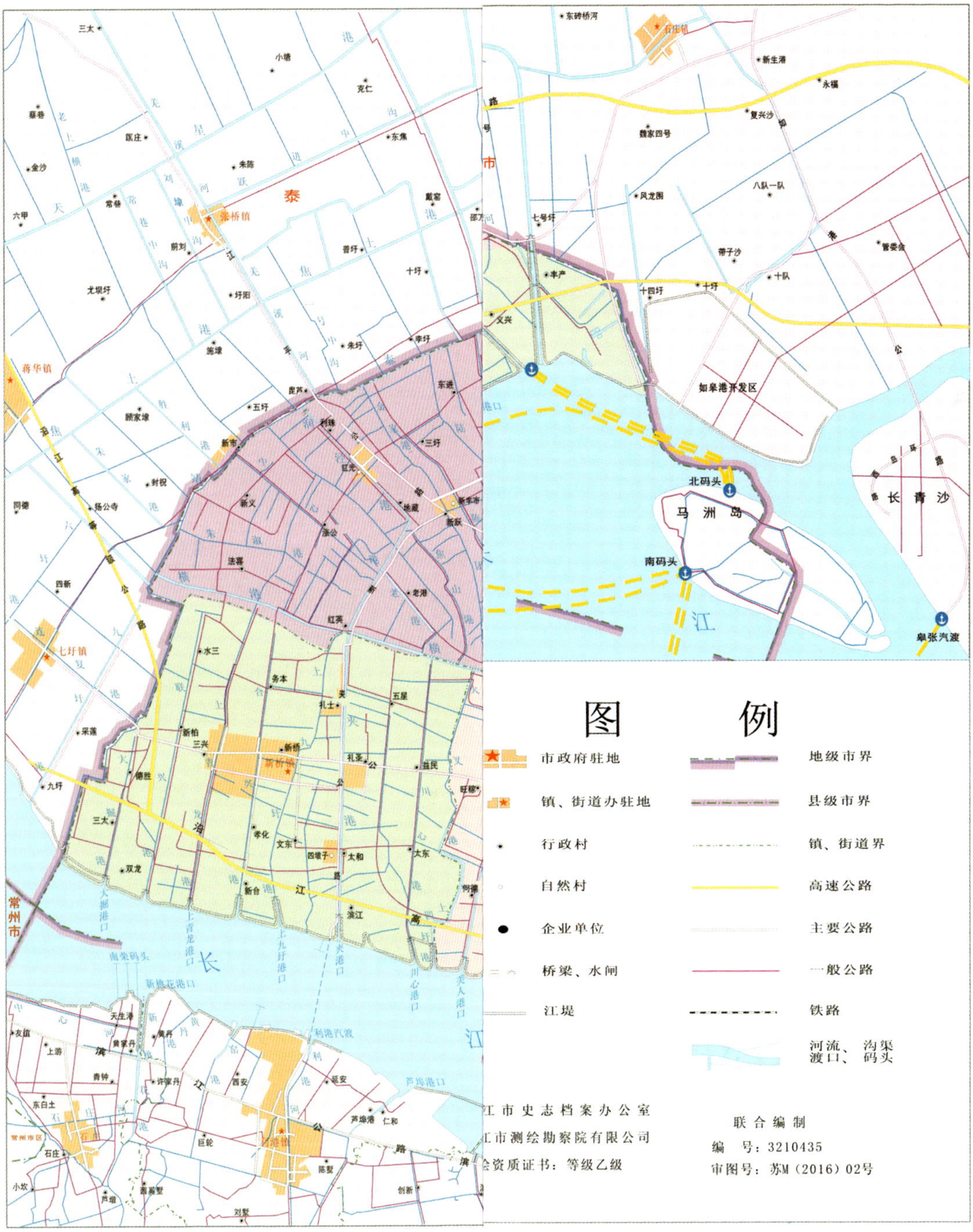
图 例
市政府驻地
镇、街道办驻地
行政村
自然村
企业单位
桥梁、水闸
江堤
地级市界
县级市界
镇、街道界
高速公路
主要公路
一般公路
铁路
河流、沟渠
渡口、码头
江市史志档案办公室
江市测绘勘察院有限公司
联合编制
会资质证书：等级乙级
编 号：3210435
审图号：苏M（2016）02号
马洲岛
长青沙
北码头
南码头
如皋港开发区
皋张汽渡

靖江市城区图

马桥镇
城北园区管委会
第一中学
西郊公园
人民公园
长新公园
东湖园
靖城街办
规划局
烟草局
市城管局
市电管办
国税局
航道管理站
市河道管理处
虹桥社区居委会
第二人民医院
市皮肤病防治所
市中医院
城北医院
长里卫生院
自来水公司
供销总社
汽车站
靖江站
彩虹城
富海广场
中泰广场
人民公园
地中海花园
嘉亿东湖花园
城东大道安置区
虹桥城市花园
靖江国际汽贸城
81155203

编辑说明

一、《靖江年鉴》是系统记述靖江自然、政治、经济、文化、社会等方面基本情况的年度资料性文献。《靖江年鉴（2018）》（下称“本年鉴”）以马克思列宁主义、毛泽东思想、邓小平理论、“三个代表”重要思想、科学发展观、习近平新时代中国特色社会主义思想为指导，坚持辩证唯物主义和历史唯物主义的立场、观点和方法，记载2017年度靖江发生的大事、要事、新事，为领导决策提供依据，为各界人士了解靖江提供信息，为续修地方志积累资料。

二、本年鉴采用条目式记事体，分类编纂。设类目、分目、条目3个层次。少数分目下设子目。

三、本年鉴设特载、专记·年度影响、大事记、靖江概貌、中国共产党靖江市委员会、靖江市人民代表大会常务委员会、靖江市人民政府、政协靖江市委员会、民主党派·社会团体、法治、军事、财政·税务、综合管理与监督、沿江开发·跨江联动、工业·建筑业、农业、商贸服务业·房地产业、开放型经济、港口·口岸、金融、城乡建设、生态环境保护、公共设施、科技、教育、文化、卫生、体育、社会民生、凡人善举·新人新事、街道·办事处·镇、人物·荣誉栏、文件选编、统计资料、附录35个类目。有分目178个，子目44个，条目977个，随文照片158幅，彩页88页，表格62个，索引2286条。

四、为彰显靖江地方特色和年度特色，本年鉴特设专记·年度影响、沿江开发·跨江联动、凡人善举·新人新事等类目，记述靖江通过成立国际咨询委员会、举办高端论坛、冠名中国山水盆景名城、加强媒体宣传报道等扩大社会影响，通过与江阴深入推进跨江联动开发加快沿江城市融合共赢发展，通过弘扬域内凡人善行、年度新人新事体现文明素养和道德风尚。

五、本年鉴中的“人物”分2类:“新任市领导”收录2017年新任的市级领导;“新闻人物”收录部分2017年获省级以上表彰及媒体报道的先进人物。

六、本年鉴由全市各镇、各部门供稿并审核。文中数据及有关内容由市统计部门和市委机要保密局把关。

七、本年鉴卷首有详细目录，卷末按主题分析法编制索引。目录前设有部分组织机构全称、简称对照表。文中外币注明币种，人民币不作标注。缩略词语首次出现时加括注，重复出现时不加括注。大事记中“△”符号表示与上条相同日期。同一栏目内相邻条目为同一作者的，只在最后一个条目下署名。未署名图片均由靖江日报社提供。

靖江名片

中国山水盆景名城

国家园林城市

中国宝卷传承文化之乡

中国江鲜菜之乡

国家卫生城市

国家船舶出口基地

中国汤包之乡

中国河豚美食之乡

数说靖江 2017

总面积
655.58平方千米

常住人口
68.73万人

公共财政预算收入
51.64亿元

固定资产投资
539.82亿元

港口货物吞吐量
10643万吨

高新技术产业产值占比
44.2%

各类学校
93所

城镇化率
65.55%

地区生产总值
923.35亿元

社会消费品零售总额
197.04亿元

实际利用外资
2.44亿美元

各类医疗机构
292家

城镇居民人均可支配收入
43152元

农村居民人均可支配收入
21361元

年度聚焦

10月14日，刘秀梵、卢锡城等6家院士工作室揭牌成立

10月14日，靖江国际咨询委员会成立，聘请“两院”院士、国家“千人计划”专家、知名企业负责人、财经界学者等31名委员，征询他们的意见和建议，帮助靖江破解经济发展、城乡建设、社会治理中的难题

年度聚焦

9月22日，靖江市委书记赵叶（前排右）会见参加国际创新创业大会的诺贝尔奖获得者杰拉德·特·胡夫特（前排左）

9月22日，靖江举办2017中国（靖江）国际创新创业大会，以“汇聚海智，厚植优势，双创共赢”为主题，顺应创新潮流，呼应企业期盼，搭建全球范围高端交流与合作平台

年度聚焦

7月11日，靖江举办首届全球供应链创新（SCI）大会，研讨商业模式创新，打造新的质量融合体系，加快“品质靖江”“品牌靖江”建设

7月11日，Intertek靖江检品中心在城北园区启动运营

年度聚焦

5月12日，靖江举办中国空调特色小镇发展高峰论坛，面向未来，面向世界，吸引科技人才，集聚研发机构，接轨市场需求，将靖江打造成为暖通空调技术的发布基地、新产品的研发基地、新成果的交易基地。

5月11日，中国暖通空调交易中心启动运营

5月，国家空调设备质量监督检验中心靖江工作站揭牌成立

年度聚焦

“新智造 · 新营养”靖江国际高峰论坛对话会

12月1日，靖江举办“新智造 · 新营养”国际高峰论坛，邀请23名国际国内专家学者、行业代表，就人类营养未来发展趋势、营养健康领域的智能制造等主题展开跨界交流

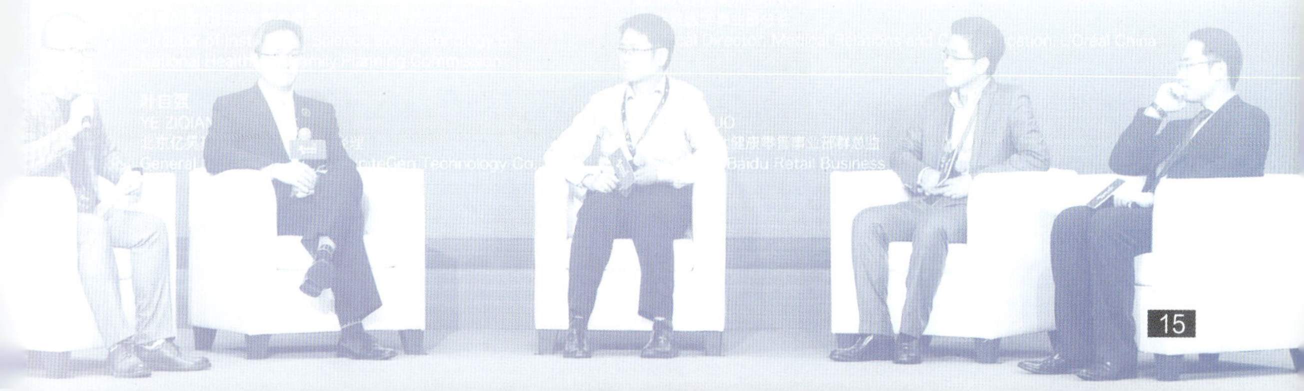

生态环境

牧城公园日出

生态环境

城市亲水游园

生态环境

十圩港边景观

新桥农村新貌

生态环境

街头春日新芽

季市秋日红枫

东进夏日荷塘

西来冬日雪景

产业发展

1月25日，华达汽车科技股份有限公司在上海证交所上市

10月28日，华达汽车科技股份有限公司与北京汽车集团发起设立北汽华达汽车产业并购基金

产业发展

2月12日，孤山空调小镇智能制造产业园开工

10月16日，靖江开发区产业项目集中开工，此次开工涉精密制造、电子元器件等7个板块共21个产业项目，总投资16.54亿元

3月18日，中国铁建大桥局桥梁科技产业园一期项目集中开工

产业发展

3月14日，江苏恒艾健康服务产业园奠基。该项目由恒基（中国）投资有限公司和江苏艾兰得营养有限公司共同投资，选址牧城生态园以北，工农路以东，占地53公顷，总投资50.5亿元

江苏恒艾健康服务产业园效果图
江苏恒艾健康
康养中心
会议培训中心
江苏恒艾健康服务产业园
奠 基

产业发展

2017年，亚星海工产业园一期厂房建成，设计年产能9万吨高强度系泊链，图为工人在安装自主研发的全自动生产设备

2017年，江苏新时代造船有限公司新接订单24艘307万载重吨，全国排名第四；手持订单39艘538万载重吨，全国排名第七。图为公司船舶生产码头

产业发展

江苏新程汽配制造有限公司引进500余台焊接机器人，提升智能化生产水平，图为技术人员调试焊接机器人

企业安全形象

产业发展

江苏大中电机股份有限公司投资 2.2 亿元进行超高效电机智能化改造，图为投入运行的自动化生产线

产业发展

9月，由靖江机器人智能制造（焊接）中心为江苏亚星锚链股份有限公司开发的“锚链横档焊接系统”正式投用，图为机器人焊接中心内工作人员在调试系泊链横档机器人焊接装备

YASKAWA

产业发展

靖江打造国际化大健康产业基地，形成全国最大营养保健品出口基地，图为维生素C生产龙头企业帝斯曼江山制药（江苏）有限公司仓库工人正在出货

HYSTER
1622

产业发展

技术人员在永盛光电LED北光源生产线上进行设备安装调试，该公司生产的产品广泛用于手机、汽车等，项目投产后成为城北园区新的经济增长点

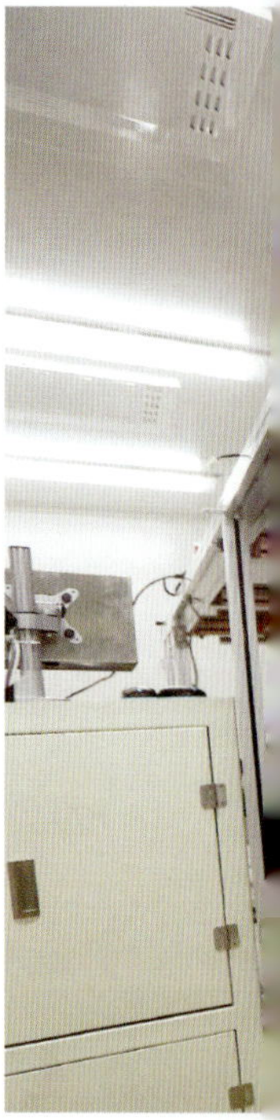

总投资1.3亿元的国鹰航空科技（江苏）有限责任公司落户城南园区，该公司主要开展无人机系统设计、研发、生产及配套服务。设计年产各类型无人机1000台、飞控系统5000套

产业发展

位于城南园区的中机国达电力科技江苏有限公司与上海发电设备成套设计研究院合作开发核电领域产品，因为该公司生产车间工人们正在生产余热回收装置

产业发展

2月，城南园区在电商创业中心建成“靖江特色馆”，集中展示200余种靖江特色产品

李市小吃
自然新鲜 香甜可口
绿色营养 赠友佳品
品种
重量
数量
电话

产业发展

孤山镇农技人员指导该镇勤丰村种粮大户科学防治病虫害

7月，斜桥镇富民村一三家庭农场利用植保机械进行病虫害防治

德胜村建成新桥镇最大的蔬菜大棚，种植青椒、秧草、茄子、莴苣等20余个品种

生祠镇七一村青龙圣果产业合作社将大棚里的火龙果移栽进景观盆内

社会保障

7月18日，市总工会向107名困难职工发放“特困职工证”和解困脱困联系卡

2月22日，市青商会向贫困学生捐赠学习用品及助学金，青商会成立10年间，通过义卖义拍、无偿捐款、结对扶贫、校园圆梦等，累计向困难学生捐款100余万元

年内，双港路社区工作人员走访海坝圩困难户

社会保障

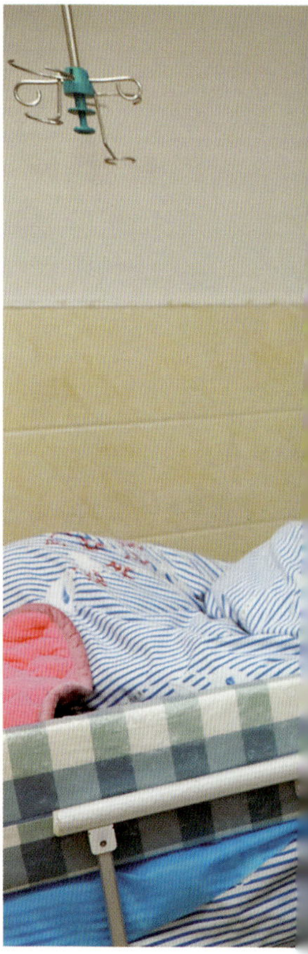

1月，侯河卫生院推进“医养融合”服务

2017 年，靖江推广家庭医生签约服务进农家。作为全国首批县级公立医院综合改革试点县（市），靖江立足公平可及、群众受益，探索医疗惠民新举措，推进县级公立医院综合改革

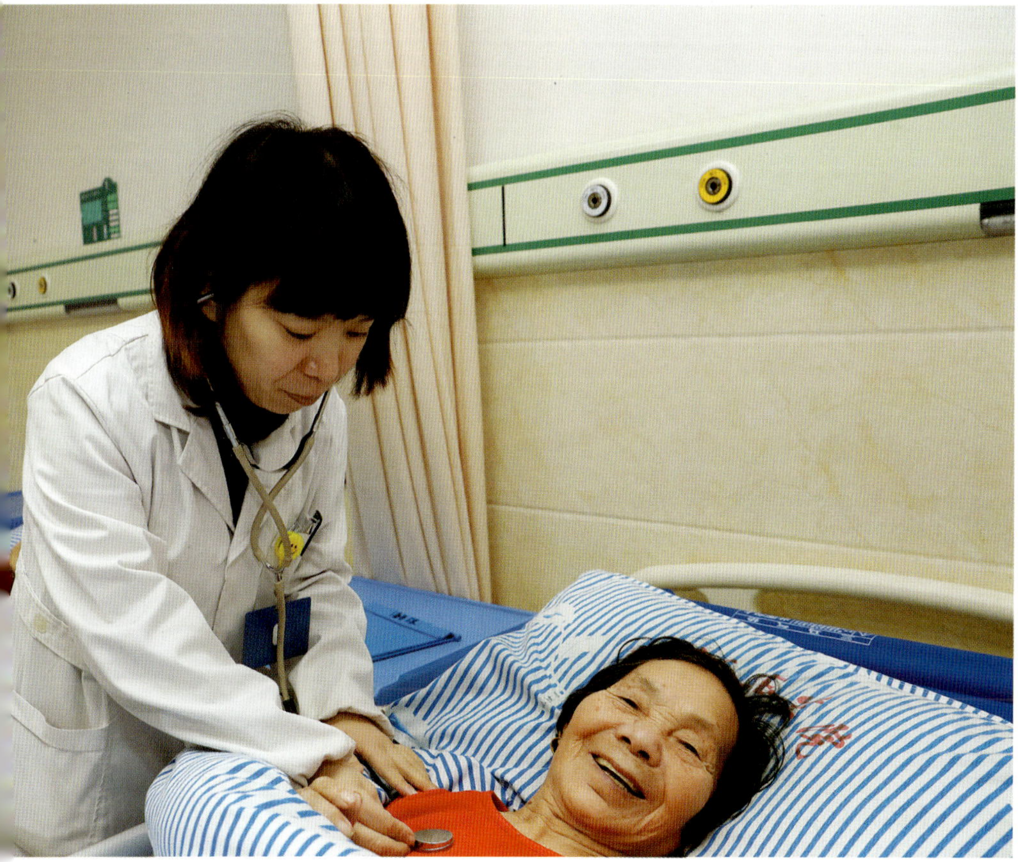

社会保障

4月，斜桥镇博爱老年关爱之家组织老人走进御桃园赏桃花看演出

年内，全市各村、社区服务中心增设“社保服务终端”，为参保人员提供便捷服务

1月21日，“新春暖心”活动志愿者帮忙运送爱心物资

社会保障

3月12日，季市镇组织党员义工开展志愿服务活动

9 月 29 日,《靖江日报》“小红帮忙”栏目组组织志愿者走进社区居民家中送温暖

文体生活

3月26日，“老兵乡愁”方祖岐将军诗书画作品及档案资料捐赠仪式暨诗书画作品展在市档案馆举行。原南京军区政委、上将方祖岐向家乡捐赠照片、荣誉证书、诗词手稿、书画集等珍贵资料497件（张、册、套）

画
及档案
作品
靖江市人民政
办单位
方志档案办公
方祖岐将军捐赠靖江市档案馆
诗书画作品及档案资料交接文据
靖江市党史方志档案办公室
二〇一七年三月

文体生活

2017年，市图书馆与城区部分咖啡馆、茶座、花店、银行、酒店等企业；结成阅读联盟，设立"牧城书驿"12家，提供社会化图书服务

年内，市行政中心牧城书驿建成投用

牧城書驛
靖江市圖書館
JINGJIANG LIBRARY

文体生活

3月，靖江首届岳飞文化节在马桥镇白衣堂岳家军主题园开幕。文化节期间，举办岳飞文化书画展、岳飞文化学术交流等系列纪念活动

丁酉新春
包惠政畫於水鄉馬洲

文体生活

6月，“不忘初心 继续前行”“七一”纪念活动文艺演出在市锡剧团剧场举行

3月，纪念三八国际劳动妇女节107周年暨“传承好家风 传播好家训”文艺会演在骥江路步行街市民广场举行

5月，靖江2017年“春之声”中小学生艺术节开幕。该艺术节于2013年开办，是靖江重点打造的艺术教育活动品牌

7月31日，庆祝建军90周年“八一”双拥文艺演出在省靖中礼堂上演

文体生活

9月，《中国国家地理》杂志全媒体平台组织"风物之旅·靖江"活动，12位新媒体知名人士至靖江，用全媒体视角认识靖江，向世界推介靖江

10月，中央电视台在靖江市新桥镇录制《乡约·靖江新桥镇》

8月，由靖江城南园区、城南办事处筹拍的微电影《石榴花开》首映式暨画册《南城时光》首发式在泰和国际城金逸影城举行

文体生活

11月，滨江新区举办“新城杯”首届群众文体节

2月，季市镇举办“三下乡”文娱演出活动

1月19日，迎新春文化惠民演出在莲沁苑社区广场举行

文体生活

8月，靖江市生祠镇东进村举办首届荷花节

2月28日，首届舞龙邀请赛暨精忠岳飞诞辰914周年纪念活动在生祠镇文体广场举行

文体生活

7月3日—4日，2017年江苏省青少年田径短跨项群比赛暨训练营在靖江体育中心举行，全省13个市、国家级和省级田径单项后备人才基地的近400名运动员参加

金陵体育
JINLING SPORTS

文体生活

6 月 11 日，爱定向 · 江苏定向越野巡回赛 · 靖江站在牧城生态园开赛，赛事规模 900 人，分个人组、家庭组、团队组、江苏省俱乐部 / 跑团 / 大学生定向协会联赛组、专业组 5 个组别

10月15日，第4届靖江足球超级联赛开赛，10支业余足球队参赛

4月15日，市体育局举办“足迹——环滨江新城”健步行活动，1100余名健身爱好者从同安路出发，途经新洲路、马洲公园、健身步道、阳光大道，全程约3千米

文体生活

4月24日，60余名瑜伽爱好者在马洲公园上演瑜伽秀

12月29日，靖江举办“农商行杯”迎新长跑活动，1000余名市民从市体育中心北门出发，沿十圩港景观带健身步道、江洲路、晨阳路、阳光大道，最终抵达市行政中心南大门，全程约3千米

文体生活

全民健身之健步走

全民健身之篮球赛

全民健身之广场舞

全民健身之太极拳

中国山水盆景名城

11月19日，靖江获"中国山水盆景名城"授牌

景名城·授牌仪式
（靖江）山水组合盆景国家大赛

中国山水盆景名城

鹰嘴奇岩

岁月峥嵘

靖江山水盆景经典作品选

1996年
邮电部依据靖江山水盆景作品发行特种邮票

大江东去

云山叠彩

雪融江溢

漓江翠影

首届中国（靖江）山水组合盆景国家大赛参赛作品选

秋江清艳

探

梦境

日出江山红胜火

松壑飞泉

静思

ISLAND INTWE RAIN

林下思秋

奇峰竞秀

水含吴越风韵

土连江淮根系

部分组织机构简称、全称对照表

简称	全称
市委	中共靖江市委员会
市政府	靖江市人民政府
市纪委	市纪律检查委员会
市委巡察办	中共靖江市委巡察工作办公室
市文明办	市精神文明建设指导委员会办公室
市委统战部	市委统一战线工作部
市委农工办	市委农村工作办公室
市委台办	市委台湾工作办公室
市委机关工委	市委市级机关工作委员会
市委保密局	市委机要保密局
市人大常委会	市人民代表大会常务委员会
市政府	市人民政府
市法制办	市人民政府法制办公室
市编委办	市机构编制委员会办公室
市政务办	市政务服务管理办公室
市招管办	市招标采购监督管理办公室
市外事办	市人民政府外事办公室
市侨办	市人民政府侨务办公室
市机关事务局	市机关事务管理局
市政协	政协靖江市委员会
民盟靖江市基层委员会	中国民主同盟靖江市基层委员会
市工商联	市工商业联合会
团市委	共青团靖江市委员会
市妇联	市妇女联合会
市文联	市文学艺术界联合会
市科协	市科学技术协会
市残联	市残疾人联合会
市关工委	市关心下一代工作委员会
市社科联	市哲学社会科学界联合会
市委政法委	市委政法委员会
市综治办	市社会治安综合治理委员会办公室
市检察院	市人民检察院
市法院	市人民法院
市人武部	中国人民解放军江苏省靖江市人民武装部
市武警中队	武警靖江中队
市消防大队	武警靖江市消防大队
市人防办	市人民防空办公室
市国税局	江苏省靖江市国家税务局
市地税局	泰州市靖江地方税务局
市发改委	市发展和改革委员会
市市场监管局	市市场监督管理局
市安监局	市安全生产监督管理局
市国资办	市政府国有资产监督管理办公室
靖江开发区	靖江经济技术开发区
市经信委	市经济和信息化委员会
市住建局	市住房和城乡建设局
市农委	市农业委员会
市供销总社	市供销合作总社
市盐务局	市盐务管理局
市烹协	市烹饪餐饮行业协会
市港口局	市港口管理局
市口岸办	市口岸工作办公室
靖江国检局	中华人民共和国靖江出入境检验检疫局
靖江海关	中华人民共和国靖江海关
靖江边检站	靖江边防检查站
靖江引航站	长江引航中心靖江引航站
市金融办	市金融工作办公室
人行靖江支行	中国人民银行靖江市支行
农发行靖江支行	中国农业发展银行靖江市支行

简　称	全　称
工行靖江支行	中国工商银行股份有限公司靖江支行
农行靖江支行	中国农业银行股份有限公司靖江市支行
中行靖江支行	中国银行股份有限公司靖江支行
建行靖江支行	中国建设银行股份有限公司靖江支行
交行靖江支行	交通银行股份有限公司靖江支行
浦发行靖江支行	上海浦东发展银行股份有限公司靖江支行
南京银行靖江支行	南京银行股份有限公司靖江支行
无锡农商行靖江支行	无锡农村商业银行股份有限公司靖江支行
市农村商业银行	江苏靖江农村商业银行股份有限公司
兴业银行靖江支行	兴业银行股份有限公司靖江支行
长江商业银行	江苏长江商业银行股份有限公司
江南农商行靖江支行	江南农村商业银行靖江支行
邮储银行靖江支行	中国邮政储蓄银行靖江市支行
招商银行靖江支行	招商银行股份有限公司靖江支行
靖江润丰村镇银行	江苏靖江润丰村镇银行股份有限公司
江苏银行靖江支行	江苏银行股份有限公司靖江支行
中信银行靖江支行	中信银行股份有限公司靖江支行
市保险协会	市保险行业协会
人保财险靖江支公司	中国人民财产保险股份有限公司靖江支公司
国寿靖江支公司	中国人寿保险股份有限公司靖江支公司
太保寿险靖江支公司	中国太平洋人寿保险股份有限公司靖江支公司
太保产险靖江支公司	中国太平洋财产保险股份有限公司靖江支公司
申万宏源证券靖江人民中路营业部	申万宏源证券股份有限公司靖江人民中路路营业部
华泰证券靖江人民中路营业部	华泰证券股份有限公司靖江人民中路证券营业部
南京证券靖江骥江路营业部	南京证券股份有限公司靖江骥江路证券营业部
东海证券靖江江平路营业部	东海证券股份有限公司靖江江平路证券营业部
中投证券靖江人民南路营业部	中国中投证券有限公司责任公司靖江人民南路证券营业部
电信靖江分公司	中国电信股份有限公司靖江分公司
移动靖江分公司	中国移动通信集团江苏有限公司靖江分公司
联通靖江分公司	中国联合网络通信有限公司靖江市分公司
江苏有线靖江分公司	江苏有线网络发展有限责任公司靖江分公司
市城管局	市城市管理局
市环保局	市环境保护局
市供电公司	江苏省电力公司靖江市供电公司
市科技知识产权局	市科学技术和知识产权局
省靖中	江苏省靖江高级中学
市一中	靖江市第一高级中学
省靖江中专校	江苏省靖江中等专业学校
市文广新局	市文化广电新闻出版局
市史志档案办	市党史方志档案办公室
市广电台	市广播电视台
市卫生计生委	市卫生和计划生育委员会
靖江国调队	国家统计局靖江调查队
市人社局	市人力资源和社会保障局
市民宗局	市民族宗教事务局

目　录

图片专辑

特　载

专记·年度影响

大 事 记

靖 江 概 貌

中国共产党靖江市委员会

靖江市人民代表大会常务委员会

靖江市人民政府

政协靖江市委员会

民主党派·社会团体

法　治

军　事

财政·税务

综合管理与监督

沿江开发·跨江联动

工业·建筑业

农　　业

商贸服务业·房地产业

开放型经济

港口·口岸

金　　融

城乡建设

生态环境保护

公 共 设 施

科　技

教　育

文　化

卫　生

体　育

社 会 民 生

凡人善举·新人新事

街道·办事处·镇

人物·荣誉栏

文件选编

统计资料

附 录

索 引

以党的十九大精神为指引
共同创造新时代靖江人民美好生活(摘要)

——2017年12月22日在中共靖江市委十二届四次全会上的报告

靖江市委书记 赵 叶

一、全年工作回顾

今年以来，全市上下认真落实中央、省委和泰州市委各项决策部署，牢牢把握“率先领先争先”目标定位，深入践行“创新绿色融合”发展理念，统筹推进稳增长、调结构、促转型、惠民生、防风险等各项工作，经济社会继续保持平稳健康发展良好态势，为决胜全面建成小康社会奠定了坚实基础。预计实现地区生产总值921亿元，增长7.6%；完成一般公共预算收入59.9亿元，同口径增长11.5%；完成固定资产投资545亿元，增长9.0%；完成工业开票销售1027.4亿元，增长10.5%；实际到账注册外资2.4亿美元，增长948%。

一是紧扣长远大局，明晰了未来发展的战略定位。牢牢把握长江经济带、扬子江城市群战略在靖江交汇的历史机遇,提出“创新绿色融合”发展思路,厚植靖江新时代的争先优势。突出创新驱动,建设高端装备制造、现代临港物流两大主导产业基地,加快构建现代产业体系,培育新的经济增长极。践行绿色发展,以“3个1/3”理念调优沿江生产力布局,编制完成《沿江生态湿地保护规划》,为靖江永续发展留下更多空间。坚定融合路径,提出新城南进东扩“2020”发展目标,完善江阴—靖江跨江联动开发协调机制,区域融合迈上新台阶。

二是紧抓创新提升,突破了引领转型的重大项目。围绕“三个100”目标全面推进项目建设,恒艾大健康产业园、精密制造产业园、卓然重装产业园、新兆丰电子元器件产业园等一批特色园区启动建设,华为云计算数据中心、拓璞航空零部件五轴加工中心等一批优质项目成功落户。全年新签约3亿元以上项目116个,新开工亿元以上项目103个,新竣工重大产业项目94个,完成产业投资482.2亿元,增长10%,发展的后劲不断增强。实施“标准化+技术创新”“机器人+智能制造”“互联网+新型商业模式”,推进“百优企业技改提升行动”,打造Intertek靖江检品中心、暖通空调交易中心等服务平台,预计完成工业技改投资280亿元,建成智能车间20个、智能生产线30条,净增规模企业35家。实施“高新技术企业千企行动计划”,新认定高新技术企业30家。成立靖江国际咨询委员会,建立省级院士工作站1家、挂牌工作室6家,新增省级研发机构5家,建立离岸孵化基地63家,荣获2017年泰州市创新创业离岸孵化先进市(区)一等奖,形成“跨境孵化+产业协同”靖江模式。

三是紧盯环境优化,彰显了活力竞发的城市形象。深化行政审批制度改革,筹建行政审批局,优化“店小二”项目服务机制,建成政务服务“一张网”,推行“3550”和“不见面”审批,新增市场主体11340户。新桥镇被列入省级经济发达镇改革新一轮试点。金融生态环境不断优化,推进华靖、城投等国有公司实体化运作,设立靖江市银企e融服务平台,打造全省首家“金融超市”,新增上市(挂牌)企业2家,后备企业增至115家。实施“双月会展行动”,成功举办中国空调特色小镇发展高峰论坛、首届全球供应链创新大会、国际创新创业大会、“新智造·新营养”靖江国际高峰论坛、中国山水盆景国家大赛,城市的知名度、影响力持续提升。强力推进“263”专项行动,大力开展沿江非法码头和过驳整治,全面推行河长制,扎实开展黑臭水体整治,关闭化工生产企业34家、砖瓦生产企业15家,治理畜禽养殖场49家,关停拆除359家。

四是紧贴群众期盼,推进了事关民生的实事工程。实施《马洲就业创业引领计划》,城乡居民人均可支配收入预计达43248元、21330元。统筹推进基本公共服务优质均衡,建成投用御水湾等6所幼儿园,完成柏木小学等3所义务教育学校改扩建项目。组建纵向型医联体,镇级卫生院医养融合实现全覆盖。农村公共服务标准化“1189”模式全面实施。启动建设农村创业发展基地,创新开展医疗精准扶贫,全市脱贫低收入农户6000人、经济薄弱村28个,靖江永寿对口协作初见成效。新城“十大工程六大系统”建设实现新进展,万科商业核心区项目成功落户,老城新建路、人民桥等“五路二桥”工程顺利完成,特色小镇和特色田园乡村试点工作全面开展,拆违防违工作得到群众普遍认可。务实推进文明城市创建,顺利通过国家卫生城市复审,全市省级卫生镇全覆盖。创成省级食品安全示范市,荣获品牌江苏建设“金风奖”,征兵“五率”考评位居泰州第一。稳步推进遏制重特大事故全国试点工作,安全生产形势总体平稳。全面开展“政法为民、综治利民、法治惠民”系列专项行动,出台《建立健全社会治安综合治理领导责任制实施办法》,圆满完成十九大安保维稳任务,获评省平安市,社会大局持续稳定。

五是紧守责任使命,夯实了全面从严的党建根基。坚持把学习宣传贯彻党的十九大精神作为首要政治任务,结合“两学一做”学习教育和“大走访大落实”活动,实现全市干部宣教、活动宣讲、社会宣传全覆盖。强化一线用人导向,组建“百人招商团”,打造“马洲弘毅”培训品牌,创设“一把手”研修班、“一线思考”讲坛等载体平台,全面提升干部专业素养。实施基层党组织“力量倍增”工程,开展“乡村新党员”培养行动,不断筑牢为民党建根基。设立“靖江金牌榜”“靖江功勋奖”,建立干部待岗培训制度,全市干群干事创业精气神明显提振。严格落实“两个责任”,扎实推进监察体制改革,开展“廉洁乡村”试点工作,党风政风与日俱新。

二、学懂弄通党的十九大精神,开辟美好靖江新境界

开辟新境界,必须在拥抱新时代中牢记靖江发展的主旨。党的十九大作出了中国特色社会主义进入了新时代、社会主要矛盾转化为人民日益增长的美好生活需要和不平衡不充分的发展之间的矛盾的重大判断。这是对党和国家发展历史方位、时代特征的精辟概括,是不断前进的逻辑起点。要把握人民群众对美好生活向往的发展主旨,必须始终高举习近平新时代中国特色社会主义思想这一伟大旗帜,深刻领会“八个明确”的丰富内涵和“十四个坚持”的基本方略,用党的最新理论成果统一思想、凝聚力量,指导实践、推动工作,把习近平新时代中国特色社会主义思想贯穿落实到改革发展全过程和党的建设各方面。必须准确吃透社会主要矛盾变化这一重要特征,既坚持问题导向,清醒认识发展中存在的不平衡不充分问题以及深层次原因,找准解决问题的着力点和突破口;又敏锐把握趋势,善于从人民日益增长的美好生活需要中发现空间、抢占先机,不断提高社会生产力水平,更好推动人的全面发展、社会全面进步。

*开辟新境界,必须在贯彻新理念中坚持靖江发展的主线。*党的十九大报告指出中国经济已由高速增长阶段转向高质量发展阶段。近期召开的中央经济工作会议再次强调,推动高质量发展是当前和今后一个时期经济发展的根本要求。全市上下要以习近平新时代中国特色社会主义经济思想为引领,坚持“创新绿色融合”发展主线,突出质量第一、效益优先,敢于冲破传统发展的“天花板”,勇于打开弯道超越的“新天地”。创新发展要精准突破。对靖江而言,当务之急是解决高水平创新供给与转型升级实际需求相脱节的问题。要聚焦集约化、智能化、品牌化方向,加快推进单一维度的创新转向“新技术、新业态、新模式、新产业”相结合的集成创新。绿色发展要坚定做实。党的十九大没有提出GDP翻番目标,释放了绿色发展的鲜明导向。要着眼人民群众对更优美环境的期盼、对更多优质生态产品的需求,力争生态环境质量和绿色产业水平在沿江城市中保持领先。融合发展要系统思维。随着十九大部署的自由贸易港、健康中国等战略相继落地,必将与扬子江城市群建设形成巨大叠加效应。要善于运用全局视野、统筹观念,找准宏观机遇与靖江发展的最佳契合点,更高水平融入区域分工体系,提升靖江在长三角地区价值链中的地位。

*开辟新境界,必须在迈上新征程中突出靖江发展的主题。*党的十九大创造性地提出分两步走全面建设社会主义现代化国家。结合“率先领先争先”的阶段追求,可以看到现在已经站在靖江发展承前启后、承上启下的关键节点,既要在2019年不折不扣建成全面小康,更要脚踏实地,甘做基础性、长远性和铺垫性的工作,不失时机开启靖江基本实现现代化的探索实践。前不久,市委、市政府委托北京师范大学对靖江市居民获得感开展调研,从经济、政治、环境、社会、文化五个层面进行全方位分析。结果显示,靖江市全面小康社会建设整体上势头良好,但细分到群众在生活便利感、收入增长感、受益富足感等方面的满意程度还有很大的提升空间,一定程度上造成了高客观获得、低主观感知的错位问题,影响到高水平全面小康的质态。为此,要着力突出三大主题工作:经济发展更平衡。切实转变发展方式,使转型创新、高端要素、改革深化、两化融合等成为主要动力源,实现更加持续、平衡的增长,打牢未来发展坚实基础。民生保障更充分。从美好生活需要出发,大力提升基础设施、医疗、教育、环境等“硬需求”,让靖江本地人有获得感,让新靖江人有归属感。小康建设更全面。既比速度,更比质量,注重精神文化、价值认同、社会尊严等升级的“软需求”,确保让全面小康得到人民认可、经得起历史检验。

2018年工作的总体要求是:全面贯彻落实党的十九大精神,坚持以习近平新时代中国特色社会主义思想为指导,以人民对美好生活的向往为奋斗目标,以全面从严治党为坚强保障,持续推进“率先领先争先”实践,不断深化“创新绿色融合”发展,努力实现经济发展更平衡、民生保障更充分、小康建设更全面,共同创造新时代靖江人民美好生活!

2018年主要预期目标是:地区生产总值增长8%左右,固定资产投资增长10%以上,一般公共预算收入增长5%以上,居民收入增长与经济增长同步。确立这样的目标,既考虑到宏观环境、经济周期等因素的影响,也体现高点定位、自我加压、勇于争先的要求,全市上下务必认真领会,狠抓落实,全力完成。

三、顺应人民美好生活向往,确立美好靖江新目标

*(一)致力经济发展更平衡。*靖江正处在工业化中期向后期螺旋式上升历程中,随着增速转轨、结构转型、动能转换的持续推进,产业适配度偏弱、布局偏散、层次偏低、组织程度不高等发展不平衡的问题也更加突出。全市要坚持稳中求进工作总基调,扎实践行高质量发展要求,持

续深化供给侧结构性改革,加快现代化经济体系建设,进一步强化市场导向、集约导向、创新导向、协同导向,以质量变革、效率变革、动力变革推动全市经济向更高水平、更优品质、更好效益提升。

1. 进一步强化市场导向,壮大特色产业优势。主动策应长江经济带、扬子江城市群等战略大局,找准靖江产业发展定位,更好地对接和融入区域分工体系,形成优势互补、协同衔接、联动发展的产业新格局。一要推动主导产业规模化。聚焦高端装备制造、现代临港物流两大主题绘制招商路线图,紧盯航空半导体等精密结构件、新能源汽车、医疗器械等优质项目精准发力、定向攻坚,全力突破一批龙头型、基地型项目,进一步提升主导产业水平、拉长产业链条、壮大产业集群。坚持把投资项目的产出效益放在第一位,建立健全项目信息筛选、跟踪联动、服务推进、效益评价等机制,下定决心对低效项目及长时间无产出项目“腾笼换凤”。二要推动传统产业高端化。传统优势产业是稳定县域经济增长的重要支撑,也是靖江镇域经济的主要力量。要大力实施“传统产业优势提升工程”,进一步增强竞争力,力争3年内培育空调、电机、泵阀等3个百亿级产业,工程机械、标准件、压力容器等3个50亿级产业。要统筹规划产业布局,科学谋定转型路径,精准对接政策支持,加快推进行业整合、兼并重组、高位嫁接,着力培育一批行业“小巨人”,引导传统产业从粗放分散向集约集聚转变,实现配套更完善、资源更集聚、效益再提升。三要推动新兴产业协同化。要把新兴产业作为靖江未来发展的爆发点,实施“新兴产业规模培育工程”,密切跟踪科技前沿动向、产业变革趋势,大力引进和培育契合靖江产业特点的健康营养、大数据、节能环保、新材料、人工智能、军民融合等新兴产业、龙头企业,促进新经济、新模式、新业态健康成长。加快推进数据的综合开发利用,建立全市整体协同的数据管理机构。

2. 进一步强化集约导向,发挥园区主体效应。坚持开发园区经济建设主阵地、项目建设主战场地位,全力推进资源集聚、资产优化、资本放大,力争2020年实现“1120”目标,即工业开票突破1000亿元,排名挺进国家级开发区全国100强、省级以上开发区全省20强。一要做好资源集聚文章。以开发区为龙头,推动开发区及各镇区板块产业一体规划、协同发展。加强项目的主导性,进一步调优“市镇联动”政策,加快推进大健康、精密制造、电子元器件、重装产业园等特色园区建设,形成特色集聚、内涵发展的产业格局。以前瞻眼光推动各类公共服务平台建设,广泛汇聚国际国内先进生产要素、科技创新资源,放大国信电厂、重金属治理中心、暖通空调交易中心、Intertek靖江检品中心等平台效应,持续提升园区吸引力和承载力。二要做好资产优化文章。坚持优存量与扩增量并重,努力实现国有资产规范管理、保值增值。加快盘活资产,全面摸清各板块家底,明晰产权,优化股权,有序推进各平台公司实体化运作,实现资产整合增效。挖掘做大资产,抢抓全省港口一体化改革契机,进一步优化整合港口岸线资源,加快已批岸线建设,盘活低效利用岸线,推动优质港口岸线资源向有效资产转化;适应企业“轻资产”发展趋势,统筹建设高端产业的标准化厂房。科学设计资产,抢抓张靖过江通道、新城南进东扩等重大机遇,强化新港“产业城”定位,激活科创、职教、检测、云服务等公共平台要素,优用优供商住用地,灵活整合零星地块,成片储备土地资源。三要做好资本放大文章。全面推开“区镇一体”改革,加快推进开发区“管委会+公司”模式,着力构建扁平化的管理体制、企业化的运作模式、市场化的融资方式、多元化的薪酬体系,不断提升开发运作效益。充分发挥财政资金的撬动作用,设立靖江市产业投资基金,稳妥推进高投新兴产业基金、精密制造产业基金市场化运作,形成“投资+引资”的良性互动。强化金融服务实体经济的取向,鼓励金融机构开展融资租赁、投贷联动等业务,鼓励商业保理公司开展权益类质押融资业务,满足多样性、个性化金融需求。

3. 进一步强化创新导向,提高企业核心能力。创新是企业的灵魂、发展的根本、制胜的法宝。在市场竞争日趋激烈的当下,推进创新驱动比以往任何时候都显得更为重要、尤为迫切,要把引领创新的落脚点放在企业核心竞争力提升上。一要培养一批好厂长。企业的核心竞争力来自于优秀的企业家,靖江的经济腾飞更离不开优秀的企业家。要永葆激情,引导鼓励广大企业家摒弃“不必创新”的惰性、克服“不敢创新”的顾虑,积极践行创新创业、执着冒险、诚实守信的骥商精神,牢固树立“创百年企业”的目标追求,力争到“十三五”期末,培育销售超百亿级企业10家、新增上市(挂牌)企业10家。要凝聚合力,本土企业特别是同行业企业间要相互信任、相互合作、相互配套，着力构建团结向上、协力共进的生动局面。要注重传承，大力培养“创新代”梯队，让更多青年创业新生代脱颖而出，形成靖江企业发展新优势。二要培植一批好品牌。深化“双品”工程建设，立足主业做极致，抓住机遇再投入，用足“标准化 + 技术创新”“机器人 + 智能制造”“互联网 + 新型商业模式”等各项政策，着力引进先进技术设备，有针对性地组织技术攻关、工艺升级，推动产品更新、品质提升，努力打造更多走得出去、叫得响亮的“传世品牌”，力争3年内推出“百优产品”100个。推进同济大学智能制造研究院、上海材料研究所靖江先进材料技术研究院、开发区国家级技术创新孵化基地、中国产业升级网（靖江）基地建设，健全“产研对接、科技转化、企业孵化”协同创新链条。三要培育一批好员工。人是生产力中最活跃的要素，要更加重视企业人才培养。强化科技人才供给，加大技术人才外引内育力度，加快建设一批企业技术中心、重点实验室等研发机构，进一步提升骨干企业自主创新能力。大力实施精英蓝领培养工程，积极引入英国“现代学徒制”、德国“双元制”等培养模式，着力培养企业急需的蓝领技术工人，力争每年新增技师500人、技工2000人，打造数量充足、层次合理的产业工人梯队。

4. 进一步强化协同导向，提升组织经济水平。党委、政府是经济社会发展的组织者和推动者。随着经济发展进入新常态，做好经济工作的难度更大，市场主体对政务服务的要求也更高，更需要党政部门和市场主体相向而行、同频共振。一要当好发展引导者。坚持宏观上主导与微观上贴近相结合，注重对优势产业的深入研究、骨干企业的运营监测，进一步增强产业引导的科学性、政策引导的有效性、企业引导的针对性。对空调、电机、泵阀等传统产业，逐个制定提升计划，排定转型路径，放大特色优势；对大健康、新材料等新兴产业，逐一明确培育方案，打造未来增长亮点。二要当好环境营造者。牢固树立“为你着想、由我负责、你我共赢”理念，践行“马上就办”作风，发扬“店小二”精神，给足政策，留足空间，满足条件，进一步优化营商环境。围绕行政审批局成立，推进投资项目审批全流程实质性进驻中心、民生审批事项百分百进驻中心，实现“一枚印章管审批”。深化“3550”改革举措，健全完善“三走进三服务”“两书两表三会”等工作制度，保障项目审批绿色畅通。三要当好城市推广者。精心组织对外宣传，广泛开展联合策划，充分利用央视、新华社、人民网等主流媒体，积极对接微博、微信等新兴媒介，多维展示靖江新亮点、塑造发展新形象。用好国际咨询委员会、靖江籍院士工作室影响力，深化“双月会展行动”，积极承办符合靖江产业特色的国际国内高峰论坛、学术会议，组织开展靖江标准发布、新品上市、行业交流等活动，形成推广靖江品牌、展示靖江品质的有效载体。

（二）致力民生保障更充分。把以人民为中心的思想落实到实践中，就是要坚持以人民的满意度为核心目标，以人民的获得感为靶心指向，以人民的身边事为重心工作，着眼着力于基础性、紧迫性、长远性工程，制定实施民生幸福三年行动计划。市级层面和各职能部门、各相关属地要系统化思考、整体性推进，落实好资金、土地、人员等要素保障，通过一年接一年实施，一件又一件落实，满足民生关切，取得重点突破，赢得群众点赞。

1. 建好基础性的工程。坚持提高标准、补齐短板，突出“民生基建”导向，更加注重生活质量改善和全方位需求，重点夯实“路、桥、水、绿、田”五大基础断面。

一是道路畅通工程。要将道路建设置于扬子江城市群立体交通大格局下谋划，致力于道路通行能力提升，着力解决快速路规划滞后、路网结构不尽合理等短板，构建快速高效、通达便利的道路体系。干路要提速。加快推进城市快速路网研究，优先规划实施城西大道局部快速路改造、老城区环城路拥堵节点主体交通改造，全面完成229省道、356省道改扩建，启动232省道建设，推进阜前路东延、海平路西延，进一步完善城市快速路网。环路要顺畅。规划城市新环线，加快广靖高速靖江北互通建设和季市互通东移改造，网格化增加市内交通循环，构建西至232省道，东至盐泰锡常宜连接线，北至北三环，南至公新公路的外环体系，引导过境货车南从沿江公路、北经345国道分流。村路要达标。深化“四好农村路”省级达标（示范）县创建行动，加快农村通村通组道路硬化、亮化、公交化进程，提档农村公路140千米，形成“城乡联网、村村覆盖、组组相通”的路网格局。

二是桥梁提升工程。随着城市框架的进一步拉开，水系的切割屏障日益显现，对外南北联系还需密切，对内东西互联有待完善，多维度的桥梁建设提升急需加快推进。对接过江通道。立足扬子江城市群枢纽城市定位，积极对接张靖通道及澄靖第二、第三过江通道建设,认真配合开展规划调研,争取早日落地开工。完善城市桥梁。结合城市路网建设,规划加密八圩港、十圩港桥梁设置,稳妥实施马尤方桥、靖渡桥等危桥改造。推进农桥建设。按照“统一规划、分级负担、先急后缓、分期实施”原则,全面提高农桥建设管理水平,到2020年新建农桥200座,改造危桥65座,为农业生产和农民生活提供便利。

三是活水绕城工程。水系的流动承载了城市的生息繁衍,引领着人气的集聚繁荣。要进一步做特靖江水文化,构建“江水入城、活水绕城”的生动格局,让一江春水造福靖江人民。贯接水系。高标准编制亲水系统专项规划,配合推进泰州城市东部引排通道工程,加快城区航道外迁,开挖蟛蜞港北延连接横港,形成南临长江、北靠横港、东到蟛蜞港、西至五圩港的120千米外环水系环通。畅通水网。建成新城“四纵三横”水网系统,下决心改造八圩港、九圩港、渔婆港等封闭段,全线贯通新老城区水体循环。打造水景。注重“水清、岸绿、景美”的滨水空间塑造,实施十圩港北延、八圩港、渔婆港等生活休憩景观工程,推进滨江森林湿地公园、夏仕港生态涵养区、岳文化观光走廊等水系建设,形成江、湖、河、港风光带,彰显靖江的灵秀气质。

四是城市增绿工程。巩固国家园林城市创建成果,以增点、延线、扩面为抓手,完善绿色生态廊道网络,构建市域绿地生态系统,力争到2020年全市林木覆盖率达28.5%、城市建成区绿地率达38.5%。布局“绿园”。持续提升7个综合性公园和47个小游园养护品质,规划建设步行街区城市公园,新增新洲路、北环、南环与人民路交叉口绿化节点,新建长兴地块绿化和阜民桥、刘村桥北侧等小游园,让市民“推窗见绿、出门见景”。打造“绿廊”。落实河道、干道两侧绿廊建设刚性规划,实施十圩港西侧景观带、小桥港景观带、蟛蜞港生态风光带、广靖高速出口及城西大道绿化提升工程,建设林荫绿道,打造带状公园。增添“绿意”。推进城市修补工作,结合老城区地块改造插绿补绿,加快居住小区立体绿化景观建设,鼓励家家户户植绿护绿、增添新绿,努力营造“绿意涌动景如画,碧水拥翠入城来”的意境。

五是良田建设工程。严守2.58万公顷耕地红线,努力提高质量,实现基本自给,为城市发展留足空间,为子孙后代留下财富。加快土地复垦。立足耕地占补“自我平衡”,细化土地复垦规划和年度计划,梳理坑塘水面、沿江空地、沟渠荒地等空间,统筹增减挂钩、连片复垦、零星挖潜等方式,力争三年内复垦新增耕地1000公顷,实现“耕地零占用”目标。提高农地质量。扎实推进国家高标准农田建设试点任务,集中精力财力实施农田改造,加快提升粮食主产区基础设施水平,形成以高标准农田为核心、完整灌溉设施为基础、生态林网系统为支撑的现代农业生产环境。

2. 解决紧迫性的问题。坚持聚焦问题、回应关切,着力解决群众最迫切、最困难、最现实的问题,提升美好生活的满意度。重点突破“行、涝、污、居、厕”五大难题。

一是出行便利工程。当前,一些地段拥堵现象比较严重,静态交通的消化能力不足,公共交通覆盖率偏低。要把提升交通组织功能作为难点来攻坚,着力打通拥堵,舒畅人心。完善停车管理。加强主次干道停车基础设施建设,规范人行道停车秩序,推进智能停车系统工程,开展路内停车泊位和公建停车场特许经营。到2020年新建社会停车场8个、停车泊位5000个。优化公交布局。加快交通综合换乘枢纽建设,围绕新老城区、社区小区,就近设置公交站点,研究开通市镇微循环公交,构建功能清晰、布局合理的新型城乡公交网络,有效提升公交出行的吸引力和分担率。打造慢行系统。进一步完善滨江新城慢行系统规划,建成公兴河(城东大道—新小桥港)、小桥港(望江路—沿江公路)慢行绿廊,尽快实现新城慢行系统全覆盖。

二是防洪排涝工程。内涝影响着人们的生活,而地下管网等“看不见的工程”则考验着城市的良心。要更加重视地下工程建设,立足长远规划,把功夫下在平时,补足城市“里子”的历史欠账。打造海绵城市。开展城市水文现状分析,重视发挥生态绿地、河湖资源等“自然水库”作用,推进10.3平方千米海绵城市示范区规划设计,明年完成6个海绵城市建设示范项目,力争3年内通过江苏省海绵城市建设试点城市验收。提标污水管网。全面开展城乡生活污水治理,加快城区和集镇建成区污水管网建设,推进易涝地段和社区管网升级改造,想方设法打通污水接管最后一千米。升级排涝能力。启动长江堤防防洪能力提升、西部片区水系连通工程,升级改造天生港、文东港堤段,开挖公兴河、横二河等河道,全面提升城市引排能力。

三是污染治理工程。以“263”专项行动为抓手，重点解决群众身边的突出环境问题，坚决制止和惩处破坏生态环境行为，努力提升绿色发展公信力。还原生态本色。全面落实河长制，扎实开展黑臭河道集中整治，一条条排查污染来源，一条条拿出工作方案，明年重点推进老横港、展泗港等河道治理试点，确保区域断面省考达标率100%，还老百姓一个清水河道。强化农业面源、工业点源和生活垃圾污染防治，推进农业废弃物、建筑装潢垃圾资源化利用。着力减煤减化。深入开展燃煤锅炉分类整治，严控新改扩建耗煤项目，力争重点企业减到位、一般企业不增长，到2020年削减煤炭消费量56.12万吨。扎实推进化工企业“四个一批”专项行动，妥善做好关停企业后续处置，到2020年全市化工生产企业总数减少到37家以下。消除环境隐患。开展化工生产、危化仓储、危废处置企业环境隐患排查清理，深化企业环境安全达标建设，推动安全生产主体责任落实落细，严防严控环境风险。

四是物管创优工程。物业管理水平的高低，是公共空间治理群众参与度的直观反映。要从调动和激发公众积极性入手，优化多类别小区物管服务功能，从根本上消除思想认识的排斥现象、管理机制的滞后现象、配套设施的短腿现象。商业小区要规范管理。探索物业分级管理制度，建立严格的奖惩退出机制，促进企业良性竞争，提升物管行业规模品质。安置小区要创新路径。兼顾市场化和公益性，以“政府主导、市场运作、群众参与”为原则，支持有条件的小区成立物业公司行使管理职能，创新物业经费收支管理办法。老旧小区要形成机制。引入虚拟小区概念，以地域为纽带划分老旧小区物业管理单元，在社区兜底维护的基础上，用志愿服务推动物管服务落地，形成居民自主决策、自治管理的良性格局。

五是厕所革命工程。厕所虽小，却是城市文明的重要窗口。要大力推进“厕所革命”，扩大城乡公厕覆盖率，提高建设管理水平，努力补齐这块影响群众生活品质的短板。补足总量。在绿化景观、公用设施建设时，充分考虑公厕规划设置和设计融合，切实解决选址难的问题，确保到2020年每年新增二类公厕30座。鼓励开放。建立“厕所开放联盟”，倡导符合条件的企事业单位加入，弥补局部地区厕所数量不足。依托移动互联平台，结合全域旅游APP开发，整合公厕地图系统，实现一张地图找厕所、用厕所、评厕所。优化管理。制定公厕建设管理规范，明确设施配备和保洁维护标准，打好“规范建管、市民点评、巡查暗访”组合拳，真正让公厕微空间体现文明新形象。

3. 力求长远性的提升。坚持量力而行、尽力而为，用持续性的攻坚实现群众生活最有效的改善，提升美好生活的幸福感。重点关注“教、医、老、贫、住”五个方面。

一是教育优先工程。立足“优质均衡、机会均等”，着力打通布局不优、师资紧缺、就近入学难等堵点，加快构建终身教育体系，打造靖江特色的教育品牌。增加教育供给。把握人口城镇化趋势，加快城区中小学、幼儿园布点，统筹镇中心校、村完小配置，推进滨江、城北、季市等中小学建设，力争三年内新建和改扩建幼儿园12所，切实消除“大班额”现象，确保每个学校都能实现最大效率、发挥最佳效益。均衡优质资源。优化高中阶段教育布局，加快省靖中新校区建设，积极推进刘国钧中学和斜桥中学创“四星”工作，加速形成东南西北各一所四星级高中的格局。完善教育资源共享机制，推动师资配置向农村倾斜，努力让每个孩子都能享有公平而有质量的教育。拓展多元模式。顺应需求多元化、产业高端化、人才国际化导向，鼓励更多法人资本、社会力量参与办学，引进国际教育资源，打造区域性国际学校品牌，进一步增强城市吸引力。

二是健康靖江工程。以破解“看病难看病贵”为根本，大力推进“健康靖江”建设，推动卫生与健康工作由“以治病为中心”向“以健康为中心”转变。提优医疗水平。针对市外转诊需求居高不下的矛盾，加大紧缺急需和高层次医疗人才培养引进力度，支持本土医院与市外高级别医院合作办医，明年重点加快中医院改造提升，实现硬件软件齐头并进。做实分级诊疗。围绕“小病不出村、常见病不出镇、大病不出市”，完善家庭医生签约服务，探索医保结算比例向基层倾斜，做实纵向型县域医疗联合体，推动优质医疗资源下沉，用价廉质优便捷的医疗卫生服务提高基层首诊率和满意度。长效健康管理。树立全民健康服务理念，坚持防治结合、预防为主，配齐“健康小屋”社区服务终端，有效增强群众疾病防控意识和自我保健能力，努力为人民群众提供全生命周期的卫生与健康管理服务。

三是敬老安康工程。全市人口正趋向深度老龄化，养老政策不健全、养老体系不完善等问题日渐凸显,必须在顶层设计上提前谋划、配套扶持上前瞻布局,更好地满足市民养老服务需求。错位发展机构养老。在政府兜底运营保障困难群体基本养老的基础上,引导社会力量兴办各类养老机构,鼓励民办养老机构为政府供养对象提供服务,力争到2020年千名老人拥有养老床位数达40张以上。提质发展居家养老。探索以政府购买服务形式建设运营居家养老服务中心,推动农村利用闲置土地、房屋开展自助式、互助式养老,落实新建小区便老设施配建,加快老旧小区适老功能改造,完善居家养老信息服务平台,让老人享受多层次、多样化的居家养老服务。大力发展医养融合。加强养老机构医疗服务能力建设,全市100%的养老机构建立医务室或与医疗卫生机构签订医疗服务合约。拓展医疗机构为老服务功能,确保二级以上医院全部开设老年科门诊与老年病区,每个镇至少有一家医疗机构实现医养融合。

四是脱贫攻坚工程。按照"小康路上一个不落"的目标,把功夫用到帮助贫困群众解决实际问题上,把精力放在创造可持续发展条件、激活内生动力上,推动精准扶贫、精准脱贫各项政策措施落到实处,2018年底完成80%的脱贫任务,2019年实现全部脱贫。"输血"摘穷帽。加强和规范经济薄弱村"三资"管理,用好扶贫专项基金,促进村级资产资源有效利用。全面推进"阳光扶贫"监管系统建设,动态调整低收入农户,实现精准识别。完善贫困学生帮扶、特殊家庭解困等扶贫政策,提高城乡居民大病保险报销比例,探索医疗扶贫补充保险制度,全面推广新桥镇"126"试点经验。"造血"除穷根。开展"就业济困行动",鼓励企业同等条件下优先聘用低收入农户,推广来料加工等家门口的就业模式,促进有劳动能力的低收入农户充分就业。加快"农村创业发展基地"建设,以厂房租金和项目发展保证扶贫的持续性和有效性。

五是住房保障工程。坚持多主体供给、多渠道保障,完善住房多元供给体系,既确保困难群体有房可住,更服务全市人民住得更好。提质住房增量。高标准建设商业小区,深入实施货币化安置,加快推进保障性住房分配,先行在人才公寓探索租购同权,通过供给端的结构优化让老百姓住有所居。改善住房存量。启动老旧小区提升改造工程,突出解决好"三线"凌乱以及路面、立面破旧等问题。持续推进棚户区改造,按照现代居住功能要求实施人性化改建。保持违建"零增长"管控态势,探索提前拆迁、转移安置方法,有效缓解建房管控矛盾。实施房价调控。坚持"房子是用来住的、不是用来炒的"定位,根据商品房库存消化周期调整住宅用地供应规模结构,确保供地有序、房价平稳。

(三)致力小康建设更全面。对照最新出台的江苏省《高水平全面建成小康社会监测统计方案》,靖江市52个二级指标中,仍有11个指标的实现度在80%以下,涉及三次产业协调、创新创业、公共产品供给、文化发展等多个方面。决胜全面建成小康社会,开启现代化新征程,必须在补足小康指标短板的基础上,着眼大视野、长时区,全方位提升共建共享发展水平,提高群众幸福指数。

1. 提升富民品质。面对经济转型和技术进步对经营者、劳动者素质要求越来越高的新形势,要以优化产业结构、提高产业层次为根本,以提升创业能力和就业技能为先导,引导广大群众用聪明才智和辛勤劳动实现增收致富。一要壮大农业经济,增添长久动力。提升富民品质,主战场在农业、农村,重点在农民。要把现代农业发展作为乡村振兴的重要抓手,作为提升农民显性收入和实现农民持续增收的重要途径。深化结构调整,以"一带一镇两园"北部现代农业发展走廊建设为重点,持续推进整村整场结构调整,紧扣"特色精品",力争招引建设亿元以上农业项目20个。实施品牌战略,立足打响靖江好粮油品牌,选择6.67公顷左右示范田,种植优质优味稻米,打造特色"金名片",新增农业"三品"20个。优化业态模式,大力发展乡村旅游、创意休闲农业和农业生产性服务业,不断提升农业经营综合效益;全面推行农业标准化生产,推广生态循环种养模式,实施"农业重大技术推广计划",推进现代农业服务体系建设,实现节本增效和绿色发展"双赢";积极探索集体资源资产股份化的有效实现形式,成立农业发展公司,鼓励农户利用土地承包经营权、资金等入股,赋予农民更多财产权。二要提升服务业能级,激发增收活力。加快现代服务业发展,是增强城市功能、聚合优质要素的必然要求,是带动城市经济、扩大创业就业的必解之题。要推动服务业加快向各类产业渗透,既持之以恒发展好批零住餐等传统服务业,稳住就业创业"蓄水池",又大力发展特色化、高品质的商贸、旅游、"互联网+"等现代服务业,挖掘更多"金饭碗"。新城区要以满足城乡居民日益增长的消费需求、日益提高的消费层次为出发点，积极引进新型商贸业态，加快新城地标工程建设，打造一批集购物、餐饮、文化、娱乐、商务、休闲等多种功能于一体的商业综合体，提升城市品位和吸引力；老城区要完善和优化商圈布局，升级改造传统服务业，大力发展街区经济、街道经济、里弄经济，形成不同层次商业板块，为富民带来更大的活力和空间。三要强化激励扶持，提升致富能力。继续实施就业优先战略，紧扣新技术、新产业、新业态发展需求，加强就业技能"订单式""定向式"培训，大力培养高技能的"工匠型"人才，在提高劳动生产率和增加工资性收入的同时有效缓解就业结构性矛盾。深入实施《马洲就业创业引领计划》，推进人力资源产业园建设，探索创业园、孵化基地、众创空间市场化运作，组织优秀创业项目靖江产业榜样评选推荐，发挥示范带动效应，打造"创富靖江"品牌。

2. 彰显城乡特质。按照融合发展的目标要求，完善供给服务体系，统筹城乡一体化建设，力争"十三五" 期末城镇化率达70%，打造人民满意的幸福城市，创造人民向往的美好生活。一要提升城市中心吸附力。坚持以建设群众认可、人人向往的特色滨江城市为目标，创新城市建设理念，加快整体推进步伐，不断丰富现代城市的内涵气质。放大"家"的理念，就是要在以人为本、宜居宜业上布局好空间、完善好服务，全面提升人居舒适度。要加快优化新城城市客厅空间布局，集中精力推进新城"2020"发展目标，力争到 2020 年新城面积拓展到 20 平方千米、建设 20 个重大民生项目、集聚 20 万人口，给所有靖江市民一个承载美好生活的家。放大"公园"的理念，就是要注重生活生态空间叠加、古建新品无间组合，在传承历史中彰显时代光华，全面提升文化记忆度。要有力有序实施老城有机更新，以"城市公园"规划建设为引领，加快城中村改造和文化街区建设，依托人民公园、老街古建，串联水系绿地、城市景观，让老记忆重现魅力，让老文化生生不息，用心展示"春岸绿野、乡愁绿意"的靖江风土，诠释"江花红胜火，靖江绿如蓝"的城市风情。放大"交汇点"的理念，就是要立足江海联动、南北融合的枢纽定位，提升城市开放度。要超前布局城市南进东扩规划建设，推动城市阳台与东扩空间相融合、城市设施与过江通道相衔接、城市功能与产业集聚相配套，努力承接南北联动红利，实现区域协同融合发展。二要提升特色镇村承载力。按照"产业兴旺、生态宜居、乡风文明、治理有效、生活富裕"的总要求，全面推进新时代特色镇村、美丽乡村建设，力争到 2020 年全市集镇人口占比达 45%以上。特色镇建设，要突出主题、唱好主调，积极探索以新理念新载体推动产业升级、业态创新、功能完善，深入挖掘农耕、古镇、岳飞等文化底蕴，促进产业、生态、旅游等功能深度融合。特色小镇建设，要坚持产业、创业、就业"三业一体"，厂区、社区、景区"三区融合"，主体、载体、立体"三体联动"，进一步集成政策、集中优势，聚拢人气、提升商气。美丽乡村建设，要寻找历史根基、传承人文脉络、遵循自然肌理，将田园风貌、乡土风格、现代风尚有机融合，因地制宜推进村庄改造、村民自建和集中居住，加快建设德胜村、徐周村特色田园乡村试点，努力彰显"枕江听涛埭上，小桥流水人家"的靖江乡村风貌。三要提升公共服务供给力。坚持"资源跟着需求走、服务跟着居民走"，加快完善城乡公共服务供给体系，全面提高公共服务共建能力和共享水平。研究制定《"十三五"时期基层基本公共服务功能配置标准》，统筹考虑城镇建设、产业发展、人口分布等因素，科学合理确定城乡公共服务设施、服务事项、服务半径和覆盖人群，力求布局科学精准、服务便捷高效。要着力打破城乡二元结构，加快推进各类基础设施、公共服务资源向农村延伸，全面推动城乡规划建设、产业发展、生态保护、社会事业等一体融合发展。

3. 涵养文明气质。全面建成小康社会，既要在物质生活上充实无忧，也要在精神境界上充分升华。一要弘扬文明风尚。巩固提升国家卫生城市创建成果，深入推进新一轮全国文明城市创建，持续深化"文明养成、文明熏陶、文明守望"系列活动，广泛开展"万家文明风、千人公德榜、百堂道德课"，引导广大市民立足自身、立足岗位，从细微小事抓起，从一点一滴做起，共同维护社会秩序、德化社会风气、提升社会形象。二要繁荣文化事业。坚持大视野看文化、大格局做文化、大气度育文化，提升精致城市内涵。深入挖掘马洲文化基因，传承发扬宝卷文化、山水文化、红色文化，努力增强城市的历史纵深感，厚植更为广泛的文化自信。要培育壮大文化产业，促进文化与旅游、教育、金融等深度融合，推动泥哨、竹编、盆景等传统工艺产业化、市场化拓展。要持续开展"文化惠民"工程，推进广电融媒体建设，提升

“牧城书驿”“牧城伴读角”等文化基础设施,打响“书香马洲”“骥江大舞台”等特色文化品牌。三要创新社会治理。深入推进基层社会治理创新,以城市社会化体系建设为目标,探索公益创投、社区基金和微社区等社会治理的新形式,培育一批活跃在村社区的社工队伍和自治组织,构建政府治理、社会调节、居民自治的良性互动格局。充分发挥网格化服务管理的基础性作用,按照“一张网”的要求,把人、地、事、物、组织等全部纳入管理范畴,推动网格统一划分、资源统一整合、人员统一配备、信息统一采集、报酬统一筹措,实现资源共享、工作联动。要深化依法治市实践,加大全民普法力度,稳步推进司法体制改革,严格规范公正文明执法,牢固树立全民法治信仰。

四、全面提升党的建设水平,激发美好靖江新动能

(一)以政治建设为统领,凝聚看齐中央的向心力。党的政治建设是党的根本性建设,必须摆在首位,进一步凝心聚力、固本塑魂。一要坚定政治立场。全市各级党组织和广大党员干部要把坚持党中央权威和集中统一领导作为政治建设的首要任务,牢固树立“四个意识”,切实增强“四个自信”。坚定不移向习近平总书记这个党中央的核心、全党的核心看齐,坚定不移维护党的集中统一,坚定不移贯彻中央的决策部署,坚定不移执行党的政治路线,做到在政治立场、政治方向、政治原则、政治道路上同党中央保持高度一致。二要提高政治觉悟。全市各级党组织要深入推进“两学一做”学习教育常态化、制度化,组织开展“不忘初心、牢记使命”主题教育,引导全体党员干部自觉做中国特色社会主义共同理想的坚定信仰者、忠实实践者。认真落实党委意识形态工作主体责任,用好党委(党组)中心组学习、干部网络学院等载体,推动全体党员干部以习近平新时代中国特色社会主义思想武装头脑、指导工作,汇聚起实现“率先领先争先”、建设新时代美好靖江逐梦前行的磅礴力量。三要严守政治纪律。全市各级党组织和广大党员干部要自觉尊崇党章、遵守党章、维护党章,严肃执行新形势下党内政治生活若干准则,不断增强党内政治生活的政治性、时代性、原则性、战斗性。用好批评与自我批评有力武器,强化监督管理,严肃纪律执行,坚决纠正和查处违反政治纪律政治规矩的“七个有之”,真正做到执行纪律无条件、遵守规矩不含糊。

(二)以组织建设为基石,锻造实干担当的主心骨。适应新时代、推动新发展、开创新局面,离不开坚强有力的基层党组织,离不开实干苦干的干部队伍。要注重抓基层、打基础,强队伍、优结构,力争每一个基层党支部、每一名党员干部都成为一面鲜红旗帜。一要建强红色堡垒。党的工作最坚实的力量在基层。牢固树立“党的一切工作到支部”的鲜明导向,以提升组织力为重点,切实将基层组织建设与“经济发展更平衡、民生保障更充分、小康建设更全面”的深入推进紧密结合,让红色基因融入发展血脉。以服务发展为目标,创建党建工作特色品牌,着力培育一批党建工作先进典型、示范亮点和特色板块,切实提升政治领导力、组织覆盖力、群众凝聚力、社会号召力,使基层党组织的堡垒作用更强、工作更实、威信更高。二要高扬先锋旗帜。大力实施以“基层组织引领、企业项目帮领、党员模范带领”为主线的“三领联动”发展模式,充分发挥基层党组织和党员先锋的示范带头作用,全面形成“组织共建、发展共促、区域共富”的基层党建工作新格局。牢固树立党员身份意识,深入实施“两聚一高”先锋行动,扎实开展“党员亮牌示范”活动,充分发挥基层党组织和广大党员干部在社会治理、民生保障中的支撑作用。三要培优一线梯队。始终坚持人才在一线发现、精兵向一线配置、干部在一线培养。全面落实20字好干部标准,突出重忠诚、重实干、重担当、重基层、重口碑的用人导向,注重向基层倾斜、向急难险重的岗位倾斜,大力选用一批创新型、担当型、专业型、服务型干部。全面实施“八大本领”提升工程,结合“789”青年干部培养计划,促进更多有潜力、有活力的“好苗子”在基层一线摔打磨炼,在改革发展前沿贡献智慧力量。扎实开展“1511雁阵培育”计划,加强育用结合,实行动态管理,着力打造一支懂农业、爱农村、爱农民的村级干部队伍,有效夯实党的执政根基。

(三)以作风建设为抓手,提振干事创业的精气神。迈进新时代,开启新征程,实现新作为,需要的是永不懈怠的精神状态和昂扬向上的奋斗姿态。一要鼓足争创一流的志气。拉高标杆,提高标准,以“争第一、创唯一”为目标追求,拿出一流的状态、展现一流的作为。坚持正向引导,大力弘扬“人心齐、士弘毅、敢争先”的靖江品格,放大“一榜一奖”效应,鼓励激励广大党员干部初心不忘、使命不怠,永葆干事创业的火热激情。二要昂扬克难攻坚的锐气。全市各级党组织和广大党员干部要始终坚持“把使命放在心上、把责任扛在肩上”,面对改革发展的难题,善于研究、勤于思考,敢于负责、勇于破题,做到“我的工作我负责,我的工作请放心”。要深入开展“一线思考”讲坛,围绕热点抓选题,直面难点见深度,助推全市各级党员干部在一线实践中亮出主见、在一线站位上谋划主意、在一线舞台上当好主角。要坚决杜绝不求上进、无所作为的思想,激发“居后不甘后,处弱不示弱,有难不畏难,吃苦不言苦”的进取精神,多想办法、多谋出路,变问题为课题、变不利为有利,用创新的办法解决发展的难题。三要汇聚同心同向的士气。完成各项目标任务,需要全市上下群策群力,调动一切积极因素共同奋斗。要巩固和发展最广泛的爱国统一战线,更好发挥各民主党派、工商联、无党派知识分子的参政议政作用。要把群团事业作为党的事业的重要组成部分,更好发挥工会、共青团、妇联等群团组织的桥梁和纽带作用,最大限度地凝聚社会各界推进改革发展、维护和谐稳定的共识和力量。

(四)以纪律建设为准绳,提升清正廉明的公信度。坚持把纪律挺在前面,严格执纪问责,严厉惩治腐败,激浊扬清,崇廉尚洁,以党风廉政建设和反腐败工作实际成效取信于民。一要坚决落实两个责任。市级机关各部门要充分发挥全面从严治党主体责任办公室作用,通过虚拟化设置、实体化运作,推动党组织和党员干部切实履行主体责任,做到知责明责尽责负责。完善派驻监督工作机制,开展党风政风专题监督,稳妥推进监察体制改革试点,进一步拓宽监督渠道。推动全面从严治党向基层延伸,在农村基层党组织建立“三张清单”,开展乡镇政治生态评价试点,增强农村基层党组织和党员干部管党治党的自觉性。二要坚持不懈正风肃纪。严格遵循中央“八项规定”及实施细则精神,严肃严明会风会纪,坚决查处违规吃请、公款吃喝等群众反映强烈的突出问题,切实防反弹、防松懈、防制度空转。深入实施“微官微权微腐败”专项治理,切实推进“廉洁乡村”建设,使党风政风更正、乡风民风更淳、党群干群关系更亲。三要坚定不移固本清源。坚持把巡察制度作为全面从严治党的重要抓手,采取常规巡察和专项巡察相结合的方式,推动常态化、全覆盖,坚持问题导向,围绕“查、改、防”,做好巡察后半篇文章。建立健全权力运行制约机制,按照制度化、信息化、公开化的要求,围绕关键点、狠抓薄弱点、严控风险点,对现有制度再完善、再规范,把比较成熟、普遍适用的经验提炼上升为制度规定,强化刚性执行。扎实开展针对性强的党风廉政教育,推动廉洁文化本土化、品牌化,进一步夯实“不愿腐”的堤坝,筑牢“不敢腐”的防线,着力打造政治生态的绿水青山。

靖江市第十六届人大常委会工作报告(摘要)

——2018年1月13日在靖江市第十六届人民代表大会第二次会议上

靖江市第十六届人大常委会主任 尤 红

2017年工作回顾

2017年,市人大常委会在中共靖江市委的正确领导下,全面学习党的十九大精神,深入贯彻习近平总书记系列重要讲话精神和治国理政新理念、新思想、新战略,坚持党的领导、人民当家做主、依法治国有机统一,紧紧围绕全市发展大局,依法履职行权。全年共举行常委会会议9次,召开主任会议14次,听取和审议专项工作报告28项,作出决议决定8项,开展视察、调研和执法检查10次,圆满完成市十六届人大一次会议确定的各项任务,为推进全市经济社会发展和民主法制建设做出了积极贡献。

一、坚持党的领导,注重传承创新,促进人大工作与时俱进

同心同向,牢牢把握履职关键。旗帜鲜明讲政治,牢固树立"四个意识",自觉在思想上、政治上、行动上同以习近平同志为核心的党中央保持高度一致。贯彻市委决策,紧紧围绕市委部署开展人大工作,及时将市委意图通过法定程序转化为全市人民的共同意志和自觉行动。发挥核心作用,切实履行党组把方向、管大局、保落实的政治责任,确保人大各项工作遵循党的主张顺利开展。

求精求实,充分发挥职能优势。积极策应市委重要战略部署,围绕智慧城市建设、智能制造推进、优势企业培育、就业创业促进、医养融合定位、融入扬子江城市群建设等7个事关靖江未来发展的重大课题深入开展调查研究,形成调研成果,为市委重大决策提供参考。充分发挥人大密切联系群众的独特优势,着力打通政府行为与代表建议、代表工作与人民期盼的渠道,把群众最关心、最现实、最急需解决的问题及时向政府反馈,为政府科学行政提供依据。

创新创优,不断强化工作举措。在监督工作上,监督方式从单一向综合转变,监督范围从节点向全过程延伸,监督力度从柔性向刚性转化,监督实效明显增强。在代表工作上,畅通代表联系机制,完善代表活动机制,探索民意互动机制,改进代表建议督办机制,推动代表更好地发挥作用。在人事任免上,坚持党管干部与人大依法任免相统一,完善选举任免机制,深化政府工作部门主要负责人向常委会报告履职情况制度,促进人大任命的干部更好担当。全年共依法任免国家机关工作人员54人次,任命80人为新一届人民陪审员。

二、围绕全市大局,突出转型升级,促进经济社会健康发展

支持经济稳健运行。强化经济运行质态分析。听取和审议市政府2016年国民经济社会发展计划和财政预算执行、2017年计划和预算安排等情况的报告,在充分肯定市政府冷静应对压力、涵养发展耐力、主动适应经济新常态的同时,建议要围绕年度目标任务,强化经济组织管理,以项目突破扩增量,创新驱动强动力,集约发展提质量,高位嫁接促转型为手段,不断提升经济运行质态。强化财政预算执行监督。在听取和审议市政府2016年财政决算报告和相关审计报告,批准2016年财政决算和2017年财政预算调整方案的基础上,加强对审计发现问题整改情况的督查,建议市政府加强财政资金监管,严格预算执行,优化支出结构,切实提高财政资金使用效益。

支持实体经济发展。推进项目突破。通过专题审议项目建设"三个一百"目标落实,组织两级代表视察园区项目建设等方式,建议市政府优化投资结构,坚持项目招引规模与内涵并重,项目建设速度与效益并举,项目服务用心与贴心并行,力促项目早建成、早投产、早见效。推进金融服务。专题听取创新金融产品精准服务实体经济情况汇报,建议市政府以实体经济需求为导向,进一步健全金融服务体系,加快金融产品和服务创新,实现金融与实体良性互动、共生发展。

支持经济转型升级。围绕加快形成以创新为主要引领和支撑的经济体系和发展模式,先后听取"百优企业"技改、高新企业培育、科技创新券使用、知识产权司法保护等情况汇报,专题调研智能制造,组织视察"互联网+新型商业模式",开展科技成果转化执法检查,着力推动发展方式转变。围绕土地节约集约利用,听取闲置低效用地盘活处置情况汇报,力促项目土地供管模式优化,实现低效用地再开发,闲置土地再利用,节地水平和产出效益"双提升"。

三、紧扣为民宗旨,致力改善民生,促进发展成果全民共享

推动公共服务均衡发展。关注精准扶贫。听取富民增收及精准帮扶工作情况汇报,要求落实创业扶持政策,拓展就业创业渠道,完善长效脱贫机制,兜好扶贫帮困底线。关注病有所医。听取公立医院综合改革情况汇报,要求以"维护公益性、调动积极性、保障可持续"为目标,有序推进医疗卫生体制改革,让医改红利更多地普惠于民。关注老有所养。专题调研综合性养老工作,要求形成以"居家为基础、社区为依托、机构为补充、医养相结合"的养老服务格局,提升养老服务水平。关注学有均教。听取全市城乡学校布局调整情况汇报,要求把优质均衡作为教育发展方向,着力优化教育资源配置。关注土地流转。听取规范土地经营权流转行为,推进农业适度规模经营工作情况报告,要求规范土地流转程序,预防土地流转风险,维护农民合法权益。

推动城乡建设统筹发展。

让城市更宜居。围绕新城首位度发展定位，听取滨江新城建设情况汇报，促进新城建设高起点规划、高标准推进、高效能经营，着力打造生态、活力、智慧、幸福、共享的美丽新城。听取城市建成区违法建设整治情况汇报，促进长效管理机制落实，确保“新生违建零增长、历史违建负增长”。组织视察文明城市创建，促进城市管理与市民素养双提升。听取文化街区规划建设情况汇报，促进文化传承与现代元素融合，彰显城市文化底蕴。让乡村更美丽。围绕乡村振兴，听取特色小镇培育情况汇报，促进以新理念、新载体推动特色小镇产业升级、业态创新、功能完善、美丽宜居。视察乡镇医院建设、公路拓建工程和水利泵站项目，促进民生实事落实。让环境更生态。听取减少落后化工产能情况汇报，视察靖泰界河疏浚整治，检查禁渔期《中华人民共和国渔业法》贯彻执行，促进践行绿色发展理念。

推动社会治理创新发展。强化工作监督。围绕群众关切，组织对市人社局、民政局开展工作评议，采取广泛征求意见建议，听取整改情况汇报，组织满意度测评，跟踪整改落实等方法，督促政府部门依法行政、认真履职、作风转变。强化法律监督。围绕保障弱势群体权益，开展《中华人民共和国未成年人保护法》执法检查，督促未成年人保障机制落实。扎实开展规范性文件备案审查工作，做到有件必备、有备必审、有错必纠。强化司法监督。围绕社会公平正义，专项审议侦查监督工作、社会治安防控体系建设等情况，听取行政执法检察监督及公益诉讼工作情况并作出决定，督促依法行政、公正司法。

四、突出服务保障，拓展履职途径，促进代表作用更好发挥

密切联系代表，引领代表发挥作用。加强学习培训。认真制定培训计划，精心组织集中培训，创新开展网络培训，常态安排日常培训，专题组织业务培训，增强代表履职意识。主动联系代表。常态化开展主任接待代表日活动，面对面听取群众建议，点对点协调解决问题。制度化开展市人大常委会组成人员和“一府两院”联系代表活动，拓宽代表知情知政渠道，深度了解社情民意。注重典型宣传。全年共对6名市人大代表先进事迹进行了宣传报道，集中展示来自于民、服务于民、为民建言、为民履职的代表风采。

创新活动载体，支持代表发挥作用。完善管理机制。建立代表履职登记制度，推行代表履职量化考核，推动代表联系群众工作规范化、制度化、长效化。抓好平台建设。按照“有阵地、有制度、有计划、有记录、有资料”的要求，建成“代表之家”51个、“代表联络工作站”18个、“选民联系点”19个。优化活动方式。组织异地交叉调研，开展专业代表小组活动，有序扩大代表参与常委会工作，激发代表履职热情。

强化建议督办，激励代表发挥作用。以解决问题为导向，以代表满意为标准，不断提高建议办理质量。建议承办有落实。年初召开代表建议交办会，落实承办责任；年终开展建议办理“回头看”，确保代表建议办理事事有交代、件件有回音。办理过程有监督。采取常委会领导牵头分工督办，相关委、办全程跟踪督办，组织代表视察督办等方式，确保建议办理不走过场。承办结果有评价。优化建议办理结果评价机制，改代表与承办单位“背靠背”评价为提、办、督三方共同参与的综合评价，使评价结果更加客观公正，后续办理更加快捷高效。在常委会的跟踪督办和市政府及承办部门的共同努力下，一次会议收到的90件代表建议均得到了较好落实，有力地推动了一批民生问题的解决。

五、注重自身建设，切实改进作风，促进履职能力不断提升

提高政治站位。增强政治自觉。把党的政治建设摆在首位，牢固确立崇高的政治追求、坚定的政治立场、强烈的政治担当。扎实推进“两学一做”学习教育常态化、制度化，严格遵守政治纪律和政治规矩。增强制度自信。深刻理解人民代表大会制度是符合中国国情和实际，体现社会主义国家性质，保证人民当家做主，保障实现中华民族伟大复兴的根本政治制度，进一步强化做好人大工作的使命意识、责任意识。

改进机关作风。加强调查研究，无论是召开常委会会议、主任会议，还是组织执法检查、代表视察，均事先进行深入调研，广泛听取意见建议，使常委会监督更具针对性、实效性。全年，共形成各类调研报告33篇，其中《关于农民增收致富和扶贫工作情况的调研报告》获评省人大征文三等奖。加强制度建设，完善常委会会议和主任会议议事规则，创新审议意见反馈机制，修订机关管理制度、工作制度，以制度管人管事，使各项工作更有章可循、有据可依、有度可量。加强廉政建设，全面落实党风廉政建

设责任制和领导干部"一岗双责"制,认真执行中央"八项规定",坚决反对"四风",树立人大机关良好形象。

*推进基层建设。*加强对基层人大的联系指导。定期召开工作例会,适时开展任职培训,专题听取工作汇报,帮助解决有关问题,形成上下联动的工作合力。鼓励基层人大探索创新。突出创新创优要求,加大创新工作在考核中的比重,以考核的杠杆,激发创新创优工作热情。靖城街道人大工委聘任人大工作信息员,新桥镇人大建立"家、站、室"组织网络,西来镇人大专题询问基层站所等一批特色做法,得到上级人大的肯定、同级党委的支持、代表和群众的点赞。

2018年工作思路

2018年是深入贯彻党的十九大精神的开局之年,是决胜高水平全面建成小康社会的关键之年。常委会将在中共靖江市委的正确领导下,全面贯彻党的十九大精神,以习近平新时代中国特色社会主义思想为指导,紧紧围绕市委十二届四次全会确定的"三大主题工作",切实关注民生,依法履职行权,为推进"率先领先争先"实践,创造新时代靖江人民美好生活做出更大贡献。

一、以党的十九大精神为指引,把握正确工作方向

常委会将把学习贯彻党的十九大精神作为首要政治任务,在学懂弄通做实的过程中进一步坚定人大工作正确方向。深刻领会以习近平同志为核心的党中央集中统一领导,是党的领导的最高原则;习近平新时代中国特色社会主义思想,是必须长期坚持的指导思想;党的十九大作出的重大战略部署、重大目标要求,是人大工作的时代主题;党的十九大对人大制度、人大工作作出的新决策、明确的新任务,是推进人大工作的根本遵循。准确把握党的十九大明确的"使各级人大及其常委会成为全面担负起宪法法律赋予的各项职责的工作机关,成为同人民群众保持密切联系的代表机关"的定位,始终坚持以人民为中心的发展思想,紧跟市委工作中心,紧贴市委决策意图,全面履行立法权、监督权、决定权、任免权,为"经济发展更平衡、民生保障更充分、小康建设更全面"三大主题工作强力护航。

二、以"工作机关"定位为遵循,依法履行法定职责

常委会将紧扣"三大主题工作"依法履职行权,保障和推动全市经济社会持续健康发展。聚焦经济发展更平衡。围绕建设现代化经济体系,以审查监督"十三五"规划、计划和预决算为"龙头",专题督查传统产业高端化、特色园区建设、"双品"工程建设、深化"3550"改革等工作情况,着力推动经济发展质量变革、效率变革、动力变革。聚焦民生保障更充分。围绕实施民生幸福三年行动计划,专项审议分级诊疗、增加教育供给等工作情况,专项督查活水绕城工程、良田建设工程、防洪排涝工程、污染治理工程、脱贫攻坚工程、"四好农村路"创建等工作情况,着力推动基础性、紧迫性、长远性民生工程落实。围绕司法为民,专项审议"执行难"、社会诚信体系建设等工作情况,专题督查《关于加强行政执法检察监督及公益诉讼工作的决定》的落实、升级版社会治安防控体系建设、社区矫正安置帮教等工作情况,着力推动公正司法。聚焦小康建设更全面。围绕提升共建共享发展水平,专项审议环境状况和环境保护目标完成、城市综合管理长效机制实施等工作情况,专题督查"一带一镇两园"北部现代农业发展走廊建设、文明城市创建、城市路网改造、农村生活污水治理、公共文化服务、全域旅游推进等工作情况,着力推动城乡发展品质提升。

三、以讨论决定重大事项为抓手,推进科学民主决策

常委会将按照中共靖江市委《关于健全人大讨论决定重大事项制度、政府重大决策出台前向本级人大报告的实施办法》要求,全面履行讨论决定重大事项职权。在把握全局中有序作出决定。坚持依法行使决定权与贯彻市委重大决策部署、推进全市重大发展战略、促进民主法治建设相结合,重点围绕"三大主题工作"、加强社会治理等方面适时作出决议决定,努力推动市委主张与全市人民意志的有机统一。支持基层人大依法行使决定权,在西来镇、新桥镇开展镇政府民生实事项目人大代表票决制试点工作。健全完善重大事项决定机制。制定出台《靖江市人民代表大会常务委员会讨论、决定重大事项的规定》,确保讨论决定重大事项严格按照法定程序和议事规则进行。建立健全工作机制,加强与"一府两院"的沟通和协调,完善法规审查、专业审查、民意审查工作流程,使讨论决定重大事项更加科学、更合民意,着力营造人民拥护、党委支持、政府理解配合的人大工作氛围。

四、以"代表机关"定位为遵循,密切联系人民群众

常委会将密切联系代表和群众，围绕“四有”做文章，积极发挥人大代表主体作用。活动有阵地。按照“全覆盖、重规范、求实效”的要求，加快完善代表之家建设，推进代表工作室建设，探索专业代表工作站建设，组织全市各级人大代表“进家、进站、进室”，广泛开展联系选民、接待选民等活动，促进代表联系群众常态化。管理有平台。制定出台《靖江市人大代表履职守则》，健全代表履职登记制度，落实代表向选民述职制度，建立先进代表评选制度，完善代表联系人民群众制度。按照市委要求，组织开展“将心比心”民生问题调研，更好地畅通社情民意反映和表达渠道。履职有途径。扩大代表对常委会和专委会的工作参与度，通过开展市人大常委会组成人员和“一府两院”联系代表活动、主任接待日活动，为闭会期间代表建议的收集、反馈和办理创造更好条件。建议有落实。健全重点督办、分类督办、统筹督办机制，开通代表建议网上办理系统，开展优秀建议办理评选活动，推动建议办理从答复满意向结果满意转变。

五、以提升履职水平为目标，全面加强自身建设

常委会及机关将坚持围绕中心、服务大局，以人为本、行权为民的工作定位，努力在“四为”上下功夫。增强“想为”的行动自觉。始终坚定制度自信，保持履职热情，时刻关注大局、融入大局、服务大局，积极投身干事创业之中。把握“善为”的工作基点。把工作放到全市发展大局、放到民主法治一线、放到人民群众期盼中去考量，多提有深度、有分量、有价值的意见建议，努力使人大工作与全市工作大局同向同行、同频共振。强化“敢为”的责任担当。准确把握人大工作的新要求、新任务，持续增强监督刚性，探索建立专题询问和质询机制，努力维护好、实现好、发展好人民群众的根本利益。提升“能为”的基本素质。进一步提升学习的能力、调研的能力、服务的能力，争做依法履职的能手、调查研究的高手、服务发展的强手，不辜负全市人民的期望和重托。

政府工作报告(摘要)

——2018年1月12日在靖江市第十六届人民代表大会第二次会议上

靖江市市长　叶冬华

把握新常态，率先领先争先发展取得新成绩

一、坚持质量第一、效益优先，经济运行稳中向好

“三个口袋”更加充实。财政收入持续增长。全年预计(下同)实现地区生产总值921亿元，增长7.6%；一般公共预算收入60.1亿元，同口径增长11.9%；完成固定资产投资540.1亿元，增长8%。企业效益稳步提升。供

给侧结构性改革纵深推进,新增经营主体1.2万家,增长65.7%。落实“营改增”等减税降费政策,累计降低企业成本10.5亿元。规模以上工业实现利润总额160亿元,增长11.1%。居民收入增速加快。城乡居民人均可支配收入达43248元、21330元,分别增长8.9%和8.8%。设立扶贫专项基金,启动建设农村创业发展基地,年内脱贫低收入农户3382人、减少经济薄弱村20个。

三次产业持续优化。工业经济提效发展。全面实施“机器人+智能制造”,完成技改投资280亿元,建成智能生产线30条、智能车间20个。落实小微企业助升计划,净增规模企业38家。规模以上工业实现增加值459亿元、利税260亿元,分别增长7.5%和12.9%。在世界航运市场复苏缓慢、造船产能过剩的形势下,靖江市造船完工量、新接订单、手持订单分别占全国的1/7、1/4和1/6。完成建筑业产值591亿元、入库税收7.1亿元,分别增长8.6%和13.2%。现代服务业提质发展。三次产业结构比调整为2.7:48.4:48.9,首次实现“三二一”的标志性转变。全力实施服务业项目“3个30”计划,实现增加值450亿元;沿江物流开票600亿元,增长9%。华为云数据中心、手拉手汽车文化小镇项目成功落户,金马运业入选省生产性服务业领军企业。大力推行“互联网+新型商业模式”,创成省级电商示范镇2个,示范社区、示范企业各1个。实现社会消费品零售总额197.1亿元,增长11.9%。完成涉旅投资24.8亿元,“兰沁橼香·品味靖江”成为旅游新名片。特色农业提速发展。新江平线现代农业加速集聚,大美徐周获批省级主题创意农园。积极调整农业结构,新增高效设施农业733公顷,占比达18.7%,优质稻米比重达73.9%;新创农业“三品”49个,靖江猪肉脯成为地理标志证明商标。农业实际利用“三资”20.8亿元,增长73.3%。

“三个一百”全面推进。项目建设有新突破。围绕项目签约、开工、竣工“三个一百”目标,结合靖江产业特点,客观分析发展阶段,前瞻把握产业走势,始终突出高端装备制造、现代临港物流两大主导产业,全力开展项目攻坚突破。新签约3亿元以上项目116个,新开工亿元以上项目103个,新竣工重大项目94个,拓璞航空、光汉科技等项目签约落地,国鹰航空、恒艾大健康产业园等项目有序推进,完成产业投资482.2亿元,增长10%。营商环境有新改善。大力推行“店小二”服务,健全信息筛选、跟踪联动、审批服务、督查推进机制。合理划分招商职能,搭建“1+4+N”招商架构,组建“百人招商团”,坚定不移“走出去”,创新重资产招商、平台招商新模式,招商专业化、精准化水平较快提升。平台经济有新影响。以标杆企业、领军人才、战略产业为主体,更大力度“请进来”,组织“双月会展”,成功举办中国空调特色小镇发展高峰论坛、首届全球供应链创新大会、国际创新创业大会、“新智造·新营养”靖江国际高峰论坛,城市知名度和美誉度不断提升。

二、坚持改革引领、创新驱动,区域优势重新构建

科技创新纵深推进。分类建设载体。实施政产学研合作76项,共建联合体27家、校企联盟19个,新增省级研发机构5家。建立离岸孵化基地63家,在孵项目364个、落地91个。建设上海材料所靖江研究院、金属材料涂镀国家实验室靖江分部,机器人智能制造中心获评省新型研发机构建设项目。Intertek靖江检品中心、国家空调质检中心靖江工作站等服务平台顺利落地,促进了关联项目集聚、竞争优势提升。柔性引进人才。成立靖江国际咨询委员会,挂牌靖江籍院士工作室6家,招才引智“磁场效应”进一步放大。常态化开展大院大所靖江行、企业院校行活动,引进“千人计划”专家12名,建立省级院士工作站1家。快速转化成果。开展创新型企业培育工程,出台绿卡制度,认定高新技术企业37家,高新技术产业产值占比达48.3%,万人发明专利拥有量达12.8件。实施“标准化+技术创新”,主导参与制定国际标准1个、国家标准7个、行业标准3个。深化“品质靖江品牌靖江”建设,新增省名牌产品2个、著名商标5件、省级以上“守重”企业10家,获评品牌江苏建设“金风奖”。

开放步伐更加坚定。践行绿色发展。按照“不开发”理念调优沿江生产力布局,编制完成生态湿地保护规划,加快落实生态修复举措,生产生活生态“3个1/3”岸线调控利用,为靖江永续发展留下更多空间。关停并转沿江低效企业,完成沿江非法码头和过驳整治。推行弹性出让等灵活供地方式,鼓励企业集约集聚发展,新建标准化厂房18万平方米。建成华东地区首家互动环保体验馆,“清爽靖江”环保品牌影响不断扩大。推进产业兴区。开发区工业开票销售、产

业投资分别占全市的68.4%、64.3%。新建万吨级码头泊位3个;实现货物吞吐量1.06亿吨,增长12.6%。特色园区布点加快,精密制造、电子元器件、智能制造产业园顺利实施。江阴—靖江工业园区发展注入新内涵,联动开发向融合纵深推进。扩大对外合作。实现外经营业额1.03亿美元,裕纶纺织投资项目列入中越产能合作清单;实际利用外资2.44亿美元,增长9.5倍。挂牌成立外事工作室,与加拿大迪格比地区开展教育、经贸合作,开拓了对外交流新渠道。

改革举措加快落地。深化审批改革。加快推进"3550"改革与"不见面"审批服务,建成全市政务服务"一张网","不见面"审批事项超过85%。新桥镇入选省级经济发达镇改革新一轮试点。推进金融改革。创新金融产品,积极开展融资租赁、投贷联动,建设银企e融服务平台,累计转贷12.3亿元。打造全省首家金融超市,成立高投新兴产业投资基金、精密制造产业引导基金。加快推动企业上市,新增"新三板"挂牌企业2家,完成股改3家,上市后备企业增至115家。推进国有平台公司改革,市场化、实体化运行迈出实质步伐。加快农村改革。完成土地承包经营权确权登记颁证,加快建设农村产权交易市场,建成农村"三资"管理平台。理顺国有粮企体制机制,启动供销社综合改革,推动建设"1860"现代农业社会化服务体系,"1189"农村公共服务运行标准全面推广。

三、坚持精明增长、内外兼修,宜居品质再攀新高

空间结构日趋优化。新城吸附力不断增强。围绕繁荣新城、做强功能,加快推进"十大工程、六大系统",启动建设文化中心、金融中心,休闲水街、小桥港景观带形态初显,万科商业核心区项目成功落地,滨江新城进入南进东扩新阶段。老城舒适度有所改善。围绕疏解老城、做优环境,完成2号、16号地块房屋征收工作,改造老旧小区28个,解危老旧危房4.8万平方米。建成工人文化宫,完成新建路、江华街、人民桥等路桥改造。获批省海绵城市试点,系统治理虹兴、虹桥等低洼地块,老城区基本告别"看海模式"。镇村协调性加快提升。围绕挖掘内涵、做靓特色,加快转变镇村发展方式,建立特色镇村项目库,镇域控规实现全覆盖。孤山空调小镇建成中国暖通空调交易中心,生祠苑艺小镇规划建设马洲兰苑。新桥德胜村、马桥徐周村成为泰州特色田园乡村试点,建成省康居村1个、美丽乡村3个。

城市脉络日益清晰。路网加速构建。积极策应扬子江城市群战略,在重大基础设施、产业布局等方面下好先手棋。市域交通成环成网,城西大道、公新公路全线贯通,广靖高速新互通投入使用。交通干线环境整治全面实施,建设农村道路100千米,通过"四好农村路"省级示范县验收。启动建设4个智慧停车场,新增停车泊位2513个。绿网丰富提升。天妃广场建成开园,完成横港南路等3条林荫路、新洲桥等4个小游园,增加绿地30万平方米,成片造林366.7公顷,荣膺中国山水盆景名城称号。水网持续改造。全面推行河长制,疏浚整治河道1136条,铺设城镇污水管道29.5千米,完成靖泰界河疏浚,八圩港、十圩港等城区河道治理积极推进,展泗港、老横港等黑臭水体整治全面启动。

治理水平日渐提升。城市创建成效显著。以创建有我、创建必成的决心,全域深化文明城市创建,分类推进"十二项提升行动",改造城区农贸市场10个,建成便民疏导点8个,用家门口的变化、看得见的成效,激发创建自觉、弘扬向上力量。国家卫生城市顺利通过复审,新桥创成国家卫生镇,省级卫生镇实现全覆盖。"263"行动序时推进。以守土有责、守土尽责的担当,直面问题,精准治污,铁腕执法。先后减少化工生产企业49家,削减煤炭消费量31.9万吨,关闭砖瓦企业15家,治理畜禽养殖场207家,关停拆除297家,充分展示了向环境污染亮剑的态度和决心。拆违整治取得突破。以不打和牌、不搞变通的作风,规范整治预拌混凝土行业,依法整治非法生产企业26家,启动东兴、西来预拌混凝土集中区建设。整体联动控违拆违,新发违建得到有效遏制,8.4万平方米违法建设被一举拆除,胜利街、刘村桥等一批违建问题得到彻底解决,初步形成了有违必查、有违必究的整治氛围。

四、坚持民生为本、服务在前,社会事业持续进步

公共服务更趋完善。教育事业优质发展。继续推进城乡教育一体化规划,完成生祠初中、第五中学、柏木小学改扩建,建成投用御水湾等6所幼儿园;推动怀德学院、职教中心科教资源融合共享。中高考成绩蝉联泰州第一,高考本科上线率再创新高。卫生事业均衡发展。深化医疗卫生体制改革,扩大家庭医生签约服务范围,公立医疗机构药品零差率实现全覆盖。人民医院获评全国改善医疗服务示范医院,新桥城医院建成运营,季市医院主体完工,国内首家县级人体奥秘科普馆投入使用。创成省流动人口基本公共卫生服务均等化示范市、省首批基层卫生十强县。文体事业繁荣发展。举办首届“书香马洲”读书节,建成牧城书驿 13 个、村(社区)综合文化服务中心 48 个。积极推进广电融媒体建设,编纂发行《靖江市志(1988—2007)》,成功举办第 35 届文艺节和第 5 届运动会,获乒乓球世青赛、全运会金牌各 1 枚。

保障体系更趋健全。多途径促进就业创业。积极拓展就业渠道,免费培训城乡劳动力 2.4 万人,新增就业 1.7 万人。发放创业富民“三张券”4854.5 万元,建成“靖江美食”品牌店 25 家,新建创业示范基地 12 家、众创平台 156 个。大力度推进社保扩面。深化机关事业单位养老保险制度改革,落实征地保障政策,新增各类参保 1.4 万人,城乡社会保险覆盖率达 99%,实现基本医保异地就医跨省实时结算。全方位开展社会救助。全面实施困难残疾人生活补贴、重度残疾人护理补贴制度,低保标准提高到每月 610 元。有序发展养老服务,6 家卫生院实现医养融合转型,省内首家老年人社会关爱平台投入运营。

社会大局更趋稳定。深化平安建设。以党的十九大安保维稳为主线,全面开展大排查大整治,信访积案“双百攻坚”成效明显。开展打击非法集资、恶意“逃废债”等十大专项行动,侦破一批社会关注、百姓关心的大案要案,获评省平安市。管控安全源头。组织开展应急演练 38 次,修编应急预案,遏制较大及以上生产安全事故取得成效。成为省首批食品安全示范市。夯实社会治理。全面实施“七五”普法规划,持续推进基层治理“一张网”建设,省级和谐社区达标率 94.4%。征兵工作考评位居泰州第一,省级双拥模范城创建高分通过初审。侨台、气象、民族宗教、机关事务、靖江永寿对口协作等工作取得新进展。

五、坚持不尚空谈、不骛虚声,自身建设不断加强

依法行政成为常态。推动落实重大行政决策程序规定,修订完善政府工作规则,健全政府常务会议、编委会、规委会等议事决策制度。自觉接受社会各界监督,定期向人大报告工作、向政协通报情况,办理市人大代表建议 90 件、政协委员提案 258 件,满意和基本满意率保持 100%。

效能服务直抵一线。深入开展“大走访大落实”,推进“两学一做”学习教育常态化、制度化。以靖江金牌榜、城市功勋奖为指引,激励全市上下争第一、创唯一。设立服务发展清障热线,取消和调整 12 项行政许可事项,梳理公布 176 项公共服务事项。推行局长(镇长、主任)有约“12345”活动,办理政府服务热线、市长信箱 5.2 万件,处置满意率达 96% 以上。“啄木靖江”惠民解忧经验在全省推介。

廉洁自律融入日常。严守政治纪律和政治规矩,强化“一岗双责”,全面落实党风廉政建设责任制。认真执行中央“八项规定”精神,全面公开预决算和公共资源配置信息,降低三公支出 26.7%。落实“管办分离”原则,规范政府投资工程招投标行为。加强重点领域监督,完成审计项目 30 个,政府投资工程预结算核减 6.13 亿元,审计监督效能持续提升。

走进新时代,开启加快建设美好靖江新征程

政府工作的总体要求是:以党的十九大精神为统领,认真落实市委十二届四次全会部署,坚持高质量发展,秉持系统思维,注重规律把握,始终领融合发展之先、领绿色生态之先、领创新改革之先,全力打造扬子江城市群中部崛起“桥头堡”,奋力走在高水平全面建成小康社会前列,共同书写新时代美好靖江新篇章。

2018 年,全市经济社会发展主要预期目标是:地区生产总值增长 8%左右,一般公共预算收入增长 5%以上,固定资产投资增长 10%以上;实际利用外资 2 亿美元,进出口总额 25 亿美元;居民收入与经济增长同步;主要能耗和污染物排放削减率达到省定标准。

一、突出提质提量,强化建设美好靖江的产业支撑

聚力做强实体经济。创造集群优势。统筹规划产业布局,积极引导车船机电等骨干企业强强合作、兼并重组、股权投资,鼓励中小企业走“专精特新”之路。推动传统产业高质量提升,力争 3 年内培育空调、电机、泵阀 3 个百亿级产业,工程机械、标准件、压力容器 3 个 50 亿级产业。加快推进建筑产业现代化步伐,实现建筑业总产值 620 亿元。创造竞争优势。加快新兴产业

高起点推进，筹建军民融合服务平台，积极发展健康营养、节能环保等新兴产业。深化百优企业技改、小微企业助升，确保工业技改投资增长10%以上，净增规模企业20家。深化“双品”工程建设，推进质量强市，有针对性组织技术攻关、工艺升级，力争培育泰州市长质量奖1个，新增中国驰名商标1件、省著名商标3件、省名牌产品2个。创造服务优势。以行政审批局成立为契机，进一步深化“3550”改革，加快推动“一枚印章管审批”。继续优化信贷投向，确保制造业贷款余额增长5%以上。加强上市公司市值管理，加快企业股改步伐，新增上市挂牌企业3家。积极创新服务举措，努力让企业家在市场竞争中有公平感，在合法营收时有安全感，在回馈社会后有尊重感。

加快推进数字经济。推动智能化改造。继续深化“机器人+智能制造”，引导企业向智能化、高端化转型，实施“机器换人”项目30个，新增工业机器人60台以上。鼓励企业装备智能升级，建成智能生产线20条、智能车间10个，力争规模企业关键工序设备数控率超过60%。加快数据化应用。设立数据管理机构，扎口数据集中统筹，协同推进数据共享开放。以华为云数据中心为平台，推动数据从分散向统一的云服务转变。引导制造企业运用大数据、物联网等新技术，向价值链“微笑曲线”两端延伸。实施网络化提升。继续深化“互联网+新型商业模式”，大力培育木材云、金马云、南方小麦中远期交易等新业态，发展现代物流和电子商务。引导企业建立网络营销和交易系统，鼓励中小企业在线销售采购，实现线上线下优势互补、融合发展。

积极发展城市经济。提升城市商贸业。突出培育新平台、新模式，促进生产性服务业提质增效、消费性服务业提档升级。加快建设万科商业核心区，引导商业综合体突出主题、错位发展。注重批零住餐行业发展，不断增强经济贡献度。发展街区服务业。合理布局创业街区，结合旧城改造和街区规划，匹配发展服务业，建成众创空间176家。集中打造金融街区，加快金融中心建设步伐，引导银行、保险业集聚发展。特色塑造文化街区，重点抓好14号、15号地块规划建设，推动盆景等传统工艺市场化发展，力争文化产业增加值超过15亿元。扶持旅游养老业。深化全域旅游发展，到2020年累计投入100亿元、建成景点100个、实现“旅游+”收入100亿元。健全城市综合养老服务体系，序时推进卫生院医养一体转型，加速布局“1+4”养老机构规划，千名老年人拥有养老床位数提升至38.6张。推动老旧小区适老功能改造，落实新建小区便老设施配建，引导社会力量兴办养老机构，让老年人享受多层次、多样化的居家养老服务。

二、突出创新创优，增强建设美好靖江的发展动力

拓展园区功能。优化发展载体。坚持开发园区经济建设主阵地、项目建设主战场定位，全力推进资源集聚、资本优化、资产放大，力争2020年开发区工业开票超千亿、排名挺进全国百强。积极培育园中园、区中园，启动建设智能新能源汽车产业园，加快推进大健康、精密制造、电子元器件等产业园。支持城南园区建设上海国际合作产业园，着力打造智能制造示范园区。支持城北园区招引高新项目，争创省级高新区。支持江阴—靖江工业园区叠加两地政策优势，加快融合发展步伐，体现产业发展新特色。优化运作模式。推行“管委会+公司”模式，实体运作港口公司、城南城乡建设公司、城北华东公司等国有企业。推行“基金+产业园+运营商”模式，设立产业投资基金，稳妥推进高投新兴产业投资基金、精密制造产业引导基金市场化运作。优化要素供给。创新“投资+引资”招商方式，推动用地瘦身，统筹建设高端产业标准化厂房。开展闲置低效用地处置，对低效项目下决心“腾笼换凤”。立足占补平衡深入挖潜，力争新增耕地200公顷。优化港口岸线整合利用规划，健全港口码头运营管理机制，积极申报保税物流中心(B型)，提升口岸综合服务能力。

提高开放水平。强化招商引资。聚焦高端装备制造、现代临港物流两大主导产业，继续办好“双月会展”，强化产业链招商、功能性招商和新业态招商。坚持把产出效益放在第一位，建立健全项目信息筛选、效益评价机制，持续提升项目产出质量。狠抓项目突破。持续攻坚“三个一百”，推进亚泰、标新等续建项目快竣工，新程汽配、东华测试等新建项目快建设，确保新招引3亿元以上项目100个、新开工亿元以上项目100个、新竣工重大项目100个。扩大对外开放。落实外贸稳增长扶持政策，建立外贸综合服务平台，实现自营出口21亿美元。拓展外事工作室服务网络，加快企业“走出去”步伐，促进对外经济持续增长。

强化创新驱动。突出创新主体。积极推进创新型城市建设,促进创新资源向重点产业和企业集聚。积极引导企业加大科研投入,全社会研发经费支出占 GDP 比重达 2.45%。培育创新型企业梯队,建立全流程服务体系,新认定高新技术企业 20家以上。推动离岸孵化项目转化,拓展“跨境孵化 + 产业协同”合作网络,新增在孵项目 150 个、落地 50 个以上。完善创新平台。与大院大所共建技术转移中心,建设一批创新联盟,打造协同创新链条。支持企业设立研发机构、组建产学研联合体,加快建设上海材料所靖江研究院、同济大学智能新能源汽车研究院等一批公共技术平台,新增省级研发机构 5 家。深化国家知识产权强县工程试点县创建,万人发明专利拥有量达 13.5 件。集聚创新人才。更好发挥靖江国际咨询委员会、靖江籍院士工作室“磁场效应”,加大顶尖人才柔性引进力度。积极拓展人才引进合作新途径,举办特色引才引智活动,为全市发展集聚人才与技术。

三、突出精致精细,提升建设美好靖江的城市能级

优化空间布局。确立“交汇点”的理念规划通道。立足江海联动、南北融合,加快完善城市南进东扩规划,积极推进张靖通道、江阴第二过江通道、盐泰锡常宜高铁和北沿江高铁前期工作,衔接优化城市快速道路体系。启动广靖高速靖江北互通工程、季市互通东移改造,新建 232 省道,完成 229 省道靖江段改扩建、新建路北延,构建快速高效、通达便利的道路体系。确立“家”的理念打造新城。优化城市客厅规划,集中精力推进滨江新城“2020”发展目标,给市民一个承载美好生活的家。重点推进文化中心、文创园等地标工程,加快建设商务中心、商贸中心,开挖公兴河,建成商业综合体东区、小桥港景观带、木金农贸市场。完善滨江新城慢行系统规划,尽快实现慢行系统全覆盖。确立“公园”的理念改造老城。积极有序实施老城有机更新,依托人民公园、魁星阁、马洲书院,串联水系绿地、城市景观。改造提升老旧小区、棚户区,探索实施提前拆迁、转移安置,积极化解城区建房管控矛盾。推进社区基础设施提升工程,完成安宁路、中洲路、仿古一条街北段改造,启动 3 号、7 号、10 号和西河沿、广博办公、十圩港景观带北段地块征收,建成渔婆市场二期工程,合理开发地下人防空间,不断优化居住环境。

细化管理举措。以整治狠抓当前。开展占道经营、建筑立面、沿河环境等专项整治,推进交通干线五项行动,深化违法建设专项治理,保持违建“零增长”管控态势。动态更新主城区管杆线数据,严格道路开挖和管线施工管理。强化工程质量安全监管,严禁商品房未经竣工验收交付使用。以系统夯实基础。编制城市机动车公共停车设施规划,常态化严管通行秩序,使道路通行更加有序顺畅。研究开通市镇微循环公交,构建新型城乡公交网络。推进智慧城市建设,建成数字地理空间框架,推动城市管理智能化、精细化。以制度谋划长效。健全大城管格局,提升数字城管运行效果,明确市镇两级城市管理事权,强化小区、街区、社区治理服务功能,形成职责明确、权责清晰、运转高效的城市管理体制。

净化生态环境。构筑亲水空间。践行“3 个 1/3”理念,编制亲水系统专项规划,配合推进泰州东部引排通道工程,加快城区航道外迁,研究开挖蟛蜞港北延至横港,推动形成 120 千米外环水系连通。全面落实河长制,持续开展八圩港综合整治,启动九圩港整治,完成展泗港、老横港黑臭水体治理,确保区域断面省考达标率 100%。开展城市水文现状分析,建成 6 个海绵城市示范项目。推进滨江湿地公园、夏仕港生态涵养区建设,启动打造岳文化观光走廊,实施西部片区水系连通工程。提升绿化品质。围绕国家园林城市复检,持续优化公园、小游园养护品质,提档真武河两侧滨河绿化,建设刘村桥北侧小游园和 3 个绿化节点。加快居住小区立体绿化景观建设,打造节点景观、重点道路绿化带,力争全市林木覆盖率达 27.4%、城市建成区绿地率达 38.6%。打造清爽靖江。继续深化“263”行动,不断强化农业面源、工业点源污染防治,扎实开展化工企业“四个一批”以及燃煤锅炉分类整治,大幅减少主要污染物排放总量。推进循环经济产业园建设,开展垃圾发电、分类处置前期工作,基本建成东兴、西来预拌混凝土集中区。实施村庄生活污水处理改造 1 万户以上,铺设市镇污水管道 100 千米以上,不断改善生态环境。

四、突出融合融通,涵养建设美好靖江的乡村生态

提升农业质效。加快结构调整。以“一带一镇两园”为重点,加快打造北部现代农业发展走廊。紧扣精品渔业、精细果蔬、精致苑艺,持续开展整村整场结构调整,加快建设长江珍稀渔业繁育基地，力争招引建设规模以上涉农项目20个。积极实施国家高标准农田建设试点任务，新增高标准农田2800公顷。推进高效发展。推广多元复合经营、生态循环种养模式，新增种养基地20个以上、经营面积666.7公顷。沿新江平线布局绿色有机农产品基地，力争绿色有机占农业“三品”比重达到5%。精心打造靖江粮油品牌，探索粮食产业园发展新路径，健全粮食商贸服务体系，争创中国好粮油行动示范县。健全为农服务。实施农业重大技术推广计划，推进“1860”现代农业社会化服务体系建设，新增区域性现代农业综合服务中心16个。深化“一村一品一店”建设，组建农村电商运营中心，有效促进工业品下乡、农产品进城双向流通。探索设立农业发展公司，鼓励农户入股，形成农业集聚发展效应。

彰显镇村特色。深化特色镇建设。突出业态创新、优势培育，努力促进生产生活生态有机融合。季市重点修缮保护湾腰沟革命旧址，打造古镇体验区、红枫旅游区；西来重点推进植物园东扩和提升工程，打造标准件特色产业园；东兴重点建设沙上主题文化公园，建成上五圩港景观带；马桥重点完成农旅产品展示交易中心，建设北斗天绘智慧农业平台。加速特色小镇培育。突出产业引领、功能完善，形成特色鲜明、活力迸发的发展载体。孤山空调小镇重点建设综合服务中心，实施工农河、北三环河两侧环境提升工程；生祠苑艺小镇重点打造小镇客厅，完成陈湾港、马尔港等道路拓宽工程，建成马洲兰苑。打造特色田园乡村。突出风貌塑造、文化注入，留住乡村的“形”与“魂”。持续优化全域村庄布局，因地制宜推进村庄改造、村民自建和集中居住，提档升级农村环境“八位一体”综合管护。加快德胜村、徐周村特色田园乡村建设，大力发展田园经济，建成省级美丽乡村1个。

夯实农村基础。稳步推进农村改革。有序实施农村土地“三权分置”改革，完善经营权流转机制。加快农村集体产权制度改革，完成农村经营性资产清产核资。拓展农村金融业务，开展农村“两权”抵押贷款试点，畅通金融服务“三农”主渠道。健全乡村治理结构。坚持道德育村、文化治村、项目扶村，促进移风易俗、文明进步，健全自治、法治、德治相结合的乡村治理体系。围绕新型职业农民培育，积极扶持新农人群体，努力培养造就一支懂农业、知农村、爱农民的“三农”工作队伍。打好精准脱贫攻坚战。深度整合、集束投放各项惠农扶贫政策，更加精准地配置扶贫资源，做到一村一策、一户一法。坚持输血与造血并重、富口袋与富脑袋并举，着力消除思想贫困障碍，阻断贫困代际传递。加大产业扶贫、共建扶贫力度，积极建设农业创业发展基地，确保2018年脱贫80%以上、2019年全面脱贫。

五、突出共建共享，增进建设美好靖江的民生福祉

加大社会保障力度。推进创业就业。深入实施马洲就业创业引领计划，建设人力资源产业园，争创国家级创业孵化基地，创成省级创业孵化基地2家，打造“创富靖江”品牌。加强就业技能订单式、定向式培训，着重围绕高校毕业生、大龄下岗人员、残疾人和农村困难人群，开展职业指导，做好就业援助。大力培育企业精英蓝领，新增技师500人、技工2000人，打造数量充足、层次合理的产业工人梯队。健全保障体系。实施全民参保常态化登记，推进法定参保人员全覆盖。深化机关事业单位养老制度改革，做好跨省异地就医实时结算工作，逐步将卫生院纳入结算范围。提升救助水平。统筹城乡社会救助体系，推动社会救助向统一、归口、综合的模式转变。建设社会救助共享服务平台，促进救助体系集成集合、救助方式联动互动、救助手段精准高效。

协调发展社会事业。均衡教育资源。把握人口城镇化趋势，编制新一轮学校布局规划，加快城区中小学、幼儿园布点，统筹镇村学校配置，着力解决好大班额、儿童早期教育等热点问题。建成职教中心、怀德学院二期工程。鼓励社会力量参与办学，引进国际教育资源，打造区域性国际学校品牌。提升医疗水平。深化公立医院综合改革，做实纵向型医联体，规范建设社区卫生服务站，推动资源双向流动、病患分级诊疗。改造中医院，启动建设妇幼保健院、生祠中心卫生院，创建省级示范乡镇卫生院1家、卫生室5家。优化各项事业。做靓“书香马洲”文化品牌，拓展延伸牧城书驿、牧城伴读角；举办第36届文艺节。承办全国围棋甲级联赛、省青少年游泳锦标赛等赛事。继续做好侨台、气象、广电、物价、史志档案、民族宗教、机关事务、靖江永寿对口协作等工作。

巩固和谐稳定局面。健全社区治理。完善依法自治机制，深入推进网格化建设，探索公益创投、社区基金和微社区等社会治理新形式,培育一批社工队伍和自治组织。优化小区物管服务,促进商业小区规范管理、安置小区创新管理、老旧小区完善机制,形成居民民主决策、自我管理的良性格局。强化公共安全。注重风险稳控化解,严防区域性金融风险,严控政府性债务规模。升级社会治安防控体系,严打各类违法犯罪。深化信访积案攻坚,提高初访化解率。完成"七五"普法中期验收,构建"均等普惠"的公共法律服务体系。强化安全生产责任和管理制度落实,建成建筑安全体验馆。弘扬文明新风。深入推进新一轮全国文明城市创建,持续深化"文明养成、文明熏陶、文明守望"系列活动,广泛开展"万家文明风、千人公德榜、百堂道德课",厚植文化底蕴,彰显文明气质。统筹推进国防教育、民兵训练和双拥共建,巩固新时代军政军民团结局面。

全力办好民生实事。带着感情和责任,真诚回应群众关切,努力把民生工程建成民心工程。今年重点做好以下8项民生实事:1.落实健康扶贫补充保险,脱贫低收入农户3000人、减少经济薄弱村15个。2.新建滨江新区幼儿园、小学各2所,建设省靖中新校区;易地新建、改建城北幼儿园、季市中心小学、刘国钧中学。3.推进村(社区)服务升级,建成综合性文化服务中心48个,实现城市社区睦邻点全覆盖。4.建成运营靖江便民服务求助中心,服务群众生活基本需求,打造"靖江志愿"品牌。5.积极推进居民生活垃圾分类处理,城市建成区生活垃圾分类设施投放覆盖率达35%。6.科学规划,合理选址,建设公厕、基站等便民设施30座。7.新增停车泊位1500个;投放公共自行车500辆。8.深化"四好农村路"省级创建,提档升级农村公路60千米,改造农村桥梁40座。

六、突出落地落实,坚守建设美好靖江的责任担当

静有其位打造法治政府。全面贯彻落实党的十九大精神,把政府工作置于市委的总体决策之中,坚持党的领导,维护市委权威。坚持"法定职责必须为,法无授权不可为",完善权力清单,推进政务公开,让权力始终在法律约束下规范运行。健全重大决策专家论证、重大事项社会公示、政府议事规则等制度。坚决执行市人大及其常委会决议决定,支持政协参政议政,认真办理人大代表建议、政协委员提案,坚持重大事项报告制度,主动听取各方意见建议。

行有其果打造高效政府。弘扬求真务实作风,对确定的工作,定了就办、承诺就干、干就干好。注重多下基层、广接地气、善听民意,找准短板弱项,解决实际问题。加大督查落实力度,构建科学务实的政务督查、效能监察和目标管理考核体系。弘扬专业精神,加强学习实践,增强工作本领,切实提高解决实际问题的能力。

动有其轨打造廉洁政府。推进"两学一做"学习教育常态化、制度化,结合"不忘初心、牢记使命"主题教育,始终把纪律和规矩挺在前面,坚持制度管人、程序管事,努力把从严治党的要求贯穿从严施政全过程。严格落实中央"八项规定"实施细则精神,强化行政监察和审计监督,教育引导公职人员常怀律己之心,不做任性之事,树好个人形象。强化行政监察和审计监督,加强财政资金绩效管理,深入开展各类专项治理,坚决纠正损害群众利益的不正之风,以清正廉洁取信于民。

名词解释

1. 滨江新城"2020"发展目标:到2020年,滨江新城面积拓展到20平方千米,建设20个重大民生项目,集聚20万人口。

2. "3550"改革:3个工作日内完成企业注册开业,5个工作日获得不动产登记权证,50个工作日内取得工业建设项目施工许可证。

3. 服务业项目"3个30"计划:招引投资3000万元以上的服务业项目30个,开工项目30个,竣工项目30个。

4. "1+4+N"招商架构:以开发区招商局为龙头,统筹本部、城南、城北、新桥四大园区板块力量,整合各条线部门渠道资源,全面提升招商引资工作的合力。

5. "1860"现代农业社会化服务体系:以1个市级中心为龙头,8个镇级分中心为依托,60个左右村级服务站为终端,建立现代农业社会化服务体系。

6. 四好农村路:习近平总书记提出,要把农村公路建好、管好、护好、运营好。

7. 创业富民"三张券":是鼓励创业富民的措施政策,具体指创业培训券、创业贷款贴息券和创业租房补贴券。

8. 一带一镇两园:一带即新江平线集聚带,一镇即苑艺小镇,两园即生祠省级农业园区和孤山智慧生态园。

9. 健康扶贫补充保险:由市县两级财政统筹资金(每人200元)、指定保险公司承办,用于帮助建档立卡低收入农户(不含五保户)在享受基本医疗保险结算的基础上获得二次理赔,从而减少刚性支出实现加快脱贫。

政协靖江市第十三届委员会常委会工作报告(摘要)

——2018年1月11日在政协靖江市第十三届委员会第二次会议上

政协靖江市第十三届委员会主席 范 敏

2017年工作回顾

一、助推发展大局,协商建言汇聚新智慧

聚焦发展谋良策。围绕“率先领先争先”奋斗目标,开展民主协商。十三届一次会议期间,全市政协组织和广大政协委员以分组讨论和大会发言的形式,就沿江生产力布局“三个1/3”、项目建设“三个100”、民生工程10件实事等中心工作开展协商讨论,形成大会发言13篇,意见建议100多条,为市委、市政府科学决策提供了有益的参考。《人民政协报》以《江苏靖江市政协:让市民亲近长江》为题进行了报道。围绕“创新绿色融合”发展思路,明确全年协商议政的重点。紧扣创新发展,主席会议专题协商了实施人才优先战略、创业孵化基地建设和“靖江美食”品牌店建设等工作,提出建议30多条,助推创新驱动、培育新的经济增长极。紧扣绿色发展,主席会议专题协商了海绵城市建设、黑臭水体治理等工作,提出建议20多条,助推城市品质和群众生活质量进一步提升。紧扣融合发展,常委会议专题协商了推进特色镇村建设,主席会议专题协商了公共文化建设、推进精准扶贫、新城“十大工程六大系统”建设等工作,提出建议40多条,助推区域融合发展、民生共建共享。

完善机制出实招。进一步落实市委相关意见,围绕改革发展、社会稳定的重大问题和涉及群众切身利益的实际问题,采取由政协委员献题、政协内部选题、党委政府出题定题的程序,经过广泛征求意见,制定年度协商工作计划,明确了20个重点协商议题。全年共开展9次专题协商、2次界别协商、1次对口协商、8次提案办理协商。完善民主协商机制,健全政协专题议政性会议制度,进一步修订《常务委员会工作规则》《主席会议工作规则》等相关制度,明确了分组讨论、大会发言等协商形式,提出了邀请有关部门负责同志到会、会议成果及时报送等协商要求。梳理各类协商制度,编印政协《制度汇编》,不断推动政协工作制度化、规范化、程序化建设。

培育品牌显成效。精心打造“靖江政协·容湖论坛”协商议政新品牌,围绕全市中心工作选择小切口议题,邀请行内专家、业界代表、界别委员以专题讲座、经验分享和交流互动相结合的方式,从不同视角和维度为靖江经济发展建言献策,推动政协智库中的“势能”转化为促进经济社会发展的“动能”。围绕年初市委主要领导交办课题,以“靖江服装行业的成长与突破”为主题,举办首期论坛,为全市500多家服装企业把脉会诊、指点迷津。在充分调研的基础上,形成《关于靖江市服装产业发展的建议案》,得到市委、市政府主要领导批转。围绕餐饮业与旅游业的嫁接融合,以“新时代靖江美食+旅游的新机遇”为主题,举办第二期论坛,为参加论坛的40多家景点景区、餐饮企业、旅游公司现场牵线搭桥,把靖江美景美食推出去,将外地游客引进来,推动传统美食升级和全域旅游发展。

二、坚持履职为民,监督议政务求新成效

提案工作量质并举。一次会议以来,收到提案263件,立案258件,其中,与经济发展和民生事业息息相关的8件提案被列为重点提案。规范提案工作程序。修订完善《提案工作规则》,从提案提出、审查、办理、督办、考核等方面作出明确规定。创新

提案工作方法。大力推进公开提案征集线索、公开办理协商过程、公开提案办理复文、公开评价办理效果等“四个公开”,不断提升提案质量、办理质量和服务质量。注重提案办理实效,督办“强化科技服务实体经济发展”“建设青少年综合实践基地”“加快我市棚户区和危旧房改造”“从严打击非法 P2P”等提案,开展“回头看”视察,促进提案落到实处。全年提案答复率达到100%,满意和基本满意率达到100%。提案工作被推荐为典型,在全省政协提案办理协商工作会上作交流发言。

视察调研贴近一线。围绕全市重点工作、重点项目、重点工程,组织政协委员通过“望”(现场)、“闻”(意见)、“问”(实情)、“切”(对策)等方式,开展 30 多次视察、走访和专题调研。围绕市委交办的推进智能制造、促进创业就业、发展现代服务业、策应扬子江城市群建设等 7 个重点课题,与人大进行联合调研,形成 8 份调研报告,得到市委、市政府主要领导的充分肯定,相关建议被吸纳进政府工作报告中。选取群众密切关注的公共交通服务体系建设、新江平路现代农业集聚带建设、全国文明城市创建等情况开展视察,督促相关工作按序时进行。选取“推进物业标准化建设”作为界别协商议题,组织界别委员多次深入不同类型小区,提出了建议 20 多条。《泰州政协》对此作了《靖江政协界别协商建言物管难题》的专题报道。用好社情民意信息“直通车”,坚持“一位委员就是一个信息员”的理念,同时发挥 59 名社情民意特邀信息员和 36 个信息点作用,传递一线观点,反映基层声音。全年编发《社情民意》118 篇,其中 13 篇被泰州市及以上政协录用。《盲道盲点——9 根电线杆亟待移除》《关于实行弹性上放学的建议》等社情民意受到高度重视,促进相关部门解决问题立说立行,得到广大市民“点赞”。

专项监督有的放矢。认真贯彻落实中共中央关于加强政协民主监督的决策部署,从靖江市实际出发,不断探索完善专项监督的新方法、新模式,力促职能部门强化大局观念、转变工作作风、增强服务意识、提升行政效能。先后民主评议市水利局和教育局工作,通过走访、座谈、问卷调查、民主测评、“回头看”等形式,广泛征求意见和建议,助力水利改革发展和教育现代化建设取得新进展。与市纪委联合开展党风政风民主监督活动,选取市场监管、环境保护、社会保障、交通运输、医疗卫生等 5 个与民生息息相关的部门(单位)作为首批监督对象,将纪检监察“刚性监督”和人民政协“柔性监督”相结合,努力追求 1+1>2 的“多赢”成效。

三、汇集奋进合力,团结各界开创新局面

搭建合作共事平台。主动邀请民主党派、工商联、各人民团体和无党派人士参加政协组织的专题协商、视察调研、集中学习等活动。鼓励各参加单位通过政协平台参政议政,向党委、政府建言献策。全年各党派团体提交大会发言 5 篇,集体提案 7 件,调研报告 11 篇。协助省、泰州市政协组织开展履职活动,配合调研学前教育、平安泰州建设、长江水环境保护等工作,组织在靖江的泰州市政协委员,异地视察历史文化遗存保护、特色小镇建设。协助泰州市政协走访多家委员企业,了解运营情况,分析困难矛盾,听取意见建议,为招商引资当好“红娘”。拓宽对外交流交往的领域和渠道,有计划地带着课题“走出去”,与周边地区政协开展一系列交流联谊和调研活动,学习各地改革创新、积极履职、发挥作用的新思路新经验,不断提升政协工作科学化水平。

密切联系服务群众。坚持让政协走近群众,在“传递正能量 聚力新作为”主题活动中,组织委员访民情、走基层、促发展。借助“大走访大落实”活动,定期深入到相关村组、农户和企业,征求群众对创新发展、强村富民等方面的意见和建议。坚持让群众走进政协,在开展专题调研、民主评议等工作时,邀请社会各界热心人士参加座谈会,通过政协微博、微信、门户网等广泛征求意见。继续邀请市民代表旁听政协全会,扩大公民有序政治参与,激发人民群众关心全市经济社会发展的热情。颁发第十一期政协奖学金,全年共有 97 名品学兼优的学龄孤儿和贫困学生获得奖励,6 名特困孤儿得到资助,感受到政协委员的关怀和温暖。

加强文史和宣传工作。弘扬政协文史工作优良传统,编写《靖江文史资料》第 24 辑,启动《伟大的渡江:从靖江出发》的采集、编撰工作,梳理记录靖江渡江战役历史,弘扬“东线第一帆”精神和“人心齐、士弘毅、敢争先”的靖江品格。支持马洲文化研究会和马洲诗社开展好文化研究和创作等工作,出版《马洲文化》第 6 期,《马洲诗画》第 32 期。建设政协全媒体矩阵,打造委员知情明政的平台、群众了解参与政协工作的窗口。坚持用好主流媒体,密切与“两台一报”的联系和协作,办好《靖江政协》

会讯、《各界》年刊；注重用好新兴媒体，完善“两微一网”平台，在全国1000多家政协机构参评的微信传播力排行榜中，“靖江政协”微信公众号位居第18位。

四、夯实履职基础，自身建设迈上新台阶

贯彻全市政协工作会议精神。根据省委相关要求，市委召开全市政协工作会议，下发《关于加强和改进人民政协工作的意见》，对政协工作提出“在强化政治站位上有新高度、在服务全市大局上有新贡献、在加强自身建设上有新形象”的要求，为本届政协明确前进方向。为配合市委开好会议，市政协开展多次调研座谈，全面了解全市政协工作情况及需要解决的问题，就市委出台文件提出建议。这次会议的召开和意见的出台，进一步加强党对政协工作的领导，增强政府对政协工作的支持；进一步规范民主协商程序，落实“三在前三在先”原则；进一步加强政协民主监督，提高参政议政实效；进一步营造政协工作的良好环境，为人民政协事业蓬勃发展创造有利条件。市政协迅速出台《关于学习贯彻全市政协工作会议精神的意见》，组织全市政协组织和广大政协委员认真研读文件，深刻领会精神，将市委提出的新要求新任务及时转化为推进工作的切实措施、服务改革发展大局的自觉行动。

加强委员队伍建设。注重委员学习培训。一次全会期间，举办“做一名合格的政协委员”专题讲座，帮助委员掌握政协工作方法，尽快进入委员角色。全年举办2次名人名家讲座、1次社情民意信息专题培训，邀请专家、学者作“中共十九大精神解读”“大数据时代的创新”等专题报告，帮助委员把握发展形势、吃透中央精神、提升履职能力。举办首期委员专题培训班，精心设计战略形势分析、政协工作知识、弘扬优秀文化等课程，组织委员集中脱产学习。全年开展的各类学习培训参训数达1200多人次。强化委员管理服务。修订《关于加强委员履职管理考核的意见》，按“一人一档”建立履职档案，登记每位委员出席会议、参加活动、日常学习、提交提案、反映社情民意信息等情况，实现管理与服务、激励与约束的有效结合。发挥委员主体作用。开展“传递正能量 聚力新作为”主题活动，通过“我为发展献一策”等方式，强化委员身份意识，激发委员履职热情，努力打造一支既“懂政协、会协商、善议政”，又“守纪律、讲规矩、重品行”的政协委员队伍。

加强政协组织建设。发挥专委会基础性作用。各专委会根据自身工作职责，注重发挥整体优势，加强与联系界别、基层工委的配合，牵头开展视察、专题调研、对口协商等各项履职活动。发挥界别优势。在全省率先成立6个界别的委员工作室，积极探索建立委员联系界别群众的固定场所。利用一年两次的“界别活动周”，组织委员走进基层、走进企业、走进农村，开展调研视察、民情收集、便民义诊、法律咨询等活动共计28组次。发挥基层工委的独特作用。12家镇（街道、园区、办事处）工委按照“一镇一品”的要求，根据各自特点探索创新，开展了民主评议、调研视察、扶贫助困等一系列形式多样、亮点纷呈的履职活动，全年共提交调研报告12篇、大会发言5篇，上报季度履职信息28份。

加强机关自身建设。坚持党对政协工作的领导，牢牢把握正确的政治方向。严格执行重大问题向市委请示报告等制度，定期向市委报告工作。制定计划、出台政策、开展重要活动前，经政协党组研究同意后提交主席会议、常委会议审议。成立机关党组，发挥党组在机关工作中的领导核心作用。打造“助力发展 争做先锋”党建品牌，组织开展学习中共十九大精神、“七一”主题党日、机关党员进社区和走访慰问贫困户等活动，发挥机关党员先锋模范作用。坚持从严治党，开展廉政警示教育，严格执行公务接待、公务用车、财务管理等规章制度，努力构建机关作风建设长效机制。建设“学习型、文化型、健康型”机关，始终把政治理论和业务学习摆在重要位置，提高机关干部政务性服务能力和统筹协调能力，为市政协有效履职提供可靠保障。

2018年工作任务

2018年是全面贯彻落实中共十九大精神的开局之年。新的一年，市政协将在中共靖江市委的领导下，引领全体政协委员和社会各界人士深入贯彻落实中共十九大精神，以习近平新时代中国特色社会主义思想为指导，紧紧围绕中共靖江市委十二届四次全体会议提出的目标任务，发挥协商民主重要渠道和专门协商机构作用，服务改革发展大局，推进履职能力建设，为书写新时代美好靖江的崭新篇章做出新的更大贡献。

一、聚焦美好生活向往，当好智囊团

市委十二届四次全体会议

明确了“以党的十九大精神为指引,共同创造新时代靖江人民美好生活”的任务要求。全市政协组织和广大政协委员要把思想和行动统一到市委的决策部署上来,既做谈问题、提意见的“出题者”,更做谏净言、献良策的“答题者”。为经济发展更平衡集思广益。紧扣市委提出的“加快现代化经济体系建设”工作任务,围绕“进一步强化市场导向、集约导向、创新导向、协同导向”的工作要求,选取铸造产业优势提升、高端装备制造业规模培育、建筑行业产业联盟协同发展等重点课题和全市重点工程项目开展协商履职活动。鼓励和引领企业界委员大力发扬骥商精神,充分发挥界别优势,针对生产生活中遇到的突出问题,立足本职,献计出力,助推全市经济向更高水平、更优质量、更好效益方向提升。为民生保障更充分建言献策。从美好生活需要出发,聚焦“民生幸福三年行动计划”,紧扣“路、桥、水、绿、田”五大基础性工程、“行、涝、污、居、厕”五大紧迫性工程和“教、医、老、贫、住”五大长远性工程,开展多层次、有质量的协商议政活动,完成市委交办的民生课题调研,协助做好民生工程建设过程中的政策宣传、释疑解惑、理顺情绪、化解矛盾的工作,切切实实为提升人民满意度和获得感发挥政协独特优势。为小康建设更全面添砖加瓦。围绕全面决胜小康总目标,紧扣提升富民品质、彰显城乡特质、涵养文明气质等方面,以提案、建议案、社情民意、调研报告、大会发言等形式,为市委、市政府决胜全面建成小康社会、开启现代化新征程,提供具有前瞻性、针对性和可操作性的意见和建议。对照全面小康指标体系,开展视察、评议等形式多样的民主监督工作,助力补足小康指标短板,提升共建共享发展水平,提高群众幸福指数。

二、紧扣协商民主建设,发出好声音

围绕“把协商民主贯穿于政治协商、民主监督、参政议政全过程”的要求,全市政协组织和广大政协委员要不断优化政协履职格局,努力提高协商民主的意识和能力。精准选择议题。落实市委同市政府、市政协重点协商议题会商机制,健全政协内部选题机制。坚持紧扣中心工作“出题”,选取抢抓扬子江城市群建设机遇、推进高质量发展等议题,开展协商讨论,力求协商议政同频共振、供需对路;坚持深入基层“找题”,选取敬老安康、道路畅通等群众普遍关注的热点难点问题,准确了解群众的所思所盼,协助党委、政府倾听民声民情,帮助群众反映意见建议,把工作做到群众心坎上。丰富协商形式。综合运用视察、调研、评议等多种方式,开展专题协商、对口协商、界别协商、提案办理协商等各类协商活动,融协商、监督、参与、合作于一体。创新常委会议、主席会议、专题议政性会议的协商方式,继续打造“容湖论坛”协商品牌,借助“互联网+协商”模式,探索网络议政和远程协商新形式,使协商活动的视野更加宽阔、内容更加丰富、方式更加灵活。注重协商实效。协商结束后,以纪要、专报、建议案等形式,及时报送协商成果。围绕提案、建议案和专项监督报告等重要建议意见的办理情况,组织委员开展走访、调研、“回头看”,促进协商成果落地生根。继续深入推进党风政风民主监督工作,打造联合监督的新品牌,及时总结经验成果,探索形成可操作、可复制、具有靖江特色的监督模式。全年完成两批共10个单位的民主监督并形成专题报告。

三、助力美好靖江新境界,画好同心圆

发扬民主、协调关系是政协履行职能的重要着力点。全市政协组织和广大政协委员要坚持团结民主两大主题,调动一切可以调动的积极因素,团结一切可以团结的力量,共同致力于“创新绿色融合”发展,开辟美好靖江新境界。凝聚思想共识。引导全市政协组织和广大政协委员加强理论学习,提高政治把握能力、调查研究能力、联系群众能力、合作共事能力,通过专题学习会、心得交流会、线上知识问答竞赛等灵活多样的形式,认真学习中共十九大精神,贯彻落实市委十二届四次全会要求,不断巩固参加政协的各党派团体、各界人士团结奋斗的思想政治基础。搞好合作共事。巩固和发展最广泛的爱国统一战线,完善联系制度,加强交流沟通,团结各民主党派、工商联、无党派人士参政议政。更好地发挥11家参加单位的桥梁和纽带作用,加强对重点课题的联合调研、重要工作的协同推进、重大活动的通力合作。拓展政协“朋友圈”,搭建团结联谊新平台,进一步开展具有政协特色的对外交往和联络联谊,发挥政协新媒体平台优势,为招商引智工作牵线搭桥。发挥文史和宣传功能。做好文史资料的挖掘、抢救、研究、保护工作,继续推进《伟大的渡江:从靖江出发》的编撰工作,努力打造出一部有水平、有影响力的高质量史籍。配合市委开展靖江党史“三卷本”的专题编写工作,放大文史资料存史、资政、团结、育人的社会效益。发挥政协媒体反映群众愿望需求、激发委员履职热情、宣传政协履职成果的重要作用，探索微信、微博平台在服务委员、联系群众等方面的新举措，有效提升政协宣传影响力。

四、推进政协自身建设，锤炼基本功

政协自身建设的力度和成效，决定着履行职能的质量和水平。全市政协组织和全体政协委员要内强素质，外树形象，为新时代政协事业发展筑牢基础、激发活力。坚持党对政协工作的领导。继续贯彻落实市委《关于加强和改进人民政协工作的意见》，健全政协重大工作向党委报告制度。激活“红色引擎”，充分发挥政协党组和机关党组的领导核心作用。开展“不忘初心、牢记使命”主题教育、“两聚一高”先锋行动、“党员亮牌示范” 活动，充分发挥党员委员的先锋模范作用，影响和带动全体政协委员认真履职。增强委员主体作用。开展“传递正能量 聚力新作为”主题活动，鼓励委员立足本职岗位建功立业，通过年初定目标、年中比进度、年底晒成绩，为建设美好靖江干事创业，增添新作为；要求委员依托履职岗位建言献策，完成参加一次协商议政重要活动、提交一件提案、撰写一份社情民意信息、办好一桩为民实事等“四个一”履职任务。进一步严格履职情况考核，调动委员履职的积极性、主动性。强化履职平台建设。发挥界别优势，开展“有场地、有牌子、有制度、有经费、有活动”的“五有”工程建设，推动委员工作室在13个界别的全覆盖。督促各界别的委员工作室严格落实定期接待委员制度、意见建议收集反馈等制度。强化基层工委建设，不断推进“委员之家” 载体建设和作用发挥，发挥“一季度一活动”，鼓励委员参与到物管创优、厕所革命等基层重点工作中。发挥专委会作用，提高调查研究能力和水平，继续开展市委交办的重要课题调研，加强和党政部门、党派团体、专家学者等的联合调研，充分发挥专业力量在参政议政中的作用。

山水盆景（一）

漓江翠影

靖江国际咨询委员会

【靖江国际咨询委员会成立】10月14日，靖江国际咨询委员会成立大会暨院士工作室揭牌仪式在靖江举行，靖江国际咨询委员会委员刘秀梵、卢锡城、刘云圻、翟婉明、汪晓东、叶檀、黄永灏、朱正东、王梅、马群、陈煜波、顾朝林、陈新、刘靖峰、江福清等出席会议，会上市委书记赵叶为委员颁发聘书。靖江国际咨询委员会由中国科学院院士、中国工程院院士、国家"千人计划"专家、著名教授、金融财经界学者、智慧城市规划专家、知名企业负责人等31位专家学者组成。成立该委员会，旨在征询专家学者、业界精英的真知灼见，帮助靖江破解经济发展、城乡建设、社会治理中的难题，让靖江人民享有更多的获得感和幸福感。

靖江国际咨询委员会名录

(按姓氏笔划排名)

表1

马　群	江苏泰和律师事务所首席合伙人
王　梅	上海财经大学公共政策与治理研究院首席经济学家、公共经济与管理学院客座教授
王锡锌	北京大学法学院副院长 北京大学教授、博士生导师 教育部国家社会科学重点研究基地北京大学宪法行政法研究中心副主任 北大－耶鲁法律与政策改革联合研究中心中方主任
卢锡城	中国工程院院士 中国工程院信息与电子工程学部主任
叶　檀	叶檀财经创始人 华鑫股份首席经济学家
朱　镕	朱镕建筑设计事务所创建人 美国哥伦比亚大学客座教授

续表 1

朱正东	正保远程教育集团董事长、总裁、CEO
刘云圻	中国科学院院士 中国科学院化学研究所研究员
刘守仁	中国工程院院士 新疆农垦科学院名誉院长、研究员
刘秀梵	中国工程院院士 扬州大学教授 全国动物防疫专家委员会副主任委员
刘学进	香港豁朗有限公司主席
刘夏蓓	北京师范大学社会学院副院长
刘靖峰	国家“千人计划”专家 江苏米芒教学设备科技有限公司董事长 武汉神目科技技术有限公司董事长
江　平	江平资产管理公司总裁、首席执行官
江福清	凯傲宝骊(江苏)叉车有限公司研发与运营副总经理
李稻葵	清华大学经济管理学院弗里曼经济学讲座教授 清华大学经济管理学院中国与世界经济研究中心(CCWE)主任
杨荣昌	澳大利亚莫道克大学高级研究员
汪晓东	人民日报社新闻协调部副主任、高级编辑
陈　新	央视金桥国际传媒集团有限公司执行董事
陈煜波	清华大学经济管理学院副院长 互联网发展与治理研究中心主任
周　俭	上海同济城市规划设计研究院院长 联合国教科文组织亚太地区世界遗产培训与研究中心秘书长
孟　建	复旦大学国家文化创新研究中心主任 复旦大学教授 中国传播学会副会长 复旦大学国际公共关系研究中心主任 复旦大学视觉文化研究中心主任
夏幼南	美国乔治亚理工学院教授
顾朝林	清华大学建筑学院教授 中国未来研究会副理事长 中国城市科学研究会常务理事
黄永灏	恒基中国地产有限公司董事 恒基(中国)投资有限公司常务副总裁恒基兆业地产有限公司建筑部总经理 裕民建筑有限公司董事 香港太平绅士

续表 1

鄂维南	中国科学院院士 北京大学教授 普林斯顿大学教授
清水幸政	靖江王子橡胶有限公司总经理
蒋宇静	国家“千人计划”专家 日本长崎大学教授
蒋惟明	荷兰皇家帝斯曼集团(DSM)全球高级执行副总裁、中国区总裁
翟浩辉	原国家水利部副部长、党组成员 国家太湖水环境治理专家咨询委员会副主任 河海大学博士生导师
翟婉明	中国科学院院士 西南交通大学首席教授、校学术委员会主任

【靖江国际咨询委员会第一次咨询会议】 10月14日下午,靖江国际咨询委员会举行第一次咨询会议,委员们围绕“靖江经济转型发展新动能研究”议题进行交流、研讨,为靖江未来发展出谋划策。会上,中国工程院院士、中国工程院信息与电子工程学部主任卢锡城,中国科学院院士、中国科学院化学研究所研究员刘云圻,中国科学院院士、西南交通大学首席教授、牵引动力国家重点实验室副主任翟婉明,叶檀财经创始人、华鑫股份首席经济学家叶檀,正保远程教育集团董事长、总裁朱正东,人民日报社新闻协调部副主任、高级编辑汪晓东,上海财经大学公共政策与治理研究院首席经济学家、公共经济与管理学院客座教授王梅等先后发言,对靖江经济转型、创新发展提出自己的意见和建议。市委书记赵叶感谢各位专家提出很好的举措,给出很多的建议,让靖江市委、市政府在谋划以后的发展中,有了更高的站位、更新的角度、更大的力度。

【靖江揭牌成立6家院士工作室】 10月14日,靖江揭牌成立6家院士工作室。靖江市委、市政府为发挥领军人才的集聚效应,加速科技成果转化,顺应靖江籍院士回报乡梓的热情,经过长期对接筹备,首期与中国科学院院士鄂维南、翟婉明、刘云圻,中国工程院院士刘守仁、卢锡城、刘秀梵6位靖江籍院士达成协议,共建院士工作室。围绕为院士专家团队在靖江工作打造一流的科技研发基地、一流的创新创业基地,在位于泰和国际城的城仕公馆市级人才公寓专门设置院士工作室,作为院士及其团队的生活起居、研发场所,配备图书馆、健身室等,后期项目孵化、转化、落地等环节则在靖江经济技术开发区进行。院士工作室主要职能有:根据靖江经济建设和产业发展需要, 为市委、市政府及相关部门提供咨询服务;为靖江企业提供研究、设计、试验和技术咨询服务,开展科技成果推广工作;为靖江行业、企业培养集聚相关专业高层次人才;开展多种形式的人才科技合作和交流,构建靖江与国内外知名大学、科研机构互动发展的桥梁;推动科技成果在靖江的转化和产业化。

高端论坛

·中国空调特色小镇发展高峰论坛·

【概况】 5月12日,靖江举办中国空调特色小镇发展高峰论坛暨项目签约仪式。论坛由靖江市委、市政府,中国制冷学会,中国建筑科学研究院共同发起,国家发改委能源研究所能源可持续研究中心主任康艳兵,国内暖通空调专家吴德绳、许钟麟、杨一凡、于学顺、肖大海、马一太、高乃平、刘迎文、沈网根,美意、LG、同方、富士通将军、特灵等品牌商代表以及空调行业商家代表共200余人参加。靖江市委书记赵叶在论坛上致辞，市长叶冬华主持论坛及项目签约仪式，国家空调设备质量监督检验中心靖江工作站等12个项目成功签约。靖江举办此次高峰论坛，旨在围绕绿色节能环保的空调产业发展方向，面向未来，面向世界，吸引科技人才，集聚研发机构，接轨市场需求，将靖江打造成为暖通空调技术的发布基地、新产品的研发基地、新成果的交易基地。签约仪式后，孤山镇镇长施泉国介绍空调特色小镇规划建设情况。康艳兵、吴德绳、路宾3位国内空调暖通专家，分别围绕“中国空调特色小镇的时代背景与机遇”“打造中国空调特色小镇，推动靖江空调产业创新发展”“完善产学研载体，提升靖江空调产业竞争力”作主题发言，对如何把握空调特色小镇建设机遇、推动空调产业发展、提升产业竞争力，提出思路和建议。

5月11日，中国暖通空调交易中心在靖江启动运营

【孤山空调产业发展历程】 1975年8月，中国电子工业部在江苏常熟召开全国第一次净化技术工作座谈会，靖江人沈网根以电子部十院（第十设计研究院）空调净化设计组组长的身份，担任大会秘书长。会后，在沈网根的帮助下，孤山五金厂获得空调机用弹簧减震器全套加工图。3个月后，由孤山五金厂试制的“风机弹簧减震器”验收合格，成为孤山有关空调的第一个产品。1977年，孤山胶木厂厂长龚林芳派人至北京，由电子部十院空调设计负责人陪同赴东北考察学习，参加空调技术管理培训。1979年，孤山胶木厂更名为靖江县空调设备厂，承接的第一笔业务是由电子部十院设计的中国科学院半导体研究所5万平方米研究楼的20台空调器生产任务。从此，孤山开始正式生产空调产品，空调产业就此起步发展起来。20世纪80年代后，中国经济迅速发展，空调市场空前红火，靖江县空调设备厂超负荷生产，还是满足不了市场需要。在孤山镇政府主持下，相继建成靖江县空调设备二厂、三厂及空调器械厂，靖江县空调设备厂更名为空调设备总厂。1986年，电子部十院与空调设备总厂联合成立扬子空调联合工程公司，实行合股经营，短短一年时间内，共承包空调净化工程30项，产值达3000万元。1988年前后，空调产业在全镇铺展开来，生产单位从最初的社办企业，到镇办企业，再到村办企业、私营企业。1991年，孤山镇空调产业产值达2亿元，占全镇总产值的70%。1992年10月，扬子空调联合工程公司在北京新华社总部举行新闻发布会，1993年公司更名为江苏希达空调净化设备公司，电子部十院派出技术专家驻公司帮助提升公司研发水平。1997年，孤山镇生产的特大型组合式空调遍布全国各地，进入北京亚运、秦山核电等国家重点工程，并开始打入国际市场。空调产品的快速发展，带动减震、消防、喷涂、发泡、软管、除尘、消声等配套产品的发展，同时也带动空调产品经销、维修、安装等服务型第三产业的发展。20世纪90年代，时任全国人大常委会副秘书长曾涛、江苏省省长顾秀莲、江苏省委副书记邓鸿勋等先后至孤山镇指导工作。经过40多年的发展，孤山镇拥有宝奥兰空调、春意空调、大翔科技、欣盛空调、吉祥空调等规模企业，形成完整的空调配件产业带，占据国内暖通空调末端产业的半壁江山，空调暖通产品成功配套奥运场馆、世博会馆等大型公共建筑中央空调系统，出口美国、英国、韩国、日本、巴基斯坦等几十个国家。申请发明专利68项，获批3件江苏省著名商标，参与编制组合式空调机组、通风空调风口两项国家标准。2013年、2015年连续获得“中国空调制冷行业最具影响力产业基地”的称号。至2017年年末，城北园区（孤山镇）拥有空调企业800余家，从业人员近1万人，年总产值达80亿元。

【空调品牌企业推介及新品发布会】 5月12日,靖江举行空调品牌企业推介及新品发布会,"环保""智能""节能"成为空调企业新品发布会的关键词。靖江市春意空调制冷设备有限公司推介中央新风系统,通过主机将室外新鲜空气过滤净化后送入室内,同时将室内的污浊空气通过排风口排放出去,实现24小时不断为室内提供新鲜空气。江苏大翔科技有限公司发布智能新风换气机、物联网风机盘管、净化风口3个新品,突出产品深度空气净化、智能化液晶屏控制、数字化控制等高端产品特质。江苏吉祥空调设备有限公司发布食品级高温烘干热泵机组、光氢离子净化风机盘管等新品。其中,食品级高温烘干热泵机组使用后,绝大部分物料烘干都可以用热泵烘干技术解决,烘干速度快、热惯性小、效率高、环保节能;光氢离子净化风机盘管则通过特殊高分子材料制作的光催化媒介,迅速有效杀灭空气中超过99%以上的细菌、病毒和霉菌。

【签约空调项目12个】 5月12日,在中国空调特色小镇发展高峰论坛暨项目签约仪式上,国家空调设备质量监督检验中心靖江工作站等12个项目签约。其中,靖江市产品质量综合检验检测中心与中国建筑科学研究院建筑能源与环境检测中心签订的国家空调设备质量监督检验中心靖江工作站项目属于平台载体类项目。根据协议,市市场监督管理局和中国建筑科学院建筑环境与节能研究院就空调、通风、净化等新技术研发、标准修订、产品检测、专业人才培训、区域行业发展规划等开展长期合作,推动产、学、研结合,加速科研院所创新要素向企业集聚,增强企业的发展动力和技术创新能力,推动靖江空调产业向高端延伸。另有3个为产学研合作项目。其中,城北园区与天津大学合作建设天津大学—城北园区联合研究中心,研究多压缩机空调、高性能热泵空调等;城北园区与西安交通大学能源与动力工程学院共建离岸科技孵化基地,促进科技成果转化;春意空调与同济大学在先进制造、机械设计、机械电子、智能制造、工业设计、暖通空调、制冷装备、系统集成等方面进行合作,先期开展新风系统技术与产品的联合研发,建立同济大学人才培养与产学研合作基地。其余8个为空调产业类项目,分别是大翔科技与清华同方签订清华同方中央空调产品研发、生产、销售及整体解决方案合作项目,城北园区与比利时雅凯签订比利时JAGA中国技术中心项目,靖江空调行业协会与慧聪网签订合作框架协议,孤山镇与江苏环科网络有限公司签订暖通产业展示交易平台项目,以及昆明润达空调设备有限公司投资1亿元的空调主机配套设备研发生产项目、北京中兴博成科技有限公司投资1.1亿元的纳米光催化空气过滤器及其后续延伸产品研发生产项目、上海惠上电子技术有限公司投资1亿元的数字化智能控制系统研发项目、江苏吉祥空调设备有限公司投资1亿元的中央空调末端设备生产项目。

【多媒体聚焦靖江空调小镇】 中国空调特色小镇发展高峰论坛引发全国媒体关注,新华网、人民网、凤凰网、大公网、中国经济网、新浪、网易、新华日报交汇点、扬子晚报网、腾讯大苏网、荔枝新闻、慧聪网等10多家媒体发布活动报道,靖江孤山空调小镇的影响力借助报纸、视频、网站和移动媒体得到广泛传播。5月11日,中国经济网以《江苏靖江中国暖通空调交易中心正式启动运营》为题,报道中国暖通空调交易中心启动运营的消息。5月12日,新华报业传媒集团旗下的移动媒体"交汇点"以《重磅!这个特色小镇启动中国暖通空调交易中心,为啥这么牛?》为题,图文并茂展示活动情况。新华网江苏频道、人民网等以《中国暖通空调交易中心在江苏靖江启动运营》为题进行报道,新浪、网易、凤凰网、荔枝新闻、扬子晚报网等各类媒体纷纷转发"交汇点"消息。此外,国内B2B电商服务类权威网站慧聪网先后首发《孤山特色小镇强势崛起 领衔靖江空调发展新高度》《撑起大格局 奏响新动能》《专访靖江孤山镇党委书记王靖:乘势而上 打造空调特色小镇》等报道,全方位多角度展现靖江空调产业创新转型动态。此前,香港大公网记者至孤山镇走访,探寻孤山空调产业成功之道,于5月5日刊发报道《江苏靖江大众创业 孤山空调特色小镇》。

·首届全球供应链创新(SCI)大会·

【概况】 7月11日,首届全球供应链创新(SCI)大会在靖江举行。大会由企业发起,靖江市政府推动,市委书记赵叶出席并讲话,常务副市长沈南松主持,Intertek天祥集团中国区、日本趣趣安娜株式会社、欧洲乐购亚太区、欧洲玛莎、欧洲博特·布拉泽、美国盖璞、美国塔吉特、日本名创优品、日本河边株式会社、森马集团、拉夏贝尔、网易、苏宁易购、唯品会等全球零售品牌的客商代表应邀参加。靖江举办此次大会，旨在改变现有商业模式，打通生产制造端的所有端口；创造新的质量融合体系，开放供应链全过程所有接口；构建全社会的价值体系，更好地形成全供应链的质量数据中心，创造下一个风口，加快打造“品质靖江”“品牌靖江”。Intertek天祥集团中国区副总裁朱勇、江苏张氏纺织集团有限公司总经理张志伟围绕推进品质数据中心建设和新型业态发展作发言。日本趣趣安娜株式会社、上田商工（上海）服饰商贸有限公司董事长日野将彰，欧洲博特·布拉泽总监山姆·博特，日本名创优品执行副总裁窦娜，美国ETC公司CEO罗伯特，欧洲乐购亚太区首席技术经理肯午得·王，日本河边株式会社社长沟口胜之等嘉宾分别发言，就互联网经济时代如何把握和运用大数据、提升供应链质量管控水平和运营效率、推动相关产业做大做强等方面，提出新思路、新观点。

【与会企业代表共识】 参加首届全球供应链创新（SCI）大会的国内外众多品牌客商代表及团队达成共识：未来，不是企业之间的竞争，而是供应链之间的竞争。江苏张氏纺织集团总经理张志伟展望供应链创新发展前景，表示要将企业打造成为以品质检测端为龙头，设计、生产、物流、销售等全供应链“智能一体化”数据服务型企业，提高供应链效率，减少质控成本，降低质量风险，增加供应链服务附加值，帮助传统制造业扭转因成本优势丧失而导致的下行趋势，提升竞争力。天祥集团中国区副总裁朱勇认为，对客商来讲，供应链创新的最大吸引力来自于大数据。名创优品股份有限公司商品中心执行副总裁窦娜说，未来的企业不再单纯面向一个国家，而是面向全球，效率至关重要，从靖江打造的全球产品供应链来看，借助智能技术无疑能大大提升效率和核心竞争力，未来企业的生态模式、共享模式将会越来越开放，质量保障、供应链、品牌、设计端等要素都可以用来共享合作。日本河边株式会社社长沟口胜之认为，企业发展不能只靠自身努力，必须和分销商、供应商等多方联系配合，不断整合上下游产业链条，实现企业资源最大利用。城北园区党委书记、管委会主任王靖表示，园区要继续推动质量数据平台和零售业、百货业等产业链上下游互通互融。

【Intertek靖江检品中心启动运营】 7月11日，品质数据中心Intertek靖江检品中心在城北园区启动运营。该中心是供应链品质创新项目，以品质检测端为龙头，提供设计端、生产端、物流端、销售端等全供应链“智能一体化”的数据服务，拥有“互联网+大数据+质量+智慧仓储分拣、配送”系统。中心致力于3个创新：一是服务思路的创新，以解决客户质量问题为主旨，帮助传统制造业扭转因成本优势丧失而导致的下行趋势，提升竞争力；二是服务技术的创新，充分运用数字化分拣、电子标签、智能机器人、数据化报告等新技术手段，为客户提供全新的供应链端口服务体验；三是合作模式的创新，由政府、第三方机构、企业通力合作，构建新型服务形态。首届全球供应链创新大会与会客商代表及团队参加中心启动运营活动。

·国际创新创业大会·

【概况】 9月22日，2017中国（靖江）国际创新创业大会在靖江举行。此次大会主题为“汇聚海智、厚植优势、双创共赢”，由中国科协海智办、江苏省科协、靖江市政府共同主办。中国科协国际联络部部长张建生，省科协党组书记、副主席陈惠娟分别讲话。靖江市委书记赵叶在开幕式上致辞，市长叶冬华主持开幕式。荷兰籍诺贝尔奖获得者、理论物理学家、荷兰乌得勒支大学教授杰拉德·特·胡夫特，中国工

9月22日，靖江召开2017中国（靖江）国际创新创业大会

程院院士谭建荣、顾国彪,瑞典皇家工程院院士安德森·林奎斯特,中国科学院院士郑有炓、都有为、刘云圻等应邀参加大会。大会采用“会、展、商”一体化的形式,先后举办主题报告会,围绕靖江主导产业设置船舶与海工、机械制造、节能环保、电机电器及港口物流5个分论坛,分别邀请中外院士、专家作主题报告和专题报告,并邀请海内外专家对其研究成果进行项目路演。在大会开幕式上,靖江市政府、企业、园区与海内外科技社团及科研机构签订科技、人才、创新合作项目21个。靖江举办国际创新创业大会,顺应创新潮流、呼应企业期盼,搭建起全球范围高端交流与合作平台,推动技术项目供给与产业需求的无缝对接和成果转化,为靖江乃至泰州地区构建人才高地发挥出积极作用。

【主题报告会】 9月22日,2017中国(靖江)国际创新创业大会举行主题报告会,诺贝尔物理学奖得主、荷兰乌得勒支大学教授杰拉德·特·胡夫特,中国工程院院士、浙江大学教授谭建荣应邀作主题报告,分享他们对创新创业的思考和实践。杰拉德·特·胡夫特教授凭借对亚原子粒子之间电弱相互作用量子结构的理论研究,在1999年与韦尔特曼共获诺贝尔物理学奖。胡夫特在题为《科学的进步源于正确的方法》主题报告中,详细分享他研究探索微观世界奥秘并获得诺贝尔奖的经历和方法,畅谈他对创新的理解。他在演讲中说,科学和技术的创新还有很长的路要走,世界还有很多悬而未解的问题有待人们探索,历史正以不可预见的方式不断重演,希望通过创新创业大会,激发大家碰撞智慧的火花,用创新的方法,共同携手探索世界奥秘。谭建荣是中国机械工程领域专家,1994年获得国家杰出青年科学基金,2007年当选为中国工程院院士。他多年从事智能制造与机器人应用、数据建模与虚拟现实方面的研究。谭建荣以《智能制造与机器人应用关键技术与发展趋势》为题,向与会人员详细讲解现代制造业的发展历程以及新时期全球制造业的深刻变化,揭示智能制造的三大核心和十大关键技术,警示靖江企业要走出中国制造容易陷入的怪圈,加强技术创新,及早布局人工智能、大数据、人机一体化的智慧机器人等先进技术,推进智能制造与机器人技术在企业应用,增强企业核心竞争力。

【大会分论坛报告会】 9月22日下午,2017中国(靖江)国际创新创业大会举行分论坛报告会。分论坛紧贴靖江产业特色,围绕船舶与海工、机械制造、节能环保、电机电器、港口与物流5个主题共有13位国内外专家作报告。中国造船工程学会首席专家、中国舰船研究院教授级高级工程师、博士生导师陈映秋,围绕“重塑中国船舶工业的竞争力”,指出船舶企业必须关注国际公约和技术标准,提升设备智能化水平,他建议靖江船企结合人工智能发展方向,开发具有人工智能的船舶设备,跟上国家“人工智能”战略。中国船舶科学研究中心研究员、副总工程师赵峰理论结合实际,介绍“船舶总体性能研究与设计的创新之路”,他向靖江船企建议尽快建立基于CFD的船舶设计框架,建立统一的质量标准体系,从而大幅度提升船舶设计的创新能力。此外,西班牙马拉加大学经济学博士阿尔瓦罗·西蒙·德布拉斯,中国机械工业联合会执行副会长陈斌,德国中德工业4.0联盟执委会主席周向前,国务院参事室特约研究员吴吟,科技部中国科学技术发展战略研究院研究员赵刚,中国工程院院士、中国科学院电工研究所研究员顾国彪,瑞典皇家工程院院士、上海交通大学特聘教授安德森·林奎斯特,国家“千人计划”特聘专家、国家电网公司特聘专家倪明,美国加州州立大学圣伯纳迪诺分校运输及供应链管理终身教授吴浩然,上海海事大学教授、博士生导师杨勇生,交通运输部科学研究院、交通发展研究中心室主任刘晓雷,分别介绍各自最新的研究成果,结合靖江特色产业阐述前沿发展动态,给出了相关建议。

【海内外专家项目路演】 9月22日下午,2017中国(靖江)国际创新创业大会举行项目路演,海内外35位专家在船舶与海工、机械制造、节能环保、电机电器及港口物流5个分论坛,现场路演35个高精尖项目。其中,在船舶与海工分论坛,德国专家艾伯哈德·克劳斯路演“海工装备领域机器人应用与技术”项目,他利用图片和视频的形式,直观地展示机器人在船舶海工领域的高效率应用;芬兰专家马库斯·维塔迈基路演“蓄热式电动涡轮增压器”,展示产品在相关产业领域的关键作用;德国专家戴苔莉通过PPT形象地用“比铝更轻,坚强如钢”来形容“纳米增强铝合金”产品。在机械制造分论坛,华中科技大学机械学院教授张海鸥演示“智能微铸锻铣合一制造”项目,该成果改变长期由西方引领的“铸锻铣分离”的传统制造历史。路演项目与靖江特色产业发展高度契合，引发靖江相关企业的浓厚兴趣，靖江三鹏模具科技股份有限公司、江苏靖江互感器厂有限公司、江苏华菱锡钢特钢有限公司、江苏新时代造船有限公司、江苏长新集团等企业负责人，纷纷与路演专家对接交流，提出合作意向。

【签约合作项目21个】 在2017中国（靖江）国际创新创业大会开幕式上，靖江市政府、企业、园区与海内外科技社团及科研机构签订科技合作、人才合作、创新合作项目共计21个。在科技合作方面，城北园区与西班牙马拉加科技园签约，通过项目合作推动城北园区加快打造省级高新技术园区；新桥园区与北京先进金属材料涂镀国家工程实验室合作建设靖江分中心，促进新桥特种合金材料等主导产业创新发展；美国企业COTEC公司与亚星锚链公司签约合作，开展高端海工产品的研发和系泊系统在浮式平台及单点定位系统的应用。在高端装备制造、新材料、节能环保等先进技术合作方面，天立方环保工程公司与芬兰中国文化与经济协会签订工业废水、废气处理项目，辰午节能公司与西安交通大学签订有源电力滤波器项目，世能化工设备公司与加拿大德森科技公司签订新一代高效脱硫除尘设备项目，大翔科技公司与波士顿技术投资公司合作研发基于纳米催化式氧化技术的智能室内空气交换系统，光芒热水器公司与惠态德科技工程有限公司签订高效率太阳能光电光热一体化综合利用家用系统产业化项目，晨阳化工、三鹏模具分别与美国北卡中央大学、德国弗朗霍夫制造工艺研究所签订有关石墨烯新材料、增强现实产品设计等方面的合作协议。在人才合作方面，华达科技、双鱼食品、航天动力机电、南风机械、骏马压路机等企业，分别与inMotive公司、江南大学、英国宜帕特能科技有限公司、安琪健康技术有限公司、江苏大学农业装备工程学院的专家签订合作协议；市政府与江南大学、中国旅美科技协会、德国中德工业4.0联盟、中华海外博士联合会、常春藤创业联盟等科技社团签约，在创新创业领域加强交流合作。

·“新智造·新营养”靖江国际高峰论坛·

【概况】 12月1日，“新智造·新营养”靖江国际高峰论坛在靖江开幕。该论坛由靖江市委、市政府主办，市委书记赵叶出席开幕式并致辞，市长叶冬华主持开幕式，中国医药保健品进出口商会常务副会长孟冬平、英国营养学会主席尼克·贝内特、国家卫计委人类遗传资源中心执行主任高华方、江苏省营养保健食品协会会长郭桂珍，以及来自金富康、摩根大通、菲特、艾兰得、恒基集团、英国菲特尼斯基因公司、上海交通大学药学院、欧莱雅等工商企业与科研单位的嘉宾代表参加。主办方先后举办3场主题演讲和圆桌对话，邀请23名国际国内专家学者、行业代表，围绕“新智造·新营养”课题展开跨界交流。高峰论坛重点聚焦人类营养未来发展趋势、全球营养消费趋势、工业4.0时代的智能制造、营养健康领域的智能制造、基因科技与健康生活方式等主题，邀请帝斯曼营养产品部人类营养与健康大中华区科学事务总监张卫国、欧莱雅健康管理事业部总监张中兴、英国营养学会主席尼克·贝内特、甲骨文中国华东及华西区EPR事业部总经理许正冈、江苏艾兰得健康控股有限公司董事长常亮、国家卫计委人类遗传资源中心执行主任高华方等嘉宾先后作主题演讲。圆桌对话环节，孟冬平、尼克·贝内特、帝斯曼人类营养与健康大中华区副总裁杨以定、摩根大通执行

12月1日，靖江举办“新智造·新营养”靖江国际高峰论坛

董事高丽等嘉宾,分别围绕如何打造中国世界级营养品领军企业,工业 4.0 时代什么是真正的智能制造,营养健康领域的新技术、新发展等话题,展开对话交流。

【高峰论坛和圆桌会议】 “新智造·新营养”靖江国际高峰论坛举办期间,23 位嘉宾通过高峰论坛和圆桌会议的形式,围绕“新智造·新营养”课题展开跨界交流,碰撞智慧的火花,推动产业的创新融合。嘉宾们交流分享的课题涉及营养学、基因科技、智能制造、生物医疗等。英国菲特尼斯基因公司的执行总裁兼联合创始人 Daniel James Reardon 讲述“基因科技与健康生活方式”,以基因测试的方法为个体提供有针对性的健身方案。甲骨文中国华东及华西区 ERP 事业部总经理许正冈分享关于 Oracle ERP、Oracle loT 等管理系统的功能和应用,为企业建立数字化供应链提供解决方案。国家卫计委人类遗传资源中心执行主任高华方通过揭示营养品对表观遗传及基因表达调控的分子机理,为营养品的研发及应用提供参考。关于发展靖江大健康产业,嘉宾纷纷出谋划策。中国医药保健品进出口商会常务副会长孟冬平在讲解当前营养保健行业中的热点问题时说,以创新驱动为基础的国际化是未来发展大健康产业的重要支点,企业在转型升级中,要深耕国际化并制定相应的战略和策略。罗克韦尔大中华区行业销售总监唐存德说,健康营养公司要走智能制造之路,需要一整套关于生产、质量、客户使用等流程的执行系统,科学管理原材料、产品、生产、推广等流程,从而达到节约时间、提升效率的目的。

【大健康产业发展前瞻】 通过高峰论坛和圆桌会议的对话交流,与会嘉宾就大健康产业的发展前景形成共识:依托营养基因组学、数字化等科技,大健康产业将迎来定制化时代。英国菲特尼斯基因公司执行总裁兼联合创始人 Daniel James Reardon 认为,生活习惯、饮食习惯会影响人体的基因排序,基因排序的差别会影响个体适用的营养摄入,通过基因测试,可以了解到人体的身体状况和所需营养元素,根据测序结果,定制合适的运动方式和营养套餐。摩根大通董事、亚太区投资银行部副主席 Mac El-Omari 认为,数字化时代发展大健康产业必须以客户为核心,通过切实有效的数据分析,为客户提供定制化的个性推荐和服务,中国企业在海外收购中倘若将国外的先进技术、研发能力,与国内原有的营销手段、知识储备有机结合,在此基础上定制服务,给客户提供个性化产品,将为中国的大健康产业发展带来重大机遇。北京亿昊基因技术有限公司总经理叶自强认为,大健康产业的发展方向在于科技先行,基因学、数字化等一系列新科技的跨界融合,能够让企业更精准地分析客户需求,使得产品、技术与需求更完美地贴合在一起,使用户的获得感和满意度达到最大化。

【营养品领军企业发展对策】 在“新智造·新营养”靖江国际高峰论坛的第一次高峰论坛和圆桌会议中,嘉宾围绕人类营养未来发展趋势、如何打造中国世界级营养品领军企业话题展开演讲和对话交流,给出各自对策建议。帝斯曼人类营养与健康大中华区科学事务总监张卫国表示,虽然人类正在逐步解决饥饿问题,但“隐性饥饿”却并没有得到应有的重视。由于缺少足够的维生素和矿物质,超过 20 亿人正遭受微量元素缺乏的困扰,这给大健康产业带来了很好的发展前景。中国医药保健品进出口商会常务副会长孟冬平认为,中国营养保健品企业必须加快国际化步伐,从政府层面来说,可以通过标准的制定,来打通渠道;从企业层面讲,不应盲目迎合西方理念,应当通过知识积累和对中国文化及产业的了解,熟知国际市场和规则,寻找接轨的路径。英国营养学会主席尼克·贝内特建议,和国际接轨,首先得了解法律法规,其次,各个国家对产品的需求不尽相同,什么样的产品最能适应市场,必须从市场实践中寻找。在接轨国际化方面,艾兰得健康控股有限公司的超前布局,引起与会嘉宾的关注。艾兰得公司董事长常亮介绍,公司自 2010 年以来,成功开展 6 次海外营养保健品企业收购,公司战略目标是成为“全球最大的营养健康管理综合解决方案提供商”。

三个“+”的靖江经验

【概况】 2017 年 1 月 13 日,中共靖江市委十二届二次全体(扩大)会议提出推进“三个 +”,把创新作为推动发展的基点,聚力产业转型升级,再造发展优势。一是推进“标准化 + 技术创新”。深化“品牌靖江、品质靖江”工程建设,鼓励企业走“专精特新”之路,重点提升船舶配套、核电装备、机电汽配等优势产业技术含金量，吸引核心配套企业补强产业链，深化与行业协会、技术联盟协作，招引一批标准制定者、技术领跑者落户，打响“靖江标准”牌。二是推进“机器人+智能制造”。设立“机器人+智能制造”产业发展基金，重点投向现有高端装备、新材料、节能环保、大健康等产业，开展省级智能制造企业示范创建，鼓励骨干企业实施数字化、网络化、智能化改造，大幅提升重点行业智能制造水平，推动全市工业生产装备和智能制造水平跻身全省第一方阵。三是推进“互联网+新型商业模式”。推动休闲食品、空调配件、船舶装备等行业线上线下贯通融合，培大育强“金马云”“木材云”和粮食现货电子订单等新兴业态，发挥东华测试、三马起重、张氏纺织“互联网+”示范效应，引导企业拓展O2O、B2B、B2C模式，实现精准营销、按需采购、定制生产。年内，靖江推进“百优企业技改提升行动”，建成Intertek靖江检品中心、暖通空调交易中心等服务平台，完成工业技改投资280亿元，建成智能车间20个、智能生产线30条，净增规模企业35家。12月17日，中共泰州市委五届四次全会将靖江实施“三个+”行动，推进转型升级，推动高质量发展的经验向全泰州推广。

【“标准化+技术创新”行动】 围绕打造“百亿企业、百优名品、百年基业”目标，大力构建“品牌靖江、品质靖江”标准体系。一是突出重点产业。聚焦船舶配套、核电装备、机电汽配等优势产业，引导企业建立先进标准体系，加快向价值链高端攀升，积极参加制定(修订)行业标准、国家标准、国际标准。二是加快融合创新。建立“标准发布、新品推介、科技交流”三融合载体，强化先进标准的导向和引领作用，鼓励企业加强对核心技术和关键技术标准的研发，促进企业转型、产品提质。三是健全工作格局。加快标准化研究服务平台建设，打造标准大数据平台，实施企业产品标准自我申明公开，逐年提高检验检测和标准信息服务能力。

【“机器人+智能制造”行动】 围绕加快建设“沿江先进制造业基地”目标，全面提升企业制造装备整体水平，提高企业劳动生产率和综合竞争力，促进靖江制造向靖江智造、靖江创造转变。一是加快存量装备智能化改造。按照“分类指导、典型示范、政策扶持、机制保障”思路，鼓励企业加快自动化、数字化和智能化改造，集中资源在电机电器、汽车零部件等行业，重点培育一批智能制造骨干企业。组织实施“机器换人”示范项目，到“十三五”期末，新增使用工业机器人300台以上，关键工序设备数控化率达80%以上。二是加快企业生产自动化提升。按照“自动化生产线+工业机器人+专用网络”的工业物联网模式，支持企业不断提高MES(制造企业生产过程执行管理系统)、ERP(企业资源计划)、PLM(产品生命周期管理)和机器设备网络的互联互通集成能力，形成联网协同、智能管控、大数据服务的制造模式，加大智能车间(工厂)、智能生产线建设力度。三是加快智能制造生态圈构建。引进一批智能制造咨询服务企业，推动制造企业结合产品特点、企业实际和行业特征，向研发、设计、物流、营销、品牌推广、系统集成等上下游延伸，培育一批制造业服务化示范企业，推动制造业向服务化转型。

【“互联网+新型商业模式”行动】 顺应共享经济、分享经济、合作经济潮流，持续发挥东华测试、三马起重、张氏纺织“互联网+”示范效应，引导企业拓展O2O、B2B、B2C模式，实现精准营销、按需采购、定制生产。一是打造一批电商集聚区。按照“统筹规划、合理布局、突出特色、差异发展”思路，完善城南电商创业中心、孤山暖通空调交易中心，规划布局休闲食品电商产业园、农产品交易中心、跨境电商服务中心等，促进电商要素集聚与整合。二是建设一批线上平台。围绕靖江特色产业，重点培育南方小麦交易中心、万林木业、金马云航运等一批电子商务交易平台，促进区域块状经济转型升级。三是培育一批龙头企业。重点扶持“飘零大叔”“艾兰得”“双鱼”“尚香”“清之坊”等一批品牌电商企业做大做强，不断扩大靖江休闲食品、保健品、纺织品等的影响力和知名度。四是创建一批示范工程。在电子商务应用、服务等领域培育优势企业，发挥示范引领作用，提升全市电商企业创新能力和经营管理水平。

中国山水盆景名城

【概况】 靖江山水盆景诞生于20世纪70年代，经过40多年的创新追求，孕育出独特的艺术风格，成为享誉海内外的一块艺术瑰宝。2017年，靖江被中国盆景艺术家协会授予全国首个“中国山水盆景名城”荣誉称号，靖江由此增添一张享誉全国的城市名片,被赋予一个别具一格的文化符号。11月19日,“中国山水盆景名城”授牌仪式暨2017中国(靖江)山水组合盆景国家大赛在靖江举行,江苏省住建厅副厅长张鑑,中国盆景艺术家协会会长鲍世骐,靖江市委书记赵叶、市长叶冬华,江苏省农业委员会园艺处调研员王宝海等参加活动。活动现场,张鑑与赵叶共同为中国盆景艺术家协会山水盆景艺术专业委员会揭牌,鲍世骐向叶冬华授予“中国山水盆景名城”铭牌,王宝海、叶冬华共同为中国山水盆景研究示范基地揭牌。当天,首届中国(靖江)山水组合盆景国家大赛开赛,近40名中外盆景作家在靖江西郊公园同台竞技。2017首届中国(靖江)山水组合盆景邀请展同时开展,数千名游客和市民欣赏到来自全国各地的精美山水盆景作品70件。

11月19日,选手参加中国(靖江)山水组合盆景国家大赛

【中国山水组合盆景国家大赛】 11月19日,由中国盆景艺术家协会、靖江市政府联合举办的中国(靖江)山水组合盆景国家大赛在靖江西郊公园开赛。此次大赛邀请国内外近40名山水组合盆景作家,其中包括法国、印度、波兰、马来西亚等9名外籍盆景作家,以及靖江老、中、青9名选手。活动主办方为参赛选手精心准备盆景制作原材料和制作工具,参赛选手也可自带材料,每名选手要在2天时间内,从选材开始,经切割、雕琢、拼接、胶合、题咏等过程,完成一件盆景作品。评委从参赛作品的表现手法、艺术风格等方面进行综合评分。比赛现场,选手们精心创作,一堆普通的石料、植物逐渐变成一幅幅“无声的诗,立体的画”,令参观者叹为观止。

【中国山水组合盆景邀请展】 11月19日,由中国盆景艺术家协会、靖江市政府联合举办的中国(靖江)山水组合盆景邀请展在靖江西郊公园开幕,展出上海、浙江、广东、海南、贵州、湖南和省内南京、扬州、盐城、连云港等10多个省市的精品盆景70件,吸引观众数千人。经评委评定,共评出金奖1个、银奖3个、铜奖6个,由靖江人民公园展金涛创作的《沁园春·雪》获金奖。

【靖江山水盆景艺术风格】 靖江山水盆景发轫于中国传统山水文化,以山石为料,经过切割、雕琢、拼接、胶合等技术加工,配以树、草及各种摆件,在较浅的山水盆中置景,通过“藏参天复地之意于盈握间”,实现“咫尺天,有山有水,山峭水幽生灵气;方寸地,亦草亦木,草茂木秀见精神”。

用料 靖江山水盆景的石料有斧劈石、砂积石、雪花石、松花石、灵璧石、钟乳石、英德石、木纹石、千层石、石笋、锰石等30多个品种,以硬石品种居多。硬石丰富多彩的外形、色泽、纹理可以很好地再现山高水远、嶙峋险峻、雄伟挺拔、气势非凡的自然景观。

造景 石料切割打磨成型后设置成峰、岳、岭、崖……或崔嵬、或嵯峨、或雄浑、或峭拔、或苍润、或明秀,其间栽植树木、小草,放置亭、塔、房屋、人物、动物等。山景之外的空白部分则为江、河、湖、海等各种水景,水景中栈桥蜿蜒、渔舟扬帆……造景颇有讲究。“丈山尺树寸马分人”“山腰掩抱,寺舍可安,断岸坡堤,小桥可置。有路处,则林木,岸绝处,则古渡”“以水为血脉,以林木为衣,以草木为毛发”,由此营造“意境幽远、诗情十足”的立体画面。

制盆 靖江山水盆景一般选用较浅的石盆,从山脚水面至峰顶山巅,山景在盆中一览无遗。石盆的形状以长方形、椭圆形为主,观赏者可仰视、俯视、平视、正视和侧视,一瞥一景致,没有观赏“死角”。石盆的颜色偏好白色和黑色,以白色居多,汉白玉在国内首先被靖江用作山水盆景制盆原料。黑色石盆较少见，一般与钟乳石、海母石、宣石等颜色偏白的山体搭配使用。

命名　靖江山水盆景的命名力求朗朗上口、意味深长。洗练贴切的命名能深刻地表现创作主题，提高作品的艺术表现力与感染力。有的来源于诗词佳句，如盛定武的《大江东去》、朱金山的《天门中断楚江开》、刘小荣的《窗含西岭千秋雪》；有的因作品形似而用比喻手法命名，如钱建港的《鹰嘴奇岩》、盛定武的《海狮浴日》；有的作品意境与古代名画相似，从而借用古代名画之名，如展金涛的《秋山雨霁似蜃楼》，《秋山雨霁》为元朝黄公望的传世名画。

链接一：山水盆景特种邮票

1996年4月28日，中国山水盆景特种邮票在靖江举行首发式，邮电部副部长刘平源和20多个国家和地区的80多名宾客参加。中国山水盆景特种邮票共6枚，分别为盛定武的《岁月峥嵘》、朱文博的《雪融江溢》、钱建港的《鹰嘴奇岩》《云山叠彩》、钱江的《漓江翠影》、许江的《群峰争辉》。这6枚邮票结束了“水石盆景”与“山水盆景”混乱多年的叫法，科学地把靖江水石盆景定名为“山水盆景”，将靖江山水盆景紧紧地与中国传统山水文化命题扣在一起，文化内涵因此丰富厚重起来，确定了靖江山水盆景在中国盆景发展史上的地位。随着这6枚邮票的发行，靖江山水盆景的知名度和美誉度在更大范围内得到提升。

链接二：“靖江盆景三青年”

在靖江山水盆景发展史上，有个特定的称谓“靖江盆景三青年”，指的是盛定武、朱文博、钱建港3人。他们对靖江山水盆景的开创、发展、成熟，名扬国内外功不可没。中央新闻纪录电影制片厂专为“靖江盆景三青年”拍摄新闻纪录片《山水情》，于1984年在全国放映。1985年，江苏电视台拍摄电视专题片《高峰在他们手中》。

钱建港　师从盆景大师殷子敏。1979年，学艺第一年，他的5件作品分别在德国第15届国际园艺博览会、东京世界盆栽研讨会上展出。作品《鹰嘴奇岩》中，江水碧波荡漾，山体好似一只雄鹰张目展翅，尖喙倒挂临水，鹰岩下帆影点点，穿行其间，呈现一派诗情画意。在《云山叠彩》创作中，巧借石料斑斓的色彩、柔润的光泽，巧妙地勾画出海市蜃楼般的梦幻景色。两件作品用料不多，运思、构图着重于意境的描绘，布局简练，宛如天成，隽永灵秀，精巧而富有灵气。

朱文博　其作品风格险秀雄奇。代表作《剑山雪霁》《雪融江溢》，利用雪花石天然形成的黑白相间的纹理，分别雕琢出峻峭险峰的雪霁和雪融景致，一个银装素裹，直指苍穹，气势恢宏；一个春暖花开，雪化冰消，飞泉直落，山脚江水漫漫，撼人心魄。《湖上奇峰卷夏云》，用一块天然、完整的英德石，逼真再现清初诗人宋琬名作《湖上奇云记》中所描写的西湖夏日奇云，看似“如蛟龙怒舞，或如猛兽负重而行，奇峰突兀，若狻猊之竦立而却顾”。

盛定武　中国山水盆景大师，代表作有《大江东去》《岁月峥嵘》《听涛》《晴峰叠翠》等，富有“动中有静、静动合一”的韵律感、节奏感，兼具“诗文”“人文”意境。作品《大江东去》中，数块大小不一的英德石“撒在”汉白玉浅盆中，或为峰，或为礁，黝黑的石质、自然清晰的纹理加上右倾的走势，气势磅礴，形成强有力的视觉冲击。在《岁月峥嵘》创作中，借用形态自然的千层石构建“险”“奇”的悬崖景观，主峰在左配峰在右，高低错落，风雨侵蚀，山岩斑驳，崖顶各植一株雀梅姿态万千，遥遥相望，悬崖脚下两艘小船“直挂云帆济沧海”。

链接三：靖江山水盆景传承发展

靖江山水盆景新时期发展走“大山水盆景之路”，将山水盆景的制作理念运用到花园庭院建造中。2003年起，靖江山水盆景创作者杨军、钱东在园林工程、庭院绿化设计中移植山水盆景元素，朱金山、许江和尹小俊等一批靖江盆景制作师尝试大型盆景的开发，街头大型盆景《靖江盆景甲天下》《咫尺山水》等备受市民欢迎。近10年，靖江将“山水盆景”造型手法应用于城市园林绿化建设中，以城为盆，因地制宜，以市塑景，精雕细琢，打造宜居城市，呈现一幅人与自然和谐相处的美丽画卷。2016年1月，靖江获评“国家园林城市”。

链接四：靖江山水盆景大事记

1979年10月，靖江选送18盆山水盆景至波恩参加德意志联邦共和国园艺协会举办的第十五届国际园艺博览会，盛定武制作的《赤壁泛舟》获展览会“金牌奖”。

1980年，靖江山水盆景在日本世界盆栽研讨会、英国皇家花园展出，外销美国380多盆。

1982年5月，江苏首届盆景

艺术展览会在南京玄武湖举办，靖江50盆山水盆景参展，其中《劲松化石立苍穹》获最佳奖；《雪融江溢》《暗峰耸翠》《海狮浴石》获“优秀盆景”奖，《新华日报》头版头条对靖江盆景作专题报道。

1983年9月10日—10月10日，首次单独在上海虹口公园举办“江苏靖江水石盆景展”，34个石种、近百件作品参展。《解放日报》《文汇报》《新民晚报》等对靖江盆景展览作专题报道，中央新闻纪录片厂拍摄纪录片《山水情》。

1984年8月—12月，受中国农学会科普部、国家农牧渔业部花木公司委托，靖江举办全国盆景艺术培训班，招收全国各地学员62人、旁听生6人，历时4个月，12月15日结业。

1984年9月，江苏省委决定市人民公园盛定武参加“江苏盆景展览会赴香港展出团”。12月，盛定武携盆景精品赴港参展，“江苏盆景艺术展览会”上，靖江山水盆景第一次与香港同胞见面，盛定武应邀至香港电视台作盆景专题讲座。

1985年10月，在第一届中国盆景评比展览会上，盛定武制作的《大江东去》获一等奖、《暗峰滴翠》获三等奖，朱文博制作的《剑山雪霁》获二等奖，钱建港制作的《蜃楼》获三等奖。

1987年4月，在第一届中国花卉博览会上，盛定武制作的《听涛》获佳作奖、《南海风涛》获表扬奖，朱文博制作的《刺破青天》获佳作奖、《神游》获表扬奖。

1988年2月，在香港花卉展览会上，展金涛制作的《秋江岛霁似蜃楼》获冠军奖。

1989年3月，在香港花卉展览会上，杨军制作的《万水千山总是情》获冠军奖。

1989年10月，在第二届中国(北京)花博会上，展金涛的作品《秀岚烟云》获佳作奖，《冰峰耸寺》《湖上奇峰卷夏云》获二等奖。

1989年10月，在武汉第二届中国盆景评比会上，盛定武的《岁月峥嵘》获一等奖，朱文博的《龙腾万里》获二等奖，杨军的《忆江南》获三等奖，展金涛的《更向春机犹发处》、许江的《大江浮玉》获优秀奖。

1990年6月，盛定武携3盆山水盆景参加在日本大阪举行的国际花卉博览会。

1990年12月，组织石料在徐州大屯煤矿制作一巨型山水盆景，长12米，高8米，造价5万元。

1992年8月—1993年4月，钱建港、商勤岳应邀赴捷克和斯洛伐克进行盆景艺术交流合作。

1992年9月，山水盆景《威虎雄狮立苍穹》在中国南通国际盆景博览会上获亚军奖。

1992年9月19日，香港风景园林专业考察团一行44人至靖江参观盆景。该考察团由香港、澳门、印尼、日本花卉盆景协会负责人组成。

1992年，靖江举办盆景培训班，由盛定武、钱建港、商勤岳、杨军等讲课。

2008年9月26日，选送山水盆景参加第七届中国盆景展览会，获银奖、铜奖各一枚。

2008年11月3日，参加泰州梅兰芳艺术节盆景展，获金奖2枚、银奖1枚、铜奖4枚。

2009年4月14日，《杜鹃山水盆景》参加上海市第七届杜鹃花展。

2011年9月22日—10月8日，参加江苏省第七届(宿迁)园博会。

2012年4月，重庆园博园靖江园二期布展。

2015年12月21日，加入中国盆景艺术协会，成为会员单位。

2016年4月14日，市人民公园选送一山水盆景参加江苏省第九届(苏州)园博会。

媒体报道靖江

【概况】 2017年，靖江经济社会发展创新举措和成功经验引起广泛关注，《人民日报》、《新华日报》、中央电视台、人民网、新华网、央广网、《中国经济周刊》等主流媒体纷纷予以报道，全年在中央和省级重点媒体刊播相关稿(片)200余篇，内容涉及高端会展论坛、沿江开发建设、供给侧结构改革，企业转型升级、大众创新创业、特色镇村建设、中国山水盆景名城冠名、图书漂流共享等内容，靖江影响通过全媒体平台变得更加广泛和深远。

【《人民日报》报道靖江用地经验】 《人民日报》2017年2月23日以《靖江运用土地杠杆倒逼企业转型节约集约用地 颁布“红黑榜”》为题，报道靖江节约集约用地做法经验：

两年前，江苏召开全面推进节约集约用地工作会议，正式启动节地水平和产出效益“双提升”行动计划，自此，江苏全省劲吹“节地风”。靖江市政府也随后出台《关于全面推进节约集约用地的实施意见》等系列文件，“红黑榜”制度就是在这样的背景下应运而生。

“就像银行的VIP客户一

样,高产出的企业享有优先拿地权以及一系列配套优惠政策。”靖江市国土资源局党委委员介绍道,“有红就有黑”,对于那些产出不高的企业,相应的在用地方面加大限制,提高土地持有成本,倒逼企业转型升级或者退出。

靖江对发展态势良好、节约集约用地水平不断提升的企业,将其纳入用地“红榜”和政务服务绿色通道。企业申请扩产或技改等项目用地时,政府将优先保障其用地需求。对于企业其他问题,也由多部门联合办公,及时解决。靖江结合全市列统企业亩均税收统计数据,将凡有欠缴土地出让金、违法用地、闲置土地或低效用地等行为的企业列人用地“黑榜”和监管黑名单,依据《靖江市闲置及低效利用土地处置意见》,对该类企业的部分土地资产予以快速认定和处置,通过盘活资源,“腾笼换鸟”来推动全市产业优化升级。

据统计,自“双提升”行动开展以来,靖江全市工业企业用地已减少50多公顷,产生经济效益超过18亿元;盘活沿江13家落后产能企业的土地资产280多公顷。“红黑榜”的应用,促进完善了节地工作考核评价体系,通过对每年评选出的国土资源节约集约模范镇和土地节约集约利用模范企业分别给予相应的资金和指标奖励,起到良好的“指挥棒”和“风向标”作用。

【《新华日报》报道靖江“不开发区”】 《新华日报》2017年1月9日以《在“加与减”中坚守生态红线 靖江三成江岸永久“不开发”》为题,报道靖江加强沿江生态环境保护:

靖江市环保局、财政局近日联合下发《靖江市生态红线保护区生态补偿暂行办法》,规范该市生态红线保护区生态补偿工作。

办法明确,以直接承担生态保护责任的单位为补偿对象,将具有重要生态功能、提供重要生态产品的生态红线区域列入补助范围。生态补偿资金主要用于生态恢复、环境整治、环境基础设施建设,污染源关停搬迁整治、提标改造以及生态红线区域保护立标、规划、监测等项目。

针对多年来高强度长江岸线开发带来的环境问题,靖江规划将长江岸线利用分成“三个三分之一”,即绿色发展区域约占三分之一,开发性保护区域占三分之一,不开发区域超过三分之一。靖江市委书记赵叶说,靖江拥有50千米长江岸线,共抓大保护、不搞大开发是本届党委、政府的重大责任。“我们把超过三分之一的长江岸线作为‘不开发区’,用于建设长江湿地、亲水空间和滨江森林,从短期来看这是做了减法,但从经济社会长远发展来看,我们这是在为靖江未来发展做一个乘法。”

交通运输部规划研究院专家沈益华认为,保护沿江生态岸线的决策,体现靖江坚持生态优先、实现绿色崛起的责任担当,这也是长江经济带发展过程中的必由之路。

【《中国经济周刊》报道靖江江阴联动开发】 《中国经济周刊》2017年第25期以《“飞地经济”的江苏试验》为题,报道靖江江阴跨江联动开发:

6月2日,国家发改委、国土资源部、商务部等八部委联合出台《关于支持“飞地经济”发展的指导意见》,鼓励上海、江苏、浙江以及长江中上游地区共建产业园区。

“飞地经济”,即相互独立、经济发展存在落差的行政地区打破区划限制,通过跨空间开发实现资源互补、协调发展。在江苏就有这样一块典型的经济“飞地”——江苏江阴—靖江工业园区(下称“园区”)。

2002年8月,分属不同行政地区的县级市江阴、靖江共同签署园区《联合开发备忘录》;次年2月,正式方案递交江苏省委、省政府,8月园区揭牌;3年以后,园区被国家发改委核准为省级经济开发区。两个城市直接运营产业园区的“原创模式”一时吸引了全国的目光。

需求导向催生共建模式

靖江,位于长江北岸,由苏北的地级城市泰州代管;南岸的江阴则为苏南地级城市无锡所辖。尽管有人考证出两地明清时期“同隶常州府”,更有靖江“元代归属江阴”的说法,但直接触动双方“联姻”念头的还是江阴大桥1999年正式通车——两地之间10分钟的车程很让人产生“同城一家”的感觉。

然而,《中国经济周刊》记者调研中得到的更为真切的合作理由却不是简单的“地理接近性”——联合能够共同获利,或者,共生才可避免危机,似乎更加符合双方的内心诉求。当地官方文件对此并不隐讳,比较正式的说法是:靖江为赶上苏南,开始启动沿江开发,但囿于经济实力,近半长江岸线资源闲置;江阴经济发达,拓展空间日渐狭小,可用岸线更是所剩无几。因此,大桥甫成,双方即开始频繁接触,2001年至2003年更就具体问题展开多轮谈判,直至达成相关协议并得到省委、省政府主要领导的肯定。

两个县级城市之间的“卿卿我我”上升为“省级战略”,江阴、靖江一方负责投资开发,一方管理社会事务,决策机构则是两市共同成立的“联动开发协调委员会”。“跨江融合”随即大张旗鼓——扬子江船业、新长江实业、中船澄西船厂、大明科技、电工合金等一批优秀骨干企业都在园区投资大体量优质项目,累计投资额超过100亿元。

时至今日,园区已成功打造出中国民营造船、国家重钢结构两大产业基地,以及“特色冶金—机电—汽车零部件—特色车辆”“特色冶金—钢结构—船舶修造”两条产业链,基本形成特色产业和央企项目集聚的态势,并创造出五个“国内之最”:最大的集装箱船、最高建筑的钢结构、最先进的高速铁路线缆、跨度最大的跨海大桥钢箱梁、最高强度的系泊链。另外,在联动开发带动下,大量苏南企业到靖江及周边地区投资发展,如德桥仓储、华菱锡钢、安泰动力等。

2016年11月,第九届长三角投资发展论坛、长三角产业升级与中国制造2025战略峰会暨长三角最强中国制造系列评选活动在苏州举行,江阴—靖江工业园区凭借产业集聚、区位优势、联动开发、科技创新、人才资源荣获“长三角最强中国制造产业集聚区”称号。

按照规划,到2020年,江阴—靖江工业园区要完成工商开票销售1000亿元、地区生产总值超150亿元,累计完成工业投入100亿元、财政收入超10亿元,每年到位外资1亿美元,在江阴、靖江两市主要经济指标中所占份额继续提升,成为区域经济新的增长极。

14年过去,园区已长成“翩翩少年”。但不可回避的是,管理体制和运作机制并未即时革新,难以支撑园区的进一步发展,一位长期关注园区发展的专家一言以蔽之——“孩子长大了却仍然穿着幼时的衣服。”

创新思维碰撞历史经验

或许是因为飞地经济前无“古人”,所以当年是以协议方式规定园区操作规则的。按照协议,投资、管理以江阴为主,土地、劳动力和环境配套以靖江为主。具体方案是:靖江提供60平方千米土地,由江阴经济开发区在靖江注册成立投资公司;江阴、靖江按照9:1的比例共同出资1亿元用于园区建设;10年内两市都不从园区提取投资收益而将其全部留在园区滚动发展;10年后若有收益分成,两市各得50%。随后,江阴市政府在园区成立管委会,负责投资开发和管理工作;靖江市政府则在园区成立办事处,负责社会事务。另外,工商、地税由江苏省派驻,国税、质监由江阴相关部门负责,国土、规划、建设、水利、公安由靖江管辖。2013年,随着靖江港获批一类开放口岸,园区口岸查验管理权限由江阴划归泰州。

《中国经济周刊》记者从有关渠道获悉,园区成立后,两地政府都曾赋予其较大的行政管理和资源配置权限,并出台了一系列有利于园区发展的政策措施,比如实行一级财政,加大税收返还,省级以上之外的规费一律不收。政府能够调控的项目、土地、资金、人才等要素资源都优先供给园区。

但随着时间的推移和市场的变化,以江南产业向江北转移为主要形式的“拉动式开发”边际效益出现下降趋势,园区的发展与两地政府和当地民众的期望形成了一定差距。

2017年4月26日,江阴、靖江两地召开“联动开发协调会”,对完善融合发展协调机制、深化两地干部互挂制度、创新融合发展运作机制等问题进行了讨论,会议一致表示要继续坚持“跨区联动、共同开发”的道路不动摇,以更高远目标、更有力举措、更优质服务打造联动开发、融合发展的样板区。官方称此次两地会商“标志着合作共建进入了新的阶段”。

《中国经济周刊》记者注意到,4月26日两地协调的重大意义不止于调整管理体制和运作机制以解决“衣服合身”的问题,园区的转型升级被提到了前所未有的高度——为呼应江苏省“跨江融合”构筑“扬子江城市群”的最新战略决策,会议提出要从产业、社区、生态、道路、交通、岸线等方面对园区做出“高水平规划”,要实现“行政主导转向市场主体”“企业转移转变为产业引领”“资金扶持走向资本平衡”。在宏观经济形势存在下行压力的形势下,这一要求对园区运营方而言无疑是一种严峻的考验,将曾经发挥过示范和先导作用的操作模式“打破重来”更需要主政者的勇气和智慧。

飞地经济呼唤法人治理

有关专家告诉《中国经济周刊》记者,毋庸讳言,江南经济的扩张瓶颈造就了江北发展的天然机遇,“跨江联动”的本质是一种资源互补。2003年《江苏统计年鉴》记载,江阴市2002年人均GDP为35473元,靖江市同期数据是12700元。江阴的机制和资本“遇见”靖江的土地和劳力，可谓天作之合。但他同时认为，这种互补绝不可以寄全部希望于政府强力推动下的“有钱出钱、有力出力”；实际上，完全依靠政府间的“通力合作”也不是社会主义市场经济的应有之义。

记者调研发现，“跨江联动”与彼时江苏旨在“缓解苏南、苏中、苏北严重经济失衡局面”的沿江开发战略密切相关，园区运作前期的若干特殊政策对这一模式的迅速成型更是不可或缺，“市长”与“市场”在经济发展过程中的功能及贡献必须用历史的眼光来看待。园区成立之初，江苏省政府为其“定制”了8条专项政策，涉及项目审批、工商登记、财税扶持等若干方面。比如，园区连续5年每年可获1000万元财政补贴；园区新建项目在2007年底前投产的，自投产之日起，新增增值税、所得税的省、市、县留成部分连续3年由财政全额补贴给园区。2008年，江苏省将这一财税扶持政策延长至2010年底，此后的2011—2012年该项政策再次得以延续。另外，江阴市政府积极鼓励和引导江阴本土的“品牌企业”渡江北上，以产业、市场、技术、资本为纽带拉动园区招商引资并向苏北腹地辐射，靖江市政府在园区的征地拆迁、社会事务等方面积极作为，这些都是纯粹的市场机制所不可替代的。但有关专家认为，园区真正的内生动力还应当是市场经济的内在规律，而且在市场之手作用下，政策的效用应当是叠加、放大甚至是强力辐射的。因此，应当寻找到一种更加符合市场经济规律的管理办法。

据《中国经济周刊》记者了解，江阴、靖江两市政府当年共同成立投资公司，本意就是运用市场手段进行园区开发，事实上这种方式已经取得初步成效，从2009年下半年起，园区依托核心项目和优质资源加快融资平台建设，引进项目全部实行市场化运作，投融资模式也从单一依靠政府投入开始向财政、社会、市场、信贷共同支撑的多元化模式转变。

专家据此建议，诸如江阴—靖江工业园区这样的“经济飞地”可以去行政化、去区域化——全面“改制”为具有独立法人地位的经济实体，以“计划单列”形式直接从省级或更高层面获得土地、规划、财政等权限，园区管委会作为国有企业的管理机构承担国有资产保值增值责任，两地政府则按照股权确立其成本分担和权益分配方式。

2017年，华东正大公司防火排烟产品展示

“八部委出台的《关于支持‘飞地经济’发展的指导意见》第七条，明确鼓励按照市场化原则和方式开展‘飞地经济’合作，包括‘通过特许经营、政府购买服务等方式将园区部分或全部事务委托给第三方运营管理’……‘法人治理’恰逢其时。”该专家认为。

【《中国质量报》报道靖江供给侧改革】《中国质量报》2017年2月7日头版以《淘汰198家“僵尸”企业江苏靖江以3C认证作为供给侧改革抓手实现“一减三提升”》为题，报道靖江防火排烟设备生产企业供给侧改革经验：

江苏省靖江市原有300多家防火排烟设备产品生产企业，通过3C认证，该市化解了落后产能，淘汰了198家“僵尸”企业，带来的是产品质量的大幅提升、市场份额的大幅提升、产值利润的大幅提升，实现了“一减三提升”目标，推动整个行业转型升级、凤凰涅槃。

在通风和空调系统上，防火排烟阀门是起隔烟阻火作用的一个消防安全关键小部件。江苏华东正大空调设备有限公司（以下简称华东正大）专注生产防火排烟阀门20多年。2016年11

月下旬,华东正大在招投标中完胜日企空研工业株式会社,一举夺得了北京最高的地标建筑——中国尊项目订单,在国内同行中引起轰动。

“中标消息发布后,我的微信朋友圈就收获了100多个赞。”田齐芳说,华东正大的市场主要在上海周边,对北京市场并不熟悉,当时是项目方主动邀请华东正大参与竞标。如今,华东正大的名气越来越响,2016年销售额达2.2亿元,同比上升46%。要知道在全国同行业中年销售5000万元防火排烟阀门的企业都很少,华东正大一年销售突破2亿元,可谓出类拔萃。目前,华东正大防火排烟产品已实现质的飞跃,交出了供给侧改革的亮丽成绩单。

该公司董事长田齐芳坦言,两年前还在为企业发展发愁。2015年,国家将防火排烟产品列入强制性产品认证目录,质检总局、公安部、国家认监委公告规定,自2015年9月1日起,未获得国家强制性产品认证(以下简称3C认证)证书和未标注强制性产品认证标志的,不得出厂、销售、进口或者在其他经营活动中使用。

“新规对产品质量提出了很高的要求,就连德国妥思这样的一线品牌都难以通过检测。一年内,我们也不断试制,委托检测30多次,都没有通过。”华东正大董事长田齐芳说,3C认证实施时间一天天临近,华东正大面临艰难选择,改行还是继续?不甘心的田齐芳不愿舍弃多年的产品。

和华东正大一样,靖江市300多家防火排烟阀门生产企业也遇到了同样的难题。靖江市市场监管局获悉这一情况后主动介入、提供服务,加强政策宣传,采取有效措施,引导空调企业携手合作,集体研发攻克技术难关。在公安部消防产品合格评定中心、国家(天津)固定灭火系统和耐火构件质检中心的大力支持下,经过近半年的努力,靖江市防火排烟阀门生产企业在全国同行中率先突破技术瓶颈,取得了全国首张3C认证证书。

靖江市场监管局局长陆兴松告诉记者,借助国家推行3C认证的契机,靖江市场监管部门引导规范全市防火排烟阀门行业,1/3的产能因落后被淘汰,无序竞争的市场得到净化,产品质量整体得到提升,抢占了市场先机,赢得了全国70%的市场份额,企业经济效益随之上升。华东正大是其中的佼佼者之一,已实现质的飞跃。目前,靖江市场监管部门正全力巩固防火排烟产品3C认证工作成果,在继续做好服务的基础上,进一步强化事中事后监管,着力规范产业市场秩序。

据介绍,靖江市目前已有110家企业通过工厂检查,71家企业成功领证,有效规范了企业生产行为,提升了产品质量档次,各种型号、各种规格的风机、阀门抢占了市场先机,企业招投标活动应接不暇;防火排烟阀门的价格由认证前的75~80元/米(周长)提高到目前的平均招投标价300元/米,涨幅近3倍;风机价格整体上浮了30%。

如今靖江空调企业抓住了3C认证这个机遇,产品从量的飞跃发展到质的飞跃,原先落后的产能被淘汰,产品逐步向中高端领域迈进,实现了供给侧结构性改革;在此过程中,原先无序的市场竞争秩序也得以好转,提高产品品质成为行业内的共识。

这些变化给田齐芳进一步扩大生产规模带来了信心,华东正大计划扩大投资,引进设备等,抢占高端市场。2016年11月份,华东正大试制的2米×1.25米规格的防火阀通过了强制性产品认证,这是我国目前通过3C认证的最大规格防火阀。至此,华东正大已有100个型号的产品通过3C认证,成为全国最全规格的防火排烟阀门生产企业。国家定点机构检测数据显示,华东正大的产品性能远远优于3C认证标准。“比如,漏风量数值,国家标准规定≤700立方米/小时,华东正大的阀门检测数值是每小时120立方米,远远小于规定数值,这说明密闭性能好,发生火灾时可为救援逃生争取更多时间。”靖江市市场监管局副局长朱建明详细介绍说。

“虽然名字还是防火排烟阀门,但已完全脱胎换骨。”田齐芳特别感慨。如今,阀门的结构与以往完全不一样,制作工艺、材料等都全面升级了,具备了科技含量,身价陡升。2016年以来,华东正大陆续获得了武汉、常州、南京和上海多地地铁订单,其中常州地铁订单额达5600万元,是华东正大历史上获得的单笔最高订单。

靖江市委、市政府将防火排烟设备产品3C认证工作列为全市供给侧结构性改革工作的突破口,全市原有300多家防火排烟设备产品生产企业,通过3C认证,化解了落后产能,淘汰了近200家“僵尸”企业,带来的是产品质量的大幅提升、市场份额的大幅提升、产值利润的大幅提升,实现了“一减三提升”,推动了整个行业转型升级、凤凰涅槃。

靖江市市长叶冬华介绍说："下一步靖江将按照江苏省委、省政府'两聚一高'战略部署，以产业为先导、以企业为主体，以打造空调配件特色小镇为引领，支持传统企业兼并重组，鼓励产业链垂直整合，找准供给侧结构性改革新的工作抓手、改革平台与创新路径，发挥市长质量奖的导向作用，提升企业产品质量，叫响'靖江制造'品牌。"

【《新华日报》报道靖江大众创业】《新华日报》2017年4月27日以《搭建孵化平台 点燃创客梦想 聚焦富民，靖江营造创业乐园》为题，报道靖江多方举措鼓励大众创业：

4月11日至13日，全国第二届儿童吉他创新教学研修班在靖江举行，100余名来自全国各地吉他培训机构的代表汇聚靖江，共话提高儿童吉他教学水平，展望吉他产业发展走势。这个研修班是由靖江籍青年吉他演奏家、"创客"丁吴洪发起举办的。

知名音乐人丁吴洪现为泰州市吉他学会会长。前些年他只能囿于小作坊里教几个孩子，"创客·家"众创空间在靖江问世后，通过线上线下互动运作，丁吴洪和他的"丁丁吉他教育"开始进入全国连锁推广网络。如今，丁吴洪已着手在苏州、扬州、江阴、泰兴等地建立4所丁丁吉他分校，并在上海、昆明、徐州、张家港、常熟等地发展了14家加盟商。

"创客是一种生活方式，我们创办这个'创客·家'，旨在为创业者提供一个互联网创业投融资平台，让年轻人的创业梦想在这里变成可能。""创客·家"众创空间创办人薛建国说。如今，"创客·家"注册会员达60多万人，有2000多人实现网上创业，另有支付宝靖江分公司、高效节能石墨烯充电宝、朝绿农产品电子商务等一批项目入驻实体空间，预计年内可入驻50家企业。就在3月中旬，北京知名服务品牌、互联网家庭维修上门服务的开创者"万能小哥"，在"创客·家"上线运营，成为泰州地区的总代理。3月下旬，国内知名的"任亿购"农副产品电商平台也敲定入驻。

"围绕'两聚一高'，靖江坚持把创业作为富民之本、活力之源，积极营造'创业有功、致富光荣'的社会环境，倾力打造'近者悦、远者来'的创业乐土，推动更多创业者做最好的自己、创最优的事业！"靖江市委书记赵叶告诉记者，通过加快平台搭建、强化主体培育、优化服务保障，实施精准扶持，既让创业者有劲头，又让群众有甜头，还让贫困户有盼头。

3月3日—4日，靖江首次组织发放"创业培训券""创业贷款贴息券""创业租房补贴券"三张券，吸引近千名群众前往咨询，两天共发放近200张。"春萍"小吃店老板陆春平办完相关登记手续后，领取了编号为CDJJ-0000001的"创业贷款贴息券"。陆春平2011年注册了小吃店，后来一直经营馄饨小吃生意，打算"二次创业"却苦于缺乏资金，上个月从微信上获知将发放"创业贷款贴息券"的消息后，她回店取来营业执照，当场办了登记领取手续。

"每个人心中都有一个梦，我们倾力打造的新型创业载体，已成为市民梦想升起的地方。"靖江市人社局局长范新宏说。该市近年来先后打造了大学生创业园、电商产业园、靖江美食创业品牌店等创业平台，还为广大创业者相继搭建起"创客·家"、创客工场、马洲创客中心、星火众创、火焰创咖、金融会咖啡等一批众创空间，引爆大众创业热情。统计显示，自2015年以来，靖江新建众创空间52家，载体面积达1万多平方米，已入驻创业项目及创业实体200多个。这里，不仅孵化出领航长江黄金水道的"汇流E通"大型智能物流服务企业，培育出印象生态农场、光伏家庭太阳能发电及众多灵活创业者，还建成华达科技、永涛实业等企业型创新创业基地。目前靖江正在加紧制定《马洲创业就业引领计划》，落实创业孵化基地和"靖江美食"创业政策，将创业扶持政策覆盖各类群体。市里今年计划设立2000万元创业引导资金，同时加大对众创空间扶持力度。全市今年将确保实现创业富民"五个一"目标，即新增市场主体1万个、创业主体1万人、创业培训1万人，保持创业平台100个以上，城乡居民经营性收入占比提高1个百分点。

靖江各地还接轨特色小镇及现代化乡村建设，在特色产业链延伸与细化中生发创业商机，进一步挖掘富民潜力。生祠苑艺小镇通过建设交易展示中心、盆景培训基地，大力发展乡村游、打造精品民宿，带动当地农民年均增收20%以上。八圩美食小镇通过深入挖掘江鲜美食文化，每年新增"靖江美食"创业品牌店30家。为进一步放大靖江美食品牌效应，该市近年来以培训万名厨师为起点，全力打造"靖江厨师"自主创业品牌，并研究借鉴"沙县小吃"开遍全国的模式，为靖江厨师走出去创业提供政策支持、资金保障等，把靖江特色菜肴制作的传统工艺优势加快转化为产业优势。

1月

4日 靖江日报社启动“心连心,情更暖”第5届“新春暖心”主题公益活动。该活动面向孤寡老人、残疾人和特困家庭等,给他们送去急需物资与新春温暖。

5日 《季市老街》在中央电视台和央视网播出。该片由中央电视台军事农业频道《乡土》栏目摄制组拍摄,时长25分钟,展现季市老街留存的传统技艺及美食。

7日—11日 召开中国人民政治协商会议靖江市第十三届委员会第一次会议。市委书记赵叶作《开启新征程 同心建家乡 为实现“率先领先争先”目标而共同奋斗》重要讲话。市政协主席尤红代表政协靖江市第十二届委员会常务委员会向大会作工作报告。市政协副主席邵春宁受政协靖江市第十二届委员会常务委员会委托,向大会作提案工作情况报告。会议选举范敏为政协靖江市第十三届委员会主席,毛雨华、庞余亮、王绍斌、李建新为政协靖江市第十三届委员会副主席。

8日—12日 召开靖江市第十六届人民代表大会第一次会议。叶冬华代表市政府向大会作政府工作报告。会议通过关于《政府工作报告》的决议、关于《靖江市2016年国民经济和社会发展计划执行情况和2017年国民经济和社会发展计划》的决议、关于《靖江市2016年财政预算执行情况和2017年财政预算》的决议、关于《靖江市人民代表大会常务委员会工作报告》的决议、关于《靖江市人民法院工作报告》的决议、关于《靖江市人民检察院工作报告》的决议。会议选举尤红为市人大常委会主任,丁少华、黄文龙、叶丽华、季士发为市人大常委会副主任;选举叶冬华为市政府市长,沈南松、周如勇、邵春宁、姚东辉、赵建国、张佳炜为市政府副市长。

10日 市委书记赵叶至生祠镇看望在生祠拍摄实景的南京电影制片厂《刘国钧》摄制组成员。刘国钧,1887年生,靖江生祠镇人,中国现代实业家、爱国民族工商业者。

11日 举行靖江市新程汽车零部件有限公司开票销售超40亿元庆贺活动。

13日 市委召开十二届二次全体(扩大)会议,学习习近平总书记系列重要讲话及党的十八届六中全会、中央经济工作会议和省、泰州市党代会精神,部署2017年工作任务。市委书记赵叶作《深化“率先领先争先”实践 奋力谱写“两聚一高”靖江篇章》工作报告。

15日 举行华达汽车科技股份有限公司院士工作站暨模具CAD国家工程研究中心华达分中心揭牌活动。中国工程院院士、同济大学校长钟志华和靖江市委书记赵叶共同为华达科技院士工作站揭牌,模具CAD国家工程研究中心主任赵震和市长叶冬华共同为模具CAD国家工程研究中心华达分中心揭牌。

16日 靖江与省环境科学研究院签订环境污染防治战略

合作协议，推进市“两减六治三提升”专项行动和“十三五”环境保护工作。

23日　市委召开常委会，听取各镇（街道、园区、办事处）党（工）委书记抓基层党建和落实全面从严治党主体责任述职。市委书记赵叶要求坚持“第一要务”和“第一责任”并重，管党治党力度更大；坚持“巩固阵地”和“引领发展”并重，基层党建基础更牢；坚持“严肃责任”和“严明纪律”并重，风清气正环境更优。

25日　华达汽车科技股份有限公司在上海证交所上市。

2月

7日　《中国质量报》头版头条以《淘汰198家“僵尸”企业江苏靖江以3C认证作为供给侧改革抓手实现“一减三提升”》为题，报道靖江防火排烟设备行业通过供给侧改革化解落后产能以及提升产品质量、市场份额和产值利润的经验做法。

12日　靖江经济技术开发区城北园区举办孤山空调小镇智能制造产业园项目集中开工活动。

13日　市政府与上海工程技术大学在靖江举行政产学研合作交流会，签订合作开发企业信息管理系统等3个项目合作协议。

15日　国鹰航空无人机产业园项目签约落户靖江经济技术开发区。该项目总投资5.1亿元，分两期建设，一期项目的首条生产线于2017年5月投产。

21日　市领导赵叶、叶冬华带领相关部门负责人至马桥、生祠等地调研特色镇村、特色小镇建设工作。

23日　《人民日报》以《靖江运用土地杠杆倒逼企业转型节约集约用地颁布“红黑榜”》为题报道靖江全面推进节约集约用地的经验做法。

3月

13日　市首届岳飞文化节在马桥镇白衣堂岳家军主题园开幕。

14日　举行江苏恒艾健康服务产业园项目签约、奠基仪式。该项目由恒基（中国）投资有限公司和江苏艾兰得营养有限公司共同投资，选址牧城生态园以北、工农路以东，占地53公顷，总投资50.5亿元。

18日　举行中国铁建大桥局桥梁科技产业园综合配套中心暨精密制造产业园一期项目集中开工仪式。

△　广靖高速公路靖江新互通道路开通。

20日　市创业大讲堂开讲，市烹饪餐饮行业协会会长陈履锡围绕“靖江美食”主题，与大家分享其在餐饮行业的创业历程，讲述自己的感悟、感知及感受。创业大讲堂由市人社局主办，主要围绕“创业富民”主题，向中小创业者、初始创业者讲述金融、人力资源管理等方面的知识。

26日　“老兵乡愁”方祖岐将军诗书画作品及档案资料捐赠仪式暨诗书画作品展在市档案馆举行。方祖岐此次向家乡捐赠书画作品、诗词手稿等珍贵档案资料497件（张、册、套），至此，累计向家乡捐赠档案资料509件。方祖岐，1935年生，江苏靖江人，原南京军区政委，1998年晋升为上将。

29日　《数字靖江地理空间框架建设项目设计书》通过江苏省测绘地理信息局专家组评审，省测绘地理信息局、泰州市国土资源局、靖江市政府签署数字靖江地理空间框架项目共建协议。建设“数字靖江地理空间框架”应用系统，旨在通过建立权威、高效的数据应用机制，着力解决城市发展所面临的问题。

30日　德希尼布—靖江科技孵化及项目合作签约仪式在靖江举行。德希尼布集团公司总部位于法国，其石油化工设施建设等业务在全球处于领先地位。

31日　举行郭璞文化园开工仪式。郭璞文化园由灵雁湖、闻喜书院等组成，以此纪念东晋文学家郭璞，继承中华优秀传统文化。

4月

8日—9日　全国“过程强化及节能减排技术”论坛在靖江举办。来自中北大学、天津大学等高校院所的15名专家、教授就“过程强化及节能减排技术”主题进行交流。

21日　市首届“书香马洲”读书节开幕。举办该读书节旨在引导全体市民爱读书、善读书、读好书，滋养最好的自己，传承和美的家风，点亮智慧的城市，为实现“率先领先争先”目标提供丰厚思想营养和强劲精神动力。

△　泰州市“12345·政风行风热线”市（区）长上线日活动在靖江举行，市长叶冬华现场倾听群众意见和建议，回应群众关切和诉求。

26日　江阴靖江联动开发协调委员会第八次会议在靖江举行。会议研究加快两市融合发展和联动园区开发建设相关事宜。

△　市政协举办“靖江服装行业的成长与突破”主题论坛。

蒋衡杰、赵雅彬等国内服装行业资深人士应邀作专题讲座。

27 日　江苏华靖资产经营有限公司与江苏省高科技产业投资股份有限公司签约,设立总规模为 10 亿元的靖江高投新兴产业投资基金,助推靖江新兴产业发展壮大和装备制造产业转型升级。

是月　市摄影家祁骥程作品《悲伤的战友》获第 26 届奥赛摄影展"情感与人类关系"组金奖。

5 月

4 日　靖江举办"一线思考"讲坛第一讲,首讲主题为"项目突破"。市委书记赵叶要求"一线思考"在一线实践中亮出主见,一线领导在一线站位上谋划主意,一线工作在一线舞台上当好主角。

5 日　"双鱼杯·大美靖江"快拍摄影大赛结果揭晓,作品《炫丽异国风》获一等奖。

10 日　市创新型企业"科技管家"服务行动启动。该活动以全市各级科技系统管理者为依托,发掘科技镇长团、高校院所科技人才资源,服务企业创新发展,提升企业自主创新能力。

11 日　中国暖通空调交易中心运营启动仪式在靖江举行。该交易中心立足靖江、面向全国,集制冷、空调、暖通产业交易、展示、创新等平台于一体。

12 日　中国空调特色小镇发展高峰论坛暨项目签约仪式在靖江举行。国家空调设备质量监督检验中心靖江工作站等 12 个项目签约。

18 日　市委、市政府在深圳举行投资推介恳谈会。

△　举行第 7 届"靖江慈善日"现场捐赠活动。

19 日　市公安局民警居广奇获评全国特级优秀人民警察。6 月 6 日,居广奇事迹巡回报告会在靖江外国语学校启动。

21 日　刘灿铭书法作品展在市档案馆开幕。刘灿铭,靖江西来镇人,中国美术学院书法博士,东南大学中国书法研究院教授、中国书法家协会楷书委员会委员、江苏省现代书法研究院院长、江苏省书法家协会副主席。

23 日　首期村(社区)书记讲堂开讲。该期讲堂主题为农业产业结构调整。

26 日　由市委宣传部、市文明办、市妇联联合组织的"文明家庭""文明职工"和"十佳文明职工"评选活动结果揭晓,史桂华等 50 户被评为靖江市"文明家庭",侯焱斌等 25 人被评为靖江市"文明职工",鞠锋等 10 人被评为靖江市"十佳文明职工"。

6 月

3 日　举行"我家中的靖江蓝"绿色社区活动启动仪式,活动主题为"靖江绿如蓝 我们在行动"。

10 日　"清爽靖江"环保体验馆在市一中开馆。该环保体验馆被环保部命名为"国家环境宣传教育示范基地"。

23 日　市十三届政协举办首次名人名家讲座。清华大学经济管理学院副院长、教授、互联网发展与治理研究中心主任陈煜波应邀作"大数据时代的创新"讲座。

26 日　市委举办"旗帜鲜明讲政治"专题党课,市委书记赵叶作专题报告。

28 日　市级机关工委联合市文明办、文广新局、机关事务管理局,在市行政服务中心"牧城书驿"开展"书香机关,读享时光"读书活动。

28 日—30 日　陕西省永寿县委书记苏晓梅率永寿县党政代表团至靖江参观考察,双方签署扶贫协作、经济合作和干部人才交流等方面的框架协议。

是月　靖江入围省级海绵城市试点城市。

7 月

1 日　举行"《靖江日报》复刊 20 年靖江 30 大新闻"评选揭晓暨《花样年华》首发活动。

5 日　靖江获首批"江苏省食品安全示范市"称号。

7 日　江苏省委副书记、代省长吴政隆至靖江调研经济社会发展情况。吴政隆要求靖江坚定践行新发展理念,发挥资源禀赋和区位优势,聚力创新、聚焦富民,大力发展特色产业,推动产业转型升级,在扬子江城市群产业发展中做出新贡献。

11 日　首届全球供应链创新(SCI)大会在靖江举行。欧洲乐购亚太区、拉夏贝尔、唯品会等全球零售品牌客商代表应邀参加会议。会议要求改变现有商业模式、打通生产制造端的所有端口;创造新的质量融合体系,开放供应链全过程所有接口;构建全社会的价值体系,更好地形成全供应链的质量数据中心,加快打造品质靖江、品牌靖江。

△　Intertek 靖江检品中心在城北园区启动运营。

12 日　《靖江市志(1988—2007)》首发。该书由江苏人民出版社出版,全书共 140 余万字,分 32 篇,全面、系统、客观地记述了靖江行政区域内 1988 年至 2007 年间自然、经济、政治、文化、社会状况。

14日—15日　“春意空调杯”中国暖通空调交易中心首届O2O供需洽谈会暨舒适家居系统技术培训活动在靖江举行。该活动采用“线上商城＋线下实体店”联动模式，全国近200家采购商参加。

15日　吉利控股集团旗下的浙江手拉手星全投资管理有限公司与靖江签约，在靖江建设总投资约55亿元的手拉手汽车运动文化小镇项目。

24日　市委书记赵叶、市长叶冬华率靖江党政代表团赴张家港市、苏州相城区参观考察，学习两地在创新转型、城市建设、绿色发展等方面的先进经验。

25日　市委召开十二届三次全会，学习贯彻习近平总书记系列重要讲话精神和治国理政新理念新思想新战略，贯彻落实省第十三次党代会、省委十三届二次全会和泰州市委五届三次全会精神，动员全市上下齐心协力、真抓实干，共同建设全面小康美好靖江。市委书记赵叶作《坚持创新绿色融合发展 建设全面小康美好靖江》工作报告。

28日　召开市全国文明城市创建、国家卫生城市长效管理工作会议。

8月

5日　众诚智库、经济观察报城市与政府事务研究院共同发布“2017年中国县域经济50强”，靖江名列第16位。

8日　首届“清爽靖江 环保生活”主题环保创意大赛暨环保公益观影节启动。该活动由团市委、市环保局、靖江日报社联合举办。

8日—10日　市委书记赵叶率靖江党政代表团赴陕西省咸阳市永寿县考察，双方交流扶贫协作和经济合作等事宜。

11日　市政府与中设设计集团举行签约仪式，双方就靖江交通发展、城市建设等开展战略合作。

23日　2017年靖江（南京）现代农业项目投资推介会在宁举行。此次活动共签约11个现代农业产业项目，涉及现代农业产业基地建设、农产品深加工等领域，投资总额3.6亿元。

△　市青年作家庞羽获第6届紫金山文学奖新人奖。

25日　市委、市政府与中国人民解放军海军装备部在京举行军民融合产业发展座谈会。东华测试、国鹰航空等10家靖江企业参加座谈会。

26日　2017靖江生祠东进首届荷花节开幕。该活动以“荷韵”为主题展现生祠苑艺小镇的风采。

29日　城南办事处、城南园区举行微电影《石榴花开》首映式暨画册《南城时光》首发式。微电影《石榴花开》以园区招商顾问、园区引进的高端人才、全球投资机构董事在城南邂逅发生的美丽故事为主线，真实展现流淌在城南土地的大美大爱。

30日　江苏省委副书记、常务副省长黄莉新至靖江调研沿江融合发展情况。黄莉新先后调研新扬子造船、中建钢构、大明重工等企业，要求靖江、江阴抢抓扬子江城市群建设、“飞地经济”发展等机遇，进一步完善联动开发体制机制，发挥和叠加两地优势，打造全省沿江城市融合共赢发展的典型和示范。

31日　中央电视台《新闻直播间》播出《图书漂流 共享阅读》新闻，介绍靖江开展图书漂流，实现共享阅读的经验做法。

9月

3日　靖江籍运动员朱敏获第13届全运会女子佩剑团体金牌，汪鉴、吴晓阳获全运会群众体育比赛羽毛球项目金牌。

9日　市长叶冬华代表市政府与加拿大新斯科舍省迪格比地区迪格比市、克莱尔市两市市长签订友好交流关系城市备忘录。11日，靖江与迪格比市、克莱尔市经贸交流会在靖江举行。市委书记赵叶希望双方在发展上互惠，加强文化交流，增进人民感情。

△　亚星锚链—七〇二所工作站在中国船舶重工集团公司七〇二研究所成立。

13日　江苏省政协副主席许津荣带领省政协人资环委、省环保厅相关负责人至靖江调研长江水环境保护工作。许津荣一行实地察看江苏国信靖江发电有限公司煤码头、靖江螃蜞港饮用水源地等。

15日　江苏味巴哥食品股份有限公司在北京举办新三板挂牌仪式。

△　举办“千人计划”专家靖江行活动。

17日　“风物之旅·靖江”主题活动启动。朱学东、白常继等12位新浪微博及自媒体人士至靖江采风。此次活动由《中国国家地理》杂志全媒体平台促成，以全媒体视角认识和推介靖江。

18日　召开全市巡察机构建设和派驻机构改革动员部署会。会议要求全市上下提高政治站位，找准职责定位，强化责任担当，实现巡察和派驻监督“两个全覆盖”。

△　召开“品质靖江·品牌靖江”建设大会。会议要求全市上

下增强品质自觉，将“双品工程”摆到更加突出位置；强化品质担当，深刻把握“双品工程”内涵和要求；聚焦品质提升，全力推动“双品工程”取得实效。

△ 胡方斌、周洛阳获评省道德模范。

20日 靖江人体奥秘科普馆开馆。

22日 2017中国(靖江)国际创新创业大会在靖江举行。此次大会主题为“汇聚海智、厚植优势、双创共赢”。中国科协国际联络部部长张建生，省科协党组书记、副主席陈惠娟分别讲话，靖江市委书记赵叶在开幕式上致辞，市委副书记、市长叶冬华主持开幕式。荷兰籍诺贝尔奖获得者、理论物理学家、荷兰乌得勒支大学教授杰拉德·特·胡夫特，中国工程院院士谭建荣、顾国彪，瑞典皇家工程院院士安德森·林奎斯特，中国科学院院士郑有炓、都有为、刘云圻等应邀参加大会。大会围绕靖江主导产业，设置船舶与海工、机械制造、节能环保、电机电器及港口物流5个分论坛，分别邀请中外院士、专家作专题报告，并邀请海内外专家对其研究成果进行项目路演。大会由中国科协海智办、江苏省科协、靖江市政府共同主办。

△ 2017中国(靖江)国际创新创业大会举行主题报告会。荷兰籍诺贝尔奖获得者杰拉德·特·胡夫特，中国工程院院士谭建荣分别作《科学的进步源于正确的方法》《智能制造与机器人应用关键技术与发展趋势》主题报告。杰拉德·特·胡夫特凭借对亚原子粒子之间电弱相互作用量子结构的理论研究，在1999年与韦尔特曼共获诺贝尔物理学奖。谭建荣系中国机械工程领域专家，2007年当选中国工程院院士。

△ 在2017中国(靖江)国际创新创业大会开幕式上，靖江市政府、企业、园区与海内外科技社团及科研机构签订科技、人才、创新合作项目21个。

23日 市委书记赵叶主持召开靖江发展调研成果汇报会，研讨交流靖江未来发展方向、思路及需要解决的问题。

23日—24日 中国说唱文学暨靖江宝卷研讨会在靖江举行。北京大学中文系民间文学实习基地同时揭牌。

23日—25日 靖江组团参加中国泰州·大院大所合作对接会，邀请中国科学院院士翟婉明，乌克兰科学院院士邱景辉、瓦萨里·摩勒比等28位专家、教授参加会议。会议现场签订“先进金属材料涂镀国家工程实验室靖江分部”等3项合作协议。

10月14日，靖江国际咨询委员会成立

27日 市政府与华为技术有限公司在深圳签署战略合作协议，打造靖江云数据中心，共同推进云计算产业发展。

△ 市政府获评江苏省首届商标战略实施示范市县(金凤奖)。

30日 靖江各界在靖江烈士陵园举行烈士纪念日公祭活动。

△ 召开旅游发展大会，研究部署靖江旅游发展工作。

10月

9日 中小城市经济发展委员会、中小城市发展战略研究院、中国社会科学院发展与环境研究所等共同发布“2017全国综合实力千强镇”榜单，新桥镇、孤山镇分列第401、762位。

14日 靖江国际咨询委员会成立大会暨院士工作室揭牌仪式在靖江举行。市委书记赵叶致辞并为靖江国际咨询委员会委员颁发聘书。水利部原副部长、靖江国际咨询委员会主任委员翟浩辉讲话，靖江国际咨询委员会委员刘秀梵、卢锡城、刘云圻、翟婉明、汪晓东、叶檀、黄永灏等应邀出席会议。翟浩辉和赵叶共同为刘秀梵、卢锡城等6家院士工作室揭牌。靖江国际咨询委员会是靖江市委、市政府的“智囊团”，由两院院士、国家“千人计划”专家等31名教授、专家、学者组成。

△ 靖江国际咨询委员会举行首次咨询会议。各位委员围绕“靖江经济转型发展新动能研究”议题展开研讨交流，为靖江未来发展出谋划策。

16日 靖江经济技术开发区举行2017金秋产业项目集中开工仪式。此次开工涉精密制造、电子元器件等7个板块共21个产业项目，总投资165.4亿元。

26日 举行“我们的节日——爱在重阳 孝在身边‘国缘杯’最美金婚夫妇‘孝化杯’敬老之星评选”颁奖典礼，为赵天灿、孙满英等10对“最美金婚夫妇”和徐鹏等10位“敬老之星”颁奖。

27日 中国微小说校园行启动仪式暨首届微小说与校本课程高峰论坛在省靖中举行。该活动由微型小说月报杂志社、市文联和省靖中共同主办。

28日 华达汽车科技股份有限公司与北京汽车集团产业投资有限公司签约，成立北汽华达汽车产业并购基金。

△ 江苏有线靖江分公司与江苏华鑫北斗车联网科技股份有限公司共同打造的“社会关爱平台”上线运营。此为省内首个老年人关爱救援平台。

31日 中央电视台《焦点访谈》栏目“新时代 新征程”系列节目之“美丽中国”专题，聚焦靖江牧城生态园等滨江绿地建设，肯定靖江“不开发区”理念。

11月

4日—5日 开展党的十九大精神“大学习大宣讲”暨“百团千村万企大走访大落实”活动。走访党员与基层党员干部、群众共同开展集中领学、交流促学、分片讲学、上门送学、结对助学等“五学”活动。

5日 市朗诵协会成立大会在常州大学怀德学院举行。

7日 靖江经济技术开发区城南园区与上海龙元天册企业管理有限公司举行靖江智造国际创新产业园项目签约仪式。该产业园位于城南园区中洲路南侧，占地47公顷，总投资20亿元，通过聚焦智能制造，采用全球联合创新合作模式，打造集孵化、办公、研发、产业融合于一体的特色产业园。

8日 召开滨江新城“2020”发展目标推进会。会议要求全市上下认真贯彻市委、市政府新城“2020”发展目标决策部署，面向新时代，聚焦新目标，彰显新气象，形成强势推进新城建设浓厚氛围，为靖江超越发展构建载体支撑。

△ 万科集团·靖江滨江新城商业核心区项目奠基。

10日 市“12345”政府服务热线新平台投入运行。新平台整合优化市级机关各部门服务热线，覆盖电话、短信、微信、APP等全媒体服务系统，实现省、市数据共享和实时反馈。

12日 新桥镇入选江苏省新一轮强镇扩权名单。

13日 江苏恒义汽配股份有限公司在“新三板”挂牌。

15日 长江南京以下12.5米深水航道二期工程福北水道靖江段疏浚工程启动。

16日 新桥镇通过国家卫生镇考评。

△ 百年公园书画影展在市人民公园开展。人民公园始建于1917年，原系私家花园，后来成为对公众开放的“公花园”。新中国成立后，公园回归人民怀抱，改名人民公园。

19日 “中国山水盆景名城”授牌仪式暨2017首届CPAA中国（靖江）山水组合盆景国家大赛在靖江举行。市委书记赵叶致辞，省住建厅副厅长张鑑，中国盆景艺术家协会会长鲍世骐、秘书长兼执行会长苏放等参加活动。

△ 中国盆景艺术家协会山水盆景艺术专业委员会、中国山水盆景研究示范基地在靖江揭牌。

19日—20日 2017首届CPAA中国（靖江）山水组合盆景国家大赛在靖江举行，36名国内外山水组合盆景创作名家应邀参赛。大赛设金奖1个、银奖2个、铜奖3个、创意奖2个，市人民公园展金涛创作的《探》获金奖。活动由中国盆景艺术家协会与靖江市政府联合举办。

△ 2017中国（靖江）山水组合盆景邀请展在靖江开展。上海、浙江、南京等10余个省市应邀参展。

△ 2017中国山水组合盆景“黑剪刀”国际论坛在靖江举行。10余位国内外山水组合盆景创作名家分别就“市场决定发展、创新推动进步”“山水树石盆景未来发展的初步探索”等议题作交流发言。

23日 举行江阴靖江联动开发协调委员会第九次会议，推动两市跨江融合发展。

27日 召开《中国共产党靖江历史（1978—2002）》编纂工作动员会，部署“改革开放以来靖江党史专题资料”编写相关工作。

27 日—28 日　中国暖通空调交易中心举行第 3 届供需洽谈会。此次活动内容包含产品体验、技术培训、品牌企业考察、产品众筹等,近 200 家国内采购商参加洽谈会。

12 月

1 日　"新智造·新营养"靖江国际高峰论坛开幕,来自国内外营养健康领域的企业代表、专家学者及投资方代表齐聚靖江,共同探讨人类营养的国际化趋势,推动大健康产业的智造创新。市委书记赵叶出席论坛并致辞, 中国医药保健品进出口商会常务副会长孟冬平、英国营养学会主席尼克·贝内特、国家卫计委人类遗传资源中心执行中心主任高华方、江苏省营养保健食品协会会长郭桂珍,以及摩根大通、艾兰得、香港恒基集团、英国菲特尼斯基因公司、上海交通大学药学院、欧莱雅等工商企业与科研单位的嘉宾代表出席开幕式。活动由靖江市委、市政府主办。

△　在"新智造·新营养"靖江国际高峰论坛开幕式上,靖江与英国菲特尼斯基因公司、南京中医药大学等企业、高校,签署基因检测战略合作、成立靖江大健康发展基金等 7 个项目合作协议。

△　市委、市政府先后举办 3 场"新智造·新营养"主题演讲与圆桌对话,邀请参加"新智造·新营养"靖江国际高峰论坛的帝斯曼营养产品部人类营养与健康大中华区科学事务总监张卫国、欧莱雅健康管理事业部总监张中兴、英国营养学会主席尼克·贝内特等 23 名国内外专家学者,围绕人类营养未来发展趋势、全球营养消费趋势、营养健康领域的智能制造等话题,探讨人类营养的国际化趋势,展望大健康产业"智能智造"的未来发展前景。

△　举行第 35 届文艺节文艺晚会。

△　至靖江考察的法国劳尔工业集团、中融资产管理有限公司与靖江春意空调制冷设备有限公司签署战略合作协议,共同研发、推广新型超级激光空气净化技术。

2 日　参加"新智造·新营养"靖江国际高峰论坛的企业和媒体代表,参观江苏艾兰得营养品有限公司和帝斯曼江山制药(江苏)有限公司,了解靖江医药保健品产业的发展现状。

5 日　江阴—靖江工业园区六圩港港池码头工程开工建设。六圩港港池码头占地 17 公顷,建设 2000 吨级泊位 11 个,设计年吞吐量 424 万吨。

13 日　泰州市委宣讲团在靖江举办党的十九大精神重点宣讲专场。泰州市委宣讲团成员、靖江市委书记赵叶作宣讲报告,市四套班子领导,市法院院长、检察院检察长,靖江经济技术开发区领导班子成员,各镇(街道、园区、办事处)、市级机关各部门、靖江经济技术开发区副科级以上干部,市各金融机构主要负责人,市 30 强企业主要负责人,党群口部分中层正职干部聆听报告。

14 日—15 日　2017 年全国环境教育基地交流会在靖江举行,来自全国各地的环保领域专家学者齐聚一堂,研讨交流环境教育基地建设和发展事宜。

16 日　举行市首届环保创意大赛决赛。市恩菲环境研究所丁明宏的"新型除尘设备"项目获特等奖。

18 日　靖江召开"廉洁乡村"建设工作推进会,部署全面建设"廉洁乡村"工作。

21 日　市服务业领导小组办公室与市发改委联合出台《靖江市服务业发展引导奖励办法》, 鼓励引导软件和信息技术服务、物联网服务、云计算、文化创意、电子商务、环境服务等新兴服务业发展。

22 日　市委召开十二届四次全会,学习贯彻党的十九大和中央经济工作会议精神,研究部署 2018 年工作任务。市委书记赵叶作《以党的十九大精神为指引 共同创造新时代靖江人民美好生活》工作报告。

26 日　市人民医院举行建院 70 周年暨医院文化价值理念推广发布会。

28 日　靖江日报社与人民日报社签约,靖江日报新媒体端入驻人民日报全国党媒信息公共平台,实现内容、技术与渠道共享。

29 日　市政府、同济大学、华达汽车科技股份有限公司签约共建智能新能源汽车产业园。该项目包括靖江市政府与同济大学共建同济大学智能新能源汽车研究院,华达新能源汽车制造有限公司在靖江经济技术开发区投资建设新能源汽车总装基地和新能源汽车零部件模块化生产基地。同济大学党委副书记、校长、中国工程院院士钟志华,靖江市委书记赵叶共同为"同济大学智能新能源汽车研究院(靖江)"揭牌。

△　举行"榕湖世家"2018靖江新年音乐会。

市情简介

【地理位置】 靖江市地处北纬31°56′~32°08′，东经120°01′~120°33′，南濒长江与张家港、江阴、常州相望，东与如皋相邻，西北与泰兴接壤。靖江是中国东部水陆交通要冲，处于江苏省中轴线与长江的交汇点，襟江近海，水运发达；锡澄、广靖高速公路通过江阴至靖江的长江公路大桥，南连沪宁高速公路，北接宁通高速公路；新长铁路从靖江过江，向南接沪宁铁路，向北连陇海铁路。境域地势低平，唯有一孤丘耸立于中部；东西距离43千米，南北距离18千米，总面积655.58平方千米，其中陆地面积569.16平方千米、水域面积86.42平方千米；拥有长江岸线54千米。

【建置沿革】 靖江历史悠久。三国·吴赤乌元年（238年）前成陆，赤乌二年（239年）为吴主孙权牧马之洲，属毗陵郡。晋代属暨阳县（今江阴市）。明洪武二年（1369年）属江阴县。成化七年（1471年）置靖江县，属常州府。1949年1月28日，靖城解放。中华人民共和国成立后，先后隶属于泰州、扬州专区。1983年3月由扬州市代管。1993年7月14日撤县建市。1996年7月19日，地级泰州市设立，靖江改由泰州市代管迄今。

【行政区划】 全市设1个街道、8个镇，有79个社区居民委员会956个居民小组、188个行政村3427个村民小组；配合沿江开发战略目标，设有滨江新区和靖江开发区（下辖城南园区、城北园区、新桥园区）、江苏江阴—靖江工业园区2个经济开发区。市政府驻滨江新城。

【人口】 人口规模保持稳定。2017年年末，全市户籍总人口66.17万人，其中女性33.45万人，男女性别比为97.78。当年登记出生人口5601人，出生率8.43‰；死亡人口8727人，死亡率13.14‰；人口自然增长率-4.71‰。城镇化水平持续提高，年末全市常住人口68.73万人，其中城镇人口45.05万人，常住人口城镇化率65.55%，比上年提高1.79个百分点。

【自然资源】 靖江素有“苏北小江南”之美誉。水资源较为丰富，总量约7.30亿立方米。城南园区（原八圩镇）地下蕴藏优质矿泉水，具有一定经济价值。丰富的水资源为发展水产业提供了优越条件，长江和内河有刀鱼、鮰鱼、河豚等稀少鱼种及青鱼、草鱼、鲤鱼、鲫鱼、鳊鱼等常见鱼种。土壤肥沃，以耕地为主，可利用率100%。主要矿产有煤，集中于孤山周围，探明储量800万吨。主要农作物有水稻、小麦、油菜。植物种类繁多，有百余科近300个品种。动物有鸟类、哺乳类、爬行类、无脊椎类等近70种。

【文化传统】 靖江文化底蕴丰厚。清乾隆年间陈瑞的泼墨山水画《深山藏古寺》被收为清廷内宫珍品；清道光年间郑汝英的纪实文章《沧江平浪记》，记述了靖江人民不屈不挠的抗英斗争；清末何星榆的诗歌《新乐府·东门桥》，讴歌了抗倭义士席上珍的伟大民族精神。民国时期和新中国成立后学者名流辈出，作家陈笑雨、翻译家蒋天佐、古典文学家刘拜山、历史学家夏东元、红学家张锦池等著作众多，影响深远。民间文艺源远流长，“讲经”被誉为中国民间艺术的“活化石”。2007 年，靖江获“中国宝卷传承文化之乡”称号。2008 年 6 月，靖江宝卷被列入国家级非物质文化遗产名录。

四眼井

【名胜古迹】 钟楼　靖江现存最古老的地面文物。始建于明隆庆三年(1569 年)，崇祯九年(1636 年)重建，清同治十年(1871 年)重修。该楼建筑古朴坚实，结构精巧，钟楼门上“阿弥陀佛”4 字为邑人刘坦吾所书。原有大钟于“文化大革命”中被毁。1985 年，县政府重修钟楼并新铸铜钟。1983 年被列为县级文物保护单位，1993 年被列为江苏省省级文物保护单位。2002 年钟楼广场建成，更好地衬托出这一古建筑庄重典雅的风采。

四眼井　建于明崇祯十年(1637 年)，深约 7 米，中间最大直径约 3 米，井的上方用青砖砌成等距离(约 0.7 米)的 4 个井眼，故名“四眼井”。井上有四角亭 1 座，亭南有记刻于石上。井水四季清澈，居民称便。1983 年被列为县级文物保护单位，1993 年被列为江苏省省级文物保护单位。

魁星阁　清光绪十七年(1891 年)建于靖城东南隅文昌庙高约 1.5 米的旧石基上。阁高 14 米，共 3层，底层较大，向上逐渐缩小，形似宝塔。阁呈六角形，18 只飞檐高高翘起，古朴而有气势。1932 年后经过 4 次修葺。1983 年被列为县级文物保护单位，2006 年被列为江苏省省级文物保护单位。

刘国钧故居　坐落于市区以西 9千米的生祠镇中街，占地 5000平方米，为爱国民族实业家刘国钧早年的住所。故居由展览馆、弘毅堂、善余厅、花圃等组成，构造颇具江南园林特色。故居西侧为复原的刘国钧旧居。2006 年被列为江苏省省级文物保护单位。

岳庙　始建于南宋绍兴元日年(1131 年)，占地 2800 平方米，宋式结构，整体建筑庄重雄伟。庙内有赵朴初手书“岳忠武穆生祠堂”匾额和“精忠贯日”题词，另有“精忠报国”、岳飞像石刻以及韩世忠、黄炎培诗碑等。1993 年被列为市级文物保护单位。

【地方特产】 长江四鲜　即刀鱼、鲥鱼、鮰鱼、河豚。刀鱼体形狭长侧薄，颇似尖刀，银白色，肉味鲜美，肥而不腻，兼有微香，但多细毛状骨刺；烹制成芙蓉刀鱼，既保持味美，又免去多刺，堪称靖江菜肴之一绝。鲥鱼为南方水产珍品，鳞可食，丰腴肥硕，肉质细嫩，味道鲜美，可制作 20 余种名菜佳肴；清蒸鲥鱼尤为席中上品，有“红烧鲥鱼两头鲜，清蒸鲥鱼诱神仙”之俗语。鮰鱼鱼肉细嫩，制作成春笋烧鮰鱼，汤汁乳白，肉嫩笋鲜；制作成萝卜炖鮰鱼，其味有河豚之美。河豚营养丰富，腴肥鲜美且带野味，有补虚去湿、舒胃、却痔疾等效用，但血液、肝脏、卵巢均有剧毒，需专人烹饪；河豚烧青菜最负盛名，鱼肉鲜嫩味醇，青菜油而不腻，常食可以健胃。2007 年，靖江获“中国江鲜菜之乡”称号。

蟹黄汤包　以猪肉、鸡肉、蟹肉、蹄筋或上等肉皮熬成胶冻状作馅，成形后上笼蒸熟。此时的汤包皮薄如纸、雪白晶莹、形如玉菊、汤色清亮、鲜而不腻、回味无穷，以姜丝、香醋佐之，风味更加独特，吃时要“轻轻提、慢慢移，先开窗、后喝汤”。汤包单只重量不小于100克，蟹肉含量不小于肉馅重量的50%。一、二、三等汤包，每只肉馅重量分别为17克、15克、13克。1999年，靖江汤包被中国烹饪协会评为全国四大名点之一，与上海南翔小笼包子、天津狗不理包子、扬州富春包子一起驰名中外。2007年，靖江获“中国汤包之乡”称号。

猪肉脯　精选优质新鲜猪肉，运用传统工艺和现代科学技术，采用独特配方，加以多种天然香辛调料精工制作。味道香醇，口味鲜美，甜中微咸。“双鱼”牌猪肉脯获中国国际食品博览会金奖，被认定为江苏省名牌产品，企业通过ISO9001质量管理体系认证和HACCP食品安全控制体系认证。2017年，靖江猪肉脯获国家地理标志商标。

香沙芋　靖江主要特色农副产品之一，口感细腻，味道甘美，营养丰富，经去皮保鲜处理后，可在0℃～5℃的环境中储存2个月不发生褐变，深受广大消费者欢迎。其水分、蛋白质、脂肪、纤维素、碳水化合物、维生素B1、维生素C等成分指标均达到省无公害地方产品标准，被认定为省无公害农产品，并通过省质量标准体系认证。2012年，“靖江香沙芋”获农业部农产品地理标志认证。　（陆天煜）

【气象】 2017年，全年平均气温偏高，高温日数偏多，强度历史罕见。降水偏多，且分布不均。日照正常。

气温　年平均气温17.3℃，较常年偏高1.3℃。其中6月气温正常，8月、9月正常略偏高，10月正常略偏低，其余各月均比常年偏高。年极端最高气温40.4℃，出现在7月24日，与历史最高纪录持平（2013年8月6日）；年极端最低气温-4.0℃，出现在1月21日。3月15日终霜，11月19日初霜，无霜期248天。

降水　年降水总量1423.6毫米，较常年偏多345.0毫米。1月、4月、6月、8月、9月降水均比常年同期偏多，2月、3月、7月、11月、12月均偏少，5月、10月正常。其中，8月、9月降水量为

2017年靖江市气象资料一览表

表2

要素＼月份		1月	2月	3月	4月	5月	6月	7月	8月	9月	10月	11月	12月	年平均或合计
气温（℃）	月平均值	5.7	6.6	10.5	17.6	22.2	24.5	30.9	28.7	23.7	17.6	12.8	6.4	17.3
	历年平均	3.1	5.0	9.1	15.0	20.6	24.5	28.2	27.7	23.4	18.0	11.7	5.4	16.0
	距平均值	2.6	1.6	1.4	2.6	1.6	0.0	2.7	1.0	0.3	−0.4	1.1	0.0	1.3
降水（毫米）	月合计	76.9	31.0	37.4	92.8	81.2	227.3	98.7	379.7	308.0	55.9	25.7	9.0	1423.6
	历年平均	52.2	51.7	82.6	75.4	98.0	173.6	182.8	133.4	85.4	58.5	53.6	31.4	1078.6
	距平均值	24.7	−20.7	−45.2	17.4	−16.8	53.7	−84.1	246.3	222.6	−2.6	−27.9	−22.4	345.0
日照（小时）	月合计	122.0	147.4	154.0	210.6	225.1	149.7	235.9	183.1	113.7	131.7	152.8	164.9	1990.9
	历年平均	142.6	134.2	155.7	174.5	203.2	170.0	215.2	223.1	187.9	180.3	161.0	157.9	2105.6
	距平均值	−20.6	13.2	−1.7	36.1	21.9	−20.3	20.7	−40.0	−74.2	−48.6	−8.2	7.0	−114.7

说明：历史资料年限1981—2010年

379.7毫米、308.0毫米,分别比常年偏多185%和261%;9月下旬降水量254.2毫米,为历史同期罕见;3月、11月和12月分别比常年同期偏少55%、52%和71%。全年日降水量≥0.1毫米的有124天,≥1.0毫米的有89天,≥10.0毫米的有36天,≥25.0毫米的有14天,≥50.0毫米的有7天,≥100.0毫米的有2天,≥150.0毫米的有1天。一日最大降水量为167.0毫米,出现在6月10日。6月22日入梅,比常年6月19日推迟3天;7月11日出梅,比常年7月12日提前1天。梅雨期19天,属正常。梅雨量109.3毫米,不足常年一半。

日照 年日照时数1990.9小时,较常年偏少114.7小时。年日照百分率45%。4月比常年偏多21%,9月比常年偏少39%。

【灾害性天气】 全年气象灾害主要有大风、暴雨、高温、大雾、寒潮、雷电、秋季连阴雨等,尤以大风、暴雨、高温对城乡居民生活出行和企业正常生产的影响较明显。总体上全年气象灾害的影响轻于常年。

大风 3月1日16时后,靖江出现9~10级大风,新桥镇最大风速26.7米/秒。江苏民生特种设备集团有限公司400平方米彩钢瓦屋面被吹飞;孤山镇园山街北侧高压线断电,电信、移动线路和光缆受损;靖城街道新西社区烈帝庙小区房顶落下彩钢瓦,砸中2人,死亡1人;城南办事处科技社区润晖影城广告牌砸中一辆轿车,经济损失四五万元;季市镇一超市房顶受损,经济损失9.5万元;东兴镇17户35间彩钢瓦屋面被掀损失26万元,43个塑料大棚受损28万元;马桥镇5户塑料大棚损坏91个,经济损失29.5万元;生祠镇利珠村、三圩村、新义村6户房屋损坏,经济损失11万元。

暴雨 年内7次暴雨,分别出现在6月10日、7月1日、8月8日、8月16日和25日、9月24日和25日。其中,6月10日受大暴雨影响,死亡1人,房屋倒塌1间、严重损坏1间,经济损失0.6万元。

高温 全年≥35.0℃以上高温日29天,7月12日—29日持续高温18天,21日—25日最高气温均在39℃以上,全市因高温中暑46人。

大雾 全年大雾日9天。其中1月1日、3日、29日和9月13日的雾霾天气,对靖江轮渡、高速公路运输和市民出行有较严重影响。

1月3日,大雾笼罩靖江街头

寒潮 年内3次寒潮。分别出现在1月21日和31日、11月19日。

台风 年内无对靖江明显影响的台风。

持续阴雨 10月11日—17日,受冷暖空气共同影响,靖江出现持续阴雨,对水稻成熟增产有一定影响。 (徐 清)

国民经济和社会发展

【经济总量】 2017年,全市实现地区生产总值923.35亿元,按可比价格计算,比上年增长7.8%;按常住人口计算,人均地区生产总值13.44万元。全市"一产"实现增加值23.69亿元,增长2.7%;"二产"实现增加值448.44亿元,增长5.9%;"三产"实现增加值451.22亿元,增长10.2%。全年实现财政总收入145.65亿元,增长8.0%;实现一般公共预算收入60.09亿元,增长2.0%,同口径增长11.9%,其中税收收入48.71亿元,增长1.3%,税收占比为81.1%。靖江(不含江阴园区)实现财政总收入129.00亿元,增长6.1%;实现一般公共预算收入51.64亿元,下降1.7%,同口径增长9.6%。财政支出结构优化。全市完成财政总支出115.14亿元,增长0.8%,其中公共财政预算支出70.21亿元，增长9.5%。民生领域投入继续增加，其中教育支出13.20亿元，社会保障和就业支出7.57亿元，医疗卫生与计划生育支出6.52亿元，城乡社区支出8.99亿元，分别增长1.7%、52.6%、8.7%和23.5%。持续深化商事制度改革，全年新增各类企业和个体工商户1.20万户。民营经济快速发展，年末实有私营企业1.63万户、个体工商户4.45万户，分别比上年净增1386户和4589户；注册资金1237.25亿元，比上年增长21.1%；实现税收收入61.56亿元，比上年增长13.0%；固定资产投入398.31亿元，比上年增长16.7%。

【农林牧渔业】 全年粮食播种面积4.13万公顷，比上年减少3260公顷；油料种植面积1893.33公顷，减少133.33公顷；蔬菜种植面积6253.33公顷，减少93.33公顷；瓜果类种植面积540公顷，增加193.33公顷。全年粮食总产量29.36万吨，其中夏粮11.50万吨，秋粮17.86万吨。全年油料产量0.53万吨、蔬菜产量22.83万吨、瓜果类产量1.69万吨。绿色高产高效创建成效明显，全市粮食每公顷产达7102.5千克，比上年增长2.2%，粮经比达4.17:1。全年新增成片造林359公顷，新增湿地面积13.33公顷，林木覆盖率27.5%。畜牧业减量提质，全年生猪出栏37.69万头，家禽出栏138.57万只，禽蛋产量1.03万吨，生猪大中型规模养殖比重为74.9%。全年水产品产量1.05万吨，特种水产养殖占比达60%以上。新江平线现代农业加速集聚，全年新增高标准农田1000公顷、高效设施农业面积746.67公顷、高效设施渔业面积37.33公顷。新建创意休闲农业点13个，获评江苏省主题创意农园1家、省级休闲观光农业示范村1个、泰州市休闲农业示范村2个。全年新认定农业"三品"49个，农业"三品一标"产品达225个，种植业、渔业"三品"比重分别达53.0%、90.8%。

【工业】 全年实现工业开票1032亿元，比上年增长8.8%；规模以上工业总产值增长11.6%，增加值增长7.0%。企业效益较快增长，规模以上工业企业实现利润137.47亿元，比上年增长12.0%。全市工业用电量28.56亿千瓦时，增长8.1%。主导产业增势平稳。规模以上船舶工业产值增长1.3%，生产趋稳。汽配产业、电机电器产业、通（专）用设备业发展较好，规模以上工业产值分别增长12.7%、10.7%和11.6%。新兴产业动能持续提高，高端装备、新材料、生物医药、节能环保产业规模以上工业产值分别增长13.3%、22.4%、20.5%和17.5%。

【建筑业】 全年实现建筑业总产值591.83亿元、工程结算收入460亿元、企业入库税收7.06亿元，比上年分别增长8.6%、8.5%、13.2%。施工能力和工程质量稳步提升，全年新增一级资质企业5家、二级资质22家。创成省优工程5项、泰优工程14项，省级标化工地4个、市级标化工地8个，组织开展全市建筑质量奖"香橼杯"评选，评选优质工程27项。

【固定资产投资和房地产开发】 全年新开工亿元以上项目85个，其中5亿元以上项目9个、10亿元以上项目4个。全年共完成固定资产投资539.82亿元，比上年增长8.0%。其中"二产"投资322.14亿元，增长17.9%；"三产"投资217.68亿元，下降4.0%。全年高新技术产业投资项目345个，计划总投资249.42亿元，比上年增长30.1%；高新技术产业完成投资153.66亿元，增长29.1%，占全社会固定资产投资的28.5%。其中智能装备制造业125.92亿元，增长36.7%；航空航天器及设备制造业1.33亿元，增长176.7%；医药制造业2.23亿元，增长284.5%；仪器仪表制造业2.78亿元，增长34.3%。全市累计实现房地产投资42.42亿元，增长20.9%；房屋施工面积253.82万平方米，下降16.1%；商品房竣工面积32.73万平方米，下降61.7%。商品房销售持续旺盛，全年累计实现商品房销售额86.49亿元，增长59.0%；销售商品房面积107.01万平方米，增长32.1%。

【国内贸易】 全市实现社会消费品零售总额197.04亿元，比上年增长11.8%，增速比上年提升0.6个百分点，其中限额以上企业实现零售额56.61亿元，比上年增长13.2%。按销售单位所在地分，城镇市场实现零售额180.09亿元，增长11.3%；乡村市场实现零售额16.95亿元，增长17.7%。按消费形态分，批发和零售业实现零售额165.11亿元，增长11.4%；住宿和餐饮业实现零售额31.93亿元，增长14.0%。分行业类别看，限额以上批发和零售企业分别实现商品销售额193.31亿元和52.38亿元，增长33.3%、11.6%，限额以上住宿和餐饮企业实现营业额4.94亿元，增长

16.5%。

【开放型经济】 全市累计实现进出口总额29.43亿美元,比上年增长9.1%,其中进口7.62亿美元,比上年下降1.0%;出口21.81亿美元,比上年增长13.1%,增幅比上年同期提升6.0个百分点。船舶及配套企业积极开拓海外市场,推动全市对外贸易的稳定增长,全年船舶出口总额12.80亿美元,比上年增长27.3%,占全市出口额的58.7%。全市新批外商投资企业11家、增资项目4个,协议注册外资4.36亿美元,实际利用外资2.44亿美元。全年新批境外投资项目6个,新签外经合同额2350万美元,完成外经营业额1.02亿美元。

【港口】 全年累计完成投资5亿元,年末共建成泊位175个,其中万吨级以上泊位63个。全年累计完成货物吞吐量1.06亿吨,比上年增长12.6%,其中外贸吞吐量985万吨,增长1.4%。主要货类吞吐量分别为煤炭及制品5912万吨,增长23.7%;粮食1686万吨,增长143.5%;金属矿石900万吨,下降3.9%;木材842万吨,增长18.8%;钢铁480万吨,下降22.3%;矿建材料465万吨,下降64.4%。口岸累计进出国际籍船舶1169艘次,进出境人员2.42万人次。

【交通运输业】 年末全社会机动车保有量18.94万辆,其中汽车13.44万辆,比上年增加1.44万辆。全年完成公路货物运输量1784万吨,货物周转量44.65亿吨千米,比上年分别增长4.8%和0.9%;公路客运量1991万人次,客运周转量3.49亿人千米,分别下降5.1%和30.0%;水上货物运输量974万吨,货物周转量38.95亿吨千米,分别增长7.1%和6.6%。全市公路总里程1393千米,其中高速公路24千米。

【邮电通信业】 全市邮政电信业务收入7.66亿元,比上年增长10.2%。其中邮政业务收入1.01亿元,增长9.9%;电信、移动和联通业务收入6.65亿元,增长10.2%。年末宽带接入用户27.63万户,增长16.7%。移动电话用户数79.51万户,增长5.6%,其中3G上网用户7.50万户、4G上网用户54.76万户。

【金融保险业】 全市金融机构本外币存款余额1004.31亿元,比上年下降0.7%。其中住户存款494.82亿元,增长4.2%;非金融企业存款368.49亿元,下降13.8%。金融机构本外币贷款余额805.57亿元,增长12.2%。其中住户贷款221.12亿元,增长37.4%;非金融企业及机关团体贷款584.45亿元,增长4.9%。至年末有境内外上市公司6家,累计募集资金153.46亿元;"新三板"挂牌公司9家,新增2家,累计募集资金1.37亿元;区域性股权交易市场挂牌公司5家。年末驻靖江证券营业部6家,全年证券业新增开户4007户,累计开户数7.53万户。实现证券交易额1184.25亿元,比上年下降4.9%。其中,股票交易额934.54亿元,下降15.4%;基金交易额51.76亿元,增长121.7%。年末驻靖江保险机构36家,其中财产险16家、人身险20家,驻靖江中介及兼业代理机构13家。全年实现保费收入20.13亿元,比上年增长15.1%。其中财产险保费收入5.96亿元,增长5.5%;人身险保费收入14.17亿元,增长19.6%。全行业支付赔款和各类给付7.74亿元,比上年增长9.5%。其中,财产险赔付3.77亿元,增长10.5%;人身险赔付3.97亿元,增长8.5%。

【科技事业】 研发机构、人才站点建设稳步推进,全年新增省级企业院士工作站1家、省级工程技术研究中心2家、省级企业研究生工作站13家、泰州市工程技术研究中心8家。全年引进高新技术项目并签订协议76项,共建产学研联合体27家,建成离岸孵化基地63家。全年认定国家高新技术企业37家、省级民营科技企业58家。获省部级科学技术奖4项、泰州市级科学技术奖23项;获省级以上科技项目资金4488万元。获批省级高新技术产品110项,高新技术产业产值占列统工业产值44.2%。全年完成专利申请量6684件,其中发明专利申请2127件;实现专利授权量1811件,其中发明专利174件;万人发明专利拥有13.01件。

【教育事业】 年末全市拥有各类学校93所,其中幼儿园44所、义务教育学校43所、高中4所、特殊教育学校1所、中等专业学校1所。年末在校生7.11万人,专任教师6403人;中小学招生1.31万人,毕业1.30万人。继续推进城乡教育一体化,建成投用御水湾等幼儿园6所,完成生祠初中等3所中小学校改扩建,推动怀德学院、职教中心科教资源融合共享。新创省、泰州市优质幼儿园7所。中考均分和录取控制线均居泰州第一,高考本科上线率89.1%,其中普通类本一上线率33.3%。全市义务教育现代化学校比例93.0%。

【文化事业】 年末拥有文化馆1个、博物馆1个、影剧院10家、艺术表演团体1个、文物保护单位24家，有公共图书馆1个藏书70.98万册，建成牧城书驿13个、牧城伴读角59个、村(社区)综合性文化服务中心48个，举办首届"书香马洲"读书节，图书漂流、共享阅读的图书借阅服务新方式被中央电视台《新闻直播间》播出。举办第35届文艺节，以"喜迎十九大·共筑中国梦"为主题开展9项文化活动。广播电视节目获省一等奖1个、二等奖1个、三等奖3个，获泰州一等奖19个。

【卫生事业】 年末拥有各类卫生机构292家，其中医院、卫生院30家。各类卫生机构拥有病床5000张，卫生技术人员4244人，其中执业(助理)医师1682人、注册护士1889人。各级医疗机构全年诊疗430.01万人次，比上年增长5.3%。公共卫生服务更加均衡，居民健康档案建档率83.6%，家庭医生签约服务6.27万户，重点人群签约率60.8%，医养融合进入实质运行，创成省流动人口基本公共卫生服务均等化示范市、省首批基层卫生十强县。

【体育事业】 全年新增体育健身场地21处，全市拥有晨晚练点436个、健身步道47.2千米，人均公共体育场地2.56平方米，农村体育设施覆盖率95%。全民健身活动更加丰富，全年举办各级各类群众赛事活动100次以上，全市单项体育协会26个、体育俱乐部28个，每万人拥有社会体育指导员26.8名，在校学生体育达标率95.1%。全年靖江籍运动员获全国以上各级各类比赛金牌7枚，其中世青赛乒乓球团体金牌1枚。

【人民生活和社会保障】 全市居民人均可支配收入3.24万元。其中城镇居民、农村居民人均可支配收入分别为4.32万元、2.14万元，分别增长8.7%、9.0%。城乡居民收入比为2.02。城镇居民、农村居民人均生活消费支出分别为2.82万元、1.85万元，分别增长6.2%、9.0%；城乡居民恩格尔系数分别为29.5%、30.3%，均比上年下降0.4个百分点。全年城镇新增就业1.82万人，开发公益性岗位300个，安置失业人员1.19万人，年末城镇登记失业率1.82%。全年新增省级众创空间3个、创业型街道1个、创业型园区1个、创业型村(社区)27个，年末有泰州、靖江两级创业孵化基地10个、创业指导中心12个。全年组织职业技能培训1.47万人、创业培训8679人，发放"创业券、贴息券、租房券"3.86万张计4538万元。深化机关事业单位养老保险制度改革，落实征地保障政策，调增退休人员和城乡居民养老金，社保覆盖持续扩大，全市企业职工基本养老、医疗、失业参保人数分别达19.78万人、28.83万人、15.31万人，覆盖率分别达98.0%、98.1%和98.6%；城乡居民养老保险参保4.29万人、城乡居民基本医疗保险参保31.34万人，覆盖率分别达100%和99.0%。福利事业继续发展。全市拥有各类福利院20个计床位4527张，收养2309人；推进居家养老服务专业化、标准化和信息化建设，全年建成标准化城乡社区居家养老服务中心30家、老年人助餐点33个。全市城乡居民最低生活保障救助2749户，其中城市低保414户、农村低保2335户；农村五保供养1605人；全年免费办理困难群体城乡居民养老保险2432人、医疗保险1.30万人，为2574名就业困难对象发放社保补贴1096万元；安置残疾人就业4620人，精准康复服务残疾人1560人，免费提供残疾人基本辅具321件，发放各类残疾补助、补贴2912万元。

【城乡建设和环境保护】 年内，城西大道、公新公路全线贯通，广靖高速新互通投入使用，新改建县道60千米，农村公路提档升级40千米，危桥改造10座，通过"四好农村路"(建好、管好、护好、运营好)省级示范县验收。出行更加便利，新建公交首末(枢纽)站5个、候车站亭20个，新增停车泊位2513个。天妃广场建成开园，建成横港南路等林荫路3条、新洲桥等小游园4个，增加绿地30万平方米，城市建成区绿化覆盖率42.35%，获中国山水盆景名城称号。生态环境持续优化。全年削减煤炭消费量31.92万吨，减少化工生产企业49家，关闭砖瓦企业15家，治理挥发性有机物污染企业47家，治理畜禽养殖场207家。新开、疏浚整治二、三级河道1136条882千米。全市空气质量优良率74.2%，比上年上升2.6个百分点，PM2.5浓度为0.046毫克/立方米，比上年下降8.0%；省控以上地表水断面水质达到或优于Ⅲ类水质比例83.3%。国家卫生城市通过复审，省级卫生镇实现全覆盖，新桥镇创建成国家卫生镇、省级生态文明建设示范镇，德胜村创建成省级生态文明建设示范村。

(陆天煜)

中国共产党靖江市委员会

编辑　朱艳燕

市委日常工作

【市委常委分工】 赵　叶　主持市委全面工作,分管市人大、市政协工作。

叶冬华　主持市政府全面工作,分管经济工作和经济体制改革,机构、编制、外事工作,人民武装工作。

赵国庆　协助赵叶抓好党的建设工作,具体负责党的建设工作领导小组工作;分管农业和农村工作、城乡统筹工作,市委办、机要保密、党校工作,扶贫工作。

王　权　主持市纪律检查委员会工作。

王　玮　负责市委政法委工作,分管政法工作、信访和社会稳定工作。

包国芳　负责市委统战部工作,分管统战、工商联、民族宗教、侨务、对台工作,联系民主党派。

申晓勇　负责市委组织部工作,协助赵叶分管干部工作,协助叶冬华分管机构、编制工作,协助赵国庆分管基层组织建设工作,分管老干部工作、市级机关工委、人才、干部教育工作,工会、共青团、妇联、科协、残联工作。

潘企根　负责市人武部工作,分管人民武装建设、国防动员、双拥以及驻靖江部队联系工作。

沈南松　负责市政府常务工作。

史骥涛　负责市委宣传部工作,分管意识形态和宣传工作,史志档案工作,文化、旅游产业和全民创业工作,教育、科技、文化广电、卫生、人口与计划生育、体育方面党的工作。

罗晓东　分管工业和开放型经济工作,主持靖江经济技术开发区全面工作。

【重要决策】 2月,市委、市政府制定《2017年度靖江市创建全国文明城市工作实施方案》。该方案明确要求,牢固树立“创建为民、创建惠民、创建利民”理念,落实创建文明城市长效管理机制,提高市民文明素质和城市文明程度,提升人民群众的获得感和满意度,力争在2017年全国文明城市考评中争先进位。方案从市民文明素质提升、推进创建长效管理、城市环境综合整治、群众性精神文明创建、未成年人思想道德建设方面提出2017年创建工作重点。指出要强化组织领导、加强宣传引导、加大考核督查。同时,围绕践行社会主义核心价值观、营造浓厚创建氛围、深化美德善行系列活动、城市环境综合整治、完善公共服务体系、广泛普及志愿服务、推进诚信建设制度化、推进文明旅游社会化、加强群众性基础创建工作、深化未成年人思想道德建设等10方面细化具体任务52条。

3月,市委、市政府制定《靖江市“两减六治三提升”专项行动实施方案》。该方案明确到2020年,全市PM2.5年均浓度比2015年下降16%,空气质量优良天数比例达74.2%以上,地表水省控及以上断面水质优Ⅲ比例达83.3%(其中,国考断面水质优

Ⅲ比例达100%），地表水丧失使用功能（劣于Ⅴ类）的水体基本消除。方案围绕减少煤炭消费总量，减少落后化工产能，治理清水通道水环境、生活垃圾、黑臭水体、畜禽养殖污染、挥发性有机物污染、环境隐患，提升生态保护水平、环境经济政策调控水平、环境执法监管水平等11个方面细化具体举措52项。

5月，市委、市政府制定《靖江市2017年全面深化改革工作要点》。全面深化改革工作总体要求是：全面贯彻落实中央、省委、市委全面深化改革工作总体部署，把符合发展之需、群众之盼，具有标志性、引领性、迫切性的重点改革任务推进落实好，为实现"率先领先争先"再创发展机制体制新优势。文件围绕深化行政审批制度改革，健全完善现代市场体系，加快推进金融体制改革，加快推进财税体制改革，构建开放创新体制机制，深化城乡一体化改革，深化社会领域改革，深化民主法治、纪律检查、党的建设制度改革等8个方面细化具体举措54项。

6月，市委、市政府制定《全市深化行政审批制度改革加快简政放权激发市场活力重点任务分解方案》。根据《中共江苏省委、江苏省人民政府关于深化行政审批制度改革加快简政放权激发市场活力的意见》《中共泰州市委、泰州市人民政府关于印发〈全市深化行政审批制度改革加快简政放权激发市场活力重点任务分解方案〉的通知》等文件精神，结合全市实际，制定相关任务分解。围绕优化营商环境建立完善集中高效审批机制、深化商事制度改革降低企业投资准入门槛、聚焦简政放权改革打造简约便民公共服务模式、强化事中事后监管营造公平竞争市场环境等4个方面，细化重点任务27项。

是月，市委、市政府决定在全市开展党组织和党员干部结对帮扶城乡贫困户活动。按照"标准再提高、重点再聚焦、内涵再丰富、底线再织牢"工作要求，制定帮扶标准和具体帮扶方法，下发2017年度结对帮扶1200户城乡贫苦户任务分配表，明确结对单位、结对户数和挂钩市领导。

8月，市委、市政府制定《关于大力发展全域旅游的实施意见》。明确基本原则、发展目标、实现路径等总体思路，围绕旅游资源全域优化、旅游产品全景供给、旅游产业全业融合、旅游服务全程覆盖、旅游宣传全面出新等5个方面，细化具体工作任务16条，明晰动员部署、全面推进、检查整改、达标验收4个实施步骤和具体时间，强调组织保障、政策保障、金融保障、土地保障、人才保障5个方面保障措施。同时，制定靖江市"国家全域旅游示范区"达标工作重点任务分解表，细化工作任务、内容要求，明确牵头单位和配合单位。

11月，市委印发《关于认真学习宣传贯彻党的十九大精神》的通知。通知指出：要迅速兴起学习宣传贯彻党的十九大精神热潮，认真开展十九大精神学习培训，精心组织十九大精神宣传，集中开展十九大精神宣讲活动；要深刻领会和准确把握党的十九大精神，把学习宣传贯彻的着力点聚焦到衷心拥戴习近平这个党中央的核心、全党的核心上，聚焦到贯彻落实习近平新时代中国特色社会主义思想上，聚焦到充分认识中国特色社会主义进入新时代、我国社会主要矛盾已经转化为人民日益增长的美好生活需要和不平衡不充分的发展之间的矛盾等重大论断上，聚焦到贯彻落实党的十九大作出的重大决策部署上，聚焦到落实新时代党的建设总要求上；要以十九大精神为指导建设全面小康美好靖江，全面加强党的领导，进一步丰富完善靖江经济社会发展的思路举措，切实推动改革发展，推动全面从严治党不断向纵深发展。

是月，市委出台《关于推进全面从严治党建设"廉洁乡村"的意见》。明确工作目标，要求以习近平新时代中国特色社会主义思想为指导，坚持不忘初心、牢记使命，坚持全面从严、标本兼治，坚持集聚力量、改革创新，推动"两个责任"落地生根，发挥科学评价导向作用，加强队伍、制度和文化建设，使农村党风政风更正、乡风民风更淳、党群干群关系更亲，为推动乡村充分发展，提升人民群众美好生活质量提供坚强政治保证。细化工作内容，强调要进一步加强基层纪检监察组织建设，不断增强专责监督力量，着力构建横向到边、纵向到底的监督网络；要进一步打通"两个责任"落实最后一公里，强化监督执纪问责，着力推动镇村干部履责"知行合一"；要进一步加强制度建设，不断增强制度管束力量，着力完善"不能腐"的制度防范体系；要进一步加强农村廉洁文化建设，不断增强文化感召力，着力营造向善向上的社会氛围；要进一步发挥评价导向作用，不断增强"廉洁乡村"建设评价精准度，着力提升"廉洁乡村"建设成效。

12月，市委、市政府出台《关于实施创新驱动发展战略推进创新型城市建设的意见》。制定"三步走"主要目标，即：第一步，到2020年,创新型城市建设取得重要进展;第二步,到2035年,跻身创新型城市先进行列;第三步,到2050年,成为具有国际竞争力的创新型城市。意见围绕聚焦重点关键领域推进产业持续创新、培育壮大创新主体完善创新发展机制、加强创新载体建设增强创新支撑能力、优化区域创新布局提升创新发展水平、实施知识产权战略激发创新创造活力、打造创新人才高地形成创新发展优势、促进科技金融结合强化创新支持力度、深化科技体制改革优化创新资源配置8个方面细化重点任务25条。

【重要会议】 1月13日,市委召开中共靖江市委十二届二次全体(扩大)会议。市委书记赵叶代表中共靖江市第十二届委员会向大会作题为《深化"率先领先争先"实践 奋力谱写"两聚一高"靖江篇章》的报告,市委副书记赵国庆说明2017年重点工程建设项目情况。会议强调,要坚持把创新作为推动发展的基点,积蓄更为强劲的内生动能,突出绿色发展保持定力,瞄准科技前沿转换动力,集聚高端要素提升合力;要坚持把项目作为保障增长的支点,打造更加坚实的产业经济,做大优质增量,围绕产业招项目,着力调优存量,引领企业再投入,提升服务质量,加速竣工抓产出;要坚持把品质作为城乡建设的亮点,彰显更具内涵的独特魅力,以精品工程提升城市能级,以精准定位打造特色镇村,以精细管理营造宜居环境;要坚持把富民作为全面小康的落脚点,实现更高水平的共建共享,完善长效化的收入增长体系,完善立体化的民生保障体系,完善现代化的社会治理体系。会议指出,要以新改革举措破解靖江发展的瓶颈,加快审批制度改革,优化行政职能调整,激发国有企业活力,构建新型投融资体系;要以新党建品牌强化靖江发展的保障,练就落细落实的过硬本领,弘扬务实奋进的优良作风,锤炼干事创业的中流砥柱,培育堪当重任的干部队伍,筑牢坚强有力的战斗堡垒,夯实为民党建的基层基础,坚定从严从紧的纪律要求,营造风清气正的政治生态。

1月13日,中共靖江市委召开十二届二次全体(扩大)会议

1月25日,市委召开中共靖江市第十二届纪律检查委员会第二次全体会议,传达贯彻中央、省、泰州市纪委会议精神,回顾总结2016年全市党风廉政建设和反腐败工作情况,部署2017年党风廉政建设和反腐败工作任务。会议指出,要深刻认识"全面从严治党永远在路上"的新论断,不断增强管党治党政治自觉;要认真贯彻"把全面从严治党引向深入"的新部署,不断推动反腐倡廉向纵深发展,持之以恒抓好作风建设,以高压态势惩治腐败,压实管党治党责任主体,建设忠诚清正干部队伍;要切实践行"全面从严治党必须坚持标本兼治"的新要求,不断营造风清气正的政治生态,铸牢理想信念之魂,厚植廉洁自律之本,夯实管党治党之基,扎紧制度体系之笼。会议强调,更加紧密地团结在以习近平为核心的党中央周围,认真抓好中共十八届六中全会精神的落实,推动党风廉政建设和反腐败工作向纵深发展,为加快实现"率先领先争先"的宏伟目标提供坚强政治保证,以良好精神状态和优异工作成绩迎接党的十九大胜利召开。

2月3日,市委、市政府召开全市项目建设暨综合表彰大会,表彰2016年度全市项目建设和经济社会发展中涌现出的先进集体和先进个人,动员全市上下以更加坚定的信心、更加饱满的精神、更加务实的作风,加压奋进、真抓实干,推动全市经济社会各项事业又好又快发展。会议强调,2017年是党的十九大召开之年,也是全面落实省、市党代会部署的开局之年,要以正向激励,形成争先创优的发展氛围,有争一流的志向,有一股不服输的干劲,有共同点赞的正能量;要以指向攻坚,形成率先发展的比较优势，产业突出转型创新主线，城建突出品质提升主题，民生突出创业富民主导；要以导向引领，形成领先一步的工作追求，机关作风要以马上就办为工作准则，党员干部要以能力责任为考核标准，政府效率要以服务发展为工作责任。

2月22日，市委召开全市党的建设工作会议。会议指出，要以更高的站位准确把握党建工作新任务，坚定看齐中央和省、泰州市委的最新要求，主动对齐"率先领先争先"目标任务，全面补齐工作中存在的问题短板。宣传工作要提神造势，弘扬正能量，守好思想阵地，高举时代旗帜，讲好靖江故事，提升形象"颜值"，做好创建文章，涵养文明气质；组织工作要固本强基，锻造主心骨，坚持干事创业导向激活一池春水，坚持为民党建指向造福一方百姓，坚持人才强市方向打造一块热土；统战工作要凝心聚力，共绘同心圆，确立大统战高度，明确新经济角度，加大广交友力度。要以更实的作风持续增进党建工作新成效，强化党建工作"第一责任"，硬化党建考核"第一标尺"，优化党建队伍"第一梯队"。

2月27日，市委、市政府召开全市农村工作会议暨深化供销合作社综合改革部署会，分析农业农村发展面临的新形势、新问题，研究部署2017年及以后一个时期全市三农工作和供销合作社综合改革任务。会议指出，要以结构优化为主线，促进农业持续增效，农业生产重基础，产品结构重特色，经营模式重规模，农业科技重装备；要以全面小康为主攻，确保农民稳定增收，盘活资源存量增富，提高就业创业质量创富，集中扶贫力量帮富；要以生态宜居为主题，建设农村美丽家园，让乡村特色更浓、农村公共服务更多、村庄环境更好；要以重点改革为主打，激发三农发展新动能，有序推进农村土地"三权分置"改革，深入推进农村集体产权制度改革，扎实推进供销合作社综合改革。会议强调，要加强三农工作的组织领导，基层建设要再夯实，资金投入要再加强，核标准要再硬化。

5月17日，市委、市政府召开靖江创建全国文明城市工作推进大会。会议指出，创建文明城市是靖江文明的一次集中检阅，靖江文明有着历史的底蕴，文明靖江有着时代的要求，创建文明城市要有必胜的信心。创建文明城市是为民惠民的一场集成攻坚，要以群众需求为指向，聚焦创建重点，看得见城市风貌，感受到文明风尚，传承好社会风气；以涵养文明为导向，打造创建品牌，开展文明养成系列教育活动、文明熏陶系列文化工程、文明守望系列志愿者服务；以全民参与为取向，浓厚创建氛围，加强社会宣传，强化舆论宣传，推开全域宣传。创建文明城市是众志成城的一份集体责任，要领导带头担当，凝成一股劲，要条块密切配合，激活一盘棋，要基层全民动手，上下一条心。

7月24日，市委召开中共靖江市委十二届三次全体（扩大）会议。市委书记赵叶代表中共靖江市第十二届委员会向大会作题为《坚持创新绿色融合发展 建设全面小康美好靖江》的报告。会议指出，要持续保持好势头，把握发展新方向。要着力打好攻坚战，聚焦发展新重点，汇聚创新力量，培育靖江创造的争先优势，以科技创新巩固产业优势，以模式创新用足资源优势，以制度创新再造软环境优势；引领绿色发展，擦亮生态靖江的美丽名片，紧盯生态效益，引领绿色增长，紧抓生态环境，践行绿色惠民，紧守生态安全，兑现绿色承诺；探索融合路径，推进文明靖江的跨越领先，在跨江协同融合上迈出新步伐，在城镇建设融合上实现新提升，在民生共享融合上取得新成效。要汇聚靖江正能量，形成发展新气象，打造坚强有力善谋善断的领导班子，锻造忠诚干净尽心尽责的干部队伍，营造和谐文明守正守信的社会秩序。

9月23日，市委召开靖江发展调研成果汇报会，探讨靖江未来的发展，探究靖江未来的定位。会议指出，要在前瞻谋划中把握生产力布局的方位，资源的时空配置要契合产业集聚指向，优化配置效率，深化耕地保护，强化收储经营；城市的框架格局要优化要素流通方向，新城建设要东扩，交通格局要协同，水系航道要优化；城镇的演进发展要引导人口分布流向。要在精准定位中理清竞争力再造的路径，园区主体效应要增强，做好资源集聚、资产优化、资本放大的文章；特色优势产业要聚焦，融入区域经济版图，找准优势产业定位，壮大新兴产业规模；企业核心能力要提升，加快智能化改造、规模化提升、品牌化培育。要坚持以人为本，城市生活从满足基本向追求品质提升，城市管理从多头治理向智能精细转变，城市气质从内涵提升向形象塑造渗透。

11月8日，市委、市政府召开滨江新城"2020"发展目标推进会。会议指出，新城是回应群众美好生活期待的重要载体，是策应扬子江城市群建设的示范窗口，是反映靖江城市竞争力的核心名片。要聚焦新目标，统筹新城建设,以20平方千米的科学谋划挖掘城市潜力,把握全局、形成格局、优化布局;以20项重点工程的精工细作彰显城市魅力,突出滨江特质、现代气质、精致品质;以20万人口的安居乐业提升城市活力,用高水平的供给吸引人,用高吸附的业态集聚人,用高标准的管理留住人。要彰显新气象,推进新城建设,谋创新之策、聚协同之力、求长久之功,最大限度地赢得全市人民的参与和支持,汇聚起共建美好家园的强大合力。

12月22日,市委召开中共靖江市委十二届四次全体(扩大)会议,深入学习贯彻党的十九大精神,动员全市上下更加紧密地团结在以习近平为核心的党中央周围,坚持以习近平新时代中国特色社会主义思想为指导,不忘初心,牢记使命,共同书写新时代美好靖江新篇章,共同创造新时代靖江人民美好新生活。市委书记赵叶作题为《以党的十九大精神为指引 共同创造新时代靖江人民美好生活》的报告,市委副书记、市长叶冬华就会议贯彻落实及当前工作进行部署,市委常委、常务副市长沈南松就2017年度重点工程建设情况以及2018年度重点工程项目安排作情况说明。会议指出,要学懂弄通党的十九大精神,开辟美好靖江新境界,必须在拥抱新时代中牢记靖江发展的主旨,在贯彻新理念中坚持靖江发展的主线,在迈上新征程中突出靖江发展的主题。要顺应人民美好生活向往,确立美好靖江新目标,致力经济发展更平衡,进一步强化市场导向,壮大特色产业优势;强化集约导向,发挥园区主体效应;强化创新导向,提高企业核心能力;强化协同导向,提升组织经济水平。致力民生保障更充分,建好基础性工程,解决紧迫性问题,力求长远性的提升。致力小康建设更全面,提升富民品质,彰显城乡特质,涵养文明气质。要全面提升党的建设水平,激发美好靖江新动能,以政治建设为统领,凝聚看齐中央的向心力,以组织建设为基石,锻造实干担当的主心骨,以作风建设为抓手,提振干事创业的精气神,以纪律建设为准绳,提升清正廉明的公信度。

【信息调研】 年内,信息调研以实现"第一手情况""第一道研判""第一时间报送"为目标,推动建立全员信息员制度,开发深层次、高质量信息,为市委决策提供全方位、多领域、多角度的信息服务。累计上报省委办公厅信息1437条,被采用193条;上报泰州市委办公室信息1813条,被采用236条,其中《江苏3天连发2起校车超载事件"黑校车"屡禁不止》《靖江市实施"三个+"行动聚力产业转型升级再造创新发展优势》等8条信息得到省、泰州市领导批示。基层调研实现常态长效。围绕牵动全局的关键点、领导重视的关注点、社会矛盾的突出点和群众意见的集中点,深入基层开展广泛调研,为市委决策提供第一手资料和有价值的建议。全年编发《动态内参》7期,其中《让"一江清水"长流》《品质 绿色 幸福 共同开创美好生活新时代》《坚持高点定位创新转型 建好融入苏南前沿阵地》《岸线留白天地宽》等调研成果在省、市刊物发表。

【督促检查】 2017年,市委督查室坚持围绕中心、服务大局,突出督查重点,注重改革创新,狠抓工作落实,不断提升党委督查工作水平。针对市委重大决策部署和人民群众反映强烈的热点、难点问题,及时督查,跟踪问效。深入开展市委十二届二次及三次全会重点目标任务、全市重点工程、招商引资与项目建设、扶贫和三资管理等专项督查工作,累计编印《督查专报》24期,确保各项工作扎实推进。认真做好领导批示件和泰州"市委书记信箱"交办件办理工作。全年办理泰州市委书记信箱交办件32件、省社会矛盾和安全隐患大排查大整治第7组交办件11件、市委领导批示件103件,办结率100%。会同市政务办、市政府督查室全面推行重点产业项目实行"联合预审店小二服务",获市委、市政府2017年度改革创新一等奖。

【机要工作】 严格执行机要24小时值班制度,精心组织电报办理,开展通信维护和应急保障,做好党的十九大机要服务保障。推进电子政务内网建设,协调市委各部门开展内网业务系统整合迁移。实施视频会议系统建设,完善技术服务和通信保障机制。建成数字认证LRA分中心,累计发放管理数字证书288份次。开展在岗培训,抓好业务技能练兵,提升机要干部队伍综合素质。全年收发办理各级各类电报3835份次,做到"零停留、零差错",确保市委、市政府上情下达、下情上报安全畅通。

【保密工作】 贯彻落实"十三五"保密事业发展规划,组织开展全市"保密法制宣传周"活动,加强全市机关单位涉密人员、新录(聘)用公务员和事业单位工作人员保密管理专题培训。推进定密、网络和涉密人员"三大管理",加强全市电子政务内网保密监管和非涉密网络保密检查，协助省、泰州市保密局做好在靖江十九大代表的保密宣传教育工作，加强军队退役涉密人员脱密期管理，开展涉密载体销毁、“问题地图”、国家统一考试等专项保密检查。指导督促全市机关单位开展自查自评和保密工作年度考评。全年无失泄密事故发生。

【绩效考核】 年内，市委绩效考核办公室统筹落实泰州共性、个性考核工作，分解目标任务，跟踪督促指标落实情况，组织做好个性目标相关佐证材料初审及上传，全年共形成2篇共性指标完成情况分析及全年完成情况预估报告。开展市级机关绩效考核工作，组织修订实施细则，完善考核指标体系；利用绩效管理电子评估系统，做好个性及共性考核工作，制定年度个性工作目标1281项、共性考核工作30项。印发季度目标完成情况通报1期，发出督办通知单14份。组织安排各级各类评议工作，全年对38家单位48个科室组织“1+1双评”活动。开展省、泰州、靖江3个层面5项评议工作，组织发放填写各级各类评议表1504份。

【机关效能建设】 年内，定期明查暗访全市各镇、各部门工作作风、服务态度、办事效率等，专项督查重点工程、重大项目、全国文明城市创建、老旧危楼治理、畜禽养殖污染治理、交通整治五项行动。全年共组织各类效能督查40余次，印发效能专报27期，发出点对点效能督查交办单171份。开通“服务发展清障热线”，受理机关作风和效能方面投诉，第一时间交转责任单位并督办，确保群众反映的问题得到迅速、有效解决。全年共受理涉及违法建设、环境污染、社会保障等方面效能投诉266件，其中泰州交办件50件，办结率100%。

（朱　彬）

纪检监察

【概况】 2017年，全市各级纪检监察组织落实“两个责任”（党风廉政建设主体责任和监督责任），严格执纪审查，开展党风政风专题监督、村（居）集体经济增收领域和工程建设领域违规违纪问题查处专项行动，全面启动“3+4+N”（违规吃喝问题专项治理、违规收送礼品礼金问题专项整治、违规发放津贴或福利问题专项检查3个专项行动；强化织密监督检查网络、建立挂联督导制度、实施作风任务派单、开展问题专项整治4项措施；制定出台规范商务活动接待、离退休干部走访慰问、外出学习考察培训等N个制度规定）作风建设攻坚行动，深化“微官微权微腐败”和扶贫领域专项治理等，党风廉政建设和反腐败工作取得新成效。全年受理信访举报313件，立案309件，其中涉及科级干部案件19件，移送司法机关处理7人。市纪委开展泰州重点督办单位整治工作得到中央纪委党风室肯定，“信息系统+信访案卷”双闭环管理模式被省纪委推广，“廉洁乡村”建设被列入泰州市纪委试点工程。

【责任落实】 年内，市纪委协助市委落实管党治党责任，拟定“两个责任”工作规范实施办法，责任内容实现项目化、具体化。59家综合监督单位设立落实主体责任办公室，解决派驻改革后主体责任“谁来抓、抓什么、怎么抓”的问题。探索市纪委委员挂钩联系督导、履责网络平台记实督查等新方式，党组织主动履责意识明显增强。严格实行“一案双查”（追究当事人责任，倒查相关领导责任），2个党组织和19名党员干部被追责。深化专责监督工作，综合分析案例55起，下发监督意见书3份，督促完善制度38项。严把干部选拔任用政治关、廉洁关，回复39批1661人次党风廉政情况。

12月，市纪委组织新党员入党暨廉政宣誓　　（市纪委提供）

【纠治“四风”】 年内,市纪委加强日常督查,查处违反中央“八项规定”精神问题44件,处理96人,通报曝光36人。联合市政协开展党风政风专项监督。全面启动“3+4+N”作风建设攻坚行动,运用大数据平台,深挖隐形“四风”问题,处置问题线索36条。深化“微官微权微腐败”专项治理,查处侵害群众利益腐败问题51起109人。开展泰州重点督办单位整治工作,治理成效得到中纪委党风室肯定。聚焦扶贫领域专项治理,印发《落实“两个责任”深化扶贫领域监督执纪问责工作方案》,督促职能部门抓好“阳光扶贫”监管系统建设。

【执纪审查】 年内,市纪委受理检举控告类信访举报313件次。启动“信息系统+信访案卷”双闭环管理模式,全程管控信访举报受理、办理、流转、反馈、归档等环节,构建受理全覆盖、过程全留痕、办结全反馈、卷宗全归档的管理闭环,形成责任明晰、程序严密、循环顺畅,既相互制约又相互协调的信访举报工作机制。该经验被省纪委推广。坚持抓早抓小、防微杜渐,运用监督执纪“第一种形态”381人次,占比56.28%;运用“第二种形态”248人次,占比36.63%。逐步规范“第一种形态”运用,制定谈话函询办法,谈话函询处置问题线索250件次。坚持“无禁区、全覆盖、零容忍”,共立案309件,查处乡科级干部案件19件,纪律重处分22人次,移送司法机关7人,挽回经济损失1143万余元。开展查处村(居)集体经济增收领域和工程建设领域违规违纪问题专项行动,党纪政纪处分116人。实行联合审理、案件考评等制度,案件质量得到保障。坚持安全文明办案,做到全年零事故。做好执纪审查后续工作,加强党章党规党纪和廉洁从政教育,组织2万余名党员参加学习测试。开展“初心守廉”主题教育、“家规促廉”示范基地创建等活动,打造“大宏说纪”纪律教育品牌,督促广大党员干部筑牢廉洁自律思想防线。

【“廉洁乡村”建设】 年内,启动泰州市纪委试点工程“廉洁乡村”建设。协助市委下发《关于推进全面从严治党建设“廉洁乡村”的意见》,统筹推进队伍建设、制度建设、文化建设、责任落实和综合评价5方面工作。设置各村(居)、站所党组织纪检委员,专责监督落实政策的“最后一公里”。搭建基层纪委委员履职平台,建立完善联系点、履责评议等制度。推动农村集体“三资”(资金、资产、资源)监管机制创新,协助市委制定《创新农村集体“三资”管理工作办法》,督促相关部门修订《村级会计委托代理暂行办法》《村级财务预决算管理暂行办法》《农村集体“三资”管理暂行制度》《村务民主决策、民主监督管理暂行制度》《农村集体“三资”管理责任清单及问责暂行办法》5项制度,形成靖江特色的农村集体“三资”管理模式。加大“阳光村务”推进力度,督促编印村务公开手册,规范公开内容、范围和方式。

【纪检监察体制改革】 年内,市纪检派驻机构改革全部到位,15个派驻纪检组综合监督全市59个单位,实现市一级党和国家机关派驻监督全覆盖。建立完善各项监督制度,协调监督体系,理顺派驻纪检组与进驻部门工作关系。协助市委组建巡察机构,坚持常规巡察和机动巡察相结合,分两轮完成对14个单位的巡察,实现乡镇巡察全覆盖。贯彻落实市委主要领导关于巡察工作“查改防”相结合精神,落实巡察反馈意见整改,移交相关问题线索153条。推进监察体制改革试点工作,组建市监察委员会,履行监督、调查、处置职责。

【纪检监察队伍建设】 年内,市纪委围绕“五个过硬”(政治过硬、执纪过硬、责任过硬、能力过硬、作风过硬)目标,开展“打铁必须自身硬”专项行动。深化基层纪委“三转”(转职能、转方式、转作风),下发工作联系函10份。实施导师带教计划,35名室主任和业务骨干从思想、业务、作风等方面,对青年干部“传帮带”。成立机关党委,模范执行各项组织生活制度,开展纪委机关全体党员“佩党徽亮身份”和“学习十九大,忠诚书担当”主题系列活动,赵鹏涛、冯大宏分别被省纪委、省委组织部评为先进个人。强化内部监督,核查处置涉及纪检干部的问题线索8件,立案1件,谈话函询4人。制定执行纪检干部插手干预监督执纪工作责任追究、异常行为干预管理等制度。分组家访50余名纪检干部,召开家属座谈会,把好清廉关。举办“市纪委开放日”,自觉接受社会监督。 (晏　凯)

巡　察

【概况】 2017年,市委巡察工作紧盯党的领导弱化、党的建设缺失、全面从严治党不力三大问题,以及违反政治纪律、组织纪律、廉洁纪律、群众纪律、工作纪律、生活纪律等“六项纪律”方面的问题和线索,先后开展市委第二、第三轮常规巡察和一次专项巡察,市委累计派出常规巡察组9个、机动巡察组1个,常规巡察市住建局、水利局、马桥镇、东兴镇等14个单位,机动巡察新桥镇、城南园区、靖城街道办事处等14个镇(园区、办事处)工程建设情况(含招投标)。形成巡察报告28份、专题报告16份,发现问题线索80条,向被巡察党组织提出整改意见49条。

【市委巡察机构设立】 7月,根据《中共江苏省委关于加强市县党委巡察工作的意见(试行)》要求和泰州市编办《关于市(区)巡察机构设置的通知》精神,市委巡察工作办公室正式设立。该办公室为市委职能部门,正科级建制,主要承担巡察工作的统筹协调、联络指导、政策研究、制度建设、监督管理、服务保障等工作。同时按照“一办四组”模式组建4个正科级巡察组,具体承担相关巡察工作。巡察机构共有行政编制26个,其中领导职数15个、工作人员职数11个。9月,人员调配基本到位。

【市委第三轮巡察】 10月11日,市委启动第三轮巡察,派出常规巡察组4个和机动巡察组1个,常规巡察马桥镇、东兴镇等8个镇(街道、园区、办事处),紧盯党的领导弱化、党的建设缺失、全面从严治党不力三大问题,着力发现违反六项纪律方面的问题和线索;机动巡察全市各镇(街道、园区、办事处)工程建设(含招投标)情况,专项巡察其执行国家、省、市有关工程建设领域的相关法律法规情况,查明各单位工程项目是否按规定履行招投标手续,是否规范签订第三方中介合同、施工合同,是否履行建设审批手续,建设管理机制是否健全等。第三轮巡察通过听取汇报、列席会议、问卷调查、个别谈话、查阅资料、现场走访等方式开展驻点巡察,其间个别访谈494人次、接受信访举报32条。通过市委第三轮巡察,靖江率先在泰州实现“乡镇巡察全覆盖”工作目标。

【整改落实上级巡视意见】 12月,市委巡察办对十二届省委第三巡视组巡视靖江反馈意见的整改落实和问题线索办理情况进行监督检查,33个问题整改到位32个,整改率97%;移交的34件问题线索、212件纪检监察类信访件全部办结。20日,泰州市委巡察办督查靖江对十三届省委首轮巡视意见的整改情况,市委巡察办组织市委办等6家单位接受台账资料检查,对检查发现的2个问题及时向相关部门通报,督促整改到位。 (江　晨)

组　织

【概况】 2017年,靖江有基层党组织2124个,其中党委90个、党总支226个、党支部1785个;有党员40522人,其中男性31385人、女性9137人。全年新发展党员370人。

干部队伍建设　坚持能力责任标准,调研式考察换届后镇(街道、园区、办事处)领导班子,切实掌握班子运行质态。持续优化班子结构,全年共调整配备正科职党政“一把手”46人次,提拔任用103人,易岗交流134人。落实省“789”青年干部培养计划,选拔新一轮11名“90后”见习镇长(主任),遴选106名年轻干部组建百人招商团,实施年轻干部“三轮”(集中轮训、基层轮挂、内部轮岗)培养工程,相关做法在泰州各市(区)得到推广。开设“马洲弘毅讲坛”,先后举办“一把手研修班”、“一线思考”讲坛、“村(社)书记讲堂”、“年轻干部学堂”。探索干部待岗培训制度。研究制定《干部待岗培训暂行办法》,5名不适宜或不胜任本职的干部被调离领导岗位。

基层组织建设　推进“两学一做”学习教育常态化、制度化,组织实施五大工程16个具体项目,得到省委党建办充分肯定。推进党建任务落实,实施市委“书记项目”2个、“常委项目”10个,基层“书记项目”59个、委员项目398个、支部项目1800多个、党员项目近1万个。举办“马洲锋汇”直播访谈节目6期,实施村干部队伍“1511雁阵培育”计划,安排第二批15名“第一书记”到村兼任村党组织书记,9个软弱后进村党组织均实现整改转化。推广社区“智慧党建”模式,拨付800万元城市社区为民服务专项资金,优化“在职党员进社区”综合信息服务平台,6466名机关在职党员“接单”服务群众1.4万余人。“两新”党建取得新进展,年内新增“两新”组织党组织14家。创新实施“乡村新党员”培养行动,着重在80后、90后青年农民中培养发展党员,新发展农民党员数同比增长近30%。组织评选60名“优秀党员义工”,推选45名泰州市“我最喜爱的共产党员”。

人才队伍建设　举办国际咨询委员会成立大会,聘请31名顶尖人才担任委员。实施“双月会展”行动,成功举办“千人计划专家靖江行”、国际创新创业大会、中国空调特色小镇发展高峰论坛等活动，为人才搭建交流平台、创造合作机遇。年内，签约引进 3 个“大院大所”，2 人自主申报入选国家“万人计划”，7 人入选省“双创计划”，3 人入选省“六大人才高峰”计划，29 人入选泰州“双创计划”，新增 265 人进入各级人才培养工程。举办12个人才培训主体班次，投入8000多万元购置、装修 171 套人才公寓，发放购房券 406 万元、租房补贴 65.87 万元、生活补贴217.6万元、图书资料补贴 119 万元。引进人力资源服务机构承接政府人才公共服务职能，与上海寰球人才交流中心合作共建上海引才工作站及人才项目孵化基地，广泛吸纳社会力量为人才提供专业服务。

自身建设　办好组工学苑，

2017 年靖江市基层党组织设置一览表

表 3　单位：个

党委（工委）									党总支部					党支部					党组
总数	其中								总数	其中				总数	其中				
	镇党委	政府组成部门党委	园区党委	事业性质党委	公有制企业党委	非公有制企业党委	党工委	村级党委		机关	企业	事业	其他		机关	企业	事业	其他	
90	8	13	3	8	8	15	8	27	226	12	36	15	163	1785	248	689	242	606	23

2017 年靖江市党员队伍结构一览表

表 4　单位：人

总数	性别		年龄					学历					
	男	女	35 岁及以下	36 岁至 45 岁	46 岁至 54 岁	55 岁至 59 岁	60 岁及以上	研究生	本科	大专	中专	高中	初中及以下
40522	31385	9137	7254	6275	7936	3186	15871	639	9090	7715	3007	7593	12478

2017 年靖江市发展新党员一览表

表 5　单位：人

总数	性别		年龄		学历				
	男	女	35 岁及以下	36 岁及以上	本科及以上	大专	中专	高中	其他
370	207	163	225	145	195	109	29	37	0

（殷皆悦）

围绕政治理论、组工业务、创业富民等主题，定期举办组工讲堂，每月带头开展1次实地调研和交流研讨，通过“听、看、研、议、行”等形式，帮助组工干部学经验、拓思路。强化能力提升，推进重点调研课题、创新创优项目“1+X”联合攻关，完善组工信息积分制度，用好用活《靖江组工“80后”》和靖江党建网等资源，提升组工干部思考和推动工作的能力。涵养组工文化，突出“三个之家”和“公道正派”主题，打造部机关支部园地，定期举办党员沙龙，引领组工干部凝聚思想、汇聚合力。建设智慧组工，主动适应新媒体发展趋势，开设“靖江先锋”微信公众号，传递党的声音，弘扬组工文化，反映群众心声，提升组织工作影响力辐射力。

【“马洲弘毅讲坛”开设】 年内，着力打造“马洲弘毅讲坛”培训阵地，设“一线思考”讲坛、村(社)书记讲堂、年轻干部学堂。全年针对党政“一把手”，举办“一线思考”讲坛4次，每次邀请8~9名党政“一把手”谈思路、讲办法、议得失，由市委书记点评。针对村、社区书记，举办村(社)书记讲堂3期，采取“听”“看”“讲”“议”相结合形式，促使其在共同探讨中理清工作思路。遵循年轻干部成长规律，举办年轻干部学堂6期，围绕成才必备素质，突出“学”“练”“研”环节，开设即兴演讲、公文写作、主题辩论等课程，系统培训35岁左右及以下的后备干部、省委组织部选调生、见习镇长(主任)、党政青年人才等年轻干部，全面提升其德才素质和实际工作能力。

【推进大走访大落实“456”工作法】 年内，继续开展“百团千村万企大走访大落实”活动，组织党员干部访前做好学习相关政策、制定走访计划、熟悉走访对象、查询有关资料“四门功课”，访中注重围绕收入水平、生活质量、生产情况、政策落实、致富门路开展“五个细问”，访后对制约群众增收短板、制约企业转型瓶颈、制约项目推进环节、影响和谐稳定矛盾、影响政策落地原因、影响基层党组织作用发挥因素进行“六类研判”。全年走访城乡家庭22.3万户、企业(项目)2204家，梳理意见建议1.8万条，解决问题1.5万个。相关做法被《新华日报》等媒体报道推介。

取得突出成绩的干部可适时提拔重用。

【“1511”雁阵培育计划实施】 年内，制定《靖江市村干部队伍雁阵培育计划(2017—2019年)》，分3个层次组建村干部队伍雁阵，通过2年左右时间，选优育强村干部“1511雁阵”，即15名左右标杆型优秀中青年村党组织书记“头雁”，100名左右骨干型村党组织书记后备人才“强雁”，每村至少1名青苗型年轻干部“雏雁”。年内，选拔12名标杆型中青年村党组织书记、100名骨干型村党组织书记后备人才、247名青苗型年轻村级干部，展开相关培育。

年内，党员干部参加“大走访大落实”活动 (市委组织部提供)

【建立干部待岗培训制度】 年内，研究出台《干部待岗培训暂行办法》，将待岗条件细化为“考核待岗”“责令待岗”“被诉待岗”等3大类14种表现，规范设置5个待岗培训流程，将培训约束与科学考核、评优评先、职务晋升、绩效考评等挂钩。待岗干部经培训合格后可重新上岗，不合格者予以组织处理，重新上岗工作后

宣 传

【概况】 2017年，全市宣传思想文化战线围绕宣传学习贯彻党的十九大精神，结合“百团千村

万企大走访大落实”活动，把牢方向导向，服务中心大局，夯实基层基础，强化自身建设。

思想教育　宣传贯彻党的十八届五中、六中全会以及十九大会议精神和习近平系列讲话，组织“喜迎党的十九大·砥砺奋进的五年”百姓名嘴集中宣讲，举办辅导报告会500余场。推进党委中心组学习，创新基层党员干部冬训工作，冬训党员2.9万人。开展“我阅读，我推荐”活动，向全市党员干部推荐优秀书目，组织机关党员干部撰写读书心得和荐书文章，在《靖江日报》开设“我在读的一本书”专版，刊登机关党员干部读书心得20余篇。创新理论传播方式，创作锡剧表演唱《春风吹来》、靖江宝卷《党的十九大走进新时代》、表演唱《阳光生活》、歌伴舞《亲亲梁家河》等数十个具有靖江地方特色、群众喜闻乐见的理论宣讲微视频，用丰富的艺术形式传播党的创新理论。

新闻宣传　围绕市委十二届三次、四次全会精神以及全国文明城市创建、中国空调特色小镇发展高峰论坛、靖江国际咨询委员会成立、国际创新创业大会等主题，组织专题报道，全年在中央和省级重点媒体用稿(片)200余篇。加大对外宣传力度，联合中国国家地理杂志社组织风物发现之旅，拍摄专题片《味解乡愁——蟹黄汤包》，开展“美丽家园”微视频大赛，征集“兰沁橼香 点赞靖江”原创网络作品。举办全市宣传干部舆情应对培训班，专题培训有效处置网络舆情事件。全市新闻单位媒体融合发展成效得到中宣部、国家新闻出版广电总局肯定。4月27日，中宣部、国家新闻出版广电总局调研组至靖江调研《靖江日报》发展状况，充分肯定靖江日报社取得的工作成果和经验。

文化建设　巩固扩大省级公共文化服务体系示范区创建成果，新增生祠、东兴、孤山等8家文化馆分馆，按照省三星级数字化标准升级改造48个村（社区)农家书屋。推进“全民阅读·书香马洲”建设，举办首届“书香马洲”读书节，创新“图书馆+”模式，建成“牧城书驿”13个、“牧城伴读角”9个。开展“三下乡”活动，送图书下乡1.6万册，送戏下乡580场，农村公益电影放映1860场，举办书画影展数十场。组织开展以“喜迎十九大·共筑中国梦”为主题的第35届文艺节，举办岳飞文化节、名家名篇朗诵会、“共同的旋律”文化交流演出、“群英荟萃”戏曲名家专场演出等活动，复排锡剧《玉蜻蜓》。舞蹈《东线第一帆》获“五星工程奖”舞蹈类金奖第一名，《月儿弯弯》获江苏省第5届“老年春晚”金奖。

骅就十九大主题、习近平新时代中国特色社会主义思想、过去五年的历史性成就和历史性变革、中国特色社会主义进入新时代等方面，系统解读十九大精神。12月13日，泰州市委宣讲团在靖江举办党的十九大精神专场宣讲。泰州市委宣讲团成员、靖江市委书记赵叶作宣讲报告，要求全市各级党组织和广大干部群众准确把握十九大关于中国特色社会主义进入新时代的重大判断，清醒认识靖江的发展方位；准确把握习近平新时代中国特色社会主义思想核心要义，用以指导靖江改革发展实践；准确把握我国社会主要矛盾发生的历史性变化，明确靖江发展的主攻方向；准确把握新时代中国特色社会主义发展的战略安排，完善靖江发展的思路举措；准确把握新时代党的建设总要求，以永远在路上的决心推动全面从严治党向纵深发展。

年内，位于市行政中心主楼内的“牧城书驿”建成

【中共十九大精神宣讲】 11月22日，省委宣讲团至靖江举行党的十九大精神报告会。宣讲团成员、群众杂志社副总编辑李程

【百姓名嘴专题宣讲】 年内，靖江成立“百姓名嘴”专题宣讲组，8月31日在城南办事处举办首场宣讲，宣讲员黄铭、钱东梅、郭

海霞、袁栋分别以孤山空调特色小镇建设、城乡教育发展变迁、基层干部精准扶贫、文明城市创建为主题,从不同视角讲述家乡日新月异的发展变化,分享对党和国家的真挚热爱。至10月中旬,宣讲组成员在全市各镇(街道、园区、办事处)开展巡回宣讲12场次。

【"靖江百姓学堂"开讲】 3月25日,首期"靖江百姓学堂"在市行政中心会议中心报告厅举办,邀请中国中医科学院教授杨力,为市民作"中医健康养生法"专题讲座。"靖江百姓学堂"公益讲坛由市委宣传部、市社科联主办,靖江日报社、靖江广电台、市体育局等协办,江苏有线靖江分公司承办,以"荟萃人文精华,启迪百姓智慧"为宗旨,为市民提供精神和文化服务。

【创办岳飞文化节】 3月13日,市首届岳飞文化节在马桥镇白衣堂岳家军主题园开幕,人民日报文化传媒有限公司董事长余继军、岳飞后裔代表、靖江市领导及群众代表出席开幕活动。举办岳飞文化节,旨在弘扬岳飞文化、传承岳飞精神,研究探求靖江移民文化渊源,传播靖江历史文化。开幕式现场举行大型人文纪录片《岳飞》开机仪式。该片由人民日报文化传媒联合导演金铁木团队共同打造,以电影化、故事化手法,客观展现岳飞精忠报国的伟大人生,抒发爱国情怀,凝聚民族意识,弘扬社会主义核心价值观。纪录片在靖江摄取部分镜头,展示靖江人民对岳飞精神的传承,反映岳飞精神对后世的影响。是日,靖江市岳飞文化研究会和岳飞文化主题图书馆揭牌。

【第18届"靖江新闻奖"评选】 年内,根据"靖江新闻奖"评选办法,从2017年度市内外新闻媒体刊发的宣传靖江的稿(片)中,评选出"靖江新闻奖"及其提名奖获奖作品。《我市留下生态空间给未来》《"不开发区"的智慧》《靖江:推动装备制造业上高端》《资本市场"靖江板块"初步形成》《靖江发出江苏省首张个体工商户"两证合一"执照》《艾兰得三年并购三美企 成为北美最主要的营养品生产商之一》《十位劳动者获评首届"靖江工匠"》《用坚守书写生命的厚度——记市公安局看守所管教民警居广奇》《"百团千村万企大走访大落实"启动集中走访》和"转型升级 扬起靖江'动力之帆'" 系列报道10件作品获第18届"靖江新闻奖";《江苏省首台(套)核电主管道产品启运》《农业供给侧结构优化的"靖江追求"》《寻找最美医生胡方斌》《"留白"也是智慧》《他为空军烈士寻亲 只为烈士墓前迟来的"相聚"》《居广奇:能工作 活着就是幸福的》《老人落水 小伙跳河奋勇搭救》和"追寻长江刀鱼的踪迹"系列报道8件作品获第18届"靖江新闻奖"提名奖。

【"重温经典·名家名篇朗诵会"靖江巡演】 (见290页同名条目)

(吴 炜)

精神文明建设

【概况】 2017年,围绕全国文明城市创建,开展"十二项提升行动"(市民素质、窗口服务、宣传阵地、基础设施完善、村镇社区创建、文明交通秩序、建筑工地秩序、校园周边秩序、市容环境管理、"五小行业"管理、农贸市场管理、商业综合体管理提升行动)。建设宣传教育阵地,打造"一馆"(靖江好人馆)、"两街"(道德模范街、诚信示范街)、"三广场"(道德文化、志愿文化、核心价值观3个主题广场)、"四阵地"(道德讲堂总堂、少年宫、志愿服务指导中心、市未成年人校外心理健康辅导站)、"五公园"(马洲公园、牧城公园、人民公园、城南公园、戏鱼墩公园)。推出"文明靖江"微信公众号,弘扬核心价值,引领社会风尚。开展文明养成、文明熏陶、文明守望等"涵养文明"工作,举办道德讲堂活动18期,实现道德讲堂市内全覆盖。完善"志愿江苏·靖江"平台,成立靖江志愿服务指导中心,开展志愿服务活动,"助飞小候鸟"志愿服务项目获评省第2届"志愿服务展示交流会"金奖。拓展"八礼四仪"(八礼:仪表、仪式、言谈、待人、行走、观赏、游览、餐饮之礼;四仪:入学、成长、青春、成人仪式)养成教育,举办"我们的节日——爱在重阳·孝在身边"十大最美金婚夫妇、十大敬老之星评选表彰活动。开展道德模范、文明家庭、文明职工等系列典型宣传活动,胡方斌获全国道德模范提名奖,胡方斌、周洛阳当选江苏省道德模范,周洛阳、朱网玉当选"江苏好人",周洛阳入围"中国好人"候选榜单;侯海君、赵桂珍等家庭获评靖江首届文明家庭,鞠锋、朱雪松等10人获评靖江"十佳文明职工";马桥镇徐周村创建成为全国文明村,新桥镇德胜村获评江苏省"最美乡村"。

【《文明靖江》杂志创刊发行】 3月,由市文明委主办的《文明靖江》第一期杂志出刊。《文明靖江》设有文明聚焦、文明巡礼、文明行动、文明家风、文明论坛、文明知识、道德讲堂、靖江好人等栏目。首期展示全国文明单位——华汇供水公司、江苏省文明单位——靖江市人民医院的创建成果,报道靖江志愿者、靖江好人群体,以及消防战士周洛阳、热心居民朱网玉的事迹等。出刊《文明靖江》旨在构建完善文明传播体系,探索和尝试文明城市创建创新手段,展示创建成果,报道特色举措,推介典型人物,普及创建知识,宣传创建文化。首期5000本杂志免费发放至各相关创建单位、窗口单位和市民群众。年内,共出版发行《文明靖江》4期。　（吴　炜）

【文明创建载体建设】 年内,靖江建设"好人馆"、道德模范街、诚信示范街、社会主义核心价值观主题广场等,着力打造多样化文明创建载体。靖江"好人馆"展示"爱心奶奶"耿素珍、"最美医生"胡方斌、"法官妈妈"陈燕萍等80位靖江好人的感人事迹,以及靖江在精神文明建设方面所取得的荣誉,弘扬"聚沙成洲,奋发超越"的靖江精神,涵养"人心齐、士弘毅、敢争先"的靖江品格。道德模范街展示靖江道德模范的先进事迹,悬挂"爱国守法,明礼诚信,团结友善,勤奋自强,敬业奉献""积德行善,收获吉祥""走文明路,开文明车,做文明人"等宣传语,营造文明城市创建氛围。社会主义核心价值观主题广场展示社会主义核心价值观主体内容,解读社会主义核心价值观核心要意,引导群众建立正确的人生观、价值观。"诚信示范街"以提升经营者的职业道德水平和诚信自律意识为宗旨,张贴"诚信经营文明服务承诺",向社会公开承诺明码标价诚信经营,利用微信公众平台、公示栏、广播、电子屏幕等公示文明诚信户典型,曝光经营户失信行为。　（赵一阳）

靖江道德模范街

统　战

【概况】 2017年,市委统战部围绕党委、政府工作大局,紧扣"喜迎十九大,学习十九大精神"主线,积极开展"同心服务"活动。发挥"聚合器"作用。启动同心建家乡主题实践活动,成立同心服务团开展志愿服务,"七一"前夕开展同心跟党走暨同心服务活动;举办"同奋进·共追梦"喜迎十九大暨庆祝香港回归20周年书画摄影作品展,展出旅港画家作品15幅;承办全市道德讲堂非公企业专场讲座,开展以"守法诚信、坚定信心"为重点的理想信念教育实践活动。发挥"助推器"作用。成立南京靖江商会,召开靖江市首届行业商会联合年会;组织异地靖江商会开展"家乡行"考察交流;开展"万企大走访大调研"活动,形成专题汇报材料;协助市政府赴香港、台湾举行靖江经贸发展恳谈会;在《欧洲时报》专版刊文介绍靖江产业特色、生态旅游和投资合作项目等方面内容;邀请多位台商参加"2017海峡两岸医药健康产业发展论坛"和"靖江新智造·新营养国际高峰论坛",达成芦笋养生小镇和樟芝菌丝体生产制造2个合作意向。发挥"调节器"作用。成立马洲警侨联动服务中心,打造"6+1"("6"即联合市公安局,成立一个服务中心,健全一份归侨侨眷名册,创建一个"马洲警侨一家亲"微信群,设立一个联动服务窗口,运用一部"老卞在线"热线,建立一个"警侨之家"阵地;"1"即联合市司法局,成立一个警侨联动法律服务点)服务机制,加大与全市"走出去"企业、人员的联系沟通,服务地方经济发展;组织台胞、台属及台商代表参加"情牵两岸·爱洒马洲"活动;持续开展关爱侨界空巢老人服务活动,建立其生日、健康档案,解决其实际困难。发挥"减震器"作用。结合"民族宣传进步周”，组织开展“民族一家亲、共筑中国梦”系列活动；精心组织宗教政策法规学习月“五个一”（召开一次培训会议，开展一次政策咨询，参观一次法制基地，组织一次学习心得交流，举办一次知识竞赛）系列活动，发挥港澳台侨少数民族宗教界政协委员作用，结对帮扶少数民族贫困家庭；完成佛教协会换届工作；组织全市党外干部、民盟、工商联、女企业家商会、党知联、新阶联部分成员及台、侨、民族宗教界代表开展党外人士“同心林”共建活动。发挥“孵化器”作用。加大党外干部培养、选拔力度，3名党外后备干部提拔到领导岗位，1名党外干部提拔担任部门正职；举办基层统战委员赴省参训心得交流学习会；与市委组织部联合开办党外优秀人才重庆专题培训班，增进统战干部对中国统一战线和多党合作制度的认识；组织机关统战干部参加意识形态工作专题培训，提高统战工作者履职能力和服务大局的工作水平；组织机关年轻人，采取轮值制，每半月开展一次读书分享会，通过“读、听、思、讲”激发工作活力。

【统战干部培训】 5月21日—26日，市委组织部、统战部联合举办2017年党外优秀人才重庆专题培训班，组织市党外干部、民盟盟员、党知联、新阶联代表共37人，参加“履行民主党派职能、提高参政议政能力”等专题培训。学员们参观中国民主党派历史陈列馆、周公馆、红岩村等基地，通过图片、影视了解民主党派起源，增进对中国统一战线和多党合作制度的认识，重温老一辈民主党派先贤与党肝胆相照、并肩作战的光辉历程，学习红岩精神，感知革命先烈的钢铁意志和崇高气节。

【“同心服务”活动启动】 年内，成立党外代表人士同心医疗、同心法律、同心文体、同心教育、同心志愿服务团。6月30日，“同心跟党走”暨“同心服务”活动启动仪式在滨江新区办事处晨阳社区举行。民主党派、工商联、无党派代表人士、社会团体和民族宗教侨台界代表人士、同心服务团成员、统战工作成员单位以及晨阳社区部分群众代表参加活动。活动现场举行医疗义诊、法律咨询、招生政策解答等服务活动。其间，各成员单位进社区、进孤山养老院开展惠民服务；举办“企业诉讼风险防控”沙龙活动，助推非公经济发展。

【党外人士情况通报会】 12月27日，市委统战部协助市委召开民主党派、工商联、无党派、新的社会阶层和台、侨、民族宗教等各界人士代表情况通报会，通报协商有关人事安排情况。市委常委、统战部部长包国芳主持会议，市委常委、组织部部长申晓勇出席会议。与会人员本着认真负责、实事求是的态度充分发表意见，一致拥护和赞同市委的人事安排方案。大家表示，要切实发挥自身优势，充分发扬民主，认真履行职责，正确行使民主权利，为持续推进“率先领先争先”实践，深化“创新绿色融合”发展，共同创造新时代靖江人民美好生活做出积极贡献。（韩　芸）

农村工作

【概况】 2017年，靖江按照中央和江苏省农村工作会议部署和要求，开展农村各项工作。加强农民负担监督管理，实施农村“一事一议”筹资筹劳及财政奖补政策，全市有85个村实施“一事一议”财政奖补项目，奖补项目总投入1979.01万元。培育新型农业经营主体，新增家庭农场102家，家庭农场规模经营面积0.22万公顷，超额完成泰州市下达的0.16万公顷目标任务。规范推进农村产权制度改革，50个村经营性资产量化到人、固化到户。加快农村产权交易中心建设，完善农村产权交易规则、交易办法、交易程序和交易价格形成机制，建设电子信息系统和网络平台，印发《关于农村集体资产资源流转全部进场交易的通知》，全年实现交易256笔、金额1.62亿元。稳步推进高效农业保险，全市水稻、小麦、油菜保险参保面积分别为1.98万公顷、2.13万公顷、2054公顷，参保率100%，完成高效设施农业保费收入1237.36万元。推进农村土地制度改革，农村土地确权登记颁证基本完成，通过省级验收。开展“强富美高”新农村示范创建，东兴镇合兴村、生祠镇东进村、靖城街道办事处友仁村等11个示范村和新桥镇德胜村、三太村2个十强村通过泰州市验收。农村公共服务运行维护标准化工作获市年度改革创新一等奖。

【农民负担监督管理】 做好上年度农民负担决算，全市未发生涉农负担群体事件和恶性案件。落实强农惠农政策，全市10.85万户农户领取粮食补贴3454.93万元，贴补面积1.92万公顷。85个村实施村级公益事业建设“一事一议”财政奖补项目85个，均为村内道路建设项目，总投入

1979.01万元,其中“一事一议”筹资139.18万元,省财政奖补1168万元,市财政配套200万元,村级集体投入366.56万元,社会捐资105.27万元。做好村干部报酬发放工作,打卡发放1079人村干部报酬2701.76万元。

【农村财务和集体资产管理】 年内,加强农村集体“三资”(资金、资产、资源)管理,通过电子信息监管平台,形成市、镇、村三级联动监管和市管镇、镇管村,一级管一级的监督管理格局。印发《靖江市农村集体“三资”管理专项治理方案的通知》和《关于进一步规范农村集体财务和“三资”管理有关业务操作流程的通知》,针对农村集体“三资”和农村财务管理过程中存在的薄弱环节,专项检查全市各镇、村财务及农村各类承包合同规范情况,以书面形式提出具体整改意见。推进农村产权制度改革,50个村经营性资产量化到人、固化到户,让农民变“股民”,享受集体资产分红,实现村集体和农户收入双赢。（李 斌 陈 勇）

【扶贫工作】 年内,靖江加大扶贫工作力度,加快经济薄弱村脱贫进程。开展扶贫项目建设,做好农村创业发展基地规划,修改完善农村发展创业基地实施意见,根据《扶持经济薄弱村发展专项基金管理办法》,按规范程序进行核查验收,全年共建成扶贫一类项目2个,奖补51.29万元;二类项目22个,奖补64万元;三类项目34个,奖补100.5万元。建立动态管理机制。完成省、泰州市3次数据清洗(人员查漏补缺、身份证号码更正、国扶系统信息完善),开展4次低收入农户全面核查(扶贫领域专项治理和审计存疑比对、阳光系统走访、动态管理核查),聘请第三方统计公司抽查低收入农户的真实性以及程序规范性,抽查面不低于10%。完成系统录入工作。出台《关于明确“阳光扶贫”监管系统建设工作职责的通知》,进一步明确各镇、帮扶单位、相关部门工作职责,专题培训500余人次,在泰州率先完成阳光扶贫监管系统的基础信息录入,APP走访记录上传率100%。加强督查考核。出台2017—2020年脱贫致富奔小康考核办法,联合市委督查室、市纪委党风室专项督查帮扶政策的落实和阳光系统平台运行,下发督查通报,督促扶持政策落实。至年末,全市共有低收入农户4869户11160人,其中新增137户351人,清退520户1391人,返贫92户178人,脱贫2712户6373人,脱贫率57%。（赵一阳）

年内,靖江向低收入农户发放帮扶手册

对台事务

【概况】 2017年,市台办推进对台经济合作和交流交往。组织对台文化、经贸和农业等交流交往活动4次,台湾《产业》杂志对靖江的历史人文、发展环境、产业结构、美食文化等进行全方位报道。走访慰问台资企业,帮助企业解决实际困难。开展台胞台属台商中秋联谊和靖江籍在台学生座谈活动。11月6日,接待中国国民党中央常务委员、台湾金富康生技研发有限公司董事主席李昭平一行,至靖江考察江苏艾兰得营养品有限公司,就生物科技相关项目进行沟通交流。全年接待至靖江经商、探亲台胞及考察团组9批54人次,办理因公赴台团组4批34人次,办理企业赴台团组12批23人次。

【经贸考察团赴台考察】 6月25日—30日,市领导叶冬华、罗晓东率团赴台湾开展为期6天的经贸文化交流活动。26日,“2017泰州交流合作周开幕式”在台北举行,靖江邀请宏齐集团董事长汪秉龙、台湾区冷冻空调工程工业同业公会理事长林坤炜等12位台湾人士参加开幕式，叶冬华向受邀客商详细介绍靖江的综合优势、产业基础、发展定位等。期间，考察团拜访新北市芦洲区里长联谊会、义和合作农场、协鋐机电有限公司、龙昌螺丝工厂股份有限公司、中华民族发展基金会、台湾云林农产物流中心(股)公司、桃园大井国际股份有限公司、嘉冠自行车股份有限公司、晶元光电股份有限公司等企业负责人；考察台湾电子信息、汽车生产、精致农业、精密机械、高端制造等产业状况，了解台湾企业发展需求和转型升级成效，与相关企业在项目推进、产业发展等方面达成诸多共识。

【靖江农村综合治理高级研修班在台举办】 7月10日—16日，应台湾台中市杰出农民协会邀请，市政法委书记王玮带领由乡镇及相关部门负责人、部分优秀村支部书记组成的学习班，赴台湾进行为期7天的学习培训。培训由课堂教学与现场观摩相结合，讲述台湾基层治理和现代农业发展典型做法及成功案例，介绍台湾地区的农村综合治理模式和经验。

【靖江籍在台学生座谈】 1月23日，市台办组织7名靖江籍在台学生座谈。学生们介绍在台期间学习、生活等情况，就台湾社会现状、校园环境、师资力量、城市建设等进行交流。市台办现场协调解决学生提出的学籍档案存放等问题，并向学生发放慰问金。 (陈林飞)

机 关 党 建

【概况】 2017年，市委机关工委有直属党组织53个，其中，机关党委5个、党总支部9个、党支部39个；有党员2578人，其中女党员708人、大专以上学历党员2131人、35岁及以下党员564人，新发展党员22人、预备党员转正21人。年内，机关党建工作围绕服务中心、建设队伍两大任务，贯穿全面从严治党工作主线，深入实施“机关先锋+”行动，增强机关党建工作时代特征和实际成效。

【学习教育活动】 年内，市委机关工委通过举办专场辅导报告、召开专题组织生活会、开展“大走访大宣讲”等活动，宣传贯彻党的十九大精神，在学懂弄通做实上取得实效。坚持以中心组学习、书记上党课、网络知识竞赛等方式，开展“两学一做”学习教育，切实增强“四个意识”。利用“先锋靖江”“靖江机关党建网”等学习平台，有计划、有步骤地组织机关党员开展学习交流。针对机关新党员、党组织书记、党务工作者等关键群体开展教育培训，举行新党员党史知识竞赛、廉政宣誓等活动，举办赴延安党性教育专题培训班。全年组织开展各类学习教育活动20余场次，参与学习培训的党员干部1500余人次。

【先进典型选树宣传】 年内，市委机关工委注重发挥党员先锋模范作用，从机关普通党员、一线党员、年轻党员中选树先进党员典型。严格审核党组织推荐的60余名优秀党员，从中遴选确定“讲奉献、敢担当、重求实、爱学习、善创新、有敬畏”等6种类别先进党员典型8人。深入挖掘典型人物的感人事迹，总结提炼其优秀品质，制作成专题宣传片进行广泛宣传。举行“先锋荟”市级机关优秀共产党员事迹讲演活动，通过“VCR展现+本人讲述”的方式，全方位、多角度展示典型人物形象。推荐上报环建军、陈宝俊、王荣达、肖营参选泰州市第5届“我最喜爱的共产党员”；制作“江花微故事”2个，讲述长江上的国门卫士陈宝俊和

6月22日，举行“先锋荟”市级机关优秀共产党员先进事迹演讲活动 (市委机关工委提供)

生命的守望者环建军的故事。

【党组织建设】 年内，以基础工作规范化、党建活动常态化、特色工作精品化为目标，组建机关党建先锋联盟，将所属53个党组织划分成8个党建活动小组。各党组织按照“规定动作+自选动作”要求，共牵头开展“主题党日+”活动20余场次，通过主题党课、党员实践、品牌展示等方式，促进机关党建共建共享、共同进步。召开机关党建规范化建设推进会，纪委机关党支部等5个党组织分别展示队伍建设、“三会一课”、换届选举、支部共建、“两学一做”等方面的典型做法。创新开展“党员轮流承办支部活动”，组织党员赴黄桥新四军纪念馆、靖江好人馆、马桥徐周村、孤山新联村、生祠东进村参加学习实践，接受党性锻炼。开展新一轮党组织评星定级和党员先锋岗创建活动，促进基层党组织晋位争先，全年创建“五星级”党组织10个、党员先锋岗3个。

【惠民服务活动】 年内，市委机关工委深化“大走访大落实”活动，把“梳理问题、推动解决”作为走访落实的重点，坚持“固定走访日”制度，通过“回头访”“专题访”“拓展访”等形式，走访群众300余户，排查解决共性问题23个，落实“局长项目”1个、“党员项目”8个。推进“在职党员进社区”志愿服务活动，结合环境保护、文明创建、精准扶贫等工作，成立机关志愿者队伍。用好“共建马洲同心圆”网络服务平台，及时发布服务“菜单”，组织党员“点单”，开展各类志愿服务活动1000余次。

【机关文化建设活动】 年内，市委机关工委贴近机关党员精神文化需求，以涵养“人心齐、士弘毅、敢争先”的靖江品格为核心，开展丰富多彩、积极向上的机关文化活动。举办机关干部习艺修身·书画影培训班，举行“提振精气神，喜迎十九大”机关工间操会演，帮助机关干部养成良好的志趣爱好和生活习惯。深入开展书香机关建设，建成机关牧城书驿和机关图书角20余处，举行“书香机关·读享时光”读书沙龙、“播撒文明、共沐书香”捐书活动。围绕家风建设、爱岗敬业等主题，举办“说家风，晒家规，讲家风故事”征文讲演活动，共征集作品近60篇，评选出12篇优秀作品参加讲演。 （王汝荣）

党校教育

【概况】 2017年，市委党校围绕“建制度，增活力，谋发展”工作目标，打造“育人咨政”品牌，坚持管理、教研、服务并重原则，着力加强自身建设，发挥好职能作用。

干部培训 坚持“一体两翼”（“一体”指做优做强主体班次，“两翼”为拓展联合办班和强化基层宣讲）培训格局。配合市委组织部、市人社局等部门，举办全市党员干部教育现场教学基地建设培训班、初任公务员培训班、发展对象培训班、新党员培训班、中层干部轮训班、新任村（社区）党组织书记培训班、村“两委”正职后备干部培训班、农业结构调整专题培训班等各类主体班次。拓展联合办班。配合市人社局、市委政法委、市法制办、市民政局、市水利局、新桥镇、市医疗集团等单位陆续举办2017年“作风与效能建设”春训班以及人社局中层干部能力素质提升培训班、全市法治综治干部培训班、全市执法人员公共法律知识培训班、全市新一届村（居）委会主任和村监委主任培训班、水利系统党政干部政治素养提升培训班、基层干部专题培训班、管理干部能力提升培训班；配合团市委和市科技局开设团干部综合能力提升研修班和“公文写作”专题课程。强化基层宣讲。根据中央重要会议精神、方针政策解读和全市经济社会事业发展要求，结合基层党组织实际，编印《学习资讯》5期，发放至各级基层党组织。组建党的十九大精神宣讲团赴镇（园区）、机关部门、企业宣讲。全年累计举办各类培训班次33期，培训人员5850人；赴基层宣讲35场，受训人数4800人。

教学科研 加快青年教师培养步伐，改善教师知识结构，选送教师至中共中央党校、中国人民大学、复旦大学培训学习。选定部分镇、村、企业建立调研基地，为教师创造良好调研环境，使其及时掌握经济社会发展动态实情。瞄准互联网技术在基层社会治理中的应用以及农村电商发展现状，确定“以‘O2O’模式打造开放性社区‘智慧党建’的调研与思考——以靖江市滨江新区康阳社区为例”和“靖江市农村电商的调查与研究”课题。突出创新、绿色、融合发展理念，围绕以“智能制造”引领产业转型升级，确定“靖江市智能制造的调查与研究”课题。“以‘O2O’模式打造开放性社区‘智慧党建’的调研与思考——以靖江市滨江新区康阳社区为例”课题获2017年泰州市思想政治工作课题研究优秀成果二等奖；《生祠苑艺小镇的发展之路》《“旅游+”，指导农业与旅游的融合升级——以马桥镇徐周村为例》分别获泰州市党校系统“大走访大落实与党的群众工作创新”理论研讨优秀论文二等奖、三等奖；《如何深入推进农业供给侧改革》获泰州市委党校系统“拓展与深化供给侧改革”主题征文活动优秀论文三等奖；完成省社科联“靖江绿色港口发展评价与对策研究”结项工作；在《泰州党建》《泰州日报》《靖江日报》等报刊发表文章4篇。 （朱　瑶）

老干部工作

【概况】 2017年，市委老干部局加强离退休干部思想政治建设和党支部建设，重视发挥老干部作用，主动适应社会发展新常态及离退休干部工作新形势，全面提升老干部工作水平。至年末，全市有离休干部226人，平均年龄88.8岁，年龄最大的99岁，最小的83岁；抗日战争时期参加革命工作的38人，解放战争时期参加革命工作的178人。

老干部思想组织建设　市委年内召开2次老干部工作会议，通报全市经济建设和社会事业发展情况。市委书记赵叶为离退休干部代表作十九大精神宣讲报告。开展“喜迎十九大”“我看从严治党新气象”老干部专题座谈会。为全市离休干部订阅《银潮》杂志、《靖江日报》，维护更新老干部网站，编印学习资料2期。举办“老少共话中国梦，崇德向善谱新篇”“情系桑榆促发展，建言献策绘蓝图”系列活动，组织老干部代表参观天妃宫广场、城西大道、孤山空调小镇等全市经济社会建设重点项目。加强离退休干部党支部建设，市委成立全市离退休干部党工委，组织离退休干部党支部书记参加省、泰州市集中学习2次。

8月，市长叶冬华（右）慰问老干部

老干部服务管理　实施离休干部医疗费定额管理新办法，调整病故离休干部抚恤金标准。慰问离休干部遗属、困难离退休干部等210人次，发放慰问金15.1万元，走访异地安置离休干部12人次。集中慰问老干部4次、1200余人次。打造“党旗辉映夕阳红”工作品牌，创设多元化服务载体，精准帮扶身患重病、高龄、失能、独居、空巢、家庭负担较重等有特殊困难的老干部。加强与卫生部门、医疗机构沟通协调，建立医疗保健综合服务平台，开展离休干部医疗保健服务结对活动，组织离休干部体检。督促指导江华社区与老干部结对开展“四就近”（就近学习、就近活动、就近得到关心照顾、就近发挥作用）工作。举办老干部安全知识讲座4场。

老干部文体生活　举办“献礼十九大”全市老干部文艺演出，彰显离退休干部“有乐有为有爱”精神面貌。组织老干部元宵游艺和扑克联谊、书画创作联谊、棋类比赛、乒乓球比赛、钓鱼比赛、集邮展览等大型活动8次。全年开放老干部活动中心300余天，累计参加活动老干部1万余人次。组织老干部深入企业、农村一线开展形式多样的送文化、送科技活动。有46幅老干部的书画、摄影作品在全国、江苏省、泰州市级比赛中获奖或入展。创设载体，鼓励老干部参与关心下一代、文明城市创建、社会治安综合治理、党风廉政建设、社区村组矛盾调处、扶贫帮困结对助学等服务社会活动。 （姚　烽）

信　访

【概况】 2017年，市信访局以创建省“群众满意接访窗口”为抓手，弘扬“为党分忧、为民解难、乐于奉献、勇于担当”的信访精神，集中开展信访积案“双百攻坚”行动。坚持依法解决信访问题、依法维护信访秩序，不断改进群众工作方法、创新信访工作机制，压实各级责任、狠抓工作落实，维护全市社会大局稳定，为中共十九大安全胜利召开作出贡献。全市去省进京上访事项比上年下降30%。全年接待群众来访919批3918人次，其中集体访184批2896人次，比上年分别下降37.9%、38.7%。市信访局年度绩效考核综合排名位列泰州市首位，被泰州市委、市政府授予“十九大安保维稳集体三等功”，获泰州市“五一劳动奖状”，创建成为全省首批“群众满意接访窗口”。

【领导接访机制完善】 年内，印发《关于做好2017年市、镇（部门）两级领导干部接访工作的通知》，明确市党政领导接访要求和接访形式。改进市级领导接访方式，将坐班接访与分类接访、重点约谈、带案下访、上门走访、主动陪访、代访代办相结合，增强接访针对性和实效性。对市级领导接谈的信访事项，逐一建立工作台账，进行分类整理，定期督查办结，及时反馈办理情况。

【信访维稳分级管理】 年内，印发《靖江市信访维稳事项分级管理办法及实施细则》，强化各级各部门信访维稳事项化解处置主体责任，建立权责统一、责任明晰、管理有序的信访维稳事项分级处理机制，包括分级排查、分级化解、分级稳控、分级预警、分级处置、分级督办等机制。按照信访维稳事项的涉及范围、人员规模、信访层级，综合难易程度、对抗程度、紧急程度、舆论影响和风险等级等情况，将信访维稳事项划分为A、B、C三个等级进行管理，及时剖析信访热点难点问题和分开矛盾纠纷根源，制定针对性化解措施，妥善解决信访突出问题。

【信访积案化解】 年内，市信访局印发《关于进一步明确信访事项包案责任的意见》和《关于做好领导包案处理重点信访维稳事项的通知》，采用村、镇、市三级包案模式，开展信访积案“百日攻坚”“双百攻坚”“大排查大整治”专项行动。首先，由镇、村主动提出包案方案，第一时间化解能在基层一线解决的事项。其次，对镇、村层级难以化解的事项，向市联席办提出提级申请，由市联席会议协调会办，或由市级领导包案处理。最后，所有包案领导对包保案件签字确认，作为责任落实和倒查问责的依据。9月，泰州市信访积案“双百攻坚”专项行动中交办的30件信访积案全部结案，化解27件，结案率100%、化解率90%，列泰州市首位。“三级包案”作为年度改革创新项目被市委、市政府评为“改革创新提名奖”。

【群众满意接访窗口创建】 年内，市信访局围绕创建“群众满意接访窗口”，增设“智库专家会办室”，引入“两代表一委员”（党代表、人大代表，政协委员）、行业骨干、律师等群体参与协调会办疑难复杂信访事项；与市司法局联合成立“访调联合接待室”，形成联动工作模式，对调解类矛盾实行现场接待、会办调解，减少矛盾事项中转环节，提高矛盾化解效率；设立“集访代表商谈室”，为集体上访群众代表提供空间以便统一意见、理清诉求，避免在接谈过程中“你一言、他一语”的无序状况；围绕进一步提升为民服务能力、效率和水平，因地制宜，在创建中融入“‘话’出彩虹”信访品牌文化，形成创建特色，创建成为全省首批“群众满意接访窗口”。 （王　波）

山水盆景（二）

日出江山红胜火

靖江市人民代表大会常务委员会

编辑 顾鑫昱

综　　述

【概况】 2017年，市人大常委会围绕市委重大决策部署，依法履职行权。全年召开全体会议1次、常委会会议9次、主任会议14次，听取和审议专项工作报告28项，作出决议、决定8项，组织视察、调研和执法检查10次，开展代表评议活动2次，任免国家机关工作人员54人次（其中市人大常委会工作人员27人次、市政府组成人员18人次、市法院工作人员5人次、市检察院工作人员4人次），任命新一届人民陪审员80人。至年末，全市有江苏省人大代表5人、泰州市人大代表60人、靖江市人大代表265人。

【市第十六届人大第一次会议】 1月7日—12日，市第十六届人民代表大会第一次会议在省靖中礼堂举行。大会应到代表265人，实到263人。代表们听取和审议《靖江市人民政府工作报告》《靖江市人大常委会工作报告》《靖江市人民法院工作报告》《靖江市人民检察院工作报告》，审查和批准《关于2016年国民经济社会发展计划执行情况和2017年国民经济社会发展计划的报告》《关于2016年财政预算执行情况和2017年财政预算草案的报告》。会议期间共收到代表就全市政治经济社会建设等方面工作提出的议案、建议90件。

1月7日—12日，靖江市第十六届人民代表大会第一次会议召开

【市第十六届人大常委会会议】 年内，市第十六届人大常委会共

举行9次会议。

第一次会议 2月9日召开，表决通过市政府人事任命事项。

第二次会议 3月23日召开，听取和审议市检察院《关于侦查监督工作情况的报告》，审议通过市人大常委会2017年度工作要点及议题安排、其他事项。

第三次会议 5月27日召开，听取并审议市政府《关于闲置低效用地盘活处置情况的报告》，表决通过市人大常委会部分工作机构更名议案报告，表决通过市人大常委会、市政府相关人事任免事项。

第四次会议 7月27日召开，听取和审议市政府《关于2016年财政决算及2017年上半年财政预算执行情况的报告》《关于2016年度靖江市本级财政预算执行和其他财政收支的审计工作的报告》《关于2017年国民经济和社会发展计划上半年执行情况的报告》，听取和审议刘灿均、唐文勇、朱靖等3位市政府工作部门主要负责人履职情况报告，表决通过市政府人事任命事项。

第五次会议 9月27日召开，听取和审议市政府《关于项目建设"三个一百"目标落实情况的报告》《关于进一步加大土地经营权流转力度，规范土地经营权流转行为，推进农业适度规模经营工作情况的报告》《关于代表建议办理情况的报告》，表决通过市人大常委会人事免职事项。

第六次会议 10月26日召开，听取和审议市人社局、市民政局关于接受人大代表评议工作情况报告，表决通过市法院人事任免事项。

第七次会议 11月28日召开，听取和审议市政府《关于2017年市级财政预算调整及省转贷地方政府新增债券资金调整方案（草案）报告》《关于2016年度市本级财政预算执行和其他财政收支审计工作报告中指出问题纠正情况和处理结果的报告》《关于全市城乡学校布局调整情况的报告》和市检察院《关于加强行政执法检察监督及公益诉讼工作情况的报告》，审议通过关于召开市十六届人大二次会议的决定，表决通过市检察院相关人事任免和代表辞职事项。

第八次会议 12月21日召开，听取和审议市人大常委会代表资格审查委员会《关于代表变动及补选情况的报告（草案）》。

第九次会议 12月27日召开，听取和审议市政府《关于靖江市2017年国民经济和社会发展计划个别指标调整方案（草案）的报告》《关于靖江市2017年国民经济和社会发展计划执行情况与2018年国民经济和社会发展计划（草案）的报告》《关于靖江市2017年财政预算执行情况和2018年财政预算（草案）的报告》，审议通过关于召开市第十六届人民代表大会第二次会议有关事项的说明及相关材料，表决通过市人大常委会工作报告稿。

代表视察、专题调研和执法检查

【概况】 年内，市第十六届人大常委会开展代表视察、专题调研和执法检查共10次。

3月24日，泰州市人大常委会副主任孙耀灿和部分在靖江的泰州市人大代表调研靖江重大项目推进工作情况。实地调研江苏富天江电子电器有限公司直流变频压缩机生产项目，包钢天彩靖江科技有限公司LED封装线生产项目，德锐特工搪化工设备江苏有限公司渗透膜、精品出口搪玻璃制造扩建项目，江苏宝奥兰空调设备有限公司智能节能空调采暖系统项目及华达汽车科技股份有限公司科技大楼项目。

4月26日上午，组织代表视察靖泰界河疏浚工作推进情况，视察靖泰界河新桥段拆迁情况和孤山掘港北堆土区靖泰界河疏浚整治情况。

5月12日，组织代表就禁渔期《中华人民共和国渔业法》贯彻执行情况进行执法检查。代表们一行乘坐渔政执法船沿江面巡察，实地了解渔政执法工作开展情况，听取市农委关于实施长江禁渔期制度的工作情况汇报。

5月17日—19日，组织市人大常委会教科文卫工委、民政局、卫计委相关人员赴江苏宜兴、浙江杭州上城区调研考察医养融合工作。听取宜兴市民政局关于综合性养老工作情况介绍，详细了解宜兴市在"医养融合"养老服务模式方面的具体做法和成功经验；听取杭州市上城区民政局关于全区养老工作情况介绍，并就居家养老、机构养老等方面的医养结合问题进行探讨研究。

7月6日，组织代表视察靖江创建全国文明城市工作情况。

实地察看少年宫、校外未成年人心理健康辅导站、靖江好人馆、道德模范街、上海城、江阳农贸市场、中环花苑等地，听取市文明办关于创建工作情况的汇报，了解靖江创建全国文明城市工作情况。

7月21日，组织市政府办、经信委赴江阴考察调研智慧城市建设情况。考察江阴市云计算数据中心建设并听取情况汇报，就“智慧城市”建设相关问题进行深入交流。

8月23日，组织代表视察建议办理情况。实地视察《将社会面监控纳入市级平台》《加强学校周边交通环境整治》《统筹发展特色小镇》《将朱惠路向北延伸，打通中西片纵向通道》等4件建议的办理情况。代表们建议，在进一步加快建议办理落实的基础上，探索将建议办理情况作为政府政务信息公开的重要内容，接受社会监督。

11月15日，组织部分在靖江的泰州市人大代表及靖江市人大代表视察重点工程和民生实事项目建设情况。视察虹兴、虹桥片区低洼地改造项目，御水湾幼儿园新建项目，江苏有线靖江分公司业务中心大楼建设项目，新桥片区医疗中心建设项目，新桥镇上九圩港泵站，文东港闸及河道配套工程项目，S356沿江高等级公路改造工程，东南环安置区项目，车站路改造项目，新洲桥南侧小游园项目，公新公路拓建工程项目及职教中心建设项目情况。

11月27日，组织代表视察靖江“互联网+新型商业模式”发展情况，实地视察江苏金马运业有限公司、靖江市悠味食品有限公司、靖江电商创业中心，听取市商务局关于“互联网+新型商业模式”发展情况的汇报。

12月7日下午，组织代表视察人防工程建设情况，实地视察人防基本指挥所、工人文化宫和体育场人防工程等地。

代 表 工 作

【概况】 加强学习培训。制定培训计划，精心组织集中培训，创新开展网络培训，常态安排日常培训，专题组织业务培训，增强代表履职意识。主动联系代表。常态化开展主任接待代表日活动，面对面听取群众建议，点对点协调解决问题。制度化开展市人大常委会组成人员和“一府两院”联系代表活动，拓宽代表知情知政渠道，深度了解社情民意。注重典型宣传。全年宣传报道6名市人大代表先进事迹。

人大代表分组审议

议案建议办理

【概况】 市第十六届人民代表大会第一次会议收到代表提出的议案、建议90件，其中议案37件，建议、批评和意见53件。《关于加强电瓶三轮车管理的建议》《关于加强政府购买养老服务的建议》《关于以优良的金融生态助推经济发展的议案》《关于加快制定城市商业发展专项规划和整顿商业秩序的议案》《关于加快搬迁滨江新区老旧工业企业的议案》《关于简化办理房产证手续的建议》《关于在东兴镇江边新建大型提排泵站的议案》《关于集中整治沿江路和公新公路沿线废品收购站的议案》《关于优化教师结构的建议》《关于加强基层医疗机构建设的建议》等10件议案、建议，由市人大常委会主任会议成员重点督办，其余议案、建议由市人大常委会各委办发挥“对口联系、情况熟悉”优势负责督办。选择部分重

靖江市第十六届人民代表大会第一次会议主任会议督办议案、建议一览表

表 6

主任会议成员	配合工委	代　表	案　由	承办部门
丁少华	内务司法工委	朱　萍	关于加强电瓶三轮车管理的建议	市交巡警大队
		卢　平	关于加强政府购买养老服务的建议	市民政局
黄文龙	财政经济工委	倪加明等 11 名代表	关于以优良的金融生态助推经济发展的议案	市金融办
		陈海涛等 10 名代表	关于加快制定城市商业发展专项规划和整顿商业秩序的议案	市商务局
	环资城建工委	陈海涛等 10 名代表	关于加快搬迁滨江新区老旧工业企业的议案	市国土资源局
		徐宁蔚等 2 名代表	关于简化办理房产证手续的建议	市国土资源局
叶丽华	农业农村工委	钱灿兴等 11 名代表	关于在东兴镇江边新建大型提排泵站的议案	市水利局
季士发		管苏艳等 10 名代表	关于集中整治沿江路和公新公路沿线废品收购站的议案	市供销总社
	教科文卫工委	张志坚等 2 名代表	关于优化教师结构的建议	市教育局
		毛健美	关于加强基层医疗机构建设的建议	市卫计委

点议案、建议，召开人大代表重点建议办理情况汇报会。

基层人大工作

【概况】 年内，各镇（街道、办事处）人大利用“人大代表之家”，组织代表开展学习培训、视察检查、联系选民、调研座谈、履职述职等活动。健全考核机制，印发《2017 年镇人大工作百分考核细则》，从主席团工作、代表活动、宣传报道、自身建设和创新工作等 12 个方面明确规定镇人大年度工作目标任务。探索人大监督新方式。新桥镇人大健全组织网络，建成人大主席团活动室 1 个、“人大代表之家”6 个、人大代表工作站 21 个；靖城街道人大工委完善人大工作信息员制度；西来镇人大继续开展基层站所专题询问。　（江　平）

政府重要会议

【概况】 2017年，市政府召开常务会议5次、全市性工作会议19次。会议主题涉及经济发展、转型升级、城乡统筹、城市建设、社会民生等方面。

【市政府常务会议】 2月20日，市长叶冬华主持召开市政府常务会议，讨论《靖江市人民政府工作规则(讨论稿)》《靖江市人民政府常务会议议事规则（讨论稿)》《靖江市人民政府市长办公会议议事规则(讨论稿)》《靖江市人民政府专题会议议事规则(讨论稿)》《靖江市计划生育公益金管理办法(讨论稿)》《靖江市“十三五”教育发展规划(讨论稿)》《靖江市人民政府行政复议委员会工作规则（讨论稿)》《靖江市人民政府行政复议公开审理听证规则(讨论稿)》，听取全市安全生产工作情况汇报。

6月8日，市长叶冬华主持召开市政府常务会议，讨论《靖江市现代服务业发展“十三五”规划（讨论稿)》《靖江市服务业发展引导奖励办法(讨论稿)》《2017年靖江市服务业发展目标任务和考核办法(讨论稿)》《靖江市住宅专项维修资金管理办法(讨论稿)》《2017年度靖江市工业经济考评办法(讨论稿)》《靖江市2017年度工业和服务业企业评比表彰办法(讨论稿)》《关于推进企业“机器人+智能制造”技术改造的实施意见(讨论稿)》《靖江市“绿卡企业”扶持政策意见(讨论稿)》《靖江市小微企业“助升计划”实施意见(讨论稿)》《关于促进军民融合产业加快发展的政策意见（讨论稿)》《2017年度靖江市开放型经济考评办法(讨论稿)》《靖江市招商引资考核奖惩办法(讨论稿)》《靖江市“标准化+技术创新”行动计划(2017—2022年)（讨论稿)》《关于全市工业企业不动产登记发证遗留问题的处理意见(讨论稿)》《靖江市四好农村路建设三年行动计划（讨论稿)》《靖江市畜禽养殖污染治理工作方案(讨论稿)》，听取全市安全生产工作情况汇报。

8月28日，市长叶冬华主持召开市政府常务会议，传达习近平总书记7月26日在省部级主要领导干部专题研讨班开班式上的重要讲话精神，并要求政府系统深入学习领会、抓好贯彻落实。会议讨论《关于鼓励利用资本市场创新发展的意见（讨论稿)》《靖江市优化工业用地供应方式促进土地节约集约利用实施意见(讨论稿)》《靖江市在行政管理中使用信用产品实施办法(讨论稿)》《靖江市守信激励和失信惩戒实施办法(讨论稿)》《关于落实泰州市〈切实做好优抚安置有关工作的通知〉的实施办法(讨论稿)》，听取全市安全生产以及有关案件审理情况的汇报。

11月3日，市长叶冬华主持召开市政府常务会议，讨论《靖江市人民政府加强地方政府性债务管理方案(讨论稿)》《全市推行“3550”改革实施方案（讨论稿)》《关于统筹推进城乡义务教育一体化促进优质均衡发展的若干意见(讨论稿)》《靖江市推进减化工作考核奖补办法(讨论稿)》《靖江市砖瓦生产企业专项整治考核奖励办法(讨论稿)》《关于推进“互联网+新型商业模式”发展的实施意见(讨论稿)》《关于加快推进建筑产业现代化发展的实施意见(讨论稿)》《农村创业发展基地建设方案(讨论稿)》,听取靖江市河长制工作推进情况的汇报。

12月15日,市长叶冬华主持召开市政府常务会议,讨论《政府工作报告(讨论稿)》《关于靖江市2017年国民经济和社会发展计划执行情况与2018年国民经济和社会发展计划(草案)的报告(讨论稿)》《关于靖江市2017年财政预算执行情况和2018年财政预算(草案)的报告(讨论稿)》《关于实施创新驱动发展战略 推进创新型城市建设的意见(讨论稿)》《关于加快推进创新型城市建设的若干政策措施(讨论稿)》《靖江市重大行政决策实施办法(讨论稿)》,听取有关审计整改情况和全市消防隐患排查整治工作情况的汇报。

【重要会议】 1月6日,市政府召开全市“两减六治三提升”专项行动(下称“263”行动)部署会。会议贯彻落实省、泰州“263”行动有关要求,更大力度解决突出环境问题,切实改善生态环境质量。会议指出,开展“263”行动,要解决“空气、水、土壤”的突出问题。从源头控制煤炭消费总量,解决燃煤污染问题,深入治理挥发性有机物及粉尘污染,推进建筑工地的扬尘治理、沿江煤炭粉尘治理问题,促进空气质量改善;要用3~5年的时间,推动八圩港、九圩港和十圩港综合治理,解决黑臭水体的问题,还市民清爽的滨水空间,通过优化养殖业布局等措施,着力推进畜禽养殖污染治理,扎实开展夏仕港清水通道水环境治理,确保水质达标、水环境安全;坚持从前端入手,全面开展城乡生活垃圾分类收集,进一步完善“组保洁、村收集、镇转运、市处理”的垃圾收集处理体系,促进垃圾无害化处理、资源化利用,提升生活垃圾处理水平,落实土壤污染防治行动计划,探索分类监管模式,实施高效管控,降低环境风险,改善土壤环境。解决沿江危化品仓储、化工、电镀企业等环境风险隐患的问题,减少落后化工产能,切实抓好环境隐患治理。着力提升生态保护水平、环境经济政策调控水平、环境执法监管水平,进一步强化体制机制创新,拉长补齐生态建设短板,让靖江生态永续增值。

2月24日,市政府召开工业经济转型升级暨开发区工作会议。会议指出,要培育好一批优势企业。发展工业经济,要把准方向,向智能化、高端化、绿色化、服务化的方向发展;发展工业经济,要抓好重点,集中精力发展高端装备和现代临港物流两个主导产业,推动优势产业变成强势产业,要实现工业开票销售突破1100亿元,工业投入增幅超过泰州平均水平,力争3年时间培育一批30亿元、50亿元,甚至100亿元的龙头企业。

4月28日,市政府召开财政税务审计金融工作会议。会议指出,做好全年财税金审工作,要坚持目标导向,持续发力实体振兴、收支管控、财税改革、民生改善,确保一般公共预算收入达59.6亿元。把握好“稳、实、优”三点总体原则,稳要稳在实体经济上、收入增长上、收支平衡上,实要实在民生改善上、转型导向上、项目推进上,优要优在税源培育上、收入结构上、资金绩效上。会议强调,财税的根源在企业,要坚持企业为大、全力拔尖,在政府层面上,供给侧结构性改革推进到哪里,财政政策就要跟进到哪里,发挥好正向激励和逆向倒逼功能,在企业层面上,鼓励企业千方百计增加投入,通过技改强企,推进智能制造,努力让百优企业质态更优;财税的根基在板块,要坚持属地为主、责任传递,加大项目招引力度,加快推进项目建设,加强项目效益监测;财税的关键在征收,要坚持综合治税、应征尽征,强化征管,重点重抓,综合治税,各乡镇园区要重点把握区域内的零散税收,做到应收尽收,针对船舶劳务外包、空调配套、服装制作等行业,尽快出台相关行业扶持政策,严控税源流失。要以锱铢必较的匠心抓资金增效。坚持真支持与控风险并行,提升服务实体经济质效,推动信贷脱虚向实,推进金融改革创新,妥善处置不良债务,做到底线要守住、亮剑要果断、措施要得当;坚持保运转与促发展并举,发挥财政资金应有效益,盘活存量资金,创新投入方式,保障民生支出;坚持控总量与降成本并重,加快优化政府债务结构,严格控制风险,优化融资结构,撬动社会资本。要以滴水穿石的恒心抓管理增压。深化重点改革不动摇,加快国企改革,严格预算管理,深化财税改革,从思想上高度重视,工作上夯实举措,行动上步调一致,用更高的要求、更实的举措,完成全年财税金审工作目标任务。

5月24日,市政府召开全面推行河长制暨防汛防旱及夏季秸秆“双禁”工作会议。会议指出，河长制责任主体是河长，实质就是党政领导负责制，主要做好“管、治、保”三项工作，“管”，重点是监管河道污染，防止反弹；“治”，主要是一河一策推进系统治理；“保”，主要是监督河道疏浚、保洁等日常工作。会议要求，河长制工作要以担当精神履责，要勇于担责、率先垂范，凝聚合力、协调各方，扎实开展好各项治水工作，努力实现河湖水域不萎缩、功能不衰减、生态不恶化，让全市的河更畅、水更清、岸更绿、景更美；要以系统思维治水，各相关部门要在河长统一领导下，各司其职、各负其责，加强协作配合，形成工作合力，要坚持规划引领治水工作，强化多部门联动治理机制，要突出问题导向，坚持“一河一策”，要坚持统筹资金、整合力量，突出抓好河岸整治、河道清淤、水质污染防治；要以法治理念管水，牢固树立法治思维和法治理念，确保河湖管理保护工作有法可依、有章可循，要加强水域岸线管理和保护，强化日常巡查。会议同时对防汛防旱及夏季秸秆“双禁”工作作出部署。

7月7日，市政府召开依法打击企业恶意逃废金融债务工作会议。会议指出，要充分认清打击恶意逃废债，就是维护合法权益、维护发展环境、维护社会稳定。要周密部署，重拳出击，通过勤排查、严监管，掌握工作主动权；通过常沟通、快行动，打好工作组合拳；通过强打击、善突破，形成高压震慑力，切实增强打击成效。会议强调，金融机构要严格管控。从投放源头抓起，健全监管机制、优化处置措施、强化沟通协作，加强对逃废金融债务的监测预警，切实减少风险隐患。企业要强化责任，建立担保风险评估机制，从根本上降低连带出险风险。已经存在互保关系的企业，应密切关注被担保企业的生产经营状况，加强沟通、增进互信。要切实增强协调服务，采取综合保障措施，加强金融风险预警，及时有效化解矛盾，推动企业和金融机构稳健发展，努力实现多方共赢。

9月18日，市政府召开“品质靖江·品牌靖江”建设大会。会议指出，要增强品质自觉，将“双品工程”摆到更加突出位置。从企业长远发展来看，质量是基础，品牌是保障。从全市质量发展来看，机遇难得，责任重大。要扎实推进质量强市建设，坚持以质取胜，着力打造科技含量高、附加值高、知名度高的产品，加快形成以技术、标准、品牌为核心的竞争优势。会议强调，要强化品质担当，深刻把握“双品工程”内涵与要求。品质、品牌怎么抓，关键在于巩固好基础、拓展好内涵。品质品牌高端化，其内涵要求，要包括质量高、标准高、诚信度高，质量是根基，标准是导向，诚信度是支撑，要握指成拳，抓住关键，对重点骨干企业，逐一施策，培育一批地标型企业。会议要求，要聚焦品质提升，全力推动“双品工程”取得实效。切实发挥品牌引领作用，要从点、线、块联动打造“靖江制造”金字招牌。

9月22日，市政府召开中国（靖江）国际创新创业大会，设立船舶与海工、机械制造、节能环保、电机电器及港口物流五个分论坛，分别邀请中外院士专家作专题报告。

9月30日，市政府召开旅游发展大会，专题研究部署全市全域旅游发展工作。会议指出，全域旅游就是将一个区域整体作为功能完整的旅游目的地来建设、打造、运作，实现景点、景区内外一体化，让旅游实现全产业连接、全业态参与，从而解决景区内外“两层皮、两重天”的困局。靖江旅游业发展有景点缺风景，有风景缺功能，有功能少连接，与全域旅游的标准仍然相距较远。全市上下要通过全域旅游战略的实施，实现靖江旅游业的弯道超越、后来居上。会议要求，市委十二届三次全会提出到2020年实现“三个100”的目标，即旅游产业总投入达100亿元，全市旅游景点总数达100个，“旅游+”总收入达100亿元/年。未来，全市要锁定一个目标：对照《国家全域旅游示范区认定标准》和重点任务清单，逐项落实，确保2020年达到国家验收标准；明确两个定位：建成省内知名、长三角有影响力的休闲旅游城市，做足美食休闲精致文章，建成泰州旅游业南部增长极，改变靖江市旅游业与整体实力不相称局面；理清主管与主体、资源和资产、全域与景区这三个关系；做到坚持需求导向、坚持统筹联动、坚持市场主导、坚持突出特色。

10月16日，市政府召开2017年金秋企业家座谈会。会议强调，要用更大的力度招引项目，创造产业优势；用更新的理念吸引投资，赢得发展先机；用更优的服务亲近企业，激发创新活力，推动靖江创新绿色融合发展，加快实现“率先领先争先”目标。

11月3日，市政府召开交通干线沿线环境综合整治五项行动推进会。会议要求，观念要转变，牢固树立开展“五项行动”就是推进绿色发展、提升区域优势、打造宜居环境、增加群众福祉的理念；速度要再加快，倒排时序、分类施策、重点突破，保持从严从紧的整治力度，攻克长期存在的难点热点，并建立长效管理的工作机制；责任要再强化，坚持目标导向，明晰部门职责，严格督查考核，确保到2018年6月底全面完成五项行动整治任务。

12月21日，市政府召开全市学校安全工作会议，盘点2017年学校安全工作情况，研究部署新一年的安全防范措施。会议强调，学校安全要责任落实到人，明确责任，因校制宜完善制度。加强安全管理，定期组织安全检查，不留死角，不留盲区。深化安全教育，将安全教育纳入到日常的教育教学的计划中去，提高师生的安全防范意识。健全安全上报机制，做到及时、准确、不瞒报、不漏报、不错报。健全应急演练机制，各校要常态化开展消防、地震、防踩踏等安全应急演练，有效预防各类事故的发生。健全安全协作体系，组建安全工作网络，发动各方力量参与到学校安全工作中，形成全社会齐抓共管的教育安全格局。　　（钱　炜）

民生实事项目

【概况】 2017年，全市共实施民生实事项目10项，分为14个子项目，其中疏浚整治靖泰界河、新小桥港河道、九圩港中洲路至朝阳路段3个子项目因规划调整等因素未能完成年度目标任务。

民生实事项目之一：进一步增加城市绿量，提升绿化品质，新增公共绿地30万平方米。年内完成新洲桥南侧小游园、协和路与东环交叉口节点绿化、江山路与江华街交叉口东侧绿地、横港南路绿化、城西大道（江平路—北二环）道路绿化和雅桥垃圾填埋场生态修复工程，另有11处城区零星废地植绿补绿，累计新增公共绿地31.62万平方米。完成年度目标任务。

民生实事项目之二：疏浚整治靖泰界河，完成新小桥港河道疏浚整治工程。疏浚整治靖泰界河工程，因泰兴市广陵镇区段拆迁工作不到位，未能完成目标任务。新小桥港河道疏浚整治工程，年内疏浚整治东天生港3.05千米、雅桥港1.5千米，新建涵洞18座、节制闸2座、桥梁3座、排灌站16座。因滨江新城“2020”发展目标调整优化，结合蟛蜞港生态风光带建设要求，调整新小桥港河道治导线和河口面，是年完成总工程量的70%。

年内，建成新洲路至望江路段的小桥港景观带样板段

民生实事项目之三：实施九圩港中洲路至朝阳路段综合整治。九圩港综合整治工程原计划将朝阳路至中洲路段封闭河道改造为敞口河道，后为从源头上解决九圩港水污染问题，不再实施原九圩港综合整治方案，重新委托南京大学调研编制《九圩港水环境综合整治方案》。年末，完成该整治方案初稿。

民生实事项目之四：改造虹兴四组、玉皇殿城中村，完成主城区D级危房解危任务。年内虹兴四组城中村改造项目主体封顶，完成玉皇殿城中村地块硬化、道路亮化和环境优化，解危主城区D级危房4.8万平方米，通过泰州市住建局考核验收。完成年度目标任务。

民生实事项目之五：实施畜禽粪污综合治理工程，规模化养殖场粪污贮存和资源化利用率达98%。年内治理养殖企业207家、非禁养区规模养殖场49家，新建蓄粪池111个7202立方米、堆粪场145个6974平方米，关停拆除养殖企业297家。完成年度目标任务。

民生实事项目之六：引导非社会公用停车场对外开放，新增停车泊位1200个。年内引导润晖广场等非社会公用停车场对外开放，累计新增泊位2513个。其中，主次干道新增施划停车泊位2158个，老渔婆市场改造新增停车泊位90个，工人文化宫地下人防工程新增泊位180个，滨江学校北侧停车场新增泊位85个。完成年度目标任务。

民生实事项目之七：推进教育均衡发展，改扩建生祠初中、柏木小学等3所学校，建成兴阜、长安等3所幼儿园。生祠初中改扩建项目于11月底竣工并投用。红卫、柏木小学改扩建项目以及御水湾、兴阜、长安幼儿园新建项目于秋学期投用。完成年度目标任务。

民生实事项目之八：提升基层卫生服务能力，迁建季市卫生院，建成投用新桥片区医疗中心。年内，季市卫生院门诊楼、病房楼、后勤楼主体工程封顶；新桥城医院按照二级医院标准建设，占地约3.33公顷，建筑面积2.6万平方米，床位260张。完成年度目标任务。

民生实事项目之九：精准脱贫经济薄弱村19个、低收入农户1297户。年内脱贫经济薄弱村20个计低收入户1414户3370人。完成年度目标任务。

民生实事项目之十：提升“靖江厨师”创业品牌，建设“靖江美食”品牌店20家。主动对接符合条件的创业人员，现场指导“靖江美食”品牌店建设，及时落实创业扶持政策，年内指导建成“靖江美食”品牌店25家。完成年度目标任务。（陈昊宇）

机构编制工作

【行政审批制度改革】 2017年，研究制定《全市深化行政审批制度改革加快简政放权激发市场活力重点任务分解方案》，将2017年行政审批制度改革目标具体细化分解为27项工作任务，明确改革任务牵头部门、责任部门和完成时限。研究制定《关于明确“3550”审批服务流程优化工作责任分工》《全市推行“3550”改革实施方案》，明确开办企业、不动产登记、施工许可“3550”目标流程图，采取并联审批、“不见面”审批、窗口调整等措施，促进开办企业、不动产交易登记、施工许可等领域的项目审批服务提速增效。制定印发《靖江市推进不见面审批(服务)改革实施方案》，明确7项改革任务和责任分工，按照“外网受理、内网办理、全程公开、快递送达、网端推送、无偿代办”的要求，公布首批28家单位229项审批服务事项，其中“不见面”审批服务85项、“见一面”审批服务144项；梳理出第二批50家单位1006项审批服务事项，其中“不见面”审批服务505项、“见一面” 审批服务501项。研究拟定《靖江市相对集中行政许可权改革试点方案》，梳理市发改委、经信委、住建局等10个部门在市场准入、投资建设等领域的79项拟划转权力事项，其中行政许可68项、行政确认1项，与行政许可密切相关的其他行政权力10项。开展行政权力规范化运行情况自查，取消和调整行政许可事项12项，明确不得行使的权力事项5项；部署开展公共服务事项清单编制工作，梳理公布33个部门(单位)176项基础性、经济性、安全性和社会性等公共服务事项清单；部署开展“减证便民”行动，取消涉及公安、卫计委等部门的9项证明事项，有效解决群众“办证难、办事难”问题。

【行政管理体制改革】 年内，稳步推进市监察体制改革，配合做好监察及检察院反贪、反渎、职务犯罪预防等职能、机构整合和人员编制划转工作。完成市委巡察机构和纪委派驻机构改革，提早谋划、提前部署，在泰州率先制定印发机构设置文件并设立相应机构，从全市编制总量内统筹调剂行政编制用于市委巡察和派驻机构，为开展巡察和派驻工作提供保障。加强和改进离退休干部工作，在市委老干部局增挂市委离退休干部工作委员会牌子，并增设书记(兼)、专职副书记职位，优化调整其内设机构。推动市镇安全生产领域综合行政执法体制改革，按照工业经济较为发达的镇配备5名以上安监执法人员、其他镇配备3名以上安监执法人员的原则，配足配强安全生产监管人员，全面提升安全生产执法能力和水平。开展市级相关部门检验检测机构整合工作，将农业、粮食等部门的检验检测机构整合至市市场监管局所属的产品质量综合检验检测中心，并划转、整合、调整相关部门职能、机构、编制。制定下发《靖江市公共资源交易行政监管职责分工》，明确各部门行政监管职责，为形成监管到位、运作规范和行业自律的公共资源交易市场体系提供保障。进一步调整优化全市财政(国资)、水利等部门内设机构设置和职能配置，着力形成相关部门内部职责清晰、权责明确、运转顺畅的体制机制。

【机构编制督查管理】 2017年，创新公立医院编制和人员管理，实行市属公立医院人员控制总额管理，明确人员控制数额管理标准，进一步优化人力资源配置。结合事业单位清理规范工作，探索以政府购买服务的形式，满足事业发展需求，实现全市事业编制总额低于2012年年底统计数目标。进一步规范实名制管理流程，健全实名制信息库管理和人员编制月报制度，确保信息库数据真实、准确。加强编外人员规范化管理,开展镇(街道、办事处)和镇卫生院编外人员情况调研,为制定相关管理制度提供数据支持;坚持“从严控制、留有余地、保证重点”的原则,加强控制编内人员总量,经市编委会审定后下达2018年空编使用计划301个,其中采取公开招录(聘)方式使用的行政编制及参公事业编制86个、事业编制225个(其中卫生技术人员60个、教师90个、其他事业单位工作人员75个)。严格按照“三责联审”要求、方法和程序,调查市规划局、经信委、民政局、人社局、滨江新区办事处5家单位原主要负责人任职期间贯彻执行机构编制政策法规情况、执行“三定”方案情况、履行职能情况等,提高机构编制规范化管理水平。

【事业单位登记管理】 年内,开展事业单位法人年度报告公示工作,向社会公开415家事业单位法人信息,年检通过率100%。加强事业单位信用体系建设,制定事业单位信用等级评价办法,促进事业单位诚实守信开展业务活动、高效提供公益服务。强化事业单位监督管理,抽查10家事业单位2016年公示的法人信息。部署开展事业单位法定代表人资格排查和规范工作,提升事业单位自律意识。规范事业单位日常登记工作,年内办理变更登记86家、新设立登记5家、注销登记10家。

【推进新桥镇简政放权试点改革】 年内,塑造、培育和小城市相匹配的“大镇小市”管理新格局,扩大经济社会管理权限,完善新桥镇政府功能。自查首批下放新桥镇权力事项运行情况,摸清下放权力是否承接到位、运行环节是否顺畅、办理流程是否规范;梳理权力下放后的法律法规立改废释情况、机构与职能调整情况,清理已取消权力,动态调整首批下放权限。结合“大走访大落实”活动和“问政于企”活动,开展第二批权力事项下放调研活动,了解企业和群众所需所盼,梳理关于营商环境、项目建设、民生保障、农业农村发展的待下放权力事项,编制第二批拟下放权力事项清单。强化“前台+后台”(政务服务窗口+综合管理机构)运行机制,提高便民服务中心、综合执法局、社会管理服务中心“三大平台”运行实效,组织新桥镇综合执法、便民服务中心相关负责人至江阴徐霞客镇、如皋长江镇调研,推动新桥镇综合执法能力提升。11月,新桥镇入围江苏省第二轮经济发达镇行政管理体制改革名单,是首批泰州市级试点改革4个重点镇中唯一入围的镇。 (吴婧怡)

人事人才

【概况】 2017年,市人社局围绕“民生为本,人才优先”,实施人才强市、人才强企战略,创新人才工作体制机制,提升公共服务水平,各项工作全面发展。全年招录公务员43人、事业单位工作人员155人,引进各类人才3691人,新增高技能人才1.06万人,高校毕业生总体就业率超97%,高于全省平均水平。工资福利、退休及军转干部安置等工作顺利开展。

【公务员管理】 年内,市人社局配合泰州市招录公务员43人。指导全市81家单位2002名一般工作人员(含参照公务员法管理事业单位工作人员)做好年度考核奖励工作,其中优秀328人、称职1595人、不称职5人、不定等次74人,未参加考核3人,嘉奖连续三年考核优秀人员27人。组织全市2001名公务员(含参照公务员法管理事业单位工作人员)参加泰州公务员网络培训,参训率、完成率均达100%。按照省厅公务员局部署,组织700名公务员参加“省公务员局送教下基层”活动。举办机关事业单位中层干部素质能力提升培训班2期,培训1803人。组织3名科级干部赴常州参加“苏南苏北公务员对口培训”。组织143名新录用公务员和事业单位新聘用工作人员、党政青年人才参加初任培训。举办全市机关事业单位人事干部专题培训班,102人参训。

【事业单位人事管理】 年内,市人社局指导和组织事业单位公开招聘工作人员57人、教师80人、卫生技术人员18人,引进卫生技术人才29人、教师4人。规范事业单位人事管理程序,草拟《靖江市机关事业单位工作人员调动管理办法》,与组织、编办等部门多轮磋商修改发布实施,进一步规范人员调配管理。做好事业单位人事管理系统信息完善及事业单位岗位设置日常管理工作,全年共审批8家单位岗位设置方案及变更。鼓励机关事业工勤人员 参与职业素质提升培训,年内参训人员863人。审核329家事业单位工作人员年度统计年报,全市事业单位2016年年末在册正式工作人员1.19万人。对全市政府口、镇、街道各事业单位1.17万名工作人员的年度考核进行备案。配合完成事业单位新招聘工作人员岗前培训工作。转发省市治理吃空饷长效机制文件，制定《吃空饷等问题定期核查方案》报市纪委，并开展定期核查工作，形成年度考核单位自查与联合督查组定期核查相结合的“吃空饷”长期治理机制。

【人才引进与开发】 开展“人才强市”工作调研，创新人才引进工作机制，全年引进各类人才3691人，其中引聘高层次人才241人(海外人才72人)。编制发布2017年靖江市紧缺人才需求目录，涉及机械制造、车辆船舶、生物医药等11个行业86家企业，包括机械设计制造及其自动化、医药化工、船舶设计、模具设计与制造、机电一体化等608个岗位。接管市级人才公寓，制定专项办法规范管理服务。新建海外引才工作站1家。人力资源服务产业园实体化运作，首批8家人力资源服务机构、1家法律服务所、2家培训机构试行入驻，年产值3.1亿元。培训人力资源管理人员千余名，提高从业人员业务素养。做好优秀人才“购房券”发放工作，全年发放购房券56人406万元。做好人才专项补贴申报工作，429人申报生活补贴217.61万元，48人申报租房补贴65.87万元，1045人申报高技能人才获证奖励83.6万元，57家单位申报高技能人才达比例奖励570万元，6人申报专业技术人员晋升职称奖励1.2万元。实施继续教育知识更新工程，培训1.2万人次，新增专业技术人才3220人（其中高级148人、中级737人）。江苏亚星锚链有限公司成功申报省创新实践基地，江苏双达泵阀制造有限公司在站博士获省级项目资助。年内，完成城乡劳动者职业技能培训2.35万人、创业培训1.7万人，新生代农民工培训7216人；完成企业在岗职工全员技能培训1.86万人，1.39万人取得职业技能等级证书，其中1.06万人取得高级职业技能等级证书。年内，启动新一轮技能再提升培训，为80余家企业开展在岗职工技能提升培训1.42万人，新增高级工8896人、技师1659人。开展名师带千徒技能人才培训活动，通过23家技能大师工作室“传、帮、带”，培养实用型高技能人才1100人。实施靖江“千名工匠青苗”培养计划，建成怀德学院和电大中专校培训基地，培养“工匠青苗”215人。组织华达千名新型学徒制试点，遴选一线关键技术岗位培养对象1000人，配备带徒导师，实施岗位育才。

【高校毕业生就业服务】 年内，市人社局根据全市产业、园区、企业及特色小镇人才需求，开辟东北、西南、华中等省内外12条引才线路，组织上骐集团等100余家企业分赴沈阳、大连、镇江等地高校开展引智活动，为企业解决技能型人才短缺问题。组织“百强企业院校行”活动，赴扬州、淮阴、镇江、南京等定点联系院校举办靖江专场招聘活动，达成就业意向近800人次。完善“未就业应届高校毕业生信息库”，全年引进各类高校毕业生3450人。实施“乐业马洲、筑梦未来”2017年高校毕业生就业创业促进百日行动，举办怀德学子“留靖”等系列活动，集中为高校毕业生提供就业创业服务。开展毕业生就业见习活动和就业服务百日行动，开发720个岗位组织未就业高校毕业生参加就业见习，优先推荐贫困家庭毕业生就业，提高就业率，高校毕业生综合就业率超97%。重新认定30家见习基地单位，首次将教育、卫生、银行系统纳入见习系统。18家见习单位申报见习补贴，补贴金额69万元。首次发放建档立卡低收入毕业生求职就业补贴31人次。

2017年，靖江酒店式人才公寓建成投入使用

【酒店式人才公寓投用】 6月，靖江购置中心城区171套酒店式公寓作为人才公寓。根据靖江人才强企政策规定，两院院士、国家

“千人计划”专家、省市突出贡献专家、博士生、研究生等6个不同层级人才，可分别申请40~100平方米的人才公寓，免租金入住3年。公寓统一配备家具、家电等设施。

【工资福利、退休工作】 完成机关事业单位工作人员工资正常晋升工作。组织5批优秀公务员赴浙江杭州健康休养。与市纪检、组织、财政、审计等部门配合，定期开展津贴补贴、奖金管理执行情况的监督检查，专项清理机关事业单位违规发放津贴补贴和奖金。与市财政局联合确定法院、检察院的绩效考核总量。完成公立医院薪酬制度改革工作。做好机关事业单位工作人员到龄退休工作，全年办理退休509人，其中机关干部114人，事业管理、专业技术人员288人，机关事业工人107人。

【军转干部安置】 按照“立项积分，公开选岗”的安置办法，完成28名军转干部(其中计划安置26人)和2名随调家属安置任务，实现部队、军转干部、用人单位三满意。加大与军转干部的联系交流，做好军转干部思想政治工作，排查化解不稳定因素。落实企业军转干部解困政策，开展节日和大病慰问，涉军干部群体平稳可控。（李庆峰）

政务服务

【行政审批】 2017年，市政务办受理行政审批办件606849件，办结606848件，综合办结率99.99%。其中，中心窗口受理办件174296件，办结174295件，综合办结率99.99%；延时服务受理咨询618件，受理办件7839件，立即办结1639件。靖江在泰州地区率先建立市政务服务中心联合办税分中心，实施国税、地税“一站式办税”新模式，方便纳税人。在泰州地区率先出台实施《靖江市重点产业项目联合预审和并联审批操作规程》《靖江市重点产业项目“店小二”服务实施细则》，服务重点产业项目，健全“店小二”服务机制，在项目投资者自愿的前提下，由政务办、相关审批部门、项目所在地、项目报批企业共同组建服务队伍，无偿代办审批事项。每个重点产业项目对应一支代办队伍，通过项目审批联办交办会、过堂推进会，推进项目审批衔接无缝隙，联审联办流程无截留，全面落实“关口前移，无缝衔接”要求。

【公共资源交易】 年内，推行电子招标和远程评标制度，确保全程阳光化、服务网络化、监管实时化。建立健全公共资源交易监管机制，出台《关于明确我市房屋建筑和市政基础设施工程施工招标评标入围、报价评审方法的通知》，遏制围标串标行为。年内，完成工程招标312个，中标价总计36.05亿元，资金节约率11.02%；完成采购项目353个，实际采购金额4.70亿元，资金节约率9.1%。

【服务热线】 年内，“12345”在线平台实行“一号受理、各级联动、方便市民、服务决策”的工作机制，并联整合服务热线34条、应急热线4条，在泰州地区率先将移车求助等非警务类、非紧急类热线求助纳入受理范围，承办单位增至91个，覆盖政府公共服务各个领域。常态化开展“局长(镇长、主任)有约‘12345’”活动，畅通诉求与受理渠道，为市民提供更加精准、高效的服务。建立“每周一分析、每月一通报、每季一研判”制度，通过热线受理情况分析社情民意，形成办理情况通报和专题报告，为市委、市政府决策提供参考。全年受理市民来电51289个，现场办结34786个(其中提供移车服务10662次)，直接答复率62.3%，交办承办单位限时办结16503个，办结率99.1%，满意率95%。接受省“12345”平台派单121个、泰州

10月，靖江开展局长镇长主任有约“12345”活动 （市政务办提供）

"12345"政风行风热线派单701个。为"啄木靖江"派单273个，办结273个。举办"局长(镇长、主任)有约'12345'"16期，接处151位市民来电，及时办处率100%，满意率98%；编发《急事即报》14期、《要事专报》12期、《月度通报》12期、《季度研判》4期。（顾　彬）

【"啄木靖江"微信公众平台上线】 8月，由市文明办、政务办、团市委共同开设的"啄木靖江"微信公众平台正式上线。该平台实时收集城市管理方面的问题举报，并及时进行派发、办理、反馈，打造民意快捷通道；主动收集群众对城市管理、公共服务的意见建议，打造民智集聚高地；常态开展"随手拍"等文明志愿活动，直观曝光不文明现象，打造活动直播空间；有序公开问题办理情况，通过正面报道和负面曝光，促进养成"马上就办、办就办好"作风。同时，平台制定奖励政策，设置录用奖、月度之星、年度之星奖项，依据被录用问题、意见建议的质量和数量，分别发放奖金50~100元、500~1000元、3000~5000元，鼓励市民通过平台参与城市管理和文明创建。平台上线24小时后，有2106人关注，672人主动加"靖小啄"好友，反映意见建议72条。

外　事

【概况】 2017年，全市办理因公出国(境)团组28批57人次，其中双跨团组22批35人次，涉及英国、法国、美国等10余个国家和地区。帮助涉外企业办理邀请外国人至靖江工作、洽谈业务66批106人次，帮助江苏裕纶、亚星锚链等企业办理APEC商务旅行卡12人次。

【服务保障】 创新外事工作机制，打造外事工作平台，设立外事工作室1家。积极提供外事服务，收集经贸信息，保障对外交流。根据上级相关规定，完善APEC商务旅行卡申办流程，推行"一站式服务"和承诺办结服务，强化办卡宣传，简化工作程序，扩大覆盖面，使企业对外经贸交流更加便捷顺畅。参与组织中国(靖江)国际创新创业大会、"新智造·新营养"靖江国际高峰论坛、2017中国(靖江)山水组合盆景大赛等重大涉外活动，帮助邀请国外相关官方机构、驻沪使领馆人员参会，指导做好受邀嘉宾的参会申报、护签办理、抵离(境)等工作。

【国际友城交流】 4月15日，加拿大新斯科舍省安纳波利斯市市长韩博雅至靖江，考察靖江产业发展情况以及教育国际化合作事宜。4月18日，安斯巴赫访问团一行41人至靖江，开展为期8天的交流。其间，德国师生走进校园体验课堂教学，参观岳王庙、马洲公园、西郊盆景园，感受靖江风土人情，领略中国文化魅力。7月6日，省靖中师生一行43人回访安斯巴赫地区。在德期间，在友好学校观摩课堂教学，观看学生乐器表演，与德国学生进行橄榄球比赛，参观安斯巴赫、福伊希特网根、丁克斯比尔、罗腾堡等城市，随团的2名教师通过在德期间培训，获得德语等级考试A1证书，为友城交流和外事工作储备人才。9月9日，加拿大新斯科舍省省长史提芬·迈尼尔与靖江主要领导在苏州举行会晤，迪格比市市长詹姆斯·麦凯比恩、克莱尔市罗尼·勒布朗率访问团至靖江深入洽谈，签订建立友好城市草案，就海鲜加工、职业教育、高中课程等方面合作达成共识。（杨任飞）

侨务及港澳同胞事务

【概况】 2017年，市侨联(侨办)接待华人、华侨、海外客商19批105人，走访慰问重点归侨、侨眷53户，受理来信来访5人次，办结率100%。年内，靖城中学申报成为江苏省华文教育基地。

【为侨服务】 年内，接待至靖江参观考察、回靖江探亲观光的侨胞、旅港同胞15批次91人。通过微信群平台，加强与海外侨胞互动联谊。继续开展"空巢老人关爱行动"，组织志愿者与空巢老人结对帮扶，进行精神抚慰、健康辅导、生活照顾等。对重点侨眷进行节日慰问，帮助解决生活困难。3月，与市公安局出入境大队协调，经江苏省公安厅同意特批，解决港胞刘德余家属探亲签注办理问题。

【服务地方经济】 年内，加强对外宣传。在《欧洲时报》专版刊发文章，介绍靖江产业特色、文化特色及生态旅游、投资合作等内容；通过旅港同乡会平台，在旅港同乡会特刊设立专版，介绍靖江经济、社会发展情况及部分重点企业情况。推动对外交流。在香港举办靖江经贸发展恳谈会，推荐10余家企业加入泰州市侨商会、华侨华人投资企业促进会，为企业搭建交流平台；为国际专家咨询委员会推荐江平、蒋宇静、鄂维南、刘靖峰等专家、学者。9月19日,经捷克华人史建萍引荐,会同市投促局与捷克工业贸易部投资促进局上海代表处总代表霍迈克接洽,介绍双方各自优势产业,商谈合作意向。12月18日,接待柬埔寨泰州商会一行5人至靖江考察,先后参观滨江新城投资公司、孤山特色小镇,介绍全市产业发展情况。

【侨务文化活动】 7月21日,组织海外华裔青少年"中国寻根之旅"江苏行泰州靖江站夏令营活动,美国、加拿大、比利时、泰国等10余个国家和地区的100余名海外华裔学生至靖江,参观生祠镇火龙果基地、牧城公园、新世纪造船公司,体验采摘乐趣,探寻丰富多彩的地方文化,感受靖江经济、社会发展取得的成就。10月16日,市侨联、文联与香港书法协会共同举办"同奋进 共追梦"喜迎十九大暨庆祝香港回归20周年书画影展,展出作品100余幅,其中香港书画家作品15幅。与海外华文教育学校结对交流,推荐市第一幼儿园2名教师至印尼泗水崇高基督教国际学校任教1年。

【马洲警侨联动服务中心成立】 7月,马洲警侨联动服务中心成立启用。该中心由市公安局与市侨办共同筹建,方便沟通"走出去"的企业和人员,厚植境内外人脉资源,探索建立保护海外利益平台,拓展国际执法合作渠道,保障靖江企业、人员海外利益和权益安全。9月,中心与市司法局联合成立"马洲警侨联动中心法律服务点",提供线上、线下法律咨询,解决涉外法律问题。年内建立归侨侨眷名册,创建"无微不至——马洲警侨一家亲"微信群,设立马洲警侨联动服务中心窗口,开通"老卞在线"服务热线,建立"警侨之家",为海外侨胞、港澳同胞及其眷属搭建平台提供服务。

7月,马洲警侨联动服务中心建成启用 (市侨办提供)

【靖城中学被认定为省华文教育基地】 靖城中学积极开展中华民族语言文字教育和中华文化传承活动,以"马洲书院"为对象,开展书院文化研究,分别在七、八、九年级开展"礼""善""志"课题研究,将《弟子规》《道德经》《三字经》列为学校校本课程,进行国学经典教育。12月12日,靖城中学被列入江苏省华文教育基地单位名录。 (侯 胤)

招商引资

【概况】 2017年,全市签约亿元以上项目217个,其中外资项目21个、3亿元以上项目116个,总投资887.5亿元。投资6亿元的罐式集装箱建设项目、投资5.1亿元的国鹰航空科技(江苏)发展中心项目实现当年签约、当年开工。

【招商引资政策】 年内,出台《市政府办公室关于印发靖江市现代服务业发展十三五规划的通知》《市政府关于促进军民融合产业加快发展的政策意见》《市政府关于建立绿卡企业制度的意见》《市政府关于推进企业机器人+智能制造技术改造的实施意见》《市政府关于印发靖江市服务业发展引导奖励办法的通知》《市政府关于印发靖江市小微企业助升计划实施意见的通知》系列政策,吸引客商投资兴业,扶持企业发展壮大。修订《靖江市招商引资考核奖惩办法》,考核考实招商实绩。

【招商引资活动】 年内,对接驻外经贸联络处,访问各地商会、协会,参加各类交易会、展销会、投资洽谈会,与沙特、以色列、加拿大、新加坡等地多个国际机构建立联系,接待和访问上海、北京、广州、武汉等地客商洽谈合作。分别于4月、9月组织泰州集中签约活动,共签约亿元项目58个,产业项目总投资375.16亿元。4月,参与泰州(上海)投资促进周活动,访问中船工业成套物流有限公司，深化靖江与央企的战略合作关系；参加泰州（香港）经贸洽谈会，成功签约外资项目2个，总投资6000万美元。5月，开展靖江（深圳）投资促进周活动，聘请10位靖江在深企业负责人为靖江高级招商顾问。8月，在泰州对接上海产业合作恳谈会上，成功签约项目13个，产业项目总投资70.6亿元。年内，承办“新智造·新营养”靖江国际高峰论坛，配合企业举办全球供应链创新大会，协同市委组织部、市科协举办靖江国际咨询委员会成立大会和中国（靖江）国际创新创业大会。

5月，靖江开发区聘请高级招商顾问　　（市投资促进局提供）

【招商引资宣传】 年内，市投促局改版印制投资手册，涵盖靖江概况、产业基础、发展优势、合作资源和投资环境等板块，全面推介“品质靖江”“品牌靖江”；与泰州、靖江广电部门合作，制作《中国·靖江》双语投资专题片，利用经贸洽谈、投资恳谈、高峰论坛等活动，宣传靖江经济社会发展的最新成果；运用“互联网+”技术，制作宣传靖江PPT，推出公众号，建立微信群，通过国外联络处、海外同乡会等，扩大影响力和知名度。

【重大项目选介】 卓然智能重装产业园项目　由靖江港口集团、江苏卓然企业服务公司合作建设。项目位于开发区精密制造产业园内，总面积43公顷，计划总投资10亿元，主要建设重件码头、重件组装区厂房及附属用房10万平方米、重装平台3万平方米，满足大型化工集成装备全产业链的生产、制造需求。项目由江苏卓然企业服务公司与中石化炼化集团共同经营，招引德西尼布设计公司入驻园区研发中心，为产业园提供技术支撑。招引不低于15家配套企业入驻协同制造区。项目建成达产后，预计总产出达30亿元。

电子元器件产业园项目　由珠海市新兆丰科技股份有限公司投资建设。项目总投资约50亿元，总用地约80公顷。其中一期用地约20公顷，配套固废处理用地约3公顷。项目建成后，由新兆丰科技股份有限公司负责招引相关电子元器件企业入驻，入驻企业10年内年销售收入预计达50亿元。

靖江美谷医疗器械产业园项目　由靖江美谷医疗器械有限公司投资建设。项目位于开发区精密制造产业园内，总投资10亿元，占地面积3.33公顷，主要招引医疗器械标准化厂房建设和医疗器械产业项目。项目分2期建设，每期建设不少于5栋医疗器械标准化厂房（每栋厂房3层，每层1000平方米），项目建设周期24个月，项目全部建成达产后，年销售收入预计达15亿元。　（鞠　涛）

电子政务

【政府网站群建设】 年内，推进政府网站集约化建设，关停部门网站5家，将关停网站的信息发布、互动交流、便民服务等功能迁移至政府门户网站专栏。根据国务院办公厅发布的《政府网站发展指引》，升级改版市政府门户网站群，建设旅游、投资、开发区、“12345”专栏和史志档案办子站。市政府门户网站全年发布信息12356条，审核录用部门信息9358条，发布政务专题9个，直播会议4场，开展部门在线访谈12次、意见征集12次；通过政府网站报送平台上报各类政务信息500余条，江苏省、泰州市政府网站分别录用29条、200条。完善政府微门户APP，建设“靖江政府网”头条号，全年更新文章647篇，推荐量650万次，阅读量33万次。坚持政府网站普查常态化，全年开展自查自纠4次，落实省政府抽查和泰州市政府检查整改任务6次。加强信息安全建设，开展应急演练2次，例行巡检48次，全年未发生信息安全事故，圆满完成十九大期间网站安全保障任务。

【政府信息公开】 2月,编制《靖江市人民政府2016年度政府信息公开报告》,指导各镇街、部门编制2016年政府信息公开年度报告,开设专栏集中展示。12月,调整市政务公开领导小组,推进政务公开标准化规划化工作,制作“政务公开标准化、规范化试点”专题,设置工作进展、权责清单、财政资金、公共监管、公共服务5大类24个栏目,公开财政预决算、公共资源配置、重大建设项目批准和实施、社会公益事业建设等事项。修改完善部门权力清单,相应调整中央指定县级部门行使的权力事项,取消和调整12项行政许可事项,明确不得行使的5项权力事项。推广“双随机一公开”机制,在监管过程中随机抽取检查对象,随机选派执法检查人员,及时向社会公开抽查情况及查处结果,年内公布35个部门的随机抽查事项清单153项。按照“三级四同”(省、市、县三级权力名称、类型、依据、编码相统一)的要求发布政务服务事项清单,其中行政许可379项、行政处罚5812项、行政强制267项、行政征收61项、行政给付48项、行政奖励118项、行政确认135项、行政裁决12项、行政征用3项、其他权力372项。政务公开工作纳入政府绩效考核体系,全年政府信息公开平台主动公开信息5934条,收到政府信息公开申请64起,主要涉及拆迁、征地等方面,均办结。

【电子政务平台】 5月,建成结构合理、边界清晰、技术先进、安全可靠的全市统一的电子政务外网,实现横向连接党委、人大、政府、政协、法院、检察院等系统和部门单位,纵向贯通省、市、县、镇、村五级,安全对接泰州市纵向传输骨干网。7月,完成重点单位备用线路建设。年内,升级市协同办公平台,10月完成政务云桌面搭建和软件部署。建设建议提案网上办理系统,办理完成90件人大代表建议、258件政协委员提案,满意率和基本满意率100%。及时规范办理泰州及靖江市长信箱741件,办结率100%。提供银企e融平台数据交换服务,完成全市电子证照库建设,提供电子证照目录模板71套,为“互联网+政务服务”提供有力支撑。 (孔 旦)

2017年,公务用车喷涂统一标识

机关事务管理

【概况】 2017年,市机关事务局以“精细化管理”为抓手,以保障机关运转和建设节约型机关为核心,推进品质后勤、廉洁后勤和魅力后勤建设。构建车辆管理长效机制,实现公务用车统一号段牌照、统一标识、GPS定位全覆盖。全年调度车辆1.1万车次,提供国鹰航空开业典礼、国际创新创业大会等10余项重大活动,以及十九大维稳、秸秆禁烧、安全生产大检查等重点工作的车辆用度。规范安保服务。实行24小时值班巡防,履行来客登记、车辆进出管理等制度,全年有效置化解各类集体上访30余起,接待上访人员320余人次。做好设施维护维修和食堂就餐服务工作。建立快速反应机制,全年“80000”号共接报修电话4077次,累计完成任务5500余次,回访满意率100%。机关食堂严格落实公务接待标准,推陈出新打造“温馨食堂”,餐饮满意率超95%。提升会务服务水平。全年接待会议2470场11.2万人次,完成岳飞文化节开幕式、ITS客商签约仪式、靖江发展调研成果汇报会等重大会务保障工作,实现全年零失误零投诉,会务组年内被授予“泰州市级巾帼文明岗”“泰州市青年文明号”称号。推进公共机构节能工作,优化考核指标,完善能耗统计制度,强化节能培训,以节能宣传周为契机,举办专题会议20场,发放宣传册7000余份。全年能耗比上年节约81.42万元。 (丁旖灵)

综 述

【概况】 2017年，市政协有12个界别、253名政协委员，其中工商联界委员30人、经济界委员34人、科技界委员24人、教育界委员15人、医卫届委员17人、文体新闻界委员22人、工青妇界委员17人、港澳台侨少数民族宗教界委员20人、农业农村界委员17人、城乡建设界委员17人、社会保障救济福利界委员17人、中共和特邀界委员23人，有江苏省政协委员1人、泰州市政协委员25人。是年，市政协以“传递正能量 聚力新作为”主题活动为载体，依靠全体委员，团结社会各界，充分发挥协商民主重要渠道和专门协商机构作用。全年举行全体会议1次、常委会议4次、主席会议11次，组织委员视察12次，听取情况通报20次，办复提案258件，收集社情民意信息230条，撰写专题调研报告9篇。年末，工商联二组、经济界二组、教育界小组、文体新闻界小组、工青妇界小组、农业农村界小组、城乡建设界小组、中共特邀界小组获评市政协先进界别小组，政协城南办事处工委、政协滨江新区办事处工委、政协孤山镇工委、政协马桥镇工委、政协东兴镇工委、政协生祠镇工委获评市政协先进基层工委，王月娟、朱旭斌、刘志良、刘昭东、江鸿臻、宋和明、张芸、陈履锡、侯锡坤、钱亚平、陶红、蒋镌、鞠小平、魏海清获评市政协优秀委员。

【市政协第十三届一次会议】 1月7—11日，市政协召开第十三届一次会议。靖江市委书记赵叶在开幕式上发表题为《开启新征程 同心建家乡 为实现“率先领先争先”目标而共同奋斗》的讲话。会议听取并审议市政协常委会工作报告和提案工作报告。与会委员列席市第十六届人民代表大会第一次会议，听取和讨论政府工作报告及其他报告。举办委员培训专题讲座。会议通过《中国人民政治协商会议靖江市第十三届委员会第一次会议决议》，选举产生政协靖江市第十三届委员会主席、副主席、秘书长和常务委员，表彰2016年度政协工作先进集体和先进个人。闭幕式上，市政协主席范敏发表讲话。

【市政协十三届常委会议】 年内，市政协共举行4次常委会议。

第一次常委会议 3月3日召开。会议协商通过有关人事事项，审议通过市政协2017年工作要点和主要工作安排，审议通过市政协关于开展“传递正能量、聚力新作为”主题活动的意见。会上，市政协主席范敏作题为《善谋 善干 善成》的讲话。

第二次常委会议 6月28日召开。会议协商通过有关人事事项，审议通过政协靖江市委员会常务委员会工作规则、提案工作规则、关于加强政协委员履职管理考核的意见。会议听取靖江水利工作情况报告，对市水利局工作进行无记名投票测评。会上，市政协主席范敏作题为《规矩与方圆》的讲话。

第三次常委会议　9月26日召开。会议听取市政府关于提案办理情况的报告,专题协商靖江特色镇村建设工作,听取市发改委、住建局、规划局关于特色镇村建设情况的报告。会议对市教育局进行民主评议和无记名投票测评。会上,市政协主席范敏作题为《众人划桨好行船》的讲话。

第四次常委会议　12月28日召开。会议协商通过有关人事事项,审议通过关于召开市政协十三届二次会议的决定。审议市政协十三届二次会议议程(草案)和日程安排(草案),会议执行主席、秘书长和副秘书长建议名单,各次会议报告人、主持人建议名单。会议审议并原则通过提交市政协十三届二次会议审议的常务委员会工作报告(稿),关于一次会议以来提案工作情况的报告(稿)。审议通过市政协2017年度综合表彰建议名单、市政协2018年工作要点及主要工作安排(草案)、市政协"传递正能量 聚力新作为"主题活动2018年度实施方案(草案)。会议还征求对政府工作报告(稿)、法院工作报告(稿)、检察院工作报告(稿)、2017年国民经济和社会发展计划执行情况与2018年国民经济和社会发展计划草案的报告(稿)、2017年财政预算执行情况和2018年财政预算草案的报告(稿)的意见和建议。会议宣读政协奖学金倡议书。

【界别委员工作室授牌】 8月31日,市政协举行界别委员工作室授牌暨启动仪式。为推进基层协商民主,突出界别特色,发挥委员主体作用,市政协率先在科技界、文体新闻界、工青妇界、农业农村界、城乡建设界、社会保障救济福利界成立委员工作室,并向这6个界别委员工作室授牌。

【"推进物业管理标准化建设"协商座谈会】 9月18日,市政协围绕"推进物业管理标准化建设"召开界别协商座谈会。城乡建设界等界别政协委员,市住建局、靖城街道、城南办事处、滨江新区办事处分管负责人,以及物业公司负责人代表参加协商。围绕物业管理标准化建设,各方协商进一步推进企业管理标准化、服务合同文本标准化、项目招投标标准化、业主委员会建设标准化、服务公开公示标准化、维修资金使用标准化。与会人员建议,要提高物业管理服务水平,完善保洁、电梯维护等方面标准,注重小区文化建设,加大行政推动力度,建立诚信档案库,引导业委会发挥积极作用。

【学习文史工作座谈会召开】 4月11日,市政协召开学习文史工作座谈会,邀请靖江老先生、政协学习文史委员会成员,研究新形势下加强政协文史工作的举措。与会人员结合各自研究方向畅所欲言,对市政协学习文史工作建言献策,围绕挖掘靖江历史文化、民间故事等提出具体的思路和举措。与会人员表示,将积极参与靖江文史工作,为扩大靖江历史文化影响尽一份力。

【靖江政协·容湖论坛举办】 4月26日,市政协举办首期"靖江政协·容湖论坛",以"靖江服装行业的成长与突破"为主题,邀请国内服装行业资深专家、成功企业家等做客,以专题讲座、经验分享和交流活动相结合的方式,与靖江部分服装生产企业和相关经济职能部门负责人、政协委员共商服装行业发展策略。11月20日,市政协举办第2期"靖江政协·容湖论坛",以"新时代靖江美食+旅游的新机遇"为主题,聚焦新时代下靖江美食与旅游的融合发展,以嘉宾分享、圆桌论坛相结合的方式,邀请嘉宾从不同维度和视角分享各自独到经验,为靖江美食与美景的融合发展提供思路与借鉴。

【2017年度政协奖学金颁奖】 9月26日,2017年度政协奖学金颁奖仪式在靖城中学举行,97名品学兼优的学龄孤儿和贫困学生获得政协奖学金。截至2017年,累计有911人次获得政协奖学金,多人考取理想的大学。

调研视察

【概况】 年内,围绕推进智能制造、促进创业就业、发展现代服务业、策应扬子江城市群建设等7个重点课题,与市人大进行联合调研,形成8份调研报告。选取群众密切关注的公共交通服务体系建设、新江平路现代农业集聚带建设、全国文明城市创建等情况开展视察,督促相关工作按序时进行。选取"推进物业标准化建设"作为界别协商议题,组织界别委员多次深入不同类型小区视察,提出建议20多条。

提案工作

【概况】 市政协十三届一次会议后,共收到委员提案263件,立案258件，立案率98.1%。《推行工业用地弹性年限出让机制，提升土地节约集约利用水平》《关于从严打击非法“P2P”的提案》《关于建设青少年综合实践基地，提高学生综合素质的建议》《关于推动靖江体育旅游等健康产业融合发展的提案》《关于强化科技服务实体经济发展的建议》《关于加快我市棚户区和危旧房改造的建议》《充分发挥社区邻里中心的作用，构建新型和谐邻里关系》《关于发展现代农业、农业电商、农业互联网的建议》等8件提案被列为重点提案，通过主席督办、市领导领办、专委会协办等方式办理。截至6月底，258件提案全部办复，承办单位与委员见面率、委员对办理工作的满意率和基本满意率均为100%。市政协第十三届一次会议对十佳提案的提案者予以表彰。

政协委员带提案到会议驻地报道

2017年度市政协十佳提案一览表

表7

提　案　名　称	提案人/单位
关于整合在外靖江籍优质资源，打造新型科技创新中心的建议	王灿平
关于强化科技服务实体经济发展的建议	科技界
推行工业用地弹性年限出让机制，提升土地节约集约利用水平	沙旭东
关于发展现代农业、农业电商、农业互联网的建议	鲁凤娇
关于加快我市棚户区和危旧房改造的建议	刘静琰
充分发挥社区邻里中心的作用，构建新型和谐邻里关系	瞿燕清
关于在城西大道两侧预设排水设施的建议	民盟靖江市基层委员会
关于建设青少年综合实践基地，提高学生综合素质的建议	教育界
关于推动靖江体育旅游等健康产业融合发展的提案	马巍菲
关于从严打击非法“P2P”的提案	何卫星

信息工作

【概况】 年内，市政协定期主动听取委员的意见和建议，把收集和反映社情民意信息作为参政议政、履职为民的重要渠道，积极鼓励委员通过多种途径收集和反映社情民意信息。全年收集社情民意信息230条，上报江苏省、泰州市政协118条，其中泰州市政协录用16条。《基层反映年关将至制造业迎来用工小高峰技术工短缺》《基层反映“缺乏统一标准、成本高、服务业滞后”成发展智能制造重要掣肘》《民间高利借贷“四个转变”的新趋势需重视》《关于农村土地流转现状分析及几点建议》《校外教育培训机构的监管亟须加强》等社情民意信息，受到相关领导的重视并得到落实。（吴思宇）

中国民主同盟靖江市基层委员会

【概况】 2017年,民盟靖江市基层委员会加强自身建设,开展反腐倡廉教育、群众路线教育实践活动和"两学一做"专题教育活动;积极履行参政党职能,各项工作取得新进展。7月12日,民盟江苏省委组织全省基层组织盟员近80人,参观考察靖江"盟员之家"建设情况,靖江脱虚向实建设"盟员之家"的做法受到省盟领导的高度重视。年内,根据民盟泰州市委部署,民盟靖江市基层支部完成换届选举。重视发展思想觉悟高、业务能力强、热爱民盟事业的优秀人才和新社会阶层的优秀人才入盟,全年发展新盟员17名。至年末,民盟靖江市基层委员会有8个支部委员会、146名盟员。盟员中有省人大代表1人、泰州市人大代表2人、泰州市政协委员5人、靖江市人大代表1人、靖江市政协委员27人。

【参政议政】 年内,围绕参政议政、民主监督职能,在"两会"上提交集体提案10件、个人提案35件。其中,集体提案《关于在城西大道预设排水设施的建议》、盟员鲁凤娇个人提案《关于发展现代农业、农业电商、农业互联网的建议》被评为2017年度市政协十佳提案。明确2017年为民盟靖江市基层委员会"调研年",组织调研组调查研究市情,召开各种类型座谈会60余次,听取干部群众和专家学者的建议和意见,完成一批高质量调研报告。在民盟靖江市基层委员会组织的调研报告评选中,《发挥金融支撑作用 助推实体经济发展》《加强创业就业培训 推动大众创业万众创新》《我市中等职业教育师资存在问题与对策》被评为精品调研报告,《规范物业管理 提升小区文明》《特色小镇建设调研报告》《新形势下农家书屋的转型升级》《努力减负增效回归理性教育》《推进靖江市基础教育均等化》《推进医养融合提升养老水平》被评为优秀调研报告。

【社会服务】 年内,民盟靖江市基层委员会注重利用自身优势资源,积极开展社会服务。社会法制支部发挥法律专业人才优势,深入社区、街道、农村开展法律义务咨询活动,至学校进行《中华人民共和国未成年人权益保障法》专题法律知识讲座。教育支部郑云、郑利群、陆越南等盟员,利用暑假时间,在靖城中学作迎接中考公益专题讲座,得到中考学生和家长好评。盟员刘瞳作为盟省委"黄丝带"专家团队成员,圆满完成无锡方圆社区中心帮教活动。卫生支部组织盟员深入基层卫生院、社区,38人次参加卫生院及社区广场等义诊及健康宣讲活动16场次,并与部分乡镇卫生院的相对薄弱科室形成长期帮扶关系。年内,盟员在各自工作岗位上绩效显著。省靖中支部邹先超、羊煜、杨建忠在省水平测试中取得优异成绩,薛建新获江苏省高中物理优课评比一等奖。文化支部刘家骏的篆刻作品获中国艺术研究院第二届海峡两岸中青年篆刻大赛银奖，韩彩霞的新闻作品《快看，靖江这下要在全国出名了》获中国县市区域报新闻二等奖，刘华君的长篇小说《玉镜台》入选2017年度全国网络文学重点园地工作联席会议重点作品扶持选题。教育支部郑蕾的论文《高职英语阅读的研究》，获省职业学校论文评比一等奖，刘瞳指导的学生创业计划书获江苏省第八届文明风采一等奖。

【十九大精神专题辅导会举办】11月9日，民盟靖江市基层委员会举行中共十九大精神专题辅导会，民盟靖江市基层委员会委员、各支部主委及委员参加。民盟靖江市基层委员会主委主持会议，市委统战部负责人作十九大精神专题辅导。民盟靖江市基层委员会主委要求全体盟员深刻领会十九大精神实质和重要意义，深刻领会习近平新时代中国特色社会主义思想，提高认识、凝聚共识，在本职工作中发挥积极作用。（徐琴文）

靖江市总工会

【概况】 2017年，市总工会实施创业创新、培育培训、权益维护、精准帮扶和基层基础五大工程，推行工会会员代表大会代表常任制，征集各类意见建议81条，代表满意度95%。签订专项集体合同1071份，覆盖企业3000家。各级工会组织开展创业培训90余期、技能竞赛116场，调处各类劳动争议128件。市总工会被省总工会表彰为推动厂务公开民主管理工作先进单位、“安康杯”竞赛先进集体、全省工会职工服务平台建设省级示范单位，获省工会财务会计工作竞赛一等奖；“互联网+” 职工服务平台建设、推进工会经费全额代收等经验在省总会议上作典型交流。市总工会困难职工帮扶中心被命名为江苏省工人先锋号。

【促进就业】 2017年，市总工会印发《关于开展2017年促进职工创业创新富民增收行动的通知》，出台《靖江市职工创业就业扶持实施办法（试行）》，召开创业富民推进会、汇报会，评选表彰10个“五一创业岗”带头人，为创业者发放创业就业补贴18.5万元。搭建职工“双创”平台，在城南电商创业园设立职工创业基地，在市职工之家（体育中心基地）建立青年职工创业中心。开展职工“双创”培训，开通市职工网校，在常州大学怀德学院、江苏省靖江中等专业学校等9家院校和培训机构设立职工夜校，各级工会组织开展创业培训90余期，培训职工8000余人次，300余名职工取得创业培训资格证书，200余名职工实现再就业或成功创业，1000余名职工被推荐就业。

【劳动竞赛】 年内，市总工会组织开展“践行新理念、建功‘十三五’”主题劳动竞赛，各级工会开展技能竞赛116场。出台《“靖江工匠”培育选树计划实施意见》，培养选拔50名高技能职工为“靖江工匠”候选人。联合市人社部门实施“千名工匠青苗”培育工程，全市重点行业发展“名师带徒”120对。新建新桥镇德胜村杨恒俊劳模工作室、新时代造船有限公司郑忠劳模工作室、华达汽车科技股份有限公司葛刚宏劳模工作室，江苏恒力制动器制造有限公司黄俊工作室被评为泰州市示范劳模工作室。华达汽车科技股份有限公司获全国“五一劳动奖状”，靖江市华通机电设备制造有限公司获省“五一劳动奖状”，江苏皓日汽车零部件有限公司装配车间、市总工会职工服务中心、市地税局第四税务分局获评省“工人先锋号”。

【职工素质提升】 年内，市总工会实施职工素质提升“十百千万”培训计划，帮助600多名职工实现学历提升，5名女职工获评“泰州市五一巾帼标兵”。组织开展“职工科技创新成果”“职工先进操作法”评选活动，4个项目入选泰州市职工十大先进操作法，“锚链热处理系列技改”项目获省科技进步奖三等奖。推进“三个文化”（职工文化、企业文化、工会文化）建设，职工艺术团、老年艺术团下基层开展各类演出26场次，靖江电商创业中心等3家单位、3名职工分获泰州市“三个文化”先进单位、先进个人。与团市委等单位联办“靖江大明星”第二季才艺大赛，举办大型职工技能展演12场、文体展演26场，500余名职工登台竞技。参加全省职工排舞和广场舞比赛，获评“体育道德风尚奖”。

【维权维稳】 年内，市总工会维护职工权益，开展元旦、春节农民工工资支付情况检查，为农民工追回经济损失319万元。开展法规宣传，举办“空中巡回法庭”网络视频直播、普法文艺演出、服务农民工“四送”（送法律、送培训、送文化，送健康）等专项法治宣传活动。强化民主管理，召开非公企业职代会规范化建设观摩会，江苏国信靖江发电有限公司等3家单位获评省厂务公开民主管理先进单位。加强安全管理，组织全市229家企业6.5万名职工参加“安康杯”竞赛活动。优化法律服务，完善工会援助律师周五信访制度，打造“周五律师值班日”品牌，为职工提供法律援助、法律咨询服务390余人次。完善劳动关系预警机制，全市各级工会调处劳动争议128件，调解成功125件，涉及劳动金额80余万元。开展工会劳动法律监督“四季行”活动，抽查全市200余家企业。召开协调劳动关系“三方例会”，启动集体协商春秋季要约行动，新增1家行业集体协商和3家区域性集体协商，指导基层设立11家集体协商以会代训示范点，签订专项集体合同1071份，覆盖企业3000家。市推进企业工资集体协商工作领导小组等3家单位被评为“泰州市集体协商工作先进单位”，烹饪餐饮行业等2家单位被评为“泰州市集体协商优秀行业(企业)”。

市总工会给农民工提供政策咨询服务 (市总工会提供)

【精准帮扶】 年内，市总工会组建“关爱微联盟”，开展“秀工作餐”“安全隐患随手拍”等16项微平台活动，以参与有奖等职工喜闻乐见的形式提高活动吸引力，“互联网+工会”工作经验在首届全省工会新媒体论坛上作典型交流。开展“阳光新快线”集中服务月活动，服务职工3万人次。继续推进在职职工医疗互助保障活动，为2182名患病职工结付医疗互助金309万元，为182名重病职工发放大病救助金88.6万元。开展“阳光助缘”活动，举办2期单身职工联谊会，联合52家单位为青年职工提供婚恋“一条龙”服务。组织26名苦、脏、累、险一线职工疗、休养，出资20余万元开展“高温三送”活动，走访慰问5000余名一线职工。新建65家“安康·爱心驿站”、5家爱心母婴室、6家“时间银行”等基层志愿服务站，新增志愿者320人，表彰10名“志愿者义工劳动十佳标兵”。开展元旦、春节送温暖活动，慰问困难职工、农民工和特困职工1000余名。发放第18批“特困职工证”和“解困脱困联系卡”，开展“跟踪式”助学、南山寒窗助学、公益夏令营等系列活动，发放助学金35万元，购买10万余元暑期公益课赠予700名职工子女。

【工会建设】 年内，市总工会出台《关于开展非公企业工会组建“百日攻坚”行动的意见》，推进非公企业建会和农民工入会工作，新增1家药品行业工会联合会、96家基层工会和5236名工会会员，其中农民工会员4231名。出台《关于推进基层工会“百企提升工程”的实施意见》，组织开展百企提升工程，把“职工之家”建设成为“规范之家”“发展之家”“和谐之家”“温馨之家”“安康之家”，年内建成泰州市级“模范职工之家”8个、“模范职工小家”9个，21人获评“泰州市优秀工会工作者”。推进工会工作项目化管理，完善评价指标考核体系。提升工会干部素养，举办基层工会干部能力提升培训班、市直机关工会干部培训班，组织女职工委员、女职工心理健康辅导员、女职工权益普法宣传员开展“三员合一”培训班。开展工会工作“项目微创新、工作大提升”争创活动，激发创新创优活力，表彰“乐业360”职工创业就业精准服务、供电公司“亲情协管模式”等24个创新项目。推进工会阵地建设，建成工人文化宫。

【“一人一艺”才艺提升工程】 年内，市总工会实施“一人一艺”职工才艺普惠工程，以“全公益”“零收费”为宗旨，上下联动，资源共享，通过送教上门和举办定期培训班的方式，举办花艺、茶艺、瑜伽、手机摄影、声乐、书法、游泳、太极等16项才艺培训班40期、公益讲座100余场，培训职工5000余人次。 (张　伟)

共青团靖江市委员会

【概况】 2017年,团市委下辖团委45个、团工委6个、团总支62个、基层团支部703个,全市有团员14734人。年内,团市委结合江苏省和泰州市共青团创新创优工程,项目化推动各项工作。面向贫困青少年,开展春季“公益植树”、夏季“公益夏令营”“圆梦大学”、秋季“助学伴成长”、冬季“大手拉小手”“圆梦微心愿”等助学活动,直接帮助青少年600余人。面向留守儿童,实施“不孤读”“艺路相伴”项目,609名留守儿童参与。针对青年婚恋难题,开通“团橼婚恋云平台”,112名单身青年征婚信息录入“数据库”。针对大学生就业需求,开展“青启行动”,提供暑期见习岗位55个。举办第2届青年创新创业大赛,服务创业青年200余人。是年,团市委“身边团橼”项目获泰州共青团“520”创新创优项目一等奖。

【阵地建设】 年内,团市委启用全市青少年综合服务平台。该平台内设青少年之家、少年宫、未成年人健康成长指导中心、青春驿站,实施“青益课堂”“青微生活”“青伴成长”“青春护航”品牌项目,累计开展活动83次。“梦享吧”青少年之家获评省级示范青少年综合服务平台。建成靖江市志愿服务综合平台,内设志愿服务指导中心、志愿服务求助中心、志愿服务项目培育中心。此外,在天一广场建成志愿服务广场,在步行街、工农路、人民路、汽车站、牧城生态园建成5个志愿服务站,在牧城公园建成3个志愿服务点。完善靖江市青商·青创中心各项配套设施和运作模式,入驻优质项目30余个,该中心获评2017年首批省级众创空间。

【团队活动】 3月起,开展“学总书记讲话,做合格共青团员”教育实践活动,发布系列学习资料23期,301名专兼职团干部为直接联系的团支部成员上团课,703个团支部召开专题组织生活会。4月,举行靖江市纪念五四运动98周年、共青团建团95周年大会暨青少年综合服务平台、第2届青年创新创业大赛启动仪式。6月,开展“喜迎十九大 我向习爷爷说句心里话”活动;开展团支部书记“双述双评”(述学、述职,点评、评议)工作,启动星级团支部创建。7月,联合市委组织部举办“朗读者·成长接力”大学生村官主题党日活动。8月, 开展环保系列活动,包括靖江市首届环保创意大赛、环保主题公益观影节、环保定向徒步等。市第一高级中学团委建成互动环保体验馆,成为全国中学生志愿服务学校。12月,举办靖江市团干部综合能力提升研修班,落实机关开放日、“4+1”下沉基层(团的机关干部一周内4天在机关,1天在基层)、“1+100”(1名团干部直接联系100名青年)团干部直接联系青年制度。10月,开展“鼓号庆队日 献礼十九大”靖江市第2届少先队鼓乐大赛,马桥镇中心小学获大赛一等奖、泰州市少先队鼓号队大赛总决赛特等奖。

10月13日,靖江市第二届少先队鼓乐大赛在滨江学校举行

(团市委提供)

【共青团靖江市第十八次代表大会】 12月4日—5日,召开共青团靖江市第十八次代表大会。大会选举产生共青团靖江市第十八届委员会委员23人、候补委员10人、出席共青团泰州市第五次代表大会代表39人。第十八届委员会第一次全体会议选举产生第十八届常务委员会委员11人,闻杰当选为共青团靖江市第十八届委员会书记,刘矛、龚帅、吴钺(挂职)、鞠鑫(兼职)当选为副书记。

【便民服务求助中心建成】 7月,团市委联合多部门启动市便民服务求助中心建设。该中心位于城南办事处中鼎花苑东门4号楼,总面积600平方米,是政府主导、相关部门负责、市场和社会主体有序参与,为群众尤其是全市社区居民提供生活便民服务的综合服务机构。12月,中心建成试运营。

【"啄木靖江·青助文明"行动】 年内,团市委联合市文明办实施"啄木靖江·青助文明"行动。3—6月,举办"文明靖江随手拍"活动,活动分10个批次开展,参与志愿者1200余人、中小学生家庭730余个,促成解决问题1006个;4—6月,举办"靖江市首届少年风采大赛",全市544名少先队员展示少年风采;5月,开展"小手拉大手 文明伴成长"主题活动,在靖安路墙绘优秀作品,打造路段文明风景;7月,开展"文明督导一日体验"志愿活动,1798人次在全市20多个路口提供"文明引导"志愿服务;8月,联合市文明办、政务办开通"啄木靖江"微信公众号,吸引4127人关注,受理城市管理问题762个,惠民解忧经验在全省推介。

【"身边团橼"项目】 年内,团市委以"青少年在哪,团干部联系到哪,青少年之家建到哪,团组织建到哪"为目标,实施"身边团橼"项目,重点在4类"新青年圈"分门别类建设团属阵地。在社会组织建设"团橼社群",包括兴趣协会、行业协会、志愿者组织等,依托互联网为青年社会组织提供孵化发展服务,建成互联网青创联盟、靖江吃货团、靖江志愿、牧城"不孤读"等18个团橼社群;在休闲场所建设"团橼驿站",包括书咖、桌游吧、网咖等,开展富有特色的交友、创业、公益等青年活动,建成"新航路"桌游吧、朝阳网咖、牧城书驿等6家团橼驿站;在非公企业建设"团橼之家",针对外来务工青年,开展"新靖江人融入靖江"系列活动,提供生活、交友、维权等方面服务,建成华达汽车科技、亚星锚链、新世纪造船3个团橼之家;在楼宇商圈建设"团橼联系点",与当地大型商圈开展合作提供小微服务,建成泰和国际城、骥江路步行街、工农路诚信一条街、牧城公园、人民路学区、汽车客运站等6个团橼联系点。该项目获评泰州共青团"520"创新创优项目一等奖。

【上级调研】 7月4日,团省委书记王伟到靖江调研共青团工作,实地了解靖江共青团建设、青商企业发展、创新创业工作等情况。王伟表示,靖江青商会发展得很好,靖江的创业青年很有活力,项目点子新、创新性强。8月29日,团中央组织部副部长吕伟一行到靖江,在市青少年之家、"青年之声·靖江"线下阵地开展"走进青年、转变作风、改进工作"调研活动。吕伟表示,靖江团市委注重资源的集聚和整合,在青少年之家等团工作中很好地利用了社会组织、市场主体,打造的阵地和项目都很不错。

(张文丹)

靖江市妇女联合会

【概况】 2017年,市妇联举办系列活动,推进妇女就业创业,维护妇女儿童合法权益;开展家庭文明创建活动,新增"最美家庭"100余户;加强基层组织建设,先后在179志愿者协会和江苏光芒新能源有限公司建立妇联组织,全市261个村(社区)全部完成妇代会改建妇联工作,基层妇联执委总数1580人,其中35周岁以下612人,大学学历420人,妇女党员占40%。市妇联被评为省妇女宣传工作先进单位。

3月11日,市妇联举办庆"三八""传承好家风 传播好家训"文艺会演活动

【家庭文明建设】 年内,市妇联牵头举办庆"三八""传承好家风,

传播好家训”文艺会演活动，通过情景剧、歌舞、小品等形式，倡导孝老爱亲、书香传家、敬业乐群、和谐奋进的文明新风尚。联合市委宣传部、市文明办开展“文明家庭”争创评选活动，评选产生慈孝家庭、绿色家庭、公益家庭等10类家庭50户。常态化开展“最美家庭”寻找活动，建立活动专题宣传栏、壁报，张贴活动宣传画，举办家庭文明故事会、好家风交流会、家规家训评议会、家庭文艺展示会20余次，征集好家风好家训34条、家庭故事10余篇，组织“最美家庭讲好家风好家训”进村（社区）、机关、学校宣讲13场次。全市新增“最美家庭”100余户。

【维权工作】 年内，市妇联制定《靖江市妇女发展“十三五”专项规划》和《靖江市儿童发展“十三五”专项规划》，为维护妇女儿童合法权益提供政策保障。邀请全国优秀法官展飞为300多名妇联主席专题培训《中华人民共和国婚姻法》，厘定基层妇联参与法律维权的职能定位。协同市司法局开展“芬芳同行·牵手共维权”活动，组织13位女律师志愿者与13个镇级妇女维权站结对共建。创新开展“法律服务进万家”活动，全年开展“律师进社区”活动18次，发放普法宣传材料900余份，走访群众30户，调解纠纷22起，协办法律援助案件15件。在斜桥镇、西来镇试点建立家事审判“诉调对接”工作模式，组建首批20人的家事调解员队伍，建立家事调解室，对新上岗调解员进行业务培训，发挥基层干部在调处家事纠纷中情况明、地缘近、善调解的独特优势。家事调解员参与调解案件12起。

【妇女就业创业】 年内，市妇联组织“庆三八·架金桥”春风行动女性专场招聘会，200余名妇女与招聘单位达成初步就业意向。深化女大学生SYB导师行动，发挥“女大学生社会实践导师联系基地”的作用，通过开展“送政策、送项目、送信息、送经验”主题活动，优化创业实训、就业见习、岗位推介、网络创业等服务，帮助女大学生积累创业经验和技能。举办“企业诉讼风险防控”律企沙龙，邀请律师为女企业家授课，引导女企业家依法经营，提高抗风险能力。

【关爱妇女儿童活动】 年内，市妇联开展“大走访大落实”活动，主动联系社会组织、社区妇女、女企业家和困境儿童，在“零距离·心关爱”党建品牌创建活动中，机关7名党员结对帮扶马桥镇经纶村、西来镇龙飞村贫困妇女家庭20户。协同市教育局开展“女童保护”宣传周活动，招募女童保护专业讲师进村（社区）、家长学校巡讲，累计举办防性侵讲座100余场次，受益儿童与家长5000余人次。举办第6届“税月美好·芬芳爱心”亲子文化节活动，发动爱心家庭与贫困儿童结对组建爱心大家庭，促进各类儿童牵手共成长。继续实施“让爱住我家——呵护成长‘罐’爱项目”，新征集爱心家庭、爱心单位540个。帮助12名“两癌”贫困妇女申请全国专项救助金12万元，帮助47名农村贫困孤儿申请省“E万行动”和“慈善助孤”资金8万余元。协同市人民医院开展“康妍沙龙”妇女健康促进行动，赴各镇巡讲乳腺癌防治与术后康复，受益妇女近千人。

（黄　丽）

5月，市妇联举办第6届“税月美好·芬芳爱心”亲子文化节活动

（市妇联提供）

【“靖江绿如蓝”系列活动】 年内，市妇联联合市文明办、环保局、教育局等部门，开展“靖江绿如蓝，我们在行动”系列活动，先后开展“我心中的靖江蓝”绘画征集、“我家中的靖江蓝”绿色社区创建、“我眼中的靖江蓝”感动随手拍活动。全市432个儿童家庭参加绘画征集，40多个社区千余户家庭参与绿色社区创建，400余名摄影爱好者提交“随手拍”作品，1300余人参加“马洲芬芳”公众号投票活动。

靖江市科学技术协会

【概况】 2017年,市科协所属市级学会(协会)17个,有高校科协1个、企业科协225个、农技协33个。各镇(街道、园区、办事处)均建有科协组织,行政村和社区均建有科普分会或科普工作领导小组。全市科协系统以“大众创业、万众创新”为主线,履行“四服务”(为科技工作者服务、为创新驱动发展服务、为提高全民科学素质服务、为党和政府科学决策服务)工作职责,为靖江“创新绿色融合”发展做出贡献。年内,市科协与相关部门成功承办“2017中国(靖江)国际创新创业大会”,建成具有现代特色的专业科普馆2座,分别为市一中的“清爽靖江”环保体验馆、市健康促进中心的人体奥秘科普馆。

【产学研合作】 年内,市科协征集科技服务需求36项,据此与江南大学、上海电机学院、省汽车工程学会等有关高校、科研院所、省级学会联系对接,邀请相关院士、专家、教授80余人次,到江苏皓日汽车零部件有限公司等50余家企业开展科技服务。接待旅英高新科技华人商业协会等4个海外科技社团负责人至靖江考察,走访江苏赛德力制药机械制造有限公司等企业。为企业提供科技信息推送服务,新增12家企业完成科技信息网络版注册工作。构建校企合作联盟,常州大学怀德学院与江苏迈能高科技有限公司、江苏华穗粮食有限公司等多家企业开展校企合作,靖江三鹏模具科技股份有限公司等6家企业在学院设立奖、助学金。市科协支持怀德学院科协设立基金1项。怀德学院科协成立“骥江创客街区”,有常驻团队12个,在创业导师指导下产生创新创意成果16个,年末有5个项目成功孵化、登记注册。“骥江创客街区”被泰州市科协命名为科技工作者“双创”之家。4月8日—9日,与市人才办联合举办全国“过程强化及节能减排技术”论坛,中北大学、天津大学、浙江大学等高校院所的15名专家教授出席论坛,靖江60多家环保、化工相关企业参会,22家企业与专家、教授达成初步合作意向43项,2家企业与中北大学签订合作协议。11月7日—8日,组织50余家企业科技人员、科技镇长、镇科协秘书长赴上海参加第19届中国国际工业博览会。

【科普工作】 年内,市科协组织科普计划申报,生祠镇生态醉鸡养殖技术协会成功申报省科普惠农兴村计划,获奖补资金6万元;孤山镇望江社区成功申报省社区科普益民计划,获奖补资金10万元。组织各项竞赛活动。在第28届省青少年科技创新大赛中,获二等奖1项、三等奖2项;在泰州市第3届青少年科技创新市长奖评选中,实验学校刘心熠卓获市长奖,莲沁小学黄乐成获市长奖提名奖;在实验学校举办靖江市凤凰EQ机器人大赛,9所学校近500名学生参加,卓天佑等21人获奖;组织5206人次参加省首届公民科学素养大赛;在外国语学校举办的江苏省第24届青少年科技模型竞赛(泰州分赛区)暨第17届青少年电子技师认定活动中,省内23所学校1000余名学生参赛。邀请江苏省首席科技传播专家谢荣教授为东兴镇中心学校学生作《情系海洋走向深蓝》科普知识讲座;邀请南京中医药大学朱萱萱教授为布市里、北大街等6个社区的居民作《关爱生命、远离“三高”》健康科普讲座。参加在季市公园举办的2017年文化科技卫生“三下乡”活动。组织各校编排校园科普剧,有2个剧目参加省第5届科普剧创作会演。与卫计委联合举办“文明健康生活”宣传活动,每月健康知识巡回讲座1次,广场宣传服务2次。全年为社区安装科普大屏40台,悬挂科普宣传横幅、标语150条,印发各类科普宣传资料8万余份,布置科普画廊、板报400余期,举办各级各类科技培训、科普讲座60余期,受益近5000人次。

【服务科技工作者】 5月30日前后,市科协开展首届“全国科技工作者日”系列活动。利用报纸、电视等媒体报道葛江宏、朱照红等5位靖江杰出科技工作者的先进事迹,推荐戴红、李月红成为泰州市第10届优秀科技工作者,陆海兵、陈亮被聘为泰州市首批创新创业导师。走访慰问陈斌等12名科技工作者代表,与市委组织部一起慰问省老科协工作先进个人王宝顺。

【“海智”工作】 年内,市科协促成市政府与中国旅美科技协会、美国青年华人创新与科技协会、中华海外博士联合会、德国中德工业4.0联盟、常春藤创业联盟等5家海外科技社团签订合作框架协议。组织45名科技人员现场观摩江苏省海智成果展览,凯傲宝骊(江苏)叉车有限公司等3家参展企业以实物、展板、多媒体现场演示等形式，向观众集中展示靖江海智企业的新技术、新产品、新项目。组织市农学会相关人员及马桥青宁芦笋专业合作社，参加2017年海峡两岸（苏台）农业特色小镇科技交流研讨会，芦笋特色项目参加路演。是年，市科协获评“2017江苏省科协海智计划工作先进单位”。

（沈　磊）

靖江市工商业联合会

【概况】 2017年，市工商联履行自身职责，搭建服务平台，推进“五有”（有人员、经费、场所、制度、活动）基层商会、“四好”（班子建设好、团结教育好、服务发展好、自律规范好）行业（异地）商会建设，开展“大走访大落实大调研”活动，充分发挥桥梁纽带和助手作用，促进民营中小企业的健康发展和优化提升。引导非公经济领域人大代表、政协委员、会员企业负责人认真履职，提交建议、提案35件。完成工商联换届工作，选举产生新一届领导班子。举办中共十九大精神主题宣讲活动，着力打造学习型、效能型机关。以“乡音乡情”为桥梁，以优势行业为依托，加大异地商会、行业商会组建力度。深入开展理想信念教育实践活动，完善并拓展《靖江工商联》会刊、《商汇靖江》、《天南地北靖江人》电视栏目等宣传载体，宣传先进典型，引导企业家积极践行“骥商”精神。开展“光彩事业·清洁家园”活动，组织工商联常执委企业参与“百企帮百村”精准扶贫行动，举行“桃杏春风公益基金”捐资助学仪式，引导民营企业积极履行社会责任。市工商联被评为全国“五好”县级工商联，市烹饪餐饮行业协会获“中国餐饮30年卓越社团奖”，江苏东华测试技术股份有限公司、江苏环球特种电机有限公司2个项目获全国工商联科技进步奖三等奖。

【第十二次会员代表大会召开】 1月3日，靖江市工商联（总商会）第十二次会员代表大会召开。会议选举产生靖江市工商业联合会（总商会）第十二届执行委员会，黄文龙当选为执委会主席；推选产生出席泰州市工商联第五次会员代表大会的代表。

8月25日，市工商联举行“桃杏春风公益基金”捐资助学仪式

（市工商联提供）

【服务地方经济】 年内，市工商联走访调研全市47家常委单位、80家执委企业，完成“万企大走访大调研”活动调研报告及培大育强当地优势企业调研报告，为政府掌握情况提供决策参考。开展“法律服务团进商会、进企业”“企业诉讼风险防控”等活动，帮助非公经济组织和企业完善内部法律风险防控机制。选取扬州市靖江商会作试点，成立商会互助基金，帮助会员企业解决资金应急难题。发挥市工商联对外联系广泛的优势，主动参与“以商招商”“商会招商”“全产业链招商”，多层面、多渠道牵线搭桥、引凤回巢，引导靖江在外优秀成功人士回乡投资创业。

【南京市靖江商会成立】 6月24日，南京市靖江商会在南京成立。该商会是由在南京从事生产经营的靖江籍人士和企业自愿组成的非盈利性社会团体，共吸纳在南京的靖江籍企业(个人)会员84个。南京市靖江商会成立前召开第一次会员大会，听取商会筹备工作报告，通过商会章程、选举办法，选举产生第一届南京市靖江商会会长、常务副会长、副会长以及理事等。南京钢锋实业有限公司董事长刘勇当选为首届南京市靖江商会会长，江苏省人大常委会原副主任、江苏省扶贫“三会”理事长丁解民受聘为南京市靖江商会名誉会长。该商会的成立旨在搭建一个信息互动、资源共享、共谋发展的新平台,帮助会员在靖江、南京两地开展贸易、投资和其他经济活动。

6月24日,南京市靖江商会在南京成立　　（市工商联提供）

【举行“桃杏春风公益基金”捐资助学仪式】 8月25日,靖江举行“桃杏春风公益基金”捐资助学仪式。该基金由市委统战部、市工商联、市教育局联合发起,倡议社会各界爱心人士、民营企业家、社会贤达等自愿捐赠资金,用以资助家庭经济困难且品学兼优的靖江籍学生、家庭遭遇重大变故的困难教师和奖励长期坚守在农村教育一线的优秀教师。仪式现场,北京靖江商会、深圳靖江商会等异地商会代表,市行业商会代表,市工商联常执委单位代表进行捐赠,发放“桃杏春风公益基金”助学金6万元。

【举办律企沙龙活动】 5月5日,靖江举办“企业诉讼风险防控”律企沙龙活动。该活动由市工商联、市妇联、市广电台、靖江日报社共同主办,市青商会、女企业家商会、法舟律师事务所承办。活动现场,增聘法舟律师事务所主任范凯洲为市非公经济组织法律服务团成员,范凯洲就企业风险防范作主题演讲。市工商联主席黄文龙希望靖江企业家加强学习、转变观念、超前谋划,主动适应新常态,抢抓发展机遇,不断做大做强企业。

【异地商会至靖江考察】 5月22日,北京江苏商会至靖江考察。其间,商会会长范玉荣一行先后参观考察市青创中心、中国暖通空调交易中心、华达汽车科技股份有限公司、江苏新时代造船有限公司及开发区总部,了解靖江产业发展情况。8月24日,北京靖江商会、南京靖江商会、扬州靖江商会、深圳靖江商会等异地商会回乡考察,会员先后参观考察华达科技股份有限公司、城北园区暖通空调交易中心、太和港务有限公司、开发区总部,感受靖江发展变化。

【外出考察】 8月7日—10日,市工商联调研组赴河北永年区考察,先后走访标准件产业城及标准件龙头企业,靖江、永年两地领导就发展壮大优势产业、扶持企业做大做强等方面进行经验交流。11月30日,市工商联主席(会长)、企业家代表赴安徽宁国市考察,先后走访安徽中鼎控股(集团)股份有限公司、宁国市凤形新区文化中心综合开发PPP项目和宁国市委党校、安徽材料工程学校PPP项目建设现场,了解中鼎集团30多年发展壮大的历程、PPP项目发展状况和前景规划,靖江、宁国两地企业家就加强合作、整合资源、共谋发展等进行交流。

【首次行业商会联合年会举办】 2月10日,市工商联举办首次行业商会联合年会。年会现场,市青年商会、女企业家商会、空调行业商会等商会负责人,介绍各自行业及商会在上年度取得的成绩和遇到的问题、困难及解决方案,并对各自行业及商会的未来进行规划。市民政局、市妇联、团市委等部门负责人表示将为各商会做好相关服务工作。

【郑红卫出席全国工商联代表大会】 11月24日—26日,中国工商业联合会第十二次全国代表大会在北京人民大会堂召开,江苏省工商联执委、泰州市工商联副主席、华昊集团董事长郑红卫参加大会。会议期间,郑红卫与其他与会人员一起受到国务院总理李克强、全国工商联党组书记徐乐江等人接见。

（祝水良）

靖江市文学艺术界联合会

【概况】 市文联下设市作家协

会、书法家协会、美术家协会、摄影家协会、戏剧家协会、音乐舞蹈家协会、民间文艺家协会、朗诵协会8个协会,另有市公安文联、教育文联、靖城街道文联、新桥镇文联4个基层文联,会员800余人。2017年,市文联履行“联络、协调、指导、服务”职责,团结引导广大文艺工作者深入实践、努力创作优秀作品,推动文艺工作服务大局、服务人民,繁荣靖江文艺事业。全年出版《孤山》杂志2期,组编《靖江文艺》会刊1期。

【文艺活动】 文学方面:市作家协会立足“本地”“生活”“原创”原则,每天通过微信公众号“靖江日记”推出当地作者作品,至年底,共推送文章600余篇;在全国文明城市创建过程中,组织协会会员深入街道、社区采访道德模范、身边好人、新人新事,撰写文章80余篇;会同市旅游局、市烹饪协会推出“精致靖江,节气美食”专栏,由作协会员在传统节气前后,撰写靖江当地特色的时令美食文章,提升靖江知名度与美誉度,至年末完成夏秋冬3个季节、18个节气、100多篇图文的微信推送;12月29日,时林圣、陈志君创作的长篇小说《铁记庄园》研讨会在北京中国现代文学馆举行。此外,微型小说月报杂志社、市文联、省靖中共同在省靖中举办中国微小说校园行启动仪式暨首届微小说与校本课程高峰论坛。书法方面:市书法家协会邀请泰州市书法家协会主席团成员至靖江,开展“端午雅集”书法交流活动;开办“习艺修身”机关干部书画影培训班,培训学员300余人;举办靖江市第2届书法篆刻作品展,入展作品30件、特邀作品35件;举办“2017迎春书法小品展”,展出36人50余幅作品;举办“听泉涤心”顾飞翔、王元庆书法联展,展出作品50余幅;开设靖江市“杏坛书社”教师书法培训班,培训书法教师45人。美术方面:市美术家协会组织部分美术骨干赴凤凰古镇、张家界,进行为期7天的美术采风写生创作活动;举办董民强国画作品纪念展,展出其捐赠给市图书馆收藏的部分珍贵画作。此外,市文联与市残联联合举办“喜迎十九大·共圆文创梦”残疾人励志书画展,展出各类书画作品136幅。摄影方面:市摄影家协会配合泰州市“百团千村万企大走访大落实”活动,和市广电台共同推出大型新闻行动“走基层·美丽乡村行”,组织40多名摄影家协会会员深入季市、马桥、生祠等镇集中拍摄,用1万多幅作品展示靖江乡村的美丽风光;与靖江日报社联合举办“双鱼杯·大美靖江”摄影大赛,50多名会员分6次组成“大美靖江拍摄采风团”,深入开发区和生祠镇、马桥镇、季市镇、城南园区等地集中拍摄作品3万多幅,其中400多幅作品分获周赛、月赛、总决赛金、银、铜奖。音乐舞蹈方面:市音舞协会承担由市政府主办、市体育局承办的市第五届运动会开幕式文体表演编导工作,整场表演形式丰富多样;市音乐舞蹈家协会举办民歌讲座,邀请南师大教授胡行岗和原靖江市老艺术家、南京六合区文化馆退休馆长王家干等人,为音乐教师及音乐爱好者作专题讲授;参与组织第4届靖江好声音比赛,担任艺术指导及评审工作,比赛经过海选、复赛、半决赛、决赛共30场次,200余名选手参加,吸引观众2万余人次;参与承办2017“声动泰州”全民歌唱大赛靖江赛区海选,60多位选手参加海选赛,10名选手获得晋级泰州比赛资格,实验学校五年级学生高雅获评“声动泰州”十强;参与市首届少儿春晚、首届老年春晚策划、组织,对节目进行选拔、指导、打磨;与市教育局、市文联、市教育工会联合主办“唱

6月,“大美靖江拍摄采风团”深入开发区和生祠镇、季市镇等镇集中拍摄

响主旋律,喜迎十九大"靖江市"教师好声音"比赛,52名选手分专业组(专职音乐教师)和非专业组两场比赛,评出"金话筒奖"9名、"银话筒奖"13名、优秀奖30名。此外,市教育局、市文联、团市委于10月发文筹建"靖江市小香橼中小学生艺术团",艺术团下设合唱团、舞蹈团、器乐团、话剧团、戏曲团以及美术、书法社团,先期成立合唱团、舞蹈团,团部设在市少年宫,有45名学生成为首批合唱团团员,30名学生成为首批舞蹈团团员。戏剧方面:市戏剧家协会结合大走访大落实活动,推动文化惠民工程,累计送戏下乡100余场,观众5万余人次;承办"泰州市第五个民族团结进步周"活动,提高市民民族团结意识;与市国土局联合开展为期20天的"6·25土地宣传日"全市巡回演出;积极参加"戏曲进校园、锡剧进课堂"推广活动,实现城区主要学校全覆盖。民间文艺方面:在甘肃省张掖市临泽县举行的"丝绸之路视野下的民间宝卷学术讨论会"上,市民间文艺家协会主席黄靖的学术论文《宝卷活在当下的几个问题》在会上交流,靖江佛头刘正坤的讲经队应邀参演。

【协会建设】 2017年,由市人才办、市委宣传部联合举办,市文联牵头组织的全市"126"宣传文化人才读书班在四川省成都市开班,首批培养对象中的核心人才、重点人才以及市宣传文化系统有关人员30余人参加集中培训。年内召开4次协会主席会议,加强对各协会工作的指导。市文联采风团赴临海,收集陈函辉史迹。组织参加2017年靖江市文化科技卫生"三下乡"集中示范活动暨"大走访大落实"季市镇工作团集中服务活动,向6户贫困家庭送去慰问金。组织市戏剧家协会会员送戏下乡,为村民们送上精彩的文艺演出。组织市书法家协会骨干会员现场书写春联、福字,现场发放各类文艺书籍600余册。

【文联活动基地交付使用】 12月,位于十圩港景观带的文联活动基地交付使用,市文艺工作者首次拥有固定活动场所。建设文联活动基地旨在提升城市文化品位,为群众提供文化休闲新去处。活动基地包括文联书院、马洲艺文馆、艺文书吧3处活动场所。文联书院设文艺教室、文艺创作室、刘灿铭书法工作室,马洲艺文馆设8个文艺家协会工作室、5个本地文艺名家工作室,艺文书吧兼具书店和公益阅读功能,向市民免费开放。

1月23日,马洲艺文馆开馆

【中国说唱文学研讨会在靖江举行】 9月23日—24日,中国说唱文学暨靖江宝卷研讨会在靖江举行,北京大学中文系民间文学实习基地同时揭牌。此次研讨会由北京大学中文系、中国俗文学学会、靖江市政府主办,市文联、市文广新局承办。期间,与会的30余位专家学者围绕宝卷研究、说唱文学展开5场学术交流讨论,并观摩靖江讲经现场。

【新桥镇文联成立】 7月11日,新桥镇文学艺术界联合会成立,新桥镇成为全市首个成立文联的镇。该文联设立书画、摄影、戏剧、音乐舞蹈4个工作者协会,有会员48人。在成立大会暨第一次会员大会上,讨论通过《新桥镇文学艺术界联合会章程》。

【靖江市朗诵协会成立】 11月5日,靖江市朗诵协会成立大会在常州大学怀德学院举行,市朗诵协会会员、朗诵爱好者以及怀德学院师生300多人参加成立大会。该协会以"推动、引领、融合、创新"为宗旨,贴近时代,服务社会,面向大众,为广大朗诵艺术爱好者搭建沟通交流平台。会后,全市1000余名朗诵爱好者在怀德学院润德大礼堂观看"情寄马洲——胡乐民靖江专场演诵会”。

【“同奋进 共追梦”书画影展举办】 10月16日，“同奋进 共追梦”喜迎十九大书画影展在市档案馆展厅开幕。此次展览是市第35届文艺节的组成部分，由市委宣传部、市委统战部主办，市文联、市文广新局、市侨办承办，展出全市文艺工作者新创作的百余幅优秀作品。此外，为迎接党的十九大胜利召开，香港书法协会会长、靖江旅港同乡会会长冯万如等香港书画家创作送展15幅书画精品。

【“重温经典”名家名篇朗诵会举办】 3月24日晚，由中国诗歌学会主办，靖江市委宣传部、中国诗歌学会朗诵演唱专业委员会协办，市广播电视台、市文联、江苏有线靖江分公司、泰州市朗诵协会共同承办的“重温经典”名家名篇朗诵会在靖江举办。此次朗诵会是靖江举办的规格最高、规模最大的朗诵表演活动。朗诵会在诗经、楚辞、汉赋等名句的朗诵中拉开帷幕，虹云、瞿弦和、张筠英、刘纪宏、曲敬国、任亚明6位60岁以上表演艺术家相继登台。整个朗诵会分为“序”“中国古典诗词”“外国经典作品”“中国近代诗”“结尾”5个部分，由北京的老中青三代表演、朗诵、演播、配音艺术家联袂演出，并穿插歌舞、雷琴、唢呐等节目。

（张卫忠）

靖江市残疾人联合会

【概况】 2017年，全市共有各类残疾人38871人，占全市总人口的5.72%，其中视力残疾8448人、听力残疾4919人、言语残疾756人、肢体残疾16832人、智力残疾3629人、精神残疾2946人、多重残疾1280人，有13890名残疾人持有第二代残疾人证。年内，加强残疾人保障，发放各类补助2912万元，推进残疾人就业近4000人。

【残疾人保障】 2017年，全市5117名残疾人享有困难残疾人生活补贴和重度残疾人护理补贴，138人享有低保内重残补贴，7人享有依老养残补助，353人享有一户多残补助，发放资金合计2912万元。33名残疾学生获高中以上阶段教育补贴6.75万元。全年共有10837人参保，以定额补助方式为1185名重度残疾人缴纳最低标准的城乡居民社会养老保险11.85万元，为残疾人缴纳意外伤害保险近16万元。2名残疾人领取C5驾照补贴2000元，63名残疾人享受机动轮椅车燃油补贴1.64万元。

【残疾人就业】 年内，市残联多渠道推进残疾人就业增收。突出自主创业。完善全省唯一的“残疾人创业一条街”建设，出台相应管理办法和优惠政策；积极扶持盲人开办盲人按摩店，协调相关部门提供营销管理、社会宣传、住宿改造、师资挂钩、项目纳入医保等支持；实施电商计划，引入外包服务产业园，鼓励残疾人利用网络创业，给予设施设备和网络费用补贴。规范分散就业。采用“倒逼”和“奖励”双项机制，继续依法规范按比例安排就业年审暨保障金征缴工作，实现按比例安排残疾人就业818名，征缴保障金2104万元。有效安置3582名残疾人集中就业，211名残疾人辅助性就业。与相关部门定期开展联合执法行动，逐步解决企业虚发工资、空挂岗位、强势解除劳动关系等问题。落实靖江《辅助性就业实施办法》《综合服务阵地管理办法》等文件精神，有效保障参与辅助性就业的残疾人。利用国家在靖江研发职业能力测评工具这一契机，推进“一店三基地”（盲人按摩示范店，残疾人实训基地、就业创业基地、农村残疾人扶贫基地）建设，打造残疾人就业的靖江模式，该模式获2017年市改革创新提名奖。

【残疾人之家建设】 年内，市残联全面构建以市残疾人社会服务中心为示范、镇级馨港湾残疾人之家为辐射的残疾人综合服务网络。“馨港湾残疾人之家”是以辅助性就业为主，集庇护安养、康复养护、生活照料、居家服务、文体娱乐和才艺展示等功能为一体的镇级综合性服务阵地，根据《靖江市残疾人综合服务阵地管理办法》，从机构管理、服务内容、服务对象、补贴申报、考核监管等方面进一步规范馨港湾残疾人之家的管理运行。市残工委将残疾人综合服务阵地建设列为各镇年度目标管理责任制考核的“一票否决”事项，制定月度建设目标设定、进度通报、跟进查效机制，推动责任高效落实。至年末，建成馨港湾残疾人之家12家，完成注册登记12家，常态化运行12家。

【残疾人康复服务】 2017年，市残联出台《推进残疾人精准康复行动实施意见》，启动精准康复服务行动。年内录入有服务需求的残疾人1580人,服务残疾人1560人,服务率98.7%。提供靖江及周边地区0~14岁残疾儿童康复服务,全年在训儿童128名,康复显效率98%以上,5名儿童康复效果显著回归社会。以政府购买服务的形式确定靖江光明眼科医院为全市白内障定点手术机构,年内共实施手术91例。与市财政局联合出台《贫困精神病患者住院医疗救助实施办法》,明确救助对象、标准和流程,全年为567名患者提供免费服药,为59名贫困精神病患者发放住院补贴23.44万元。与市卫计委对筛查医疗机构开展绩效考核,实行不定期督导检查,年内共筛查0~6岁儿童15308人,116名疑似残障儿童中复筛89人,转介53名儿童到康复机构进行康复训练。扩大辅具适配及家庭无障碍环境改造需求调查范围,创新网络适配服务形式,缩短适配周期,发放辅具321件,家庭无障碍环境改造85户,安装假肢矫形器30件、助听器34件。

【残疾人文体活动】 年内,市残联承办"扶残助残、自强不息"道德讲堂主题活动。市残疾人社会服务中心开展残疾人文艺培训,组织国画现场创作及二胡、小品、合唱等节目演出,展示残疾人积极向上、自强不息的精神风貌。举办趣味友谊赛,设置掰手腕、套圈、夹珠子和飞镖等简单有趣的项目,让残疾人体验运动带来的激情与快乐。与市级机关工委等6部门联合开展"喜迎十九大·共圆文创梦"残疾人励志书画展活动,展出19名残疾人书画作品100余幅。9月1日至11月30日,组织12名学员至宜兴参加景泰蓝工艺画制作及陶土花盆制作培训班,以期开拓具有靖江特色的残疾人文艺创业。

9月,市残联举办残疾人励志书画展

【残疾人扶助】 2017年,市残联常态化开展志愿助残阳光行动及结对帮扶志愿者活动。各机关部门结合职能优势开展形式多样的助残服务,79个单位完成帮扶300户残困户的帮扶任务。市残联与市委宣传部、市法院等8部门开展"植善阳光 党员关爱行"主题党日活动,与市纪检、法院系统联合开展专项教育及助残活动,与市人大办、市政协办、市工商联联合下发《爱心助残倡议书》,召开扶残助残汇报会,全市20多家爱心企业现场定向认捐约45万元。

【8个助残项目被认领】 年初,市残联发布资助贫困残疾人家庭子女学习等10个助残项目,呼吁社会爱心人士积极行动,为贫困残疾人献爱心。至年末,8个助残项目先后被靖江农村商业银行、江苏恒力制动器制造有限公司、江苏标新工业有限公司等9家爱心企业认领,各企业累计出资37万元。

2017年靖江市助残项目捐款情况一览表

表8

企业名称	助残项目	捐赠金额(万元)
江苏靖江农村商业银行股份有限公司	残疾人家庭子女助学	10
江苏金马运业有限公司	文艺创业产品收购(书法、绘画等)	3

续表 8

企业名称	助残项目	捐赠金额(万元)
靖江市顺达模具厂	文艺创业产品收购(书法、绘画等)	2
江苏华达汽配制造公司	文艺创业设施(电窑、陈列柜、专用桌椅)	2.4
江苏华达汽配制造公司	电动护理床	3.8
江苏恒力制动器制造有限公司	辅助性就业 助行电动车	5
江苏恒义汽配制造有限公司	镇级馨港湾残疾人之家设施设备(书籍、电子阅读器等)	3
江苏标新工业有限公司	镇级馨港湾残疾人之家设施设备(书籍、电子阅读器等)	3.8
江苏金秋竹集团有限公司	励志体验纪念品	2
江苏科尼起重机械制造有限公司	儿童康复项目	2

(祝　敏)

靖江市关心下一代工作委员会

【概况】 2017年,市关工委发挥老干部、老专家、老战士、老教师、老模范"五老"主体作用,加强青少年思想道德工作,开展"学史立志 崇德向善"主题教育活动,编写各类宣讲材料40篇,巡回宣讲近200场次,开展崇尚礼仪文明、践行家规家训活动,传承优秀家规家训,推进校外辅导站建设,基层关工委组织建设全面提升,继续保持靖江籍未成年人"零犯罪"记录。市关工委办公室编纂整理的《历年关工委德育活动案例选编》《历年辅导开展"关心下一代成长"活动》两本材料,受到中国关工委主任顾秀莲的批示:德育教育活动案例已阅,很有教育意义。年内,市关工委在省级以上报刊、网站上发表稿件60篇,在泰州市级报刊、网站上发表稿件37篇;朱炳君"关心下一代工作有一手"的事迹入编《民族脊梁——华夏功勋人物志》,陈克任的《霏霏细雨 润泽未来》获评全省调研课题一等奖;市关工委获评"全省校外教育辅导站工作先进集体",泰州市宣传工作一等奖。

【开展主题教育活动】 3月2日,市关工委根据省关工委部署,开展"学史立志 崇德向善"主题教育活动。组织"五老"编写纪念中国人民解放军建军90周年宣讲材料《光辉的历程·伟大的业绩》,组织市宣讲团成员编写宣讲稿22份,组织各镇关工委编写专题材料17篇,走进村、社区、学校、辅导站巡回宣讲近200场次,受益青少年13.8万人次。3月上旬,与市文明办、市教育局、市妇联、团市委等部门在新桥城实验学校举行全市学雷锋现场会,会后各镇(街道、园区、办事处)及各校关工委均通过多种方式开展学雷锋活动,倡导青少年崇德向善。8月,与市教育局、省关心下一代周报社举办夏令营活动,组织近200名小记者学军史、进军营、游牧园、进企业、游乡村,在实地走访参观和互动中,领略家乡巨变,培养爱党、爱军情怀。常年开展崇尚礼仪文明、践行家规家训活动,组织全市中小学生围绕学、订、践、访、写5个方面,搜集中华传统优秀家规家训,学习领会其实质内涵。西来镇关工委创新形式,开展"我写我画我家规""我演我唱我家规""我学我用我家规" 系列活动,11月28日举行"宣讲十九大 传承好家风"成果发布会。围绕创建文明城市,在城北园区举办"老少齐发力 共建文明城"现场观摩活动,号召全市"五老"和青少年学生为文明城市创建做贡献。年内,在主题教育活动中,全市24

名学生获征文一等奖,6个班集体分获视频制作一、二等奖,市关工委获评省关工委、泰州关工委主题教育优秀组织奖。

7月,市关工委举办夏令营活动 (市关工委提供)

【校外辅导站建设】 2017年,市关工委围绕校外辅导站建设,分片召开现场会交流办站管理经验,靖江电视台、靖江日报社拍摄报道全市13个镇级中心站和30多个村(社区)站办学情况。加强校外辅导站建设管理,新建电子阅览室22个,修订完善电子阅览室管理制度、安全制度和辅导员职责,组织检查全市辅导站运行情况。全年各镇(街道、园区、办事处)、村(社区)辅导站辅导课累计15967课时,辅导学生45万人次。西来镇关工委常务副主任朱关祥,孤山镇、城北园区关工委常务副主任邵志彬获评"全省校外教育辅导站工作先进个人";城南办事处校外教育辅导中心站、滨江新区办事处越江村校外教育辅导站获评"全省校外教育工作优秀辅导站"。

【关爱"三童"】 2017年,市关工委配合市教育局,为552名父母外出打工的留守儿童配备代理家长;配合市政协,为97名品学兼优的学龄孤儿和贫困学生颁发政协奖学金;联合关心下一代周报社,为15名学生颁发"冰凌花奖学金";联合市文明办、市教育局,加强市青少年心理阳光指导中心建设;发动有关单位,为5名患白血病学生筹措经费26万余元。各校关工委牵头创办"爱心超市",为困难儿童解难事、办实事,城南办事处关工委开展校企共建"手拉手"结对活动。

【固化"创零"成果】 2017年,市关工委调整充实政法系统关工委班子,加强关爱工作团组织建设,成立以老政法干部为主体的帮教员队伍,举办关爱工作培训班,开展法治宣讲292场,在学校举办"以案释法""现身说法""模拟法庭""现在开庭"等活动32场次。是年,继续保持靖江籍未成年人"零犯罪"记录。

【组织建设】 2017年,市关工委抓住镇、村(社区)两委换届机遇,强化镇、村(社区)关工委组织建设,创造性地在各镇成立农业关工委。与市委组织部、市市场监管局会商,讨论修订《关于加强民营经济关工委组织建设的意见》。5月,与市委组织部联合举办全市镇、村(社区)关工干部培训班,随后生祠、东兴、季市、斜桥等镇关工委先后举办村(社区)关工干部培训班。6月,省民营经济关工委至靖江调研,靖江民企关工委组织建设工作得到省民营经济关工委的肯定。市教育局关工委获评全省教育系统关工委先进集体、优秀工作团队。

(宋山海 夏 昀)

靖江市红十字会

【概况】 2017年,市红十字会有12个镇(街道、园区、办事处)基层红十字会,103个村(社区)标准化红十字服务站,27所学校红十字会(其中江苏省红十字示范学校3所、泰州市红十字示范学校3所),红十字冠名医院有市人民医院、市中医院。年内,扎实开展"三救三献"等工作,组织应急救援队积极参与赛事保障、安全知识讲座、应急疏散、消防演练与应急救援等志愿服务。全年9621人参加普及性救护培训,856人取得初级救护培训合格证。开展第七次"博爱万人捐"活动,全年共筹资224.51万元,发放救助金184.21万元,救助1767人次。全年完成造血干细胞采样145人,再动员20例,高分辨检测4例,组织体检3例。推进角膜和遗体捐献工作,登记角膜捐献3例、遗体捐献3例。推进无偿献血工作,10598人次参加无偿献血,捐献全血211.96万毫升,确保全市医疗临床用血

100%来源于自愿无偿献血。

【开展志愿服务活动】 年内，市红十字会组织志愿者在学校举办应急救护培训，开展应急逃生演练，开设防溺水知识讲座，培养青少年的互爱意识和互助精神。利用元宵节、学雷锋日、世界红十字日、防灾减灾日、六一儿童节、中秋节等节日、纪念日，分别开展“竞猜急救灯谜”“传承雷锋精神”“红十字社区行”“红十字救援在身边”“牵手红十字 快乐儿童节”“守护夕阳”等主题志愿活动，让市民切身感受红十字的关怀。引导全社会增强关爱老年人的意识，开展养老照护知识培训和志愿服务，全年养老照护培训511人，上门服务38户70人。

【医疗救助】 2017年，市红十字会主要通过“项目化筹资 品牌化救助”的方式实施精准医疗救助。“红十字博爱病房”在全市公立医院实现全覆盖，全年筹集专项救助金63万元，发放救助金58.92万元，救助480人次，其中“双鱼红十字病房”发放救助金18.24万元，救助白内障患者185人次。

6月，市红十字会开展“牵手红十字 快乐儿童节”主题志愿活动

（市红十字会提供）

【应急救护培训基地建成】 市红十字会应急救护培训基地建在人体奥秘科普馆内，省红十字会、泰州市红十字会分别援助13万元和10万元，9月20日该基地全面建成并对外免费开放。基地以情景体验的形式普及救护培训知识，传播红十字文化，引导市民追溯生命来源，探索人体奥秘，提升安全意识，提高防范技巧，掌握急救技能。

【打造红十字博爱广场】 年内，市红十字会在农民拆迁安置区孤山镇望江社区打造红十字博爱广场，获省红十字会专项援助5万元。该广场设有成功捐献造血干细胞志愿者宣传栏、户外LED宣传屏、亨利·杜南雕塑等设施，用以宣传红十字文化；广场旁开设红十字服务站，在此开展应急救护培训、健康知识讲座等活动，为社区居民提供长期志愿服务，让老百姓在家门口感受到红十字的温暖。 （周晓敏 荣晓霞）

山水盆景（三）

秋江清艳

综　述

【概况】 2017年,市委政法委围绕构建全省"平安建设示范区、法治建设先导区、社会治理样板区"工作目标,以党的十九大安保维稳为主线,以"服务提升年"和"绩效提升年"两项活动为抓手,平安、法治、队伍三大建设取得明显成效,人民群众安全感和满意度不断提升,为全市加快打造"三地四城"("三地"即沿江先进制造业基地、现代服务业基地和区域性现代物流基地,"四城"即江海联运的枢纽港城、生态宜居的文明之城、开放创新的活力之城、全民共享的幸福之城),实现"率先领先争先"宏伟目标创造安全稳定的社会环境、公正规范的法治环境和优质高效的服务环境。年内,靖江获评全省"平安市""平安铁路市",市国安办获评"江苏省先进国安办",市法院被省高院表彰为十九大安保维稳工作先进集体,市检察院获评全国检察宣传先进单位,市公安局被省公安厅记十九大安保维稳集体二等功,市司法局打造村(社区)法律顾问服务"三微三提"(打造微团队,提升专业化;设置微顾问,提升获得感;加强微监督,提升满意度)特色做法获泰州政法工作创新三等奖,市民政局获泰州市十九大安保维稳集体嘉奖。政法系统100余人受到泰州市级以上表彰。

【平安靖江建设】 2017年,市委政法委拓宽视野,开阔思路,瞄准短板弱项,充分发挥政法各部门职能作用,深入开展平安靖江建设,着力提升群众安全感和满意度。严厉打击违法犯罪。开展"三打击一整治""冬季攻势""打黑除恶"等系列专项行动,全年破获各类刑事案件1535起,判决涉黑涉恶犯罪嫌疑人246人,摧恶涉恶团伙31个;加大对杀人、纵火、投毒、抢劫、强奸、绑架、爆炸、故意伤害等八类案件的侦破力度,年内破获命案5起,现发命案破案率100%。完善治安防控体系。全面推进政法综治视联网建设,全市政法综治视联网点位达80个,覆盖所有镇(街道、办事处)和部分村(社区),在泰州率先实现市、镇、村政法综治视联网互联互通。开展二维码门牌试点工作,市委政法委专门组织班子赴福建省石狮市参观考察,由市公安机关提请上级公安机关指导协调,制定域内二维码生成规则及手机APP软件,在南环花苑和中天城市花园社区进行试点,至年末,共制作安装临街二维码门牌358张、楼室牌3095张,通过软件采集各类人口信息4121条,申报备案出租房屋信息354条,服务社会治理工作初见成效。创新人口服务管理。加强出租房屋管理。开展出租屋和流动人口清理整治。加强特殊人群关怀帮助,严格执行《江苏省社区矫正工作标准》,升级改造社区矫正视频监控指挥系统,全市社区服刑人员入矫率、受教率、期满解矫率均达100%。建成市未成年人心理健康援助基地,开展"爱随心动"困境儿童心理健康关爱公益活动，全市未成年人犯罪率处于全省最低水平。全面落实计划生育特殊家庭联系人制度和易肇事肇祸精神障碍患者免费治疗、“以奖代补”政策，易肇事肇祸精神障碍患者精细化服务管理工作在全省会议上作经验交流。深入开展无邪教地区创建活动，加大对邪教人员管控力度。针对少数心理偏激群体，实施“心防”工程，市镇村三级同步推进，有效帮教各类心理障碍人员50余人。优化社会治理模式。深化社会共治、基层自治，各镇（街道、园区）均成立以派出所民警为主体，政法综治干部为骨干，平安义工、网格员和单位内保力量为支撑的“大巡防”队伍，形成平安靖江共建共享的生动格局。全面推进基层社会治理“一张网”建设，把群众关注度高、反映强烈的问题作为重点，组织开展“政法为民、综治利民、法治惠民”“法治综治民调一感两度（群众安全感，社会治安满意度、政法机关公正执法满意度）提升”活动，确定整治执行难、建立企业涉法风险“监控排”机制、“警察进社区、聚力破小案”“法治综治宣传”“平安红袖标”“警灯亮闪”等专项行动24个，逐一明确牵头单位、责任部门、目标任务，并纳入市委督查工作范围，实行专项考核。

【法治靖江建设】 2017年，市委政法委根据全市政法工作整体安排，深入谋划、务实推进全市依法治理工作，营造公正规范的法治环境。推进法治政府建设。健全依法科学决策机制，严格落实公众参与、专家论证、风险评估、合法性审查、集体讨论决定等重大行政决策法定程序；强化行政权力监督，全面梳理行政权力事项和行政审批收费事项，形成行政权力、行政审批、行政事业性收费、财政专项资金、产业结构指导目录等5张清单，权力运行公开化、透明化；深化行政复议、应诉规范化建设，全面引入行政复议听证程序，坚持“召开听证会为一般、书面审理为例外”原则，确保“应听证，尽听证”，落实行政机关负责人参加行政复议听证和出庭应诉制度，强化考评问责，实行定期通报。强化基层法治实践。充分发挥市法学会“参谋团”“智囊团”作用，在市委农工办挂牌设立市法学会农村服务工作站，从市法学会会员中遴选一批政治业务素质过硬、农村工作经验丰富的专家，为基层提供法治教育、法律服务等工作；强化重点对象学法，在抓好企业管理层、村（社区）干部等重点对象普法的同时，继续深化领导干部法治素质提升工程，健全落实领导干部网上学法和任职法律知识考试制度，3月、7月分两次组织试用期届满的25名副科级干部任职法律知识闭卷考试，联合市委组织部开展全市副科职以上领导干部网络专题学法培训；抓好专门队伍培训，年内组织各镇（街道、园区、办事处）、重点法治成员单位分管负责人赴南京市委党校集中培训，提升法治素养，提高业务能力。优化法治宣传模式。联合市委宣传部举办“法润马洲”群众书画大赛，组织获奖作品展览，传播法治文化，弘扬法治精神，浓厚法治氛围；结合十九大安保维稳工作，组织各镇（街道、园区、办事处）、各重点职能单位开展“喜迎十九大、提升法治建设满意度”法治宣传服务活动，通过横幅、站牌、报纸、电视、网络、微信等手段，扩大法治宣传覆盖面；通过开设法治讲堂、开展法律服务等法治活动，增强法治建设渗透力。

（鄂橙橙）

法治政府建设

【概况】 2017年，全市贯彻落实中共中央、国务院《法治政府建设实施纲要（2015—2020年）》和《省政府关于深入推进依法行政加快建设法治政府的意见》，推进依法行政工作和法治政府建设取得新成效、新进展，为深化“率先领先争先”实践、实现“创新绿色融合”目标提供法制保障。全年制定规范性文件7件，审查政府和政府办文件247件；审查政府签订的合同、协议15件，提出法制建议50多条，修改约定不清、有歧义条款160多处，有效规避政府法律风险。

【依法行政】 年初，按照《法治政府建设实施纲要（2015—2020年）》和省政府法制工作会议精神，制定出台《2017年全市法治政府建设工作要点》及《2017年度靖江市依法行政考核内容和评分标准》，规划部署依法行政工作7项27个重点任务，明确将转变政府职能、严格决策程序、深化行政执法体制改革等内容作为年内依法行政工作重点，细化年度考核目标，采取常规工作百分制、重点工作加分制、自评与他评、日常考核与年度考核相结合的方式进行考核。加强过硬法制队伍建设。全年邀请高校专家就法治政府建设要求、信息公开处理、复议诉讼案件应对等专题，分4个批次轮训全市1800余名行政执法人员，增强其运用法治思维和法律手段处理经济社会发展中突出矛盾和问题的能力;结合市行政复议委员会调整,以市政府法制机构人员为主体,吸收行政机关专家、资深执业律师组建法律顾问委员会,负责为政府重大行政决策论证、行政合同审查、行政应诉等各项工作提供法律咨询服务。健全依法行政决策机制。完善重大行政决策程序制度,推动出台《靖江市重大行政决策实施办法》,明确行政决策主体、事项范围、法定程序、法律责任,规范决策流程,强化决策法定程序的刚性约束;严格落实合法性审查规定,坚持全面审查、逐一审核重大行政决策制定权限、程序、内容、形式等是否合法,将是否落实公众参与、专家论证、风险评估作为合法性审查的重要内容,对应当征求意见而未征求、应当论证而未论证、应当评估而未评估等情况,坚决不予审查通过,未经合法性审查或经审查不合法的一律不得提交政府常务会议讨论。

【规范性文件管理】 做好规范性文件备案审查和后评估工作。对政府层面的规范性文件,严格按照程序登记、编号、公布,自发文之日起15日内报送上级部门和本级人大备案;对各部门制定的规范性文件进行备案审查,要求严格依照统一的备案格式,提供备案报告、正式文本、法律依据、起草说明、廉洁性评估报告、集体讨论决定记录等材料。年内,规范性文件报备率、及时率、规范率均达100%。组织相关部门对《城市道路挖掘管理办法》《靖江市完善住宅用地使用权出让和房屋产权登记意见》《关于进一步推动实现更高质量就业的实施意见》等规范性文件开展后评估工作,评估其合法性、合理性、协调性、执行效果、"立法"技术性,并在调研论证的基础上汇总、整理、分析有关意见和建议,撰写后评估报告,针对问题提出改进和完善对策。做好对上级立法调研和规范性文件的意见征集工作。组织相关单位参加《泰州市道路交通安全条例》《泰州市国有建设用地批后服务与监管办法》等的意见征集工作,并对泰州市《关于进一步加强全市乡镇(街道)安监机构能力建设的意见》等4件文件提出修改意见,得到上级部门的认可和好评。完成"放管服"改革涉及的规范性文件清理工作。按照省政府办公厅《关于做好"放管服"改革等涉及的规章和规范性文件清理工作的通知》,对市政府及各部门制定的规范性文件进行清理,废止191件(其中政府4件、部门187件),拟修改26件(其中政府19件、部门7件)。

【行政执法监督】 推进综合执法改革试点。指导相关部门健全完善综合执法体制改革与实施处罚权相对集中同步开展的具体程序、工作机制,进一步理顺相对集中处罚权实施机构与原部门的职责关系,协助编制集中执法事项清单。年内,落实环境监察大队属地监管责任,推进简政放权试点镇新桥镇"综合执法局"建设,完成工商、质监、食药监"三合一"改革,实现执法标识、证件、服装等统一,形成"一个部门管市场"格局。健全日常监管机制。探索推行"双随机、一公开"(在监管过程中随机抽取检查对象,随机选派执法检查人员,抽查情况及查处结果及时向社会公开)监管机制,编制35个市级部门153项随机抽查事项清单,明确抽查依据、内容、比例、频次等,进一步规范事中事后监管;加大执法信息纳入市诚信体系建设力度,印发《靖江市守信激励和失信惩戒办法》,要求各部门将重大行政处罚信息及时录入信用平台,在适当范围内公开执法情况;开展执法案卷评查工作,按照统一评查标准,组织各单位自查年内结案的行政处罚和许可案卷,随机抽取全市10个行政执法单位的2017年度100份行政处罚、许可案卷进行评查,逐一提出整改意见,要求各送评单位立查立改,认真总结。强化执法人员管理。全面实行行政执法人员持证上岗和资格管理制度,11月开展执法证件的备案和注册工作,全市54个行政单位备案2919本执法证件,其中全国统一证1426本、行政执法证1401本、执法监督证92本,101名持证人员因工作调动、退休等原因注销执法证件,35个单位新申领执法证件269本,其中行政执法证236本、执法监督证33本。推进行政执法与刑事司法衔接工作。牵头落实《靖江市"两法衔接"工作年度绩效管理考评细则》,将"两法衔接"工作纳入依法行政工作考评体系,对各部门"两法衔接"信息平台操作员进行确认与指导,保障全市"两法衔接"工作的顺利开展。年内,各行政机关向市公安局移送案件68件。

【行政复议、应诉案件办理】 全年收到行政复议申请50件,结案41件;收到一、二审行政起诉状243件,有判决结果的183件。在收到复议申请书、起诉状后,市法制办积极应对,加强与各部门沟通联系,对面上的共性问题加强研讨,有效化解行政争议,维护政府的权威性和公信力。加强行政复议、应诉规范化建设。严格落实行政复议规范化建设各项要求，推动复议机构人员配备、办案场所、工作经费、设施设备等与所承担的工作任务相适应。完善行政复议委员会体制机制，充分发挥该委员会在解决复议案件和重大问题中的作用，增强复议的专业性、透明度和公信力。推进行政机关负责人参加行政复议听证和出庭应诉制度，强化工作考评，不定期通报行政机关负责人参加行政复议听证和出庭应诉情况，机关负责人参加行政复议听证和出庭应诉率逐年提升。 （陆丹娜）

公　安

【概况】 2017年，全市公安机关围绕“创新推动、数据引领、能力提升”三大主题工程，实施创新强警、基础强警、素质强警、品牌强警战略，优化升级防控体系、大数据指挥服务体系、行政管理服务体系、规范执法保障体系，为全市深化“率先领先争先”实践、谱写“两聚一高”靖江篇章做出卓有成效的贡献。年内，市公安局圆满完成十九大安保维稳工作，被江苏省公安厅记集体二等功，被泰州市委、市政府记集体嘉奖；多维接处警智脑平台研发获省公安厅科技强警二等奖；“10分钟快速处置群体性事件圈”、标准地址二维码管理创新举措分获泰州市政法工作创新二等奖；文化公安品牌被《公安内参》《人民公安报》等媒体头版头条聚焦报道，获评泰州市公安局改革创新二等奖；9个基层单位获评泰州市警营文化建设示范基地、示范点，市车管所获评市基层党建工作示范点二等奖。居广奇被人力资源和社会保障部、公安部授予“全国特级优秀人民警察”称号。是年，靖江市获评全省平安市；市公安局连续3年获评泰州市公安局“绩效综合考评优秀单位”，连续4年蝉联靖江“市级机关绩效考评十佳机关”。

警营文化丰富多彩 （市公安局提供）

【治安管理】 深入开展“公调对接”，健全壮大“公调对接”调解员队伍，提升调解员化解纠纷能力，及时有效调处治安行政案件、民间纠纷和刑事案件中的民事赔偿等轻微案件，妥善化解矛盾。推行“律师驻所”工作模式，加强律师驻所基础工作，全年驻所律师与基层派出所联合调解各类纠纷21起，调处成功率100%。深化易制爆危险化学品信息化管理，全市易制爆危险化学品经营、使用、储存单位统一安装易制爆危险化学品信息系统，远程视频监控信息直接推送至民警手机，专管民警通过信息平台和手机实时实施远程监控巡查。年内，全市未发生易制爆危险化学品丢失、被盗事件。加强治安防控能力建设。依托街面警务工作站和移动警务平台，健全屯警街面、精准布控的防控格局，提升巡逻防控等级和打防控合力；建立平安义工队伍3.5万余人，提升社会治安动员能力。年内，圆满完成香港回归20周年、建军90周年、“一带一路”高峰论坛、金砖国家领导人会晤、十九大会议期间及“中国梦·梦之蓝”群星演唱会、2017年江苏省青少年游泳赛等重大安保维稳任务45起。在十九大安保期间，先后开展“前哨战”“攻坚战”“总决战”三大战役，全市信访维稳“零进京”“零非访”“零通报”，未发生重大有影响的群体突发性事件、刑事案件、治安事件和安全事故，被江苏省公安厅记集体二等功。加强重大事件管控处置。成功处置或协助处置由医患劳资纠纷、征地拆迁、非正常死亡等引发的各类群体事件、突发事件40余起，实现重要敏感节点“零事故”；强化集访事件应急处置能力，健全完善事前预警、教育疏导、警信联动、部门联动等工作机制，严防发生围堵、冲击党政机关集访事件，切实维护党政机关正常办公秩序。打击赌博犯罪。立赌博机刑事案件5起、治安案件10起,依法查禁取缔摆放赌博机场所15处,收缴各类赌博机46台,抓获涉赌人员728名。

公安特警整装待发 (市公安局提供)

【户政管理】 2017年,全市登记常住人口661662人,暂住人口120756人,房屋出租户7173户。受理审核出生5601人,死亡8727人,迁入2001人,迁出3648人,办理二代居民身份证60319人。制定印发《出租房屋和流动人口管理集中攻坚实施工作方案》《关于加强出租房屋治安管理的通知》等一系列文件,成立攻坚会战工作领导小组,推进出租房屋和流动人口专项整治工作。至年底,全市登记采集流动人口信息96316条,核查注销流动人口信息72775条,登记采集房屋出租户信息7173条,核查注销房屋出租信息1403条。

【案件侦破】 组织开展盗抢骗、毒赌恶等“十大专项整治行动”“三打击一整治”“冬季攻势”、打击恶意逃废债、暴力索债以及扫黑除恶等专项斗争。先后破获“2·25”杀童案、“4·22”故意杀人案、新港系列放火积案、跨7省假黄金诈骗案、陆某生产销售有毒有害食品案、“9·5”长江农场污染案等有影响的重大案件20余起。全年完成公诉930人,破获各类刑事案件1535起,判决涉黑涉恶犯罪嫌疑人246人,摧毁涉恶团伙31个,破获命案5起,现发命案破案率100%,实现连续12年命案全破。全市刑事案件总量平稳可控。

【内部保卫】 坚持以“发案少、秩序好、单位安全稳定、师生职工满意”为工作目标,以做实安防建设管理为重点,为建设基础更牢、水平更高、人民群众更加满意的平安靖江创造良好的单位内部环境。全年办理内保刑事执法案件14起,移诉犯罪嫌疑人16人,办理内保行政执法案件35起。创省级“平安企业”1家、泰州市级“平安企业”15家,审核验收新建、改建金融网点7个,协助相关职能部门调查处理单位内部安全生产事故25起。圆满完成全国普通高校考试、中考、小高考、自学和成人考试以及各类大型活动的保卫保密任务,完成夏季征兵政审工作,未发生政治退兵事故。年内所列管的167家治安保卫重点单位没有发生重特大刑事案件和治安案件。

【监所管理】 2017年,市看守所收押863人。年内,该所以“确保安全,服务大局,深化改革、强化建设”为主线,以“一级所”创建为抓手,以严防事故和非正常死亡为目标,创新管理,优化机制,增强监管工作“软实力”,监所安全管理、信息化创新、队伍正规化建设等各项工作取得新成绩。监所连续32年安全无事故、连续9年被评为泰州市文明单位,民警队伍连续15年无违法违纪。市拘留所全年收拘各类违法人员1142人。年内突出“规范执法、创新发展、矛盾化解”三项重点工作,着力打造升级版平安型、实战型、法治型、科技型、人文型“五型监管”,努力提升拘留所的执法管理水平和整体形象,确保连年安全“零”事故、群众“零”投诉、队伍“零”违纪,连续3年被公安部评定为一级拘留所。

【交通管理】 成立交通事故调(快)处中心,实行轻微交通事故快处快赔,推进车管“放管服”改革。先后开展大排查大整治、“护平安、保畅通”等一系列专项行动,经受住人民桥封闭施工、人民路天桥施工等带来的超大流量考验,全市道路交通秩序明显改善,交通安全形势持续平稳,未发生一次死亡3人以上重特大交通事故。全年受理交通事故20149起,其中死亡事故146起,死亡147人;非现场查处各类交通违法行为55万余起,现场查处各类交通违法行为24.6万余起,其中查处酒后驾驶908起(醉驾28起)、不礼让行人7404起、无证驾驶1476起，查获套牌车27辆,清理僵尸车190余辆。

【38个公安保障项目建成】 2017年,市公安局围绕省公安厅“810强基工程”和泰州市公安局警务供给侧改革的决策部署,根据公安工作转型升级总体规划,推进以“一所一站一队一室”为重点的公安保障项目建设,提升全市公安机关硬件保障水平,拉动公安工作和队伍建设提档升级。先后投资7亿余元,完成建设项目38个,全部项目占地19公顷、建筑面积10万多平方米。12月,泰州市公安局在靖江召开项目建设全市推广现场会。

【获评全省执法质量优秀单位】 2017年,市公安局以“整体公安法治观”为引领,将执法规范化作为公安工作的“生命线”,加强执法办案中心、涉案财物管理中心、案管中心建设。推出14个见习所长岗位,遴选出一批优秀青年民警到派出所担当专职“法制员”,进一步规范民警执法行为。年内通过执法监督及时发现纠正立案源头问题35个,通过网上巡查发现问题数据近2000条。全年涉法信访投诉率1.6%,比上年下降30%。年内,执法规范化建设先后被《人民公安报》《江苏法制报》等媒体长篇聚焦报道。

【标准地址二维码管理警务新模式】 2017年,市公安局应对动态治安环境下流动人口等基础信息采集难题,将传统社区警务工作模式与“互联网+”相结合,为每个房屋编制唯一的标准地址,为每个标准地址生成一个独立的二维码,率先创新标准地址二维码管理警务新模式。年内,二维码门牌管理系统完成试点运行,初步具备单位和房屋出租申报、租赁信息发布、人员信息登记采集和二维码地址导航、警情发布、警民互动等功能。

【实有人口可视门禁系统建设】 2017年,为提升实有人口治安管控水平,市公安局在城南园区新天地小区试点实有人口可视门禁系统建设。新型实有人口门禁系统、车辆号牌识别系统与公安联网,支持人脸、身份证、居住证、加密IC卡4种识别验证方法,通过人卡、人像捆绑、人房关联、出入比对、关注预警等一整套工作流程,实现对进出人员、车辆的自动验证识别、轨迹跟踪管理,初步达到“管住人”“控住案”的建设目标。同时该门禁系统坚持以身份证号为信任根,具备防盗门超时开启、暴力破坏等报警功能,极大地震慑了有作案企图的人员,有效挤压违法犯罪空间。

【多维接处警智脑平台研发】 2017年,市公安局立足基层民警处警便捷规范,充分整合利用社会数据、公安内部数据和视频图像数据,实现大数据与警务视频、GPS、数字电台、移动警务终端的充分融合,在此基础上吸取以往处警的经验和教训,成功研发多维接处警智脑平台。该平台主要依托手机警务通进行操作,实现报警信息即时推送、处置流程当场查看、周边视频实时调取、涉警人员一键采集、涉警图片一键上传等多项功能,以保姆式的服务贴近实战、支撑实战,在处置“7·7事件”中充分发挥信息化、智能化作用,年内获省公安厅科技强警项目二等奖。

【马洲警侨联动服务中心成立】 年内,市公安局、市侨办根据靖江在境外企业和人员的实际需求,坚持把保障人民生命财产安全和服务经济社会发展作为第一要务,积极做好全市“走出去”企业和人员的服务保障工作,联合成立“马洲警侨联动服务中心”和法律服务点。该中心依托微信群以及“靖江公安微警务”,定期向“走出去”企业和人员推送法律法规、国际形势风险评估、境外预警以及在境外遭遇突发状况时的应对建议,受到海外靖江籍人士欢迎。该中心为泰州首家警侨联动服务中心,泰州市公安局专门在靖江召开现场会向泰州各市区推广。

【“三份账单”赠送活动】 年内,市公安局把作风建设作为抓管理、带队伍、创业绩的重要抓手,先后开展向全局民警及民警家属“送幸福账单,向平安出发”“送平安账单,保幸福生活”“送金牌账单,攀公安新高”活动,推动全市公安机关队伍作风向上向善发展。“幸福账单”核算从警之路的总收入,提醒民警廉洁从警、珍惜工作岗位;“平安账单”针对酒驾、醉驾对公安和个人家庭的危害,算清经济、诚信、时间、工作、心理及其他成本,警示民警谨记铁规、远离酒驾;“金牌账单”计算市级绩效考核不同等次奖金数额,算清失去“十佳”的成本账,激发民警增强集体荣誉感、价值感、获得感、幸福感。 (秦 天)

检　察

【概况】 2017年,市检察院围绕“全面提升、全市率先、全省领先、全国争先”的奋斗目标,坚持“抓党建、带队伍、促业务、强公信”的工作方针,强化法律监督,深化司法改革,打造过硬队伍,各项检察工作取得新成效。全年批准逮捕222件259人,提起公诉665件892人;立案贪污贿赂案件10件12人,渎职犯罪案件3件5人;监督立案6件,监督撤案2件,追捕2人,追诉8人,纠正侦查活动违法17件。年内获得靖江市级以上集体荣誉23项,其中国家级2项、省级1项、泰州市级7项、靖江市级13项;82人次获靖江市级以上个人荣誉,其中国家级4人次、省级6人次、泰州市级51人次、靖江市级21人次。

年内,市检察院开展“食药安全检察行”活动现场
(市检察院提供)

【刑事检察】 依法打击各类刑事犯罪,全年批准逮捕222件259人,提起公诉665件892人,报送泰州市检察院审查起诉5件6人,依法不批准逮捕126人、不起诉39人,经羁押必要性审查建议侦查、审判机关变更强制措施12人。打造保护未成年人成长的“检察护蕾之窗”,涉罪未成年人不批捕率50%,附条件不起诉1人,为涉罪未成年人申请法律援助11人,封存犯罪记录10人,开展心理疏导、跟踪帮教等活动15场次。守护“舌尖上的安全”,推进“食药安全检察行”,对生产、销售假药、不符合安全标准的食品等犯罪提起公诉18件36人。整顿和规范市场经济秩序,参与打击企业恶意逃废债务专项整治,对涉嫌组织、领导传销活动、假冒注册商标、合同诈骗等经济犯罪的111名被告人依法提起公诉。强化社会风险研判和预警,以检察建议推动公安机关开展娱乐场所专项整治,结合办案撰写的7篇风险研判报告得到省检察院、泰州市政协采用,关于传销问题的情况反映获省检察院刘华检察长批示,反映高利贷发展趋势的信息得到中央办公厅、最高人民检察院转发。

【查办和预防职务犯罪】 继续保持侦防工作力度不减、节奏不变、尺度不松,2017年1月至11月4日依法立案贪污贿赂犯罪案件10件12人、渎职犯罪案件3件5人,其中科级干部3人全部侦查终结。针对历年来受理的职务犯罪线索、办理的职务犯罪案件、追缴的涉案赃款赃物,逐一清理、逐案登记、逐项依规处理。深化侦防一体化建设,结合办案召开医疗卫生领域典型案件剖析会,形成预防调查、类案分析报告4件,发出检察建议5件,提供行贿犯罪档案查询4335次,报送的《惩治和预防年度综合报告》获市委主要领导批示肯定。做深做细转隶人员思想政治工作,稳妥推进侦防职能机构和相关人员平顺转隶,确保检察机关与监察委员会工作有效衔接。

【诉讼监督】 打造强化刑事立案、侦查活动监督的“检察正义之窗”,依法监督立案6人,监督撤案2件,追捕2人,追诉8人,纠正侦查活动违法17件。市人大常委会专题听取和审议侦查监督工作,给予充分肯定。规范推进刑事、民事审判监督,依法纠正刑事审判活动违法2件、民事审判活动违法3件,提出、提请刑事抗诉3件,法院改判2件。办理刑事申诉案件3件,强化公开审查、释法说理、反向审视等工作,实现息诉罢访。加强对民事行政裁判执行活动的监督,会同市法院召开执行工作专题联席会议,共同开展执行专项检查,发出执行监督检察建议8件。推进刑事执行检察监督,依法开展指定居所监视居住执行监督31件、财产刑执行监督3件,纠正监管活动违法9件,纠正社区服刑人员脱管、漏管6人,监督收监执行2人。财产刑执行监督做法被《检察日报》等媒体报道,派驻看守所检察室被最高检评为全国检察机关派驻监管场所一级规范化检察室。

【行政执法检察监督及公益诉讼工作】 推进公益诉讼工作，与市政府联合举办检察机关提起行政公益诉讼宣讲活动，在市场监管局、国土局、农委等单位设立派驻检察官办公室，增强维护公共利益的合力。在国有财产保护、国有土地使用权出让等领域，推进专项监督行动，向职能部门发出的16件督促履职检察建议全部被采纳，督促追缴款项1070余万元、没收违章建筑及其他设施2160平方米。对于经督促履职纠正不到位、公共利益继续受到侵害的，深入调查取证，依法提起行政公益诉讼1件。调研5年来全市行政执法状况，形成专项调研报告，市委主要领导专门作出批示，市人大常委会专题听取和审议行政执法检察监督及公益诉讼工作，并出台《关于加强行政执法检察监督及公益诉讼工作的决定》。

【控告申诉检察】 加强十九大安保维稳，开展社会矛盾和安全隐患大排查大整治，聚焦重点非涉检信访案件，秉持高度的政治责任感，逐案落实领导包案、带案下访等措施，严格执行全天候值班备勤、每日“零报告”等制度，实现“三个不发生”（不发生暴恐案事件、不发生在全国有重大影响的大规模群体性事件、不发生重大公共安全案事件）目标，受到泰州市检察院记功表彰，安保维稳经验在全市检察机关交流。打造一站式回应诉求的“检察为民之窗”，规范运行网上、网下检察为民服务中心，完善检察长接待日、律师参与化解涉法涉诉信访、公开听证答复等机制，应用“苏检e访通”、远程视频接访等信息化系统，妥善接处各类信访213件，有效化解告急访3件、网上舆情3件，办理检调对接7件，向5名特困刑事被害人发放救助金4万元，连续第五次被最高检表彰为全国检察机关文明接待室，“涉检信访矛盾多元化解机制”获市改革创新二等奖。

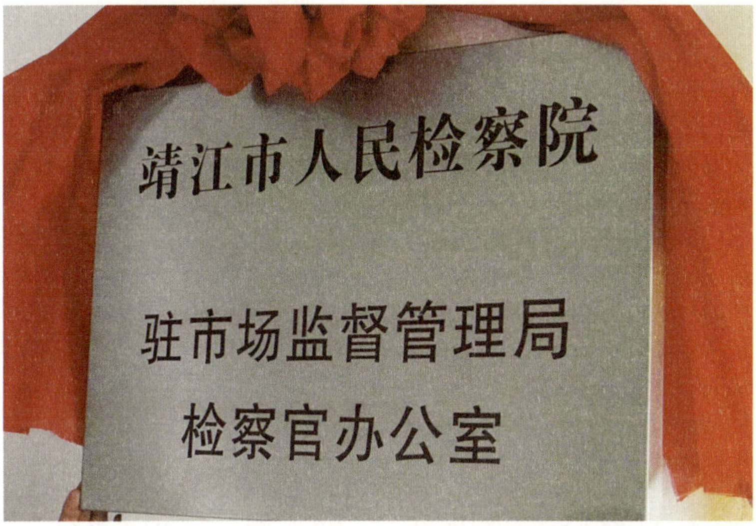

5月23日，市检察院设立全市首家驻行政执法机关检察官办公室 （市检察院提供）

【司法责任制改革】 完善检察权运行机制，坚持“谁办案谁负责、谁决定谁负责”的要求，建立检察官办案组织，实行随机分案为主、指定分案为辅，细化员额检察官、检察官助理和司法行政人员职权清单，调整统一业务应用系统中审批权限，彰显员额检察官的办案主体地位。坚持入额院领导和部门负责人带头办案，年内入额院领导共办案87件。坚持放权与监督相结合，建立员额检察官司法档案，每季度公示办案量，运行案管大数据应用平台，强化流程自动监控和案件定期抽查，实行办案质效ABC等级评价制度。推进“法治泰州检律同行”，建立“检律互动”微信群，提供律师阅卷130次，在互联网发布程序性信息1372条、终结性法律文书706份、重大案件信息54件，召开新闻发布会2场。

【队伍建设】 坚持“两学一做”学习教育常态化、制度化，开展“五个过硬”（政治、业务、责任、纪律、作风过硬）基层院领导班子争创活动，组织党员干警分批赴山东临沂接受党性锻炼，深化“为谁辛苦为谁忙”、“树标杆、找短板、敢争先”、“三个认同”（改革意义、价值情感、目标责任认同）等专题讨论，开展“忠诚、担当、公正、清廉”主题演讲、主题征文等活动。加强基层组织建设，坚持“党建提升年”主题和“五有”（工作有主题、书记有担当、党员有行动、群众有好评、党建有成效）支部标准，落实“三会一课”制度，深化对十九大报告和新党章的学习领会。层层压实党风廉政建设主体责任，支持派驻纪检监察组开展工作,常态化推进“四谈”(党组书记谈廉、分管领导谈责、纪检组长谈纪、支部书记谈心)活动、检务督察“啄木鸟”专项行动,狠抓“廉政风险点排查防控、不规范司法行为约谈、党风廉政建设问题清单排查整改”三项重点工作。持续繁荣检察文化,举办“凝心聚魂、忠诚担当”道德讲堂、“检察风·好新闻好故事”交流会,组织工间操演练、“我运动,我阳光”户外骑行等文体活动,自编自演公益微电影《药殇》,以支部为单位参观院史陈列室、畅谈五年来检察成就,开展“我为什么而努力”“三个容不下”在线交流,《长安》《检察日报》《江苏法制报》等报刊专题报道“明霞团队”事迹。坚持每周一期“素能提升微讲堂”,实施青年英才“331”计划、“青蓝结对”工程,建设“牧城书驿”,每月更新院图书馆藏书, 实施全员读书计划,常态化开展以课题研究、疑案研讨、学术沙龙为内容的清风读书社活动。年内有 3 项课题入选省法学会2017 年年会,1 篇论文在全省检察机关党建理论研讨中获二等奖。市检察院被省级机关工委、省全民阅读活动领导小组办公室表彰为“书香机关建设示范点”。

【羁押必要性审查典型案例】 2017年,史某某羁押必要性审查案(组织卖淫)被最高人民检察院执检厅评为全国羁押必要性审查优秀案件。被告人史某某,男,1962 年 4月 24 日出生,高中文化,靖江市蓬莱仙境浴室实际经营人。2015 年 5 月 19 日夜间,被告人史某某容留女青年金某某在其经营的浴室向陈某、刘某某各卖淫 1 次,被公安机关查获。2015 年 11 月 25 日,市法院作出〔2015〕泰靖刑初 427 号刑事判决书,判决:被告人史某某犯组织卖淫罪,判处有期徒刑 5 年,并处罚金 5 万元。史某某不服一审判决,向泰州市中级人民法院提出上诉。泰州市中级人民法院审理后于 2016 年 2 月 1 日作出〔2015〕泰中刑终字第 00148号刑事裁定:撤销原判,发回重审。2016 年 2 月 22 日,市法院决定立案重审。2016 年 8 月 15 日,市法院对该案作出〔2016〕苏1282刑初 49 号刑事判决书,判决:被告人史某某犯容留卖淫罪,判处有期徒刑 1 年 3 个月,并处罚金人民币 1.5 万元,刑期自 2015 年5 月 20 日起至 2016 年 8 月 19日止。2016 年 8 月 17 日,市检察院刑事执行检察科收到判决书,在备案审查中发现被告人史某某刑期即将于 2 天之后届满,但刑期届满时该判决尚未发生法律效力。如果刑期届满后继续羁押被告人史某某,羁押期限将超过依法可能判处的刑期。市检察院刑事执行检察科立即依职权启动羁押必要性审查程序,并于当日决定立案审查。立案后,听取被告人史某某、办案机关承办人、公诉部门承办人的意见,调查核实被告人的身体健康状况和在看守所羁押期间的表现,经审查认为,应当建议办案单位对史某某变更强制措施。2016 年 8 月 18 日,市检察院向市法院发出《对犯罪嫌疑人、被告人予以释放或者变更强制措施建议书》,建议对史某某变更强制措施。建议书发出之后,市检察院继续跟踪监督建议的落实情况。2016 年 8 月 19 日,市法院采纳建议,决定对史某某变更强制措施为取保候审,当日将史某某从靖江市看守所释放。该案的成功办理,避免了 1 起可能发生的超期羁押,保证了国家法律的正确实施,维护了在押人员的合法权益,保障了刑事诉讼的顺利进行。案件办结后,市检察院以此案为例,进一步健全羁押必要性审查机制,加强与看守所、法院的沟通联系,向办案机关、辩护律师、在押人员广泛宣传介绍刑事执行检察部门的羁押必要性审查职能,提高社会知晓度,拓展羁押必要性审查案源渠道,取得较好的政治效果、办案效果和社会效果。 (薛 飞)

法 院

【概况】 2017 年,市法院以“努力让人民群众在每一个司法案件中感受到公平正义”为目标,坚持司法为民、公正司法工作主线,抓好审判执行工作,加强法院队伍建设,服务发展大局,为全面建设“强富美高”新靖江提供强有力的司法保障。全年受理各类案件 17425 件,办结 14088件,比上年分别增长 5.61%和4.53%。是年,市法院被江苏省高院表彰为“党的十九大安保维稳工作先进集体”。

【刑事审判】 全年审结各类刑事案件 679 件,判处罪犯 861人,做到宽严有据,罚当其罪。推进平安靖江建设,严厉惩治危害社会和谐稳定的犯罪,审结故意杀人、故意伤害、“两抢一盗”(抢劫、抢夺、盗窃)、绑架、放火、强奸等案件 194 件,审结涉“黄赌毒”案件 68 件,23 人被判处 3 年以上刑罚,最高科刑 15 年;严厉惩治侵害群众生命安全的犯罪,审结涉食品药品、交通肇事、危险驾驶等犯罪案件 224 件,其中“美丽曲线”系列案的15名被告人被定罪处罚，最高科刑10年6个月，并处罚金120万元；严厉惩治危害市场经济秩序的犯罪，审结涉税、传销等案件12件，其中祁某等虚开增值税案为靖江历史上涉案金额最大、涉案人数最多的案件。通过重大案件的审理，有力震慑犯罪分子，促进市场健康发展。推进以审判为中心的诉讼制度改革，召集或参加公检法司联席会议13次，就改革推进过程中遇到的具体问题进行磋商，全面贯彻证据裁判原则，对定性不准、遗漏事实的案件，建议变更、追加起诉6件，启动非法证据排除程序3次，进一步加强人权司法保障。

【民商事审判】 全年审结各类民商事案件9190件，调解撤诉率69.24%。推进家事审判改革，审结婚姻、赡养、抚养、继承等案件1027件，运用传统优良习俗，修补社会关系。完善市场规则治理，审结买卖、担保、股权争议等经济纠纷2418件，平等保护产权，促进公平竞争。规范房地产交易行为，审结房地产开发、商品房销售、房屋租赁等案件532件，对虚假宣传、恶意违约等行为予以规制，倡导诚信经营、理性消费。注重化解“三农”纠纷，审结农村土地承包、土地流转等案件351件，助推全市特色镇村建设。加强知识产权保护力度，审结涉“双鱼”“茅台”等侵犯知识产权案件232件，依法追究假冒注册商标的项某刑事责任，严厉打击“傍名牌、搭便车”等不正当竞争行为。

【执行工作】 以基本解决执行难为目标，全年执结各类案件4219件，执行到位金额7.85亿元，实际执行率51.78%，执结率69.17%，均位列泰州所辖市（区）前三名，执行局被江苏省高院记集体三等功。主动争取党委支持，由市委、市政府出台文件，推动全市30余家单位共同参与，形成综合治理“执行难”工作的新格局。依托信息化提升执行效率，通过司法网络查控系统，完成网络查询7103次，查询到存款1.46亿元、房产1459处、车辆1515辆，网上冻结存款2217次；借助司法网拍平台，成交拍品113件1.92亿元，为当事人节省佣金350余万元。强化执行专项攻坚，集中开展“春雷”“飓风”“猎狐”行动140次，拘传208人，拘留135人，扣押车辆18辆，成功解决386件“执行难”案件。强化联合信用惩戒机制，年内1669人、298家单位被纳入失信被执行人名单，对非法处置法院查封财产的朱某，依法追究刑事责任。创新执行工作机制，引入执行悬赏保险制度，解决“人难找”“物难寻”等问题；与江苏卫视等主流媒体合作，对执行全程直播，吸引20余万人在线观看，对“老赖”形成巨大舆论攻势。

【队伍建设】 坚持以党建促队建，创立“守望天平”党建品牌，引导全院干警以全国优秀法官王珏为榜样，补足“精神之钙”。积蓄法院发展后劲，制定《中长期人才培养计划》，以青年法官培养为核心，实行一对一传帮带，组织业务培训170人次，进行精品庭审、精品案例、精品裁判文书“三精品”评比等岗位练兵活动。全年有2件案件被泰州中院评为“十佳案件”“优秀案件”，7人获泰州中院授予的业务能手、十佳标兵等称号。完善工作激励机制，坚持以“实绩论英雄”，评选“季度之星”等4期40人，增选4名青年法官进入员额，提拔10名业务骨干到中层岗位。加强理论实务研究，全年在省级以上载体发表调研文章19篇，其中《人民法院报》发表3篇、《人民司法》杂志发表1篇；发出司法建议14篇，1篇被评为“全省优秀司法建议”；5篇论文在省级

8月2日，靖江召开全市破解“执行难”工作推进会

（市法院提供）

以上论文比赛中获奖,其中1篇获评全国法院第29届学术论文优秀奖。

【司法保障金融改革创新】 年内,市法院被泰州市中院指定为泰州首家“司法保障金融改革创新示范法院”。市法院充分发挥审判职能,引导金融回归本源。打造金融审判绿色通道,配强金融债权执行“重案组”,对涉金融案件快立、快审、快执,全年共办结此类案件529件,帮助20余家金融机构实现债权7000余万元。开展净化金融环境专项工作,对非法吸收公众存款等金融犯罪行为予以严厉惩处,对恶意逃废金融债务的企业、个人搜查38次,查封、扣押财产360余件。严格依法规制高利贷,对民间借贷利率超过司法保护上限的利息不予保护,以降低实体经济融资成本,审结民间借贷案件1800件,标的额7.91亿元。完善金融风险防范指导机制,将巡回审判与市人民银行的“金融讲坛”相结合,针对审理发现的相关问题,进行风险提示,帮助金融机构规范管理,并针对企业逃废债务形成专题报告,服务市委、市政府决策。

【开展“六访六助”活动】 年内,市法院落实“大走访大落实”要求,开展“六访六助”司法护企专项行动。依托“法官法律巡诊服务团”,向企业赠阅经营风险防范手册200余份,开展交流座谈、法律咨询、法律授课230余次,搭建常态化的沟通平台,帮助企业防范初创、成长、发展等不同阶段的法律风险。开展“企业债权清收”专项行动,共派出干警500余人次,远赴新疆、云南等地异地保全、执行,帮助企业追回债权1.1亿元,并兼顾双方利益,运用“放水养鱼”执行方式,促成167件涉企案件达成和解。在执行某楼盘因逾期办证引发的违约纠纷中,帮助开发商与40余名业主重建信任,达成一致意见,既保护了业主的合法权益,又为企业发展创造了条件。在“六访六助”活动中,共安排168名干警走访企业200余家,收集、梳理问题38个,解决问题33个。《江苏经济报》以《靖江法院“六访六助”提升企业获得感》为题,在头版头条予以报道。

【诉讼服务机制优化】 年内,市法院升级诉讼服务中心,打造诉讼引导等“七位一体”工作体系,进一步方便群众诉讼,全年接待来访1.5万人次,“12368”声讯台接受电话咨询744人次,帮助网上立案6408件。推行案件繁简分流,对认罪案件适用简易程序,共审结此类案件546件,当庭宣判率98%。依托信息化技术,探索试用微信进行调解、开庭,有效减轻异地当事人诉讼负担。加大司法救助力度,对符合条件的困难群众依法缓、减、免诉讼费42万元,发放司法救助款38万元。做好信访维稳工作,引导群众合理表达诉求,确保十九大期间无一人进京访,被江苏省高院评为“党的十九大安保维稳工作先进集体”。

【首次公开直播巡回审理受贿案件】 3月24日上午,市内一起国家工作人员利用职务便利多次索取或非法收受贿赂案件,在市经信委会议室内现场审理宣判。宣判现场除案件相关人员,还有市经信委机关工作人员、20余家企业负责人和销售人员、人大代表、政协委员,另有3000余名网友通过直播平台在线观看庭审直播。刑事审判巡回法庭搬进机关并现场直播审理在市内尚属首次,在全省法院系统也不多见。

3月24日,市法院首次公开直播巡回审理受贿案件

(市法院提供)

【司法建议获评省优秀】 年内，市法院报送的《关于规范农村土地流转的司法建议》被江苏省高院评为“全省优秀司法建议”。2014年起，市法院共受理涉农村土地流转纠纷137件，涉及农户1500余户、农田550余公顷，所涉农户及农田面积逐年增加。该司法建议结合审判实践，分析土地流转纠纷的两大突出问题及其可能面临的法律和社会风险，就此提出进行全市排查梳理、建立风险评估制度、加强执法监督力度、健全纠纷化解机制4点建议。 （兰 垒 蔡 佳）

司法行政

【概况】 2017年，市司法局围绕“打造人民满意服务型司法行政机关”的总任务，紧扣“全省争先、全市有位、全面发展”的总目标，推进覆盖全市的公共法律服务体系建设，为全市经济社会发展和法治靖江建设营造和谐稳定的社会环境。全年共受理调解纠纷8388起，调处成功率99.5%；受理公证2583件、各类援助案件882件；接待法律咨询5200人次，开展各类送法活动190场次，提供法律建议60余条；社区服刑人员入矫率、受矫率和期满解矫率以及刑满释放人员安置率、结对帮教率均达100%。是年，市司法局被省司法厅表彰为“2017年度全省司法行政系统新闻宣传工作先进集体”，法治宣传教育“五聚五高两惠及”创新做法和“援助律师成长计划”“律师‘管家式’服务中小企业”等12项工作得到省司法厅肯定，社区矫正标准化建设经验在省司法厅相关会议交流；新申报国家级民主法治示范村1个，进入省级推荐公示阶段。

【矛盾纠纷调处】 2017年，市司法局深化专业性行业性调解组织建设，年内新建房地产市场纠纷人民调解委员会、市安全事故纠纷人民调解委员会等5个行业性调解组织，全年14家专业性行业调解组织调处医疗纠纷21起、交通道路事故纠纷2322起、劳动争议纠纷161起、物业纠纷180起。开展社会矛盾纠纷大排查大整治、“百日会战”等多个专项行动，为中共十九大等重大会议、重要节日营造和谐稳定的社会环境。创建“吴鞋银能人调解工作室”和“钱旭平多元化解工作室”，组建市内调解专家库，首批89名专家已吸收入库到位，实现复杂矛盾专家会诊。选编《靖江市人民调解典型案例汇编》，并发放到全市人民调解员和基层干部手中，为调解工作提供专业化、精准化指导。开展人民调解组织星级评定活动，全市323个调解组织中评选出三星调委会227个、四星调委会7个、五星调委会3个，其中市人民调解委员会和市政府城南办事处人民调解委员会被评为泰州十佳五星级调委会。

【公共法律服务】 2017年，市司法局走基层、到一线，精准定位、细化举措，把公共法律服务惠企便民落到实处。实施“百名顾问结百村”公共法律服务工程，明确驻村律师服务时间、内容及考评奖励办法，年内共接待法律咨询3150余人次，修订完善合同102份，协助化解群体性矛盾61起。长效开展公益律师志愿服务团“三单”（需求订单、服务清单、满意回单）服务，为企业提供一对一管家式法律服务。与市公安局联合成立“马洲警侨联动服务中心法律服务点”，致力为域内在境外投资企业特别是为“一带一路”“走出去”企业提供法治保障。与市妇联、驻靖江部队等部门、单

年内，市司法局实施“百名顾问结百村”公共法律服务工程
（市司法局提供）

位联合开展“芬芳同行 牵手共维权”“法润江苏 律动靖江”等系列活动，为妇女儿童、驻靖江部队官兵提供法律咨询400余人次，办理涉军、妇儿法律援助案件19件。深化法律援助标准化建设，编制法律援助申请类业务咨询解答、受理审查等工作指引，解决群众办理法律援助时因申请材料不齐反复跑问题。全年共办理各类法律援助案件882件，接待来访群众3564人次，解答“12348”公共法律服务热线电话咨询1019人次，为受援人挽回经济损失近千万元，惠及近4000人，其中为农民工追索劳动报酬765万元。

“12·4”国家宪法日法治宣传文艺演出　　（市司法局提供）

【法治宣传教育】 2017年，市司法局根据“五聚五高两惠及”（见延伸阅读）五年计划，组织开展普法惠民专项行动。发动全市30多个普法职能单位，采用庭审旁听、报告会、法治讲座、法治文艺、典型案例巡展等形式，组织策划“以案释法基层行”190场次，惠及群众3.8万人次；策划“法润靖江 和谐劳动关系”项目，构建劳资双方依法协商的维权机制；策划“争当先进、德法同行”先锋行动，在百所学校选评“学法小童星”“尊德守法好少年”各10名。创新法治宣传载体。依托村（社区）法治长廊、释法亭等载体，引导法律顾问结合民生问题，进行现场“微互动”，打造村（社区）普法“微讲堂”；依托镇级法治文化创排中心，指导法治文化能人创排法治文艺“微演出”；设立农家书屋法律图书角，配备法律图书7000余册，打造村居民学法“微充电”平台；依托普法微载体，推送普法信息，进行移动终端“微普法”；以怀德学院为基地，指导大学生自导自演“普法花样学姐”系列法治“微电影”。

延伸阅读：五聚五高两惠及

年内，市委、市政府围绕“两聚一高”新目标，贯彻全省司法行政工作会议关于“让法治成为江苏核心竞争力的重要标志”的要求，通过专题走访调研、梳理群众需求、征集创新思路等方式，围绕普法服务供给侧改革，制定印发《靖江市委市政府关于实施法治宣传教育“五聚五高两惠及”行动计划的意见》。“五聚五高两惠及”的具体内容为：

聚焦民主法治主旋律，高水平推动依法治市进程。落实“谁执法谁普法、谁主管谁负责”责任制，探索建立法治靖江指标体系，制定“七五”普法责任清单，健全“以案释法”积分考核、年度经典释法案例和十佳媒体公益推广案例公投评选等制度，打造“法治宣传全媒体矩阵”，构建城市信用体系，把法治宣传教育融入经济社会发展各个领域。

聚焦创新创业主攻仗，高水平服务经济转型升级。以需求为导向，以实效为标准，推动全民普法创新，创设创业者法律顾问，推广“三单三定”账单式服务，推出中小微企业成长伙伴计划，实施名优律所养成工程，开辟微信“企业法律门诊室”，编印“拍案惊企”系列丛书，打好“大众创业、万众创新”主动仗。

聚焦城乡一体主方向，高水平实现全民共享共建。围绕城乡居民最关心、最直接、最现实的法律问题，实施公共法律服务“通达”工程、社会组织孵化工程、群众法治文化培育工程、“百名顾问结百村”工程和基层法律服务延伸段创建工程，建成全民共享、城乡同步、协调发展、融合互动的普法服务新格局。

聚焦供给侧改革主阵地，高水平深化精准普法服务。夯实领导干部“关键少数”、青少年“关键时期”、企业经营管理人员“关键环节”和新居民“关键群体”普法服务主阵地，全面强化领导干部法治思维提升，青少年法治素质养成，企业管理法治方式升级和新居民法治意识培育。

聚焦智慧司法主渠道，高水平增强群众获得感、幸福感。强化"互联网+"思维，推动"互联网+法治宣传教育"益民服务，加大微信、微博、手机APP等新媒体建设和应用力度，创建"智慧决策""智慧服务"和"智慧管理"系统，力争实现群众对普法宣传的满意率达90%以上。

普法成果惠及全民及各类实体。

【特殊人群服务管理】 2017年，市司法局在监督管理、矫正帮扶、基础保障三大方面37个重点环节落实社区矫正工作标准，完善各项规章制度，社区服刑人员入矫率、受矫率和期满解矫率以及刑满释放人员安置率、结对帮教率均达100%。实施社区服刑人员指纹联网考勤制度，通过手机定位、电子腕表等方式每天掌控人员动态，确保所有社区服刑人员于户籍所在地在管在控，年内社区服刑人员、刑满释放人员无重新犯罪情况。实施"两函两通报"(督查整改函、领导提醒函，考核通报、诫勉通报)制度，清单式列举矫正干警、专职社工的法定义务，自上而下实现执法者不失位、专职社工不越位。建立社区矫正工作适用分级合议制：一般情况由中心承办人提出初步意见，交评议组讨论；复杂情况由司法所负责人和调查人形成合议意见，制作纪要存卷。建立合法审查制，由政策法规科对社区矫正8个主要事项进行核查。严格公开公示制，对事前、事后和涉及未成年人的执法事项依法依规公开。

【法律援助案件质量评估委员会成立】 2017年，市司法局成立法律援助案件质量评估委员会。其职责是依据江苏省司法厅制定的《法律援助案件质量评估规范》和市司法局制定的《靖江市法律援助案件卷宗质量和疑难复杂程度评估办法》，对法律援助案件进行质量评估。评估分为日常评估、专项评估、年度评估和上级评估，保证评估率达100%。同时制定合理的评估结果运用机制，将评估结果与承办人办案补贴、年度考核挂钩，奖优罚劣。实现差别化补贴，对评选出的年度优秀卷宗和疑难复杂案件增发50%～100%补贴，对不合格案件不发补贴，充分调动办案人员的积极性，促进承办人办好案、办难案，提高法律援助案件的办案质量。

【法援助力农民工维权】 2017年，市司法局按照"预防在先""化解在早""援助在小"要求，探索综合运用普法宣传、法律服务、法律援助和人民调解等多元化手段，围绕农民工工资给付、劳动争议、权益保障等重点，开展一系列专项活动维护农民工权益。全年受理农民工讨薪法律援助个案113件，涉及金额293万元；受理农民工讨薪法律援助群体性案件46起，受援人数404人，涉及金额472万元。年内，开展农民工维权大排查、大宣传活动。加强与劳动保障部门沟通联系，全面摸清辖区外来用工人数较多的企业、单位，做到底数清、情况明；依托公益律师志愿服务团、非公经济律师服务团，走访重点企业、顾问单位，对企业落实保障农民工权益、支付劳动报酬等法规政策情况进行法律体检，提出改进建议和意见；针对农民工实际需求，设计农民工法律服务导引，详细注明有关法律常识、申请法律援助的方式等内容，在农民工聚集地发放；充分运用"两微一端""一报两台"等载体，宣传农民工法律救助事项，提升法律救助的知晓率，方便农民工在第一时间获得法律援助。开展农民工维权大摸底、大化解行动。立足"化解在早"，以司法所和专业性、行业性调解组织为主体，开展纠纷排查化解专项行动，全面排查、集中化解侵害农民工权益的纠纷；对纠纷突出的企业，加大排查频次、密度和力度。将排查收集的相关纠纷信息，与"12348"平台等收集的信息进行综合分析，形成纠纷动态和发展趋势综合研判，分级分类预警处置；加强与劳动保障、工会、妇联等部门协作，推进人民调解与劳动争议调解、仲裁、劳动保障执法检查的衔接配合，形成化解合力。开展农民工维权大联动、大援助行动。针对年底前后农民工维权诉求增多的现象，畅通微博、微信、"12348"热线通道，加派在线专家力量，为农民工维权提供24小时不间断服务；建立农民工维权"绿色通道"，简化涉及侵害农民工权益案件的法律援助受理审查程序，确保"应援尽援"；在农民工聚集区设立法律援助流动站点，扩大农民工法律援助覆盖面；营造打击侵害农民工权益行为的高压态势，对办案中发现的拖欠农民工工资、侵害农民工合法权益的现象，及时将有关失信信息提供给劳动保障及行业主管部门，联合相关部门共同实施失信惩戒。

（刘　圳）

靖江市人民武装部

【概况】 2017年,市人武部加强思想政治工作,以军事斗争准备为龙头推进各项建设,兵员征集、双拥共建等工作成效位居泰州三市三区前列,被江苏省军区表彰为先进团级单位和基层武装工作先进单位。

【思想政治建设】 2017年,市人武部始终把强有力的思想政治工作贯穿改革全过程,坚持用习近平强军思想统一干部职工的思想和行动,做好政策解读,廓清思想迷雾,凝聚改革共识。宣传贯彻十九大精神,组织集中学习和宣讲辅导,第一时间把思想和行动统一到党的十九大精神上来。落实党委主体责任和纪委监督责任,组织学习中纪委七次全会精神,传达各类违规违纪问题通报,组织观看《浴火强军》等警示教育片,引导干部职工打牢接受改革考验、自觉顾全大局的思想基础。着眼改革实际,做好一人一事思想工作,部领导先后4次与全体人员逐个谈心交流,逐一化解思想矛盾,真心实意为干部职工办实事、解难事,有力保证人员思想稳定。

【军事斗争准备】 2017年,市人武部根据改革后新职能定位,围绕支援保障中心任务,深化拓展军事斗争准备。抓好民兵组织整顿,编实建强应急力量和专业力量队伍,为全市后备力量建设打牢基础。采取集中授课辅导、业务知识讲座等形式,组织全市专武干部和民兵营长60人集训3天,组织民兵抗洪抢险分队120人训练3天,组织民兵工兵分队40人根据新颁布的《民兵军事训练大纲》进行试训演练,提升民兵分队应急处置能力。推进军民融合深度发展,迎接江苏省军

6月,靖江抗洪抢险应急演练现场

民融合专题调研，摸清辖区涉军参军企业底数，协调政府成立军民融合产业发展工作领导小组。加强专武干部队伍建设，提请市委研究出台《关于进一步加强全市基层专职人民武装干部队伍建设的意见》。

【征兵工作】 2017年，市人武部以兵员质量为核心，夯实网上兵役登记、宣传发动、体格检查、政治考核、廉洁征兵等工作环节，完成兵员征集任务。新兵名单初定后，指导各镇利用1周时间，集中新兵学习条令条例，训练队列和体能，使新兵初步了解军营生活，稳固参军热情，杜绝思想退兵和身体责任退兵。年内，泰州市征兵办公室组织三市三区征兵工作“五率”（报名率、上站率、合格率、择优率、退兵率）考核评分，靖江名列第一，无一例退兵。

【安全管理】 2017年，市人武部对照军委国防动员部安全管理6个规范性文件，根据安全检查考评细则，逐项对表销账，确保问题归零，坚决守住安全底线。加强硬件设施建设，先后投入10万元完善消防和视频监控等安全硬件设施。强化枪弹安全管理，2月—4月，根据中央军委和军委国防动员部统一部署，组织开展“省军区系统枪弹专项整治”工作，重点查清枪弹底数、私存私借私用问题、制度落实情况、安全防护状况以及看管队伍现状5个方面28个具体问题，层层签订“枪弹专项整治工作目标责任书”“个人枪弹零持有责任书”，堵塞安全漏洞，消除安全隐患，提升武器弹药安全管理水平，确保军队改革顺利推进。

【双拥共建】 2017年，市人武部组织驻靖江部队和民兵预备役人员围绕全市中心工作任务，积极投身经济社会建设，主动参与“全国卫生城市”“平安靖江”创建和“大走访大落实”活动。各基层人武部与民政部门在春节期间组织慰问复员伤病残军人和现役官兵家庭。开展“双百双建”（百个人武部、预备役团结对帮扶百个经济薄弱村，共建党组织、共建学校）活动，为帮建学校和村解决难题。分别出资20万元和16万元，帮扶灌南县李集乡同兴村、靖江—江阴工业园区江防村新建道路，安装路灯，修建农民休闲健身广场。配合做好省级双拥模范城创建工作，双拥创建考评成绩位列泰州三市三区第一名。 （陆海琪）

武警靖江中队

【概况】 2017年，武警靖江中队以习近平系列强军思想为统领，围绕“持续打基础、全面求过硬”的总体目标，推进中队全面建设，较好地完成以执勤处突为中心的各项工作任务，被江苏省武警总队表彰为“基层建设先进中队”。

【思想政治建设】 2017年，武警靖江中队着眼培养“有灵魂、有血性、有思想、有道德”的新“四有”革命军人，以强有力的思想政治工作引领中队建设。通过“专题抓讨论、小课重消化、课后有活动”，抓好各项主题教育。主办“士兵大讲堂”“理论小课堂”“学强军思想、讲强军故事、干强军事业”活动，确保主题教育落地生根。推进“两学一做”学习教育制度化、常态化，结合中队实际，每月开展“学党史宣誓词”“交党费践承诺”活动，持续强化党员的党性观念。组织参观烈士陵园等爱国主义教育基地，引导官兵坚定理想信念，永远做党和人民的忠诚卫士。

【执勤训练】 按照“多能一体、有效维稳”要求和“保首要、保重点、保全局”思路，引导官兵树立“执勤就是战斗、哨位就是战场”理念。开展“学规范、查隐患、找

武警战士夏季大练兵

问题、补漏洞”执勤安全教育整顿活动,逐一查找安全隐患,明确整改标准、责任和时限予以集中整治。加强执勤正规化建设,根据江苏省武警总队《中心工作集训图册》要求,完善执勤设施10处,制作执勤标牌15块,更换看守所监墙钢网墙。加强军事训练,始终把军事训练作为提高战斗力的根本途径,坚持科学施训。根据官兵身体状况,拟定每周训练小指标,以提升训练的实效性;设置“龙虎榜”,营造“训练有功、标兵光荣”的浓厚氛围,激发官兵训练热情;抓好“教头”队伍建设,采取官教兵、兵教官、官兵互教办法,培养军事训练小教员;发挥“两官”(警官、士官)榜样作用,坚持“练兵先练官”原则,重点突出“两官”的基础体能训练和教学法训练。加强训练设施建设,在营区附近建成近3000平方米训练场地并投入使用。

【拥政爱民】 开展“传承雷锋精神,弘扬时代新风”主题实践活动,定期组织官兵到靖江中心血站义务献血。中秋节前夕,组织慰问光荣院;“五一”“八一”等节日期间,与靖江老季市菜馆举行军民联谊活动,中队威风鼓队、舞蹈队演出自编自排文娱节目。10月,出动兵力20人次驻守江阴长江大桥卡点,为党的十九大胜利召开做出应有贡献。

(赵 辉)

靖江市消防大队

【概况】 2017年,市消防大队有现役人员38人、合同制人员49人、专职后勤保障人员2人,下辖1个现役中队(靖江中队)和1个临时执勤点(江平路执勤点),有消防执勤车辆11辆。年内,市消防大队围绕十九大消防安保工作主线,结合冬春火灾防控、夏季消防检查等专项工作,落实消防工作责任,夯实公共消防基础,加强火灾隐患排查整治,开展消防宣传教育培训,推进部队正规化建设,确保全市火灾形势稳定。全年修订完善灭火救援预案135份,开展重点单位熟悉演练286家次,发放消防宣传资料1.5万余份,检查单位4471家次,督促整改火灾隐患1.05万处,消防接警790起,扑救火灾229起。大队被市委、市政府表彰为“六五”普法先进集体,被泰州市法制宣传教育领导小组表彰为“六五”普法考核先进单位,被泰州市消防支队表彰为消防宣传工作先进单位;大队党委被江苏省消防总队党委表彰为“先进基层党委”;中队长助理周洛阳获评第6届江苏省道德模范“敬业奉献模范”、江苏“最美警察”提名奖、“感动泰州”十大人物,中队士官魏健在十九大消防安保工作中被泰州消防支队记个人三等功。

【消防组织领导】 2017年,市政府多次召开常务会议,专题研究部署消防工作;加大消防投入,全年安排消防经费2200余万元。各镇(街道、园区、办事处)贯彻落实市政府关于消防安全网格化管理工作要求,建立完善基层消防安全责任体系,明确和细化落实村(社区)和有关单位消防工作职责;实行网格长、网格员备案制度,常态化推进“网格化”防火检查巡查、消防宣传等工作。各行业系统结合冬春火灾防控、夏季消防检查等工作,持续开展行业系统火灾隐患排查整治。市消防委员会制定下发消防工作方案,选聘18名社区消防宣传大使。市公安局打造“5分钟灭火救援圈”,将新桥、孤山、城南园区专职消防站建设纳入市公安局重点建设项目,年内孤山、新桥专职消防站建成,新港专职消防站提档升级。

【消防基层基础工作】 2017年,市消防大队根据靖江市“十三五”消防事业发展规划和城市消防规划,制定并实施年度消防工作计划。全年新建市政消火栓50个,市政消火栓建有率100%、完好率98%以上,完成年度目标任务;推动建设社区微型消防站79个、重点单位微型消防站265个。加强微型消防站业务培训,完善与公安消防队联动联勤机制,保证做到“三知四会一联通”(知道消防设施和器材位置、疏散通道和安全出口、建筑布局和功能,会组织疏散人员、扑救初期火灾、穿戴防护装备、操作消防器材,微型消防站与公安消防队、微型消防站与队员保持通信联络畅通)。继续推广应用消防科技成果,安装独立式感烟火灾探测报警器1254个、简易喷淋装置51套、电气火灾监控系统32套,全市111家消防控制室全部接入消防设施联网监测系统。加强电动车防火管理,推动建成电动车集中停放点72处1.2万平方米。

【消防监督】 2017年,市消防大队组织开展冬春火灾防控、夏季消防检查以及石油化工企业、高层建筑、群租房、“三合一”场所(住宿与生产、储存、经营等一种或几种用途混合设置在同一连通空间内的场所)火灾隐患专项整治工作,做好全国“两会”、“一带一路”国际合作高峰论坛、党的十九大等重大活动及重要节日消防安保工作。全年共检查单位4471家次,发现火灾隐患10501处,下发“责令改正通知书”4158份,督促整改隐患10481处,办理消防行政处罚案件92件,责令“三停”(停产停业、停止施工、停止使用)单位20家,临时查封危险场所、部位135处,行政拘留10人,完成靖江靖冶商务酒店、靖江脉道养生馆2处政府挂牌督办重大火灾隐患的督促整改工作。

12月13日,靖城街道布市里社区、北大街社区联合开展社区灭火演练

【消防宣传】 2017年,市消防大队深化消防宣传“进机关、进学校、进社区、进企业、进农村、进家庭、进网站”工作。推动安监、人力资源和社会保障、电力、组织人事等部门将消防安全培训纳入干部、特殊工种等教育培训内容,联合教育部门继续推进中小学校消防安全“有课程、有教材、有师资”建设和消防培训“进军训”活动。加强消防宣传阵地建设,城北园区建成消防主题公园,滨江新区依托该区派出所建成社区消防教育体验馆。加强消防公益宣传,在市广电台、《靖江日报》等媒体定期刊播消防宣传信息和消防科普知识,每日发布消防安全提示和消防安保动态。创新消防宣传形式,推进消防安全提示“进电梯”“进公交”,消防电影“进乡村”,消防宣传大使“进家庭”活动。组织119消防宣传月活动,开展百城交通广播联动、“邮递快递送平安” 行动、“全民消防我代言”大型公益行动等活动,市公安局开展“关注消防 平安你我”之“行走的舞台”消防宣传进社区活动。全年发放各类消防宣传资料1.5万余份,张贴电梯消防安全提示牌800余块,组织观看《119对你说》消防电影12场次,张贴电动车停放、充电场所和民用建筑燃气使用场所消防安全须知50000余份。

【执勤训练】 2017年,市消防大队坚持科学施训,根据灭火救援实际制定练兵方案,区别不同岗位确定训练重点。坚持训战结合、以训促战原则,日常训练模式由偏重体能、技能训练向偏重模拟化、实战化训练转变。坚持“每日必练”制度,采用“小场地、小课堂、小辅导、小群练兵”与集中练兵相结合的训练方式,保证训练成效。注重调动官兵训练积极性,每月开展体能技能比武竞赛。强化专项训练,先后开展水域救援、石油化工灾害处置、应急处突、地下建筑火灾处置等专项训练,并与全市各专职消防队开展联勤联训。强化实地熟悉演练,全年开展重点单位熟悉演练286家次,修订完善数字化预案135份。

【消防接警和火灾情况】 年内,消防接警790起,共出动807次(含增援),出动消防车1331辆次、消防人员6875人次。先后扑救各类火灾229起,参加灾害事故抢险救援186起、社会救助135起,解救被困人员38人,疏散人员21人,抢救财产价值逾亿元。参战人员零伤亡,灭火救援成功率100%。全年发生火灾229起,无人员伤亡。

【后勤保障】 2017年,市消防大队加强营区和装备建设,投入100余万元完成现役消防队营区修缮任务,投入1350万元购置登高平台、抢险救援、排烟照明消防车各1辆及配套器材装备。打造魅力警营,建成“军人俱乐部”“警营网咖”和“橙色力量”健身房。推进警营文体建设,为全体官兵和合同制队员配发运动服、运动鞋,添置篮球、足球、乒乓球等文体用品。做好十九大安保期间后勤保障，落实战时伙食补助标准，科学安排膳食。实施两用人才培训，年内安排2人参加摄影培训，1人参加厨师培训，初步实现“入警即入学、退伍即成才”工作目标。

【思想政治工作】 2017年，市消防大队强化政治引领，先后组织开展“我是怎样的人，要做怎样的人”专题教育活动和“维护核心、听从指挥”主题教育活动。依托孤山烈士陵园挂牌成立思想教育基地，签约1名兼职教员。组织“党的十九大，我们怎么做”专题讨论，强化十九大期间消防安保意识。启动战时政治工作机制，分解14个工作目标，落实29项具体举措，开展誓师动员、重温入党誓词、签订安保责任状等活动，将思想政治工作与业务工作同部署、同落实。联合驻地心理咨询机构，加强官兵心理健康教育，开展心理辅导3次。积极开展警民共建活动，与3个社区、2所学校、3家企事业单位签订共建协议，累计开展共建活动20余次。（贯利雄）

人民防空

【概况】 2017年，市人防办从军事斗争人防准备需求出发，履行战时防空、平时服务、应急支援使命任务，坚持融入发展、统筹发展。全年立项、开工、竣工备案人防工程17个12.24万平方米，审批人防易地建设项目68个，组织应急疏散演练2次、防空警报试鸣1次，发放《民防知识》读本9200本。

【人防工程建设】 2017年，全市立项人防工程11个，建筑面积6.9万平方米；新开工人防工程1个，建筑面积0.54万平方米；竣工备案人防工程5个，建筑面积4.8万平方米。全年审批人防易地建设项目68个。按照《靖江市人防工程建设规划(2015—2030)》和《靖江市城市地下空间开发利用规划(2015—2030)》，坚持“以建为主，以收促建”原则，加强人防工程建设质量检查验收，落实质量监督职责。推进人防工程“平时使用证”发放管理，年内受理发放人防工程使用证3件。做好人防工程使用的日常巡检工作，确保人防工程安全无事故。

【指挥通信建设】 2017年，市人防办组织开展人防应急指挥中心、地下基本指挥所、机动指挥所“三位一体”组织指挥体系建设，机动指挥所通信系统通过竣工验收。根据评审意见和建议，修改完成城市防空袭方案，并上报泰州市民防局备案。推进防空警报建设。年内新增防空警报器1台，更换1台，全面检修和维护电动、电声、多媒体防空警报器。成功组织“9·18”国耻纪念日防空警报试鸣工作，防空警报鸣响率100%。做好人防专业队整组工作。3月，根据省、泰州市民防局和市人武部部署要求，组织市住建、公安、交通等15个单位部门开展人防专业队整组工作，新增信息防护和心理防护2支人防专业队，全市共组人防专业队9支。组织信息防护专业队开展应急通信演练，达到预期效果。参加泰州市民防局组织的人防机动指挥车协同拉动训练，与泰州所辖市(区)人防办进行互联互通训练演练。

【人防演练】 2017年，市人防办结合防空警报试鸣演练活动，会同市应急办、教育局组织学校开展防空应急疏散演练。5月19日，利用天水公园应急避难场所，组织天水小学师生开展防空防灾疏散演练。9月18日，组织靖城中学师生开展地震避险疏散演练，2200多名师生按照预案迅速疏散，撤离到指定地点。通过演练，提高师生的防空意识，增强其自救互救避险能力。

【人防宣传教育】 2017年，市人防办多形式、多渠道、多层次开展人防宣传教育系列活动。协办“人防杯·图书之夜”读书节，播放《科学融合，统筹发展，靖江市全面加强人防工作》宣传片。利用全市物业服务品质提升工作会议，详细解读人防工程车位配建和管理政策。与市有关单位合作，在数字电视开机界面设置人防宣传专栏，在《靖江日报》定期刊发人防宣传专版。参加市政府门户网站在线访谈活动，宣传人防工程建设和使用管理法律法规。征集人防工作建议和关注点，编写《靖江市人防工程的建设和管理》专题材料。会同靖城街道团结路社区开展“关注人民防空，共建平安家园”防灾减灾主题宣传活动，到镇进社区开展人防知识专题讲座和普法活动。向全市中、小学生免费发放《民防知识》读本9200本。结合“5·12”“9·18”等重大纪念日，在德诚广场、春江花城广场组织开展“人防法规咨询”“人防知识进社区”等主题宣传活动，通过图片展示、横幅标语、视频播放等形式，普及应急避险和自救互救知识，增强公众防空防灾和自我防护意识。

【依法行政】 2017 年，市人防办梳理行政权力职责边界和监管责任，公开行政许可事项，做好“3550”审批改革的落实工作。规范行政审批服务，提高办件效率和群众满意度，全年受理办件 85 件，按时办结率 100%。加强行政审批监督，落实江苏省、泰州市民防行政审批内控制度，办件结果及时上传内控系统平台。强化人防工程易地建设费依法征收力度，年内未出现“减、免、缓”收问题。

【“智慧人防”列入省民防科研项目】 年内，市人防办申报的“城市智慧人防综合应用系统”通过省民防科研项目审核，靖江是省内县级市中唯一开展人防科研项目单位。靖江市智慧人防综合应用系统以靖江人防基本指挥所建设为基础，以“精准防护”为指引，以防空袭方案可视化子系统建设为重点，突出“以战为本”核心使命，着力构建集战时指挥、平时演练、日常管理、政务办公、应急支援等于一体的综合应用系统，实现人防工作信息化、可视化、智能化，打造城市“智慧人防”。

【机动指挥车拉动训练】 8 月 24 日，市人防机动指挥车参加泰州市人防机动指挥通信系统拉动训练。拉练全程 150 多千米，训练内容有机动指挥所开设、组网、撤收等程序，短波电台、无线通信、4G 视频传输等科目，紧贴实战要求和目标，检验人防机动指挥所装备性能和车辆机动性能，提高指挥通信人员的业务能力和区域协同指挥控制能力，达到预期效果。

（毛杰洲）

山水盆景（四）

雪融江溢

财 政

【概况】 2017年,市财政系统实施积极财政政策,支持供给侧结构性改革,推进法治财政建设,加强财政管理,较好地完成全年财政预算目标任务。全年实现财政总收入(含江阴—靖江工业园区)145.65亿元,比上年增长8.0%,其中一般公共预算收入60.09亿元,比上年增长2.0%;完成财政总支出(不含江阴—靖江工业园区)115.13亿元,比上年增长0.7%,其中一般公共预算支出70.21亿元,比上年增长9.5%。是年,市财政局被江苏省财政厅评为财政重点工作考核先进市县一等奖,连续第四年被江苏省财政厅认定为法治财政建设示范点,在市级机关年度绩效考评中被评为"十佳机关"。

【财政收入】 靖江实现本级财政总收入(不含江阴—靖江工业园区)129.00亿元,比上年增长6.1%,其中一般公共预算收入51.64亿元,比上年下降1.7%。一般公共预算收入中,税收收入40.63亿元,比上年下降3.2%;非税收入11.01亿元,比上年增长4.4%。一般公共预算收入中税收占比78.7%,国税部门完成24.40亿元,比上年增长72.2%;地税部门完成16.23亿元,比上年下降41.6%;财政及其他部门完成11.01亿元,比上年增长4.4%。

【财政支出】 全年完成财政总支出115.13亿元,比上年增长0.7%。落实各项财税优惠政策,帮助企业减负增效,支持实体经济平稳运行。办理企业出口退税125960万元,固定资产进项抵扣33370万元,福利企业退税20265万元,小微企业税收优惠8322万元;取消、免征各类收费32项,减轻企业负担4500万元;兑付中小企业转型发展奖励资金1304万元、服务业发展引导资金1310万元、购房物业补贴资金350万元。落实强农惠农政策,助推全面小康社会建设。发放农业补贴资金3455万元,受益农民10.86万户;鼓励发展高效农业,安排现代农业发展资金1150万元,发放现代农业政策奖励资金3035万元;支持小麦、水稻、油菜种植及设施农业、养殖业发展,安排农业保险资金1834万元;扶持经济薄弱村发展和低收入农户脱贫,安排扶贫资金1300万元;方便农业生产和农民生活,安排农桥建设资金976万元、农村公共服务运行维护奖补资金896万元;美化农村综合环境,安排美丽乡村建设资金225万元、秸秆禁烧资金3040万元、农村"一事一议"奖补资金1368万元、农村环境"八位一体"管护资金1400万元。构筑立体民生保障体系。扩大社会保障覆盖面,支持发展老龄事业,安排尊老资金1800万元,惠及全市23100多名80岁以上老年人;完善教育保障机制,实施各类教育帮扶行动,安排资金1484万元,资助贫困学生18866人次;落实促进就业创业政策,鼓励企业吸纳各类劳动者就业,32家企业获就业补助资金221万元;支持劳动者技能培训和扶贫济困工作,发放各类城乡劳动者技能培训补贴 883 万元、困难人员个人社保补贴 961 万元；推进保障性住房建设，安排专项资金 3600 万元；支持"二减六治三提升"专项行动，实施城乡环境综合整治和数字化城管，安排资金 4095 万元；确保城乡公交正常营运，安排专项资金 4340 万元。

2017 年靖江市财政收入情况统计表

表 9 单位：万元

项　目	泰州任务	累计完成情况			
		累计完成	占任务(%)	上年同期	增减(%)
一、一般公共预算收入	596000	600913	100.8	589341	2.0
1. 国税部门	—	310982	—	188277	65.2
增值税 50%	—	245976	—	142363	72.8
其中：实征增值税	—	136877	—	99438	37.7
免抵调库	—	22520	—	11200	101.1
改征增值税	—	86579	—	31725	172.9
企业所得税 40%	—	65006	—	45914	41.6
2. 地税部门	—	176117	—	292536	-39.8
营业税 50%	—	430	—	142024	-99.7
改征增值税 50%	—	2508	—	517	385.1
企业所得税 40%	—	11153	—	11479	-2.8
个人所得税 40%	—	17843	—	16753	6.5
城市维护建设税	—	33931	—	31810	6.7
房产税	—	16245	—	14540	11.7
印花税	—	6869	—	7592	-9.5
城镇土地使用税	—	18639	—	16468	13.2
土地增值税	—	30153	—	16922	78.2
车船税	—	3218	—	2770	16.2
耕地占用税	—	4493	—	6234	-27.9
契税	—	30635	—	25427	20.5
3. 财政及其他部门	—	113814	—	108528	4.9
行政性收费收入	—	49502	—	49579	-0.2
罚没收入	—	12963	—	11062	17.2
专项收入	—	31410	—	42765	-26.6
其中：教育费附加收入	—	15301	—	14303	7.0
国有资产有偿使用收入	—	18718	—	4325	332.8
其他收入	—	1221	—	797	53.2

续表 9

项　目	泰州任务	累计完成情况			
		累计完成	占任务(%)	上年同期	增减(%)
二、国有资本经营收入	—	5382	—	4835	11.3
三、政府性基金收入	—	459772	—	457018	0.6
其中:土地出让金收入	—	445334	—	447287	-0.4
四、上划中央收入	—	390457	—	297863	31.1
增值税 50%	—	248484	—	180165	37.9
营业税 50%	—	430	—	5943	-92.8
消费税	—	540	—	535	0.9
企业所得税 60%	—	114239	—	86090	32.7
个人所得税 60%	—	26765	—	25130	6.5
五、财政总收入	—	1456524	—	1349057	8.0
国税总收入	—	655007	—	437884	49.6
地税总收入	—	222549	—	340794	-34.7
财政及其他部门总收入	—	578968	—	570380	1.5
附:出口退税 100%	—	171323	—	165316	3.6
税收比重%	—	81.1	—	81.6	—
税收收入	—	487099	—	480813	1.3
非税收入	—	113814	—	108528	4.9

说明:收入含江阴—靖江工业园区

2017 年靖江市财政支出情况统计表

表 10　　单位:万元

预算科目	支出预算					累计支出	占预算(%)	上年同期	与上年相比	
	小计	上年结转	年度预算	上级指标	债务收入				增减额	增长(%)
一、公共财政预算支出	710000	55000	591119	53881	10000	702122	98.9	641479	60643	9.5
1. 一般公共服务	97500	8783	88209	508	—	83749	85.9	77325	6424	8.3
政府及相关机构事务	32000	1224	30768	8	—	33678	—	27556	6122	22.2
2. 国防	3000	—	2750	250	—	5305	176.8	1385	3920	283.0
3. 公共安全	53300	5623	46504	173	1000	50021	93.8	46286	3735	8.1
4. 教育	120800	4361	114269	670	1500	132016	109.3	129810	2206	1.7
5. 科学技术	9500	259	6782	2459	—	17136	180.4	15966	1170	7.3

续表 10

预算科目	支出预算					累计支出	占预算(%)	上年同期	与上年相比	
	小计	上年结转	年度预算	上级指标	债务收入				增减额	增长(%)
6. 文化体育与传媒	10400	1812	8228	360	—	8590	82.6	8190	400	4.9
7. 社会保障和就业	70600	6739	58101	5760	—	75646	107.1	49593	26053	52.5
8. 医疗卫生与计划生育	66000	2723	60429	2848	—	65224	98.8	59994	5230	8.7
9. 节能环保	21000	7082	5816	8102	—	15789	75.2	19473	−3684	−18.9
10. 城乡社区	65800	7498	54408	2094	1800	89943	136.7	72827	17116	23.5
11. 农林水	72500	5993	50157	13850	2500	43500	60.0	77602	−34102	−43.9
12. 交通运输	14300	877	6208	4015	3200	22661	158.5	14374	8287	57.7
13. 资源勘探信息	8500	1388	5715	1397	—	4358	51.3	6956	−2598	−37.3
14. 商业服务业等	34100	381	30903	2816	—	13959	40.9	14076	−117	−0.8
15. 金融	3100	—	3100	—	—	—	—	2936	−2936	−100.0
16. 国土海洋气象	8400	400	1195	6805	—	16404	195.3	2853	13551	475.0
17. 住房保障支出	39200	486	36940	1774	—	30376	77.5	28195	2181	7.7
18. 粮油物资储备	3800	595	3205	—	—	3716	97.8	2951	765	25.9
19. 债务付息支出	4000	—	4000	—	—	10421	260.5	8130	2291	28.2
20. 预备费	1300	—	1300	—	—	—	—	—	—	—
21. 转移性支出	—	—	—	—	—	—	—	—	—	—
22. 其他支出	2900	—	2900	—	—	13308	—	2557	10751	420.5
二、国有资本经营预算支出	4380	—	4380	—	—	4201	95.9	2364	1837	77.7
三、政府性基金支出	441050	18500	390379	2171	30000	444945	100.9	498942	−53997	−10.8
1. 教育	—	—	—	—	—	—	—	—	—	—
2. 文化体育与传媒	—	—	—	—	—	—	—	149	−149	−100.0
3. 社会保障和就业	1	—	—	1	—	1	—	1	—	—
4. 城乡社区	438824	18435	390344	45	30000	437539	99.7	494884	−57345	−11.6
5. 农林水	—	—	—	—	—	—	—	—	—	—
6. 资源勘探信息等	100	65	35	—	—	40	40.0	58	−18	−31.0
7. 交通运输支出	—	—	—	—	—	—	—	137	—	—
8. 其他支出	2125	—	—	2125	—	7365	—	3713	3652	98.4
四、财政总支出	1155430	73500	985878	56052	40000	1151268	99.6	1142785	8483	0.7

说明：支出不含江阴—靖江工业园区

【财政改革】 推进“法治财政”。贯彻《中华人民共和国预算法》，实施全口径财政预算管理，提高预算编制的科学性，增强预算执行的规范性，维护财政预算的严肃性；清理财政和部门资金结余结转，盘活存量资金，严格预算调整程序，强化预算统筹平衡。实施“阳光财政”。完善预决算公开制度，通过省预决算公开平台，全面公开部门预决算、“三公”经费预决算及会议费、培训费预决算；完善财政监督管理机制，全程监督重大项目资金，构建内部监督与外部监督、全面监督与重点监督、全程监督与环节监督相结合的财政“大监督”机制。建设“高效财政”。以深化国库集中支付制度改革为契机，推进财政业务一体化建设；通过建立新型链条式管理体系，避免人工干预，保障资金安全，提高资金运行效率，降低行政成本；构建预算绩效管理体系，提高指标体系的科学性和评价结果的公信力，将绩效评价结果与预算安排相挂钩，提高绩效管理效率。强化“安全财政”。健全政府性债务风险评估预警和应急处置机制，构筑管得严、用得好、控得住的政府性债务管理体系；组织开展政府性债务风险摸底排查，统计监测融资平台公司、国有企业、事业单位债务情况和地方政府中长期财政支出事项；积极争取债券置换，全年利用债券置换债务12.88亿元，拉长债务期限，降低融资成本，有效防范金融风险，促进地方经济和金融可持续发展。

（王　丹）

9月，市财政局举行财政宣传月活动　　（市财政局提供）

国家税务

【概况】 2017年，市国税局围绕促收入、推改革、树形象三大主题，统筹推进各项工作，完成各项收入53.32亿元，比上年增长53.66%，被市委、市政府表彰为2017年度“市级机关绩效考评十佳服务地方发展单位”，获靖江综合治税工作先进集体一等奖，被泰州市总工会授予“泰州市模范职工之家”称号，被江苏省人力资源和社会保障厅、江苏省国家税务局记三等功。在江苏省国税局下发的纳税人满意度第三方调查报告中，市国税工作综合得分91.06分，排名位居泰州各市（区）国税局第一，在全省94个县（区）级单位中排名第三。

【组织收入】 2017年，市国税局做好“营改增”全面扩围后的应收尽收工作，全年因“营改增”扩围增收11.59亿元，比上年增长236.32%。加大个体税收征收力度，全年入库个体税收首次超亿元，达1.05亿元。强化风险应对管理，争取有质量的应对覆盖面和贡献度，年内完成应对任务468户次，总成效2.68亿元，入库税款贡献率3.6%。全年完成考核税收收入53.32亿元，比上年增长53.66%；完成财政口径收入50.67亿元，比上年增长57.37%；完成公共预算收入24.40亿元，比上年增长75.95%。在考核税收收入中，完成国内增值税收入41.7亿元，比上年增长60.75%；完成消费税收入540万元，比上年增长0.93%；完成企业所得税收入9.35亿元，比上年增长42.23%；完成车辆购置税收入2.21亿元，比上年增长3.95%。

【税收改革】 2017年，市国税局全面落实“放管服”（简政放权、放管结合、优化服务）改革部署，推动税收营商环境持续趋好。继续推进办税架构改革。挂牌运转国地税联合办税分中心，将其纳入全市政务服务体系，健全运行、管理、考评、保障机制。推进办税模式改革，依托江苏省国税局电子税务局在线集成功能，引导纳税人从习惯“窗口办事”向依托“线上办税”转变，年内，全市95%的纳税人线上办理涉税业务，外经证业务（跨区域涉税事项报告）全部线上办理，窗口领票户

2017年靖江市国税收入情况统计表

表11 单位:万元

项目分类	累计收入情况		
	累计	增减额	同比(%)
一、考核税收收入	533194	186195	53.66
二、财政口径收入	506710	184724	57.37
三、公共预算收入	244014	105333	75.95
公共预算收入(2016同口径)	244014	89577	58
1. 国内增值税	416990	157581	60.75
其中:一般增值税	214022	25864	13.75
营改增	164968	115917	236.32
调库	38000	215800	71.17
2. 国内消费税	540	5	0.93
3. 企业所得税	93516	27768	42.23
4. 利息个人所得税	0.64	-0.46	-41.73
5. 车辆购置税	22147	842	3.95

6月5日,靖江市政务服务中心联合办税分中心正式投运

(市国税局提供)

次比上年下降近7成。推进实名制办税改革,年内实名制办税采集率100%。推进新办企业办税改革,实现“新办企业必须在0.5天内完成领票”的“3550”改革目标。推进发票申领方式改革,成立网上发票配送处理中心,年内共有17063户次纳税人通过邮寄方式在线申领发票,在线申领发票比例为93.99%,位居泰州三市三区首位。

【税收优惠】 全面落实调结构、促转型、惠民生的各项税收优惠政策,保证符合政策减免条件的纳税人应享尽享,全年办理各类减免退税27.86亿元,比上年增长18.82%。其中,各类增值税减免退税20.59亿元,比上年增长21.18%;各类企业所得税减免6.94亿元,比上年增长17.74%。在增值税减免退税中,办理增值税征前减免2.37亿元,比上年增长152.39%;办理民政福利企业退税2.04亿元,比上年增长73.37%;办理软件企业退税562万元,比上年增长4.07%;办理出口退税12.6亿元,与上年基本持平;办理固定资产设备抵扣减免3.34亿元,比上年增长85.16%。在企业所得税减免中,办理小微企业所得税减免0.61亿元,比上年增长9.03%;办理高新技术企业所得税减免5.06亿元,比上年增长104.56%。

【纳税服务】 继续开展“便民办税春风行动”。推出办税大厅服务新模式。在泰州三市三区首创“导税台+简单事项快办窗口+专业事项专办窗口+复杂事项后台处理团队”多层次服务新模式,办税大厅日均叫号量、平均等待时间、单笔业务办理时间大幅压缩。加快办税大厅实体办税区、咨询辅导区、线上体验区、自助办税区、发票区域配送中心和后台业务批量处理中心等“六大功能区”建设。其中,线上体验区设置18台计算机,配备专门业务骨干,开展一对一辅导,日均接待纳税人近500人次，办理业务800笔；自助办税区配备14台自助终端，实现全天候自助办税服务，日均认证发票181户次，代开发票38份。推出“绿色通道”办税服务，为市委、市政府表彰的2016年度全市百优企业办理“绿色办税服务卡”，百优企业可凭此卡直接到办税服务厅窗口办理发票领购、票量调整、税控发行、行政许可和业务申报等涉税事宜，即到即办。优化国税特服电话服务，“96888786”特服号接通情况和解答准确率列全省县(市)第二名。

国地税联合办税大厅服务场景

【依法治税】 强化税务执法稽查，推行稽查要素协查法，开展“打骗、打虚”(打击虚开发票、骗取出口退税违法犯罪活动)专项行动，全年查结涉税案件107件，查补收入1474万元。稽查案例“网点不是偷税天堂”获评全省“十佳”优秀稽查案例，是泰州国税系统唯一获此表彰的稽查案例。开展纳税信用等级评定，发布失信“黑名单”，营造激励守信、惩戒失信良好氛围。税收法治工作入围全市社会治安综合治理“一线一品、一镇一品”创新项目。

【微信预约办税】 年内，市国税局依托“靖江国税纳税服务”微信公众平台，推出微信公众号预约取号和办税服务，同时新增办税服务厅实况查询、办税指南、办税服务厅导航等功能，持续提升办税便利性。微信预约办税囊括国税综合业务、地税综合业务和通办(代开)业务3类常规涉税业务，系统设置最多可提前7天提交预约申请。纳税人只需进入“靖江国税纳税服务”公众号，进行实名认证和身份绑定后，即可在线预约取号和办税。纳税人还能在线查看“大厅实况”，并根据排队等待人数信息，自主安排时间错峰办税。此项服务让纳税人“少跑路、少等候”，同时也缓解前台窗口压力。

【在线申领发票新模式】 6月15日起，市国税局和邮政速递公司合作，为全市范围内纳税信用等级为A、B级的纳税人提供发票网上申领和邮政专递服务，让纳税人足不出户领用发票，实现“网上批、快递送、不见面”的领票服务新模式。该模式包括3个步骤。第一步，登录江苏国税电子税务局，在“发票领用申请—网上领用发票”模块提交申请，并查询发票申领受理进度及配送情况。第二步，发票邮件送达后，申领人只要提供本人身份证，核对收取的发票种类和数量，检查发票是否完好。核对无误的，签字并加盖公章或发票专用章交投递员；核对发现问题的，申领人可当场退还投递人员。第三步，申领人收到核对无误的纸质发票后，进入增值税发票税控系统升级版开票系统，下载电子票号。

(朱　毅　陆　璐　陆　翼)

地方税务

【概况】 2017年，市地税局组织入库各项收入52.40亿元，同口径增长8%。其中，税收收入20.76亿元，同口径增长14.9%，税收收入中公共财政预算收入16.23亿元，同口径增长17%；入库各项基金费收入31.64亿元，比上年增长3.9%。为地方财力贡献47.87亿元，全面完成中央级、地方级收入任务，充分发挥地方财力主力军作用。年内，市地税局获评“江苏省档案工作五星级规范单位”“江苏地税金税三期工程推广上线工作先进集体”，被泰州市委、市政府授予“法治泰州建设依法行政示范单位”称号；第四分局获江苏省“工人先锋号”“巾帼文明岗”荣誉称号。

2017年靖江市地税收入(入库)情况统计表

表12 单位:万元

项　目	本期入库	上年同期	增　减	增减率(%)
合　计	523989	642897	-118908	-18.50
一、中央级收入	45233	41903	3330	7.95
1. 增值税	2508	444	2064	464.86
2. 营业税	438	347	91	26.22
3. 企业所得税	16730	17219	-489	-2.84
4. 个人所得税	25557	23893	1664	6.96
二、省级收入	8	12819	-12811	-99.94
1. 营业税	8	12819	-12811	-99.94
2. 企业所得税	0	0	0	0.00
三、公共财政预算收入	162322	283580	-121258	-42.76
(一)工商税收合计	128055	253030	-124975	-49.39
1. 增值税	2508	516	1992	386.05
2. 营业税	430	145191	-144761	-99.70
3. 企业所得税	11153	11479	-326	-2.84
4. 个人所得税	17038	15929	1109	6.96
5. 城建税	29109	28053	1056	3.76
6. 房产税	14075	12469	1606	12.88
7. 印花税	5901	6825	-924	-13.54
8. 土地使用税	15062	13154	1908	14.51
9. 土地增值税	29561	16644	12917	77.61
10. 车船税	3218	2770	448	16.17
(二)耕契两税小计	34267	30550	3717	12.17
1. 耕地占用税	4231	6203	-1972	-31.79
2. 契税	30036	24347	5689	23.37
税收收入合计(全口径)	207563	338302	-130739	-38.65
四、其他收入合计	316426	304595	11831	3.88
1. 教育费附加	13237	12706	531	4.18
2. 地方教育费附加	8826	8469	357	4.22
3. 综合基金	-21	346	-367	-106.07

续表 12

项　目	本期入库	上年同期	增　减	增减率(%)
4. 社保费	286861	274861	12000	4.37
(1)养老保险	155970	150622	5348	3.55
(2)医疗保险	115775	106182	9593	9.03
(3)失业保险	5408	6878	-1470	-21.37
(4)工伤保险	8444	8652	-208	-2.40
(5)生育保险	1264	2527	-1263	-49.98
(6)滞纳金	—	—	0	0.00
5. 工会经费	4913	4434	479	10.80
6. 文化事业建设费	0	18	-18	-100.00
7. 残疾人就业保证金	2094	3233	-1139	-35.23
8. 垃圾处理费	501	508	-7	-1.38
9. 党组织活动经费	0	0	0	0.00
10.税务部门罚没收入	15	20	-5	-25.00
税收收入全口径去营	206687	179945	26742	14.86
公共财政去营	161892	138389	23503	16.98
总收入去营	523113	484540	38573	7.96
市县级收入去营	127625	107839	19786	18.35

说明:“全口径”为含营业税,“去营”为去营业税

【组织收入】 落实部门责任。建立健全组织收入绩效管理专项考评体系,实行收入总量与收入质量、税务稽查与风险应对“两同步”考核,强化考核手段,优化考核方式,落实综合绩效评价责任。加强税种管理。落实《地方“九税”收入质量区间管理办法》,夯实税种管理基础,加大统筹力度,确保收入责任全面落实。加强风险应对。推行风险应对“两审议一巡查”(分局、市局两级审议,按月巡查)制度,充分发挥集体审议在中等风险应对中的决策作用。强化税源监控。加大重点企业的监控力度和重点税种的税源调查力度,全方位跟踪监测全市重点税源,堵塞征管漏洞,达到以管促收目的。创新分析机制。开展日常分析工作,针对热点难点问题开展专题分析、政策效应分析,剖析税收增减变化的深层次原因,准确预测收入变动趋势,掌握组织收入的主动权。构建税收共治格局。积极寻求党委政府支持,重视协税护税网络建设,建立党政领导、税务主责、部门合作、社会协同、公众参与的税收共治格局,有效降低税务执法成本和执法难度。

【依法治税】 以法治税务建设为抓手,树立风险管理意识,严格税收政策执行,强化税务执法监督,持续营造公平公正的税收法治环境。规范法规管理。加强重大行政处罚备案审查管理,密切关注逾期申报处罚率、处罚正确率等绩效考核指标,加大整改和责任追究力度,案卷质量大幅提升,稽查案卷在泰州地税局法规处组织的案卷评查中获评优秀;推进税收政策确定性管理,召开联席会议,收集、整理和解决基层执法人员遇到的政策适用问题,确保政策适用的统一性、规

范性；组织实施重大税务案件审理，严格落实税务总局《重大税务案件审理办法》，审理人员提前介入案情复杂案件，全面掌握案件的取证、案情分析及案件定性情况，确保案件审理公正及时。规范执法督察。加强与市国税、市场监管等部门协作，比对户籍状态信息，全面加强纳税户籍管理；重点执法督察1184户非正常户认定管理、存量房交易税收政策执行等情况，建立规避和防范机制，规范注销登记后续管理，最大限度减少税款流失。规范内控机制。加强统筹、协调和监督，推动相关部门落实内控责任；加强内控工作监督检查，形成责任部门日常主管、督审部门牵头监管、系统各部门配合共管的内控机制格局。

【税收改革】 深化征管改革。完善税收征管机制，优化征管流程，注重分工协调，发挥人员潜能，提高征管效能，降低征纳成本，提升征管效率。强化户籍管理。密切与相关部门协作，加强户籍状态信息的比对力度，严格非正常户认定，规范注销登记后续管理，确保做到“户籍清、税源明、征管到”。加强数据管理。以数据工作为支撑，提高数据分析采集与加工精准度；规范“金税三期”数据入口，提供可靠的数据环境和业务基础。强化实时指标监控。自主开发征管质量监控平台，将19个考核指标全部纳入其中，实时查询每个指标在全市排名；深入研究考核指标，分析查找问题，明确努力方向和工作重点。创新申报模式。加强沟通联系，确定扣缴模式，严格扣缴流程，做好办税辅导，创立地税局、财政局、零余额行政事业单位“三位一体”的新型行政事业单位缴税模式。

【纳税服务】 深化“放管服”改革，在行政审批和办税负担上做“减法”，在纳税服务和后续管理上做“加法”，推动大众创业、万众创新，增强经济发展动力，为稳增长、促改革、调结构、惠民生提供有力支持。深化国地税融合，国地税首建联合办税大厅，国地税联合办税的经验做法多次被《新华日报》《中国税务报》等主流媒体报道。加强行政指导，开展“走千家税户，解涉税难题”“香橼地税春风行动”等活动，营造服务纳税人、服务经济、服务地方发展大局的良好氛围，新闻稿《香橼地税春风行动展风采》《捧出“地税管服”菜单 助推靖江企业上市》分别被《中国税务报》、新华网首页采用。深化税务宣传，推进税法宣传进校园，联合国税开设税务大讲堂，扩大税收宣传的普及度和辐射面，提升群众纳税遵从度。开展需求调查，联合统计局调查队，开展2017年度纳税人满意度调查，以问卷形式，倾听纳税人意见，针对调查问卷反馈的信息，研究制定相应措施，努力改进工作，持续提高纳税人满意度。在2017年全省地税系统纳税人满意度调查中，市地税局综合得分92.48分，列泰州市各市（区）地税局第一。加强征纳双方沟通，依托“纳税人之家”平台，落实《纳税服务投诉管理办法》，畅通纳税人建议、投诉渠道，保障纳税人权益。构建信用体系，贯彻落实市政府关于信息公开公示的相关要求，谨慎做好地税涉税信息公开公示工作，开展金税三期首次国地税联合纳税信用等级评定，全市5751户纳税人中，共评定A级纳税信用企业699户。

地税惠民政策送到田头

【档案工作通过省五星级规范测评】 年内，市地税局对照《江苏省机关团体、企业事业单位档案工作规范》测评细则要求，围绕档案工作组织管理、基础业务、信息化建设、开发利用4个方面，开展档案工作规范省五星级测评准备。11月16日，市地税局档案工作高分通过江苏省档案工作五星级规范测评。

（童　同）

综合管理与监督

编辑 顾鑫昱

发展计划管理

【概况】 2017年,市发改委围绕“谋划重大课题、服务重大项目、研究重大政策”,统筹推进稳增长、促改革、调结构、惠民生各项工作,全市经济呈现总体平稳、稳中有进的发展态势。全年完成地区生产总值923.35亿元,比上年增长7.8%,按常住人口算,全年人均地区生产总值为134364元。第一、二、三产业分别实现增加值23.69亿元、448.44亿元、451.22亿元,分别比上年增长2.7%、5.9%、10.2%,三次产业结构比调整为2.6:48.5:48.9,产业结构在优化调整中首次实现“三二一”的标志性转变。一般公共预算收入(含江阴—靖江工业园区)60.09亿元,比上年增长2%,其中市本级一般公共预算收入51.64亿元,比上年下降1.7%。固定资产投资539.82亿元,比上年增长8%,其中第二产业投资322.14亿元,增长17.9%;第三产业投资217.68亿元,下降4.0%。社会消费品零售总额197.04亿元,比上年增长11.8%。外贸进出口总额29.43亿美元,比上年增长9.1%。实际利用外资2.44亿美元,比上年增长967.2%。全体居民人均可支配收入32362元。其中,城镇居民人均可支配收入43152元,比上年增长8.7%;农村居民人均可支配收入21361元,比上年增长9%。

【深化改革】 深化重点领域改革,推进并联审批,加快重大项目审批速度,实行联合预审和并联审批,推行“店小二”服务。持续推进商事制度改革,实行“五证合一”(营业执照、组织机构代码证、税务登记证、社会保险登记证、统计登记证),优化“证照联办”登记模式。推进“263”专项整治,减少煤炭消费总量,燃煤机组节能减排升级与改造成效明显,加强生态红线保护,推进“3+2+N”(“3”即编制沿江生态廊道、香沙芋保护区、夏仕港清水通道等3个重要生态功能区专项保护规划,“2”即建立生态红线保护监管平台和评估体系,“N”即排定生态红线保护工程项目清单,加大生态红线保护补偿资金支持力度,稳步提升生态红线保护区环境质量)生态环境保护战略。健全金融组织体系,推动江苏华靖资产经营有限公司与江苏省高科技产业投资股份有限公司合作,稳步推进“科技贷”“惠科融”,资本市场“靖江板块”扩容至境内外上市企业6家、“新三板”挂牌企业9家。创新发展现代农业,调整农业产业结构,建设生态型新农村,开展农村环境“八位一体”(河道、绿化、村庄保洁、道路、桥梁、涵洞、污水处理和公共设施维护)综合管护,打造“靖江版”美丽乡村。修订完善《2017年改革创新奖评选办法》，组织2017年度改革创新项目申报评选，全市52家单位的72个项目通过审核，最终评出创新政保合作模式、实施精准医疗扶贫、组建国际咨询委员会等“一榜一奖”项目3个，建设创新型企业“科技管家”服务体系、重点产业项目实行联合预审“店小二”服务等一等奖项目2个，工业用地供应方式改革、创新农村“三资”管理新模式、首创行业卫生标准保障员工身心健康、靖江市审方中心、“1860”现代农业社会化服务体系建设等二等奖项目8个。

【要素争取】 2017年，市发改委在争取上级政策资金支持及重大项目布局方面取得显著成效。全年上争奖励、扶持项目8个，落实各项补助及奖励资金6207万元，比上年增长77.29%。其中，2018年靖江市“国家新增千亿斤粮食田间工程”建设项目上争资金2400万元，靖江市华汇城市污水处理有限公司污水管网完善工程上争资金2250万元。计划总投资56亿元的中铁建桥隧重型钢构项目和计划总投资36亿元的恒艾健康诊疗体验项目列入2017年省重大项目投资计划，年内中铁建桥隧重型钢构项目一期码头工程开工建设，二期办公楼项目完成供地手续，恒艾健康诊疗体验项目进行桩基施工。年底申报2018年省重大项目4个，其中总投资35亿元的吉凯恩大飞机结构件项目和总投资50亿元的大明高端金属材料精密加工项目列入2018年省重大项目投资计划。

【课题调研】 年内，市发改委加强全市社会经济调查研究，就项目建设、产业投资项目布局、战略性新兴产业发展、现代服务业主要行业发展、深化医改、养老服务体系建设、全面小康社会建设、农村产业融合发展园区建设和能源消费状况等9个方面开展课题调研，推出意见、建议。在推动项目建设调研中建议：优化投资环境，营造竞争优势，加大轨道交通、政策及资金上争力度，推进简政放权；优化资金、金融、土地、环境、用工资源配置；顺应现有资源优化招商方式，探索设立股权基金，聚焦产业链招商和多元招商，推行战略重组招商、以商引商、中介引商；加强载体建设，推进“五个提升”（规划提升、产业提升、功能提升、层次提升、管理提升）；推进全民创业，加快培育新型创业主体，完善创业服务体系。在探索产业投资项目布局调研中建议：农业方面实施“六个一万”（万亩优质粮食生产基地、优质果蔬基地、特色苗木基地、优质香沙芋基地、智慧生态农业示范区和万吨农产品加工集中区）现代农业产业工程、农业物质装备提升工程、“互联网+”农业工程；制造业方面构建“一带、两区、四园”（沿江产业带，靖江经济技术开发区、江阴—靖江工业园区，新港产业园、城南园区、城北园区、新桥园区）格局，靖江经济技术开发区打造沿江先进制造业基地、区域性现代物流基地，江阴—靖江工业园区打造国家高技术船舶制造和重钢结构产业基地，新港产业园打造沿江先进制造业和现代物流基地，城南园区打造特色产业升级基地和现代服务业基地，城北园区以发展高效节能、先进环保的空调行业为重点打造高新技术企业创新创业基地，新桥园区打造高端装备制造基地；服务业方面，靖城街道发展健康养老业，滨江新城发展商贸服务、总部商务、金融保险、文化创意业，城南园区发展专业市场、中介服务和服务外包业，城北园区发展科教服务业，新港城、新桥城发展现代物流业，生祠、马桥、季市、西来等镇重点发展旅游、休闲观光农业项目。在发展战略性新兴产业调研中建议：加大政策支持力度，设立加快战略性新兴产业发展风险资金；形成帮扶协调机制，建立领导帮扶制度，加大目标考核力度；健全金融支持体系，建立战略性新兴产业投资基金，探索制定金融支持计划；加强人才引进培育，鼓励校企合作。在发展现代服务业调研中建议：创新规划木材产业园、智慧家居产业园、粮食产业园、煤炭物流基地、中铁建桥梁科技产业园、城际高铁站商贸圈、印象城购物中心、金融服务中心等特色园区，培育南方小麦交易平台、金马云平台等服务业龙头，促进互联网与传统商贸的融合嫁接；做强“南之缘”“百盛弘毅”等服务业品牌，注重保护开发现有“老字号”品牌优势；实施服务业高级人才重点培养工程，引导企业开展服务业人才培训。在深化医改调研中建议：优先医卫人才队伍建设，加大基层医疗机构急需人才的培养和引进；建立分级诊疗制度，实施社区卫生服务机构建设达标工程，探索建立纵向型医疗联合体；放大中医药特色优势，推进“治未病”健康工程，加强国医馆、中医药特色示范村卫生室建设；完善家庭医生签约制度；实施智慧健康服务工程。在养老服务体系调研中建议:提出强化居家养老基础作用,提升养老机构服务水平,增强医养结合,优化养老服务体系建设。在全面小康社会建设调研中建议:聚焦民生提高收入,缩短贫富差距;优先发展公共交通,提高公交服务水平;加快文化产业发展,拓宽产业发展思路。在农村产业融合发展园区建设调研中建议:在北二环到北三环之间的城区大道西侧拟建园区,推动农业全环节升级、全链条增值,推进产业融合发展园区和乡镇农产品加工小区协同发展。调研能源消费状况,预计至2020年靖江天然气需求大幅增加,油品需求稳定增长,煤炭消费需求下降,建议发展太阳能、风能、地热能等非化石能源;扩大天然气使用规模;推进大气污染防治;实施能源民生保障工程;加强财税政策配套和保障。

【项目突破】 2017年,全市重大项目建设保持较好发展态势。新开工亿元以上项目103个,总投资258亿元。其中,工业项目93个;50亿元以上项目2个,靖江是年内泰州唯一开工50亿元以上项目的市;落户开发区(含园区)项目86个,占开工总数的83.5%。新竣工重大产业项目94个,实际完成投资97.5亿元,投产率100%。竣工项目中,新兴产业项目30个,比上年增加14个;转为规模以上企业58家,比上年增加25家。结转在建项目100个,计划总投资271.8亿元,年度计划投资71.9亿元,实际完成投资73.9亿元。

【战略性新兴产业】 市发改委围绕"调高、调轻、调优、调强、调绿"的总体思路,推动产业结构调整和优化升级,培育发展高端装备制造、新材料、生物医药、通信技术、节能环保等战略性新兴产业,鼓励优势产业、高新技术企业与高等院校、科研院所开展合作,培育企业自主创新能力,江苏乐科节能科技股份有限公司获批泰州市级工程中心,江苏亚星锚链股份有限公司深海大型多功能海洋工程装备深水多点锚泊系统超高强度系泊链产业化项目列为2018年国家增强制造业核心竞争力重大工程。全年实施高新技术产业投资项目345个,计划总投资249.42亿元,比上年增长30.1%。完成投资153.66亿元,比上年增长28.5%。其中,智能装备制造业125.92亿元,比上年增长36.7%;航空航天器及设备制造业1.33亿元,比上年增长176.7%;医药制造业2.23亿元,比上年增长284.5%;仪器仪表制造业2.78亿元,比上年增长34.3%。高新技术产业产值占规模以上工业产值的44.2%。

【服务业发展】 出台现代服务业、旅游和电子商务等一系列引导政策,推动现代服务业创新发展。发展沿江生产性服务业。借助"木材云""金马云""南方小麦"等互联网平台,涌现江苏万林现代物流股份有限公司、江苏金马运业有限公司、江苏国信秦港港务有限公司等一批物流领军企业,沿江形成以木材、粮食、煤炭物流为主的区域性特色物流基地,全年实现开票销售602.57亿元、入库税金6.03亿元,分别比上年增长9.21%、7.03%。沿江港口全年完成货物吞吐量1.06亿吨,比上年增长12.6%。三江现代物流中心获评省级生产性服务业集聚示范区。升级传统生活服务业。通过针对招引、专业经营运作,全市形成万都五金机电城、国际汽贸城、泰和国际商贸城、凯旋国际商贸城、月星和红星美凯龙家居圈等特色消费商业圈。其中,泰和国际集聚美食、超市、娱乐等各类商家300多家,年均贡献税收2000万元;家居商业圈集聚各类企业超过百家。举办木材与木制品流通协会木材进出口商分会暨靖江高峰论坛,谋划未来木材市场发展,围绕打造全国性进口木材产业基地,推动木材产业集聚融合发展。全年实现服务业增加值451.22亿元,比上年增长10.2%,高于地区生产总值增速2.4个百分点。服务业增加值占地区生产总值比重达48.9%,首次形成"三二一"产业格局。

【特色小镇建设】 2017年,市发改委发挥市特色小镇联席会议办公室作用,推进特色小镇培育建设,制定特色小镇工作考核办法,牵头起草特色小镇产业发展意见,排定特色小镇重点推进工程项目并做好督查。年内生祠、孤山两家特色小镇的总体规划及核心区城市设计通过市政府审批,建设成效初步显现。孤山空调产业进一步集聚,新增空调企业40家,空调产业开票销售20亿元,比上年增长51%;建成运营中国暖通空调交易展示中心,入驻企业450家,线上+线下交易额9000万元。生祠苑艺小镇知名度提高,形成苑艺产业虹吸效应,带动周边农户增收,靖江市被中国盆景艺术家协会授予"中国山水盆景名城"称号。

(栾　醒)

靖江市上市企业一览表

表 13

企业名称	上市时间	上市地点、板块	上市代码	主营业务	备注
江苏新扬子造船有限公司	2007.4	新加坡、台湾	—	—	扬子江船厂控股有限公司全资子公司
江苏亚星锚链股份有限公司	2010.12	上海主板	601890	船用锚链和附件、海洋平台系泊链及其配套附件	
江苏中泰桥梁钢构股份有限公司	2012.3	深圳中小板	002659	—	
江苏东华测试技术股份有限公司	2012.9	深圳创业板	300354	结构力学性能测试仪器及配套软件的研发、生产和销售，并提供应用解决方案和技术服务	
江苏万林现代物流股份有限公司	2015.6	上海主板	603117	进口木材供应链管理的综合物流服务提供商，提供进口代理、港口装卸、仓储、货运代理、船舶代理、货物配载、物流配送等业务在内的综合物流服务	
华达汽车科技股份有限公司	2017.1	上海主板	603358	乘用车车身冲压件、管类件及相关模具的开发、生产与销售	
江苏辰午节能科技股份有限公司	2015.7	新三板	832739	网电改造合同能源管理服务	
江苏皓月汽车锁股份有限公司	2015.7	新三板	832803	汽车门锁的研发、生产和销售	
江苏双江能源科技股份有限公司	2015.11	新三板	834164	全系列变压器油、军用润滑油产品的研发、生产和销售	
江苏乐科节能科技股份有限公司	2015.12	新三板	834786	MVR 系统及设备的研发、生产及销售	
江苏华冶科技股份有限公司	2016.11	新三板	839759	耐热耐磨钢铸件的研发、生产与销售	
江苏靖江互感器股份有限公司	2016.11	新三板	839746	互感器、隔离开关、放电线圈、变压器等产品的研发、制造和销售	
江苏五晟科技股份有限公司	2016.12	新三板	870638	桥梁钢结构的生产、加工、销售及安装；压力容器的生产、销售；船舶配件的生产、销售	
江苏味巴哥食品股份有限公司	2017.7	新三板	871988	休闲食品及冷冻调理产品的研发、生产、销售和配送以及鲜活肉蛋品的销售	
江苏恒义汽配股份有限公司	2017.10	新三板	872332	汽车底盘零部件的研发、生产和销售	
江苏耐斯数码科技股份有限公司	2012.12	天津股权交易所	TJ000048	系列数码喷绘写真相纸(片)	场外交易市场挂牌

续表 13

企业名称	上市时间	上市地点、板块	上市代码	主营业务	备注
江苏尚香食品有限公司	2014.12	上海股权托管交易中心	202703	速冻食品(速冻面米食品)、生食类食品制造、销售;预包装食品(含冷藏冷冻食品)销售	Q 版挂牌
江苏天立方环保工程有限公司	2015.10	前海股权托管交易中心	363358	环保工程设计、施工,脱硫、脱硝、除尘设备,节能锅炉设备研发与销售、低碳改造、水处理、土壤治理、项目工程合同管理	
靖江市靖星不锈钢管有限公司	2016.3	江苏股权交易中心	—	—	成长板

能源管理

【概况】 2017 年,靖江推进节能减排,推广清洁能源,倡导市民低碳生活,全市煤炭消费量 285.29 万吨,比上年减少 31.92 万吨;单位 GDP 能耗 391.6 千克标准煤 / 万元,比上年下降 7.98%;产值单耗 93 千克标准煤 / 万元,比上年下降 7.24%。

【工业节能减排】 投资 6.52 亿元,实施江苏国信靖江发电有限公司超低排放改造工程、江苏江河机械制造有限公司高效节能环保锅炉余热回收装置技术改造工程等重点项目 25 个,年节约 3.68 万吨标准煤。按国家和省规定,淘汰落后机电设备 360 台套、S9 系列及以下变压器 40 台。完成 18 家企业节能监察、8 家企业节能监测、3 家企业能源审计。3 家企业完成能源管理体系建设,年耗能 2000 吨标准煤以上企业全部完成能源管理岗位备案。5 家企业通过清洁生产审核,实施清洁生产中高费方案 12 项,节约 3520 吨标准煤,节水 3 万吨,减排 COD(化学需氧量)130 吨、二氧化硫 115 吨。江苏大中电机股份有限公司入选国家第一批绿色制造企业示范名单,江苏上骐集团有限公司、江苏航天动力机电有限公司入围第二批绿色制造企业推荐名单。

【农村清洁能源】 年内,麦秸秆机械化还田面积 1.67 万公顷,水稻秸秆机械化还田面积 1.64 万公顷,秸秆肥料化利用 250 吨、饲料化利用 350 吨、能源化利用 1800 吨、基料化利用 920 吨,秸秆综合利用率 93%以上。治理农业面源污染,落实省级农业生态环境保护项目 5 个,上争项目资金 460 万元。全市养殖单位削减氨氮 6.19 吨。

(夏文龙 朱 涛
沈灿兴 栾 醒)

统计

【概况】 2017 年,市统计局推进各项普查调查,按时完成第三次农业普查。加强基层基础规范化建设,建立准“四上”企业(规模以上工业企业、资质等级建筑业企业、限额以上批零住餐企业、规模以上服务业企业)动态监测体系,对符合条件的企业及时申报列统,确保应统尽统;加强分层级培训,在全市 90 家规模以上工业企业推行电子台账;根据新出台的联网直报企业统计工作规范化建设示范企业评选办法,评选并表彰示范企业 29 家。严格执法检查,按照泰州市“双随机、三联动”(随机抽取检查人员和检查对象,开展部门联动、专业联动、上下联动)的统计执法监督检查方案,对随机抽取的 30家“四上”企业开展统计监审。年内开展统计巡查 126 家,统计行政指导 1100 余次,其中告知 100余次、辅导 800 人次。开展名录库网格化管理,选取靖城街道玉带居委试行名录库网格化管理。深化统计品牌创建,拍摄“统计连着你我他”服务品牌宣传短片。加强统计队伍建设。在“先锋荟·做最好的共产党员”市级优秀共产党员事迹讲演活动中,综合科科长顾秀莲被市级机关工委授予“爱学习”先锋称号，市统计局获得“优秀组织奖”；顾秀莲、任铮被泰州市统计局评为“泰州市最美统计人”。

【第三次农业普查】 年内按序时进度完成第三次农业普查正式入户登记、审核、录入、数据处理等工作。全市2400余名指导员、普查员完成对13个乡级单位、190个涉农村(社区居委)、1100个农业生产经营单位、731个农业规模户、12万多普通农业经营户的入户现场登记工作。加强普查质量管控，多次组织阶段性数据质量自查和抽查，普查数据和相关部门数据吻合度较好。

【统计服务】 年内以门户网站、“靖江统计”微信平台为线上载体，以统计年鉴、统计公报、统计月报、统计专刊等为线下载体，打造一批可视化、可读性统计产品。注重做好地区生产总值核算工作，探索研究并提请市政府制定《GDP核算基础指标监测和推进考核办法》。强化经济形势分析研判，开展统计分析，力争第一时间向社会各界提供分析结果。全年完成统计信息175条、统计分析76篇，为相关部门提供《统计专报》29期。9篇专报获市主要领导批示，其中《纵向比有所提升 横向比还有差距——GDP实现开门红仍需努力》《全力以赴补短板 咬定目标不放松》获得市委主要负责同志批示。 (张丽云)

审　计

【概况】 2017年，市审计局履行审计监管职能，依法开展政策落实情况的跟踪审计、预算执行情况审计、国有企业和资本审计、经济责任审计、固定资产投资审计审核，在维护财经秩序、推进依法行政、促进廉政建设、保障靖江经济社会健康发展等方面发挥积极作用。全年完成审计项目30个，审计发现违规违纪、损失浪费、管理不规范金额17.81亿元(含异地审计项目)。

【政策落实情况的跟踪审计】 按照上级审计机关部署，结合靖江实际，加强对中央和地方宏观调控措施贯彻落实情况的跟踪审计，力求通过审计，推动各项宏观调控政策措施落实到位。紧扣重大项目推进、简政放权和“放管服”改革、“营改增”等重大决策部署贯彻落实情况，检查减税降费、科技创新、大众创业、万众创新等重大政策措施的执行进度和实际效果，严肃查处弄虚作假、隐瞒实情以及重大履职不到位等问题，促进政令畅通。按季度向市政府和上级审计机关报告重大政策跟踪审计情况和审计发现问题整改情况，为市委、市政府决策提供真实情况、提出审计建议。

【预算执行情况审计】 加强“四本预算”(公共财政预算、政府性基金预算、国有资本经营预算、社会保险基金预算)全口径监督，推动建立全面规范、公开透明的政府预算体系。重点关注财政收支的真实合法效益、“营改增”政策效果、重大投资项目落地和重点专项资金绩效，及时揭示和有效防范重大经济风险。检查贯彻中央“八项规定”和省委“十项规定”精神落实情况，促进预算安排适应供给侧结构性改革、降低企业税费、保障民生兜底的需要。全年完成财政类审计项目10个，分别是市本级财政预算执行情况审计，地税征管质量审计，市经信委、商务局、规划局、人社局、民政局5个部门的部门预算执行审计，市住宅维修资金、市水利专项资金、社会救助资金3个专项资金审计。审计过程中高度关注预算执行的严肃性，重点把握预算执行的总体效果，注重反映预算执行中出现的突出性、普遍性和倾向性问题，从体制、机制、制度和政策层面发挥审计的“免疫系统”功能。

【国有企业和资本审计】 按照中央关于深化国有企业和国有资本审计监督的要求，加大对国有企业、国有资本以及企业领导人员履行经济责任情况的审计力度。组织实施2016年度市国有企业和国有控股企业经营效益情况审计工作，重点关注企业执行重大政策措施、资产损益真实合法效益以及兼并重组、提质增效、风险管控和内部管理等情况，推动健全完善相关制度，促进国有企业深化改革、创新发展，实现国有资本保值增值。审计过程中加强对国有企业资金、权利和责任的审计，调整部分企业的国有资产，促进国有企业经营保值增值。

【固定资产投资审计审核】 推进政府投资项目审计审核工作，围绕重大项目的“真实、合法、效益”，揭示公共工程建设领域中的重大违纪违法、重大损失浪费、重大安全隐患，保障项目安全和资金安全。年内，组织实施市儿童福利院竣工决算审计和市人民医院内科大楼决算审计，改进完善政府投资工程的预结算审核工作机制体制，促进合理控制工程造价,提高建设资金使用绩效,为政府投资项目把好关。全年完成政府投资工程预决算审核项目394项72.24亿元,审计核减6.13亿元。

【经济责任审计】 加大领导干部经济责任审计力度,重点检查领导干部履行政策落实、经济发展、环保、民生、廉政等责任情况,促进依法履职、有效作为。强化经济责任审计结果运用,建立健全情况通报、问题整改、问责追责、结果公告等制度,推动将经济责任审计结果和整改情况作为领导班子和领导干部述职述廉、年度考核、任职考核和民主生活会的重要内容。全年完成经济责任审计项目13个,其中泰州委托实施异地审计项目2个,"三责联审"(用人责任审查、编制责任审核、经济责任审计)项目4个。 (吴文波)

国土资源管理

【概况】 2017年,市国土资源局根据市项目大突破工作要求,上争省控用地计划76.33公顷,获奖励指标33.33公顷。对39个市重点项目和100个新开工项目做好重点服务和保障,全年上报14个批次和2个单独选址项目,新征用地446.67公顷,有效保障工业用地253.33公顷、商贸服务业用地110公顷、公益事业及基础设施用地66.67公顷,收取工业用地出让金5.89亿元。优化用地结构,通过增资技改、土地收回、转让、收储置换、项目嫁接等有效措施盘活存量土地333.33公顷。设立永久基本农田保护牌和保护界桩,确保耕地保有量和永久基本农田不减少。按照3年内实现"耕地零占用"的目标要求,编制完善"十三五"土地复垦规划和年度计划,全年完成91.13公顷土地复垦和113.53公顷土地开发项目,连续两年实现耕地占补"自我平衡"。调整盘活农村集体建设用地,上报增减挂钩项目库建库面积77.33公顷,年内完成拆旧复垦并上报验收,验收面积66.4公顷,节余挂钩指标约40公顷,上报3个批次实施规划,建新面积42.47公顷,拨付增减挂钩补助资金1.6亿元。强化土地执法。创新依法行政手段,将执法记录仪用于土地执法监察、涉土信访处置以及履行征地程序等;建成"慧眼守土"工程,全市设立实时监测点214处;加强违法用地整改纠正力度,全年帮拆违法用地33宗1.69公顷;卫星图片执法检查实现"双零"(零约谈、零问责)目标,对国家土地督察南京局例行督察发现的问题,在规定时间内全部整改到位并通过验收。加强地质灾害防治工作,监测监管孤山地灾隐患点一期工程,序时启动孤山二期东北坡治理工程。加强与市检察院合作,在市国土资源局设立泰州首家驻国土资源局检察官办公室。推行政务信息公开,全年办理依申请公开53起,主动公开政务信息1200余件。

【土地利用总体规划调整完善】 年内,市国土资源局调整优化"十三五"期间各类重大项目以及特色小镇、增减挂钩建新安置等项目的规划布局,落实耕地保有和基本农田保护目标,上争规划调整完善"两减一增"指标,核减耕地保有量2133.33公顷、基本农田5066.67公顷,规划新增建设用地总规模1986.67公顷。7月,省政府批准靖江土地利用总体规划调整完善方案。

【土地集约利用】 年内,市国土资源局开展全市工业用地调查工作,建立工业用地综合监管平台,掌握全市工业企业第一手数据。与地税部门联动,率先在泰州完成"以地控税、以税节地"软件平台,实现定期信息交换。9月,市政府出台《靖江市优化工业用地供应方式促进土地节约集约利用实施意见》,成立靖江市土地资产管理委员会,负责全市工业项目用地综合评估和土地供应牵头协调工作,在泰州地区首次采用弹性出让等灵活土地供应方式。规定新供应的工业用地可采取长期租赁、租让结合、先租后让、弹性出让(土地使用者根据产业生命周期,在法定最高出让年限内,合理确定出让期限)、最高年限出让等方式供应。其中投资总额10亿元(或1亿美元)以上的重大产业以及战略性新兴产业、先进制造业项目,可采取先租后让方式供地;一般中小企业工业用地,可采取弹性出让方式供地;利用存量土地的工业项目,可选择长期租赁或者弹性出让方式供地;新产业、新业态项目新增用地,可采取先租后让方式供地;传统工业企业转为先进制造业企业,以及利用现有存量房产进行制造业与文化创意、科技服务业融合发展的项目,经市发改委认定,报市国土部门登记备案后,可在5年过渡期内继续按原用途和土地权利类型使用土地,5年过渡期满、投入产出水平符合供地条件的,可按新用途、新权利类型和弹性年期市场价,以协议出让方式办理供地;投资总额低于5000万元的工业项目，原则上不再出让土地（扩建项目除外），引导企业租赁、购买多层高标准厂房。出让年限方面，弹性出让年期不超过30年；长期租赁、租让结合和先租后让约定的出让或租赁使用期限以5年为单位，总年期不超过20年；先租后让采取“5+X”的方式供应，即租赁期为5年，租赁期与弹性出让总年期不超过30年。出让价格方面，新增工业项目用地弹性出让价不低于279万元/公顷，“使改征”项目用地弹性出让价不低于204万元/公顷。加强对各镇（街道、园区、办事处）督促考核，明确“年内完成批而未供土地80%、闲置土地50%”的处置任务，将任务完成情况列入市政府对各镇综合考评之中，年末提请市政府表彰土地管理模范镇3个、基本农田保护模范村22个、国土资源节约集约利用先进园区2个和土地节约集约利用模范企业15家。

省国土厅调研城南园区产业孵化园标准化厂房建设

【不动产登记服务】 年内，市国土资源局推进“四全”（全流程优化审批、全区域便民服务、全业务网上办理、全节点效能监督）服务品牌建设，结合省审改办“3550”和“不见面审批达80%”的要求，推行不动产登记“一窗受理、集成服务”模式，不动产办证者在市政务服务中心不动产登记综合窗口可同时办理契税缴纳、不动产登记，简化优化办事流程，压缩行政审批环节，缩减服务承诺时限。综合窗口设立实体经济服务专窗，专为企业咨询办理业务。全年办理发放不动产权证书17589本，发放不动产权证明1万余份。

【农村建设用地调查】 6月9日，市政府组织各镇（街道、办事处）和市国土资源局、地税局、国税局、公安局、住建局以及4家作业单位开展全市农村建设用地调查。此次调查覆盖全市域，年内序时完成季市镇季新村、孤山镇新庄村、马桥镇正北村试点工作和宗地数据采集、细化调查及土地利用现状调查各项任务，9月建成全市建设用地调查数据库，采集全市宅基地数据122967宗，细化调查覆盖146.98平方千米。以斜桥镇为试点，开展不动产权籍调查测量，建立不动产权籍调查数据库，年内完成试点工作。

【《人民日报》推介靖江经验】 2月23日，《人民日报》刊登《靖江运用土地杠杆倒逼企业转型节约集约用地颁布“红黑榜”》一文，介绍靖江运用土地杠杆倒逼企业转型经验。靖江将发展态势良好、节约集约用地水平提升的企业纳入用地“红榜”和政务服务绿色通道。企业申请扩产或技改等项目用地时，政府优先保障其用地需求。对于企业其他诉求，也由多部门联合办公，及时解决。结合全市列统企业亩均税收统计数据，将凡有欠缴土地出让金、违法用地、闲置土地或低效用地等行为的企业列入用地“黑榜”和监管黑名单，依据《靖江市闲置及低效利用土地处置意见》，快速认定和处置该类企业的部分土地资产，通过盘活资源、“腾笼换鸟”来推动全市产业优化升级。

【矿产资源监督检测中心靖江分中心揭牌】 9月24日，市政府与江苏省地质调查研究院签订战略合作协议，国土资源部南京矿产资源监督检测中心靖江分中心揭牌。根据协议，靖江与省地质调查研究院合作，依托江苏卓盛检测技术有限公司，共同建设国土资源部南京矿产资源监督检测中心靖江分中心；省地质调查研究院利用检测技术、设备、人才、品牌和资质等优势，在质量体系建设、业务拓展等方面加强合作，助力靖江提升检测能力，拓展检测领域。

（凌　骏）

市场监督管理

【概况】 2017年,市市场监管局实施统一高效的“大监管”,提供系统集成的“大服务”,各项工作取得明显成效。深化商事制度改革,增强市场主体活力,全年新增各类企业和个体工商户12255户,其中企业3405户、个体工商户8724户、农民专业合作社126户。促进民营经济快速发展,年末实有私营企业16310户、个体工商户44544户,分别比上年增加1386户、4589户,注册资金1237.25亿元,比上年增长21.1%。加强事前事中监管。2016年度企业、农民专业合作社、个体工商户年报率分别为91.6%、91.35%、87.49%,依法吊销1152户多年未经营企业。推进“双品”(品牌、品质)工程建设,年内新申请注册商标400余件,新增国家地理标志商标1件、泰州知名商标11件、江苏省名牌产品3个、泰州市名牌产品11个,靖江获评江苏省首届商标战略实施示范市(县),是泰州唯一获品牌江苏建设“金风奖”的市(区)。加强企业质量监管,全市产品质量持续稳定,省级监督抽查合格率95%。加强流通领域商品质量监测,通过调查摸底上报100个批次抽检需求,完成40个批次商品质量抽检。年内新增省级AAA质量信用等级企业4家、AA级10家。加强食品药品安全监管,年内靖江获评江苏省首批“食品安全示范城市”。

【商事制度改革】 年内,市市场监管局继续推行“五证合一”,有序换发新旧执照。放宽市场主体住所、经营范围等准入门槛,推行住所申报制,办理全市首家台湾居民个体工商户。优化“证照联办”登记模式,在全省率先开发“名称自主选择系统”,并与江苏省工商系统内网登记软件互联互通,实现登记流程全部网上办理。年初,以个体运输户为突破口,探索“网上受理、网上审核、网上发照、网上存档”的全程电子化登记模式,与工商银行靖江支行联合发放加载电子营业执照信息的EID卡。4月20日,成功发放泰州首张个体工商户全程电子化登记营业执照。其后,完善个体工商户全程电子化登记标准化流程,形成个体工商户全程电子化登记“1550”模式,即申请人只需提供1张身份证,在银行网点花5分钟登记相关信息、开通EID卡,正常情况下5小时内即可领取电子营业执照,申请、核准、发照、公示等各环节均以电子数据方式交换,实现申请人与审核人“零见面”。泰州市工商登记全程电子化现场推进会在靖江市召开,学习推广靖江市工商登记全程电子化经

2017年靖江市新增、复评江苏省名牌产品名单一览表

表14

企业名称	产品名称(类别)	备注(复评、新增)
江苏金马运业有限公司	服务业	新增
江苏骥洋食品有限公司	骥洋牌酱卤肉制品	新增
江苏百盛酒店管理有限公司	服务业	新增
江苏飞翔泵业制造有限公司	飞翔牌CZ(ZXB)型化工离心泵	复评
江苏双达泵阀集团有限公司	双达牌SDZA型气化关键泵	复评
江苏靖江叉车有限公司	JJCC平衡重式叉车	复评
江苏恒力制动器制造有限公司	恒力牌汽车制动器总成	复评
江苏武新泵业有限公司	武新牌磁力离心泵	复评
江苏格尔顿传动有限公司	格尔顿牌汽车转向传动装置总成	复评
江苏赛德力制药机械制造有限公司	赛德力牌离心机及图形	复评
江苏东华测试技术股份有限公司	智能化信号测试分析系统	复评

2017 年靖江市新增泰州知名商标一览表

表 15

商标名称	所属企业
通月	江苏通月空调有限公司
水精灵	靖江沃德包装设备制造有限公司
亚龙	江苏亚龙数码科技有限公司
四方	江苏华菱锡钢特钢有限公司
康高特	靖江市康高特塑料科技有限公司
HTAI	靖江市华夏科技有限公司
泽宇	江苏泽宇环境工程有限公司
图形	江苏东方成套设备制造集团有限公司
飞鹿	江苏飞鹿重工机械制造有限公司
图形	江苏皇庭家具有限公司
JSSJ 双江能源	江苏双江能源科技股份有限公司

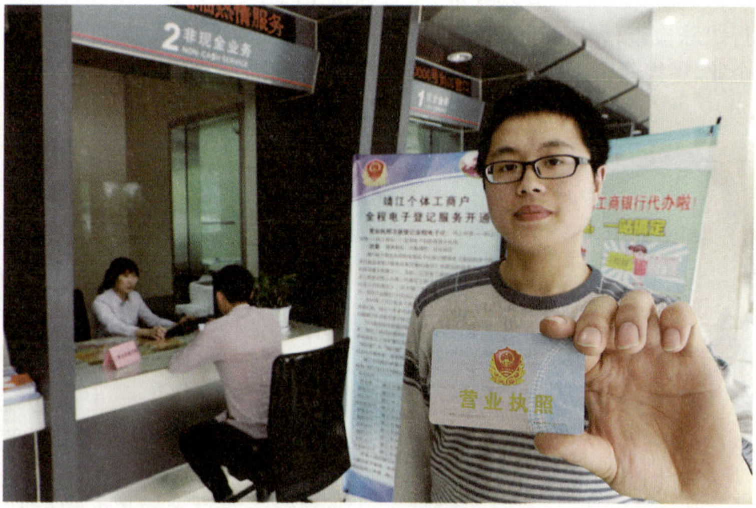

4 月，发放泰州首张全程电子化登记营业证执照

验做法。完成“企业 3 个工作日内注册开业”改革目标，全年工商登记窗口接受各类咨询 4 万余人次，受理各类工商登记20404 件，发放“一照一码”营业执照 32876 份、电子营业执照 1386个。行政服务科被省人社局、工商局表彰为“先进集体”。

【事中事后监管】 年内，市市场监管局加强市场主体信息公示，通过指导与催报相结合的方式，督促市场主体主动、及时申报年报，2016 年度企业、农业专业合作社、个体工商户年报率分别为 91.6%、91.35%、87.49%。加强信用惩戒，依法开展经营异常名录管理，全年企业“列异”2900 次，申请移出682 次。推行“双随机”抽查，探索开展全市首次跨部门“双随机”突击抽查，与市检察院、市公安局食药环大队联合抽查火锅店 31 家，现场快检 22次，立案查处 2 家。推进市场监管信息平台全面应用，督促有关部门上传、反馈信息，以信息互通推动部门联合监管，全年 37个部门上传信息 1.96 万条，反馈853 条。组织清理“僵尸”企业，依法吊销 1152 户。

【计量监管】 年内，市市场监管局抽查定量包装商品 240 个批次，合格率 99.6%。检定各类计量器具 5.4 万台件，其中免费检定全市 20 个乡镇卫生院、72 个社区(村)卫生室、28 家集贸市场在用计量器具 2819 台，集贸市场公平秤受检率 100%。强制检定计量器具 22680 余台件，受检率 95.6%。联合市产品质量综合检验检测中心，组织开展“世界计量日”系列宣传活动，并检定全市出租车计价器、天然气罐压力表及加油机等计量器具。

【食品安全监管】 市市场监管局规范食品许可审批，办理食品经营许可 1365 户。加大全程监管力度，在全市 37 家农贸市场推行食用农产品产地准出与市场准入衔接制度。强化食品生产“三分”(产品分类、企业分级、监管分等级)监管，全市 50%以上肉脯生产企业接入电子追溯系统。加快“明厨亮灶”建设进程，397家餐饮单位实时上传“透明厨房”视频信息。强化学校食堂监管，组织 6 家大型餐饮企业公益帮扶 50 家学校食堂，引入“五常”(常组织、常整顿、常清洁、常规范、常自律)、“六 T”(天天处理、天天整合、天天清扫、天天规范、天天检查、天天改进)先进管理模式,规范提升学校食堂管理水平。规范网络订餐监管,开展网络订餐交易第三方平台专项检查,约谈平台并进行备案。加强农村集体聚餐管理,自主开发家宴信息网手机APP软件,推广农村集体聚餐管理系统,全年全市农村家庭集体聚餐申报备案5062户次,现场指导80877桌次,申报备案率100%。加强食品小作坊监管。全面排查食品生产加工小作坊情况,全市308家小作坊全部实现“一户一档”;推进食品生产加工小作坊登记,编制食品小作坊品种目录,规范8类登记文书,选取试点规范改造。3月,靖江市靖城马洲熟食门市部领取泰州首张食品小作坊登记证。完成“两会”及中考高考等14起重大活动餐饮服务食品安全保障工作,全市节假日及重大活动期间未发生食品安全事故。开展食品安全示范城市创建。夯实食品安全工作基础,建成村(社区)食品药品安全科普宣传站247家,实现村(社区)全覆盖;按照4批次/千人的要求,制定年度食品安全风险监测和监督抽检计划,完成食品抽检1265批次、快检1100批次,食用农产品快检3800批次,发布抽检信息1641条。7月,靖江获评江苏省首批“食品安全示范城市”。

【药械安全监管】 市市场监管局严格把好准入关口,办理药品许可事项139件、器械许可事项18件、器械备案82件。推进药品智慧监管,全市231家药品零售企业全部接入电子追溯系统。排查药品、餐饮食品、保健食品、化妆品、医疗器械安全风险,加大冷链产品、装饰性彩色平光隐形眼镜等监管力度,开展疫苗、冷藏冷冻医疗产品等专项整治。加强药品经营企业监管。组织药店GSP(药品经营质量管理规范)飞行跟踪检查;评定全市药品批发企业、零售药店信用体系等级,评出A级210家、B级4家、C级5家;组织成立全省首个县级药品零售行业工会联合会。加强药品生产监管,指导江山公司通过GMP(药品生产质量管理规范)再认证。开展药械不良反应(事件)监测,上报药品不良反应1234件、器械不良事件937件,药物滥用监测69件。

4月,发放泰州首张“食品小作坊登记证”

【特种设备安全监管】 市市场监管局出台《特种设备安全隐患排查和治理工作方案》,加强特种设备安全基层监管网络建设,组织开展特种设备安全大检查和涉危企业特种设备安全专项整治,发现事故隐患144例,全部限期督改到位。督促电梯维保单位和使用单位开展隐患自查自纠,推进电梯安全责任险投保,新安装电梯投保率100%。与市住建局、应急办联合开展天然气管道突发事件应急演练,提高特种设备安全事故防范水平。启动二维码气瓶标识更换工作,全市10家气瓶充装单位完成气瓶信息化管理系统升级,11万余个气瓶装上“二维码”标签。

【标准化工作】 市市场监管局制定《“标准化+技术创新”行动计划(2017—2022)》,鼓励企业参与国际、国家标准化组织及活动,推动企业参与制定或修订国际标准、国家标准、行业(团体、联盟)标准和地方标准,引导行业协会或龙头企业牵头制定先进的行业(团体、联盟)标准;实施“百优企业”技改行动,指导企业制定含有自主知识产权等技术成果的企业产品标准,申报省级以上高新技术自主创新、战略性新兴产业标准化试点单位;指导地方特色农产品全面建立覆盖产前、产中、产后的农业标准体系,建设省、泰州市农业标准化试点项目;开展服务标准化、社会管理和公共服务综合标准化、新型城镇化标准化试点工作,提升和推广“农村公共服务标准化

1189模式”改革创新成果；致力名小吃名菜和餐饮服务标准化，重点提升品质靖江餐饮整体品牌，建设各类服务标准化试点项目。开发国内唯一的企业产品标准参数互联网服务平台，指导企业制（修）订且发布标准5项，申报省级标准化试点3个，5个标准被列入泰州地方标准项目，全市采用国际标准和国外先进标准生产产品25个。推行企业产品标准自我声明工作，全市163家企业自我公开声明836项标准，涵盖936种产品。7家企业获评AAA级标准化良好行为企业，江苏三江电器集团有限公司通过测量管理体系认证AAA企业现场评审，获省政府专项嘉奖。江苏靖江互感器股份有限公司承担的“智能电网用互感器高新技术自主创新标准化试点”列入省工业标准化试点项目，马桥镇集福农机服务专业合作社承担的稻麦秸秆双全量还田项目列入省农业标准化试点项目。6月，江苏亚星锚链股份有限公司主导编制的国际标准ISO20438《船舶与海洋技术系泊链》出版发布，是世界上首个海洋系泊链国际标准。以江苏吉祥空调设备有限公司为首的靖江空调企业参与修订风机盘管机组产品国家标准，市农委农业技术推广中心制定稻鸭共作绿色生态水稻种植技术泰州市地方标准，市烹协与南园宾馆、百盛酒店、鸿运酒楼等10余家酒店申报制定靖江蟹黄汤包制作技艺地方标准，市安监局牵头编制铸造冶金和船舶修（拆）企业职业卫生泰州地方性规范和标准。

【检验检测能力提升】 年内，市市场监管局加强与国内外检验检测机构合作。5月，与中国建筑科学院建筑环境与节能研究院合作成立国家空调设备质量监督检验中心靖江工作站；9月，与上海材料研究所合作成立上海材料研究所靖江先进材料技术研究院；招引天祥集团（ITS）国际权威检测机构入驻靖江。加强自身能力建设。5月，市质检中心成功获省级资质认定，其中28个产品、100余项参数获国家实验室认可（CNAS）；成立市食品安全快检中心，食品检验室正式运行，完成“国家第三批县级食品安全检验检测资源整合试点”申报工作。全年市质检中心受理检验检测5000余批次，完成商品质量抽检1780批次。

【市场监管行政执法】 市市场监管局完善行政与刑事司法衔接、快速反应、上下联动、交叉办案、协查协办、案审会等工作机制，设立市场监管局检察官办公室，筹备市公安局驻市场监管局办公室，构建“立体化”监管模式，全方位整治市场经济秩序。围绕市场经济秩序和民生热点，开展商品质量、虚假广告、商标侵权、电线电缆、特种设备、“地条钢”等专项执法行动。规范网络交易行为，探索“五个一”（一个部门管市场、一支队伍抓执法、一个窗口办审批、一个平台理投诉、一套班子统全局）基层网络交易监管模式。全年查办案件522件，罚没入库1200万元，其中网络案件36件，移送司法机关2件。年内靖江网络交易监管“五个一”模式及监管成效，获江苏省网络市场监管联合督查组肯定。

【“靖江猪肉脯”成为国家地理标志证明商标】 年末，“靖江猪肉脯”被国家工商总局认定为国家地理标志证明商标，这是靖江继“靖江香沙芋”“靖江蟹黄汤包”之后，获得的第三个国家地理标志证明商标。靖江猪肉脯是以猪腿肉为主要食材的传统名吃，始创于1936年。1981年靖江猪肉脯被评为全国优质产品，获国家金质奖章，2001年获第二届中国国际食品博览会金奖，2009年成为江苏省非物质文化遗产，2012年“双鱼”猪肉脯商标被认定为中国驰名商标。

靖江市国家地理标志证明商标一览表

表16

商标名称	申报单位	认定时间
靖江香沙芋	靖江市农业科学技术推广中心	2014-03-21
靖江蟹黄汤包	靖江市烹饪餐饮行业协会	2015-10-28
靖江猪肉脯	靖江市肉类协会	2017-12-28

【《中国质量报》聚焦靖江空调产业】 2月7日,《中国质量报》头版头条以《淘汰198家"僵尸"企业 江苏靖江以3C认证作为供给侧改革抓手实现"一减三提升"》为题,报道靖江空调防火排烟设备行业供给侧改革。市委、市政府将防火排烟设备产品3C认证工作列为全市供给侧结构性改革工作的突破口,全市原有的300多家防火排烟设备产品生产企业有116家企业通过3C认证,其中,江苏华东正大空调设备有限公司作为全国最全规格的防火排烟阀门生产企业,于2016年11月在招投标中击败日企空研工业株式会社,获得北京地标建筑中国尊项目订单。5月23日,《中国质量报》三版头条以《国家空调设备质检工作站揭牌引领江苏靖江空调产业蜕变升级》为题,报道国家空调设备质量监督检验中心靖江工作站挂牌入驻市产品质量综合检验检测中心,提高靖江空调设备检验检测水平,促进靖江空调产业发展等情况。

【服务企业】 年内,市市场监管局在"大走访大落实"中启动"联百企、访千户、助发展"活动,围绕"标准化+技术创新"和"品质靖江、品牌靖江"建设,走访市场主体1624户,收集意见建议151条,解决困难问题42个。推进"个转企、小升规、规改股、股上市",先后帮助3家公司进行股改,290户个体工商户转企升级,全年帮助企业办理动产抵押72件、股权出质登记29件,助企融资20.15亿元。启动服务大项目马上办工作机制,为国鹰航空科技有限公司、ITS(靖江)检品检测中心等项目落地开通绿色通道。

【消费维权】 市市场监管局组织开展"网络消费 诚信无忧"消费者权益日主题活动,发放宣传资料3000多份,现场参与500多人次,受理消费投诉80多件。发挥消费维权志愿团、律师团作用,通过消费体验、专题讲座、函询建议和新闻曝光等方式,维护消费者权益,规范经营者行为。整合投诉举报系统,启用全国"12315"互联网平台,实现消协、消保和放心消费"三消合一",有效提升处置效率,全年受理消费者投诉举报1079件,为消费者挽回经济损失79.7万元。"汽车销售格式合同损害消费者选择权案"入选2017年度泰州十大消费维权典型案例,1个"五进"(进社区、进超市、进商场、进企业、进学校)消费维权服务站获评泰州十佳消费维权站点。开展放心消费创建,创成省级电子商务领域放心消费创建示范单位1家(江苏奇美乐器有限公司天猫旗舰店)、省级放心消费先进企业2家(靖江市欣欣家电城有限公司、泰和国际城)、省级诚信品牌(江苏光芒集团有限公司),泰州市级放心消费先进企业5家。

【经营单位创建】 市市场监管局围绕文明城市创建,将工农路(人民路至刘村桥段)、合兴路仿古街确定为"诚信示范街"创建路段,倡导两条街近300户经营户张贴诚信经营文明服务承诺,开展诚信经营文明服务公开承诺活动,引导消费者通过微信二维码参与工农路诚信示范街"星级诚信经营户"评选活动。按照"规范一批、提升一批、淘汰一批"的思路,整治全市近2000户小餐饮、小食杂店、小作坊"三小"行业,量身定制整改方案,完善设施设备,引导亮证合法经营,并向社会公示餐饮服务单位食品安全等级,采取"大餐饮"带"小餐饮"的方式,由大型餐饮单位实地指导小餐饮店。按照标准化菜市场标准,升级改造集贸市场10家,制定《农贸市场管理提升行动方案》,联合有关部门开展集中整治。 (赵 洁)

物 价 管 理

【概况】 2017年,市物价局推进价格管理改革和医药价格改革,参加泰州市"大走访大落实"涉企收费专题调研活动,调查统计涉企收费情况,全年为企业减负3380余万元。加强热电、天然气和鲜活农产品等价格调控和监测,开展"价比三家"公共服务工作。加强价格执法,打造"12358"价格投诉举报品牌,接受价费咨询投诉来信来电来访85件。开展价格认定工作,全年完成各类价格认定业务671件,涉及金额5亿元。年内,全市重要民生商品和服务价格整体水平保持不高于或略低于泰州市平均水平的良好态势,为全市价格调控工作创造有利的价费环境。

【价格管理改革】 年内,严格遵循定(调)价程序,完善授权政府定价项目的成本监审、公众参与、专家论证、合法性审查、集体讨论、公布结果等业务流程,保证工作程序明晰规范、公开透明。公布最新《靖江市涉企行政事业性收费项目和标准目录》《靖江市经营服务性收费项目和标准》,制定涉农、涉房、社会困难群体优惠收费项目和标准,向涉及取消、停征、降低相关收费项目的收费单位及时送达《关于填报〈日常收费情况变更报告表〉的函》，督促相关单位做好收费公示变更工作，年内为企业减负3380余万元。

【物价调控】 年内修订完善《靖江市热电联产企业煤热价格联动办法》，按季测算电煤成本，4月适度上调热力价格10元/吨，缓解热电企业成本压力，与靖江苏源热电有限公司协调，给予用汽大户价格优惠金额28万余元。落实鲜活农产品运输绿色通道政策，免收整车及合法装载鲜活农产品的车辆通行费16万余元。测算2017年农村电网低维费成本标准为0.193元/千瓦时，与上年基本持平。下调非居民用管道天然气销售价格，其中工商用天然气中准价格每立方米下调0.12元，车用天然气最高价每立方米下调0.15元，下调后在泰州市为最低价。

【价格监测监审】 年内，市物价局选取6个一般农户和3个规模户农本调查点，详细记载小麦、粳稻等农产品收益和用工用料情况，注重调查成果转化，为政府部门和社会提供43篇农本调查分析资料。建立成本调查专家库，完成管道天燃气运行成本和城区公共停车场（带）停车服务成本监审、新建小区管道天然气设施建设成本监审、自来水运行成本监审、公办高中教育收费定价成本异地监审等工作，审核成本监审项目金额3.82亿元，核减2190.78万元，核增2020.88万元，核减率5.73%，核增率5.29%。开展"价比三家"公共服务工作，通过政府网站和手机APP"物价E通"对外公布居民主要食品、常用药品以及家用电器价格，发布"价比三家"行情212期，每期含102种居民食品、156种家电产品、200种常用药品价格等。加强监测动态分析信息上报，发布各类价格动态分析64篇。

【价格执法】 年内，市物价局按照"三分四定"（分组、分片、分类，定人、定责、定时、定内容）的原则落实价格巡查责任，做好相应的巡查情况台账记录。加大重大节假日期间市场价格监管力度，组织12个价格检查组，出动140余人次，检查200余家经营单位，加强商品流通企业、餐饮宾馆、客运、出租车等重点行业价格监管。打造"12358"价格投诉举报品牌，排解群众反映的各种热点问题和矛盾，接受群众价费咨询投诉来信来电来访85件。开展价格诚信区域创建工作，工农路商业街区（人民路—刘村桥段）12月建成江苏省价格诚信区域一条街。

【价格认定】 年内，市物价局执行相关法律法规，按照规定的程序、方法出具准确可靠的价格认定结论，完成各类价格认定业务671件，涉及金额5亿元。其中，认定件数最多的是涉刑事案件类，认定242件392.03万元；认定金额最多的是涉税类，认定175件4.30亿元。

【医药价格改革】 年内，市物价局核定本2017度家庭医生签约服务包收费标准，完成县级公立医院综合价格改革效果年度评估工作，测算3家公立医院和15家基层医疗机构服务项目及价格水平，重新核定相关医院病房床位数量和价格。选择8家医院以及若干家药店，调查药品进货价、销售价以及公立医院的药品二次议价。

【平价商店管理】 年内，市物价局制作统一的平价商店公示牌、标价签、标识等，与各平价商店签订建设协议书，每周2次从市区4个农贸市场采集41种蔬菜价格，平价商店商品中生鲜类以低于市场均价15%、粮油肉禽各品种以低于市场均价5%的价格进行销售。全年平价商店为市民节支276.38万元，受益人次216.32万人次。

【商品房和物业价格备案】 年内，市物价局会同市住建局重新实行新建商品住房销售价格备案制度，有9个新建住宅小区申报备案。会同市住建局出台《关于进一步明确我市住宅小区物业服务收费行为规范的通知》。普通住宅前期物业服务收费实行政府指导价格管理，有9个物业企业管理的住宅小区进行前期物业服务收费指导备案。

【规范教育收费行为】 年内，市物价局开展教育收费进校园活动，明确高中代办费预收标准，加强收费公示巡查工作。对提供暑假期间保育教育的幼儿园开展收费标准备案工作，简化报备手续，涉查20多家。联合市教育局对阳光、越江和地中海3所幼儿园申报上浮保育教育费收费标准进行考评，对符合条件的幼儿园收费标准在中准价基础上上浮20%。 （陈 辉）

安全生产监督管理

【概况】 2017年，全市进一步落实《靖江市"党政同责、一岗双责"暂行规定》，明确各级行政主要负责人为各自行政区域安委会主任,推动全市安全生产责任体系全覆盖。调整市安委会成员单位,市安委会新设特种设备、消防、危险化学品、烟花爆竹、商贸服务、交通运输、建设工程、城镇燃气8个专业安全生产委员会,均由分管副市长担任委员会主任。制定安全生产举报管理办法、安全生产约谈制度规定、重大安全生产事故隐患挂牌督办办法、安全生产不良记录“黑名单”管理办法、安全生产“一票否决”办法等,建立结果和过程问责制度,严肃安全生产责任追究,加强安全生产监督管理,强化预防重特大事故工作措施。市安监局根据“全面检查、严格执法、彻底整治”的工作要求,强化源头管控,狠抓责任落实,开展安全生产大检查大排查大整治工作,全市安全生产形势总体平稳。年内,全市发生直接经济损失100万元以上或导致人员死亡的安全生产事故25起,死亡25人。

【遏制重特大事故全国试点】 3月,靖江被国家安监总局确定为“全国遏制重特大事故”试点城市。市安监局研究制定工作方案,积极探索,先试先行,组织落实防范遏制重特大事故各项措施。研究制定“2468”试点工作方案,即搭建管控信息和应急救援2个平台,构建安全生产责任、安全风险分级管控与隐患排查治理双重预防工作、基础保障、应急管理4个体系,强化警示教育、依法治安、责任落实、全员培训、市场运作、群防群控6项措施,建设安全示范城市创建、安全体验中心建设、危化品一体化管控建设、重点工业企业安全防护、消防安全风险管控、道路交通安全设施建设、水上交通安全防护、燃气管网安全防护8项工程。以斜桥镇创建安全示范镇为契机,一并推进遏制重特大事故工作在镇试点,探索实践基层信息化监管,推广安全生产“斜桥模式”,全市所有镇(街道、园区、办事处)聘请第三方中介机构,对全市258个网格开展风险辨识评估分级和隐患排查,辨识红、橙、黄、蓝色风险点分别有31个、432个、5962个、9822个,采集信息涵盖437个储罐、70个冶金场所、222个粉尘场所、498个受限空间、15个重大危险源、4个高危工艺、2941个特种设备、1709名特种作业人员、1890个职业危害因素、4465个安全设施、71个化学能源,将20家危化企业安全生产风险等级与储罐、工艺、人员等信息实时上传至云系统,通过大数据进行分析和风险评估,实现精准监管。

有限空间作业节日安全检查 (市安监局提供)

【烟花爆竹监管】 年内,市安监局开展烟花爆竹燃放宣传教育工作,依托“智慧安监”等新媒体平台,及时高效推送监管动态信息,曝光违法行为,营造良好舆论氛围。开展烟花爆竹零售网点专项整治,查处证照不全、一证多点、二级批发、异地经营、超范围经营、非法经营、违规设库、超量存放和周边安全距离不足等违法行为。加大重大节假日及高危时段监管力度,查处10处非法经营点,收缴“四私”(私产、私销、私储、私运)烟花爆竹428件。坚持创新监管,以“互联网+”安全生产为抓手,为企业免费安装智慧安监芯片,全年累计巡检1500余次,排查隐患900多项,整改率100%,确保烟花爆竹市场总体平稳的态势。

【危险化学品监管】 年内,市安监局加强源头管控,夯实安全生产基层基础,开展危化品重点县攻坚、危化品综合治理、“四个一批”(关停一批、转移一批、升级一批和重组一批)整治、重大危险源及其自动控制会诊检查、应急管理执法检查等专项整治,全年派出检查组7批次,检查企业286家次,排查出隐患1458项,关闭化工企业8家。开展危化品企业主要负责人、安全管理人员培训，有115家企业384人接受培训。组织危化品企业动火作业安全培训，有42家企业73人接受培训。组织危化品企业“动火”作业现场会，搭建“动火”作业第三方监管平台，全年有33家危化品企业签订第三方监管协议。依托一体化监管平台，辨识84家企业526个风险点，绘制危化品风险分布图。制定《靖江市安全评价报告第三方评审暂行办法》，试点开展安全评价报告第三方评审工作。组织开展危化品行业风险评估和应急资源调查，修编全市危化品事故应急救援预案，并组织桌面演练、实战演习。

【工贸冶金行业监管】 年内，市安监局以风险辨识管控为重点，辨识1646家工贸企业15372个风险点。以安全生产示范创建为基础，指导创建15个靖江市级“0523”安全生产示范班组，其中2个获评泰州市安全生产示范班组，指导87家风险较大作业场所开展安全管理规范化建设，指导6家企业开展双重预防机制示范企业创建。推进安全生产标准化提档升级，全年完成工贸企业三级标准化评审168家。持续推进分类分级监管和冶金煤气、粉尘涉爆、使用危化品、有限空间、造拆船等5个重点领域专项整治，加大执法检查和违法行为打击力度，开展全市工贸企业大检查7次，执法检查工贸企业120家。

【职业卫生监管】 年内，市安监局以铸造冶炼等15个行业治理为重点开展工作场所职业卫生监督执法活动，全年监督检查含有职业危害因素的企业122家，下达执法文书122份，责令停止作业18家。加大职业病危害项目申报力度，全年新增338家申报职业病危害项目，累计有2524家申报职业病危害项目。开展建设项目职业卫生“三同时”（建设项目职业病防护设施必须与主体工程同时设计、同时施工、同时投入生产和使用）预评价，完成防护设施涉及控制效果评价27项、现状评价69项，定期检测企业225家。开展职业卫生培训和宣传，全年有1960家企业5881人接受集中组织的职业卫生培训，开展2次大型广场宣传咨询活动、发放职业病宣传册和宣传画报2万余份。根据铸造冶金、船舶修造企业职业病危害专项整治工作要求，市安监局编制铸造冶金和船舶修（拆）企业职业卫生泰州市级地方标准，被列入2018年省标准创建试点项目，铸造行业职业病危害预防控制应用项目年末获评靖江市科学技术奖。全年组织17244名企业职工参加职业健康体检，处理职业病体检鉴定求助7起，新增确诊职业病7例。

【宣传培训】 年内，市安监局组织第30个“夏季百日安全赛”，开展企业管理人员、重点行业企业的班组长、特种作业人员的针对性安全培训，全年培训各类管理人员6428名，电工、金属焊接特种作业人员2871名。6月16日，开展安全生产月启动仪式暨安全生产宣传咨询日活动，吸引3万余名群众到现场了解安全知识，发放各类安全生产宣传资料5万余份。通过《安全第一线》栏目、《安全生产简报》和“靖江安监”微信公众号，全方位报道安全监管动态，介绍安全监管先进经验和安全小常识，在电视台黄金档播放安全生产公益广告。微信公众号更新67期。报送信息335篇，其中132篇被上级网站录用。全年有10篇报道被《新华日报》录用，有1篇被《江苏安全生产》录用。

【安全生产执法】 年内，市安监局以“安全生产执法年”“夏季百日执法行动”为载体，创新监管执法方式，督促企业落实主体责任。健全完善安全生产失信“黑名单”，执行严重违法行为公告和通报制度。组织建筑施工、烟花爆竹、造拆船、餐饮场所使用燃气等行业领域联合执法，合力开展整治工作，出动监管执法人员7103人次，检查企业6001家次，查处隐患9748处，排查治理重大隐患4处，关闭取缔企业5家，停产整顿企业11家。

（徐一纯）

国有资产监督管理

【概况】 2017年，市国资监管部门加强国有资产有效利用，实现国有资产保值增、国有企业做优做强、国资管理规范统一。至年末，全市有国有（控股）列统企业110家，企业净资产467亿元，实现营业收入179.79亿元。

【国有企业管理制度建设】 年内，市国资监管部门制定《关于推进国有企业市场化转型发展有关工作的意见》《关于加快推进靖江市融资平台公司市场化运营转型的工作方案》《靖江市产业投资基金管理暂行办法》，形成协调运转、有效制衡的决策、执行和监督体系。制定《靖江市国有企业领导人员管理暂行办法》《靖江市国有企业人员管理办法》,完善国有企业人员管理机制。按照中央关于从严管理干部的要求,配合组织部门清理领导干部在企业兼职(任职)行为,将领导干部在企业兼职(任职)情况纳入日常监管范围。制定《靖江市国有企业负责人薪酬制度改革实施意见》,建立长效激励约束机制,合理确定并严格规范企业领导人员薪酬水平。

【国有企业调整】 年内,市国资监管部门推动国有平台公司走"实体化、市场化、公司化"发展道路,推进江苏华靖资产经营有限公司、靖江市滨江新城投资开发有限公司、靖江市城投基础设施发展有限公司、靖江港口集团有限公司4家一级公司开展市场化改革、实体化运营、规范化运作。清查全市国有独资、控股、参股企业基本情况以及资产、债务和近3年运营效益等情况,理顺政府与国有企业的出资关系,摸实家底,明确实体化转型方向。深化国资集团改革,撤销国有资产经营管理(集团)公司,靖江市华汇供水有限公司、靖江市华汇渡运有限公司、靖江市华汇城市污水处理有限公司、靖江市清源污水处理有限公司4家企业整建制划归江苏华靖资产经营有限公司,江苏华靖资产经营有限公司履行出资人职责。

【投融资管理】 年内,市国资监管部门把握国有资本经营预算的支出方向,完善预算管理制度,建立覆盖靖江国有企业的国有资本经营预算分级制度,适当提高国有资本收益上缴比例。贯彻落实《关于进一步规范地方政府举债融资行为的通知》文件精神,厘清政府债务与企业债务的边界,完善风险防范和风险处置机制,规范举债融资行为,主动对接金融机构,降低成本,拓展直接融资新渠道,完成华靖公司融资工作,确保重大项目建设稳步推进。

【行政事业单位资产清查】 年内,市国资监管部门推进行政事业单位资产清查工作。按照"统一政策、统一办法、统一步骤、统一要求、分级实施"的原则,全面清理清查靖江238家行政事业单位、社团组织的基本情况、财务情况以及资产情况,年末全市行政事业单位资产总额98.02亿元。

（耿昌林　孔圣南）

住房公积金管理

【概况】 2017年,靖江单位职工住房公积金月缴存额上限为4320元,下限为368元。年末,住房公积金累计归集45.51亿元,归集余额23.52亿元;累计发放贷款39.97亿元,贷款余额20.42亿元;提供城市廉租住房资金403万元。泰州市住房公积金管理中心靖江分中心获评2017年省巾帼文明岗,业务大厅在江苏省住房和城乡建设系统窗口单位和服务行业优质服务竞赛中获评省优质服务窗口。

【住房公积金归集】 借助媒体全方位多角度宣传公积金政策,营造较好的缴存氛围。主动上门宣传,提高依法缴存意识。在"百优"企业中确定48家企业作为重点扩面对象,寄发《办理登记函》,全年送达缴存通知29份、限期缴存通知6份。针对欠缴、停缴公积金的企业,每季末集中催缴,全年累计催缴单位258家,催缴到账资金2000多万元。做好年度基数调整工作。将行政事业单位职工除住房补贴以外的全部收入纳入住房公积金缴存基数,对低于最低缴交基数的企业进行上门催调,月新增归集1174万元。全年新增缴存职工7997人,比上年增加1989人;新增开户单位103家,比上年增加39家;归集公积金6.69亿元,比上年增长16.77%。

【住房公积金贷款】 加大抵押办结力度。主动上门对接有关房地产开发企业,了解办证进度,对按期不能办结到位的及时停止贷款业务受理;与合作银行梳理出符合办证条件的贷款明细,督促承办银行及开发企业加快办证速度;及时向20余家开发商送达《限期办理他项权证的函》,及时暂停受理3家开发企业按揭贷款。主动对接产权部门,及时掌握可办证楼盘信息,全年抵押到位率93.24%。加大逾期催还力度。明确专人每月跟踪逾期贷款,掌握逾期情况,及时催还;月初将逾期2个月以上的贷款户列为重点关注对象,由专人电话催还;对屡催不还,或故意拖欠的逾期户,上门送达律师函,敦促其尽快还款。加强保证金管理,严格中心保证金退还制度,杜绝银行自行退还保证金,收取保证金1939万元,退还1609万元,保证金余额7282万元。全年发放公积金贷款2137笔7.04亿元,比上年增加1.07亿元,其中"公转商"(个人住房公积金贷款转商业贴息贷款)贷款249户7560万元;公积金提取4.76亿元,比上年增加1.01亿元。（陈亚中）

沿江开发

·综 述·

【概况】 靖江经济技术开发区南濒长江下游黄金水道，拥有52.3千米的长江岸线，可建万吨级以上泊位100余个，京沪高速公路、沿江高等级公路、新长铁路穿境而过，水陆交通便利，区位优势明显。规划控制面积168平方千米，建成区面积42平方千米，分设开发区本部、城南园区、城北园区、新桥园区等功能板块。2017年，靖江开发区实现地区生产总值648.4亿元，比上年增长7.84%。其中，第二产业完成341.1亿元，增长5.25%；第三产业完成302.85亿元，增长10.89%；第二、第三产业之比为53:47。完成一般预算收入（不含乡镇）15亿元，实现工业增加值320.27亿元，工业开票571.18亿元。实现规模以上工业总产值1041.83亿元，其中外商及港澳台投资工业总产值545.76亿元。完成进出口总额166.15亿元。

2017年靖江开发区重大签约项目一览表

表17

项目名称	项目建设单位	总投资（万元）	项目内容
恒艾营养保健品智能制造项目	香港恒艾健康产业控股有限公司（江苏恒艾健康服务产业有限公司）	505000	用地面积50.05公顷，总建筑面积9.7万平方米，购置设备、仪器合计560台（套）。项目建成，年产51.5亿粒片剂、40.3亿粒软胶囊、7.5亿粒软糖、10亿粒硬胶囊、600万罐和1.3亿条粉剂
靖江电子元件产业园项目	珠海市新兆丰电子信息产业园有限公司	500000	用地面积80.67公顷，建设厂房和配套用房，招引电子信息及相关产业的研发、加工、生产企业
共享混动助力单车生产制造项目	上海京道资产管理有限公司	300000	投资建设共享经济产业园，建设混动助力单车的生产基地及共享混动单车运营中心。开展成品、配件的生产制造及仓储物流、产业服务等

续表 17

项目名称	项目建设单位	总投资（万元）	项目内容
华为云计算数据中心	华为软件技术有限公司	150000	建设1万平方米高标准云数据中心，初期配备500台机柜，最终配备近1000台机柜，致力于打造大数据平台、智能制造平台、“互联网+”创客平台、现代服务业支撑平台、现代物流支撑服务平台
木材家具产业综合体项目	浙江省东阳市诚迈家饰公司	105000	投资建设智慧家居产业园，生产定制家具、智慧家居及其线上销售。项目分三期实施。建成投产后，计划年生产定制衣柜20万套，定制台盒柜10万套，定制门35万套，实木家具35万套等家居装饰定制品
年产医疗器械50万把项目	靖江美谷医疗器械有限公司	100000	用地面积3.33公顷，新建标准化厂房3.5万平方米，购置设备60台(套)。项目建成后，年产医疗器械50万套
智能重装项目	靖江港口集团公司	100000	用地面积43.33公顷，新建厂房及附属用房9.52万平方米、重装平台3.04万平方米、堆场1.41万平方米，购置安装设备35台(套)。项目建成后，年产大型化工装备10台(套)
江苏省煤炭物流靖江基地二期工程项目	江苏国信靖江发电有限公司	89700	建设1个10万吨级煤炭接卸泊位（水工结构按靠泊15万吨级散货船设计），码头总长度325米，码头平台长度280米、宽度28米，设计年吞吐量1200万吨。将现有重件码头升级改造为1万吨级煤炭装船码头，泊位总长度为153米；陆域建设煤炭堆场以及配套生产辅助设施
航空零部件五轴加工中心项目	上海托璞数控科技股份有限公司	80000	采用五轴联动数控加工机床、航空航天零部件部装(自动钻铆)、大型搅拌摩擦焊接和数字化自动化生产线等设备，主攻航空零部件制造
精密铸造件项目	江苏新浩祥铸件科技有限公司	62000	用地面积3.67公顷，新增建筑面积40000平方米，购置设备100台(套)。项目建成后，年产6万吨精密铸造件
罐式集装箱生产项目	靖江市亚泰物流装备有限公司	60000	用地面积11.94公顷，新建生产用房13.4万平方米，购置安装设备433台(套)。项目建成后，年产罐式集装箱2万个
环保治理设备生产项目	江苏富信环保技术有限公司	56000	用地面积3.34公顷，主要生产热分解炉、回转窑炉。建成投产后，年产环保治理设备16台(套)，其中热分解炉12台、回转窑炉4台
国鹰航空科技(江苏)发展中心项目	国鹰航空科技有限公司	51000	用地面积20公顷，建设国鹰无人机研发和生产制造中心，先行落地生产军用、警用和重点行业的民用无人机，计划2019年达3000架的产销能力
高端安防装备制造项目	北京鼎电创安科技公司	36000	用地面积2.34公顷，从事研发、生产、销售公安安全装备、警用装备器械、应急救援装备，以及安防工程建设等

续表 17

项目名称	项目建设单位	总投资（万元）	项目内容
零排放无污染植物清洁剂生产项目	广东德洁氏环保科技有限公司	36000	用地面积 3.34 公顷，从事农副产品收购，植物提取物原料的销售，植物提取原料的加工，环保技术开发服务，互联网商品销售
高端医用机器人科研生产及基于大数据库的彩超和呼吸机医疗云平台及远程会诊中心	深圳市普博科技有限公司	35000	用地面积 2 公顷，主要生产彩超换能器(探头)、基于自动控制技术于自动图像识别技术的彩超机器人、家用与医用无创呼吸机、基于闭环通气以及深度呼吸机机器人等高端医疗器械，并建设基于大数据库与云平台的应用中心以及超声医学远程会诊中心、基于大数据库与云平台的应用中心以及呼吸机医学远程会诊中心
能源系统制造项目	靖江市中嘉新能源科技有限公司	35000	计划用地 6.67 公顷。主要产品为三供三消能源系统(三供三消技术，可为城市实现热、电、冷三联供，同时可对城市污泥与垃圾进行处置并达到零排放)，为飞机发动机民用化的项目拓展
年产 400 万个家用电器零配件项目	江苏祥福顺金属科技有限公司	33000	用地面积 1.67 公顷。新增建筑面积 2 万平方米，购置设备 149 台(套)。项目建成后，年产 400 万个家用电器零配件
密封材料及密封件制造项目	诺弗司工业技术(江苏)有限公司	32000	用地面积 1.67 公顷，新建生产用房 1.85 万平方米。购置安装设备 46 台(套)。项目建成后，年产密封垫片 150 万片、软管总成 1 万米
年产 60 万台超高效清洗机电机项目	靖江市九久电机公司	32000	用地面积 1.34 公顷，新增建筑面积 8000 平方米，购置设备 50 台(套)。项目建成后，年产 60 万台高压清洗机专用超高效感应电机
工业自动控制系统装置制造项目	江苏建达奇盛智能科技有限公司	31000	用地面积 1.34 公顷，新建生产用房 17166 平方米，购置安装设备 25 台(套)。项目建成后，年产节能型传输送龙带 3 万根、多层复合包装材料年生产 1600 吨
绞股焊丝制造项目	江苏联捷焊业科技有限公司	30000	用地 3.34 公顷，拟分期实施，一期用地 1.33 公顷，预留用地 2 公顷。项目建成可年产军用、航空航天用绞股焊丝 3.5 万吨，同时生产焊接设备
手拉手汽车运动文化小镇项目	浙江手拉手星全投资管理有限公司	550000	项目落户靖江国际汽贸城，主要建设平行进口车超市、江苏最大的二手车集散分拨中心、汽车后市场服务区等
苏高新产业园	苏州苏高新科技产业发展有限公司	500000	计划占地 66.67 公顷，用于建设苏高新产业园
靖江智造国际创新产业园	上海龙元天册企业管理有限公司	200000	计划用地 46.47 公顷，建设靖江智造国际创新产业园
智能剪切中心项目	江苏新程汽车零部件有限公司	160000	项目占地约 16 公顷，引进自动化设备，建设剪切中心，提高生产智能化水平

续表 17

项目名称	项目建设单位	总投资（万元）	项目内容
网络直播电商交易平台	江苏大蓄信息科技发展有限公司	150000	通过互联网方式对公司现有资源进行整合,用手机直播模式聚焦大批用户,进行互联网营销
恒力产业园	江苏恒力制动器制造有限公司	110000	计划用地 12.54 公顷,建设恒力产业园
国鹰航空科技（靖江）发展中心项目	国鹰航空科技有限公司	51000	新建厂房,从事军警民多用工业级无人机研发、生产和销售
电力配套设备制造项目	中机国达电力科技江苏有限公司	51000	占地约 2 公顷,建设电力配套设备制造项目,计划新增产值 4.5 亿元
“冰到火灭”灭火器项目	靖江中科洁能消防科技有限公司	36000	主要从事环保新型灭火器、消防器材的生产销售
汽车隔音隔热罩项目	江苏金仕达汽配科技有限公司	35000	总投资 1.5 亿元,计划用地 1.67 公顷,生产汽车隔音隔热罩。项目建成达产后,计划年产汽车隔音隔热罩 600 万件,新增销售 3.08 亿元、新增利税 3300 万元
核电配套设备制造项目	靖江市中环化机设备有限公司	35000	占地约 4.47 公顷,建设核电配套设备制造项目。计划新增产值 4.5 亿元
汽车空调压缩机全自动化生产线项目	靖江手拉手汽车小镇开发有限公司	34000	占地约 4 公顷,建设 汽车空调压缩机全自动化生产线,项目计划新增产值 6 亿元
城南孵化园项目	包钢天彩靖江科技有限公司	32000	占地约 5.67 公顷,建设城南孵化园项目。计划新增产值 5 亿元
特种装备制造项目	江苏华洋新思路特种装备有限公司	31000	占地约 2 公顷,建设特种装备制造项目。计划新增产值 4 亿元
钢材剪切落料加工中心项目	靖江市金佳金属材料有限公司	30000	占地约 3.34 公顷,新建厂房,从事汽车用钢板的加工生产。计划新增销售 5 亿元
汽车高性能制动盘项目	靖江市东泰汽车部件制造有限公司	30000	计划用地 1.34 公顷,用于汽车高性能制动盘生产。建成达产后,计划年产高性能制动盘 175 万件
高端养老地产项目	龙信房地产(靖江)有限公司	1000 万美元	开发建设高端养老公寓
直流变频电动机扩产技术改造项目	江苏富天江电子电器有限公司	1493 万美元	购置精密热固注射成型机、注塑机、绕线流水线、装配流水线等设备 209 台(套)。项目达产后,可年产直流变频电机 600 万台,新增销售收入 3450 万美元、利税 554 万美元
高档皮装生产和服装贸易	靖江市星光皮件制衣有限公司	1200 万美元	占地 1 公顷,用于新建高档皮装生产和服装贸易项目
新型农业设备制造	靖江盛丰农业机械科技有限公司	1000 万美元	主要从事农业设备的加工生产。拟用地 2 公顷,用于建设农业设备加工生产线

续表 17

项目名称	项目建设单位	总投资（万元）	项目内容
激光净化器装置生产项目	法国劳尔工业集团 & 中融资产管理有限公司 & 靖江市春意空调制冷设备有限公司	500000	以劳尔公司的新专利为基础，将激光净化器装置落地产业化、商业化
空调小镇核心区客厅板块项目	靖江市北辰城乡投资建设有限公司	250000	拟用地 27.9 公顷。用于空调小镇核心区客厅板块的规划、拆迁、建设等相关事宜。该项目结合小镇空调产业特色，建立片区服务中心
智能制造项目	江苏新萌芽袜业科技有限公司	50000	计划征地 5.34 公顷，引进机器人生产线，实现无人生产
汽车冲压模具及零部件制造项目	武汉恒佳通科技有限公司	30000	生产级进模具、传递模具（多工位模具）、冲压及焊接总成件
ITS 靖江检测中心	Intertek 天祥集团	30000	建设 ITS 靖江检测中心，提供检测服务和实验室测试技术支持
纳米光催化空气过滤器及其后续延伸产品的研发生产项目	北京中兴博成科技有限公司	30000	开展纳米光催化空气过滤器及其后续延伸产品的研发生产项目
新能源汽车配件生产项目	江苏金卡科技有限公司	30000	拟征地 3.34 公顷，生产新能源汽车配件
锂电电芯包扎专用材料生产项目	靖江市双金电子有限公司	30000	拟征地 2.67 公顷，建设锂电功能材料生产线 6 条。生产锂电电芯包扎专用材料终止胶带、电信防震胶带等
汽车零部件制造项目	江苏银宇汽车零部件制造有限公司	30000	拟征地 3.33 公顷，生产转向管柱、角转向传动轴、电子离合踏板、传动轴等。建成后可年产 100 万件
叉车属具生产项目	靖江市神力叉车属具有限公司	30000	拟征地 2.34 公顷，新增建筑面积 2.8 万平方米，生产叉车属具
基于蜂窝式网络超低功耗无线传感器技术物联网云平台	靖江泰之特物联科技股份有限公司	30000	在云平台和大数据的基础上，利用传感器技术、无线数据通信等技术构造一个覆盖万事万物的“Internet of things”
工业炉设备项目	江苏驰铭机械设备制造有限公司	30000	拟征地 1.34 公顷，新增建筑面积 1.5 万平方米，生产工业炉设备
绝缘材料生产项目	江苏鼎灵新材料科技有限公司	30000	拟征地 2 公顷，用于 UCT 通用盖带及新型锂电池专用胶带的生产加工
年产 2 万吨电力铁塔生产线建设项目	江苏佳顺电力设备制造有限公司	30000	拟征地 2 公顷，新增建筑面积 2.2 万平方米。年产 2 万吨电力铁塔，产值 1.5 亿元

续表 17

项目名称	项目建设单位	总投资（万元）	项目内容
溴化锂机组、节能环保设备及煤改电新能源项目	靖江市嘉亿空调设备制造有限公司	30000	拟征地 1.34 公顷，新增建筑面积 1.32 万平方米，生产溴化锂机组、节能环保设备及煤改电新能源项目
新能源汽车配件生产项目	易维新能源汽车科技（江苏）有限公司	30000	征地 2 公顷，生产新能源汽车配件
整体搬迁项目	无锡电缆厂有限公司	100000	整体搬迁至靖江。首期拟用地 16.67 公顷
大流量消防水炮生产项目	河北旭峰机电科技有限公司	58000	与俄罗斯艾菲尔消防机器人技术中心合作，新征用地 3.34 公顷，拟利用外资 500 万美元，利用俄方先进技术，新建大流量消防水炮生产项目。项目建成后，可新增销售 5 亿元
海底电缆生产项目	江苏锡缆电缆有限公司	42000	拟用地 6.67 公顷，新建海底电缆生产车间 2 幢约 4 万平方米
高端装备制造产业园项目	上海盛世华天环境科技有限公司	40000	拟用地约 23.34 公顷，负责园区建设、招商、运营，打造“区中园”，助推园区特色冶金、环保装备、智能厨电、高端装备制造等特色产业发展
城市商业综合体项目	中建钢构江苏有限公司	36500	拟在新桥城区范围内投资新建大型商业综合体
军事主题项目	中国船舶重工集团公司第七一四研究所	36000	利用新桥湖畔约 10 公顷，新建船舶展览馆及研发中心
生态旅游开发项目	中建钢构有限公司	30000	利用园区沿江岸线资源，着力开发旅游观光、农业休闲、高尚住宅区等特色产业，将园区沿江经济带打造成以生态休闲旅游为主，配套发展商业、服务业等的大型综合功能带
起重设备生产线迁建项目	江苏宏程起重机械厂	35000	与江苏三马公司达成收购意向，购买三马的品牌、生产线等，聘用其技术人员。该项目总投资 4.85 亿元。项目建成后，可新增年销售收入 1.8 亿元
铸造产业基地项目	江苏省铸造协会	32000	拟在新桥特色冶金铸造基础上，整合相关优质资源，打造铸造产业基地。同时，对现有铸造企业进行铸钢用黏结剂以及改性水玻璃石英砂造型工艺等铸造行业技改和工艺培训，助推园区铸造企业改造升级
滨江特色田园乡村开发项目	浙江普天园林建筑发展有限公司	30000	规划面积 132 公顷，拟投资建设游客中心、民俗、农民公园、路演基地等，打造以自然娱乐休闲活动为核心，同时体现自然、人文、生态的完美结合的休闲空间

续表 17

项目名称	项目建设单位	总投资（万元）	项目内容
智能消防设备生产项目	江苏众欣化工设备造有限公司	30000	拟新征用地 4 公顷，新建厂房及办公楼约 3 万平方米，重点发展自动消防水炮、电控消防水炮、智能消防水炮、自动跟踪定位射流灭火装置等智能消防设备
复合管生产线改造项目	江苏双达泵阀集团有限公司	30000	规划用地约 6.67 公顷，购置焊接机器人等设备，新上全自动管道生产线，生产衬胶管道、钢衬塑复合管等产品
铸钢生产线改造及军品生产线新建项目	江苏金诺炉辊有限公司	30000	拟新建铸钢车间、军品生产车间、办公楼等，购置节能型浇铸炉、除尘设备等
固废处理设备生产基地项目	江苏鼎新环保科技有限公司	30000	拟征规划用地 6 公顷，重点发展固废治理环保路线，主要生产垃圾焚烧、固废处理装置
新型干式炉底除渣环保设备生产基地项目	江苏亦然环境科技有限公司	30000	拟规划用地 5.34 公顷，新建生产车间、办公楼等。重点发展适合于电力、冶金、矿山、建材、石化、洗煤等行业的产品，主要生产新型干式炉底除渣环保设备
先进金属材料涂镀国家工程实验室靖江分部	新冶高科技集团有限公司	30000	一期投资约 1 亿元，用地 1.34 公顷，规划总建筑面积约 1 万平方米，主要从事热喷涂装备、工艺、技术研发及产业化推广。二期投资约 2 亿元，主要围绕军民融合，重点在航空航天、海洋工程、深地探测、核电工程等领域开展新材料研发和应用研究，实现科技成果转化

2017 年靖江开发区重大在建项目一览表

表 18

项目名称	项目建设单位	总投资（万元）	建设规模及主要内容
泰州港靖江港区新港作业区码头一期工程改造工程	江苏扬子江港务有限公司	17000	新增装卸煤炭、铁矿粉货种，码头前沿水深条件及港池尺度能够满足 12 万吨散货船减载靠泊的要求
紧固件生产项目	靖江市飞天紧固件制造有限公司	10000	建生产用房 1.19 万平方米，占地约 1.98 公顷。项目建成后，年产值 1.5 亿元、年销售 1.5 亿元
木材供应链管理一体化服务平台项目	江苏万林现代物流股份有限公司	12366	打造木材供应链管理一体化服务平台，主要建设木材行业大数据中心，搭建资讯、采购、物流、交易、融资等云服务平台，购置安装设备 35 台（套）
木材物流配送中心项目	江苏万林现代物流股份有限公司	26300	新建物流配送中心 6.57 万平方米及相关配套设施。购置安装设备 114 台（套）。年加工木材 80 万立方米，木材仓储配送 120 万立方米

续表 18

项目名称	项目建设单位	总投资(万元)	建设规模及主要内容
新天地港务仓储物流项目	靖江市港口集团有限公司	52000	项目位于开发区万福港至旺桥港之间,用地面积约11.33公顷。使用岸线444米。拟建设侯工楼、物资仓库、重件仓库、维修车间、堆场等生产生活辅助设施及相应配套设施
罗家桥港外港码头工程项目	靖江港口发展有限公司	36000	建设1万吨级散货泊位1个和1万吨级杂货泊位1个(水工结构均按靠泊5万吨级船舶设计和建设),泊位长326米,内档建设300吨级工作船泊位5个,泊位长205米。码头设计年通过能力252万吨。按531米泊位长度使用所对应的港口岸线。同步建设堆场、仓库等相关设施
恒艾营养保健品智能制造项目	香港恒艾健康产业控股有限公司(江苏恒艾健康服务产业有限公司)	505000	用地面积50.06公顷,总建筑面积9.73万平方米。购置设备、仪器合计560台(套)。年产51.5亿粒片剂、40.3亿粒软胶囊、7.5亿粒软糖、10亿粒硬胶囊、600万罐和1.3亿条粉剂
耐磨合金材料技术改造项目	靖江新舟合金材料有限公司	12000	用地面积0.87公顷。购置ZXZ-35型合金真空炉、净化装置、AXZ-35配套环保设备、模具以及产品性能检测测试系统等国产设备343台,新建厂房1.5万平方米。项目建成投产,年产15万吨耐磨合金材料,新增销售收入14亿元,新增利税4100万元
桥隧重型钢构项目	中国铁建大桥工程局集团有限公司	560000	新建厂房20万平方米,购置安装设备720台(套)。年产桥机8辆、造桥机10辆、运梁车6辆,桥梁移动模架10台,龙门吊20台
供热管道项目	江苏国信靖江发电有限公司	6000	铺设供热管道16千米(国信电厂至帝斯曼江山制药公司)
汽配零部件加工项目	靖江市黄埔机械部件制造有限公司	10141	新建厂房8000平方米,购置安装设备353台(套)。年产10万台套汽车部件及铸件
研发大楼建设及车间改造项目	江苏凯元科技有限公司	10260	新增建筑面积6000平方米,改造车间2000平方米,购置安装设备353台(套)
碳纤维高温毡生产项目	靖江市润昕纺织机械制造有限公司	11430	新建厂房6000平方米,改造厂房2000平方米,购置安装设备127台(套)。年产碳纤维高温毡200吨
罐式集装箱生产项目	靖江市亚泰物流装备有限公司	60000	用地面积11.94公顷,新建生产用房13.4万平方米,购置安装设备433台(套)。年产罐式集装箱2万只
面向工业互联网应用的智能化测试仪器项目	江苏东华测试技术股份有限公司	10000	新增建筑面积3.29万平方米,新增各种精密车、铣、切割、焊接、装配等加工设备、调试装置、检验装置、开发设备、办公系统等883台(套)。项目建成后,年产80台(套)海洋工程与港口装备状态监测与诊断产品、450台套智能化电化学分析仪器产品、800台(套)工业互联网数据采集仪

续表 18

项目名称	项目建设单位	总投资（万元）	建设规模及主要内容
高端材料膜制品生产项目	江苏亚龙新材料科技有限公司	12800	用地面积2.57公顷,新建生产用房3.3万平方米,购置安装设备38台(套)。年产静电吸附膜3.5亿平方米、阻燃防爆胶带600万平方米、金圭料400万平方米、导电铝箔胶带500万平方米、保护膜200万平方米、辅助产品450万平方米
车联网、旅游救援网平台建设运营服务及硬件制造项目	江苏华鑫车联网科技股份有限公司	20000	搭建车联网、旅游救援网平台。购置安装“车里子”生产线5条。年产车载高新技术智能产品“车里子”10万套
汽车零部件加工制造项目	江苏刚宸建设有限公司	12000	用地面积1.94公顷,建筑面积1.38万平方米,用于汽车零部件加工、木材加工及相应配套设施
重型机械军用新型紧固件生产项目	江苏永顺储能科技有限公司	16800	用地面积2.41公顷。新建生产用房1.25万平方米。购置安装设备114台（套）。年产重型机械专用新型紧固件1.8万吨
军用汽车变速器外壳和轻合金零件项目	顺达模具科技有限公司	28500	用地面积6.93公顷,新建生产用房5万平方米,购置安装设备116台（套）。年产军用汽车变速器外壳和轻合金零部件1万吨
循环水系统建设项目	江苏国信靖江发电有限公司	14000	建设一期2×660兆瓦超超临界燃煤发电机组循环水系统。购置循环水泵、循环水控制蝶阀、旋转滤网等设备19台(套)
国信物流系统改建项目	江苏国信靖江发电有限公司	10300	主要建设装卸系统输送线及相关配套设施,购置管状带式输送机、直线摆动式装船机等设备30台(套)
年产6万吨精密铸造件项目	江苏新浩祥铸件科技有限公司	62000	用地面积3.67公顷,新增建筑面积4万平方米,购置设备100台(套)。年产6万吨精密铸造件
年产400万个家用电器零配件项目	江苏祥福顺金属科技有限公司	33000	用地面积1.67公顷。新增建筑面积2万平方米,购置设备149台（套）。年产400万个家用电器零配件
年产60万台超高效清洗机电机项目	靖江市九久电机公司	32000	用地面积1.34公顷,新增建筑面积8000平方米,主要购置设备50台（套）。年产60万台高压清洗机专用超高效感应电机
工业自动控制系统装置制造项目	江苏建达奇盛智能科技有限公司	31000	用地面积1.34公顷,新建生产用房1.72万平方米,购置安装设备25台(套)。年产节能型传输送龙带3万根、多层复合包装材料年生产1600吨
智能重装项目	靖江港口集团公司	100000	用地面积43.34公顷,新建厂房及附属用房9.52万平方米,重装平台3.04万平方米,堆场1.41万平方米,购置安装设备35台(套)。项目建成后,年产大型化工装备10台(套)

续表 18

项目名称	项目建设单位	总投资（万元）	建设规模及主要内容
工业炉智能化生产线项目	卓然(靖江)设备制造有限公司	18000	新建工业炉智能化生产线项目
特种差别化化学纤维生产项目	江苏中杰澳新材料有限公司	11000	新建特种差别化化学纤维生产项目
叉车配件生产项目	靖江市建佳叉车有限公司	12000	新建叉车配件生产线项目
自来水深度净化处理项目	靖江华汇供水有限公司	16000	新建自来水深度净化处理项目
宝丽广场(二期)商业用房项目	江苏广天置业有限公司	10000	新建宝丽广场(二期)商业用房项目
养老地产项目	龙信房地产(靖江)有限公司	500000	新建养老地产项目
双质量飞轮生产线项目	靖江三鹏传动系统零部件有限公司	10000	新建双质量飞轮生产线项目
智能设备制造项目	靖江市天创智能科技有限公司	10800	新建智能设备制造项目
城南孵化园项目(广宇)	江苏广宇重机建设工程有限公司	39000	新建城南孵化园项目
全喂入稻麦联合收割机生产项目	江苏上琪农业装备有限公司	11000	新建全喂入稻麦联合收割机生产项目
研发楼及办公室项目	江苏御铭博资产管理有限公司	10000	新建研发楼及办公室项目
豪华游船家具定制及军用船舰隐身系统生产项目	靖江亚泰船用物资有限公司	26000	新建生产用房 5.9 万平方米。购置安装设备 126 台(套)。年产船用设备 5000 件,橡塑板 20 万平方米;木质、金属家具 2400 件
村镇污水治理项目	江苏华麒建设有限公司	180000	新建村镇污水治理项目
集装箱(二期)生产项目	靖江市亚泰特种材料制造有限公司	11000	新建集装箱(二期)生产项目
空调配件及除尘设备配件生产项目	江苏龙旺空调制造有限公司	10000	新建生产用房 7908 平方米，购置安装设备 128 台(套)。年产空调配件 20 万套,除尘设备 10 万套
橡胶制品生产项目	靖江王子橡胶有限公司	2500 万美元	新增建筑面积 4.02 万平方米,购置安装设备 60 台(套)。项目达产后，计划实现主营业务收入 3 亿元、利税 4500 万元,年产各类橡胶制品 8 万吨
“冰到火灭”灭火器生产项目	靖江中科洁能消防科技有限公司	36000	新建不锈钢灭火器生产线 2 条,年产“冰到火灭”灭火器 500 万个

续表 18

项目名称	项目建设单位	总投资（万元）	建设规模及主要内容
工大规模搪玻璃产品智能化生产线项目	江苏扬阳化设备制造有限公司	5581	购置封头专用压机、机器人封头切割开孔机、机器人管口焊接工作站等国产设备52台(套),新增建筑面积8万平方米。项目建成达产后,计划年产搪玻璃设备1.5万台,新增销售收入1.2亿台、新增利税3198万元
空调设备及配件生产	靖江市三菱暖通机械制造有限公司	6500	新建生产用房1.86万平方米,购置安装设备35台(套)。年产空调设备20万台
汽车配件生产项目	靖江亚拓机械设备有限公司	5200	购置设备73台,年产汽车配件22万套、集装箱底座3万套
新能源汽车电控零部件生产线技术改造项目	江苏恒义汽配股份有限公司	5400	购置数控车床、加工中心、钻攻中心、焊接设备、数控机床柔性生产线等国产设备100台（套)。项目建成达产后,计划年产新能源电控零部件20万台(套),新增销售收入2亿元、新增利税3000万元
起重机械扩建项目	江苏远望起重机械制造有限公司	5700	扩建生产用房5000平方米,购置安装设备216套。年产起重机械2000台
激光切割焊接自动化生产线项目	江苏金冶冶金设备有限公司	5500	改造自动化生产线,扩建生产用房5000平方米,购置安装设备15台
奇美乐器文化出口和技术智能化升级改造项目	江苏奇美乐器有限公司	5500	购置注塑机、智能化成品包装线、剪板机、超声波焊接机等国产设备93台(套)
汽车零部件项目	江苏成辰汽车配件有限公司	5700	购置安装设备45台,年产汽车设备及配件1100台
军民两用机械配件加工项目	靖江市志航机械配件有限公司	10500	新增生产用房9500平方米，购置安装设备40台(套)。年加工军民两用机械配件3.5万件
异形板设备及现场加工设备生产项目	江苏博林机械制造有限公司	5600	改造生产用房8000平方米,购置等离子切割机、折弯机、重卧车床、龙门式带锯床、伺服驱动碾压成型机等设备59台(套)。年产异形板设备5万立方米
航空和高端精密生产项目	靖江先锋半导体科技有限公司	5200	新建生产用房4000平方米,主要购置设备45台(套)。年产航空和高端装备精密部件5000台(套)
核电反应堆低坑过滤器项目	中机国达电力科技江苏有限公司	5300	改建生产用房800平方米。购置安装设备35台(套)。年产核电反应堆低坑过滤器500台
汽车隔音隔热罩生产线智能化技术改造项目	江苏金士达汽配科技有限公司	8000	购置安装设备26台（套)。年产汽车隔音隔热罩200万件
标准集装箱总装焊接生产线技术改造项目	靖江市亚泰特种材料制造有限公司	5200	添置自动焊接机、安全测试仪、机架等设备45台(套)。项目建成达产后,形成年产储能集装箱2000台的生产能力,新增销售收入6000万元、新增利润400万元、新增税金200万元

续表 18

项目名称	项目建设单位	总投资（万元）	建设规模及主要内容
大尺寸高气压车用盘式制动器智能制造项目	江苏恒力制动器有限公司	5800	购置6300型卧式加工中心、Atos core300、3D扫描仪、VB850规模钻攻机、油刹制动器装配线、四大件装配线、制动蹄柔性制造线1条、智能气刹制动器装配线、NBV1060加工中心、凸轮轴数控铣床等国产设备28台(套)。项目建成后,形成年产5万台大尺寸高气压车用盘式制动器总成的生产能力。新增销售收入1亿元、新增利税3089万元
智能楼宇控制与智能家居研发制造项目	江苏麦驰电子有限公司	10000	建筑面积3.5万平方米,用地面积2.33公顷。主要设备有高精度SMT机、数控铣床、AOT等。项目建成后,生产电力电子元器件、楼宇控制系统、智能控制系统、集中控制装置3000台(套)
高效乙烯裂解成套装备绿色关键工艺系统集成项目	卓然(靖江)设备制造有限公司	5500	购置挡板拆装机器人、浇铸机器人、数控阻尼减震离心机、数字化无模成型系统能织、镗床机器人、工业炉模拟试验装置国产设备158台(套)。项目建成投产后,可形成年产乙烯裂解炉12万台套的生产能力,新增销售收入1.5亿元、新增利税1200万元
研发楼及高端人才服务中心项目	江苏新程汽配制造有限公司	12000	项目占地2.34公顷,建设研发楼及高端人才服务中心,用于汽配相关新产品的开发研究
汽车零部件生产	靖江市东泰汽车部件制造有限公司	10500	新建生产用房1.63万平方米。购置安装设备144台(套)。年产汽车制动盘175万件
农副产品加工及冷链物流项目	江苏副采农副产品冷链物流有限公司	12000	新建冷链物流中心1.34万平方米及总库容量1.5万立方米冷库4座。年加工农副产品2000吨
核岛补偿器生产项目	江苏永和高分子技术有限公司	16500	新建生产用房1.34万平方米,新建大口径补偿器生产线2条。年产核岛、常规、屏蔽补偿器5万台(套)
标准化厂房三期	靖江市北辰投资建设有限公司	20000	总用地面积约6.67公顷,新建标准化厂房8万平方米
直升机运输货物定点、定速、连续投放装置生产项目	江苏宏润航空设备有限公司	10000	新建生产用房1.13万平方米,购置安装设备71台(套)。年产货物投放装置、系留装置、尾喷口堵盖、通风喷嘴2780台(套)
达克罗涂覆加工项目	靖江市达克罗涂覆工业有限公司	10000	新建生产用房9390平方米,购置安装达克罗涂覆加工生产线8条。年产金属基村达克罗涂覆加工9000吨
彩印包装印刷纸制品生产线技改项目	江苏亿盾科技有限公司	10000	新建生产用房1.71万平方米。购置安装设备7台(套)。年产彩印包装印刷纸制品2000万份
高端电子配件生产项目	江苏恒璐电子科技有限公司	10000	新建生产用房1.18万平方米,购置安装设备107台(套)。年产高端电子配件900万件

续表 18

项目名称	项目建设单位	总投资（万元）	建设规模及主要内容
新能源科技样车试制项目	江苏巨昌汽车科技有限公司	15000	新建生产用房 1.99 万平方米。购置安装设备 28 台(套)。年产新能源科技样车 20 台、汽车配件及模具 10 万套
智能电气元器件生产项目	江苏翰阳电子科技有限公司	12000	新建生产用房 2.15 万平方米。购置安装设备 121 台(套)。年产智能电器仪表 8 万只、智能断路器 5 万台
加强型实用新型轻钢龙骨生产项目	江苏博润新型建材有限公司	10000	生产高强度轻钢龙骨、烤漆龙骨,销往国外
镁合金深加工项目	江苏天韵金属制品科技有限公司	10000	用地面积约 1.34 公顷
空调设备扩建项目	靖江市宝钢空调设备厂	10000	扩建生产用房 6000 平方米,年产空调设备 2 万台、风机 3000 台及配件 3 万台
纤维片全自动连续生产流水线扩建项目	靖江市高新窑炉材料有限公司	5200	新增生产流水线 1 条,购置生产设备 45 台(套)。年产纤维片 100 万件,纤维辊 800 根
军用特种阀门研发及应用扩建项目	江苏广通船用阀门有限公司	5000	扩建生产用房 5000 平方米,购置安装设备 20 台(套)。年产军用特种阀门 15 万套
肉脯生产线扩建项目	靖江喜友食品有限公司	5200	扩建生产用房 8000 平方米,扩建肉脯生产线 2条。年产肉脯 200 吨
背光源生产建设项目(35e0003)	靖江市永盛光电科技有限公司	30000	征地 2.63 公顷,建筑面积 2.8 万平方米,购置住友射出成型机、超精密成型平面磨床、静电消除器等 20 台(套),用于液晶显示 LED 侧发光背光源的研发、生产与销售。项目建成后,年产 LED 侧发光背光源 1500 万泰,计划年销售 5 亿元、利税 4500 万元
船用发电机组项目(37e0011)	江苏旺宏机械制造有限公司	10000	建设多条生产线,生产各类船用发电机组。项目全部建成后,计划可开票销售 1 亿元、利税 1000 万元
空调制冷设备、水地源热泵扩产项目(26e0008)	靖江市春意空调制冷设备有限公司	10000	征地 1.64 公顷,建筑面积 2.4 万平方米,购置车床、折弯机、自动焊接设备等 8 台(套)。建成后年产小型独立式水地源热泵 1.5P~10P5 万台(套),计划年销售 1.5 亿元、利税 1500 万元
发动机环保后处理其产品生产项目(36e0012)	靖江市恒星汽车零部件有限公司	10000	征地约 1.34 公顷,建筑面积 1.2 万平方米,购置焊接机、冲床、焊机等设备 10 台(套)。建成后,计划年销售 1.5 亿元、利税 1300 万元
KTP 晶体投资生产项目(35e0004)	江苏金梦豪科技有限公司	10000	征地约 1.34 公顷,建筑面积 1.6 万平方米,购置晶体生长炉、切割机等设备 15 台(套)。建成后年产 KTP500 千克,计划年销售 1.6 亿元、利税 1500 万元

续表 18

项目名称	项目建设单位	总投资（万元）	建设规模及主要内容
年产弹簧 10000 吨项目	江苏众恒弹簧科技有限公司	10000	新建生产用房 1.81 万 4 平方米，购置安装设备 134 台(套)。年产弹簧 1 万吨
年产汽配结构件 150 万件项目	靖江市永固汽配制造有限公司	24612	新建生产用房 2.53 万平方米，购置安装设备 28 台(套)。年产汽配结构件 150 万件
年产空调净化设备 420 台项目	江苏金剑中央空调设备有限公司	10000	新建生产用房 1.16 万平方米，购置安装设备 24 台(套)。年产空调净化设备 420 台(套)，除尘器及配 1.5 万件
自动化生产线项目	江苏安本电子科技有限公司	10000	新增自动化生产线 2 条
电源机器检测系统项目	江苏中良能源科技有限公司	12000	针对性开发基站备用电源机器检测系统、电动车管理系统、电源和充电器配套产品
年产永磁同步电机 5000 台项目	江苏宏昊电机科技有限公司	12000	年产永磁同步电机 5000 台(套)，用于车床配套
屋面分布式光伏电站项目	上海联基新能源开发有限公司	30000	利用产业园标准化厂房屋面，安装光伏组件，将太阳能转化为直流电能，再通过并网型逆变器将直流电能转化为与电网同频率、同相位的正弦波电流，并入电网。项目建成后，计划实现年发电量 1.2 亿千瓦时，开票销售近亿元
核级中小型锻件径向锻造生产项目	江苏标新工业有限公司	16000	购置设备 27 台(套)。年产 5000 吨锻件毛坯、成品 4000 吨
研发大楼建设及车间改造项目	江苏东方成套设备制造有限公司	11000	新建建筑面积 1.5 万平方米，包括研发大楼 1 幢、办公大楼 1 幢，同时将原有办公楼拆除改造，购置部分检测及加工设备。项目建成后，计划新增年销售收入 8000 万元
低氮氧化物燃烧系统改造装置生产线扩建项目	江苏京成机械制造有限公司	12000	购置激光切割机、自动卷板机等设备 75 台，对原有生产线进行扩建。项目建成后，计划实现年销售收入 2.3 亿元
铸造车间及生产线改造项目	江苏飞跃机泵集团有限公司	10000	购置 3D 打印机、数控车床、精密切削机等设备，并对原有 6000 平方米厂房进行改造。项目建成后，计划新增年销售 9000 万元
链篦机生产项目	江苏鑫润冶金机械制造有限公司	10000	规划用地约 1.34 公顷，购置相关设备，新上链篦机生产项目，打造产品展示中心。项目建成后，计划新增销售 1.5 亿元
环保科技加热炉脱硫项目	江苏格尔金成套设备制造有限公司	10000	购置精细等离子切割机、精密数控机床等设备，并对原有生产线进行改造。项目建成后，计划新增年销售 1.5 亿元

续表 18

项目名称	项目建设单位	总投资（万元）	建设规模及主要内容
脱硫脱硝设备生产项目	江苏双勤民生冶化设备制造有限公司	11200	与宁波远东化工集团有限公司合作，新建厂房6000平方米，购置激光切割机、卷板机、数控加工中心等设备42台(套)。项目建成后，计划新增销售1.5亿元
耐腐蚀自吸泵生产项目	江苏方正泵业制造有限公司	11800	改造原有厂房5000平方米，新建厂房2300平方米，购置数控火焰切割机、离心机、数控加工中心等设备30台(套)。项目建成后，计划新增销售7000万元
新型带式污泥脱水成套设备生产项目	江苏鼎成冶金设备制造有限公司	11000	新征用地约1.34公顷，同时购置设备112台(套)。项目建成后，形成年生产新型带式污泥脱水成套设备500套的生产能力
年产1000吨果脯生产项目	江苏苏海机械制造有限公司	5000	购置真空加压浸糖、淋糖、干燥等一体化生产线，年产果脯约1000吨
中空塑料模型生产项目	方舟展示用品(靖江)有限公司	5500	租用厂房1.1万平方米，将厂区从常熟整体搬迁至靖江，新建吹塑生产线4条。年产中空塑料模型5万件
酒店建设项目	东南一家酒店管理有限公司	10300	新增建筑面积1.2万平方米，打造餐饮、宴会、客房一体的酒店
整体迁建项目	江苏三马起重机械制造有限公司	5000	与靖江市宏程起重机械厂达成收购协议，将品牌、技术人员、生产线整体迁至新桥园区。新建厂房6000平方米，新增生产线1条，购置安装设备20台(套)。项目建成后，年产起重设备3000台(套)
智能气瓶生产线改造项目	江苏民生特种设备集团有限公司	5000	购置气瓶制造流水线、阀门全自动装配线等设备40台(套)，对现有气瓶生产线进行智能化改造。项目建成后，计划新增销售7000万元

2017年靖江开发区重大竣工项目一览表

表 19

项目名称	项目建设单位	总投资（万元）	建设规模及主要内容
靖江市先进焊接技术应用中心项目	靖江市机器人智能机械有限公司	5800	位于靖江科教产业园内，项目占地2公顷，建筑面积1万平方米，针对全市焊接技术方面的人才技术需求开展合作，推介、转化科技成果，致力打造国内一流、国际领先的焊接技术高端人才和产业技术服务平台，为全市装备制造、新材料等产业的科技创新提供智力与科技支撑，并为学校的学术活动、实训和就业提供全方位支持

续表 19

项目名称	项目建设单位	总投资(万元)	建设规模及主要内容
车联网、旅游救援网平台建设运营服务及硬件制造项目	江苏华鑫车联网科技股份有限公司	20000	搭建车联网、旅游救援网平台,购置安装"车里子"生产线5条。年产车载高新技术智能产品"车里子"10万套
泰州港靖江港区新港作业区码头一期工程改造工程	江苏扬子江港务有限公司	17000	新增装卸煤炭、铁矿粉货种,码头前沿水深条件及港池尺度能够满足12万吨散货船减载靠泊的要求
紧固件生产项目	靖江市飞天紧固件制造有限公司	10000	建生产用房1.19万平方米,占地约1.99公顷。项目建成后,计划实现年销售1.5亿元
液压元件生产项目	江苏二马液压元件有限公司	4000	新建生产用房1.32万平方米,购置安装设备183台(套)。项目建成后,年产液压元件10万套
汽车部件生产项目	靖江市黄埔机械部件制造有限公司	5000	新建生产用房6500平方米,购置安装设备11台(套)。项目建成后,计划年产汽车配件6000万件
动力电池盖板生产项目	靖江市东达新能源科技有限公司	5500	计划建设标准化无尘车间2000平方米,年产动力电池盖板900万个,年开票销售收入约6亿元
烟气余热回收装置项目	中机国达电力科技江苏有限公司	12000	用地面积约2.55公顷,新增建筑面积约2.4万平方米。主要设备有全自动螺旋绕片机、微电脑外圆抛光机、自动埋弧焊。项目建成投产后,计划新增销售收入3.5亿元、利税3000万元
高强度标准件生产项目	靖江市新万国标准件制造有限公司	15000	占地4公顷,建设生产车间,用于生产标准件、紧固件、轴承等
电子标签(RFID)生产项目	江苏联恒物宇科技有限公司	5300	引进国内外先进的RFID电子标签绑定设备、复合设备、打印写码设备等,用于RFID、EAS电子标签的研发
刻蚀设备关键零部件技术升级改造项目	靖江先锋半导体科技有限公司	5600	重新调整现有厂房,新增各类加工中心、三坐标测量机等自动化设备,研究和生产制造大规模集成电路等离子刻蚀机关键零部件
年产1500万双棉针织袜子项目	江苏宇行纺织有限公司	10500	建设厂房面积约1万平方米,采购生产设备90台(套),新上针织制品生产线,计划年产棉针织袜子1500万双
电商创业中心项目	靖江市城乡建设有限公司	10000	建筑面积约3万平方米,主要设置名优特商品展示中心、电商服务中心、电商总部基地、仓储物流中心等,致力于打造现代化的电商产业集聚基地
高强度紧固件生产项目	江苏华盛紧固件制造有限公司	10800	建设生产车间约1万平方米,新上紧固件设备自动生产线,从事各类紧固件的生产
手机零部件生产项目	深圳华冠电子有限公司	10000	计划用地0.87公顷,用于建设厂房,生产小型扬声器及电声元器件
红星美凯龙家居项目	上海红星美凯龙品牌管理有限公司靖江分公司	15000	改建红星美凯龙家居5.15万平方米及相关配套设施

续表 19

项目名称	项目建设单位	总投资（万元）	建设规模及主要内容
月星家居广场项目	靖江市百富绅国际装饰家具广场有限公司	25000	改建月星家居广场 4 万平方米及相关配套设施
奔驰 4S 店项目	靖江之星汽车维修服务有限公司	10000	新增建筑面积 1.1 万平方米，用地面积 1 公顷。项目建成后，年销售量 600 台
封闭性铆钉及特殊合金铆钉项目	江苏昇华紧固件科技有限公司	7000	购置安装设备 180 台。项目建成后，年产合金铆钉 300 吨
钢结构生产线项目	江苏广耀建设有限公司	10000	用地面积 1.58 公顷，新增建筑面积 2.05 万平方米。主要设备有数控等离子切割机、H 型钢抛丸机、C 型钢生产线等。项目建成后，年产 1.2 万吨钢结构建筑及构配件
双质量飞轮生产线项目	靖江三鹏传动系统零部件有限公司	10000	用地面积 1.26 公顷，新增建筑面积 8112 平方米。主要设备有液压机、焊接机器人、冲床、三坐标测量机等。项目建成后，年产双质量飞轮 200 万套，其中 DQ380 系列 120 万套、NCC 系列 80 万套
直流变频电动机扩产技术改造项目	江苏富天江电子电器有限公司	10451	购置精密热固注射成型机、注塑机、绕线流水线、装配流水线等设备 206 台（套），引进高速冲床等进口设备 3 台（套）；厂房改造 1.3 万平方米。项目建成达产后，计划年产直流变频电机 600 万台，新增销售收入 3450 万美元、新增利税 554 万美元
蒸汽压缩机设计制造生产线技改项目	江苏乐科热力科技有限公司	6000	购置蒸汽压缩机，主要从事连续结晶系统、低温蒸发装置、MVR 系统的设计制造
工业级无人机产业（一期）项目	国鹰航空科技（江苏）有限责任公司	13000	购置引擎及电机测试台、抗风防雨及抗电磁干扰实验检测设备、数控机加工中心、高端 3D 打印机、电性能测试平台、仿真平台等设备 50 台（套）。年产各类型无人机 1000 台，飞控系统技术产品 500 套，改造生产用房 1.2 万平方米。项目建成达产后，计划新增销售收入 1.2 亿元、新增利税 1500 万元
电力设备测试、安装	江苏光源电力建设有限公司	800	新建生产用房 7541 平方米，购置安装设备 48 台（套）。年安装、测试电力设备 1000 台（套）
仓库项目	靖江市华通机电设备制造有限公司	1500	新建仓库 9072 平方米
核电用大型膨胀节生产项目	靖江市中环化机设备有限公司	1000	改造厂房 4000 平方米，购置各类设备 50 台（套）
通信器材项目	江苏煌恒电力设备有限公司	1500	改造两层厂房，建设生产线、实验室，购置安装设备 20 台
电力电子元器件生产	靖江市万众电子科技有限公司	1500	购置安装设备 16 台。年产电力电子元器件（线圈）5 万个

续表 19

项目名称	项目建设单位	总投资(万元)	建设规模及主要内容
塑料管材、管件生产	江苏锦鸿塑料胶科技有限公司	1650	购置安装设备 3 台(套),年产塑料管材、管件 500 吨
300 千瓦分布式光伏发电	江苏星科冶金机械制造有限公司	1300	装机规模:300 峰瓦。规模管理指标:300 千瓦
电力设备生产	江苏建俊源电力设备制造有限公司	1800	购置安装新型高速数控角钢冲孔打字剪切生产线 4 条及辅助设备 40 台(套)。年产电力铁塔 2 万吨
标准集装箱总装焊接生产线技术改造项目	靖江市亚泰特种材料制造有限公司	1200	添置自动焊接机、安全测试仪、机架等设备 45 台(套)。项目建成达产后,计划年产储能集装箱 2000 台,新增销售收入 6000 万元、利润 400 万元、税金 200 万元
晶体新型材料生产项目	靖江海泰机械设备制造有限公司	10000	建筑面积 9246.44 平方米,用地面积 1.34 公顷,购置折弯机、冲床 8 台(套)。计划年产新型耐磨管 3590 台(套)、新型耐磨件 5700 台(套),年销售 1.2 亿元、利税 1100 万元
汽车部件生产项目	江苏金卡汽车部件有限公司	5000	购置安装设备 22 台(套)。年产差速器 2.4 万套
大功率高温磁力泵生产项目	江苏新南洋绿色科技有限公司	12000	新增全自动加工中心、数控机床、装配流水线等先进设备,生产大功率磁力泵
中国暖通空调交易展示中心	江苏环科网络技术信息技术有限公司	10000	建立“中国暖通空调交易展示中心”
物联网无线射频天线生产项目	无锡科睿坦电子有限公司	10500	新建生产用房 1.08 万平方米,购置安装电子标签天线生产线 20 条。年产 RFID 电子标签天线 100 亿张
防水透气膜项目	江苏兰金科技发展有限公司	12000	引进两条国际先进的防水透气膜生产线,新增防水透气母料生产线、复合线、卫星式柔版印刷线,产品应用于日常用品、水处理、医用与医药工业领域
环保除尘装置生产项目	江苏奥凯环境技术有限公司	10000	建筑面积 1.5 万平方米,用地面积 1.34 公顷,主要设备有交叉铺网机、分切卷绕机、精开松机等。项目建成后,年产无纺布 250 万平方米、布袋除尘器 150 台
半封闭钢结构声屏障生产基地建设项目	江苏泓一科技有限公司	20000	征地 3.07 公顷,建筑面积 3 万平方米,从事轨道交通钢结构声屏障生产。项目总投资 3.6 亿元,购置数控火焰切割机、折弯机、全自动数控冲床等 10 台(套)。项目建成后,年产半封闭声屏障钢结构 3400 榀、单元板 35 万件、亚克力通透板 2.1 万件,计划年销售 5.98 亿元、利税 6800 万元

续表 19

项目名称	项目建设单位	总投资（万元）	建设规模及主要内容
气压盘式制动器零部件生产项目	靖江市恒大汽车部件制造有限公司	10000	征地约 2.31 公顷，建筑面积约 3 万平方米，购置数控卧式升降台铣床、数控铣、车床等 10 台(套)。项目建成后，年产气压盘式制动器零部件 150 万件，气压鼓式制动器总成 40 万件，计划年销售 2.5 亿元、利税 1500 万元
空调主机产品配套生产项目	江苏吉祥空调设备有限公司	5000	新增自动化生产线两条
智能改造项目	江苏张氏纺织有限公司	6000	进行智能改造
纤维片全自动连续生产流水线扩建项目	靖江市高新窑炉材料有限公司	5200	新增生产流水线 1 条，购置生产设备 45 台（套）。年产纤维片 100 万件，纤维辊 800 根
背光源生产项目	靖江市永盛光电科技有限公司	30000	建筑面积 2.8 万平方米。年产 LED 侧发光背光源 1500 万台
发动机环保后处理其产品生产项目	靖江市恒星汽车零部件有限公司	10000	征地约 1.34 公顷，建筑面积 1.2 万平方米，购置焊接机、冲床、焊机等设备 10 台(套)。建成后，计划年销售 1.5 亿元、利税 1300 万元
建设汽车和化妆品专用铝带、铝板项目	江苏国鑫铝业有限公司	8000	用地 1.96 公顷。项目建成后，年产汽车专用铝板、铝带 2 万吨，化妆品专用铝板、铝带 3 万吨
纸质包装盒用防伪铆扣及饰件生产项目	江苏明宇包装科技有限公司	6000	用地面积 1.37 公顷，主要设备有铆壳机、注塑机、自动包装机等。项目建成后，年产防伪铆钉 15 亿枚、防伪铆扣及饰件 2 亿套、不锈钢铆钉组合件 2 亿套
液压控制阀生产项目	江苏嘉宇液压科技有限公司	6800	用地面积 1.57 公顷，主要设备有平面磨床、模具加工生产线、立轴圆台磨床等。项目建成后，年产 100 万台液压控制阀
纤维片全自动连续生产流水线项目	靖江市高新窑炉材料有限公司	7500	用地面积 1.67 公顷，主要设备有数控龙门加工中心、大型数显龙门铣、重型精密车床等。项目建成后，年产纤维片 100 万片，纤维棍 1000 根，纤维辊压装 1000 根
纺织机械零部件生产项目	江苏顺元机械制造有限公司	60000	用地面积 1.37 公顷，主要设备有加工中心、数控机床、锯床等。项目建成后，年产 4.5 亿纺织机械零部件
海洋工程居住模块、游艇工程内装基地项目	江苏鑫亿船舶装饰工程有限公司	70000	用地面积 1.65 公顷，主要设备有冷压机、带锯机、型材切割机等。项目建成后，年产商船、游艇配套产品 60 套，海洋工程居住模板内装配套产品 6 件
高压电器系列产品生产项目	靖江新源电力器械有限公司	8100	用地面积 1.56 公顷，主要设备有数控加工中心、数控车床、耐压检测设备等。项目建成后，年产高压电气导体 10 万件、高压电气触座 18 万件、高压电气触头 20 万件、高压电气导向套活赛 2 万件

续表 19

项目名称	项目建设单位	总投资(万元)	建设规模及主要内容
建设矿山避难系统项目	江苏澳卓环境科技有限公司	10000	用地面积 1.65 公顷,主要设备有冷压机、折弯机、油压机 500T 等。项目建成后,年产矿山避难系统 150 台、制冷空调设备 150 套
冶金设备制造扩建项目	江苏长林冶金设备有限公司	3000	新建生产用房 6000 平方米,购置安装设备 40 台(套)。项目建成后,年产冶金设备 1000 台(套)
第三方供应链服务中心项目	靖江市新萌芽检品分拨有限公司	1000	改造经营用房 8960 平方米,购置安装设备 1200 台(套)
AAHM 医疗系列洁净手术室用空调设备生产项目	江苏奇净洁空调设备工程有限公司	6000	新建全自动空调设备生产线 1 条,购置安装设备 25 台(套)
军用装备配件扩建项目	江苏风雷武器装备制造有限公司	5500	扩建生产用房 5000 平方米,购置安装设备 30 台(套)。项目建成后,年产军用装备配件 8 万个
建设蠕墨铸铁液压阀体铸件项目	江苏心愚液压铸造有限公司	12000	建筑面积 2.28 万平方米,主要设备有高低压配电系统 1 套, 串联电流中频电炉 8 套。项目建成后,年产蠕墨铸铁液压阀体铸件 3 万吨
高效等离子净化空调生产线建设项目	江苏创新通月空调有限公司	10500	新建生产用房 6000 平方米,年产净化风机盘管 5 万台、净化空气处理机及组合空调机组 1000 台
新型高效节能空气源热水器技术改造项目	江苏光芒新能源有限公司	16000	新征土地约 1.74 公顷,研发新型高能效空气源热水器,研制的"相变式储热水箱",体积缩小 50%~65%,储能效益提高 40%。项目竣工投产后,可形成年产 5 万台的生产能力,新增销售 2 亿元
石油化工流程泵生产线改造项目	江苏双达泵阀集团有限公司	6000	购置设备 125 台(套)。项目建成后,计划新增销售 1.5 亿元、利税 500 万元
分区控温回转窑式有机废弃物连续热解炭化炉生产线改造项目	江苏联兴成套设备制造有限公司	5280	购置安装设备 65 台(套),年产分区控温回转窑式有机废弃物连续热解炭化炉 100 台(套)
油气田采收率提高技术装置生产项目	江苏赛迪新能源科技有限公司	16000	新征用地约 2 公顷,新建建筑面积 1.32 万平方米。项目建成后,计划新增销售 3 亿元、利税 1800 万元
起重机械配件生产项目	靖江市宏程起重机械厂	11400	购置油压机、机加工设备、各类起吊设备等国产设备,新征土地约 2.67 公顷,新增建筑面积 1.73 平方米
冶金设备生产项目	江苏星源电站冶金设备有限公司	10000	规划用地 1.67 公顷,购置数控火焰切割机、离心机、液压机等设备 62 台(套),新建生产用房 1.3 万平方米。项目建成后,计划年产耐热耐磨钢 5000 吨,新增销售 8000 万元、税收 400 万元
陶瓷弯头、直管生产线技术改造项目	江苏华洋电力机械制造有限公司	10600	购置卧式镗床、加工中心等国产设备,新上 2 条陶瓷片生产线,新征土地约 1.87 公顷,新增建筑面积 1.26 平方米。项目建成后,计划新增年产值 1 亿元、税收 400 万元

续表 19

项目名称	项目建设单位	总投资（万元）	建设规模及主要内容
低氮氧化物燃烧系统改造装置生产线扩建项目	江苏京成机械制造有限公司	12000	购置激光切割机、自动卷板机等设备 75 台，对原有生产线进行扩建。项目建成后，计划年销售收入 2.3 亿元
低温余热锅炉机械振打装置生产项目	靖江正信节能设备有限公司	10400	购置数控镗床、数控剪板机等国产设备，新征土地 2 公顷，新增建筑面积 1.2 万平方米。项目建成后，计划年产干法水泥线、冶金、玻璃窑、垃圾焚烧等行业的低温余热锅炉机械振打装置 1500 台(套)
精密石化管件与热处理工装生产线改造项目	靖江标久科技有限公司	2060	改造原有厂房 2200 平方米，购置先进设备 30 台(套)。项目建成后，新增销售 4000 万元
高温镍铬电阻丝生产项目	靖江市景鑫合金材料有限公司	1800	新建厂房约 1500 平方米，新增成型机、调直机、检测设备等国内外设备 16 台（套)。项目建成后，计划年产高温镍铬电阻丝 200 吨，年产值 3000 万元
新型高效节能空气源热水器生产线扩建项目	江苏光芒新能源有限公司	2000	新增建筑面积 1000 平方米，新建蓝金钢搪瓷内胆生产线 2 条。项目竣工投产后，可形成年产 5 万台的生产能力
耐腐蚀液下泵生产项目	江苏科瑞达泵阀制造有限公司	2000	改造现有厂房 2000 平方米，采购数控生产线、直读光谱仪等各类设备 28 台(套)。项目建成后，计划年产耐腐蚀液下泵 500 套，新增销售 3000 万元

【招商引资】 2017 年，靖江开发区围绕高端装备制造、现代临港物流两大主题，创新招商模式、丰富招商手段、优化招商服务，招引上海拓璞数控科技股份有限公司航空零部件五轴加工中心、靖江美谷医疗器械有限公司医疗器械、诺弗司工业技术(江苏)有限公司密封材料等一批优质项目，同济大学智能制造研究院、华为云计算服务中心等一批平台型项目园区落户。全年累计新签约亿元以上项目 147 个，新开工亿元以上项目 83 个，新竣工重大项目 74 个。开发区本部新签约项目 30 个，总投资 259.16 亿元。其中，3 亿元以上项目 22 个，总投资 245.87 亿元；10 亿元以上项目 7 个，总投资 176 亿元；技改项目 8 个，总投资 28.68 亿元；外资项目 2 个，实际到账外资 17372 万美元。精密制造、重装产业、电子元器件、木材家具、标准化厂房、大数据处理和能源电力等七大板块共 21 个重大产业项目实现“当年签约、集中开工”。城南园区新签约项目 53 个，总投资 236 亿元。其中，3 亿元以上项目

10 月 16 日，靖江开发区金秋产业项目集中开工

（靖江开发区提供）

16个,总投资203.5亿元;10亿元以上项目6个,总投资167亿元;技改项目17个,总投资10.35亿元;外资项目4个,实际到账外资1976万美元。年内签约并实质性开工的亿元以上新项目6个,分别是总投资5.1亿元的国鹰航空科技(江苏)发展中心项目、总投资3.6亿元的中科洁能消防科技有限公司“冰到火灭”灭火器项目、总投资1.6亿元的江苏新程汽车零部件有限公司智能剪切中心项目、总投资1亿元的志航机械军品附件加工项目、总投资1亿元的副采吉麦隆冷链物流项目、总投资3亿元的东泰汽车部件制造有限公司汽车高性能制动盘生产项目。城北园区新签约项目32个,总投资137.42亿元。其中,3亿元以上项目16个,总投资119亿元;10亿元以上项目2个,总投资75亿元;技改项目20个,总投资66.3亿元;外资项目2个。中小企业园三期、四期占地约60公顷,引入项目33个。其中,靖江市永盛光电科技有限公司、江苏大翔科技有限公司、无锡科瑞坦电子有限公司、江苏航泰机械科技有限公司等12家企业竣工投产,靖江市永固汽配制造有限公司、江苏永和高分子技术有限公司、江苏金剑中央空调设备有限公司等12家企业土建封顶,陆续进入设备调试阶段;江苏卓阳机械制造有限公司、靖江凌华电子科技有限公司、江苏砺达智能科技有限公司等9家企业陆续开工建设。新桥园区签约项目32个,总投资75.02亿元。其中,3亿元以上项目16个,总投资61.59亿元;10亿元以上项目1个,主要是无锡电缆厂有限公司总投资10亿元的整体搬迁项目;技改项目9个,总投资8.42亿元。

5月31日,国鹰航空科技(江苏)发展中心项目开业现场
(城南园区提供)

【改革创新】 2017年,靖江开发区以改革创新求发展求突破。设立精密制造产业引导基金,引入“卓然—中石化EPC”“张氏纺织—Intertek”等产业链协同发展模式。加快科技创新步伐,新建产、学、研联合体7家、离岸科技孵化基地38家,高新技术产值占比30.67%。全年技改投入69.1亿元,净增规模以上企业19家,新增省级以上名牌产品21个。科学配置生产要素资源。“新三板”挂牌企业2家,培育上市后备企业14家;完成新天地港务协议征收,启动苏通港务征收程序,有序进行安泰动力、格菱动力破产程序,完成扬子江金属、三峰港务嫁接重组。

【社会事业】 2017年,靖江开发区深化“区镇一体”,实行开发区与斜桥镇合署办公,进一步明晰属地镇工作职责。健全规划体系,组织开发区总体规划环评,修编港口发展规划及开发区本部(斜桥镇)控制规划。加大载体功能建设,新建产业配套道路31条,实施供热管道铺设,不断延伸污水管网,基本建成罗家桥外港码头、启动其内港池建设。加快拆迁安置,完成拆迁扫尾清零工作,全年拆除房屋1190户,确保项目“即时落地”。坚持民生优先,建成安置房3128套,启动建设牧城安置区,有序推进怀德学院、职教中心基础设施建设。加强安全生产管理,落实安全责任制度,严格操作规程,全区安全生产形势总体平稳可控。

·靖江开发区城南园区·

【概况】 靖江经济技术开发区城南园区成立于2004年2月,是靖江最早启动、开发建设较为成熟的工业集聚区,规划区域北至横港,南至沿江公路,东至十圩港,西至四圩港,规划面积35.12平方千米,建成区面积24.1平方千米,是国家微特电机及控制产业基地、江苏省高端专用装备特色产业基地、江苏省信息化和工业化融合示范区、江苏省“双创”(大众创业、万众创新)示范园区、江苏省科技创业与发展创新特色园区、泰州市现代服务业集聚区。2017年,全区有规模以上企业152家,其中工业企业85家、服务业企业67家,完成列统工业总产值370.88亿元、销售收入354.89亿元、利税29.12亿元、利润16.36亿元,比上年分别增长10.95%、13.68%、9.48%、8.44%;实现工业开票销售171.11亿元,比上年增长22.34%;服务业收入91.5亿元,比上年增长134.4%;完成产业投资78.21亿元,其中工业投资53.96亿元、服务业投资24.25亿元;实现一般公共预算收入6.64亿元,比上年增长15%。在全市综合表彰中,园区(办事处)获得经济社会发展综合考评一等奖。

【项目突破】 2017年,城南园区坚持以项目为主线,创新开发模式,推动由政府主导型开发向政府、企业、工业地产商等联合运作模式转变。重点探索“区中园”建设模式,成功签约总投资55亿元的吉利手拉手汽车运动文化小镇项目、总投资20亿元的国际智能制造产业园、总投资50亿元的鼎新高端产业园。采用园企合作共建模式,盘存量拓发展,利用企业闲置厂房或闲置空地,建设创业孵化园。利用包钢天彩靖江科技有限公司的闲置厂房,招引总投资5.1亿元国鹰航空科技(靖江)发展中心项目,从签约到投产只用3个月;利用江苏广宇重机建设有限公司的10公顷闲置土地,建成标准化厂房8.5万平方米。全年签约亿元以上项目34个(不含17个技改项目),总投资218.9亿元,其中投资3亿元以上项目16个、10亿元以上项目6个;签约千万美元以上外资项目4个,实际到账外资1976万美元。全年新开工亿元以上项目24个(含技改项目),竣工项目27个。

7月15日,吉利手拉手汽车运动文化小镇项目签约现场
(城南园区提供)

【规模企业发展】 2017年,城南园区新增销售过5亿元企业3家,分别是凯傲宝骊(江苏)叉车有限公司、江苏恒力制动器制造有限公司、江苏赛德力制药机械制造有限公司;新增销售过亿元企业8家,分别是靖江市亚泰新能源科技有限公司、靖江市恒大汽车部件制造有限公司、靖江先锋半导体科技有限公司、包钢天彩靖江科技有限公司、无畏警用装备有限公司、靖江天元爱尔瑞电子科技有限公司、江苏耐斯数码科技股份有限公司、江苏乐科节能科技股份有限公司。至年末,城南园区共有销售过亿元企业29家。

【科技创新】 2017年,城南园区新增高新技术企业6家、省民营科技企业16家,与西安交通大学、广东工业大学、上海电机学院、南京工业大学等10所高校签订共建离岸孵化基地协议,实施在孵项目49个,落地项目16个。区内18家企业参加“全国过程强化及节能减排技术”论坛活动,29家企业申报军民融合发展引导资金、市杰出人才、市人才强企先进单位、教授博士挂职科技副总、省科技计划、省重点研发计划、省民营科技企业等项目11个。江苏恒力制动器制造有限公司、江苏上骐集团有限公司建成智能车间,靖江市亚泰特种材料制造有限公司、中机国达电力科技江苏有限公司、江苏双鱼食品有限公司等企业加快“机器换人”步伐,卓然(靖江)设备制造有限公司、靖江市亚泰特种材料制造有限公司、江苏恒义汽配股份有限公司等56家企业申报科技创新券1485万元,江苏恒力制动器制造有限公司生产的新型24.5英寸盘式制动器、靖江先锋半导体科技有限公司生产的大规模集成电路等离子刻蚀机腔体等5个产品被列为省重点推广新产品。高新技术产业产值占全区规模工业的比重达38.4%。

【两化融合】 2017年,城南园区推进工业化和信息化融合,引导企业走新型工业化道路。全年新增国家两化融合管理体系贯标企业2家,分别是江苏恒力制动器制造有限公司、江苏赛德力制药机械制造有限公司;新增江苏省两化融合贯标企业3家,分别是卓然(靖江)设备制造有限公司、江苏迈能高科技有限公司、江苏恒义汽配制造有限公司;新增江苏省互联网融合类示范试点企业1家,为观能多能源(江苏)有限公司。至年末,城南园区有省两化融合示范、试点企业18家,占全区规模以上工业企业总数的21%,获评江苏省两化融合示范园区。

【企业上市】 2017年,城南园区按照"上市一批、储备一批、培育一批"的工作思路,推进区内企业上市工作。至年底,有上市或挂牌企业4家,其中上市企业1家、"新三板"挂牌企业2家、天津股权交易市场挂牌企业1家,分别是江苏东华测试技术股份有限公司、江苏乐科节能科技股份有限公司、江苏恒义汽配股份有限公司、江苏耐斯数码科技股份有限公司。另有靖江市新程汽车零部件有限公司、江苏华洋新思路能源装备股份有限公司等企业实施股份制改造。

【城市功能提升】 2017年,城南园区完善城市功能,完成靖江市车辆管理中心、江苏有线靖江分公司业务楼和廉政教育中心等建设工程。加快市政建设,建成靖泰西路、联泰路、联友路等10条路,在建富阳西路、六圩港西路,开挖通达河,完成中纬路、苏源路2100米污水管道铺设,建成小游园、道路和重要节点绿化面积约11万平方米。加强生态环境建设。实施雨污分流改造,建清水绿色河道;增建公厕,改造修缮垃圾房,集中整治垃圾;取缔店外出摊,拆除违章建筑、违规店牌,增设健身器材。落实市"263"环保专项工作部署,关停养殖户104户,拆除砖瓦企业1家、化工企业2家,2家企业通过市经信委减化验收。

1月,电商创业中心建成靖江特色馆　　(城南园区提供)

【拆迁安置】 2017年,城南园区新增龙圣公墓扩建、十圩安置区及滨江湿地公园等拆迁项目,共签约284户,拆房258户。城南花苑、中鼎花苑交付安置房956套、安置512户。

【个体及零散税收联合代征点】 2017年11月8日,城南个体税收服务中心揭牌成立。这是城南园区与国、地税深化交流合作成立的区域性个体及零散税收联合代征点,为城南区域内的个体零散户提供一站式纳税服务。该中心代征对象是城南辖区内个体工商定期定额纳税户、集贸市场个体经营纳税人、专业市场个体经营纳税人以及符合代征条件的纳税人,应税行业包括交通运输、生活服务、电信服务、建筑服务、现代服务、销售无形资产、其他制造业、贷款服务、陆客运输服务、装卸搬运服务、个体私房出租等,代征税种、计税依据及税率执行国、地税标准。至年末,该代征点开票近3000万元,入库税金115万元。

【靖江电商创业中心】 靖江电商创业中心有名特优产品展示中心、微小型创客吧、大学生创业园等,融合多种电商功能,团队配套银行、物流服务,为市内电商行业最大创业创新孵化基地。至年末,入驻的企业团队有大学村官创业团队、微商创业团队、线上销售平台、O2O网站和电商总部型企业共48家,涉及机械、农产品、服装鞋帽、休闲食品、新型材料、运动器材、休闲渔具、汽车(含二手车)线上销售等行业。全年完成网络销售额4.2亿元、纳税500万元。先后获评靖江市创业孵化基地、泰州市创业孵化基地、泰州市巾帼电商服务示范基地、江苏省级科技企业孵化器、江苏省二星级中小企业服务平台、江苏省首批乡镇特色电商示范园区、中国电商人才培训基地、中国县域电子商务大讲堂等。 (王跃进)

·靖江开发区城北园区·

【概况】 靖江经济技术开发区城北园区启动于2005年,位于靖江城北,规划面积23平方千米。作为全市中小企业的集聚区,以发展轻型化的城市工业为主,是靖江承接高新技术、发展新兴产业的主体平台。该园区先后被确定为国家级中小企业创业基地、省级创业服务中心、省级高新技术创业服务基地、清华大学产学研基地。2017年,园区有工业列统企业55家、服务业和批发零售业列统企业12家,实现工业产值116.3亿元、销售110.7亿元、利税11.75亿元、利润6.24亿元,分别比上年增长13.1%、13.1%、16.4%、14.2%。

【招商引资】 2017年,城北园区组织外出招引客商36批次,接待到访客商52批次,参加招商活动16次。在手洽谈项目28个,跟踪项目7个,实质性洽谈项目7个。签约项目35个,总投资额137.42亿元,其中亿元以上项目32个、3亿元以上项目16个、10亿元以上项目2个。

【项目建设】 2017年,城北园区启动中小企业园三期、四期建设,占地约60公顷,引入项目33个,涉及汽车配件、机械加工、空调制造等传统支柱产业,以及航天航空设备、新材料、新能源、物联网科技等高新技术产业。其中,靖江市永盛光电科技有限公司、江苏大翔科技有限公司、无锡科瑞坦电子有限公司、江苏航泰机械科技有限公司等12家企业竣工投产,靖江市永固汽配制造有限公司、江苏永和高分子技术有限公司、江苏金剑中央空调设备有限公司等6家企业土建封顶,陆续进入设备调试阶段;江苏中良能源科技有限公司、江苏巨昌汽车科技有限公司、江苏安本电子科技有限公司等6家企业建设进度过半;江苏卓阳机械制造有限公司、靖江凌华电子科技有限公司、江苏砺达智能科技有限公司等9家企业陆续开工建设。

2月12日,全省重大项目集中开工,图为靖江分会场

(城北园区提供)

【转型升级】 2017年,城北园区坚持工业化和信息化融合发展理念,加快园区产业创新。5月,成功举办中国空调特色小镇发展高峰论坛暨中国暖通空调交易中心运营启动仪式,全年交易中心线上入驻企业446家,线上+线下交易额超过1亿元。7月,园区召开ITS靖江检品中心启动运营仪式暨首届全球供应链创新(SCI)大会,吸引网易、安娜趣趣、GAP等电商参会,在园区设立分公司。至年末,园区新申报高新技术企业12家、通过4家,企业专利申请736件(其中发明专利261件),专利授权量647件(其中发明专利授权19件),有效发明专利拥有量145件,万人发明专利拥有量39.54件。园区分别与东南大学机械工程学院、中北大学(山西中北科技园有限公司)、南京理工大学、天津大学热能研究所签订离岸孵化协议,借力推动园区科技发展。

【配套设施建设】 2017年,城北园区实施基础设施配套工程,先后启动纬五路、中心路、经西路、纬二路、渔婆北路、北三环路等7条道路建设,总长约4.5千米,总投资4045万元,全部竣工通车。完成纬一路、渔婆路延伸段、北二环城西大道等路段绿化,新增绿化面积5万平方米。架设路灯2200盏,铺设自来水管及高压线各4000米。姜八路两侧管线下埋和沿街店铺立面改造出新工程通过验收,步行道施工过半,新建北路延伸段至新江平路段完成路线内拆迁和招标工作,渔婆北路至北横港道路建设完成土路基工程、路面雨水管工程和水稳摊铺。叶王路(北二环—斜新路)段拓宽改造工程竣工,完成沿线亮化工程,绿化工程完成工程招投标,施工单位进场施工。加快孤山风景区、戏鱼墩公园提档升级,完成景观河整治。完成工农河、北三环河水系整治,进入绿化工程提升设计阶段。实施以沙泥河、北三环河、横港等为横向,支家港、工农河、中心港、渔婆港为纵向的"三横四纵"主水网体系贯通工程,在建利赤宫等4个排涝站,提升排洪抗涝能力。

【民生保障】 2017年,园区加快推进利民工程。城北幼儿园新佳新村分园如期招生;城北公交车首末站竣工投用;造价3.4亿元、总建筑面积19.7万平方米的王庄安置区工程通过竣工验收,开始室外配套施工;新佳新村A区8#、B区7#安置楼工程竣工。社会保障日益完善。城北园区镇南村陈东、陈西、杜西、孙家4个组502人办理社保,6659人办理新农合医保,4567人续保新农保。出资8万余元免费为609名低保户、五保户、优抚对象、重残对象、结扎后遗症患者等困难对象办理新农合保险,发放拆迁老年人生活补助113.68万元。贯彻市"263"专项工作部署,关停27户畜禽养殖点。完成农民就业培训95人,建成1家益农信息社、2家农资服务社、1家电商服务站。建设城北园区"馨港湾"残疾人之家,帮助32名残疾人办理生活补助、护理补助两项补贴,为342名持证残疾人办理意外保险,推荐4名残疾人就业,结对帮扶残疾人19人,帮助9户困难残疾人家庭完成无障碍改造。完成辖区内24545名老年人信息调查统计工作,为2987户"光荣人家"颁发荣誉牌,组织125名村(社区)工作人员参加社会工作者职业水平考试,开展"春风助医""慈善助学""阳光助残"和党员干部结对帮扶活动,发放救助金、帮扶资金35万余元。

(李永峰)

年内,市领导在城北园区调研 (城北园区提供)

跨江联动

【概况】 2017年,靖江、江阴举办2次联动开发协调会,就两市抢抓机遇,完善联动体制机制、推动产业互补、设施互联互通等达成共识。8月30日,江苏省委副书记、常务副省长黄莉新到靖江调研沿江融合发展情况,就合作园区发展提出意见和要求。12月19日,无锡市委常委、江阴市委书记陈金虎率领参加项目观摩活动的江阴市四套班子领导及各镇、园区、街道、有关部门负责人到园区项目建设现场,详细了解园区重大项目建设情况。年内,江苏江阴—靖江工业园区围绕加快联动开发、加速融合发展,实施"产业强区"主导战略和"创新驱动"核心战略,突出转型升级发展、项目建设、载体优化、民生改善等工作重点,园区经济社会保持健康稳定发展。全年完成规模工业产值181.50亿元,增长24.5%;地区生产总值99.48亿元,增长10.7%;一般公共预算收入8.46亿元,增长31.0%。固定资产投资16.75亿元,增长10.9%。其中,工业投入9.6亿元,增长15.2%;服务业投入7.15亿元,增长5%。完成限额以上企业零售额4.64亿元,增长13.8%。

发挥和利用长江岸线作用，完成货物吞吐量1764.5万吨，增长12%。到账外资5002万美元，增长451.8%。

【第八次江阴靖江联动开发协调会】 4月26日，江阴靖江联动开发协调委员会第八次会议在靖江举行。这是两市新一届市委市政府首次联动协调会，也是两市站在新起点上，抢抓长江经济发展带、长三角一体化、扬子江城市群发展等战略机遇，深入研究加快两市融合发展和两岸联动园区开发建设的一次重要会议。无锡市委常委、江阴市委书记陈金虎，靖江市委书记、靖江经济技术开发区党工委书记赵叶出席会议并讲话。会议听取江阴—靖江工业园区开发建设情况汇报，对园区开发建设取得的成绩给予充分肯定。会议讨论通过联动开发协调委员会名单调整方案，并就完善联动开发协调机制、建立两市干部互挂制度、创新融合发展运作机制、推动优势产业配套互补、两市基础设施互联互通等事项达成共识。

【第九次江阴靖江联动开发协调会】 11月23日，江阴靖江联动开发协调委员会第九次会议在江阴举行。这是两市由跨江联动走向跨江融合发展、园区合作建设的一次重要会议。会议致力于推动两地在扬子江城市群建设布局中成为跨江融合发展的示范城市，共同将江阴—靖江工业园区打造成为跨江联动融合发展的先导区、实验区、示范区。靖江市委书记赵叶，无锡市委常委、江阴市委书记陈金虎出席会议并讲话。会议听取江阴—靖江工业园区开发建设、渡口搬迁进展情况的汇报。会议就加快联动园区行政审批制度改革、推动省重点重大项目报批、加强园区融资平台建设、做好土地供应和收益结算、推进安置房建设PPP项目、上争解决园区机构设置和行政职级问题，以及两市渡口搬迁、过江通道衔接等事项达成共识。

8月31日，省委副书记、常务副省长黄莉新视察江阴—靖江工业园区 （江阴—靖江工业园区提供）

【黄莉新到靖江调研沿江融合发展】 8月30日，江苏省委副书记、常务副省长黄莉新到靖江调研沿江融合发展情况。黄莉新先后赴江阴—靖江工业园区，调研江苏扬子江船业集团有限公司、大明重工有限公司、中建钢构江苏有限公司等企业，详细了解两岸联动开发情况。她指出，江阴—靖江工业园区是全省最早设立的联动开发园区。十多年来，两地在推动融合发展中大胆探索，积累了经验，取得了显著发展成效。她强调，当前，两地正面临着扬子江城市群建设、国家八部委支持“飞地经济”发展等一系列机遇，必须进一步抢抓机遇，深化两岸联动开发，推进沿江融合发展。在新的时代背景下，两地要加快完善联动开发的体制、机制和政策，充分调动两地的积极性，发挥各自的优势，进一步加强探索创新，将合作园区发展得更快更好。靖江、江阴两地要在全省沿江城市融合共赢发展中做典型、做示范、做领头军，为提升区域协同发展水平做出新的更大贡献。

【招商引项】 2017年，江阴—靖江工业园区加大招商选资力度，招引与园区产业发展契合度高、带动性强、经济效益好的龙头产业项目，着力引进一批产业链高端环节项目。9月22日，举办江苏江阴—靖江工业园区产业发展恳谈会，签约项目9项，总投资超63亿元。全年实施“三个一批”（在建一批、拟建一批、重点意向一批）项目27项，总投资

167.4 亿元。其中,在建项目 4 个,总投资约 15.7 亿元;拟建项目 13 个,总投资约 110.7 亿元;重点意向项目 10 个,总投资约41 亿元。至年末,总投资 1.5 亿美元的江苏大明金属制品有限公司科技车间投入生产;总投资 3300 万美元的东方能源江苏有限公司润滑油仓储完成主体工程建设,进行设备安装调试和试生产。

【重大项目建设】 2017 年,江阴—靖江工业园区按照"效率最高、服务最优、审批最快"要求,进一步简化手续,优化办事流程,主动跟上去、贴上去服务项目建设,全力推动在谈项目抓签约、签约项目抓推进、在建项目抓进度、投运项目抓见效,促进各类项目早落地、早建成、早投产、早收益。全年推进重大项目 27 项。其中,在建项目 4 个,分别为总投资 2500 万美元的中力机械有限公司靖江分公司项目、总投资 2 亿元的江苏仪泰航大有限公司电子交易平台项目、总投资 9900 万美元的江苏光汉科技有限公司项目和总投资 5.5 亿元的江苏双江能源科技股份有限公司综合项目;拟建项目 13 个,分别为总投资 50 亿元高端金属材料精密加工项目、总投资 4.8 亿元的下六圩港项目、总投资 3000 万美元的进口食品交易中心项目、总投资 8.3 亿元的球墨铸管搬迁项目、总投资 3.68 亿元的 PC 构件项目、总投资 2 亿元的电磁阀项目、总投资 3300 万美元的润滑油仓储配套项目、总投资 5 亿元的中建钢构江苏有限公司新型建筑钢结构项目、总投资 1.5 亿元的中建钢构江苏有限公司国家级检测中心项目、总投资 5000万美元的高精管件深加工项目、总投资 10 亿元的大明港务项目、总投资 10 亿元的压力容器项目和总投资 8.1 亿元的桥梁民用钢结构项目;重点意向项目 10 项,总投资 41 亿元。

【主导产业发展】 2017 年,江阴—靖江工业园区贯彻江阴、靖江两市产业政策,推进企业转型提升,鼓励企业加大技术改造投入,加大人才引进力度,产业结构进一步优化。年内,江苏扬子江船业集团有限公司新接订单、手持订单及造船完工量三大重点指标增幅均超 20%,生产任务排至 2020 年 6 月;钢铁行业景气指数攀升,江苏长强钢铁有限公司完成技术改造,实现产销两旺,主要经济指标接近翻番增长;中建钢构江苏有限公司承揽深圳国际会展中心(一期)项目;大明重工有限公司凭借其全国领先的"一站式"碳钢、不锈钢深加工技术业务成功位居江苏省民营企业百强第 60 位;东方能源(江苏)有限公司年产 15 万吨润滑油项目竣工投产,产值大幅增长;江苏海鹏特种车辆有限公司抓住国家轿运车整改机遇,获得中置轴改装资质,公司订单量翻番。

2017 年,扬子江船业集团公司新接订单列全国第一,图为生产现场 (江阴—靖江工业园区办事处提供)

【社会事业】 2017 年,江阴—靖江工业园区坚持精美规划、精心建设、精细管理,主动融入扬子江城市群建设,全域推进城乡融合发展,不断完善园区基础设施,提升园区功能配套能力。年内,修编完成园区控制性详规和港口控制性详规;实施联心路改造、溢馨苑四期安置房建设及莲沁苑雨污分流等多项基建工程,实施四圩村 8~12 组、六圩村新安置区、永益绿色产业园、东方能源(江苏)有限公司项目建设等拆迁工程共 286 户,溢馨苑安置小区累计安置 186 户、191 套;落实房票政策,园区签订协议 277 套,开具房票 277 套。 (毛 壁)

综 述

【概况】 2017年，靖江工业经济企稳回升。全市实现规模以上工业总产值1876.28亿元、主营业务收入1791.57亿元、利税213.6亿元、利润137.47亿元，比上年分别增长11.61%、12.56%、10.61%、12.04%。全市实现工业开票1032.08亿元，比上年增长10.13%；规模以上工业增加值比上年增长7.0%。工业用电量28.56亿千瓦时，比上年增长8.06%。强化政策扶持力度，助力小微企业转型升级，全市新增规模以上工业企业56家。全市开票销售超亿元工业企业99家，比上年增加19家。其中，开票销售超50亿元企业3家，与上年持平；超20亿元企业5家，比上年增加1家；超10亿元企业5家，比上年增加1家；超5亿元企业12家，比上年增加2家。外向经济发展迅猛。注册协议利用外资4.36亿美元，比上年增长1403.9%；实际利用外资2.56亿美元，比上年增长1018.3%。建筑业发展稳中有进。全市完成建筑业总产值591.8亿元，房屋建筑施工面积5536万平方米，房屋建筑竣工面积3163万平方米，竣工产值469.3亿元，实现利润30.45亿元，上缴税金6.88亿元。

年内，市领导调研工业发展情况 （市经信委提供）

【工业投入】 2017年，全市工业围绕重点产业，深耕重点区域，实施重点攻坚，着力招引一批投资体量大、辐射带动性强、科技含量较高的项目。全市完成工业投资321.3亿元，比上年增长18.4%；实施500万元以上工业项目708个，计划总投资453.8亿元，比上年增长35.2%。按项目投资规模分，5000万元以下项目575个，计划总投资125.5亿元，比上年增长4.5%；5000万元～1亿元项目37个,计划总投资21.2亿元,比上年增长3.2%;亿元以上项目96个,计划总投资209.6亿元,比上年增长44%。按项目实施进度分,新开工项目647个,占项目总数的91.4%,计划总投资343.4亿元,比上年增长11%;结转续建项目61个,占项目总数的8.6%,当年完成投资43.5亿元,比上年增长9%。新竣工亿元以上项目65个,实际完成投资84.58亿元。按行业结构分,计划总投资5000万元以上项目中,装备制造类项目42个,计划总投资48.84亿元;汽车零部件类项目22个,计划总投资26.55亿元;钢结构生产类项目9个,计划总投资57.21亿元;有色金属类项目5个,计划总投资13.17亿元。年内,企业加大技改投入,完成工业技改投资279.3亿元,比上年增长23.7%;加快智能制造步伐,全年建成智能生产线30条、智能车间20个。31家百优企业新上技改项目,其中16家企业实施亿元以上项目,7家企业实施3000万元以上项目。16家企业获省级工业和信息产业转型升级专项资金支持,支持总额672万元。

【产业结构调整】 2017年,全市深化"以港兴市、产业强市"战略,进一步明确沿江产业布局和功能定位,推进工业经济发展,初步形成区域统筹、特色鲜明、配套完善、错位发展的产业格局,集聚船舶修造、汽车零部件、通(专)用设备、电机电器、金属材料、粮油食品加工六大主导产业和高端装备制造、新材料、节能环保、电子信息(新一代通信技术)、健康产业五大新兴产业。六大主导产业全年累计完成工业产值1447.74亿元、销售收入1374.67亿元、利税178.26亿元、利润117.65亿元,比上年分别增长11.28%、11.71%、11.51%、13.74%。其中,金属材料、汽车零部件、电机电器和通(专)用设备等产业增幅领先,分别比上年增长50.91%、12.71%、10.70%、11.65%。培育壮大新兴产业,重点发展高端装备制造业和电子信息产业,加快集成电路、LED、云计算等高端技术产品开发,新兴产业主营业务收入占全市工业的比重逐年增加。五大新兴产业全年完成工业产值259.60亿元、销售收入250.95亿元、利税22.91亿元、利润12.72亿元,分别比上年增长16.08%、16.97%、13.66%、10.25%。

2017年,工业企业加快智能化步伐。图为赛德力公司智能生产线
(市经信委提供)

【"两化融合"发展】 2017年,靖江推进企业信息化与工业化深度融合,与省经信委、省企业信息化协会、泰州市经信委共同举办2017年度江苏省"两化融合"管理体系贯标暨汽配行业信息化应用培训,组织软件企业和软件产品参加国家"双软认证"(软件企业的认定和软件产品的登记)。全年有8家软件企业通过年审,新申报软件著作权12个、软件产品22个、软件企业3家。软件企业年销售收入7.74亿元,比上年增长15%。组织全市272家企业开展"两化融合"自评估诊断问卷工作,推荐靖江市力阳电器制造有限公司、靖江永涛实业有限公司等10家企业申报泰州市"两化融合"示范试点企业。年内,江苏新时代造船有限公司、江苏恒力制动器制造有限公司通过国家级"两化融合"管理体系贯标评定,江苏赛德力制药机械制造有限公司获评国家级"两化融合"管理体系贯标试点企业,另有6家企业获评省和泰州市级"两化融合"示范试点企业。观能多能源(江苏)有限公司获评江苏省互联网与工业融合创新示范企业。

【镇域工业】 2017年,各镇(街道、办事处)坚持"工业兴镇、工业强镇"理念,围绕区位特点和产业基础,结合各自实际,通过升级改造传统产业,走"专、精、特、新"发展道路,新桥园区的泵阀、特色冶金、核工业配套产业,季市镇的电机电器、铸钢产业,孤山镇的空调产业,生祠镇的节能环保产业,东兴镇的汽配产业,西来镇、斜桥镇的船配、汽配、五金件产业等各具镇域特色,形成规模和竞争优势。年末,全市各镇·街道(按新口径)列统工业完成产值 651.69 亿元、销售收入 639.42 亿元、利税 82.60 亿元、利润50.17 亿元,比上年分别增长 12.58%、13.27%、16.09%、16.15%。

【恒艾健康服务产业园】 3 月14 日,江苏恒艾健康服务产业园项目举行签约、奠基仪式。该项目由香港恒基兆业地产集团与江苏艾兰得营养品有限公司合作共建,总投资 50.5 亿元。选址在牧城生态园以北、工农路以东、阜前路以南区域,占地面积约53.33 公顷,建设营养保健品智能制造工厂、康养中心、健康体验中心、健康教育大讲堂和健康产品研发中心等功能片区。该产业园以健康服务为特色,以智能工厂建成为基础,向健康科技、健康教育等领域发展延伸,打造集科技创新、养生保健、远程医疗、健康管理、健康教育、生产物流于一体的现代化生命健康服务产业园。 (孙志苹)

传统优势产业

·船舶业·

【概况】 2017 年,全市有船舶制造、修理、拆解企业 26 家,船舶工程配套服务企业 250 余家,其中骨干造船企业有江苏新时代(新世纪)造船有限公司、江苏新扬子船业集团有限公司、靖江南洋船舶制造有限公司 3 家,从业人员 5 万余人。年内,靖江船舶业面对国际航运和船舶市场持续低迷新常态,积极寻找发展机遇,加快技术创新,探索民营船企转型发展之路。全市造船完工量 60 艘 565.6 万载重吨(均为出口船舶),比上年增长 3.0%,占全国总量的 13.3%,占全省总量的 40.0%。手持订单 164 艘1614.6 万载重吨,比上年增长 16.8%,占全国总量的 18.5%,占全省总量的 44.1%。手持订单中出口船舶 160 艘 1606.4 万载重吨,占手持订单总量的 99.5%。新接订单89 艘 825 万载重吨(均为出口船舶),比上年增长 193.0%,占全国总量的 24.4%,占全省总量的 59.2%。至年末,全市 3 家造船骨干企业实现工业产值 170.7 亿元、销售(主营业务)收入 147.2亿元、利润总额 36.11 亿元,分别比上年下降 14.1%、17.0%、17.2%。全市 15 家配套、修船企业(工信部网上直报)实现工业产值 17.7 亿元、销售(主营业务)收入 16.6 亿元、利润总额 0.8 亿元,分别比上年下降 23.3%、20.9%、0.8%。

2017 年,新时代造船公司新接订单列全国第四,图为生产现场
(市经信委提供)

【行业发展】 2017 年,在全球航运市场小幅反弹的带动下,全市造船产业保持增长态势,三大骨干船企加快产品升级换代,持续提升市场竞争力。造船完工量、新接订单量和手持订单量三大主要指标均在全国领先,占全国、全省的份额不断提高。年内,江苏扬子江船业集团有限公司新接订单 65 艘 518 万载重吨,全国排名第一;江苏新时代造船有限公司新接订单 24 艘 307 万载重吨,全国排名第四;江苏扬子江船业集团有限公司手持订单 120 艘 1074 万载重吨,全国排名第二;江苏新时代造船有限公司手持订单 39 艘 538 万载重吨,全国排名第七。骨干船企以高技术船舶开发为重点,推进企业转型发展。江苏扬子江船业集团有限公司推行精度造船、数字造船,建成交付 2 艘 2.75 万立方米双燃料发动机 LNG 液化天然气船。江苏新时代造船有限公司推进智能化数字化造船,建成交付 26 条高技术、高附加值成品油轮和化学品船,6 艘大型散货轮;进出口总值比上年增长 91.4%,出口值比上年增长 95.1%,带动全市外贸总值增长,

成为泰州工业企业50强之一。靖江南洋船舶制造有限公司重点拓展海洋工程领域，建成交付4艘海工维修工作船。江苏亚星锚链股份有限公司与中国船舶重工集团公司第702研究所合作建成亚星锚链702所工作站，研制超高强度低脆性断裂敏感性R6系泊链通过工信部专家组验收，主导编制《船舶与海洋技术系泊链》TSO20438标准正式出版发布。其他船企加大船用大功率柴油机、船用锅炉等传统优势产品技改力度，研发传动系统、通讯导航定位系统、电子电控系统等关键配套产品，提升船舶配套水平。造、修(拆)船企业推进安全生产标准化，10家企业通过三级安全生产标准化认定，其中二级2家、三级8家。（蒋永龙）

·汽车零部件业·

【概况】 2017年，全市汽车零部件制造业有生产企业350余家，其中规模以上企业44家，从业人员6200人。主要产品有轿车车身冲压件、离合器、差速器、制动器、传动轴、汽车锁、内饰件、车用灯泡、发动机件、变速箱配件、电子油门踏板、电池箱体总成、电机壳体、车载多媒体等，配套使用于轿车、客车、卡车、特种车辆、新能源汽车等。年内，全市汽车零部件规模企业实现产值199.94亿元、销售收入196.39亿元、利润12.69亿元、入库税收9.17亿元，分别比上年增长12.71%、13.87%、14.95%、8.78%。其中，江苏新程汽配制造有限公司全年开票销售47.07亿元，比上年增长15.93%，是域内汽配行业开票销售超40亿元的唯一企业。

【行业发展】 2017年，全市汽车零部件骨干企业加快技术创新，加强自主研发，通过“机器人+智能制造”，促进传统产业转型升级。江苏新程汽配制造有限公司发展总部经济，密切主机厂配套，引进机器人、全进口模具制造设备，加快实现“焊接自动化、模具精品化、生产智能化、高强轻量化”，拥有机器人980台(套)、智能管理系统8套，劳动生产率提高400%；开发超高强度A柱加强板、新型分解式车用天窗加强板、轻量化轿车车身前后轮罩等6个高新产品，在企业客户中的市场占有率达30%~50%。江苏华达汽车科技股份有限公司于元月25日在上海证券交易所A股主板上市，10月28日与北京汽车集团产业投资有限公司共同发起成立“北汽华达汽车产业并购基金”，方便实施汽车产业链上下游企业并购重组，优化产业宏观布局，公司获评2017年度全国五一劳动奖。江苏恒力制动器制造有限公司与江苏大学合作，建成智能气刹制动器生产线，升级改造原汽车盘式制动器车间，建成省级示范智能车间，公司全年科技研发费用占销售额的3.53%，申报发明专利9件、实用新型专利2件，公司累计拥有授权发明专利7件、实用新型专利10件，获评泰州市十佳智能制造示范企业。江苏皓月汽车安全系统技术股份有限公司科技研发费用占销售额的3.8%，全年申报发明、实用新型专利各30件，获得授权各10件，获评泰州市发明专利十强企业，新研发的智能尾门控制系统、电动滑移门控制系统形成批量销售。江苏恒义汽配制造有限公司先后与南京理工大学、上海电机学院进行产学研合作，开发高新技术产品，获发明专利9项；加强新能源汽车关键零部件研发，参与上海汽车集团股份有限公司新能源汽车近50种产品的开发与设计，成为上汽一级供应商，其中电动乘用车电池箱、电机壳总成月销售3000万元，成为泰州市十佳重大工业投资项目。靖江骏马压路机械有限公司根据市场需求，先后与

10月28日，北汽华达汽车产业并购基金成立

（市经信委提供）

上海工程技术大学、淮阴工学院、长安大学、江苏大学开展产学研合作，进行道路机动车整车研究开发，8月，公司成为全市首家被列入工信部《道路机动车辆生产企业及产品公告》（第299批）名单的生产企业；12月，新研发的洗扫车、路面养护车分别被列入《道路机动车辆生产企业及产品公告》（第302、303批）目录。

【智能新能源汽车产业园】 12月，市政府、同济大学、华达汽车科技（股份有限公司）联合签约，共建高端智能新能源汽车产业园，同时成立同济大学智能新能源汽车研究院（靖江），打造高端自主品牌新能源汽车。该产业园落户于靖江经济技术开发区，以建设新能源汽车总装基地和新能源汽车零部件模块化生产基地为核心，采用汽车冲压、焊接、拼装、组装四大工艺，生产新能源大轿车整车体系中各类模块，进行新能源大轿车的整车总装与检测试验。项目建设周期为2年，计划产能为年产12000辆新能源商用车。 （陈灿军）

·通（专）用设备业·

【概况】 2017年，全市通（专）用设备制造业有规模以上企业163家。主要产品有钢铁、铸件、锻件等初级产品，轴承、齿轮、紧固件、密封件等基础零部件，以及泵阀、冶金石化装备等。泵阀行业有江苏双达泵阀集团有限公司、江苏海狮泵业制造有限公司、江苏飞跃机泵集团有限公司等骨干企业，压力容器行业有江苏民生特种设备集团有限公司、江苏扬阳化工设备制造有限公司、江苏工搪化工设备有限公司等骨干企业，五金紧固件行业有江苏永昊高强度螺栓有限公司、江苏双金紧固件制造有限公司等骨干企业，冶金石化行业有卓然（靖江）设备制造有限公司、江苏双勤民生冶化设备制造有限公司等骨干企业。年内，随着“稳增长、调结构”政策效应的逐步释放，全市通（专）用设备制造业发展态势逐步向好，生产企业总体运转平稳。列统企业全年完成产值299.15亿元，比上年增长11.65%，占全市列统工业总产值的15.94%；实现销售收入290.2亿元、利税28.81亿元、利润15.06亿元，分别比上年增长12.63%、17.21%、16.4%。

【行业发展】 2017年，全市泵阀行业24家规模以上企业实现工业开票销售8.48亿元，占全市总量的0.8%。江苏双达泵阀集团有限公司是国家级高新技术企业、江苏省创新型企业，建有江苏省特种化工泵工程技术研究中心和江苏省博士后科研工作站，年内加大研发投入，聘请高端人才，开展科技创新，建设核电及化工用泵制造项目。江苏双轮泵业机械制造有限公司与江苏大学合作，建立江苏大学—江苏双轮泵业研究院暨江苏大学流体机械工程技术研究中心研究生学习基地，专业从事无密封自吸泵、化工离心泵、容积式水泵和环保设备、机械设备生产及研发。江苏标新工业有限公司加快核级中小型锻件材料和产品研制，建成江苏省核级锻件工程技术研究中心，培养自主创新人才，促进新产品技术研发和成果转化，满足核电高端装备制造的高精度、高质量要求。全市压力容器制造行业有许可证企业51家，其中A2级以上33家、A1级18家。规模以上企业23家，实现工业开票销售21.38亿元，占全市总量的2.07%。其中江苏扬阳化工设备制造有限公司、江苏工搪化工设备有限公司、江苏民生特种设备集团有限公司，分别完成开票销售4.2亿元、1.3亿元、5.7亿元。全市紧固件行业龙头企业积极应对愈加激烈的市场竞争，不断开拓创新，行业经营指标略有增长。江苏华盛紧固件制造有限公司投资1.08亿元，新建紧固件设备自动生产线。江苏永昊高强度螺栓有限公司建成省级企业研发中心，研发经费占销售额的3.5%以上，申报发明专利、实用新型专利15个，生产螺栓产品1.7万种，跻身全国螺栓生产十强企业；与上海工程技术大学开展产学研合作，研发高附加值螺栓，加速拓展风电、高铁、航空、军工、核电、储能等特殊行业市场，年销售额比上年增长30%。冶金石化行业发展平稳，卓然（靖江）设备制造有限公司与中石化炼化集团公司、靖江港口集团公司等组建多方联合体，投资10亿元，打造集标准化厂房及研发中心等为一体的集成装备智能制造产业基地，吸引产业链关联企业集聚发展，形成化工装备业协同发展新模式，打造百亿级重装智造产业园。至年末，有德希尼布等19家国内外品牌配套企业入驻。

（孙志苹）

·电机电器业·

【概况】 2017年，全市电机电器行业有企业约250家，其中规模以上企业38家；从业人员3000余人，其中工程技术人员约500

人。全市基本形成以江苏三江电器集团有限公司、江苏大中电机股份有限公司、江苏上骐集团有限公司为主体的中小型电机生产集群，以江苏靖江互感器厂有限公司、江苏力阳电器制造有限公司为主体的输配变电设备生产集群，以江苏光芒集团有限公司、靖江市锦汇电冰箱配件厂为主体的家用电器生产集群，以靖江市靖开电力电器有限公司、江苏靖江华雕机械制造有限公司为主体的辅助设备制造集群。是年，全市电机电器行业发展稳中求进，完成工业产值258.82亿元，比上年增长10.7%，占列统企业的13.79%；实现主营业务收入246.78亿元、利润23.38亿元、利税36.55亿元，分别比上年增长12.35%、16.64%、15.93%。

2017年，大中电机公司新建的自动化车间　　（市经信委提供）

【行业发展】 2017年，电机电器行业加快微电子技术与数字技术运用，产品功能趋向智能化、复合化、便捷化、差异化、时尚化。江苏大中电机股份有限公司、江苏上骐集团有限公司、江苏航天动力有限公司加快绿色制造体系建设，江苏大中电机股份有限公司、江苏航天动力有限公司先后入选第一、二批绿色工厂名单。江苏大中电机股份有限公司投资2.2亿元，启动超高效节能电机智能制造产业示范基地建设，研发虚拟仿真关键技术、生产管理核心软件，集成应用数控机床、机器人等关键技术装备，产品不良品率降低40%，该公司成为靖江首家获得泰州市市长质量奖的企业。江苏三江电器集团股份有限公司打造“智能化车间”，改造提升3个生产制造基地的智能化和集成化水平，研发制造直流无刷电机、节能智能化电机、超声波电机等高端电机，干衣机用直流无刷电机成功配套名牌干衣机制造企业。江苏富天江电子电器有限公司投资1.05亿元，新建直流变频电动机扩产技改项目，项目建成后，新增销售收入3450万美元、利税554万美元。江苏华雕机械有限公司实施品牌发展战略，提出“高、新、精、专、快”发展理念，走质量效益型发展道路，与东南大学、南京航空航天大学等高校院所开展产学研合作，研制“一种采用非接触式旋转接头的高速自动换刀电主轴”，获中国发明专利优秀奖。（夏文龙）

·粮油及食品加工业·

【概况】 2017年，靖江粮油及食品加工业有重点骨干企业10家，分别是靖江市龙威粮油工业有限公司、江苏双鱼食品有限公司、江苏骥洋食品有限公司、江苏三阳食品有限公司、江苏伊香食品有限公司、江苏尚香食品有限公司、靖江市津津食品有限公司、靖江亿泰食品有限公司、江苏瑞莱新侨食品有限公司、靖江市马洲乳业有限公司。有行业从业人员1325人，比上年减员115人。年产猪肉脯5405吨、休闲卤肉制品5500吨、猪灌肠1251吨、“牛车水”牛肉干321吨、肉松108吨、棕榈油50130吨、冷冻地方特色面点2407吨、液体乳奶1932吨、各式糕点112吨。年内，受靖江市龙威粮油工业有限公司停产影响，全行业主要经济指标回落明显。全年粮油及食品加工业实现工业总产值11.71亿元、主营业务收入10.93亿元、利税0.79亿元，工业总产值和主营业务收入分别比上年下降20.32%和19.87%。

【行业发展】 2017年，全市粮油及食品加工业完成投入8.87亿元。其中，靖江市上味食品有限公司投入0.38亿元实施肉脯生产线项目，靖江市天之邦食品有限公司投入1亿元实施生猪屠宰、肉制品深加工项目，靖江市喜友食品有限公司投入0.52亿元实施肉脯生产线扩建项目，靖江市友福食品有限公司投入

0.41亿元实施生产线扩建项目，靖江市帝阳食品有限公司投入0.45亿元实施肉制品扩建项目、靖江市顶香食品有限公司投入0.50亿元实施食品机械扩产项目，靖江市佳宇食品有限公司投入0.43亿元实施食品加工项目，靖江市伊香食品有限公司投入0.48亿元实施食品加工项目，江苏双鱼食品有限公司投入0.16亿元实施猪肉脯包装生产线自动化技术改造项目，江苏双鱼食品有限公司投入1.3亿元实施肉制品生产线扩建项目，江苏宝源生态牧业有限公司投入3.25亿元实施乳制品制造项目。年内，江苏双鱼食品有限公司研发“薄脆肉脯”取得突破并投入生产，靖江市三阳食品有限公司开发“牛肉脯、牛肉丝”等新产品。江苏味巴哥食品股份有限公司与科研院所合作开发新品，制订首个“蜜汁肉脯”企业标准，公司成为靖江肉脯生产行业首家在“新三板”挂牌上市的肉制品生产企业。至年末，江苏双鱼食品有限公司2个产品、靖江市伊香食品有限公司2个产品、江苏骥洋食品有限公司1个产品被长三角名优食品评审委员会授予“长江三角洲地区名优食品”称号。（徐卫列）

2017年，江苏味巴哥食品公司挂牌上市，图为生产车间一角
（市经信委提供）

·金属材料及制品业·

【概况】 2017年，靖江金属材料及制品行业有企业70余家，从业人员万余人。其中规模以上企业20家，主要有江苏长强钢铁有限公司、江苏华菱锡钢特钢有限公司、大明重工有限公司、江苏中泰桥梁钢构股份有限公司、中建钢构江苏有限公司、江苏环胜铜业有限公司、江苏鸿尔有色合金实业有限公司、江苏亿鑫金属制品有限公司等。主要产品有油套管、管线管、机械结构用管、锅炉管、气瓶管、液压支柱管、流体管、非API系列油井管钢管类产品，轴承钢、磨球钢、不锈钢、齿轮钢、工模具钢、优碳钢、弹簧钢、锚链钢等棒材类产品；铜及铜合金板、铜排、铜棒、铜管等有色金属类产品，产品应用于IT电子、PC散热、高中低压电器、电工桥架、五金制锁、卫浴装潢、印刷制版等行业。全年规模以上企业完成工业产值171.0亿元，比上年增长50.9%，占全市列统工业总产值的9.1%；实现主营业务收入163.3亿元、利税18.2亿元、利润14.8亿元，分别比上年增长41.4%、294.5%、430.2%。

【行业发展】 2017年，钢铁行业降本增效、释放优质产能，提高利润水平和企业竞争力。江苏长强钢铁有限公司投资2190万元，新增1台710千瓦空气离心机和1台低压氮气压缩机，TRT装置采用三元流叶轮代替普通叶轮，高炉鼓风机采用轴流风机代替离心式鼓风机，通过技术改造实现节能降耗，有效降低企业生产成本。有色金属行业发展产品深加工，开发高新技术材料，形成新的经济增长点。靖江市天韵金属制品有限公司投资1亿元，新建镁合金深加工项目。靖江亿贸金属材料有限公司投资1亿元，建设镀锌板分条生产线。江苏鸿尔有色合金实业有限公司、江苏环胜铜业有限公司、靖江市海源有色金属材料有限公司等企业，重点开发生产新型精铜基合金带、铜合金系列产品以及高压合金管、氟合金管等特种规格产品。钢结构行业重点发展钢结构住宅、钢结构桥梁、成套装备、钢结构非标产品。中铁建大桥工程局集团有限公司投资56亿元，新建厂房20万平方米，购置安装设备720台（套），建设中铁建靖江桥梁科技产业园桥隧重型钢构项目。江苏泓一科技有限公司投资2亿元，建设半封闭钢结构声屏障生产基地。中建钢构江苏有限公司投资

1.5亿元，建设国家级检测中心，先后承接上海海昌极地海洋世界、美国关岛装配式别墅等项目，合同总额约15亿元。（闻 佼）

2017年，全市钢铁行业降本增效。图为江苏长强钢铁公司生产车间一角

（市经信委提供）

新兴产业

·高端装备制造业·

【概况】 2017年度，全市有规模以上高端装备制造企业40家，从业人员1.36万人，产品涉及核电、化工、海洋工程、电子信息、汽车关键部件、智能电网、通用设备等。核电类产品主要有核电站用泵阀、管道、门、开关柜等，生产企业主要有江苏海狮泵业制造有限公司、江苏双达泵阀集团有限公司、江苏标新工业有限公司、江苏金秋竹集团有限公司、江苏龙腾门业有限公司、江苏民生特种设备集团有限公司、江苏苏中开关厂等；化工类产品主要有工业炉以及煤层、页岩气提取的撬装式液化装备等，生产企业有卓然（靖江）设备制造有限公司、托普工业（江苏）有限公司、中科睿凌江苏低温设备有限公司等；海洋工程类产品有海洋平台系泊链，生产企业是江苏亚星锚链股份有限公司；电子信息类产品有大集成电路晶圆刻蚀机关键部件、LED背光源产品、测试仪器及分析软件等，生产企业主要有靖江先锋半导体科技有限公司、靖江市永盛光电科技有限公司、江苏东华测试技术股份有限公司等；汽车关键部件类产品主要有传动轴、盘式制动器等，生产企业主要有江苏格尔顿传动有限公司、江苏恒力制动器制造有限公司等；智能电网类产品主要有互感器、隔离开关等，生产企业是江苏靖江互感器股份有限公司；通用设备类产品主要是离心机、高强度紧固件等，生产企业主要有江苏赛德力制药机械有限公司、江苏永昊高强度螺栓有限公司等。年内，全市高端装备制造业实现工业产值74.16亿元、销售收入71.68亿元、利税7.81亿元、利润4.59亿元，比上年分别增长13.35%、15.02%、16.78%和11.3%。

【行业发展】 2017年，高端装备制造行业通过工艺流程优化、装备升级、信息系统集成等方式，加快推进精益生产、精益管理，逐步实现智能制造，全年新增泰州市级示范智能车间5个，分别是江苏三江电器集团股份有限公司智能化电机定子绕嵌线车间、江苏上骐集团有限公司塑封直流电机车间、江苏靖江互感器股份有限公司中压互感器车间、靖江先锋半导体科技有限公司晶圆刻蚀设备关键零部件智能生产车间、观能多能源（江苏）有限公司热水器内胆车间。江苏标新工业有限公司核岛主管道、江苏谷泰粮食机械科技有限公司GT01型高效智能循环式谷物干燥机、靖江先锋半导体科技有限公司大规模集成电路等离子刻蚀机腔体、托普工业（江苏）有限公司高效短流程冷凝式工业加热装置和江苏飞跃机泵集团有限公司350FGY-150型高温熔盐泵通过江苏省首台（套）重大装备认定，并列入省重点推广应用目录。科尼集团全资控股江苏三马起重机械制造有限公司，将上海生产基地转移至靖江，靖江成为科尼公司在全球三大装备制造生产基地之一。国鹰航空科技（江苏）有限公司致力于无人飞行器智能控制系统技术研发，总投资5.1亿元的国鹰航空无人机项目落户靖江，建设集产、学、研为一体的军民融合产业基地。江苏欧普特条码标签有限公司建成不干胶标签智能车间，自动印刷、自动模切、自动品检、自动包装4条生产线达国际先进水平，标签印刷效率比普通装备提高1倍以上，检测效率提高5倍以上，电子模切效率提高18倍。12月,江苏亚星锚链股份有限公司联合中船第702研究所实施的“海洋工程长期系泊水下关链连接装备研发及产业化项目”,中科睿凌江苏低温设备有限公司联合中科院理化所实施的“可移动式页岩气、天然气开采撬装成套装备研发及产业化”项目,分别获得省财政900万元资金扶持。 (沈吉群 刘 鹏)

2017年,江苏欧普特条码标签公司建成不干胶标签智能生产车间 (市经信委提供)

·新材料产业·

【概况】 2017年,靖江新材料产业有规模以上企业39家,从业人员2600余人,其中工程技术人员约460人。主要产品有高性能合金材料、稀土发光材料、新型功能材料和新型建筑装饰材料等。其中,高性能合金材料有江苏耐尔冶电集团有限公司与中科院金属研究所共同研发的亚稳合金材料,托普工业(江苏)有限公司、靖江市九新特钢制品有限公司和靖江市标新特钢制品厂等企业开发生产的炉辊、辐射管,江苏鸿尔有色合金实业有限公司、江苏环胜铜业有限公司开发生产的新型精密铜基合金带,靖江市海源有色金属材料有限公司研发的大功率硬质铜钨铁复合电触头材料,江苏双星特钢有限公司开发生产的超耐磨耐腐水泥衬板材料,靖江新舟合金材料有限公司开发生产的锌铝合金复合功能新材料等;稀土发光材料有包钢天彩靖东科技有限公司开发生产的稀土发光材料;新型功能材料有江苏中杰澳新材料有限公司开发生产的特种纤维、差别化纤维,江苏双江能源科技股份有限公司开发生产的电气绝缘油、石油添加剂等系列产品,靖江中环化机设备有限公司开发的新型防腐材料,江苏金秋竹集团有限公司开发的节能环保门窗用聚氨酯材料,靖江亚龙复合材料有限公司开发的导电铝箔胶带,靖江海鸿塑胶科技有限公司开发的环保型橡胶贯穿件,靖江旭光塑胶有限公司开发的无尘复合稳定润滑剂等;新型建筑装饰材料有靖江市长鸿新型建材有限公司、靖江市智利达混凝土有限公司生产的预拌砂浆等。年内,新材料规模以上企业实现产值69.51亿元、主营业务收入68.01亿元、利税5.45亿元、利润2.99亿元,分别比上年增长22.42%、23.64%、5.06%、1.62%。

【行业发展】 2017年,全市新材料生产企业围绕冶金、电力、石化、建材、汽车等行业发展需求,加快“三耐”(耐腐、耐磨、耐高温)材料研发,重点发展耐高温合金管、耐磨管、耐蚀管和大型球墨铸铁管等系列产品,以及大型钢结构高韧性焊钢节点(支座)、新型精密铜基合金、金属印花装饰板等系列产品。年内,靖江先锋半导体科技有限公司实施金属有机化合物气相沉积设备MOCVD0零部件智能化改造项目,靖江瑞泰电子材料有限公司实施淋膜生产线智能化技术改造项目,靖江恒和胶业有限公司实施全功能高智能型涂布生产线扩建项目,江苏宇航板业有限公司实施年产45万平方米硅藻泥硅酸钙板深加工优化技术改造项目,江苏嘉通光电科技有限公司实施石墨烯导热膜生产线项目。 (高剑平)

·电子信息产业·

【概况】 2017年,靖江电子信息产业有江苏东华测试技术股份有限公司、江苏阿泰克电子科技有限公司、靖江永盛光电科技有限公司、靖江先锋半导体科技有限公司等重点骨干企业,主要生产通信设备、手机零部件、电子仪器仪表等。年内,新增软件企业3家,全市有注册软件企业22家,新申报软件著作权12个、软件产品22个,软件企业年销售收入7.74亿元,比上年增长15%。全年电子信息产业实现产值38.99亿元、主营业务收入36.9亿元、利润1.86亿元。

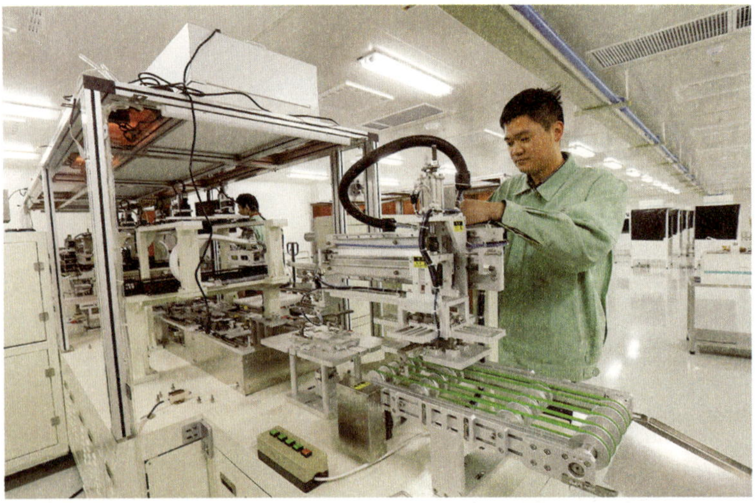
年内,永盛光电科技公司背光源项目投产,图为生产车间一角
(市经信委提供)

【行业发展】 2017年,全市电子信息产业积极推进转型升级,申报江苏省转型升级专项引导资金项目6个,其中江苏格尔顿传动有限公司、江苏永昊高强度螺栓有限公司、观能多能源(江苏)有限公司、靖江三鹏模具科技股份有限公司、江苏欧普特条码标签有限公司申报大中型企业互联网化提升项目,分别获得扶持资金60万元、30万元、40万元、90万元、50万元。靖江先锋半导体科技有限公司申报江苏省转型升级专项引导资金项目中的集成电路、物联网和新一代信息技术项目,获得扶持资金100万元。江苏东华测试技术股份有限公司参加江苏省优秀版权作品评比,获省优秀软件类产品一等奖。江苏华鑫车联网科技股份有限公司基于北斗应用,打造全国货车北斗监控网络平台、网约车监控管理平台、中国西部旅游救援平台,开展北斗定位可穿戴装备生产制造。靖江市旭飞安防工程有限公司与东南大学、北京工业大学、中国航天科技集团等紧密合作,研发基于互联网大数据的智慧安防综合管理平台,运用于平安城市、平安学校、智慧社区创建。江苏旭顺东明汽配有限公司投资5000万元在深圳设立车载智联产业研发中心,加强与上海工程技术大学、南京工程技术大学合作,研发各类车载互联网产品11款,其中7款实现批量化生产,配套运用于北汽、众泰、力帆、江铃等自主品牌汽车。 (陈 勇 戴燕臻)

·节能环保产业·

【概况】 2017年,靖江节能环保产业有规模企业23家,其中空调及空调产品制造企业13家、环保装备制造企业8家,从业人员1.65万人,资产总额108亿元。节能类产品有多能源集热水箱、热泵热水器及平板式太阳能集热器,生产企业主要有江苏迈能高科技有限公司、江苏光芒新能源股份有限公司等;环保类产品主要有干馏热角气化炉、回转窑焚烧炉、秸秆碳化炉、原料药浓缩结晶装备、过滤干燥装备、MVR蒸汽压缩机及蒸发浓缩结晶系统等,生产企业主要有江苏联兴成套设备制造有限公司、江苏和诚制药设备制造有限公司、江苏乐科节能科技股份有限公司等。靖江空调产业经过多年发展,获得长足进步。集聚企业800余家,申请发明专利68项,获批江苏省著名商标3件,参与组合式空调机组、通风空调风口两项国家标准制定,重点企业有靖江春意空调制冷设备有限公司、江苏华东正大空调设备有限公司、江苏江平新环境科技有限公司、江苏吉祥空调设备有限公司、靖江胜新空调制冷设备有限公司等。年内,全市节能环保行业销售稳定增长。其中20家重点监测环保企业实现工业总产值100.1亿元、主营业务收入96.7亿元、利润4.5亿元、利税4.4亿元,比上年分别增长15%、15.1%、4.5%和15.2%。

【行业发展】 2017年,全市节能环保产业备案实施项目7个,投资总额9.3亿元,主要有江苏吉祥空调设备有限公司实施的智能空调配件生产线技术改造项目、江苏创新通月空调有限公司实施的高效等离子净化空调生产线技术改造项目、江苏天诚化工设备制造有限公司实施的大规格智能化工设备生产及综合研发楼建设项目、江苏扬阳化工设备制造有限公司实施的大规格搪玻璃设备智能化生产线技术改造项目。新桥镇规划建设

环保装备产业园，发展核电配套装备、节能环保装备等新兴产业，研发固废处理、大气处理等成套集成产品，有16家企业入驻。江苏联兴成套设备制造有限公司研发医废焚烧炉以及城市污泥、化工垃圾处理设备，成为固废处理行业中的新兴企业。江苏格兰环境科技有限公司以节能减排为方向，与韩国E&S株式会社签约低温防腐(TFE)环保产业化项目，投资5000万元建设2条四氟乙烯换热器生产线。江苏双勤新能源科技有限公司加强与宁波远东集团、廊坊鼎盛节能技术公司合作，致力于焦化废弃物处理。江苏鼎新环保科技有限公司与兵器集团北方研究院合作，生产固体废弃物焚烧炉。

（张洪江）

2017年，江苏吉祥空调设备公司建成智能生产线

（市经信委提供）

建筑业

【概况】 2017年，靖江建筑业调整产业结构，提高经营层次，整体发展呈稳中有进态势。经营规模扩大。完成建筑业总产值591.8亿元，比上年增长8.6%，其中建筑工程产值占95.8%，安装工程产值占4%，其他产值占0.2%；房屋建筑施工面积5536万平方米，房屋建筑竣工面积3163万平方米，竣工产值469.3亿元。运营质态良好。实现利润总额30.45亿元，增长22.5%；全市建筑企业自有机械设备净值25.7亿元，资产总额331.2亿元，负债总额152.6亿元，企业所有者权益合计178.6亿元，资产负债率呈现下降趋势。贡献份额提高。年末，全市建筑业上缴税金6.88亿元，对地方财政贡献率10%，吸纳就业12万余人。产业集聚增大。全市共有建筑业企业192家，其中特级企业1家、一级企业18家，二级以上企业总产值517.2亿元，占全市建筑业总产值的87.4%。

【市场拓展】 2017年，省外亿元规模以上市场达26个，传统优势地区浙江、安徽、江西、湖南、重庆、贵州等地产值增长较快，其中浙江、安徽、贵州分别完成产值25.7亿元、26.3亿元、22.3亿元。全年完成省外施工产值203.4亿元，比上年增长9.3%，占全市建筑业总产值的34%。境外市场涉及科威特、迪拜、菲律宾、马来西亚、印度、加拿大、坦桑尼亚等国，境外营业额1.91亿美元，比上年增长9%。全市建筑龙头企业拓展新兴市场，先后承接一批高端工程。江苏广宇建设集团有限公司在中东拓展建筑工程承包业务，直营温州龙湾国际机场货运仓储项目、靖江市文化中心项目，同时创新经营模式拓展山西、新疆等市场，合同总额近70亿元；江苏神龙海洋工程集团有限公司在中亚承接公路桥梁、市政等工程，联手清华同方成功中标淮安主城区控源截污PPP项目，该项目投资总额18.36亿元；中建钢构江苏有限公司先后中标上海海昌极地海洋世界、韩城市韩城太史大街西延桥梁钢结构工程等项目，签约美国关岛装配式别墅项目(EPC模式)，项目总投资约15亿元；江苏华昊建设集团有限公司中标宁国市凤形新区文化中心等7个PPP项目，合同总金额31.5亿元。

【转型升级】 2017年，市住建局加强企业资质管理。重新审核全市所有建筑企业资质，新增一级资质企业7家，其中江苏天德建设工程有限公司等3家企业总承包资质二级升一级，江苏中驰环保工程有限公司等4家企业专业资质二级升一级。提升科技水平。引进培养各类专业人才，优化人才结构。全年新增一级建造师41人、二级建造师78人，企业中层岗位持证上岗率100%，特种作业人员持证上岗率

100%。倡导“工匠精神”,提升建筑品质。创成省优工程5项、泰州市优质工程14项,省级标准化示范工地4项、市级标准化示范工地8项。江苏中安消防设备有限公司承建、江苏誉达工程项目管理有限公司监理的靖江凯旋国际广场消防工程,靖江市绿化工程有限公司承建的牧城湿地公园改造工程,江苏广宇建设集团有限公司承建的靖江市体育中心(一期)项目获江苏省“扬子杯”优质工程奖。靖江马洲艺文馆和靖江市体育中心获评江苏省优秀建筑设计一等奖,成为靖江首获此奖的建筑设计项目。组织开展当地建筑质量奖“香橼杯”评选,评选优质工程27项。年末,江苏广宇建设集团有限公司、中建钢构江苏有限公司、江苏神龙海洋工程集团有限公司入选江苏省建筑业百强企业;江苏广宇建设集团有限公司、江苏华昊建设集团有限公司、博尔建设集团有限公司获评泰州市建筑业十强企业,中建钢构江苏有限公司获评泰州市建筑业十佳专业企业。

2017年,靖江马洲艺文馆获评省优秀建筑设计一等奖

(市住建局提供)

【行业监管】 2017年,市住建局加强建设市场和工程质量管理,加大安全巡查力度,全年共监管项目124个。开展建筑市场综合执法检查3次、乡镇巡查4次,查处各类违法违规建设项目72个。通过“第三方”帮查、日常巡查、起重机械专项整治、节假日前后安全生产专项检查等,发现安全隐患1032条、完成整改1032条。推进安全监管信息化建设,全面使用建设工程现场管理人员LBS定位考勤系统,新开工规模项目均实现远程视频监控。组织质量监督大巡查4次,受理质量投诉96次,回复率100%。针对无资质预拌混凝土、海砂及“瘦身”钢筋等问题开展专项检查,杜绝无资质、不合格的建筑材料流入市场。加大农民工工资清欠力度,接待处理各类上访48起,涉及农民工790人、工资金额848.2万元,帮助农民工全部足额领取追讨欠薪,1家施工企业被省住建厅列入黑名单。 (胡昆江)

山水盆景(五)

探

综 述

【概况】 2017年，全市围绕“精品农业看靖江”工作目标，以农业供给侧结构性改革为主线，走创新、融合、绿色发展道路，推进农业高质量发展。年内，新增高标准农田1000公顷、高效设施农业面积746.67公顷、高效设施渔业面积37.33公顷。全年完成农林牧渔总产值41.48亿元，比上年增长4.19%。其中，农业产值24.82亿元、渔业产值3.5亿元、农林牧渔服务业产值3.89亿元，分别比上年增长10.16%、5.1%、5.7%；林业产值0.5亿元，与上年持平；牧业产值8.76亿元，比上年减少10.34%。实行农林牧渔增加值(现价)25.18亿元，比上年增长5.27%。全年粮食总产29.36万吨，比上年减少5.23%。新增无公害农产品43个、无公害基地26个，种植业、渔业三品(无公害、绿色、有机农产品)比重分别为53.1%、90.8%。新增成片造林359公顷、湿地面积13.33公顷，林木覆盖率27.5%，创建省“三化”(彩色化、珍贵化、效益化)示范村1个、省绿化示范村4个。加快农业机械化进程，水稻机插秧面积1.63万公顷，机插水平91.2%。发展农业科技，培育新型职业农民5248人。

【现代高效农业】 年内，全市新增高效设施农业面积746.67公顷、高效设施渔业面积37.33公顷。新建欣晨农庄、逸耘生态园等创意休闲农业点13个，“大美徐周”获评江苏省主题创意农园，生祠镇利珠村获评省级休闲观光农业示范村。加快建设产业融合平台，提高新江平线现代农业集聚带建设速度。新开工永硕新能源科技渔光互补、郭璞生态园乡村旅游、中也公司休闲生态园等规模以上农业项目22个，总投资9.7亿元。至年末，全市生猪大中型规模养殖比重为74.97%，林枫生猪、健杰山羊、兴嘉畜牧等3个养殖场创建成为江苏省畜牧生态健康养殖示范基地。 (杜穹帆)

【农业产业化经营】 2017年，生产加工型龙头企业实现销售收入22亿元、利税2.15亿元，分别比上年增长9.15%、13.2%。靖江市海康食品有限公司、江苏华穗粮食集团公司、江苏省扬子江现代粮食物流有限公司、江苏双鱼食品有限公司等8家省级龙头企业，江苏裕纶纺织集团有限公司、江苏味巴哥食品股份有限公司、江苏尚香食品有限公司、靖江市马洲乳业有限公司等9家泰州市级龙头企业分别通过省级、泰州市级监测认定。靖江市绿化工程有限公司新认定为省级龙头企业。江苏味巴哥食品股份有限公司在“新三板”挂牌，江苏骥洋食品有限公司成为江苏省特产商会会长单位。成功申报中央财政农业生产发展——农村一二三产业融合发展试点、农产品产地初加工试点项目，获批中央补助资金938万元。

(任 杰)

【农产品质量安全建设】 年内，

新增无公害基地26个,其中种植业基地10个、畜禽基地1个、水产基地15个。新增无公害农产品43个,其中种植业产品18个、畜禽产品2个、水产品23个。新增绿色食品7个。加强农产品质量安全检查,各镇上传质量安全监管信息483条、检测数据6933条、基地自检数据475条。推进农业标准化工作,"稻鸭共作"模式下绿色种植优质水稻技术成为泰州市农业标准化试点,沿江地区稻麦秸秆机械全量还田、"稻鸭共作"绿色生态种植水稻生产技术规程、机插水稻及机条(匀)播小麦生产技术规程申报泰州市农业地方标准。靖江市润丰蔬菜专业合作社、靖江市马洲乳业有限公司获评"泰州市农产品质量安全红名单企业",靖江市祖师香沙芋专业合作社、靖江市润丰蔬菜专业合作社、靖江市碧波蔬菜专业合作社等8家企业获评"泰州市农产品质量安全诚信企业"。"靖江香沙芋"被列入全国名特优新农产品目录,"贵人缘"草鸡蛋、"禧泽"芦笋、"靖江香沙芋"被列入江苏省农产品品牌目录。市农委获评省农产品质量安全绩效考评二等奖。 (李欣欣)

【农业科研】 年内,实施国家基层农技推广体系建设补助项目和省科技入户工程,获中央财政专项拨款138万元和省财政扶持资金82万元。建设农业科技核心示范基地2个、村级服务站17个、核心示范户187户。实施农业科术推广计划,引进芡实、树葡萄等特色新品种12个,推广稻秸机械化全量还田、小麦全苗壮苗、硬盘暗化硬地育秧等新技术6项,试验稻—紫云英—稻、稻鸭共作等栽培模式5项。组织农技推广人员向科技示范户重点推广应用水稻机插高产栽培、水稻精确定量栽培、秸秆还田机械化、香沙芋叶龄模式栽培等12项技术。至年末,国家基层农技推广体系建设补助项目和省科技入户工程通过省级验收,全市有稻麦、农机、香沙芋科技示范户1870户,辐射周边农户3000户。 (黄正银)

年内,靖江试点推广"稻鸭共作"绿色种植水稻技术

【农业行政执法】 年内,开展农业执法检查,清查整顿农资经营门店3家,依法查处无证照经营门店2家。受理各类举报案件10起,调解农资纠纷3起,案件查处率和结案率100%。开展种子打假护农专项行动4次,查处种子案件1起;备案农药35件,抽检农药21件,其中3件标签标识不规范,2件含量不合格。查处农药案件5起、肥料案件2起。全年共处罚金4万元。 (季 敏)

【新型职业农民培育】 年内,市农委组织培育新型职业农民5000余人。其中,培训部级新型职业农民265人,省级农业科技推广项目培训1600人,泰州市新型职业农民培育3020人。2014级涉农中专应届毕业363人。 (杨红明)

【农产品展销】 年内,组织江苏双鱼食品有限公司、靖江亿泰食品有限公司、靖江伊香食品有限公司等11家涉农加工企业,参加第15届中国国际农产品交易会(北京)、第19届江苏农业国际合作洽谈会(连云港)、第15届江苏名特优农产品交易会(上海)等专业展会,现场销售各类农产品价值20余万元。 (杜穹帆)

种 植 业

【概况】 2017年,全市种植业完成产值24.82亿元,比上年增长10.16%;完成增加值17.22亿元,比上年增长10%。粮食总产29.36万吨,比上年减少5.23%。其中,小麦种植面积2.06万公顷,产量11.5万吨,分别比上年减少5.94%、1.2%;水稻种植面积2.07万公顷,产量17.86万吨,分别比上年增长1.47%、减少3.46%。

【耕地质量保护】 年内，全市测土配方施肥技术推广总面积3.79万公顷，其中小麦测土配方施肥面积1.91万公顷，每公顷节省肥料（折纯）7.5千克、节本增收765元；水稻测土配方施肥1.88万公顷，每公顷节省肥料（折纯）18千克，节本增收1875元。实施耕地质量监测，化肥使用强度比上年减少1.7千克/年·公顷。建立化肥减量增效示范方5个，推广商品有机肥600吨、有机无机肥800吨，使用面积分别为100公顷、1067公顷，建成水肥一体化基地8公顷。监测40个农产品种植地土壤重金属含量。对75个项目445个地块204.7公顷补充耕地进行农业生产符合性审核和等级评定，共采集土壤样品75个。 （郑建渠）

【粮食高产增效示范创建】 年内，市农委在全市各镇以及靖城街道建立9个机插水稻高产栽培千亩示范片，其中新桥镇、西来镇被评为A级示范片，最高单产10569千克/公顷，高出大面积种植1494千克/公顷；建立9个小麦高产高效创建示范片，季市片获评A级示范片，最高单产7696.5千克/公顷，高出大面积种植2106千克/公顷。建立11个稻田综合种养示范片，重点扶持马桥镇薛建清家庭农场稻鳖共作、季市镇花家村益农农资有限公司稻鸭渔共作等基地建设，薛建清家庭农场每公顷效益达25.5万元。 （陆桂清）

【农作物病虫草害发生与防治】 年内，全市农作物病虫草害发生总面积27.15万公顷，防治总面积34.65万公顷。其中，水稻病虫草害发生面积18.26万公顷，防治面积22.68万公顷，挽回损失7.46万吨；小麦病虫草害发生面积6.83万公顷，防治面积9.75万公顷，挽回损失1.56万吨；油菜病虫草害发生面积0.35万公顷，防治面积0.27万公顷，挽回损失537.4吨；蔬菜病虫草害发生面积1.71万公顷，防治面积1.95万公顷，挽回损失4114.82吨。 （马丽云）

年内，新桥镇德胜村建成的蔬菜大棚

【蔬菜生产】 年内，全市蔬菜播种面积累计7268.56公顷，比上年增加437公顷。其中，露地蔬菜播种面积5698.3公顷，比上年增加280.2公顷；设施蔬菜播种面积1570.26公顷。香沙芋种植面积1765.47公顷，食用菌种植面积33.24公顷。建设永久性万亩蔬菜基地107.44公顷，全市年末有永久性菜篮子万亩蔬菜基地661.26公顷，其中露地蔬菜基地197.86公顷、设施蔬菜基地463.4公顷，全年引进蔬菜示范新品种12个。全年举办各类蔬菜种植技术培训450人（次），现场观摩200人（次）。推广应用“农牧旺”“农技耘”等智慧农业平台APP，推送科技信息85篇（条）。靖江红芽香沙芋专业合作社的“红芽牌”香沙芋获首届江苏优质稻米暨品牌杂粮博览会“江苏好杂粮十大品牌”称号，市农业技术推广中心项目“泰州优质芋头品种改良及轻简高效栽培技术创新与应用”获泰州市科技进步奖二等奖。 （孙剑霞）

畜牧业

【概况】 2017年，全市畜牧业完成现价产值8.76亿元、增加值4.38亿元，分别比上年减少10.34%、10.25%。生猪存栏22.8万头，出栏37.69万头；家禽存栏92.5万羽，出栏138.57万羽；山羊存栏3.28万只，出栏4.6万只。生猪大中型规模养殖比重为74.9%。全年新增规模猪场8个、肉禽场4个、奶牛场1个，增加奶牛存栏1050头。健杰山羊养殖场等3个养殖场和斜桥江平养殖场等3个养殖场，分别通过省畜牧生态健康养殖示范场创建验收和创建复检。加强畜牧兽医技术推广和监管,新桥、东兴、城南、靖城、斜桥5个基层畜牧兽医站完成省"五有"站(有独立建制机构、有固定工作场所、有基本服务手段、有定编专业队伍、有稳定财政保障)建设目标。落实重大动物疫病防控和畜产品质量监管措施,完善动物检疫制度,规范检疫工作程序,动物检疫实现操作规范化、过程痕迹化,全年未发生区域性重大动物疫情和畜产品质量安全事故。靖江被省农委授予"兽医工作先进县"称号,创建成为"江苏省首批动物检疫规范化管理示范县"。

【重大动物疫病防控】 年内,市农委分别在春防、夏防、秋防期间专项督查动物疫病防疫完成情况。开展消毒灭源行动,累计发放消毒药4.2吨。全年监测生猪340头次,生猪口蹄疫抗体、猪瘟抗体、高致病性猪蓝耳病抗体合格率分别为97.6%、90.2%、94.7%;监测家禽1200羽次,禽流感抗体和鸡新城疫抗体合格率分别为98.4%、96.1%;监测山羊220只次,羊口蹄疫抗体和羊小反刍兽疫抗体合格率分别为73.4%、92.7%;监测奶牛1223头次,牛口蹄疫抗体合格率89.4%。防控人感染H7N9流感期间,拉网式监测规模禽场,采集候鸟栖息地、禽交易市场等环境样品80份。全市未发生区域性重大动物疫病。

【动物卫生监管】 年内,市农委屠宰检疫生猪12.5万头、家禽16.8万羽、山羊0.4万只,未发现病害畜禽。专项监管养殖环节餐厨废弃物使用,填写监管记录1800余份。开展涉牧企业(单位)"安全生产月"活动,印发饲料兽药经营质量告知书240份,与130个养殖场(户)签订动物养殖场畜产品质量安全承诺书。加大生鲜乳、兽药饲料和畜产品抽样检测力度,共抽样送检各类样品238份,合格率100%。

(曹 进)

林 业

【概况】 2017年,全市林业完成现价产值5024万元、增加值3288万元,分别比上年增长0.07%、0.09%。绿化造林353.33公顷,新建和完善农田林网1000公顷,"四旁"(池旁、河旁、村旁、路旁)植树32万株,森林抚育面积666.67公顷,自然湿地恢复13.33公顷。马桥镇徐周村创建成为省"三化"(彩色化、珍贵化、效益化)示范村,新桥镇新柏村、斜桥镇红旗村、生祠镇金星村、季市镇曙光村创建成为省绿化示范村。

【国家中山杉良种基地】 市国家中山杉良种基地始建于1990年,重点研究中山杉扦插育苗、容器育苗、不同立地条件造林、新品种培育等技术。基地有全光自控繁殖系统5000平方米,塑料大棚4000平方米,炼苗场6000平方米,苗木培育面积约400公顷。有中山杉302和118两个国家级林木良种以及中山杉136、146、27、149、102、9、401、405、406、407、502等11个省级林木良种,年生产和推广优质中山杉种苗2000余万株,实现效益2000余万元。7月30日—8月1日,江苏省中山杉种苗繁育及推广应用技术交流会在靖江召开。中山杉植物研究所所长薛建辉、美国奥斯汀州立大学教授DAVID、南京林业大学教授朱一辛等63人应邀参加会议,与会人员实地参观市牧城公园中山杉湿地造林示范点和市国家中山杉良种基地,交流推广中山杉繁育技术。

(仲秀林)

11月的靖江红枫种植基地

渔业

【概况】 2017年,全市渔业完成现价产值3.5亿元、增加值1.76亿元,分别比上年增长5.1%、5.68%。全年水产品总量1.05万吨,养殖总面积1590公顷。其中,淡水养殖产量0.87万吨,比上年增长3.57%;捕捞产量0.18万吨,与上年持平。全市有机动渔船338艘,总吨位0.35万吨,总功率7432.8千瓦。

【生态水产养殖系统建设】 年内,市鑫源家庭农场投入300万元,新建2500平方米生态养殖系统,利用鱼塘2%~5%的水面,建设流水养殖槽22条,进行高密度养殖;将95%~98%的水面改造为净化区,净化处理残留在池塘的养殖尾水,实现养殖尾水零排放或达标排放。该农场养殖鲈鱼、长春鳊、斑点叉尾鮰、草鱼、团头鲂等品种,单产100~150千克/平方米,年总产值约800万元。

【稻鳖综合种养】 年内,市农业龙头企业百德惠生态农业有限公司率先在全市实施稻鳖综合种养,建有稻鳖共养生产基地14公顷,其中种植水稻面积90%,开沟养鳖面积10%,每公顷放养0.4~0.6千克中华鳖1500只,年产高品质水稻6000千克、中华鳖750千克,产值15万元左右,利润5.25万元以上。 (朱爱奇)

【渔业执法】 年内,市农委查处电鱼行为42起,清除长江插网320口、地笼450条,内河港道插网185口、地笼100余条。与市公安、海事等部门联合查处违法作业渔船4艘。开展渔业执法检查8次、养殖执法检查12次。全年渔政执法立案40起,其中移送市食品药品和环境犯罪侦查大队28起,追究刑事责任35人,行政处罚18人。开展渔业安全检查,检查350余艘渔船消防、救生设备和船舶适航状态,受检率100%,完成全市所有渔业船舶登记备案工作。 (林 敏)

农业机械化

【概况】 2017年,全市拥有大中型拖拉机726台、大中型配套农具1525台、联合收获机561台、水稻插秧机1132台、粮食烘干机243台,农机总动力27.75万千瓦。机灌面积2.04万公顷,机收小麦2万公顷、水稻1.89万公顷。水稻机插秧面积1.63万公顷,机插率91.2%。麦秸秆、水稻秸秆机械化全量还田面积分别为1.67万公顷、1.64万公顷。发放农机跨区作业证228份。

【农机购置补贴】 全年共新增各类补贴机具297台(套),其中,秸秆粉碎还田机1台、开沟机(器)35台、粮食烘干机27台、轮式拖拉机15台、喷杆式喷雾机16台、热风炉12台、水稻插秧机87台(乘坐式26台)、田园管理机4台、条播机1台、旋耕播种机1台、旋耕机66台、秧盘播种成套设备8台、抓草机2台、自走履带式谷物联合收割机(全喂入)22台。新增和报废的农机具共获中央、省级农机购置补贴307.97万元,受益组织或农户129个,其中报废更新联合收割机5台,获补贴8万元。

【农机作业服务】 全市有农机专业合作社120个,社员3975人,其中省级农机专业合作示范社19个、泰州级农机专业合作示范社5个。有各类大型机具3690台,资产总额10540万元。农机专业合作社服务总面积1.54万公顷,总收入3850万元。合作社服务面积占农机服务总面积的76.4%。

【农机技术培训】 年内,市农委通过集中办班、现场会、展示会等形式,开展多种普及应用型农机技术培训,共举办各类农机培训班15期,培训农机人员1520人。其中,农机职业技能鉴定培训班2期,120人取得职业技能鉴定合格证;培训基层农机人员60人、合作社带头人40人;粮食生产全程机械化培训60人,农机科技入户培训550人,其他培训690人。全市有持证农机人员2627人。

【农机安全监理】 全年检验大中型拖拉机91台,注册登记16台;检验小型拖拉机654台,注册登记25台;检验变型拖拉机121台;检验联合收割机125台,注册登记122台;备案登记农用手扶拖拉机705台。排查各类农机具1101台套,查出并整改隐患27处。强制报废变型拖拉机158台。全年开展农机安全生产检查5次,检查各类机具112台,检查合作社37家、农机维修网点5家,查纠违法行为51起。市农委与各镇农技推广中心签订农机安全生产目标管理责任状12份;市农机监理所与农机手签订农业机械驾驶、操作人员安全生产责任书500余份。

(朱亚东)

商贸服务业·房地产业

编辑 黄 钦

商 贸

·综 述·

【概况】 2017年,全市实现社会消费品零售总额197亿元,比上年增长11.8%,其中限额以上企业实现零售额56.61亿元,比上年增长13.2%。按销售单位所在地分,城镇市场实现零售额180亿元,比上年增长11.3%;乡村市场实现零售额17亿元,比上年增长17.7%。按消费形态分,批发和零售业实现零售额165亿元,比上年增长11.4%;住宿和餐饮业实现零售额32亿元,比上年增长14.0%。限额以上企业稳中有升。分行业类别看,限额以上批发和零售企业分别实现商品销售额193.31亿元和52.38亿元,比上年增长33.3%、11.6%,限额以上住宿和餐饮企业实现营业额4.94亿元,比上年增长16.5%。

【电子商务】 年内,推动实施"互联网+新型商业模式",扶持发展南方小麦交易市场、万林木材云、金马云、中国暖通空调交易中心等B2B平台,做大悠味食品贸易有限公司、清之坊食品有限公司等B2C电商企业,打造城南电商创业中心、植善电商创业孵化中心、青商·青创中心等创业培训机构,促进企业转型升级和产业提升发展。至年底,全市有登记注册的电商企业1462家,其中以制造业为主;有网店(不含微商)1805家,其中食品网点115家。围绕"互联网+特色农产品"发展定位,大力发展农村电子商务,拓宽农村地区产品的网络销售渠道,强化农村电子商务知识产权意识和品牌塑造,推广农家乐等乡村旅游电子商务营销,马桥镇、

5月,中国暖通空调交易中心投入运营 (市商务局提供)

生祠镇、东兴镇等的特色农产品网络销售渠道得到完善。年内,城南办事处、城北园区(孤山镇)被江苏省商务厅评为省级电子商务示范镇,滨江新区朝阳社区被评为省级电子商务示范社区,东兴镇海镇村被评为省级电子商务示范村,江苏双鱼食品有限公司被评为省级电子商务示范企业,靖江电商创业中心、青商·青创中心被泰州市商务局评为泰州市优秀网络创业指导站。（许　刚）

·供销合作商业·

【概况】 2017 年,市供销系统实现批零销售额 4.7 亿元,比上年增长 10.5%;报表利润 1019 万元,与上年基本持平。年内,推进民生实事工程,全市 50 个村级为农综合服务社和 30 个电商服务站达标建设均通过验收。市供销总社被江苏省供销总社评为创新工作优胜单位、基层社建设先进单位,被泰州市供销总社评为创新创优工作先进市(区)社、电子商务先进市(区)社、基层组织建设先进市(区)社、新网工程工作先进市(区)社、信息宣传工作先进市(区)社,市供销现代农业综合服务有限公司、市盛世再生资源交易市场有限公司获评泰州市社优秀企业,西来镇义兴为农综合服务社、季市镇大庆为农综合服务社获评泰州优秀农村综合服务社,星海农机服务专业合作社、田福谷物种植专业合作社获评泰州优秀专业合作社,新桥镇务本村电商服务站、东兴镇海镇村电商服务站获评泰州优秀电商服务站。（刘　凯）

【开启为农服务新模式】 5 月,季市供销合作社与季市镇花家村村委会、市益农农资有限公司合作,建设鱼、虾、鸭、稻套养示范区 14.67 公顷。该示范区首创“龙头企业 + 基层社 + 村委会”模式,由市益农农资有限公司出资建设,季市供销合作社产前产中全过程沟通联系,市农委提供政策、技术支持,花家村村委会按“统一优质品种、统一生产操作规程、统一投入品供应和使用、统一田间管理、统一收获”要求,规范管理稻田。示范区水稻公顷产 7500 千克,销售价格超 20元 / 千克,平均每公顷增效 1.5 万元。

【城区废品回收网络体系运营】 6 月,城区废品回收网络体系正式运营。该体系以盛世再生资源交易市场为龙头,以分拣加工中心为载体,以社区收购网点为终端,发挥供销社废品回收主渠道作用,规范废品回收经营行为,扩大废品购销规模。盛世再生资源交易市场位于靖城街道光明村,占地 6 公顷,由市供销总社与国资办共同出资成立;分拣加工中心位于盛世再生资源交易市场内,面积 3000 平方米;年内城区建成社区标准化回收网点 27 个。至年末,废品收购量逐月提升,其中废纸收购量达 6000 吨。（金一苇）

【药肥零差率统一配供体系】 7 月,市供销总社率先在苏中、苏北地区实施药肥零差率统一配供。以市供销总社全资成立的市供销现代农业综合服务有限公司为平台,整合全市原有农资经营网点,在各镇成立 8 个药肥零差率配供分中心以及 60 个配供点,为新型农业经营主体和小农户零差率配供农药、测土配方肥并提供农药废弃包装物回收服务,减少因农村土地流转造成外来种植大户违规用药加剧农业生态环境污染现象,同时降低农户肥药成本,减轻农民负担,解决废弃包装物造成的农业面源污染问题。至年底,全市水稻病虫防治农药零差率配供面积 1 万公顷,水稻测土配方肥配供 4000 余吨,配供率 68.1%,回收各类农药废弃包装物 120 余万个。

【为农综合服务平台建设】 12 月,市供销总社落实市委、市政府《关于推进农业社会化服务体系建设实施意见》,打造为农综合服务平台,在全市建立 1 个市级现代农业服务中心、8 个镇级分中心、60 个村级服务站,按照区域内的种植品种结构和特点提供农资供应、配方施肥、农机作业、统防统治、收储烘干、农民培训等 12 项服务,推动农业适度规模经营。（刘　涛）

【市供销社系统“七代会”召开】 12 月 28 日,市供销合作社召开第七次代表大会,市供销总社、社有企业、基层供销社代表和各乡镇推荐的农民代表等 64 人出席。会议回顾第六次代表大会以来的 30 年靖江供销系统的工作,分析面临形势,明确工作遵循原则,提出今后五年工作总体要求、奋斗目标、主要任务,明确 2018 年系统改革重点。大会选举产生新一届市供销合作社理事会、监事会领导班子。（盛桂娟）

·粮油贸易·

【概况】 2017 年,全市国有粮食购销企业由 15 家整合成 5 家,实现购销总量 393 万吨,比上年增长 6.8%;销售收入 44.2 亿元,比上年增长 5.2%。托市收购小麦 75322 吨、粳稻 4126 吨。新增城区放心粮油供应点5家,城区放心粮油店柜增至13家。南方小麦交易市场全年举行粮食竞价交易219场。其中,投放粮源80.43万吨,比上年增长49.26%;成交53.15万吨,比上年增长69.35%;成交金额14.38亿元,比上年增长77.07%。南方小麦交易市场获2017年中国粮油榜“百佳粮油企业”称号。

【粮食产销合作】 全年签订小麦订单面积5486.33公顷,粳稻订单面积5400公顷。其中,江苏华穗粮食有限公司联合靖江市斜桥镇农经与农技服务中心,与广州市粮食集团有限责任公司签订2667公顷“宁麦13”和“扬麦22”供货订单;大兴粮食收储有限公司与香谷家庭农场、泰和粮食收储有限公司与兴达农机服务专业合作社分别签订水稻订单733公顷、667公顷。

6月,夏粮收购晾晒入库

【粮食产后服务】 2017年,扬子江现代粮食物流公司全面转型,专业从事粮食储存和码头中转服务。年内,新建以蒸汽为热源、日处理850吨的烘干中心及2万吨配套仓库,提供粮食清理、烘干、整晒、装箱、配载、中转、收储等产后配套服务。至年底,完成码头粮食装卸作业量206万吨,清理、烘干粮食19万吨,月均保管粮食20万吨。 (赵建坤)

·石油贸易·

【概况】 2017年,全市有加油站(点)47座,其中中石化泰州靖江分公司24座、中石油泰州靖江分公司3座、中海油泰州靖江分公司加油站1座、社会加油站(点)19座。全年销售汽油10.3万吨、柴油7.4万吨,其中80%来源于中石化,20%来源于江阴长江岸边的油库和大兴油库。年内,根据《关于做好加油站地下油罐双层罐更新或防渗池改造工作的通知》要求,推进加油站双层罐改造计划。至年底,全市有符合标准的加油站23家。根据社会发展需要,在上五圩港渡口北侧新建中海油泰州有限公司靖江五圩港加油站,该加油站为公路型加油站,占地3000余平方米;迁址重建中石油天然气股份有限公司江苏靖江惠丰加油站,该加油站为城区型加油站,占地2000余平方米。 (郑杰君)

·烟草专卖·

【概况】 2017年,市烟草专卖局(分公司)围绕行业楷模发展战略体系,践行“全员岗位优化”,统筹推进专卖管理和卷烟管理工作,全面推动质效平衡发展,被江苏省总工会、省安全生产监督管理局评为2016年度江苏省安康杯竞赛优胜单位,靖江分公司工会被江苏省总工会评为江苏省劳动保护工作示范工会。

【卷烟营销】 年内,市烟草专卖局(公司)从品牌培育、规范经营、服务转型、队伍建设、专销联动方面着手,推动卷烟营销工作。全年销售卷烟23620箱,实现销售收入75660万元,平均单箱销售额32033元,缴纳税金25045万元,实现利润10497万元。

【专卖管理】 2017年,市烟草专卖局(分公司)健全完善专卖内管、打假打私、市场监管、行政许可、队伍建设“五位一体”的专卖管理体系。全年查处涉烟违法案件183起。其中,涉假案件37起,走私烟案件2起;5万元以上案件16起,20万~50万元案件1起。查获违法卷烟255.23万支,其中走私烟1.19万支、假冒烟19.12万支。加强卷烟零售许可管理,新办零售许可证78件,注销517件,延续许可380件,退出许可439件,退出率11.82%。 (张 琛)

·盐业管理·

【概况】 2017年,市盐务局创新

经营思路、完善管控体系、打造淮盐品牌。全市销售各类盐产品4628.55吨，其中食用盐3316.88吨、工业盐1311.67吨，所售食用盐中2811.66吨为小包装食盐；实现营业收入1127.59万元。全市居民用户碘盐覆盖率99.3%，碘盐合格率98.3%，合格碘盐食用率97.7%。

【食盐安全保障】　年内，市盐务局打击非法经营食盐行为，构建食盐消费安全体系。全年出动执法人员1320人次，开展联合执法69次，监督检查食盐生产销售企业及单位4479家。查处各类盐业违法案件196起，移送公安机关立案2起，查处各类违法盐产品138.18吨。加大食盐安全宣传力度。利用"3·15"消费者权益日、"5·15"消除碘缺乏病危害宣传日、科普宣传周等，宣传食盐安全知识，提高市民科学食盐意识。推进全民减盐行动，倡导和普及"科学用盐、促进健康"理念，遏制高血压及其相关疾病患病率上升趋势，提高全民健康水平。

【打造淮盐品牌】　年内，市盐务局以"千年淮盐，家乡好盐"为主题开展淮盐品牌宣传活动。利用互联网、广播、电视、图片等宣传方式，在靖江网、靖江电台、《靖江日报》开办淮盐品种盐宣传专栏；开展"淮盐宣传进社区""健康用盐宣传月""淮盐惠民月"等活动，在乡镇集贸市场、社区等人口密集地设立咨询台，布置展板，发放《食盐安全使用手册》，面对面地向消费者介绍淮盐的历史及品质，并进行淮盐知识有奖竞答等，提高消费者对淮盐的认知度。全市全年销售淮盐2811.66吨。　（顾振亚）

6月，市盐务局开展食盐知识宣传活动

·商品市场·

【概况】　2017年，全市有各类交易市场40处，占地面积66.61万平方米，室内面积45.3万平方米，设有门面、摊位4322个，年交易额49.43亿元。其中，生产资料市场4处，占地面积8.77万平方米，室内面积0.86万平方米，设有门面、摊位23个，年交易额0.3亿元；工业消费品市场4处，占地面积33.9万平方米，室内面积29.5万平方米，设有门面、摊位905个，年交易额29.5亿元；农副产品市场32处，占地面积23.94平方米，室内面积14.94万平方米，设有门面、摊位3394个，年交易额19.63亿元。年内，规范化升级改造城区农贸市场8家，完善给排水、供电、通风、垃圾处理、消防安全、营业等设施，制定《农贸市场管理提升行动方案》《农贸市场长效管理考核办法》，开展农贸市场集中整治和长效管理。

2017年靖江市各类市场情况表

表20

类别	市场名称	地址	占地面积（平方米）	室内面积（平方米）	摊位数（个）	年交易额（万元）
生产资料市场	靖江市远东新尔钢材市场有限公司	靖江市新港园区江平路12号	13667	3000	3	1500
	靖江市盛世再生资源交易市场有限公司	靖江市靖城街道办事处光明村12组货站路2号	60000	50	19	700

续表 20

类别	市场名称	地址	占地面积（平方米）	室内面积（平方米）	摊位数（个）	年交易额（万元）
生产资料市场	靖江市金海二手车交易市场有限公司	靖江市人民南路与新洲路交界处东北角	2000	500	1	800
	泰州正中旧机动车交易市场有限公司	靖江市城南工业园区火炬 7 队	12000	5000	0	15
工业消费品市场	靖江市海康食品有限公司瓜果蔬菜批发市场	靖江市靖城镇西北环路 8 号	9000	7000	45	40000
	靖江市百富绅国际家具广场有限公司	靖江市经济开发区康兴社区	133333	180000	210	200000
	靖江市富海新世界商贸城管理有限公司	靖江市靖城南环路 99 号	16667	28000	450	35000
	靖江亿都商业运营管理有限公司	靖江市新洲路 6 幢	180000	80000	200	20000
农副产品市场	南方小麦交易市场有限公司	靖江经济技术开发区新港城新港大道 118 号	2000	2000	0	20400
	靖江市来安集贸市场有限公司	靖江市西来镇江平路 91 号	8524	5114	420	10000
	靖江市新港城农贸市场有限公司	靖江市斜桥南街 1 号	8800	6500	168	6000
	靖江市斜桥六助港农贸市场	靖江市斜桥镇中街	720	450	12	600
	靖江市斜桥大觉农贸市场	靖江市斜桥大觉 4 组	650	260	20	500
	靖江市西来敦义集贸市场	靖江市西来镇墩义街	6600	5200	60	320
	靖江市新华农贸市场	靖江市斜桥镇新华村四组	300	200	15	200
	靖江市田圆农庄	靖江市西来镇土桥街 18 号	9600	5000	30	340
	靖江市江阳农贸市场有限公司	靖江市南环花苑 1~18 幢会所 2 楼	16493	10898	150	5000
	靖江市晨阳农贸市场有限公司越江分公司	靖江市滨江新区办事处富阳社区西侧	700	700	86	4000
	靖江市晨阳农贸市场有限公司	靖江市滨江新区晨阳社区北侧	12800	4500	128	5000
	靖江市东环农贸市场有限公司	靖江市靖城江平路 11 号	2900	1800	120	4000
	靖江市柏一农贸市场	靖江市靖城柏木桥东	720	640	45	300
	靖江市江华农贸市场有限公司	靖江市靖城江华街 108 号	4500	3000	150	7500

续表 20

类别	市场名称	地址	占地面积（平方米）	室内面积（平方米）	摊位数（个）	年交易额（万元）
农副产品市场	靖江市绿洲商贸有限公司(城中)	靖江市迎宾西路 59 号	960	960	100	1500
	江苏渔婆农副产品批发市场有限公司	靖江经济开发区城北园区渔婆北路与北环交界处	81333	48900	234	30500
	靖江市孤山农贸市场	靖江市孤山镇园山街西首	6700	2100	85	1200
	靖江市季市农贸市场有限公司	靖江市季市镇新建路西侧 1 号	23310	4399	452	20000
	靖江市长安农贸市场有限公司	靖江市季市镇长安街南首	1520	756	35	3000
	靖江市北辰市场管理有限公司	靖江经济开发区城北园区纺织西路 1 号	3280	2160	40	2000
	江苏易佰农贸市场有限公司	靖江经济开发区城北园区纺织西路 1 号	13333	13333	120	0
	靖江市天妃宫集贸市场	靖江市车站路 73 号	1000	900	50	150
	靖江市时代广场农贸有限公司	靖江市南环南侧(石油大厦西)	8000	10700	400	41500
	靖江市生祠农贸市场	生祠镇西街	1095	1095	75	105
	靖江市建设工程有限公司宝达农贸市场	靖江市江平路 337 号	1100	800	85	4500
	靖江市马桥农贸市场	靖江市马桥镇马桥桥西 520 米	4500	2000	21	800
	靖江市侯河农贸市场	靖江市马桥镇侯河村侯爰路 8 号	1500	1500	18	80
	靖江市莲沁苑农贸市场	靖江市莲沁苑邻里中心 6 幢 6 号	7986	6000	100	25000
	靖江市八圩港口农贸市场	靖江市八圩新民村 4 队	4000	3000	50	500
	靖江市礼士农贸市场	新桥镇礼士新街	1800	1800	30	80.18
	安徽宜居物业服务有限公司靖江分公司	新桥镇邻里中心 5 号楼 E26	1200	1200	80	1200
	靖江市新桥镇四墩子农贸市场	新桥镇四墩子新街	1500	1500	15	67.25

（赵　洁）

物　流

【概况】 2017年,全市有道路运输企业519家,其中拥有运输车50辆以上的2家(驭祥物流、锦江物流)、10~49辆的32家、5~9辆的44家、5辆以下的441家。有运输个体户2296户。全市道路货运车辆4519辆,载重量40032吨;年度货运量1783.65万吨,周转量446499.45万吨千米,较上年增长4.7%。有水路运输企业9家,分别为江苏金马运业有限公司、江苏华隆海运有限公司、海荣航运有限公司、泰通物流有限公司、港联物流有限公司、江苏九通船务有限公司、江苏盛源船务有限公司、江苏海大航运有限公司、华汇渡运有限公司,共有船舶213艘,载重量336895吨,年运输量973.65万吨,周转量389460.3万吨千米,较上年增长7.1%。港口吞吐量1.06亿吨,比上年增长12%。沿江物流企业全年实现开票销售602.57亿元,入库税金6.03亿元,比上年分别增长9.21%和7.03%。年内,江苏金马运业有限公司被认定为省生产性服务业领军企业,江苏万林国际木材市场被认定为泰州市现代服务业集聚区,三江现代物流中心被评为省级生产性服务业集聚示范区。

【万林仓储管理系统上线运行】 4月27日,江苏万林现代物流股份有限公司的智慧物流云平台万林仓储管理系统在太仓金马仓库上线运行。该系统是江苏万林现代物流股份有限公司打造的木材行业供应链管理一体化服务平台的重要组成部分。它改变原有木材仓储管理模式,以现场业务操作为驱动,通过嵌入式射频识别标签和工作人员现场手持终端设备、便携式打印设备等,实现入库、出库及在库统计的现场脱纸化操作,提高仓储运作效率和管理质量,降低仓储人工成本。该系统完成试点运行后,在全国所有物流网点全面推广,并向国外森林资源开发、国内木材加工制造等上下游企业延伸。

【华鑫北斗民用项目全面运营】 7月,江苏华鑫北斗车联网科技股份有限公司投资的北斗车联网项目建成并投用。该项目基于中国北斗卫星导航系统,在靖江打造交通部、公安部、国家安监总局认可的全国货车北斗监控网络平台、网约车监控管理平台、中国西部旅游救援平台,发展物流配载、网约车用户增值业务、二手车交易、商用车融资租赁业务。此外,公司还开展北斗定位可穿戴装备生产制造,集成北斗和红外线热成像技术,研发制造军、警、民用软硬件融合产品。

【金马运业被认定为省领军企业】 11月3日,江苏金马运业有限公司被江苏省发改委认定为2017年度省生产性服务业领军企业。金马运业是从事船舶管理、货运代理、保险代理、燃料油销售等业务的第三方物流企业,2016年起实施"互联网+航运"发展战略,打造"金马云航运"电商平台,取得竞争新优势。2017年实现营业收入24.79亿元,完成税收1.82亿元,分别比上年增长264%和253%,企业税收贡献和增幅领先全市服务行业。

【三江现代物流中心获批省级示范区】 11月8日,江苏三江现代物流中心被江苏省发改委认定为第二批省级生产性服务业集聚示范区。江苏三江现代物流中心集聚企业超500家,包括万林现代物流、扬子江现代粮食物流、太和港务、国信港务等。2017年实现开票销售602.57亿元,入库税金6.03亿元,比上年分别增长9.21%和7.03%,规模和集聚效应在全省物流园区中靠前。

【万林国际木材市场被评为泰州市现代服务业集聚区】 12月21日,江苏万林国际木材市场被泰州市发改委认定为泰州市现代服务业集聚区。该市场一期面积约16公顷,建有名贵木材交易中心和仓库各1座、门店式交易楼2幢、仓储式板材市场8幢,配有海关监管区、检验检疫区和保税仓库等,集聚贸易商和加工企业128家,具备展示交易、物流仓储、贸易服务、电子商务、检验检测等功能。

(倪迎春　杨竹颖)

餐　饮

【概况】 2017年,全市有中华餐饮名店10家,中国烹饪大师10人。住宿和餐饮企业实现营业额55.3亿元业,比上年增长16.9%,其中限额以上住宿和餐饮企业实现营业额4.94亿元,比上年增长16.5%。年内,经中国烹饪协会批准,靖江加入全国美食地标城市联盟。在中国烹饪协会成立30周年表彰大会上,夏炳初被授予"中国餐饮30年功勋人物奖",陈履锡、闻晓明被授予"中国餐饮30年杰出人物奖",市烹协被授予"中国餐饮30年卓越社团奖”。闻晓明、陈履锡被中国烹饪协会评选为“2017年度中国餐饮杰出企业家”。刘建枫、郑勇被江苏省烹饪协会授予江苏省杰出企业家称号，陈卫国、陈网华被授予江苏省优秀企业家称号。靖江国际大酒店有限公司获评“2017国际饭店业十佳好评热选饭店”，入选泰州市酒店业10强，江苏百盛酒店管理有限公司、鸿运酒楼、喜洋洋大酒店入选泰州市餐饮业10强。李建平、常卫建、侯冠华被泰州市烹饪餐饮行业协会、泰州市工商联餐饮业商会评为“2017年度泰州市杰出企业家”，吴红贡、张羽、高海海被评为“2017年度泰州市优秀餐饮人”。

【行业发展】 加强烹饪家政职业培训学校建设，全年培训厨师731人，其中中式烹调班4期8班400人、中式面点班6期6班331人，均获得市人社局颁发的职业资格证书。10月12日—14日，在2017第7届中国（江苏）国际餐饮博览会正晴和杯第2届中国青年厨师节中，5人获特金奖，5人获金奖，8人获银奖，2人获评“最美青年厨师”。10月22日，在2017“淮盐杯”泰州市中式面点技能大赛中，2人获特金奖，2人获金奖。10月26日，参加“洪泽湖杯螃蟹美食节暨全国蟹黄包制作全国邀请赛”，南园宾馆获评中国地域十大名小吃代表品牌企业，“南之缘”汤包获最佳展示奖，陶晋良获江苏优秀烹饪工匠和“中国最美厨师”入围奖。11月1日，参加河南（济源）中原餐饮博览会，2人获特金奖。11月14日，在2017全国蒸菜烹饪技能大赛中，锦秀山庄生态园有限公司的“锦秀山庄宴”获金牌宴席团体金奖，金悦国际酒店的“蒸日上宴”和季市镇的“古镇季市蒸鲜宴”获推广宴席团体金奖，1人获个人特金奖，5人获个人金奖。12月19日，参加第3届江苏餐饮产业发展大会暨第4届江苏餐饮业优秀品牌峰会，金悦国际酒店获评2017江苏餐饮业品质提升工程示范单位，南园宾馆、滨江花园酒店获评2017江苏餐饮业放心消费先进单位，鸿运酒楼“陈士荣”汤包获评2017江苏名小吃标志品牌，张继红获评2017江苏餐饮业功勋人物。

【媒体宣传】 利用多媒体渠道，宣传推介靖江美食。在微信公众号“靖江日记”发表“精致靖江·节气美食”，按时令开写并阐释节气菜单，介绍节气美食的特色和功用。4月，上海卫视至靖江，在滨江花园酒店拍摄红烧刀鱼、清蒸刀鱼、芙蓉刀鱼、刀鱼馄饨、刀鱼小笼包等江鲜菜制作过程；靖江日报社出版《眼界》专辑《神奇汤包·靖江传奇》，从历史沿革、传承发展、品牌影响、地域特色等方面介绍汤包发展史。5月18日，中央电视台财经频道播出《江苏靖江：一口鲜背后的商机》，报道靖江餐饮业商会会长闻晓明研究开发河豚江鲜系列菜品的事迹，加深观众对靖江河豚文化的了解。8月，靖江餐饮行业代表团至香港，通过米其林一星水晶大巴餐厅向香港各界展示靖江蟹黄汤包和江鲜菜肴。9月8日—10日，参加2017广东国际旅游产业博览会，南园宾馆提供的靖江蟹黄汤包成为“水韵江苏”板块的重要组成部分。9月18日—22日，《中国国家地理》杂志组织新浪微博、自媒体人团队至靖江，启动“风物之旅——靖江行”活动，其间该团队品尝体验江鲜河豚、蟹黄汤包，综合运用图片、文字及现场直播的方式，推介宣传靖江“中国江鲜菜之乡”品牌。

8月，靖江组团赴香港展示地方美食 （市烹协提供）

【餐饮组织建设】 3月13日，市烹协第5届会员大会、市餐饮业商会第2届会员大会在扬子江大酒店召开，中国烹协、省烹协、泰州烹协和会员单位及个人会员168人出席。大会选举陈履锡为新一届协会会长、闻晓明为新一届商会会长。“两会”新一届班子成立名厨委员会、服务委员会,建成“两会”网站,开设栏目12个,加强行业、会员单位宣传;建立理事、名厨委员会2个微信群,方便会员沟通、交流和协作。

(陈文红)

旅游业

【概况】 2017年,全市有国家A级以上旅游景区3家、星级乡村旅游点8个、星级旅游饭店3家,有旅行社(分社、营业部)31家。全年累计接待旅客341.41万人次,比上年增长18%;旅游总收入累计38.54亿元,比上年增长20%;全市入境过夜旅游者累计0.52万人次,比上年增长13.1%;旅游外汇收入累计480.13万美元,比上年增长14.6%。

【旅游招商引资】 2017年,市旅游局广泛搜集项目需求,跟踪项目信息,先后赴广西南宁、上海、浙江绍兴等地开展旅游项目招引工作,全年招引涉旅项目投资28.25亿元。总投资50.5亿元的江苏恒艾健康服务产业园项目被泰州认定为大健康旅游项目;总投资55亿元的汽车文化运动小镇项目正式签约;投资5亿元的郭璞文化园项目动工。

【旅游设施建设】 年内兴建完善旅游服务体系,全面提升城市旅游软实力。新、改建旅游厕所33座,新建第三卫生间3座,新建天妃宫停车场、马洲艺文馆停车场、新体育馆停车场共1.8万平方米,新建、改造休闲绿道9.9千米,设置旅游引导标识牌,加快旅游咨询中心、智慧旅游指挥中心等建设。打造滨江休闲旅游带,在滨江森林湿地公园、市文化中心、马洲记忆馆等建设项目中注入旅游元素,配套停车场、休闲步道、厕所等功能设施。建设海鸿生态园房车露营、锦秀山庄温泉疗养等重点乡村旅游项目,丰富旅游载体。

【旅游推广宣传】 2017年,市旅游局联合市委宣传部征集城市旅游宣传口号和形象标识,宣传口号“盆景里的世界,舌尖上的靖江”获一等奖,“兰沁橼香、品味靖江”城市旅游形象宣传广告投放中央电视台,“这个秋天到靖江来喝汤包”形象广告落户上海地铁站。参加江苏省旅游局在省内外媒体的广告联合投放及专题展会,与上海交通广播、江苏交通广播、沪宁高速服务区、《远方的家》杂志签订广告宣传合同,推广靖江旅游资源。打造乡村旅游节庆品牌,主办首届岳飞文化节、第5届西来桃花节暨生态文化旅游节、马桥草莓节、东兴梨花节、季市团圆节等乡村旅游节庆。至香港参加第31届亚洲旅游展,举办香港美食水晶巴士靖江美食专场推介活动以及“靖膳靖美·寻找靖江的美”城市定向越野赛。加大网络宣传力度,“靖江微旅游”微信公众号上线运营,联合新浪微博组织“寻味靖江,靖膳靖美”旅游大V行活动,联合“靖江日记”微信公众号推出“精致靖江、节气美食”系列宣传。

【旅游行业管理】 2017年,市旅游局推进“景区和乡村旅游”品质提升工程,开展牧城公园创建国家AAAA级旅游景区、大美徐周创建省四星级乡村旅游区工作,加快培育季市红枫基地等乡村旅游潜力景区,启动双鱼食品、金秋竹门业开展工业旅游示范区项目。新增中医药健康旅游示范基地项目2个、省四星级乡村旅游区1家、省三星级乡村旅游区1家、旅游接待金牌饭店2家、旅游接待推荐饭店5家。配合制定特色小镇文旅规划,按AAA级景区标准完善生祠苑艺小镇、孤山空调小镇旅游功能。开展泰州诚信旅游示范市改革试点工作,建立旅游商品无理由退换货制度,设立旅游商品无理由退

生祠镇岳庙 (市旅游局提供)

换先行赔付基金，发展无理由退换购物店10家。全年受理旅游投诉3例，均及时妥善解决。定期召开旅行社安全工作会议及星级饭店消防安全会议，组织开展春节、清明、中秋、国庆、元旦等专项安全检查。 （石璐璐）

【发展全域旅游实施意见】 8月，市委、市政府印发《关于大力发展全域旅游的实施意见》，推动全市旅游业全面提升，促进经济社会协调发展。意见要求牢固树立全域旅游发展理念，统筹资源打造全域旅游发展空间；集中力量加大旅游项目投入，激发多元市场主体活力，增强旅游产品供给；以“旅游+”为抓手，发挥全域旅游调结构作用，推动区域资源有机整合、产业深度融合和全社区共同参与；加强旅游基础设施和公共服务体系建设，完善配套服务设施，以游客体验为中心，提升全过程旅游服务品质；加大全域旅游宣传和舆论引导，全面加强城市旅游形象整体推广，塑造旅游品牌形象。计划自2017年起，旅游总收入年均增长超15%，旅游总人次年均增长超20%，至2020年，旅游业发展实现“三个100”目标，即旅游产业总投入达100亿元，全市旅游景点总数达100个，“旅游+”年收入达100亿元，旅游业对GDP的综合贡献率达8.9%，旅游业各项指标基本达到国家全域旅游示范区标准，至2021年，旅游总人次650万人次，成为省内知名、长三角地区有一定影响力的旅游休闲城市。

【新版《靖江市交通旅游图》发行】 12月，由市国土局、规划局监制，市测绘勘察院有限公司编制的2017版《靖江市交通旅游图》出版发行。新版交通旅游图分正反面，正面是靖江市城区图，反面是靖江市全域图，详尽标明行政区域、道路网络、旅游景点、公共绿地等，新增正在实施或准备实施的重点项目，添加最新的靖江城乡公交线路表，标示四眼井、魁星阁，介绍季市、西来、马桥、东兴、生祠等镇的人文特色，方便市民和外地游客了解靖江。新版地图共发行1万份。

房地产业

【概况】 2017年，全市累计实现房地产投资42.4亿元，比上年增长20.9%。商品房销售持续旺盛，全年累计实现商品房销售额88.2亿元，比上年增长32.4%；销售备案商品房7464套，面积106.48万平方米，比上年增长7.2%，其中普通住宅面积79.14万平方米，比上年增长13.6%。核发商品房预售许可证面积64.5万平方米，比上年增长46%。普通商品住宅均价7491元/平方米，比上年增长23%。完成二手房交易备案2263件，面积43.43万平方米，比上年增长4.7%。年内，会同市物价局、国土资源局出台《关于加强商品房预售行为监督促进房地产市场健康发展的通知》，从土地、价格、预售、交易管理等方面平抑市场，缓解房价增长过快问题。出台《关于加强商品房销售行为监管的通知》《关于进一步加强靖江市商品房预售资金监管的通知》，加强市场诚信建设，规范开发和销售行为。定期开展房地产市场执法检查，约谈碧桂园翡翠滨江花园项目、中梁鼎尚花苑项目开发商，处罚其逃避资金监管、违规预售、限制公积金贷款等行为。

【住房保障】 完善城镇住房保障体系。全年受理住房保障申请310户，分配公租房163套、经济适用房31套，经济适用房货币补贴4户。同康120套公租房实现房源转换，发放廉租房租赁补贴17.42万元，2013年前建成的公租房配租率超98%。

【物业管理】 2017年，全市有物业服务项目备案企业70家，管理项目251个，其中住宅项目159个。强化物业行业管理，备案6个小区的前期物业管理项目，指导选举、改选7个小区业主委员会。严格管理维修基金。出台《靖江市住宅专项维修资金管理办法》，全年收取公共维修资金6080万元、电梯消防专项维修资金423万元、质量保证金1190万元，审批支出维修资金411万元。改造完善小区设施设备，开展小区停车位调研，论证老旧小区加装电梯试点方案，维修改造巧丽公寓消防设施。

【重大楼盘选介】 中梁鼎尚花园项目，由中梁地产集团开发，位于新洲路与同安路交叉口东南侧。项目建有11幢高层住宅、14幢别墅和1幢商业楼，占地6.3万平方米，总建筑面积约12万平方米，容积率1.5，绿化率超35%，项目总投资8亿元。

碧桂园翡翠滨江花园项目，由新碧房地产开发有限公司开发，位于城东大道与望江路交叉口西北侧。项目建有12幢高层、2幢多层住宅、3幢公建商业用房和48幢别墅，占地约13万平方米，总建筑面积约24万平方米，容积率1.4，总投资13亿元。

（徐再平）

对外及港澳台贸易

【概况】 2017年,靖江主动适应经济新常态,提升外贸服务质量,加强船舶基地建设,推动全市船舶配套企业开拓海外市场,实现外贸稳定增长。年内377家企业取得进出口实绩,全年累计完成进出口总额294296万美元,比上年增长9.1%。其中,进口76222万美元,比上年下降0.96%;出口218074万美元,比上年增长13.1%。全市一般贸易进出口150499万美元,加工贸易进出口141425万美元,其他贸易进出口2372万美元;机电产品进出口178061万美元;高新技术产品进出口6913万美元。

【出口贸易】 2017年,全市取得出口实绩的企业347家。主要出口产品是船舶、钢材、锚链、维生素系列及其衍生产品,这四类产品的出口额164562.6万美元,占全市出口总额的75.5%,其中船舶出口额128471.9万美元,占全市出口总额的59%。出口额居前五位的企业,分别是新时代造船有限公司、江苏华菱锡钢特钢有限公司、江苏艾兰得营养品有限公司、江苏江山制药有限公司、江苏亚星锚链有限公司(含靖江亚星进出口有限公司)。全市三资企业自营出口163511万美元,比上年增长14.7%,占全市出口总额的75%;自营生产企业出口38462万美元,比上年增长17.3%,占全市出口总额的17.6%;贸易公司出口16101万美元,比上年下降8%,占全市出口总额的7.5%。

2017年靖江市出口额超千万美元企业统计表

表21　　单位:万美元

企业名称	出口额	比上年增减(%)
江苏新时代造船有限公司	122780.3	18.2
江苏华菱锡钢特钢有限公司	11272.79	38.51
江苏艾兰得营养品有限公司	8801.1	19.6
江苏江山制药有限公司	8646.9	0.5
中船澄西新荣船舶有限公司	5691.9	10.3
靖江市亚泰特种材料制造有限公司	5598.54	47.41
靖江亚星进出口有限公司	4249.8	-8.7
凯傲宝骊(江苏)叉车有限公司	3431.1	23.6

续表 21

企业名称	出口额	比上年增减(%)
江苏亚星锚链有限公司	3071.92	5.14
靖江市新南洋进出口有限公司	3070.5	-23.3
江苏三马起重机械制造有限公司	2586.2	48
靖江宇进丝绸服饰有限公司	1794.9	-189.1
靖江迪玛科箱包有限公司	1747.9	6.6
江苏德生纺织印染有限公司	1687.5	-1.7
江苏大道工业车辆有限公司	1270.75	34.56
江苏三江电器集团进出口有限公司	1254.6	-20.8
江苏上骐进出口有限公司	1066.2	-9.1
合 计	188022.9	15.85

江苏新时代造船有限公司 （市商务局提供）

【进口贸易】 2017 年,全市取得进口实绩的企业 144 家。外商投资企业进口 23828 万美元,比上年下降 9.44%;外贸企业进口45612 万美元,比上年增长 2.63%;自营生产企业进口 6781 万美元,比上年增长 9.22%。进口额排前三位的企业分别是:江苏万林现代物流股份有限公司进口 44880 万美元,江苏新时代造船有限公司进口 9596 万美元,江苏中油长江石化有限公司进口 5413 万美元。主要进口产品为原木及其木制品、机电及其零配件、矿物油及其衍生产品等。

利用外资及港台资

【概况】 2017 年,靖江市加大招商引资力度,深挖潜力,拓宽外资利用领域和渠道,利用外资实现较大突破。年内,新增总投资超 3000 万美元的外资项目 3个,分别是江苏新世纪钢结构有限公司、江苏恒艾健康服务产业有限公司、靖江市银成环境工程有限公司。尊御融资租赁(江苏)有限公司成立,此为全市首家外资融资租赁公司,为拓展外资利用领域、促进产业转型升级、提高装备水平、缓解中小企业融资难提供新的渠道。全年新批外商投资企业 11 家(其中江阴—靖江工业园区 2 家),增资项目 4 个。协议注册外资 4.36 亿美元,比上年增长 1403%;实际利用外资 2.44 亿美元,比上年增长 967.2%,在泰州所辖市区中增幅列第一位。

【新批外商投资企业】 2017 年,新批外商投资企业 11 家,其中江苏恒艾健康服务产业有限公司总投资 14.5 亿港元,注册资本 6 亿港元;江苏光汉科技有限公司总投资 3300 万美元,注册资本 3300 万美元。

【增资项目】 2017 年,全市有外资增资项目 4 个,分别是江苏新世纪钢结构有限公司增资 10 亿元,帝斯曼江山(江苏)有限公司增资 1 亿元,龙信房地产(靖江)有限公司增资 1000 万美元,东方能源有限公司增资 800 万美元。

2017年靖江市新批外商投资企业一览表

表22

企业名称	企业类型	投资外方国别(地区)	总投资	注册资本	协议利用外资(万美元)
江苏恒艾健康服务产业有限公司	独资	香港	14.5亿港元	6亿港元	7734
靖江澳信物联科技有限公司	合资	台湾	75万元	75万元	11
江苏联恒物宇科技有限公司	合资	香港	917.9万美元	6300万元	643
靖江市银成环境工程有限公司	独资	香港	9800万美元	9800万美元	9800
靖江市海桥国际贸易有限公司	独资	台湾	1000万美元	1000万美元	1000
诺亚展示用品(靖江)有限公司	独资	西班牙	142万欧元	100万欧元	117
尊御融资租赁(江苏)有限公司	合资	香港	17000万元	17000万元	634
裕林木业(靖江)有限公司	独资	香港	1000万美元	1000万美元	1000
同凯新能源(江苏)有限公司	合资	香港	1000万美元	500万美元	500
江苏光汉科技有限公司(江阴—靖江工业园区)	独资	香港	3300万美元	3300万美元	3300
江苏海仑国际贸易有限公司(江阴—靖江工业园区)	合资	美国	3000万美元	1280万美元	1024

3月,江苏恒艾健康服务产业园开工　　（市商务局提供）

对外及港澳台经济技术合作

【概况】 2017年,全市新签外经合同额2350万美元,实现外经营业额10216万美元,比上年增长1.82%。新批境外投资项目6个,分别是江苏万林木业现代物流股份有限公司投资4293.8万美元在香港设立裕林国际木业有限公司,江苏艾兰得营养品有限公司投资137.97万美元在英国设立麦克斯医药健康有限公司,博尔建设集团有限公司投资200万美元在阿拉伯联合酋长国设立博尔海外建设有限公司,江苏新南洋进出口有限公司投资30.04万美元在老挝设立新南洋(老挝)有限公司,靖江联力进出口有限公司投资100万美元在巴基斯坦设立联力全球贸易公司,江苏三阳食品有限公司投资300万美元在澳大利亚设立三阳控股企业有限公司。这些投资项目涉及营养保健、食品、林业、建筑、农药、肥料等领域。全年有两个项目获商务发展专项资金,争取扶持资金811.36万元。　(邓丹丹)

港　口

【概况】 靖江港处于长江三角洲沿海经济带与沿江经济带T型交汇处，自然岸线长52.3千米，规划岸线长40.1千米，其中深水岸线35千米。至2017年年底，已利用岸线29.97千米，建成泊位175个，其中万吨级以上泊位63个。2017年，市港口建设累计完成投资4.98亿元，新建、续建万吨级码头泊位4个。港口全年完成货物吞吐量1.06亿吨，比上年增长12.6%，其中外贸984万吨。口岸累计进出国际籍船舶1169艘次，进出境人员24218人次。

2017年靖江港分货类吞吐量一览表

表23　　　　单位:吨

货物分类	总计			出港			进港		
	合计	外贸	内贸	合计	外贸	内贸	合计	外贸	内贸
总计	106438794	9846479	96592315	46123358	788372	45334986	60315436	9058107	51257329
煤炭及制品	59118292	1959744	57158548	25318546	1312	25317234	33729248	1957432	31841014
石油、天然气及制品	1451337	853357	597980	762309	438899	323410	689028	414458	274570
金属矿石	9003646	1350847	7652799	3385060	0	3385060	5618586	1350847	4267739
钢铁	4801003	22543	4588966	2409432	0	2409436	2391571	22543	2369028
矿建材料	4652925	31000	4621925	1196898	0	1196898	3456027	31000	3444027
水泥	50600	0	50600	0	0	0	50600	0	50600
木材	8418406	4591205	3827201	3858307	77790	3780517	4560099	4513415	46684
非金属矿石	317232	0	317232	198	0	198	317034	0	317034
化肥及农药	660255	228136	432119	314428	178518	135910	345827	49618	296209
盐	190469	74526	115943	83912	0	83912	826174	74526	32031

续表 23

货物分类	总计			出港			进港		
	合计	外贸	内贸	合计	外贸	内贸	合计	外贸	内贸
粮食	16859819	144180	16715639	5704881	0	5704881	8303307	144180	8159127
机械、设备、电器	896352	590329	306023	224389	91853	132536	671963	498476	173487
农、林、牧、渔业产品	6769	0	6769	6769	0	0	6769	0	0
其他	11689	0	11689	6298	0	6298	5391	612	4779

施工中的罗家桥港外港码头

【港口建设】 年内,靖江港口建设取得成效。罗家桥大码头、三江码头水工部分完工,联合安能码头通过档案验收、初步验收和竣工验收,三峰港务通过初步验收,国信电厂重件码头装卸系统工程技术改造项目通过方案论证,罗家桥内港池通过施工图审查,江苏新世纪造船有限公司通过档案专项验收。与海事部门对接,疏浚12号海轮锚地调整工程Ⅰ区水域。为保障12.5米深水航道建设,开工拆除中燃码头,对新荣船坞并联改串联方案进行可行性研究。建设完成港口岸电低压设施6套,其中,国信秦港港务2套、太和港务2套、盈利港务内港池1套、盈利港务大码头1套。加强港口码头信息化建设。完成远程监控系统中心平台升级改造,13个开放码头监控信号接入中心机房。组织电子口岸平台操作培训,协助海关、国检开发并建成船舶物料供应无纸化申报系统。

【码头开放】 年内,新时代造船码头开放资格得到确认,国信电厂码头通过开放预验收,联合安能码头全面展开监管设施建设等开放前期准备工作。

【安全监管】 开展落实港口企业安全生产主体责任专项行动,压实企业主体责任。修订全市港口突发公共事件应急救援预案,启动港口危险货物集中区域安全风险评估与应急公共物资储备库建设。强化危化码头安全监管,开展在役储罐安全专项整治,试点建设安全风险分级管控和隐患排查双重预防机制,完成德桥仓储整改前安全现状评估,开展市级港口危险货物码头生产安全事故应急演练。突出港口危险货物作业、危化品罐区、外协单位管理、港区驳运车辆管理、港口在建工程等重点环节及节假日、十九大期间等重要时间节点,从严开展安全检查。

【港口调研】 年内,市港口局普查岸线使用情况,形成《靖江港口岸线利用情况报告》。开展涉港企业持证情况、港口码头企业经营状况调查,形成《港口码头企业经营状况调研报告》。围绕高端装备制造和现代临港物流两大产业发展,专题研究如何提高港口经济的层次和效益,编制完成《靖江港发展对策与研究》。

【专项整治行动】 年内,靖江港口开展一系列专项整治行动。在沿江非法码头专项整治中,黄埔港务码头完成拆除,高鑫隆码头江北物资站手续规范完善并依法取得港口经营许可证。在关停一批、转移一批、升级一批、重组一批"四个一批"专项行动中,江苏中燃长江石化有限公司码头列入"关停一批"范围,不再换发新的港口经营许可证并关停到位；江苏德桥仓储有限公司列入“重组一批”范围，并于5月完成与中信集团港口公司重组。在港口船舶油污水与码头污染综合治理中，集中清理整治13家从事船舶污染物接收的企业，取缔6家不符合规范的企业，10家港口企业全部建成污水收集处理系统、垃圾接收装置等设施。在港口粉尘专项治理中，列入沿江粉尘治理的港口企业7家，太和港务后方堆场西北侧防尘网建成、东侧防尘网正在施工安装。在水上过驳专项整治中，出台《长江靖江段水上过驳专项整治工作实施方案》，确定保留、拆解及驶离江苏水域浮吊的清单。在港容港貌提升行动中，制定具体的实施方案，重点督促指导11家大型港口企业实施港容港貌提升工作，长荣钢铁、扬子江粮食物流建成防尘林550平方米，国信电厂、扬子江港务、盈利港务、苏通港务4家企业防尘抑尘网、自动喷淋、苫布遮盖、堆场围挡等设施设置到位，实现港区环境“四无六净”（无白色污染、烟头纸屑、瓜果皮核、垃圾污物，路面、道牙、收水口、便道、树坑、墙根净）。在“见缝插绿”行动中，新增港口绿化近1.5万平方米。

【靖江口岸首次进口日本柳杉】 8月8日，装载2596立方米日本柳杉原木的塞拉利昂籍货轮“DONGFENG1”停靠盈利港务码头，这是靖江口岸首次进口日本柳杉原木。该原木属于柏科木材，是日本的特有品种，材质轻而强，有一定防水防腐能力，一般用作建筑、桥梁、造船、家具等材料。至年末，靖江原木进口总量381万立方米，是2009年靖江口岸木材进口总量的5.4倍。

（顾海燕）

口　岸

·出入境检验检疫·

【概况】 2017年，靖江国检局检验检疫进出口货物5494批次，金额20亿美元。其中，进口货物2048批次，货值17.5亿美元；出口货物3446批次，货值2.5亿美元。检疫出入境船舶858艘次，其中入境438艘次、出境420艘次，比上年分别下降37.6%、33.9%、41.1%。查验出入境人员18051人次，比上年下降36.4%，其中入境人员9243人次、出境人员8808

2017年靖江市出入境检验检疫货物统计表

表24　　单位：万立方米 万吨

货　物	入　境			出　境		
	批次（批）	数量	货值（万美元）	批次（批）	数量	货值（万美元）
木材	1404	386	97300	0	0	0
煤炭	146	241.3	20600	0	0	0
铁矿	68	77.8	4165	0	0	0
铜精矿	21	21.9	29000	0	0	0
废钢船	11	3.2	697	0	0	0
化工品	0	0	0	168	—	511
木片	39	93.5	8578	0	0	0
木薯干	23	10.9	1897	0	0	0
玉米	5	3.7	699	0	0	0
保税燃料油	11	11.6	3850	0	0	0
食品添加剂及保健品	0	0	0	2827	2.8	17767
工业品	285	—	6543	220	—	6504
其他	35	—	1771	231	—	562
合计	2048	—	175100	3446	—	25344

人次。实施电讯检疫 73 艘次,比上年增长 30.4%。签发“船舶(免予)卫生控制措施证书”151份,比上年增长 32.5%;签发各类原产地证书 3240 份,签证金额 1.7 亿美元,比上年增长 10%。企业出口货物享受关税优惠约 1000 万美元。

11 月 17 日,靖江国检局举行非洲猪瘟疫情应急处置演练

(靖江国检局提供)

【疫病疫情防控】 年内,靖江国检局加强口岸重大疫情防控和疫情检出能力建设,植物检疫实验室和口岸病媒生物实验室全面投入使用,口岸卫生监测技术平台建设基本完成,通过省局对靖江口岸的核心能力动态复核和动植检规范化建设预验收。开展林木害虫、舞毒蛾、桔小石蝇等有害生物监测,成功应对非洲猴痘、寨卡、鼠疫等突发事件和重大疫情,确保疫病疫情“零输入、零疏漏、零感染”。开展“清风”“绿蕾 3”等专项行动,规范粮食指定口岸监督管理,加大船舶、船员携带物查验力度,累计发现各类禁止进境物重量逾 200 千克。医学巡查疫区入境船舶 69 艘次,监测船员体温 1443 人次,发现船员有症状者 92 人次,确诊 17 例,处理来自疫区和发现疫情的船舶 33 艘次。全年检出无效“船舶(免予)卫生控制措施证书”22 份,截获动植物疫情 161 种、8458 种次,其中检疫性有害生物 29 种、2334 种次,在全国首次截获白条天牛等 3 种有害生物,进境动植物疫情截获成绩居全省前列。

【提升监管质量】 2017 年,靖江国检局严格进出口商品检验,加强宏观质量管理。加大进出口企业监管力度。坚持从源头抓起,召开危险品货物包装企业座谈会,强化企业安全主体责任;规范企业生产经营行为,逐一排查,及时督促整改不符合事项;完善 3C 企业台账资料,首次签订 3C 监管责任状。加强进口大宗散货监管。全年检出煤炭短重 16 批、2838 吨,索赔 23.1 万美元;品质不合格 57 批、75.50 万吨,货值 6942.3 万美元。检出铁矿短重11 批、1381 吨,索赔 7 万美元;品质不合格 53 批、61.27 万吨,货值 3165.3 万美元。检出铜精矿短重 11 批、726 吨,索赔 105.5 万美元。加强食品安全监管。严格实施进出口食品安全监控计划,分时段分品种抽取检测样品 48 份,针对靖江某公司出口保健品检出禁用药氯霉素事件,联合相关部门对该批货物实施销毁处理。加强进口铁矿检验监管和有毒有害元素监测,发现一批铁矿有害元素汞超标。3 月,靖江国检局在处理印尼海关退证查询中,深入靖江某出口企业调查,发现该公司产品与申报不符、使用 HS 编码有误等问题,立刻约谈企业负责人,责令其整改违规行为,并对该公司实施重点布控和信用降级处理。

【服务地方经济】 2017 年,靖江国检局加强服务助推地方外向型经济提质增效。优化流程,大幅压缩通关时长,提升通关效率。推广无纸化报检,无纸化报检覆盖率 99.5%。加强流程管理,对重点商品,专人跟踪,定期核查,限时归档。加强现场管理,提高施检效率,压缩检验周期。加强诚信管理,对信用等级高、报检错误率低的企业,实行自动通关、自动归档和审单放行。实施“千企帮扶”计划。制定“一对一”帮扶措施,指导维泽国际、宾希机械、盛新空调等小微企业首次成功申领原产地证书,指导华达公司提高优惠原产地政策利用率;帮扶靖江绿涛公司原料基地备案,开辟产品出口新通道;指导江苏雅博公司获得欧盟注册,顺利进入欧盟市场;协助靖江双鱼公司获得进口肉类收货人资质,成功进口多批肉制品。培育“三同”(出口、内销产品质量相同、标准相同、生产线相同)示范企业,推动靖江双鱼公司加强生产质控体系管理，帮助该企业取得HACCP体系认证，成功上线国家认监委“三同”公共平台；加强政策解读和技术指导，帮扶江苏光芒公司申报全省消费品“三同”上线企业，扩大企业产品的质量信誉和市场知名度。执行总局文件，4月1日起停征出入境检验检疫费，累计为全市进出口企业减免收费600余万元。走访亚星锚链、大明重工等企业，指导企业充分利用FTA优惠政策，全年举办“靖江地区申领员培训”“FTA惠苏企”“E-CIQ申报系统操作”等培训班，培训职工200余人，惠及外贸企业100多家。主动对接盈利、新华、太和等码头，加强货主、堆场及代理间沟通，做好进口木材、煤炭及矿产品的后续监管。全面推广电讯检疫，加快外轮通关速度，全年开展入境船舶电讯卫生检疫73艘次。提前介入，服务国信电厂码头开放，至年底，该企业完成检验检疫口岸监管条件登记备案，通过四家联检单位的预验收。

检验检疫人员现场查验进口原木 （靖江国检局提供）

【全国首次截获三种外来林木害虫】 5月，靖江国检局检疫一批来自刚果(布)和赤道几内亚的进口原木时，分别截获绣胸扁绿天牛和白条天牛；9月，检疫一批来自赤道几内亚的进口原木时又截获合花角天牛。此三种林木害虫均为全国首次截获，其中白条天牛为首次截获的检疫性有害生物，因体形较大，给林木产品造成的危害也大，一旦在国内繁殖，将严重影响国家的林业和生态安全。检验检疫人员立即按规定对相关批次的进口原木实施检疫处理，防止了外来有害生物侵入。 （顾春翔）

·海　关·

【概况】 2017年，靖江海关加强监管场所管理，优化综合治税长效机制，推进通关一体化改革，贯彻落实南京海关支持江苏开放型经济发展措施，助推靖江经济发展。全市进出口贸易总值200亿元，比上年增长12.2%，创靖江海关开关以来新高。全年靖江海关征税入库12亿元；处理报关单4920份；监管货运量876.3万吨，货值39亿美元；备案加工贸易合同290份，金额4.8亿美元；新增注册企业135家。靖江海关获评靖江市“十佳服务地方发展单位”。

【税收征管】 2017年，靖江海关优化综合治税长效机制，修订和完善审价、原产地等业务管理规程，从规章制度上打牢税收工作基础。加强进出口商品的归类、价格、原产地、减免税等数据业务的监控分析和管理，强化报关单规范申报工作，定期开展应税报关单抽样审查。妥善处置靖江龙威粮油工业有限公司追税、辽宁世吉公司欠税等事宜，确保税款应收尽收。年内，靖江海关拓展税源，征税入库12亿元，完成全年税收任务。

【通关改革】 年内，靖江海关继续推进全国海关通关一体化、加工贸易一体化改革，加快单证流转速度，提高企业通关效率，进、出口通关时间比上年分别减少33%、87%。丰富科技监管手段，开发并推广应用进出境船舶供船物料申报APP平台和保税仓库货物管理系统，实现供船物料监管与保税仓库管理全流程无纸化，引导企业积极参与通关作业无纸化进程，通关无纸化比例达99.2%。宣传、推广企业自报自缴、税费电子支付、减免税无纸化申报业务，推出税费集中打印、财关库银联网、“单一窗口”申报等多项改革措施，减少通关流转环节。

【场所监管】 2017年，靖江海关整顿规范进出口码头及海关监管场所，进行常态化巡查。严格落实监管场所设置标准，规范场所审批和档案管理，完成辖区监管作业现场与南京海关监控指挥中心视频联网建设。强化危化品监管场所的检查和督促整改,试点监管场所自律管理,做到“管少、管好、管精”。落实分类分流查验作业要求,在保证查验率的基础上控制查验离散度,增强查验针对性和有效性。以风险管理为中心强化监管质量,落实“双随机”模式,优化布控查验工作。加强进口煤炭监管工作。推动移动查验单兵系统应用,查验单兵设备使用率88%。

海关关员冒雪查验货物 (靖江海关提供)

【服务地方经济】 2017年,靖江海关走访调研企业需求,赴深圳、舟山等地就造船、修船监管业务开展学习交流,修订出台符合靖江实际的监管操作办法。立足靖江地区发展实际和产业特点,对江阴—靖江工业园区、靖江开发区和靖江各镇的进出口贸易进行切块统计,每季度撰写靖江市外贸进出口运行分析报告,为地方政府决策提供有益参考。成立统计分析小组,全年撰写统计分析113篇,其中41篇被南京海关采用,2篇被省政府领导批示。 (陈鹏飞)

·地方海事·

【概况】 2017年,市地方海事处以“安全发展”为理念,加强水上交通安全监管和危险品运输管理,提升海事船检执法和服务水平。全年出动海事执法人员5568人次、海巡艇1192艘次,巡航里程1.02万千米;检查各类船舶2652艘次;检验各类船舶344艘,未发生船舶检验质量安全责任事故。接处“12395”水上遇险求救电话10次,辖区内未发生责任性水上交通事故和24小时以上的干线航道堵塞事件。是年,获评全市安全生产隐患排查治理工作先进单位。

【水上水下活动安全管理】 全年受理水工作业2项,分别是帝斯曼江山制药(江苏)有限公司码头前沿疏浚工程、八圩港线横港桥建设工程。市地方海事处针对不同工程特点制定管制方案,加大现场监管频次,全力维护水上工程建设和施工水域安全。施工期间未发生水上交通事故和航道堵塞事件。

【危化品内河运输安全管理】 年内,市地方海事处加强船载危险货物进出港申报监督管理,严把载运危险货物船舶申报关,强化危险化学品安全源头管控。督促指导帝斯曼江山制药(江苏)有限公司加强码头安全管理,加强对所属危险品船舶的安全监控与检查,增强事故预控能力。全年检查危化品船舶116艘次,危险品装运码头54座次,组织码头管理人员培训2次。

【应急演练】 6月,市地方海事处组织市华汇渡运有限公司开展渡船消防救生船岸联动应急演练1次,提高协调配合及联动应急保障能力。10月,组织帝斯曼江山制药(江苏)有限公司开展危化品船舶泄漏消防、防污染应急演练1次,提升船载危险货物安全风险防控水平。此外,先后组织航运公司开展水上交通安全应急演练3次,提高船员应急处置能力。

【专项整治行动】 4月至9月,市地方海事处开展船舶超载整治活动。采用源头管理、中间巡查、目的港查处方式,对港口、码头、锚地、集散地水域作业、锚(停)泊的船舶进行集中检查整治。共检查船舶178艘,有效遏制船舶超载违法行为。6月5日至7月20日,开展打击水上交通安全突出违法行为专项行动。重点打击船舶未按规定开启和使用AIS、VITS设备,未按规定执行进出港报告制以及船舶标识不符、配员不足、超载运输、违法采砂等突出违法行为。期间,出动海事人员638人次,现场检查船舶435艘。6月20日至8月31日，开展船舶污染防治专项行动，加强对船舶防污染设施缺失、污染物偷排漏排等违法行为的监督检查。期间，检查船舶335艘次，发放《船舶污染防治宣传手册》500余份。 （徐红霞）

·边防检查·

【概况】 2017年，靖江边检站提升边检服务和口岸安全监管水平，有效净化口岸环境，圆满完成以十九大安保为中心的各项安保任务。全年检查出入境（港）船舶1129艘次、员工23442人次，办理各类证件15089张，开展联合执法行动5次、应急处突演练48场次，查处行政案件13起，协助抓获网上在逃人员2人，救助服务对象2人，举办登外轮人员培训班3期。靖江边检站获评靖江市“十佳服务地方发展单位”。

边检站组织官兵学习中共十九大精神 （靖江边检站提供）

【政治建警】 2017年，靖江边检站学习贯彻党的十九大和习近平系列重要讲话精神，开展“维护核心、听从指挥”主题教育和推进“两学一做”学习教育常态化、制度化活动，贯彻执行民主集中制，做到民主议事、集体决策，在干部任用、党员发展、士官选任、重大经费开支等涉及官兵利益和部队建设的重大事项上做到公开、公平、公正。开展“党章党规学习月”和民主评议党员工作，配齐配强基层支部班子，落实各项组织生活制度。

【安全保障】 年内，靖江边检站与驻地国保部门签订反恐工作协议，切实维护口岸及驻地安全稳定。协调泰州市国安局召开口岸安全工作研讨会，夯实口岸辖区管控根基。组织全国“两会”安保处突演练，做好“两会”期间口岸安保维稳工作。开展夜间营门反袭击应急拉动演练，提升部队应急防范、高效打击能力。定期开展“涉恐隐患排查整治”活动，掌控涉外企业人员流动情况。联合驻地出入境检验检疫局、海关等部门，开展禽流感、非洲猪瘟疫情应急处置联合演练。在十九大安保期间，组织口岸涉外企业召开协作座谈会，研讨管控措施，协同驻地海事、海关、检验检疫等部门开展“护航十九大”口岸联合执法行动，邀请泰州市国安局专家作口岸反恐查缉技能专题讲座，开展“底清行动”，集中清查摸排在港外籍船员，确保十九大安保期间部队内部和码头口岸安全稳定。

【边检服务】 2017年，靖江边检站推进“互联网+边检服务”体系建设，推广应用“V通关”微信平台，实时发布报检信息，推送便民措施。拓展“边检辅警”效能，定期进行业务培训和技能考核，提高执勤质效。开展证件鉴别、后台核查、“梅沙”系统操作、案件办理、船体检查等专项培训，提升综合执法执勤能力，在全省边检业务考核中获团体第四名。常规性开展伪假证件识别专题培训，提高检查人员识别能力。组织官兵赴驻地出入境管理大队开展执法办案经验交流，召开境外人员管理工作座谈会，密切部门协作，维护口岸通关秩序。主动帮企业联系驻地公安出入境部门，做好外籍船员停留期间管理工作。开展执勤点安全检查工作，及时消除汛期码头执勤点安全隐患。组织人员深入口岸一线开展边检法律法规知识讲座，提高口岸从业人员的守法意识和群防意识。联合出入境管理大队开展“送法上船”宣传活动，发放中英文对照的告船长书、《中华人民共和国出入境管理法》等法律材料，现场解答船员关心的出入境法律问题。开展“110宣传日”宣传活动，增强群众对边检工作的理解和支持。开展“送法服务周”活动，向外籍船员、码头工人发放宣传折页、画册并提供出法律法规、入境业务咨询等服务，全年发放宣传资料400余份,提供法律和业务咨询40余人次。

【双拥共建】 2017年,靖江边检站与市公安局签订战略合作协议,共同维护“安全、畅通、高效、和谐”的出入境秩序。联系驻地企业开展警地两用人才培训工作,缓解干部转业、老兵复员后求职难题。派出官兵代表参加“慈善一日捐”活动,联合相关部门慰问驻地光荣福利院老人,组织全站官兵开展“义务献血 奉献爱心”主题实践活动。在驻地学校开展爱国主义教育,帮助学校训练国旗班学生,开展警营开放日活动,组织驻地师生、家长进警营共度“六一”,邀请30余名驻地留守儿童开展“关爱留守儿童、体验警营生活”边防夏令营活动。开展“军民鱼水,共庆‘八一’”活动,与澄西新荣船舶有限公司开展“军民鱼水情”篮球友谊赛,与驻地“家有儿女”志愿者协会80余名志愿者开展“军民一家亲,欢乐迎八一”警民大联欢活动。组织官兵参加第4个“烈士纪念日”公祭活动。与中船澄西新荣船舶有限公司举行党建共建签约仪式,促进警地党建共建新发展。

(蔡　峰)

·长江靖江航道管理·

【概况】 长江靖江航道处隶属长江南京航道局,由长江上海航道处代管。2017年,长江靖江航道处按照“立足地方、融入地方、服务地方、扎根地方”发展思路,围绕服务沿江企业、发展沿江经济、造福沿江百姓,确保辖区航道安全畅通。加强航道维护。利用数字航道监控平台,全天候24小时监控辖区标志。全年累计巡航414次,巡航里程约4000千米,维护航标60590座天,恢复失常航标414座,辖区航道维护尺度保证率100%。开展航道探测和疏浚。完成主、副航道测量18次,浅区检测121次,12.5米深水航道测量28次,其他外协测量50余次,测量面积4892.9换算平方千米,完成年度计划的182.06%。在定期航道检测中发现福北水道右侧边线有淤浅情况,摸清淤浅范围大小后,立即上报上级管理部门,及时调整浅区航标,加大加密测量范围和频次,调遣疏浚工程船舶进驻施工。全年福北水道共完成疏浚量65万立方米,保障福北水道安全畅通。是年,长江靖江航道处获评靖江市市级机关绩效考评先进单位;所属宁道标1001轮党支部获评交通运输部和长江航务管理局两级优秀基层党组织;宁道测902轮获评长江南京航道局“2017年度战枯水先进班组”。

【12.5米深水航道整治建筑物设标】 5月21日,长江靖江航道处接到12.5米深水航道建设指挥部要求在5月底之前完成整治建筑物设标工程的施工任务,随即组织宁道标001轮、1001轮和1003轮3条工作船和1条器材运输驳船投入工程施工,1周内精确抛设39座专设标志。7月,长江靖江航道处在相关水域又加密设置5座安全警示浮舟,提高整治建筑物的辨识度,保障航道中整治建筑物的安全。

【“擦亮行轮的眼睛”专项行动】 10月,长江靖江航道处开展“擦亮行轮的眼睛”专项行动,统一规范长江航标的标型、颜色、灯光、文字等可视化标识,利于航行船舶辨识。长江靖江航道处组织一线船员学习领会行动方案要求,精心制定养护计划,用1个多月的时间,对辖区不符合要求的标志进行油漆保养和设备安装。

【服务地方经济】 2017年,为配合地方港口经济发展,协助靖江推进过驳区建设,长江靖江航道处组织开展江苏中油码头拆迁

靖江航道处组织国信靖江电厂码头前沿水域测量

(长江靖江航道管理处提供)

前期测量,协助12.5米深水项目建设完成调标工程,开展靖江海事罗家港基地码头和新民拆船厂码头竣工验收测量,实施靖江国信电厂码头和三峰港务码头前沿测量,为福姜沙辖区的安全畅通扩大测量和加密测量,为沿江港口进出大型船舶提供专业技术服务。（洪 皓）

·长江引航·

【概况】 靖江引航站隶属长江引航中心,主要为进出靖江港的中外籍船舶提供引航服务,为港口规划、码头建设提供技术咨询。引航站共有职工35人,其中一级引航员8人、二级引航员2人、三级引航员3人、助理引航员4人,此外聘用内贸引航员5人。2017年,共引领中外船舶1982艘次,比上年下降6.6%,其中引领国际航线船舶1385艘次、国内航线船舶597艘次。引航总吨3675.1万吨,比上年增长11.4%;引航净吨2005万吨,比上年增长10.6%;引航载重吨6009万吨,比上年增长11%。引航总里程25.8万千米。是年,靖江引航站被评为靖江市市级机关绩效考评先进单位;靖江引航站党支部被中共交通运输部长江航务管理局委员会评为先进基层党组织。

【引航服务】 2017年,靖江引航站坚持"阳光引航",提高服务能力和服务水平。针对水深变化频繁、深吃水船舶靠泊困难等情况,定期走访太和、盈利、龙威等码头单位,听取码头单位的服务需求,及时组织港航码头单位、船舶代理单位召开安全服务座谈会,商定临时设标、候潮靠泊等方案和措施。与太和码头搭建安全共建交流平台,不定期召开座谈交流活动,商讨化解海轮靠离泊过程中出现的安全问题。严格管控深吃水船舶靠泊,计算潮高,留足富裕水深,选择靠泊时段,落实拖轮或维护艇等安全措施,确保深吃水船舶靠泊安全。内贸引航克服人员紧、航行条件复杂等不利因素,为深吃水内贸船舶提供个性化引航服务。（茆来年）

山水盆景(六)

鹰嘴奇岩

综 述

【概况】 2017年,全市金融机构围绕服务实体经济、防控金融风险、深化金融改革三项任务,坚持稳中求进,优化金融服务,支持地方经济社会发展。8月18日,华夏银行在靖江设立分支机构。至年末,全市有银行机构22家,其中央行分支机构1家,政策性银行1家,股份制商业银行17家,地方法人银行机构2家,村镇银行1家;驻靖江保险机构36家,其中财产险16家、人身险20家、中介及兼业代理机构13家;驻靖江证券营业部6家;有担保公司3家、小额贷款公司11家、典当行8家。金融机构数和从业人数位居泰州前列,基本实现金融服务全覆盖。全市银行机构本外币存款余额1004.31亿元,比年初下降0.7%,本外币贷款余额805.57亿元,比年初增长12.2%;长江银行和靖江农商行2家地方法人金融机构资产规模达484.75亿元,为深耕"三农"、"小微"、助力地方经济发展奠定更加坚实的基础。全年实现保费收入20.13亿元,比上年增长15.1%。全市保险密度2929元,保险深度2.18%。实现证券交易额1184.25亿元,比上年下降4.9%。担保机构在保户数139户,在保余额20.58亿元。小额贷款公司注册资本总额16.42亿元,全年累计发放贷款7.26亿元,比上年下降10.1%。全市金融业实现增加值44.61亿元,比上年增长4.4%,占全市地区生产总值的4.8%。

2017年,全市融资租赁产品发布会 (市金融办提供)

多措并举推进企业上市 年内,修订出台企业上市政策,进一步提高政策针对性和企业上市挂牌积极性,累计发放企业上市(挂牌)奖励及补贴312.13万元。成立靖江高投新兴产业投资基金和靖江经济技术开发区精密制造产业引导基金，促进企业股权融资，推动产业转型升级。择优筛选券商、会计师事务所和律师事务所建立企业上市中介机构名录库，组织名录内机构对企业进行摸底排查，以市场化、专业化手段定向服务上市后备企业。开设资本市场专题研修班；举办全市上市工作座谈会，提升领导干部和企业家利用资本市场发展的意识。举办专场投融资路演，为企业搭建股权和债权融资合作平台。至年末，全市新增A股主板上市企业1家（华达科技）、“新三板”挂牌企业2家（味巴哥股份、恒义股份）、股份制改造企业3家，全市有上市、挂牌企业19家，累计募集资金154.83亿元。

精准施策服务经济发展 年内，推进普惠金融和绿色金融发展，完善基础金融服务，激发区域金融活力，提升金融服务水平。推广“惠科融”金融产品，适当放宽金融网点对科技类企业贷款的审核审查权限，首批扶持42家科技型中小企业，向永涛实业投放贷款500万元。开展“一行一品”工程，各银行机构推出特色金融产品20余种。长江银行与苏州金融租赁公司合作，开展融资租赁业务，进一步满足企业直接融资需求。首单投贷联动业务在南京银行落地，以“小股权+大债权”形式，满足科技型中小企业融资需求。引导银行机构落实无还本续贷、循环贷款等企业流动资金贷款还款新方式，政府转贷资金累计转贷748笔、累发转贷资金100.84亿元，惠及企业200余家。靖江市银企e融服务平台正式运营，构筑起政银企互联互通的信息网络。举办金融支持中小企业创新创业产品推介会、融资租赁产品发布会等特色银企对接活动，搭建政银企交流互动平台，为市内20余家银行机构及100余家企业合作拓展新的模式和空间。梳理全市百优企业融资需求，对有资金需求的企业，由牵头行成立融资顾问组，“一对一”制定个性化融资方案，主动指导企业开展多渠道融资，协助企业解决融资过程中的困难和问题。

持续发力维护金融生态 组织开展困难企业专题调研活动，按支持类、帮困类、问题类确定企业类别，建立动态困难企业库，前置风险关口。对生产经营正常、出现资金暂时困难的企业，推广实行债权人委员会制度；对资产和资源仍具有一定价值，因经营不善导致停产半停产的企业，引导其兼并重组；对不符合国家产业政策，严重资不抵债、救助无望的企业，通过破产清算等方式引导其退出市场。多次组织召开银企协调会，引导银行机构抱团取暖、同进同退，共同防范金融风险，确保全市大额授信及担保圈（链）风险不传导、不蔓延。出台打击逃废金融债务管理办法，加大对恶意逃废债、职务犯罪、诈骗等行为的追诉、制裁和打击力度，努力营造恪守信用的社会氛围。开展互联网金融风险专项整治活动，现场检查39家重点互联网金融企业，密切关注线下投融资机构及“现金贷”领域金融风险，确保不发生区域性、系统性风险。从全市各镇及街道、园区、办事处抽调233人建立211个风险排查工作网格，横向到边、纵向到底地开展非法集资风险排查专项行动。出台非法集资举报奖励办法，完善监督举报制度，夯实打击非法集资工作的群众基础。

1月25日，华达科技在上海证券交易所上市　　(华达公司提供)

【华达科技A股上市】 2017年1月25日，江苏华达汽车科技股份有限公司在上海证券交易所A股主板上市，标志着该企业开启资本化运作新模式。江苏华达汽车科技股份有限公司创办于1980年，2000年1月由乡镇集体企业改制为民营企业，固定资产3.9亿元，占地面积16.24万平方米，建筑面积17.74万平方米，员工1100人。公司是德、美、法、日、韩、意等国轿车品牌及国内轿车自主品牌A级定点配套供应商,生产金属管类件、纵横梁、立柱、轮罩、隔热板等系列轿车总成件,设有江苏省院士工作站、模具CAD国家工程技术研究中心华达分中心和江苏省企业技术中心。2008年起,公司实施"总部经济"发展战略,先后在长春、广州、武汉、海宁、盐城、成都、惠州、青岛、天津、长沙等地设立分公司,实现与各主机厂近距离生产配套服务。公司坚持实业,做精主业,全面实施智能化制造,拥有德国库卡、ABB等冲压、焊接机器人550多台(套),分别在各分公司建立机器人自动冲压和柔性机器人焊接等智能化生产线,按照轿车"高强度、轻量化"要求,实施"新能源、新工艺、新材料"项目,形成自主核心技术,拥有各类专利152项,其中发明专利5项,具备与轿车整车厂同步开发、设计和模块化供货能力,实现单一轿车零部件向总件和模块化供货转型,由"量的提升"转变为"质的跨越",被客户认定为国内最具发展潜力的轿车总成件制造基地之一。2017年,公司上市后,投资3.5亿元,新建青岛、盐城、天津、惠州、海宁(二期)、长沙6大轿车零部件制造产业基地,10月28日与北汽集团产业投资有限公司共同发起成立"北汽华达汽车产业并购基金"。年末,公司实现销售39.2亿元,利税4亿多元。获全国五一劳动奖状,获评全国模范职工之家、江苏省高新技术企业、江苏省"两化融合"示范单位,泰州市、靖江市工业"十佳"企业。 (陈灿军)

【靖江A股上市公司经营状况】 2017年底,靖江有亚星锚链、中泰桥梁、东华测试、万林股份、华达科技5家A股上市公司。根据公司年报:营业收入方面,亚星锚链、东华测试、中泰桥梁、万林股份、华达科技分别实现营业收入10.19亿元、1.29亿元、6.20亿元、6.75亿元、31.72亿元,与上年相比,亚星锚链、东华测试分别下降0.31%、0.24%,中泰桥梁、万林股份、华达科技分别增长91.58%、68.75%、16.43%;净利润方面,亚星锚链、中泰桥梁、东华测试、万林股份、华达科技均实现盈利,分别实现净利润0.33亿元、0.23亿元、0.046亿元、1.04亿元、2.26亿元;市值方面,亚星锚链、中泰桥梁、东华测试、万林股份、华达科技市值(12月29日)分别为61.88亿元、62.77亿元、17.57亿元、45.17亿元、59.02亿元。

2017年靖江A股上市公司年报数据一览表

表25

上市公司	报告期指标	2017年年报	比上年增减(%)
亚星锚链	基本每股收益(元)	0.035	-37.72
	每股净资产(元)	3.06	0.15
	每股资本公积金(元)	1.44	0
	每股未分配利润(元)	0.54	-0.22
	每股经营现金流(元)	-0.0084	-102.93
	营业收入(亿元)	10.19	-0.31
	净利润(亿元)	0.33	-38.48
	扣非净利润(亿元)	-0.026	-106.59
	加权平均净资产收益率(%)	1.13	-0.71
中泰桥梁	基本每股收益(元)	0.05	120.00
	每股净资产(元)	4.42	-1.42
	每股资本公积金(元)	3.35	-3.23
	每股未分配利润(元)	0.02	177.76
	每股经营现金流(元)	-0.36	42.94
	营业收入(亿元)	6.20	91.58
	净利润(亿元)	0.23	124.16
	扣非净利润(亿元)	-0.82	10.06
	加权平均净资产收益率(%)	1.03	8.59
东华测试	基本每股收益(元)	0.035	-37.72
	每股净资产(元)	3.06	0.15
	每股资本公积金(元)	1.44	0
	每股未分配利润(元)	0.54	-0.22

续表 25

上市公司	报告期指标	2017 年年报	比上年增减(%)
东华测试	每股经营现金流(元)	-0.0084	-102.93
	营业收入(亿元)	1.29	-0.24
	净利润(亿元)	0.046	130.92
	扣非净利润(亿元)	0.045	1,025.13
	加权平均净资产收益率(%)	1.32	-0.74
万林股份	基本每股收益(元)	0.23	21.05
	每股净资产(元)	4.93	2.59
	每股资本公积金(元)	2.56	0
	每股未分配利润(元)	1.34	9.84
	每股经营现金流(元)	-0.95	-113.17
	营业收入(亿元)	6.75	68.75
	净利润(亿元)	1.04	29.87
	扣非净利润(亿元)	0.87	24.68
	加权平均净资产收益率(%)	4.64	-0.19
华达科技	基本每股收益(元)	1.41	—
	每股净资产(元)	15.83	—
	每股资本公积金(元)	9.54	—
	每股未分配利润(元)	4.79	—
	每股经营现金流(元)	0.39	—
	营业收入(亿元)	31.72	16.43
	净利润(亿元)	2.26	-22.27
	扣非净利润(亿元)	2.21	-22.98
	加权平均净资产收益率(%)	9.51	-15.91

银　行

【概况】 2017 年，靖江有人民银行分支机构 1 家、政策性银行分支机构 1 家、国有控股商业银行分支机构4家、股份制银行分支机构 13 家、地方法人银行机构 2 家、村镇银行 1 家。年末，全市银行机构本外币各项存款余额 1004.31 亿元，比年初减少 7.05亿元，下降 0.70%。其中，人民币存款余额 957.40 亿元，比年初增长 1.83%；外币存款余额 7.18 亿美元，比年初下降 30.04%。本外币存款余额中，住户存款 494.82 亿元，比年初增长 4.16%；非金融企业存款 368.49 亿元，比年初下降 13.84%；广义政府存款 138.87 亿元，比年初增长 30.88%；非银行业金融机构存款 1.88 亿元，比年初下降 16.57%。全市银行机构本外币各项贷款余额 805.57 亿元，比年初增加 87.37 亿元，增长 12.16%。其中，人民币贷款余额 787.06 亿元，比年初增长 13.41%；外币贷款余额 2.83 亿美元，比年初下降 18.73%。从贷款期限结构看，年末短期贷款余额 334.03 亿元，比年初上升 8.77%；中长期贷款余额 443.30 亿元，比年初增长 22.15%。

【人行靖江支行】 2017 年，中国人民银行靖江市支行贯彻执行稳中求进的宏观经济政策，推动各项金融改革，优化金融服务，强化窗口指导，支持地方产业转型升级，发挥银行在地方经济社会发展中的支撑作用。

执行稳健货币政策　印发《关于 2017 年靖江市货币金融工作指导意见》，引导金融机构强化项目对接，增加对实体经济的信贷投放，实现信贷总量适度增长。全市本外币贷款余额为 805.57 亿元，比年初增长12.16%。按季对法人机构开展宏观审慎评估，组织召开金融形势分析会，引导银行机构按照货币政策和宏观审慎要求保持信贷均衡投放和适度增长，重点工程、“三农”、民生等重点领域融资需求得到有效保障。强化窗口指导，督促银行机构加大对实体经济贷款投放力度。组织银行机构对制造业贷款按月、逐户监测统计，实时掌握制造业贷款变动情况。全市制造业贷款从下半年开始呈逐月回升态势，全年制造业贷款增加 500 多户。年末，剔除“僵尸”企业不良贷款出清因素，制造业有效贷款余额比年初增加 8 亿元。

2017年末靖江市银行机构人民币存贷款情况一览表

表26　　单位:万元

项　目	年末余额	比年初增减	项　目	年末余额	比年初增减
银行各项存款	9573952	172345	银行各项贷款	7870583	930370
其中:农业发展银行	74496	-5671	其中:农业发展银行	289107	60472
工商银行	690554	-133777	工商银行	623707	-30242
农业银行	1386783	71671	农业银行	776005	-14876
中国银行	654011	114090	中国银行	397372	9609
建设银行	942343	60586	建设银行	905326	134536
交通银行	181998	-84855	交通银行	327824	-87643
中信银行	207354	-47673	中信银行	196210	41125
招商银行	119592	25528	招商银行	104298	6571
浦发银行	345580	45508	浦发银行	376939	43181
兴业银行	389009	78229	兴业银行	182118	38024
华夏银行	78299	78299	华夏银行	137243	137243
民生银行	145661	41520	民生银行	96927	96778
浙商银行	83281	59794	浙商银行	104995	104965
南京银行	373039	-212008	南京银行	379681	48304
江苏银行	209839	-162675	江苏银行	366651	51801
长江银行	913792	54525	长江银行	896586	103218
邮政储蓄银行	572070	-431	邮政储蓄银行	123038	39235
靖江农商行	1905484	177146	靖江农商行	1265061	61515
无锡农商行	45666	14192	无锡农商行	109031	32711
江南农商行	85852	-1793	江南农商行	125029	47843
润丰村镇银行	109561	4237	润丰村镇银行	87436	6002
一、住户存款	4920736	198878	一、住户贷款	2211018	601787
其中:工商银行	433025	-27989	其中:工商银行	175161	49147
农业银行	986359	34450	农业银行	296024	49264
中国银行	286256	8856	中国银行	172061	14789
建设银行	538267	779	建设银行	349982	67252
交通银行	92492	1986	交通银行	28695	3305
中信银行	20715	-2953	中信银行	28460	7465
招商银行	24752	7780	招商银行	22348	6655
浦发银行	39810	18755	浦发银行	24868	11499
兴业银行	20994	8024	兴业银行	26775	12257
华夏银行	4635	4635	华夏银行	0	0

续表 26

项　目	年末余额	比年初增减	项　目	年末余额	比年初增减
民生银行	13010	4244	民生银行	38	-111
浙商银行	11488	10291	浙商银行	1505	1475
南京银行	45651	-14627	南京银行	34854	7373
江苏银行	47649	16892	江苏银行	72227	21881
长江银行	427469	21966	长江银行	420571	265654
邮政储蓄银行	526548	17436	邮政储蓄银行	123038	39235
靖江农商行	1342356	81492	靖江农商行	379072	31420
无锡农商行	4593	1764	无锡农商行	440	12
江南农商行	9177	-1202	江南农商行	25299	7933
润丰村镇银行	45491	6299	润丰村镇银行	29601	5283
二、非金融企业存款	3243572	-349980	二、单位贷款	5414995	516701
其中:农业发展银行	74496	-5671	其中:农业发展银行	289107	60472
工商银行	256752	-105803	工商银行	438249	-69873
农业银行	384747	30847	农业银行	472414	-46332
中国银行	367054	105484	中国银行	198100	26517
建设银行	403405	59881	建设银行	555344	129031
交通银行	86480	-80793	交通银行	277046	-111251
中信银行	186639	-44719	中信银行	167750	36896
招商银行	94827	21524	招商银行	81950	-84
浦发银行	305736	26763	浦发银行	352071	31857
兴业银行	368015	70564	兴业银行	155343	25766.6
华夏银行	73654	73654	华夏银行	137243	137243
民生银行	132648	37275	民生银行	96889	96889
浙商银行	71794	49503	浙商银行	103490	103490
南京银行	327383	-197384	南京银行	344827	40931
江苏银行	162190	-179566	江苏银行	291924	27420
长江银行	486323	32558	长江银行	387193	-84882
邮政储蓄银行	45507	-17864	邮政储蓄银行	0	0
靖江农商行	563117	95783	靖江农商行	785283	38797
无锡农商行	41073	12427	无锡农商行	106337	42711
江南农商行	76675	-590	江南农商行	99730	39910
润丰村镇银行	64071	-2062	润丰村镇银行	57248	1123
三、其他存款	1409644	323446	三、票据融资	244571	-188118

说明:委托类存款未计入银行各项存款分项

金融改革创新　推动投贷联动试点，指导法人机构嫁接互联网拓展发展空间，将云计算、大数据、人工智能等技术与金融服务相连接，为小微企业提供差异化、专业化、特色化的金融服务。推广全口径跨境融资宏观审慎管理，全省首家综合性金融超市挂牌运营，靖江市银企e融平台一期项目正式上线。指导建行全力打造科技特色支行，为科技型中小企业量身定制“惠科融”“税易贷”“小微快贷”“融e贷”“创业贷”等科技金融产品，适当放宽网点对科技类、中小企业类贷款的审核审查权限。指导靖江农商行服务镇园区产业发展、长江银行服务小微企业的市场定位。持续推行减费让利，进一步优化“无转贷”的贷款年审制度，不断提高小微贷款受理效率，着力做强做大“小微精品银行”特色品牌。围绕抵质押创新信贷产品，大力推广基于大数据应用的信用贷款产品。

维护金融稳定　建立和完善地方金融稳定协调机制，落实存款保险制度，参与存款保险制度定性打分评价模拟试运行工作，完成保费征收。对全市企业信贷风险进行摸底排查，完善银行机构重大信贷风险监测报告制度、金融突发事件应急预案，建立困难企业信贷风险监测分析制度，严格执行重大风险事项报告制度。高度关注地方政府平台债务风险，加强辖内法人金融机构管理和风险监测，适时进行流动性风险和信用风险提示。建立、完善防范和打击非法集资、整治互联网金融、打击银行卡电信网络诈骗和恶意逃废金融债务行为等工作的部门协调机制。完善金融稳定协调机制，与政府相关部门实行信息共享，对市内船舶行业、汽配制造业、房地产开发行业的运行情况开展常态化监测。持续关注“新桥板块”企业以及神龙海洋集团资金运行状况，对苗头性、倾向性问题早发现、早整治，严防不良贷款出现数量、区域、行业的集中性爆发。

2017年，银行系统开展反洗钱知识宣传活动　(人行靖江支行提供)

金融监督管理　通报商业银行重大事项报告制度执行情况，依法检查1家商业银行代理国库业务。开展打击非法集资、预防金融网络诈骗宣传活动，对以互联网金融为名目、涉嫌非法集资的理财公司进行暗访报道。加强货币发行管理，建立反假币分级管理责任机制，全年收缴假币1256张10.31万元。按季召开金融消费者权益维护联席会议，全年受理咨询250人次，直接受理金融消费者权益保护投诉15件。

基础金融服务　进一步优化农村金融综合服务站网点布局，以农户需求为导向，完善相关服务功能，着力打造5个品牌站点。金融IC卡在公交领域正式投入使用。建立金融扶贫信息数据库，采集5159户、1.17万低收入贫困人口信息建档立卡，为金融扶贫提供精准方向。提升征信服务水平，全面实施“阳光金融”工程，为11.18万户农户建立信用信息档案。实现企业征信代码与开户同一窗口受理、同步录入。提高新证审批效率，简化基本账户开设审批手续，新办企业开户许可审批完成时间由2个工作日缩短到0.5个工作日，落实工商营业执照、组织机构代码证和税务登记证“三证合一”政策，完成账户批量变更及预算单位“零余额”账户集中开户工作。所有银行机构网点全部接入电子票据系统。上线国库集中支付电子化系统，实现财政实拨、直接支付、授权支付全功能运行。

外汇管理体制改革　参与泰州中心支局的“8·1”“8·3”地下钱庄涉汇查处。强化对重点企业非现场监测管理，全年非现场监测132家贸易主体的货物贸易项下外汇收支业务，现场核查18家贸易主体。有19家企业降为B类管理，向其中6家企业按专项核查的要求发放风险提示函。有3家企业在全口径宏观审慎外债政策框架下办理外债签约登记1815万美元。完成直接投资权益申报工作，辖内FDI及ODI权益登记申报率达99%。（杨秋云）

【农发行靖江支行】 2017年，中国农业发展银行靖江市支行在编员工19人，营业面积1638平方米。年内，该行做精做细传统业务，累计投放小麦收购贷款7.71亿元，支持企业收购小麦34.83万吨；投放储备粮贷款1.02亿元，支持企业地方收储粮食3.5万吨。服务经济发展，全年累计投放中长期项目贷款4.53亿元，其中229省道靖江段改扩建工程项目1.23亿元、新桥镇整体城镇化建设项目0.5亿元、新港片区整体城镇化建设项目0.8亿元、滨江片区整体城镇化建设项目2亿元。支持“北粮南运”，向江苏华穗粮食有限公司投放购销贸易企业粮食短期贷款0.8亿元。支持扶贫项目，向江苏裕纶纺织集团有限公司投放精准扶贫贷款0.44亿元，向江苏华穗粮食有限公司投放东西部协作扶贫贷款0.3亿元。年末各项存款余额12.93亿元，比年初增加0.40亿元；各项贷款余额28.91亿元，比年初增加0.60亿元。全年累计发放各类贷款16.95亿元，实现账面利润0.69亿元，无新增不良贷款和欠息。（何桂琴）

【工行靖江支行】 2017年，中国工商银行股份有限公司靖江支行下辖1个营业部和11个二级支行，有存取款机40台、产品领取机13台、智能终端13台、回单打印机14台，在编员工178人。年内，该行提高信贷质量，向市文化中心建设项目投放7亿元，向江苏双鱼食品有限公司项目投放7000万元；推出小微企业创新产品，发展普惠金融和互联网金融，提升市场竞争力和风险管控水平。以省分行与省财政厅联合成立“小微创业贷”风险补偿基金为契机，拓展“小微创业贷”业务，先后与城北园区联合举行空调小镇20强企业银企恳谈会，与新港工业园区联合举行纳税30强企业座谈会，宣传“小微创业贷”在担保方式、利率定价等方面的优势。为企业高管团队配套黑金卡、白金卡等，为企业配套电费卡，解决企业小额资金和电费支出的临时需求。全年新增“小微创业贷”用户49户，有效投放“小微创业贷”2.01亿元。年末，全行本外币各项存款余额74.99亿元，人民币各项贷款余额64.57亿元，实现拨备前利润1.89亿元。（毛剑利）

2017年，农行靖江支行金融宣传活动现场 （农行靖江支行提供）

【农行靖江支行】 2017年，中国农业银行股份有限公司靖江市支行下辖二级支行17个，设离行式自助银行9个，在编员工300人。年内，该行提升“三农”服务水平，支持新型农业经营主体户77户，发放贷款3972万元；支持农业产业化发展，新增江苏亿泰食品有限公司贷款800万元。推进供给侧结构性改革，把握信贷投放方向和重点。支持城镇基础设施建设，新增北辰城乡投资公司城北园区标准化厂房（二期）建设项目贷款2亿元、新城水利夏仕港整治项目贷款0.4亿元；支持机构类客户业务发展，投放靖江市人民医院贷款0.8亿元；支持存量客户发展，投放江苏广宇建设集团有限公司贷款2亿元、靖江市江心洲生态工程发展有限公司贷款0.2亿元、江苏三江电器集团股份有限公司贷款0.1亿元；支持小微企业发展，放贷中小企业8家、贷款金额3850万元，新增“苏微贷”小微企业客户20家、贷款金额1.05亿元；支持贸易融资业务，新增二级市场“福费廷”业务4.66亿元。创新转型发展，推出智能POS、E

收款、分付金、信用币、信用金等新产品，累计分销政府债1.2亿元，投放银团贷款2笔2.4亿元。年末，全行本外币各项存款余额147.85亿元，比年初增加0.62亿元。其中，储蓄存款余额98.87亿元，比年初增加3.41亿元；对公存款余额48.97亿元。本外币各项贷款余额78.37亿元。其中，人民币贷款余额77.6亿元，比年初下降1.49亿元(剔除不良处置贷款10.66亿元，实际比年初增加9.17亿元)；外币贷款余额1185万美元。实现中间业务收入1.01亿元，实现拨备前利润2.33亿元。(周 镭)

【中行靖江支行】 2017年，中国银行股份有限公司靖江支行深入推进转型发展。优化网点布局，8月28日开业中行靖江城南园区支行。加快网点改造，5家营业网点引入智能柜台。拓宽服务渠道，推广手机银行、网上银行业务。服务地方经济，全年累计投放人民医院、兴泰高速、华晟非标、艾兰得银团等重点项目贷款近10亿元。年末，全行本外币贷款余额52.98亿元。其中，零售贷款余额17.21亿元，较年初增加1.47亿元；公司净贷款余额34.33亿元，较年初增加2.6亿元。全行本外币存款余额73.39亿元。其中，人民币存款余额65.59亿元，较年初增加11.34亿元。全年累计完成国际业务结算11.36亿美元，叙做跨境人民币业务7.62亿元，开立保函18.42亿元、信用证5600万美元。全年累计实现营业收入1.72亿元，较上年末增长13.87%。(沈 俊)

【建行靖江支行】 2017年，中国建设银行股份有限公司靖江支行下设二级支行6个、分理处6个、营业网点1个，有员工182人，存取款机50台、BSM自动终端12台。年内，该行以服务客户为核心，实施资产带动负债发展战略。发展"普惠金融"，全年发放普惠金融小企业贷款3600万元。推进转型创新，新增市一中校园商业圈、国土招投标、财政国库集中支付、工商E线通等项目，推出特色产品聚合支付、龙支付，满足商户一站式资金结算和对账需求。年末，支行本外币一般性存款余额93.65亿元，其中个人储蓄存款余额52亿元，企业存款余额41.65亿元。本外币存款日均余额98.8亿元，其中个人储蓄存款日均余额53.83亿元，企业存款日均余额44.97亿元。本外币各类贷款余额88.36亿元，其中公司贷款余额56.05亿元，个人贷款余额32.3亿元。

(卢城辰)

【交行靖江支行】 2017年，交通银行股份有限公司泰州靖江支行下设营业部、中亚支行综合型营业网点和中洲支行普惠型营业网点，另有离行式金融自助点1个，在编员工39人。年内，该支行围绕"稳增长、控风险、降成本、增效益"，为中小企业发展提供优质、高效的金融服务。推出苏科贷、苏农担、优贷通、POS贷等特色产品，新增贷款余额2.07亿元。提升金融服务能力，推出手持终端个人金融业务，满足客户预约上门服务需求。年末，该支行各项存款余额19.9亿元。人民币存款余额18.16亿元，其中储蓄存款9.24亿元、对公存款8.92亿元。外币存款余额1.74亿元。各项人民币贷款余额32.82亿元，其中一般授信贷款26.86亿元、小微企业贷款1.38亿元、个人消费贷款2.45亿元、票据融资2.13亿元。全年完成国际业务结算量6.48亿美元，比上年增长131.8%。实现中间业务净收入2128万元，实现经营利润6265万元。(吴亚明 沈 艳)

9月15日，长江银行领导调研企业金融需求情况 (长江银行提供)

【江苏长江商业银行】 2017年，江苏长江商业银行立足地方，专注小微企业，服务实体经济，优化资产质量，整体效益实现逆势上扬。年末，该行分支机构达13家，自助网点近100个，总资产232.63亿元，较年初增长10.90%；存款余额181.85亿元，较年初增长9.38%；贷款余额173.44亿元，较年初增长19.43%；风险控制有效，不良贷款率0.99%。全年实现利润总额2.87亿元，税后净利润2.24亿元；上缴税款2亿元，其中靖江地区上缴税款1.57亿元。年内，被中国银监会江苏监管局评为“小微企业金融服务工作先进单位”，被中国中小商业企业协会评为“全国支持中小企业发展十佳商业银行”，被《金融时报》、中国地方金融研究院、全国金融论坛办公室、半月谈杂志社分别评为“十佳城商行”“最佳城市商业银行”，被国家信息中心《财经界》评为“中国新经济年度领军企业”。董事长朱惠健被泰州市委评为“年度财经之星”。

（陆小亮　董亚军）

2017年，靖江农商行走进社区开展金融知识宣传活动

（靖江农商行提供）

【市农村商业银行】2017年，江苏靖江农村商业银行股份有限公司下辖网点(含分理处)36个，设离行式自助银行21个、金融便民服务点100家，有自助设备136台、硬币兑换机1台、硬币存款机1台，在编员工565人。年内，围绕农业供给侧结构改革重点，扶持“生态+农业”发展，涉农贷款年末余额95.54亿元，比年初增加8.80亿元。推进普惠金融发展，丰富“阳光金融”品牌内涵，建立农户经济档案11.29万户，预授信农户4.83万户，预授信金额41.44亿元。支持实体经济发展，加大对领军型企业、高新技术企业和科技型中小企业等信贷投入，小微企业贷款年末余额97.88亿元，比年初增加7.63亿元。其中制造业贷款68.7亿元，比年初增加7.33亿元。以移动金融和消费金融为着力点，推广圆鼎贷记卡、手机银行自助贷款、自助理财、收银宝及融合支付等，全年自行设计、发行理财产品55期，保本理财余额2.84亿元，非保本理财余额5.12亿元。推出“阳光金融消费贷”“贷记卡随心分”“车易贷”“精英贷”等特色产品，提高信贷服务效率。年末，各项存款余额195.36亿元，比年初增长11.43%；各项贷款余额130.55亿元，比年初增长8.44%。实现各项收入12.14亿元，账面利润3.18亿元，税收贡献1.12亿元。

（杨佳伟）

保　险

【概况】 2017年，靖江市保险行业贯彻落实国务院《关于加快发展现代保险服务业的若干意见》和江苏省政府《关于加快发展现代保险服务业实施意见》精神，主动适应经济发展新常态，在服务地方经济社会发展中积极发挥作用。年内，全市有专业保险机构48家，其中财产险机构16家、人身险机构20家、保险专业中介机构12家。全行业保费收入20.13亿元，比上年增长15.07%。其中，财产险保费收入5.96亿元，比上年增长5.53%；人身险保费收入14.17亿元，比上年增长19.61%。实现各类理赔和给付7.74亿元，比上年增长9.48%。其中，财产险赔付3.77亿元，比上年增长10.51%；人身险赔付3.97亿元，比上年增长8.52%。

【车险理赔机制创新】2017年，根据省公安厅、省交通运输厅、省保监局有关要求，市保险行业协会与市交警大队合作，推进交通事故处理改革，打造交通事故快处快赔机制，出台机动车轻微道路交通事故快速处理办法。8月29日，成立交通事故调(快)处中心，中心服务窗口提供“事故处理、勘验定损、保险理赔、人民调解、司法援助、法律诉讼”等一站式便民服务，方便当事人快速高效处理轻微交通事故。年内，有

15家办理车险业务的保险公司入驻中心，设立窗口现场办公。根据处理办法，凡在适用区域内发生的无人身伤亡，仅造成单车车物损失5000元以下、机动车能继续驾驶的道路交通事故，当事人双方可不报警而协商取证，自行至交通事故调(快)处中心办理事故处理、理赔等业务。至年末，交通事故调(快)处中心共调解快处案件1914起，案均赔款约3000元。

【农业大灾保险试点】年内，靖江市被列为江苏省农业大灾保险14个试点县(市)之一。此轮试点的大灾保险对象为经营面积33公顷及以上适度规模的经营主体，与原基础保险相比，保险责任范围和保险金额均进一步扩大：水稻、小麦的大灾责任成因分别新增“高温热害”和“干热风”，水稻、小麦、玉米的最高保险金额由700元分别提至1100元、1000元、1000元；中央财政对试点地区的保费补贴由35%提升至45%，靖江财政保费补贴负担有所减轻，试点地区符合条件的适度规模经营主体可投保原已开展的基础保险，也可投保新颁布的大灾保险，但不得兼投。至年末，全市符合条件的经营主体办理水稻大灾责任保险7650公顷，保险金额1.26亿元，保费505万元；理赔结案301件，赔付268.58万元。

【引入执行悬赏保险机制】11月，为解决“人难找、物难寻”执行难题，市法院引入执行悬赏保险机制。申请执行人缴纳一定保费、办理“执行悬赏保险”，法院发布社会公告寻找被执行人或其财产后，举报人一旦提供了法院尚未掌握的被执行人下落或财产线索，在被执行人被法院实际控制或财产执行到位后，可获得由保险公司支付的悬赏金，悬赏金额由执行金额和悬赏比例确定。（陆　帅）

【人保财险靖江支公司】2017年，中国人民财产保险股份有限公司靖江支公司有专业网点6个，从业人员75人。年内，该支公司优化险种结构，积极发展保障型、民生型保险业务，全年保费收入2.75亿元，净增保费3310万元，增速超过靖江保险市场7.91个百分点，车险、非车险两大主险保费总量居全辖区同行业第一。盈利能力显著增强，全年实现报表利润3012万元；综合成本率87.87%，比上年下降4.6个百分点。服务能力持续增强，全年上缴地方税收1945万元，处理各类赔案25801件，支付各类赔款1.72亿元，综合保障服务能力位居靖江同行业首位。全年办理船舶首台套保险1263万元、金融机构贷款损失保险2699万元、市辖内最大单笔出口信用险48.2万元，为全市建档立卡的9257户贫困户承保健康扶贫补充保险179万元。年末，人保财险靖江支公司获评江苏省分公司标杆团队，公司经理邵铭获评人保集团优秀共产党员。（刘　敏）

【国寿靖江支公司】2017年，中国人寿保险股份有限公司坚持“撒播爱心、造福社会”的核心价值理念，与市人社局签订靖江市工伤预防服务协议，为全市17万工伤保险参保人提供规范化、专业化的保险业务服务；与新桥镇政府签署新桥镇精准医疗救助保险协议，为低收入农户、低保户、五保户、边缘贫困户和计划生育失独家庭等购买精准医疗救助保险，在全省首创“贫困户126精准医疗救助”模式。全年实现总保费收入10.15亿元，比上年增长20.57%；理赔案件1.54万件，理赔给付2.59亿元。年末，获评全省系统A类五星级

2017年，国寿靖江支公司受理赔案逾万件

（国寿靖江支公司提供）

综合性支公司,列第一位。

（占筱曼）

【太保寿险靖江支公司】 2017年,中国太平洋人寿保险股份有限公司靖江支公司有从业人员75人,持证率100%。共设险种5大类105种,为客户提供全方位保险保障服务。全年保费收入2103万元,比上年增长26%。其中个险期缴1940万元, 团险趸缴163万元。全年理赔结案108件,理赔支付118.55万元。

（沈　燕）

【太保产险靖江支公司】 2017年,中国太平洋财产保险股份有限公司靖江支公司坚持"诚信天下、稳健一生、追求卓越"的经营理念,为客户提供"金钥匙""凹凸租车""滴滴代驾"等一站式服务,满足客户需求。推出"手机CRM""码上保""太保E理赔"等APP新产品,全年保费收入3687.81万元,比上年降3.7%。处理赔案4121件,支付各险赔款2943.83万元,赔付率79.8%,赔款支出比上年减少283.66万元,下降4.5%。

（孙月琴）

2017年靖江市主要财产保险机构业务一览表

表27

公司名称	保费收入		赔付支出		
	累计(万元)	同比(%)	累计(万元)	同比(%)	赔付率(%)
中国人民财产保险股份有限公司靖江支公司	27495	16	16766	3	61
中国太平洋财产保险股份有限公司靖江支公司	3488	–9	2923	8	84
中国平安财产保险股份有限公司靖江支公司	4966	2	2257	37	45
天安保险股份有限公司靖江支公司	982	559	780	78	79
中华联合财产保险股份有限公司靖江支公司	1217	–48	394	78	32
中国大地财产保险股份有限公司靖江营销服务部	2129	–5	1194	–3	56
永安财产保险股份有限公司靖江支公司	1642	–1	1669	12	102
华安财产保险股份有限公司靖江营销服务部	408	–35	194	774	47
安邦财产保险股份有限公司靖江营销服务部	478	8	458	–25	96
阳光财产保险股份有限公司靖江支公司	971	–1	548	—	56
都邦财产保险股份有限公司靖江支公司	372	–21	189	–33	51
中国人寿财产保险股份有限公司靖江支公司	11887	25	7925	43	67
太平财产保险有限公司靖江支公司	1543	–23	481	31	31
长安责任保险股份有限公司靖江支公司	869	50	1273	–0	146
紫金财产保险股份有限公司靖江支公司	973	12	603	–9	62
浙江浙商保险销售有限公司靖江营业部	140	—	24	—	17

2017年靖江市主要人身保险机构业务一览表

表28

公司名称	保费收入		理赔给付		其他各类给付	
	累计(万元)	同比(%)	累计(万元)	同比(%)	累计(万元)	同比(%)
中国人寿保险股份有限公司靖江支公司	101526	21	4772	25	29277	17
中国太平洋人寿保险股份有限公司靖江支公司	2130	21	144	105	642	4
中国平安人寿保险股份有限公司靖江营销服务部	3838	25	—	—	—	—
新华人寿保险股份有限公司靖江营销服务部	1770	20	137	41	86	-10
泰康人寿保险股份有限公司靖江支公司	4052	34	137	-18	275	-36
太平人寿保险有限公司靖江营销服务部	12635	39	—	—	—	—
生命人寿保险股份有限公司靖江营销服务部	6275	45	5	66	1569	-40
合众人寿保险股份有限公司靖江营销服务部	1460	187	17	5	38	-10
友邦保险有限公司靖江营销服务部	707	27	22	5	3	158
信泰人寿保险股份有限公司靖江营销服务部	134	28	6	-37	—	—
中国人民健康保险股份有限公司靖江支公司	568	-86	—	—	—	—
华夏人寿保险股份有限公司靖江支公司	1339	102	—	—	—	—
中国人民人寿保险股份有限公司靖江支公司	3731	110	145	4	2390	5793
英大泰和人寿保险股份有限公司靖江支公司	399	91	—	—	—	—
利安人寿保险股份有限公司靖江支公司	704	-78	—	—	—	—
东吴人寿保险股份有限公司靖江支公司	426	26	0	-100	9	-56

(陆　帅)

证　券

【概况】 2017年,靖江有申万宏源证券靖江人民中路营业部、南京证券靖江骥江路营业部、华泰证券靖江人民中路营业部、东海证券靖江江平路营业部、中投证券靖江人民南路营业部、爱建证券靖江渔婆南路营业部6家证券营业部。全年证券业新增开户4054户,累计开户75346户。实现证券交易额1184.25亿元,比上年下降4.9%实现营业收入

2017 年驻靖江市证券营业部经营情况一览表

表 29

单位指标	开户数（户）	托管市值（万元）	交易额（万元）	营业收入（万元）	上缴税金（万元）
爱建证券靖江营业部	299	7919	285122	100.99	1
东海证券靖江营业部	497	25791	1371236	345	42
华泰证券靖江营业部	934	81679	2294693	770	40
南京证券靖江营业部	1292	91423	1355896	403	14
申万证券靖江营业部	926	467018	6260467	3686	207
中投证券靖江营业部	106	29822	227408	63	0.5

（杨秋云）

5234 万元，比上年下降 27.8%；实现净利润 1141 万元，比上年下降 68.8%。（陆天垚）

2017 年，申万宏源证券靖江营业部一对一个性化服务现场

（申万宏源证券公司提供）

【申万宏源证券靖江营业部】 2017 年，申万宏源证券股份有限公司靖江人民中路营业部开设沪深 A 股、B 股、证券投资基金、国债、企业债、国债回购、可转债、特别转让市场（三板）等业务，具有融资融券业务及期货 IB 业务资格，可进行商品期货和股指期货交易，以及约定式购回业务。客户可通过现场、电话、互联网、手机等多种方式进行委托交易。可根据客户的不同需求提供大小非减持业务、股指期货套利、ETF 套利、融资融券、投资顾问、约定式购回、股权质押融资、资管通道业务等各类金融创新服务，以及主板、创业板、“新三板”企业上市财务顾问等项目推介综合服务。年内，该营业部把握市场机遇，加快业务拓展，巩固传统经纪业务，主攻信用业务，深化综合业务，做大产品业务，发展衍生品业务，通过一对一的个性化服务，构建多层次的客户管理服务体系，以个性化、专业化、差异化服务提升营业部客户服务质量和服务效率，帮助客户实现财富增值最大化。全年新增开户 926 户，累计开户 34895 户，实现 A 股基金交易量 541.08 亿元、债券回购 84.44 亿元，融资融券日均余额 2.17 亿元，基金销售 5400 万元，股权质押 2.2 亿元，实现净利润 1085 余万元。（申万宣）

城 乡 规 划

·规 划 编 制·

【概况】 2017年,市规划局围绕“创新、协调、绿色、开放、共享”发展理念,把握扬子江城市群发展战略和跨江融合发展态势,推动城乡一体化、新型城镇化建设。做好滨江新城控制性详细规划和城市设计工作,完善现代商贸功能,完成文创园、碧桂园、中梁壹号院、滨江休闲水街、榕湖世家二期、公共事业服务中心等项目的规划方案。完善老城区控制性规划,完成人民路过街天桥规划选址以及人民桥拓宽改造、汽车站公租房危旧楼改造等规划方案。启动文化街区方案编制工作,规划东兴街、西河沿、合兴路、团结东路、胜利街南北段、十圩港景观带等文化街区7个。推进特色村和美丽乡村修建性详细规划编制,配合完成新柏村美丽村庄规划、新桥镇德胜村特色田园乡村规划和新桥镇创新路南侧孝化集中居民点规划方案。做好道路拓宽和路网升级规划设计,完成生祠亚星路、新桥环湖路、城北园区新建北路等87个项目的道路施工图及市政场地设计,完成人民路与江平路、兴业路与中洲路等道路交叉口的交通改善方案。编制城市夜景照明总体规划,打造城市重要节点亮化工程。编制城市易淹易涝地块改造和雨水管网系统规划,编制新桥镇环镇北路雨水改造方案,完成新港居委、老渔婆市场南侧商业新村的雨污分流改造规划。

【中心城区规划建设用地控制性详细规划】 2017年,市规划局委托江苏省城市规划设计研究院编制《靖江市中心城区规划建设用地控制性详细规划》。规划范围为北环路—站前路—横港—十圩港—广靖高速公路—东环路围合区域,位于北部片区的南部和西南片区的东北部,面积约18平方千米,其中十圩港—南环路—西环路—北环路围合部分约9.2平方千米,属旧城区范围。该规划落实总体规划提出的先进理念和确定的发展目标,加强土地利用与城市交通的相互协调,针对各类建设用地完善公共服务设施配套,构建特色化的空间体系和公共开敞空间,提升城市空间品质。

·规 划 管 理·

【概况】 2017年,市规划局推进规划行政审批制度改革,从大局出发、细节入手,构筑规范、高效、精细的智慧管理服务平台,加快实现从审批部门向服务型机关转型。

规划审批 配合市规划委员会完善相关规程,健全技术审查会、集体会办会等各项制度,完善规划决策体系。落实《建设项目规划许可事项监管办法》,严格规范许可审批,强化规划监察衔接和批后监管,建立和完善在建工程规划跟踪管理制度和工程竣工规划条件核实制度。评审碧桂园三期、中梁壹号院、实验学校城北分校等28个项目的规划方案，核实、复核江苏大翔科技有限公司、靖江市东方置业有限公司、江苏靖江互感器股份有限公司、靖江弘宇公共交通客运有限公司等30个项目规划条件。全年核发建设项目选址意见书129份、建设用地规划许可证301份、建设工程规划许可证290份。

规划管控　会同属地开展城市建成区违法建设专项治理工作，疏堵结合，遏制新增违建，逐步消化存量。牵头开展全市商品混凝土专项整治，调查摸底混凝土企业33家。配合市政府提出议案，全面停止城市规划管控区范围内村（居）民房屋翻建审批，实施禁建管控，会同相关部门共同研究制定城市建成区危旧房屋提前征收办法和旧城改造计划。全年接处市长批示件、人民来信、市长信箱、“12345”政府服务热线等各项信访件235件，接待群众举报、来访150余起，及时给予处理反馈。

【开发区规划管理】　2017年，靖江开发区加强在建工程规划管理，定期检查规划实施情况，督促企业严格按照规划进行建设，及时发现和制止违法建设，确保违法建设得到查处。全年接受建设项目申请63件，办理园区建设项目选址意见书63份、建设用地规划许可证14份、建设工程规划许可证8份。

·设计、测绘·

【规划设计】　2017年，市城乡规划设计院以服务城乡建设为宗旨，坚持科学管理、精心设计、优质服务，全年完成各类详细规划设计项目155个、控制性详细规划图则88个、市政道路设计项目120个、雨水和污水管线设计项目6个。编制完成《靖江市城区洗车点布局规划》《靖江市生祠镇总体规划修编（2016—2030）》，与相关设计院合作完成《靖江市马桥镇总体规划修编（2016—2030）》《靖江市马桥镇控制性详细规划》《靖江市季市镇总体规划修编（2016—2030）》《靖江市季市镇控制性详细规划》《城北园区控制性详细规划》《靖江市孤山镇控制性详细规划》等，并通过专家评审。

【建筑设计】　2017年，市建筑设计院有限公司应对城乡融合发展需要，推行绿色建筑设计，参与地下管廊设计，初步开展海绵城市设计。全年完成市供销商贸中心二期工程、刘国钧中学改建工程、西来镇土桥卫生院门诊楼改扩建工程等建筑设计项目112个，建筑面积48万平方米。推行新技术、新材料、新工艺，提高工程设计的科技含量，推广使用绿色环保节能建筑材料，应用新型墙体材料多空砖、混凝土空心砌块76万余块，使用新型防水材料12万平方米。

【测绘测量】　2017年，市测绘勘察院有限公司以基础地形测量、城市建设道路测量、建设工程定点放样测量、建设项目竣工测量、房产测绘等业务为基础，拓展道路地下管线、市政工程、供电线路测量以及工程沉降观测等测绘业务。配合市住建局完成天生港口西侧现状地形测量、长新特钢地块测量、人民桥小游园测量放线等工作；配合市交通局完成S229（老江平路—广靖高速）控制、水准测量，S229马桥段复测测量，高速出入口治安卡口现状地形图测量等工作；配合靖江开发区完成江安路（江平路向北）、万福港路（阜前路—沿江路）、公兴河北侧路（敦土路—苏农路）、新兴路北侧支路（旺桥港路向南）等多条道路测量，以及兴阜小学现状地形、沿江路北侧（货站路—旺桥港路）地下管线等测量工作；配合新桥镇完成新桥镇第二集中居住区雨水、污水管线探测，新桥孝化居民点建筑物放线等工作；配合滨江新城投资开发有限公司完成市公安局北地块、公共事业服务中心、滨江新城南天生港人行桥等测绘工作。出版靖江市2017版交通旅游图。

·地理信息·

【概况】　2017年，市规划信息中心以“靖江市基于共享平台的规划管理信息系统”为重点，测绘业务涵盖规划选址、放验线、竣工核实及各类管线建设等方面，提供出图和复制服务，做好建设工程规划定位验线和竣工测量工作，为全市规划管理提供基础数据和信息技术支撑。全年完成测绘项目350余项，其中放验线项目80余项、竣工测量项目70余项、地形图现状测量100余项、管线项目100余项。

【数字靖江地理框架建设项目】　2017年，靖江实施数字靖江地理框架建设项目，建立基础地理信息动态维护更新管理机制，基于日常测绘成果，实现基础地理数据库维护更新。该项目梳理整合全市基础地理信息数据体系，搭建共建共享的地理信息公共平台，提供标准的空间数据服务支撑；构建行业应用示范系统，强化应用服务功能,推动城市信息化进程;研制地理空间框架相关的标准政策体系,建立空间数据长效运维机制。项目计划建设周期为两年,年末完成公众版地理信息公共服务平台的开发建设。

(严 丽)

城镇建设

【概况】 2017年,市住建局践行创新绿色融合发展理念,完善城市功能,加快特色镇村建设,全面优化宜居环境,提升城乡品质。加强城市基础配套建设,实施“五路二桥”工程,不断优化路网结构,完成江华街、新建路、横港北路、十圩港西路、人民桥改造,建成人民路过街天桥。开展农村生活环境整治,实施农村生活污水治理PPP项目,规划建设生祠镇马洲兰苑,新桥镇新柏村创建成“江苏省康居村庄”,新桥镇益民村、孤山镇通太村通过“江苏省美丽乡村”市级验收,新桥镇德胜村、马桥镇徐周村备选省、市特色田园乡村试点村。年内,靖江申报为“江苏省海绵城市建设试点城市”“江苏省农村生活污水治理试点示范市”,获“中国山水盆景名城”称号。

2017年,实施新建路改造工程

【市政设施维护】 做好路桥养护工作。全年累计修复人民路、江平路、新西路(朱大路西)等道路沥青混凝土路面4517平方米,江阳路、江平路、新建路等道路水泥混凝土路面1502平方米,康兴路、人民路、利达路等道路人行道板8820平方米,人民路、工农路、江平路等道路路牙284米,车站路、新建路、南环路等道路坑塘320平方米;完成通江路、康兴路、康宁路道路灌缝1.48万米;翻新改造工农路(人民路—刘村桥)段两侧人行道6140平方米,重新铺设花岗岩平侧石1122米;修补西环人行道1310平方米、侧平石240米;拓宽改造江平路机动车道475平方米。常规检测管养范围内城市桥梁45座,安装东北环十圩港桥防撞墩3个,摊铺西河沿北桥沥青路面68平方米,浇筑合兴大桥混凝土路面112平方米。做好地下管线维护工作。更换江平路、东兴街、朱大路等道路的雨水井框盖182套,检查井框盖98套,疏通人民路、长新路、合兴路、安宁路西段等道路雨水管道2.64万米,清理检查井560座、雨水井1562座;疏通清理新跃桥、天妃宫桥、渔婆大桥等桥梁下穿道路管道,以及江阳路雨水明沟215米。做好路灯设施的维护管养工作,维修各类路灯3017盏次,路灯亮灯率98%以上,更换改造中洲路、兴业路(南环路—中洲路)、阳光大道、骥江西路(西环环岛向西)、江华街南段、科技新村等路灯设施150套,路灯设施完好率96%。

【燃气建设与管理】 2017年,全市敷设燃气管网169千米,新增用户1.7万户。年末全市拥有燃气管网总长1004千米,其中高压82千米、中压414千米、低压508千米。全市有燃气经营企业7家,其中天力燃气公司经营管道燃气和汽车加气站2座,另有瓶装液化气经营企业4家、液化天然气、压缩天然气加气站2家。全市燃气用户约21.4万户,其中管道天然气用户7.4万户、瓶装液化气用户14万户。全年天然气用气量9490万立方米,平均日供气量26万立方米;瓶装液化气销售约94万瓶。年内,市住建局聘请第三方检查机构全面检查供气设施及燃气输配设施,联合属地政府打击无证经营的固定黑气点,采取行政强制措施4起,清理违法违规存储的液化气钢瓶171个。

【房屋征收拆迁】 7月,市政府出台《靖江市国有土地上房屋征收评估细则》《靖江市国有土地上房屋重置价格和装饰装潢补偿标准》。制定八圩港(靖渡桥—扬子江)段房屋征收补偿方案,启动西河沿小商品市场产权调查。开展4个地块房屋征收工作,分别是:2号地块,东至城北小学西围墙,南至安宁路,西至新建路,北至百味园饭店南侧道路,征收148户2.08万平方米(建筑面积,下同);14号地块,北至团结路,南至原国润百货,东至靖城街道办事处,西至人民路,15号地块,北至骥江东路,南至团结路,东至江华街,西至原建行,14、15号地块合计征收面积1.85万平方米;16号地块,靖城街道办事处南大门西侧住宅楼,南临迎宾东路,北临靖城街道办事处,征收16户0.14万平方米。

固、重建、成片改造、异地置换"的治理思路,全年完成危房治理541栋18.53万平方米,其中主城区完成153栋8.26万平方米,乡镇完成388栋10.27万平方米。

铺设管网9.6千米,污水处理厂三期2万吨/日扩建工程完成前期建设手续,推进农村生活污水治理PPP工程,办理专项规划文本报批手续。 (倪 鹏)

2017年,丹华港尾水节制闸主体工程完成

【老旧危楼改造】 2017年,市住建局先后2次组织排查全市城镇范围内建筑年代较长、建设标准较低、失修失养严重、擅自变动结构的房屋,以及所有保障性住房和棚户区改造安置住房,排查出存在安全隐患的房屋797栋44.12万平方米(建筑面积,下同)。与此同时,市、镇和部分企业分层组织专业检测机构对主城区老旧危楼、镇(园区)辖区内危房、企业自有危房进行等级鉴定。至年末,主城区危房鉴定工作全部完成,鉴定出D级危房170栋7.26万平方米、C级危房141栋22.73万平方米;乡镇危房鉴定完成率97.87%,鉴定出D级危房317栋6.54万平方米、C级危房25栋2.55万平方米,另有17栋0.86万平方米尚未完成鉴定(主要分布在江阴—靖江工业园区)。按照"先急后缓、分类实施、逐步推进"的治理原则和"加

【黑臭水体治理】 2017年,市住建局采取"控源截污、垃圾清理、清淤疏浚、生态修复"等手段,投入资金约7.4亿元(含拆迁),治理横港、八圩港、展泗港、老横港等黑臭河道。开展调查摸底。与市环保局、各属地、华汇污水处理厂合作,多轮取样排查八圩港、九圩港等22条内城河沿线排污(水)口,确定黑臭河道沿线的排污口归属;由市城管局牵头,会同华汇污水处理厂,调查摸底城区范围内460家餐饮企业餐厨排污情况。开展水体治理。采用多种手段,治理黑臭河道6条,建成工农河单向泵站,完成电镀集中区丹华港尾水节制闸主体工程,打造八圩港(横港—靖渡桥)滨水景观,调试安装展泗港、老横港河水治理设备,实施新小桥港河道疏浚、绿化建设等工程。实施城区污水管网完善工程及污水处理厂提标工程,全年累计

【德胜村建设】 年内,德胜村按照"一个农创中心,四类主题田园风光"(农副产品展示交易中心,稻梦空间、桃下花坞、林间野道、渔趣水乡四类主题田园风光)进行空间布局。加快现代农业发展,重点培育、提升、做强"德胜"品牌系列农产品,向"特色化、绿色化、品牌化"发展;加强乡村文化建设,重点展现沿江沙上文化,弘扬沙上人敢想敢干、勇于创新的人文个性;加强生态保护,做好"圩"的修复保护,彰显"一圩一河一路一家一院一桥"传统生态格局。投资5657万元,实施规划建设、产业发展等项目6大类20个。完成占地0.67公顷的农副产品展示交易中心招投标,开始桩基础工程施工,开工微动力污水处理池项目,启动编制德胜村水利布局规划,完成道路、公交站台等初步勘察,开展管线下埋、天然气管道铺设方案论证。

【徐周村建设】 年内,徐周村按照“一心一带一环四片”(乡村综合体,严家港滨水景观带,乡村旅游大环线,果香乐园、芦笋天地、文博园、田居生活)进行空间布局,产业方面加快休闲农业发展,打造具有独特风貌的粮、果、蔬、花等田园景观;文化建设方面,重点展现靖江老岸文化,挖掘弘扬老岸勤俭持家、忠义传家的家风文化;生态建设方面围绕“埭上人家”,打造一埭一景。总投资5085万元, 规划建设项目21个,进行采摘走廊、芦笋产业园等重要节点设计,实施河道疏浚、道路修补工程,整治房前屋后环境。

(杜 宏)

园 林 绿 化

【概况】 2017年,市园林管理处加强城区绿化规范化和常效化管理,优化广场公园游园环境。建设协和路、新洲路南侧、人民桥东侧、江山路北侧等小游园4座,生态修复雅桥垃圾填埋场,建成金洲路、胜利街等绿地以及横港南路、城东大道等林荫路,天妃广场建成开园。全年新增绿地面积30万平方米。

【林荫路建设】 2017年,投入273万元,完成协和路、江华街延伸段江山路北侧、胜利街南城河两侧绿地建设,增加绿地面积近1万平方米。投入100.18万元,完成横港南路(六圩港—长新桥)道路绿地建设,增加绿地面积7300平方米。投入325.61万元,完成雅桥垃圾填埋场生态修复,增加绿地面积3.64万平方米。投入9.71万元,在胜利街种植法国梧桐树43棵。

【人民桥小游园建成】 年内,建成人民桥小游园。该园位于人民桥及迎宾东路的交汇处,南临南城河,北靠迎宾路,占地面积5453平方米。以“靖江印迹——老城回忆”为设计理念,融入靖江历史人文元素,唤起人们对老城文化的追忆。游园东部,是以“记忆片段”为主题的休闲场地,用碎石、毛石、木材、青砖等材料,围合出一个日常活动的小空间,展示老照片;游园中部,以老街建筑和古渡码头为主体,展现靖江的古朴风貌;游园西部,由镌刻“牧马大沙”的山石引入,沿途设置文化廊,讲述靖江起源故事;林间场地设置文化地刻、古井和“讲经”雕塑,呼应回忆老城主题。主景是“靖江印迹”碑亭,设有盆景、廊架、古桥栏杆等,与场地建筑的沿街立面进行有机结合。

【海绵城市建设】 年内,靖江根据排水分区和近期发展需求,修编《靖江市城市绿地系统规划》《靖江市城市水系综合整治规划》《靖江市城市排水(雨水)防涝综合规划》等专项规划,以老城区和滨江新城为海绵城市建设区试点,规划建设海绵城市面积10.3平方千米,其中老城区1.1平方千米、滨江新城9.2平方千米,设计年径流总量控制率70%,面源污染削减率45%。老城区为改造型海绵城市建设区,避免大拆大建,结合棚户区、危旧房、老旧小区改造,实施海绵城市改造,重点解决内涝、水污染、功能缺失等问题;滨江新城为新建集中型海绵城市建设区,结合新城开发,进行高标准规划定位、高质量建设。

(倪 鹏)

滨江新城建设

【概况】 2017年,市滨江新城投资开发有限公司坚持“统筹规划,稳中求进,项目为重,管理为先”思路,加强基础设施建设,加快新城功能完善,文创园、文化中心、商务中心、商贸中心、金融商务区、商业综合体等项目建设取得重大进展。

【新城项目建设】 2017年,滨江新城围绕形态建设与功能优化,推进项目建设取得成效。文化中心完成电梯、暖通整体机房招标,基础底板施工完成50%,钢结构、幕墙、消防、弱电、舞台等工程同步跟进。金融商务区完成电梯、暖通整体机房招标,土方开挖及护坡施工完成50%。文创园开展幕墙、景观绿化、夜景照明等专项设计工作, 桩基施工完成60%。商务中心完成主体、监理招投标工作,办理土地置换手续。商贸中心实施桩基进场调试、预定桩及其他准备工作,开始桩基础工程施工。商业综合体东区通过绿色建筑二星报审,主体结构施工完成50%。滨江休闲水街通过绿色建筑二星报审,完成主体结构。东南环安置区完成深搅桩施工、塔吊安装、井点深井施工以及电梯采购招投标。基坑土方开挖完成20%,基础垫层完成10%。“好人馆”建成并投用,成为群众文化阵地。

【基础设施建设】 2017年,滨江新城不断完善基础设施建设。新建公兴河景观带(通江路—城东大道)、小桥港景观带样板段(马洲公园—望江路)、阜前路两侧林带、站前路东侧林带,共计 6.5 千米;完成西天生港(南环路—兴阳路)慢行步道、通江路(中洲路—兴阳路,兴阳路—南环路)、新洲路南侧(碧桂园三期北大门—同安路)人行道改造,共计 1.94 千米;完成晨阳路(兴阳路—新洲路)、同安路、阳光大道林荫化改造、站前路绿化等,共计3.54 千米。年内,滨江新城新增慢行绿廊系统 11.98 千米,绿化面积 26.09 万平方米。完成小桥港景观带和马洲公园的连接工程,实施南天生港景观桥梁及玻璃栈道工程。完成江阳河、公兴河、南天生港、江洲路北侧闸站设备安装。完成通江路、晨阳路、城东大道、十圩港景观带亮化工程。

2017 年,小桥港景观带与马洲公园连接工程建成

【新城管理】 年内,市公安局周边等地块移栽、补植树木 561株,更换枯死苗木 20 株。维修新马路、新洲路、江洲路、城东大道等主次干道,修复路面及坑塘 10 处、各类人行道板 200 平方米、道路路牙 550 米、雨水篦子 32 处。修复通江路围墙、虹兴三组安置区建设工地围墙。实施雕塑、栏杆、花坛除锈刷漆,部分防腐木路面更换成石材路面。新建公厕 3 座、改造 7 座。集中整治工地围挡内垃圾 5 处,更换垃圾箱 10 处。清洁维护十圩港新民路“好人”牌,更换公交站台文明城市宣传标语 20 处。处理“12345”来电问题 90 起,办结、答复数字化城管信息系统案件 360 余件。

【项目招引】 2017 年,滨江新城加大招商力度,多措并举,吸引国内品牌、商业运营商至滨江新城考察。完成红星美凯龙、新城控股集团和上海证大的商业业态以及市场运营情况调研,与恒大集团、融创集团、祥生集团、红星美凯龙、新城控股集团、上海安徒生童话乐园有限公司等企业洽谈。修订土地展招商手册,参加 2017 中国(上海)城市土地展,联系意向合作企业,促成万科商业综合体、碧桂园三期、苏州宏驰中梁壹号院、滨江休闲水街、伊顿森林学校等建设项目进驻新城。万科集团与滨江新城投资开发有限公司合作开发,成立靖江万投置业有限公司,于 10月 18 日拍下滨江新城商业核心区地块 37.07 万平方米。

(费海云)

城 市 管 理

【概况】 2017 年,市城管局围绕全国文明城市创建和国家卫生城市复检,推进基础设施建设、市容秩序整治和环境卫生管理各项工作,优化城市管理机制,强化队伍作风建设,努力为全市人民营造优良、优美的城市环境。

【项目建设】 年内,市城管局推进城市基础设施建设,落实惠民便民利民工程,实施渔婆批发市场二期工程,新增机动车停车泊位 4687 个、非机动车停放泊位线 4.93 万米,对外开放非社会公共停车泊位 740 个。结合市场需求,会同属地建设临时摊贩疏导点 8 个,引导流动摊贩入点经营。加强农贸市场规范管理,改善经营环境,强化市场内部业态功能,提升改造城区农贸市场 10 家。

【综合整治】 年内,市城管局推进城市环境综合整治,开展占道经营、餐饮油烟、商业综合体、井盖管线、压占盲道等专项整治行动,制定工作方案,落实单位主体责任,完成环境整治项目 1330 个。加强日常管理和巡查,拆除各类违规张贴、灯箱、站牌、披棚、路障等 6500 处;取缔占道经营、店外出摊、马路市场近千人次;协同属地拆除违法建设 2.92 万平方米;查处各类违规车辆 150 余辆;协同市场监督部门整治洗车点,督促整改 26 户;协同供销部门整治废品回收点,督促整改250户,劝离14户,取缔21户。加强街头广告管理,拆除各类广告485块,清除广告布幔900处,清理违规灯箱站牌330处,发布公益广告150处,确保公益广告投放比超过30%。加强市容市貌管理,出新街道立面6.6万平方米、包装门面立柱2.16万平方米,整理店招标牌4924.8平方米。推进建筑工地扬尘整治,签订市容环卫责任书,实行源头治理、全程监控,有效遏制扬尘污染,全年查处违法案件50起,完成渣土运输企业资质换证备案10家,升级改造渣土运输车辆113辆。规范商家经营行为,打造工农路诚信示范街、合兴路道德模范示范街。

【环境卫生管理】 2017年,市城管局编制城乡生活垃圾分类和治理专项规划,推进城乡环卫一体化。建立巡回保洁机制,强化日常保洁工作,实行机械化作业,及时清理暴露垃圾,确保城区道路常态洁净。协调相关部门和单位解决垃圾终端处理问题,全年生活垃圾无害化处理率达97.8%。整治城区垃圾中转站,实施污水纳管改造,迎春桥、虹兴等靠近居民区的垃圾中转站添置除臭设备。全年更换破损垃圾桶405个,维修果壳箱218个;日清扫主次干道230万平方米,全年累计处理垃圾18.8万吨;改造垃圾分类收集设施302处,建成垃圾分类示范小区6个;改造城区公厕103座,提升二类公厕44座,62座公厕安装照明设施。

【城管信息公开】 2017年,市城管局开辟媒体专栏,开通"靖江城管人"微信公众号,推广"市民通"APP,聚焦城管热点,报道城管动态,提升群众对城管工作的知晓率和了解度。畅通民意沟通渠道,公开政府信息79条,通过"12345"政府服务热线、信件、网络等方式接受群众咨询近千次。通过数字化城管平台受理各类案件7.54万件,立案7.37万件,交办处理率100%,按时结案率92.35%。改进行政审批服务工作,年内办理各类行政审批案件300余件,按期办结率100%,服务对象满意率100%。(张 琰)

山水盆景(七)

岁月峥嵘

环境质量

【大气环境】 2017年，根据《环境空气质量标准》（GB3095－2012）环境空气质量指数评价结果显示，靖江市环境空气质量优于Ⅱ级的天数为268天，比上年增加6天，优良天数占全年有效天数361天（扣除4天沙尘天影响）总数的74.2%，比上年上升2.6个百分点，主要污染物为细颗粒物。环境空气中二氧化硫、二氧化氮、可吸入颗粒物、细颗粒物、一氧化碳、臭氧年均浓度分别为每立方米0.022毫克、0.041毫克、0.085毫克、0.046毫克、1.170毫克、0.107毫克。全市降尘监测值在6.3~8.1吨/平方千米·月之间，平均值为7.1吨/平方千米·月。全年降水69次，降水总量1180.7毫米，雨水pH均值6.32，未出现酸雨。

【水环境】 全市集中式饮用水源地水质达到国家Ⅱ类水标准，达标率100%。长江靖江段全长52千米，水质处于良好状态，主要监测指标均优于国家Ⅱ类水标准，未检出毒物及重金属指标。Ⅰ级河道十圩港全长约28千米，南北水质存在明显区别：丰产桥以北水质达到国家Ⅲ类水标准；丰产桥以南水质达到国家Ⅳ类水标准，毒物及重金属指标均达到其相应标准。Ⅰ级河道横港全长约20千米，其中靖城段1.2千米水质主要监测指标达到国家Ⅳ类水标准。夏仕港—界河上接季黄河，下至长江口，水流走势西高东低、北高南低，流经季市、西来、斜桥等镇。年内，靖（江）泰（兴）界河季市段、夏仕港的水质均达到国家Ⅲ类水标准，毒物及重金属指标达到国家Ⅲ类水标准。全市地下水均为潜井水，主要超标因子均为挥发酚，对照《地下水质量标准》，各地下水测点的水质评价类别较差。

2017年靖江市饮用水水质监测结果统计表

表30

水厂名称	pH值	总磷（毫克/升）	高锰酸盐指数（毫克/升）	溶解氧（毫克/升）	氟化物（毫克/升）	挥发酚（毫克/升）	石油类（毫克/升）	粪大肠菌群（个/升）	氨氮（毫克/升）
自来水公司吸水口	6.92～8.14	0.07	2.7	8.15	0.235	0.0009	0.001	873	0.309

2017年靖江市功能区噪声定期监测结果统计表

表31　　单位:分贝

测点名称	迎宾西路（天宏大酒店西侧）			中天城市广场（三期）			国际大酒店			阳光大道与通江路交叉口		
功能区	混合区						交通干线					
时　间	Ld	Ln	Ldn	Ld	Ln	Ldn	Ld	Ln	Ldn	Ld	Ln	Ldn
2017年均值	57.7	48.2	57.0	57.8	48.2	57.2	65.8	53.9	66.8	67.0	53.4	65.6
2016年测值	57.5	47.7	57.5	57.6	47.6	57.6	67.6	53.2	66.6	67.1	52.1	65.8
标准	60	50	—	60	50	—	70	55	—	70	55	—

测点名称	晨阳化工厂			江苏工搪			渔婆新村		
功能区	工 业 区						居 民 区		
时　间	Ld	Ln	Ldn	Ld	Ln	Ldn	Ld	Ln	Ldn
2017年均值	62.2	52.8	61.6	62.2	52.3	61.6	53.0	43.2	52.3
2016年测值	62.3	52.4	62.3	62.4	52.3	62.4	52.8	43.6	53.1
标准	65	55	—	65	55	—	55	45	—

说明:Ld为昼间等效声级、Ln为夜间等效声级、Ldn为昼夜等效声级

2017年靖江市降尘监测结果统计表

表32　　单位:吨/平方千米·月

测　点	气象局	疾控中心	监测站	江 山	国资集团
最小值	6.3	7.2	6.9	7.1	6.5
最大值	7.0	8.1	7.7	8.1	7.2
2017年平均值	6.5	7.5	7.1	7.4	6.9
2016年平均值	6.3	7.4	7.3	7.3	6.9

2017年靖江市地表水例行监测断面水质现状统计表

表33

河流名称	断面名称	属性	水质
长　江	下青龙港	国控、省考	Ⅱ类
	十圩港口东	市考	Ⅱ类
十圩港	新十圩港大桥	国考	Ⅲ类

【声环境】 全市区域环境噪声平均等效声级昼间为53.6分贝，与上年相比,区域环境噪声质量等级无变化,均属较好。居民区、混合区、工业区、交通干线两侧昼夜噪声值均在其相应功能区标准范围内,与上年同期监测结果相比,居民区(渔婆新村)昼间等效声级污染程度有所减少,混合区、工业区、交通干线昼夜等效声级污染程度稳定。靖城地区交通干线平均车流量为1807辆/小时,各交通噪声测点等效声级范围为58.0~70.4分贝,达标率95%;监测路段总长为4.38万米,达标路段为4.03万米,路段达标率92.0%;交通干线平均等效声级为63.7分贝,低于国家标准70分贝,与上年同期基本持平。

（瞿　薇　吴　艳）

2017 年靖江市环境空气质量月报统计表

表 34 单位:天

类别\月份	优	良	轻度污染	中度污染	重度污染	达标率
1月	4	17	8	1	1	67.7%
2月	1	15	10	2	0	57.1%
3月	2	21	8	0	0	74.2%
4月	1	24	5	0	0	83.3%
5月	2	17	10	2	0	61.3%
6月	1	16	11	2	0	56.7%
7月	4	22	4	1	0	83.9%
8月	7	19	5	0	0	83.9%
9月	5	21	3	1	0	86.7%
10月	8	22	1	0	0	96.8%
11月	5	19	6	0	0	80.0%
12月	1	14	12	3	1	48.4%
合计	41	227	83	12	2	73.4%

备注:泰州统计 74.2%,去掉 5 月 6 日、7 日、12 月 30 日、31 日四天沙尘天气不参加统计,以全年 361 天计算。

环 境 治 理

【概况】 2017 年,全市以大气、水和土壤污染防治行动计划为引领,以“263”专项行动为抓手,实施燃煤锅炉整治、黑臭河道治理、规模化畜禽养殖场治理、挥发性有机物减排、生活垃圾分类收集设施布点改造等重点工程,削减煤炭消费量 31.92 万吨,减少化工生产企业 49 家、砖瓦生产企业 15 家,治理畜禽养殖场 207 家、关停拆除 297 家,疏浚整治河道 1136 条,铺设污水管道 9.6 千米,完成靖泰界河疏浚整治、八圩港横港至靖渡桥段整治等工程。

年内,完成重点企业刷卡排污系统安装、调试工作

【大气污染防治】 年内,完成靖江市方元锻造有限公司热风炉煤改气、江苏国信靖江发电有限公司 2 号机组超低排放、码头岸电系统等改造工程,完成 47 家企业挥发性有机物污染治理、5 家码头扬尘污染防治,1 家物流码头通过环保“三同时”(同时设计、同时施工、同时投产)竣工验收。组织开展燃煤锅炉整治百日专项行动,新排查出燃煤锅炉 24台并实施整治。完成江苏发展大会空气质量保障任务,秸秆禁烧禁抛工作在泰州地区市级排名第一。

【水环境综合整治】 年内,市环保局编制《明湖备用水源地保护区划分方案》,通过专家评审,上报泰州市政府。建成饮用水水源地上游 15 千米处水质预警站并试运行。完成城区和八圩港、九圩港沿线排污口调查及水质、水文、底泥监测,有针对性地提出污染防治措施,《八圩港、九圩港水环境综合整治方案》通过专家评审。

【土壤污染防治】 2017 年,市环保局在 29 家电镀企业场地普查和5家典型涉重金属企业场地详查基础上,编制完成《江苏省靖江市涉重金属企业遗留场地环境调查报告》,西来原电镀集中点土壤污染修复示范工程通过专家验收,受到《人民日报》称赞。在全省率先启动土壤污染防治动态监管试点,市政府与江苏长强钢铁有限公司、江苏华菱锡钢特钢有限公司、靖江市华晟重金属防控有限公司签订土壤污染防治责任书,落实在产涉重金属企业土壤环境保护责任,防范新增污染,遏制持续污染,保障用地安全。

【危险废物管理】 2017年,市环保局按照国家危险废物规范化管理要求,督促危险废物产生和经营单位逐条逐项认真执行,按时完成网上申报,填报电子联单,安全有效处置危险废物。督促靖江浦发玻璃制品厂、靖江华瑞化工公司完成遗留危险废物处置,推动危险废物管理工作法治化、规范化。

【主要污染物总量减排】 2017年,市环保局坚持将污染减排作为提升经济发展质量、拓展经济发展空间的根本举措,推进排污权有偿使用和交易,落实新扩改建项目新增重点污染物指标批前交易,将总量核定作为环评审批的前置条件。完成帝斯曼江山制药(江苏)有限公司、江苏艾兰得营养品有限公司、靖江市华汇城市污水处理有限公司及4家规模化畜禽养殖场水污染物总量减排项目,完成江苏华菱锡钢特钢有限公司等6家企业刷卡排污系统安装、调试工作,全年新建项目新增排污权指标交易额49.6万元。

(朱锦清 徐健丰)

环境监管

【概况】 2017年,全市严格实行环境保护制度,以环保专项行动为切入点,以对损害群众合法环境利益行为"零容忍"的态度,着力解决危害群众健康和影响可持续发展的突出环境问题。落实"双随机"(随机抽取检查对象、随机选派执法人员)环境执法检查制度,综合运用按日计罚、限产停产、查封扣押、行政拘留等手段,打击各类环境违法行为,全面提升环境监管水平,促进环境守法成为常态。

【环境隐患整治】 年内,市环保局编制完成《靖江市企业环境安全隐患排查治理及重点环境风险企业环境安全达标建设实施方案》,共排查环境隐患企业32家,其中一般风险4家、较大风险14家、重大风险1家、未确定风险等级13家,排查整改一般环境隐患81个,除江苏德桥仓储有限公司停业整改外,其余31家企业录入省环境风险企业数据库,均按要求开展环境安全达标建设活动,有19家企业通过"八查八改"("一查改"企业环境应急管理机构与人员,"二查改"企业突发环境事件风险等级识别情况,"三查改"企业突发环境事件隐患排查治理情况,"四查改"企业监测预警机制建设情况,"五查改"企业环境风险防控措施,"六查改"企业环境应急预案备案工作,"七查改"企业环境应急演练工作,"八查改"企业环境应急保障体系建设情况)专家核查。开展突出环境问题大排查、大整治活动。组建6个检查组,通过信访举报、网格排查、媒体曝光、明察暗访等多种形式,共排查突出环境问题499个,实行整改"清单制",逐项明确整改责任、时限和措施并督促整改到位。开展环境应急演练比武,被省环保厅评为"有准备、有担当、有能力"环境应急比武表现突出先进单位。

年内,市环保局夜间突击检查渔婆港偷排企业

【环境执法】 年内,市环保局严查环境违法行为,先后突击检查竖心港、渔婆港、丹华港流域企业35家,查处环境违法行为16

起，其中3家企业被查封，9家企业被责令整改。全年共随机抽查企业640余家次，立案查处环境违法案件144件，其中查封、扣押案件10起，移送公安机关案件3起，行政拘留1起，发出行政处罚决定书109份，处罚金额419万元。与市公安机关联合查处长江农场河道跨境环境污染案件，申请法院强制执行环保行政处罚案件77起。

【环境信访处置】 年内，市环保局加强信访处置组织领导，成立执法督察组和效能督察组，强化环保法律法规执法督察和环保工作人员效能督察。实行网格化管理，建立镇二级网格13个、村三级网格248个，组织网格员培训，制定考核办法。加强基层队伍建设，在全市村（社区）“两委”设立生态文明委员和环境保护委员。建立“五快”（快回应、快处置、快反馈、快回访、快问责）信访处理机制，每周召开信访工作推进会，梳理排查信访处理中热点难点问题，及时化解矛盾。每月抽查回访信访办理情况，对未依法依规办理信访及对信访办理不力的，按照规定予以问责。全年共处理环境信访1500余件。

（肖志强　费　林）

生态文明建设

【概况】 2017年，全市以创建国家生态文明建设示范市为抓手，落实环境保护“党政同责”“一岗双责”，建立各部门保护环境协调协作机制，构建政府为主导、企业为主体、社会组织和公众共同参与的环保工作格局。依托“一报两台”主阵地、“两微一端”新媒体，探索分众互动环保宣教新模式，加大环保宣传力度，倡导绿色低碳生活方式。

【国家生态文明建设示范市创建】 年内，全市加快国家生态文明建设示范市创建。对照环境保护部新发布的《国家生态文明建设示范县市指标》，结合靖江实际情况，修编生态文明建设示范市建设规划，制定印发全市生态文明建设示范市创建行动计划及年度目标任务书；各镇（街道）同步编制生态文明建设示范镇规划，并通过专家评审。年内，新桥镇、德胜村分别创建成省级生态文明建设示范镇、村，全市创建绿色社区2个、绿色学校2所。

【环境保护领域战略合作】 2017年，靖江加快推进生态文明建设，促进区域经济、社会与环境协调发展，提升全市环境管理决策的前瞻性和科学性。1月16日，市政府、市环保局与江苏省环境科学研究院分别签订环境保护领域战略合作协议、合作备忘录，就环境科研、规划、咨询和工程设计等方面展开合作。4月26日，市政府与环境保护部南京环境科学研究所签订《有机食品开发与面源污染防治领域战略合作协议》，双方依托各自在有机产品认证、生态环保科技、生态产业政策导向及地方政府资源等方面的优势，通过项目合作和能力建设，推进靖江市有机产业发展与农业面源污染防治，保障食品安全，提升绿色发展质量和效益，促进生态文明水平提升。

【“清爽·靖江”环保体验馆建成】 2017年，市环保局与环境保护部宣教中心签订战略合作协议，围绕互动体验主题，建设华东地区首家互动体验类环境宣传教育示范基地——“清爽·靖江”环保体验馆。该馆6月10日开馆运营，并被环境保护部授牌“环境宣传教育示范基地”。6月14日，市环保局应邀参加中日环保对话会，向国内外环保专家推介“清爽·靖江”环保体验馆科普经验。12月13日—15日，全国环

6月10日，“清爽·靖江”环保体验馆开馆运行

境教育基地交流会在靖江召开，全国各地环保领域专家、学者60余人与会，共同研讨交流环境教育基地建设和发展。活动期间，与会领导、专家实地参观“清爽·靖江”环保体验馆，市环保局作环保科普互动经验介绍。至年末，该体验馆共接待国内外各界人士参观考察20余场次。

【清爽家园建设】 自2016年2月起，靖江先后在30余个学校、社区开展清爽家园建设，带动2万余名青少年及家庭参与，打造校园自然季、社区环保行和长江水生态保护3个子项目品牌。由市环境保护宣传教育中心、靖江赤子之心环境文化交流中心联合开展的“青少年参与清爽家园传播生态文明”项目，引导青少年践行绿色生活、低碳消费的理念，扩大公众参与环境保护的覆盖面，于2017年1月获评首届江苏省环保网络文化季优秀活动项目。“保护长江水生物生存环境”志愿行动项目，在省委宣传部、省文明办、省民政厅、团省委联合举办的首届江苏志愿服务展示交流会上获铜奖。

【10支环保志愿者分队成立】 6月2日，市环保局举行10支环保志愿者分队成立暨授旗仪式。10支分队分别是丹华港分队、十圩港分队、水洞港分队、渔婆港分队、“绿主妇”分队、“赤子之心”分队、饮用水源地保护分队、夏仕港清水通道分队、城市大气环境保护分队、长江生态湿地保护分队，共有约600名志愿者参加。环保志愿者分队成立后，分领域、区域、流域，常态化开展环保志愿服务，推广“清爽靖江”品牌。在“6·5”世界环境日、生物多样性日、世界水日等节日，联合市文明办、机关工委、妇联、团市委、“赤子之心”等单位和环保社团，开展“靖江绿如蓝 我们在行动”、保护长江水生物、“一江水，一方情——爱河护河环保在我心中”等环保志愿者活动，为创建全国文明城市贡献力量。

【生态红线保护】 2017年，靖江实施“3+2+N”生态保护战略，提高全市生态管控水平。“3”为编制沿江重要生态湿地、夏仕港清水通道、香沙芋种质资源保护区3个生态红线保护建设规划，“2”为建立全省首个生态红线监管平台和生态红线保护三方评估机制，“N”为排定若干个生态红线保护项目。年内，调查摸底长江岸线、夏仕港清水通道周边畜禽养殖、码头、工业污染以及农村生活污水等情况，编制完成生态红线保护建设规划3个，在全省率先建立县级生态红线保护监管平台和评估体系，开发靖江市生态红线区域管理信息系统，实现生态红线区域的信息化、科学化、规范化管理。

【首届环保创意大赛暨公益观影节】 8月8日，市环保局、团市委、靖江日报社，于青少年之家青春梦剧场共同启动靖江市首届环保创意大赛和环保公益观影节。环保创意大赛以“清爽靖江·环保生活”为主题，面向全市环保事业热心人士，挖掘、展示、推介一批“变废为宝”的环保创意好项目、好作品，树立绿色发展理念，推行绿色生活方式。环保公益观影节通过环保电影展映，利用微信等社交软件，在全社会传递、分享、激活环保理念，激发广大市民积极投身环保事业。12月16日，举行首届环保创意大赛决赛，11个环保创意项目进入决赛，参赛选手中年龄最大的70多岁、最小的不到10岁，选手们通过PPT、小视频、现场演示、作品展示等方式向市民展示各自的奇思妙想。最终，靖江市恩菲环境研究所丁明宏的“新型除尘设备”项目获特等奖。环保公益观影节期间，每周1场共放映环保公益电影20场。

（王桂彬　陈　伟　刘茂峰）

8月8日，靖江举办首届环保创意大赛　　（市环保局提供）

水 利

【概况】 2017年，全市有乡级河道113条、村级河道3767条、水闸202座、涵洞2915座、排涝泵站426座。三大水系控制线分别为长江控制线、界河控制线、横港控制线。长江控制线主要通江口门设有防洪涵、闸128座，其中节制闸35座、套闸2座、涵洞91座，穿江、港堤排涝站13座；靖泰界河控制线建有涵、闸29座，其中节制闸14座、套闸1座、涵洞14座，有排涝站1座、提水泵站4座；如靖界河控制线建有涵洞10座，夏仕港建有套闸1座、节制闸2座；横港控制线建有节制闸7座、套闸2座、闸站2座、提水泵站3座。年内，市水利局加强防汛防旱工作，加快水利项目建设，深化水利创新管理，推进河长制等重点领域改革，各项水利工作取得新成效。靖江小型农田水利工程管理、农村河道长效管护在江苏省级考评中获"优秀"等次；市水利局在泰州市2017年度市(区)水利工作、创建水生态文明城市和实行最严格水资源管理制度考核中均位列第一，被评为"先进单位"，在靖江市市级机关绩效考评中被评为"十佳机关"、重点工程项目实施优秀单位。

文东港闸站工程 (市水利局提供)

【水利建设】 加强农田基本水利设施建设。完成11.9千米靖泰界河疏浚整治，驳砌护岸3.06千米；实施农村河道二次轮浚，疏浚整治二级河道16条（段)、三级河道973条，共719千米；推进中小河流治理重点县第一、第二批项目扫尾，疏浚二级河道18条(段)71千米。实施城区水环境综合整治。完成新小桥港河道疏浚整治，整治东天生港河道3.05千米、雅桥港河道1.5千米；实施城区蓄水排涝能力提升工程，拓浚河道8条，新、改建闸站3座、箱涵1座。上述工程在汛期发挥重要作用，城区内涝得以迅速排除。推进治江防洪工程体系建设。建设30立方米/秒上九圩港双向泵站、文东港闸及河道配套工程，年内上九圩港泵站完成底板浇筑，文东港闸完成水下工程验收；实施电镀集中区丹华港控制闸及3公顷生态湿地工程，年底，丹华港控制闸全面完工，生态湿地工程组织招投标；建设2000平方米防汛物资储备仓库，年内完成库房和管理用房主体工程。

生祠镇秧草高效节水灌溉种植基地 (市水利局提供)

【水利管理】 强化河道和水利工程管理。全面推进河长制工作，市、镇、村三级1158名河长到岗履职，市河长办开出泰州市首张“河长督办单”。成立“走河”民间河长公益团，提升群众参与河长制工作热情。加强城区河道管理，全年清除河道垃圾、杂草853吨，打捞漂浮物2950吨，清理出水口28个，制止河道管理范围内乱开乱挖3起，调水8200万立方米，强制清除横港、十圩港等河道内问题船只44条。加强水情调度，重点围绕城市“双创”(创建全国文明城市、国家卫生城市)和防汛防旱，做好引排水和调水引流工作，沿江各闸全年引水13亿立方米，排水15.4亿立方米。实施河湖和水利工程管理范围划定工作，完成十圩港等6条河道及大掘港闸等44座闸站管理范围线划定。加大堤防岸线管理力度。开展长江岸线保护与开发利用专项整治，依法拆除靖江市新宇建设涉江违建等项目，有效保护长江岸线资源。加强堤防日常巡查，全年查处各类违章搭建行为25起，清理江堤堆放物38处，清除耕翻种植14.3公顷、杂树杂草48.7公顷，开展拦截重载车辆上堤行驶行动96次，重点整治擅自占用江堤防汛通道单位22家，有效遏制各类违法违规行为。加强水资源管理。完善水资源管理顶层设计，编制完成《靖江市水资源综合规划》《“十三五”水资源消耗总量和强度“双控”实施方案》。严格水功能区纳污红线管理，结合“263”专项行动，全面加强入河排污口及饮用水源地巡查监管。加强节水载体建设，创成节水型企业、学校、社区各2个，节水型单位和节水减排示范项目各1个。推广农业节水技术，建成节水喷滴灌工程面积120公顷。加大“水美乡村”创建力度，生祠镇利珠村、新桥镇新合村创成省级“水美乡村”。加强水资源保护宣传，“世界水日”“中国水周”“科普宣传周”等节点期间，与市教育局、团市委、赤子之心社团联合开展各类水法宣教活动，发放宣传资料1.6万份；围绕水资源保护主题，联合团市委、市教育局发起“水源·家园”水资源保护方案项目大赛、“水”主题书法千人比赛，联合行知社工组织以南城河为试点开展亲水行动。打击各类水事违法行为，全年查处水事违法案件15起，立案8起，罚款45万元。组织开展打击长江非法采砂行动96次，查处扣押非法采砂船只3条，驱逐不按规定停靠的外地采砂船舶110条次。依法推进行政审批工作，新签订《河道堤防工程占用补偿协议》4份，办结各类许可件29件。深化行政审批制度改革，全面梳理不见面审批(服务)事项，不见面审批(服务)率85%。加强质量安全监管，严格质量监管程序，实施13项水利工程质量全过程监管，开展质监行动104次，下发质量监督检查意见表18份，开展安全生产集中检查23次，整改安全隐患108处，隐患整改率100%，实现全年安全生产零事故。

【水利经济】 争取同级财政资金，上争水利项目资金，为水利现代化、水利工程建设和运行、机构运转提供资金保障。加强财务审查，配合省水利厅、市审计局、财政局开展专项财务审查。

履行内审监督职能，实施13家基层单位财务收支审计，出具审计意见65条，及时消除基层单位财务管理中存在的问题和隐患。加大规费征收力度。全年征收各项水利规费2154万元，比上年增长14.8%，其中征收水资源费842万元、水利工程水费450万元、河道堤防工程占用补偿费862万元；征收过闸费980万元，比上年增长5.6%。

【防汛抗台】 6月10日、9月24日—26日，域内遭遇强降雨袭击，7月12日—29日连续18天出现35℃以上高温天气。面对汛期先后出现的强降雨、干旱少雨等恶劣天气，市防汛防旱指挥部按照“调度有序、应对有效、保障有力”的总要求，加强科学调度，第一时间组织抢排急涝，部分险情灾情在发生初期得到及时有效控制，城区没有因强降雨出现内涝现象。落实防汛责任制。按照“横向到边，纵向到底”的要求，建立覆盖市、镇、村(社区)的三级防汛指挥体系，实现抗洪、调水、排涝等突发紧急状态下抢险救灾的互联互动互助；落实以行政首长负责制为核心的各类防汛责任制，及时调整防汛防旱指挥部成员，明确各成员单位工作职责，落实各镇(办事处)、沿江堤防、重点企业、沿江骨干工程防汛责任人。落实工程措施。推进工程除险加固，上争省级维修、防汛经费549万元，落实岁修、急办项目29个；市级投资2128万元，修复加固一、二级河道洗塌段及涵闸、泵站等水工建筑物，完成长江堤防丹华港东侧300米港堤护坡加固、1#涵洞拆建、新旺桥港箱涵修复加固等水毁修复工程，确保工程安全度汛。落实非工程措施。制定完善《靖江市城市防洪预案》等防汛应急预案，特别对险工患段、重点区域路段制定一点一策应急抢险防灾预案；依据“准备早、措施实、应急快”的原则，开展隐患排查，组织编制全市各涵闸站、堤防河道、易淹易涝小区等安全度汛责任清单，逐项落实，定时销号；在足量储备防汛物资的基础上，升级应急抢险装备，市政府增拨83.4万元，添置汽油泵、皮卡工具车等防汛抢险设施设备，保证应急抢险所需。

10月1日，“走河”民间河长公益团成立 （市水利局提供）

【河长制工作通过省级验收】 年内，域内成立全面推行河长制工作协调小组，出台《全面推行河长制实施的意见》，全市12个镇(街道、办事处)均设立镇级河长制办公室，共设置市级河长13个、市级河道镇级河段长39个、镇级河长117个、村级河长1002个，覆盖市、镇、村三级的河长制工作体系全面建立。自市河长办成立后，收到各类群众举报和投诉27件，发出工作联系单2份、整改通知25份，做到事事有回音、件件有落实。开展城区骨干河道水环境专项整治，清除横港、十圩港等河道内问题船只44条，根除河道治理顽疾。开出泰州市级首张“河长督办单”，责任单位第一时间处置督办事项，河长督办取得实效。开设“靖江河长”微信公众号，推出12期20篇河长新闻动态。首创“走河”民间河长公益团，招募团员280人。安装175块镇级和630块村级河长制公示牌，组织开展“一河一策”编制工作，打造省级“一河一策”样本河道2条。12月22日，江苏省河长办验收域内全面建立河长制工作，认为工作措施有力，管理成效显著，给予通过省级验收。

（邓亚骏　蔡　波）

交　通

【概况】 2017年，全市公路总里程1360.85千米，其中高速公路24.42千米、一级公路153.23千米、二级公路139.32千米、三级公路142.59千米、四级公路901.29千米,公路密度204.64千米/百平方千米。有公路客运站场5个,其中一级站1个、三级站1个、四级站3个。航道总里程310.92千米,其中三级航道5.56千米、六级航道43.11千米、七级航道73.6千米、等外级航道188.65千米,每万人拥有航道4.6千米。有长江渡运企业1家、长江汽渡口2个,有内河港口企业58家、泊位83个。规划岸线总长度12.5千米,其中公用港口岸线8千米、临港工业岸线1.5千米、预留港口岸线3千米。全市有专业公路客运企业3家。江苏博瑞杰公交客运有限公司专业经营靖江城北园区—江阴新世纪客运站、扬子船厂—江阴新世纪客运站、江阴靖江工业园区管委会—江阴市政府3条跨市公交,拥有公交车辆22辆。靖江弘宇公共交通客运有限公司经营域内城乡客运一体化城市公交、市镇班线客运、镇村公交客运,有各类城乡公交客运车辆227辆,其中城区公交车114辆、城乡客运班线和镇村公交车辆108辆、靖江至泰兴公交化客运车辆5辆。城区万人公交车拥有量6.99标台,因城乡客运在城区承担部分城市公交职能,城区万人公交车综合拥有量为8.52标台。城乡公共交通从业人员368名,其中公交车驾驶员266名。开通城乡客运一体化线路42条,其中城区公交线路11条、城乡客运班线16条、镇村公交线路14条、靖江至泰兴公交化客运班线1条。城乡客运日平均载客量3.63万人次,城市居民公共交通出行分担率12.4%。江苏安宇客运有限公司经营长途班线客运业务,开行63条线路,其中跨省线路28条、跨地(市)线路32条、跨县(市)线路3条,有长途客车102辆4658客座、旅游包车32辆1411客座,平均日发班次167个。全市道路客运量1991万人次、周转量34937万人千米,分别比上年下降5.1%、30.0%;道路货运量1783.65万吨,周转量446499.45万吨千米,比上年增长4.7%;水运年运输量973.65万吨,周转量389460.3万吨千米,分别比上年增长7.1%。

3月18日,广靖高速公路靖江新互通开通运营

(市交通运输局提供)

【重点工程建设】 2017年,开通运营广靖高速公路靖江新互通,完成公新公路鼎兴大道至高山桥段拓建、联马大道马桥段南延工程。完成S356沿江高等级公路靖江段路面养护改善主体工程、229省道盐锡线靖江改线段主体工程、232省道泰州中部干线公路靖江段前期立项审批。开展"十三五"综合交通落地规划、市域快速路网前期研究,启动广靖高速公路靖江北互通、滨江城市快速路(隧道)前期立项审批,配合上级主管部门开展张靖过江通道、江阴第二过江通道前期规划研究。

【"四好农村路"省级示范县创建】 2017年,市内开展建好、管好、护好、运营好"四好农村路"省级示范县创建活动。总投资约4亿元,新建、改建县道60千米,提档升级农村公路40千米,改造危桥10座,完成生命防护工程100千米、道路绿化100千米。加强农村公路管理,开展农村公路环境集中整治,将农村公路管养所需经费纳入市、镇两级财政预算。建立农村公路路政中队1个、执法组5个、镇级管养机构14个,明确路段长、路政协管员217名,形成市、镇、村"三位一体"路政联动协管机制,实现路政管理责任全覆盖。利用交通运输服务综合管理平台,开发"农路管理"系统,将县、乡、村三级道路信息纳入平台,同步关联路政巡查、清扫保障车辆车载视频,实现路况动态巡查、管养应急指挥、工作指令派单、流程闭环处置全程记录留痕。12 月中旬,“四好农村路”省级示范县创建活动通过江苏省交通运输厅检查组考核验收。

【交通行业管理】 2017 年,开展道路客运市场非法营运、雷霆执法等专项整治行动,强化与公安、城管等部门的联动执法,全年检查各类运输车辆 8000 余辆次,查扣非法经营电动三轮车 307 辆,没收非法安装的各类出租车顶灯 158 个,查处非法经营“黑车”(含非法经营网约车)110 辆、违章经营巡游出租车 13 辆。打击超限超载行为,全年处理违法超限车辆 48 辆,监督实施卸驳载货物 1952 吨。加强航道管理,巡航航道 9000 千米,实施行政许可 2 件,收取航道赔(补)偿费 12.08 万元,辖区航道未出现新的违章建筑,干线、支线航道通航保证率均达 95%以上。实施姜十线十圩港江山段驳岸垃圾和部分土方清除工程,保障辖区内等级航道安全畅通。加强海事管理,巡航 9021 千米,检查各类船舶 2317 艘次,接处“12395”水上搜救报警电话 8 次,辖区年内未发生水上交通事故和因管理不善而造成的 24 小时以上航道堵塞事件,水上安全形势持续稳定。

【南汽车客运站建成】 11 月,位于 G2 京沪高速江阴大桥服务区内的靖江南汽车客运站建成投运。该站占地近 3000 平方米,按照四级站标准建设,设计日旅客流量 2200 人次,是靖江南部客运枢纽和省内唯一一家设在高速公路服务区内的汽车客运站。

【公交建设】 年内,相继建成市体育中心首末站、天妃宫枢纽站、新港公交枢纽站、城北园区望江社区公交首末站、城南园区行政中心首末站等 5 个公交场站。新购 31 辆纯电动、13 辆 LNG 公交车,全市公交环保车型占比 82%。新建候车站亭 20 个、充电桩 7 个,更换招呼站牌 285 个。落实公交发展规划和市民建议,新辟 111 路残疾人公交线路,调整 5条公交线路,新增江阴靖江工业园区管委会至江阴市人民政府跨江 2 号公交线路,优化靖江至江阴 3 号公交线路。落实公交优惠政策,取消公交敬老卡、爱心卡年审制度,方便老年、残疾等特殊群体,贯彻《江苏省无偿献血条例》规定,全市 443 人享受免费乘坐公交车政策。全市日均开行各类公交、城乡客运、镇村公交班线 1025 班次,运输量3.63 万人次。

10 月,新港公交枢纽站竣工投用

【市汽车站服务创新】 年内,市汽车站扩容定制客运班线,在开通无锡、常州高铁、机场定制线路的基础上,新增靖江至上海浦东、南京禄口的空港巴士专线,安全服务旅客 1.4 万人次。推出“靖江汽车客运”公众号,注重“线上”“线下”融合,提供在线售票、商务包车、城际拼车、旅游信息发布等服务。

【交通干线沿线环境整治】 年内,市交通运输局组织开展交通干线沿线环境综合整治“五项行动”,重点整治高速公路、普通国省道、内河干线航道等“脏乱差”现象,从根本上改善交通干线沿线环境面貌。至年底,G2 高速公路沿线清除垃圾面积 32755平方米,清除桥涵下方非法堆积物面积 22930 平方米、非法种植物面积 1720 平方米,拆除桥涵下方非法搭建物面积 257 平方米、建控区非法搭建物面积 5340 平方米、违法广告 9 处、违法广告设施 6 处。普通国省道沿线基本完成年度治脏治乱“三无”(无堆积物和垃圾箱、无路肩边坡非法种植物、无非法占用挖掘公路)目标。内河干线航道沿线清理垃圾 139 处,集中整治碍航设施18 处,未经批准设置的浮吊、水上吊船 2 处,非法靠泊点 2 处,改造危旧桥梁7座,清除航道沉船、暗桩7处,关停拆除焦港、十圩港沿线内河非法码头6家,完成焦港沿线绿化方案设计。

【交通运输信息中心成立】 10月1日,市交通运输信息中心挂牌成立,“数字化”交通运输管理服务平台正式运行。该平台运用信息化技术,集成各类交通运输信息采集、处理及服务系统,以实现交通运输资源的合理配置和高效利用,为发展智能运输系统奠定基础。 (杨竹颖)

电　力

【概况】 2017年,全市拥有35千伏及以上公用变电站28座,其中220千伏变电站6座、110千伏变电站18座、35千伏变电站4座,主变容量348.55万千伏安,有35千伏及以上线路45条380.79千米(不含220千伏线路)。另有用户变电站27座,其中220千伏变电站2座、110千伏变电站5座、35千伏变电站20座。年内,市供电公司以“改革攻坚年”活动为主线,聚焦能源变革发展、电力体制改革两大任务,全面彰显国网供电服务品牌效应,为靖江转型升级发挥电力先行作用。全年累计完成全社会用电量40.78亿千瓦时、售电量35.91亿千瓦时,最高用电负荷77.94万千瓦,分别比上年增长8.85%、7.58%、9.48%;实现主营业务收入21.55亿元,比上年增长6.37%。市供电公司连续第14年获评靖江市服务地方发展“十佳”单位,蝉联“江苏省文明单位”称号,被泰州市供电公司授予文明单位标兵称号。所属马桥供电所被命名为“国家电网公司五星级乡镇供电所”,成为泰州市首家五星级乡镇供电所。

【电网建设】 滚动修编靖江市配网单元制规划并完成初步评审,完成靖江市“十三五”新一轮农网改造升级规划报告、配电网规划报告大纲和2020年110千伏电网项目需求报告。开展500千伏第二过江通道、220千伏团结变电站以及110千伏万福、新丰、城北变电站建设前期准备工作,配合泰州市公司完成220千伏国信电厂——园区变电站线路政策处理工作。新建完成110千伏祁安输变电工程,完成110千伏联兴变电站扩建工程,110千伏祁安输变电工程被国网公司评定为优质工程。开工建设110千伏新洲变电站,扩建110千伏祁安、顶和变电站。推进配农网项目建设,完成配网项目投资1.59亿元,农网项目投资9200万元。

【用电服务】 开展“绿色苏电、智联万家”优质服务主题活动,全市供电营业厅全面推行用电业务同城异地办理、客户一次性告知、全业务线上受理线下服务、营业窗口自助办理业务、手机APP交费查询等服务举措。推行台区经理网格化服务,落实“首问负责、一口对外、快速响应、限时办结”工作要求,提升服务效率。年内,电力抢修到达现场时间平均缩短至26.2分钟,故障处理时长平均缩短10分钟。压降投诉工单数量,全年受理“95598”客户投诉类工单76起,比上年下降42.86%。推进电能替代工作,出台《靖江市推进电能替代工作实施方案》,推动市第二人民医院地源热泵投入运行,建设港口岸电设施4套,全年推广电烘干设备20台,增售电量160万千瓦时。

3月,市供电公司举行“绿色苏电、智联万家”优质服务主题活动现场
(市供电公司提供)

【安全生产】 组织开展安全措施专项培训、外包队伍安全知识竞赛、国网安全事件反思、“党员身边无违章”等安全宣教活动12项,编发安全周报48期。加大违

章曝光惩处力度,发现并处理违章124起,停工6支违规施工外包队伍。深化平安电力创建活动,建立完善目标责任考核机制,加大护电宣传力度,加强涉电监管,开展护电专项整治行动,推进用电安全达标创建活动,全年未发生35千伏及以上电力设施外力破坏事件。加强配网安全管理。重新调整配网运维职责,明确职责界面,增设2个农村中压运维班,集中开展农村10千伏电力设施运维管理。采取有效措施推进配电线路“降跳”工作,线路故障率比上年下降24%。

【靖江电网负荷创历史新高】 夏季,持续高温天气导致靖江电网调度用电负荷持续上扬。8月7日10时10分,靖江电网调度用电负荷达77.94万千瓦,创历史新高。为确保电力可靠供应,市供电公司密切跟踪天气走势,优化电网运行方式,保障电力供需总体平衡;加强巡视监测和维护辖区内变电站、10千伏线路和环网柜、配电变压器等电力设施;完善落实各项应急预案,组织开展应急演练,做好配电抢修各项准备工作;加强需求侧管理,做好负荷预测和市场供需分析,引导用户避峰、错峰用电,倡导节约用电、科学用电,并深入企业客户检查维护用电设备,结合客户生产实际,帮助其编制科学用电方案。

【《心中的那盏灯》获评一等奖】 年内,市供电公司拍摄的微电影《心中的那盏灯》在第12届“中电传媒杯”全国电力行业优秀影视作品评选中,获微电影类一等奖。该作品描述市供电公司一线员工服务困难群众的真实故事,诠释供电人“用心点亮生活”的大爱情怀。 (吴靖华)

邮 政

【概况】 2017年,市邮政系统实现邮政总收入10447万元,比上年增长10.96%。其中,代理金融业务收入6791万元,增长.76%;函件业务收入405万元,增长4.99%;发行业务收入720万元,增长1.41%;集邮业务收入350万元,增长21.53%;增值业务收入348.2万元,增长1.56%;分销业务销售额511万元,完成计划的102.2%,比上年增长40.77%;包裹业务收入907.46万元,比上年增长33.82%;其他业务收入322.28万元。促进代理金融业务,围绕市场导向、客户需求和效益目标,深入开展金融项目营销,年内新增金融总资产8.89亿元,激活手机银行客户21628户。快速发展寄递类业务,紧抓双十一、双十二、春节等旺季时间节点,开展集中式、全员式客户走访营销工作,包裹业务揽收处理量爆发式增长。推进农产品返城业务,火龙果项目成功上线运作,累计销售15万元。创新发展日常邮资封片业务,深挖文化资源,开发《江水西来》邮册、滨江时代形象年册、新春贺岁钱币册。举办第3届“光明书香节”棚展活动,吸引近万名学生参与,销售图书79.2万元。

【邮政管理】 强化服务质量管理。通过前台隐形检查以及后台监控抽查,对邮政网点环境卫生、物品定置定位、员工行为规范等及时纠偏,限期整改;开展投递服务质量大检查活动,发现问题及时处理,组织投递人员学习法律法规、职业道德规范和业务知识,增强投递员服务意识;综合检查评估173家村邮站运行情况,调整不合格村邮站46家,与符合条件的村邮站重新签订协议;调整投递段道,重新划分支局投递段道5个,新增投递段道6个,提升投递及时率和用户满意度。在双十一、双十二进口业务量翻番、投递压力陡增的情况下,增加频次、加班加点完成投递任务。加强安全生产管理。开展安全生产常态化大检查,党的十九大等重大会议和重大节日期间,每天安排人员在邮件分拣封发一线逐件检查进京、进疆、进藏邮件;开展驾驶员安全知识培训,落实车辆管理责任制,强化车辆维护检测,实施生产用车统一调配,在冬季、夏季安全事故易发季节,组织行车安全竞赛,全年车辆安全行驶无事故;开展金融“内控优化年”活动,加强对金融网点的深度检查,排查金融从业人员日常行为规范,提高其合规自觉性;签订消防安全协议,排查整改生产重点场所的用电、防火隐患,定期检测、及时更换灭火器。加强基础设施建设管理。全年投入91.72万元改造新区、车站、季市、大觉4个网点,投入180万元拆迁网点,投入10.38万元更换邮路汽车,投入72万元置换电动三轮车、LED显示屏等设备。

【《江水西来》文化邮册发行】 年内,西来镇专题邮册《江水西来》成功面世。该邮册16个版面,通过展示西来老街、古寺、美食、农耕馆、植物园和中华美德碑廊等,反映西来镇的特色产业、人文气息、生态环境。邮册还附带一枚首日封,盖有“靖江市第五届桃花节暨生态文化旅游节”异形邮戳。

【“关爱儿童,邮爱无疆”公益赠书活动】 3月,市邮政分公司联合市教育局关工委,在柏木小学启动“关爱儿童,邮爱无疆”公益赠书活动,向柏木小学和该校部分留守儿童、贫困学生赠送近20种课外书刊报纸。活动以“关爱留守儿童、关爱贫困学生”为主题,通过赠阅形式,传承中华优秀传统文化,弘扬中华传统美德,推进学校素质教育,营造书香进校园氛围。

3月,邮政靖江市分公司启动“关爱儿童,邮爱无疆”赠书活动

(邮政靖江市分公司提供)

【邮政杯广场健身舞大赛】 8月27日,“邮缘共起舞 文明在社区”泰州邮政杯广场健身舞大赛靖江区域决赛在骥江路步行街广场举行,靖江赛区共有64支队伍878人报名,30支队伍通过海选参加决赛。比赛期间,市邮政分公司同步开展邮政会员日、邮政储蓄有奖问答等专题活动,提高邮政工作客户知晓率。

(吴晓锋)

通　信

·中国电信股份有限公司靖江分公司·

【概况】 2017年,电信靖江分公司有固定电话用户15万户、天翼移动用户18万户、宽带用户15万户、电信电视(iTV)用户8万户,全年完成业务收入2.56亿元。公司蝉联“江苏省文明单位”称号,获评靖江市平安互联网创建活动先进单位。

【通信建设】 持续提升网络能力。11月底,全面完成城乡居民光纤入户工程,靖江在长江以北县级城市中率先实现全光网运营。打造精品无线网络,推进800兆重耕工程,4G网络有效覆盖率超99%。累计投资约2300万元,配合市政部门完成城西大道、广靖互通、公新公路改造、人民桥拓宽等重点项目的杆线迁移和线路地下铺设。

【市场经营】 年内,新开门店20家,实体门店累计224家,店均产能比上年提升28%。积极推广信息化应用,深耕物联网、云、IDC业务,承接“协同办公”“智慧安防”“智能校园”“慧眼守土”等一批政务、民生类信息化建设项目,持续助力智慧城市建设。

(王　兰)

·中国移动通信集团江苏有限公司靖江分公司·

【概况】 2017年,移动靖江分公司有通信用户48.6万户,实现运营收入3.92亿元,获“江苏公司2017年度区县争先进位县公司组一等奖”,被评为泰州市诚信单位、靖江市平安互联网创建活动先进单位。滨江营业部、孤山乡镇营业部获评靖江市巾帼文明岗。

【通信建设】 年内,新开通4G基站23个、小基站78个、4G室内分布系统75个,替换NB站65个,开通怀德学院WLAN AP 753个。在宽带集团接入方面,解决26个小区宽带接入难点问题,扩容7800户,分纤箱补盲845个点位,全年新增宽带覆盖用户2.15万户,宽带覆盖用户累计26.5万户;新增政企专网专线322条,累计2081条。大力发展收费宽带用户,全年净增收费宽带用户1.56万户、互联网电视用户2.35万户,收费宽带用户累计10.1万户,渗透率39%,在泰州所辖市(区)位列第一;靖江自建小区收费宽带渗透率36.08%,在泰州所辖市(区)位列第二。至年末,全市有LTE基站675个、室内分布系统217个、WLAN热点63个

(850个AP)。

【市场经营】 助力建设无线智慧城市，全年累计签约信息化项目21个，签约金额1849万元，其中20万元以上项目15个。完成平安城市监控、环保物联网监测、车辆实时定位调度管理、视频会议、金融大数据、智能停车场等21项成熟行业信息化项目复制工作。全年集团信息化收入4695万元，比上年增长27.76%，其中专线收入2129万元。

（刘凌燕）

·中国联合网络通信有限公司靖江市分公司·

【概况】 2017年，联通靖江分公司聚焦4G运营，加快业务发展转型，全年实现主营业务收入7320万元。至年末，有移动电话、固定电话、宽带等各类联通用户13.8万户，比上年增长10%。公司获泰州市文明单位称号。

【通信建设】 年内，网络工程建设总投入2480万元，累计建成4G基站303座、3G基站228座、2G基站152座以及4G室内分布系统36个，完成大客户接入工程100余个。新增宽带覆盖用户7.48万户，总覆盖用户18.62万户。中标靖江93个行政村普遍服务专项工程，助力“宽带村村点亮工程”。

【市场经营】 年内，率先响应国家提速降费号召，推出“畅爽冰激凌系列”无限流产品。发力终端连锁化运营，主推全网通手机。优化BIC产品生产配送体系，成立专职配送和生产外呼团队，新增重点乡镇门店、社区店等12家，为用户提供快捷服务。加强实名制管理，持续加大监督自查力度。拓展物联网等创新业务，在医疗、酒店宾馆、快递等行业取得新突破。

（张 艳）

年内，联通靖江市分公司推出“畅爽冰激凌系列”无限流产品

（联通靖江市分公司提供）

·江苏有线网络发展有限责任公司靖江分公司·

【概况】 2017年，江苏有线靖江分公司组织施工各类工程项目81个，新增双向覆盖用户19510户、宽带在线用户7173户、高清互动终端12695台。公司获评江苏省价格诚信单位、靖江市文明单位、2017年靖江市级机关绩效考评先进单位。

【基础设施建设】 年内，全力推进城乡分配网双向改造，为业务发展提供网络支撑和预留发展空间，全年新增双向覆盖用户19510户，总覆盖用户84785户，双向覆盖率46.82%。组织施工各类工程项目81个，通过省、泰州公司的终验终审，三年工程类固投项目平均转固率超过省公司制定的70%的目标。配合市政重点工程建设，相继完成华侨新村、公园弄社区等6个建成区网络改造，以及新建路、车站路、工农路、东兴街、合兴街、人民桥等“五路一桥”杆线迁移工作。

【业务拓展】 年内，以“保基本数字电视用户、促增值业务发展”为目标，以“高清互动、广电宽带示范村”建设为抓手，规模发展高清、宽带用户。年内高清互动终端净增12695台，累计37772台；宽带在线用户净增7173户，累计22861户。招引华为云计算中心落户靖江，促成江苏有线与华为公司及靖江市政府的三方合作。完成斜桥智慧安监平台项目建设并投入运行，建成市农委益农信息项目，新增华汇水公司、国税、邮政、银行、靖江城乡建设等56条数据专线。

（顾益洪 陈李莉）

信息化建设

【概况】 2017年,全市投入1.24亿元加快推进通信基础设施建设。至年底,光缆线路总长度超过1万千米,城镇光纤覆盖率超过98%,农村光纤通达率100%。市区、镇和所有行政村均实现光缆和4G信号全覆盖,人均拥有移动终端1.12部。广电网用户24万户,光节点4800个,全部实现网络入户,数字电视用户19万户,高清机顶盒3万多台。9月27日,市政府与华为技术有限公司就共建云计算中心、共同打造靖江云计算产业等,在深圳签署战略合作协议,靖江成为华为公司在江苏省布点云计算中心的首个县级市。

【企业"两化融合"】 2017年,企业"两化融合"(工业化和信息化融合)工作有序推进,江苏新时代造船、江苏恒力制动器制造有限公司通过国家"两化融合"管理体系贯标企业评定,江苏赛德力制药机械有限公司通过国家级"两化融合"管理体系贯标试点企业认定,卓然(靖江)设备制造、江苏迈能高科技、江苏靖江互感器、江苏赛德力制药机械制造、江苏新时代造船、江苏恒义汽配制造有限公司等6家企业通过江苏省"两化融合"管理体系贯标试点企业认定,江苏华菱锡钢特钢、江苏永涛实业、江苏乐科节能科技、靖江市晨阳化工、江苏奥凯环保科技、江苏双达泵阀集团有限公司等6家企业通过泰州市"两化融合"示范试点企业认定,观能多能源(江苏)有限公司获评江苏省互联网与工业融合创新示范企业。年内,江苏宏泰智能电子科技、江苏华东测试技术股份有限公司等8家软件企业通过年审;全市新申报软件著作权12个、软件产品22个、软件企业3家(靖江市益友软件科技、泰州国研软件、江苏骏龙光电科技股份有限公司),软件企业年销售收入7.5亿元,比上年增长15%。

【农村信息化工作】 2017年,信息化在推进农业现代化和农村发展中的作用日益显现。至年底,全市行政村和农民集中居住区均开通光纤,电话、有线(数字)电视、宽带等在农村地区普遍覆盖,党员远程教育、农村"三资"管理信息服务、权力阳光工程、农技信息服务、人力资源信息服务等信息服务平台在各行政村得到实际应用,农村种养大户等各类经济实体普遍利用互联网获取相关经济技术服务信息,利用网上电子商务平台开展经营活动。全市行政村均建有电商服务站,马桥镇徐周村通过泰州市农村信息化应用示范基地认定。

(何其南 朱 晴 戴燕臻)

【靖江、华为战略合作协议签署】 9月27日,市政府和华为技术有限公司就共建云计算中心、共同打造靖江云计算产业在深圳签署战略合作协议,靖江成为华为公司在江苏省布点云计算中心的首个县级市。根据协议,华为公司汇聚产业链合作伙伴,帮助靖江构建云计算、大数据产业生态圈和大数据平台、智能制造平台、"互联网+创客"平台、现代服务业支撑平台、现代物流服务支撑平台等,共同在靖江建设云数据中心,促进靖江云计算和大数据产业的快速发展,带动靖江传统产业转型升级,助力靖江智慧城市建设和新兴产业发展。

(贾秋敏)

【"互联网+海关"平台上线】 年内,海关"互联网+海关"一体化网上办事平台上线运行,基本实现海关政务服务"应上尽上、全程在线",市内外贸企业通过互联网可随时办理9大类业务、60项具体事项。该平台建立海关政务服务事项清单,实施编码管理,公布办事指南,从设立依据、申请条件、申办表格、随附资料、作业流程、办理部门、办理时限等方面给予明确指引,使企业办事标准更加统一、海关服务更加规范。 (王 旭 陈鹏飞)

【"社会关爱平台"上线】 10月28日,江苏有线靖江分公司与江苏华鑫北斗车联网科技股份有限公司共同打造的"社会关爱平台"上线运营,市内养老服务体系向信息化、智能化迈出重要一步。"社会关爱平台",是江苏省内首个老年人关爱救援平台,以"老有所依、老有所乐"为立足点,致力于服务全社会老人及特殊关爱群体。该平台通过家庭电视终端、智能电话腕表等载体,可实时提供老年人足迹追踪、心率血压测试、SOS求救报警等智能化服务,以及家政、订餐等个性化线上线下服务。

(沈宇辉 孙圣悦 何旭耘)

【"靖江慈善"网络捐助平台上线】 年内,市民政局和慈善总会联合打造的集慈善宣传、慈善捐款、慈善求助于一体的"靖江慈善"网络捐助平台正式上线。该平台通过关注"靖江慈善"微信公众号进入,由"法律法规""爱心捐助""个人中心"三大板块组成,下设"我要行善""我要求助""日行一善""冠名基金"等多个子栏目。

(严云秋 刘建明)

综 述

【概况】 2017年，全市认定国家高新技术企业37家，全市高新技术产业产值占规模以上工业总产值的44.2%。实施高质量产学研合作项目76项，共建产学研联合体27家、校企联盟19个。新增省、市级研发机构及省绩效优良研发机构15家，建成离岸孵化基地63个，实施离岸在孵项目364个、落地项目91个。全市专利申请量6684件，其中发明专利申请量2127件；专利授权量1811件，其中发明专利授权量174件；全市万人发明专利拥有量13.01件。争取省级以上科技项目资金3488.14万元，获省部级以上科技奖励4项、泰州市科学技术进步奖23项。高标准推进政策体系建设，制定出台《关于实施创新驱动发展战略，推进创新型城市建设的意见》及相关政策。年内，市科技知识产权局先后获评江苏省知识产权工作成绩突出单位、江苏省防震减灾工作优秀单位、泰州市科技创新工作目标考核先进市一等奖、泰州市离岸孵化工作考核一等奖、靖江市绩效考评十佳机关、靖江市改革创新奖一等奖。

科研机构

【概况】 加强企业科研平台建设。2017年，江苏标新工业有限公司与北京科技大学共建的葛昌纯院士工作站获批省级企业院士工作站，华达汽车科技股份有限公司和江苏标新工业有限公司获批省级工程技术研究中心，靖江三鹏模具科技股份有限公司等8家企业获批泰州市级工程技术研究中心，江苏民生重工有限公司等13家企业获批省企业研究生工作站。至年末，全市共建有企业院士工作站10家、省级工程技术研究中心30家、省级企业研究生工作站52家、泰州市级工程技术研究中心47家。125家大中型工业企业和高新技术企业研发机构建有率96.8%，有效建有率90.3%，基本实现“一企一院校、一企一平台、一企一团队”。江苏三江电器集团股份有限公司、新程汽车零部件有限公司、江苏亚星锚链股份有限公司和江苏上骐集团有限公司的省级工程技术研究中心在绩效评价中获得优秀。加强市级科研载体建设。启动建设先进金属材料涂镀国家工程实验室靖江分部、上海材料研究所靖江先进材料技术研究院。靖江机器人智能制造(焊接)中心成为泰州唯一获评2017年省新型研发机构建设项目，并获资助500万元。中国科学院泰州中心靖江工作站获评中国科学院泰州中心优秀工作站。全市25家科技服务平台完成科技服务业产值9.35亿元。

产学研合作

【概况】 全年征集企业技术需求74项并汇编成册,先后组织企业参加中国科学院生态环境研究中心行、中国科学院微生物所行、宁波院校行、省大院大所合作对接会、泰州市大院大所对接会、中国泰州(北京)科技与人才“合作周”等产学研活动。组织42家企业参加泰州第2届、第3届网上科技洽谈会,达成意向协议36项。江苏大中电机股份有限公司等19家企业通过“泰科易”泰州网上技术交易平台实现技术交易34项,交易金额2596.93万元。全年签订高新技术项目合作协议76项,与科研单位、大专院校共建产学研联合体27家、校企联盟19个。

【离岸孵化】 引导各镇(园区)与国内外高校院所对接洽谈,年内共建离岸孵化基地63家。其中,与上海工程技术大学、哈尔滨工业大学、中国科学院理化所、中国船舶重工集团公司第702研究所等国内高校院所合作挂牌61家,与卡内基梅隆大学VTL有限公司、德希尼布FMC公司等国外创新机构跨境共建2家。加速离岸孵化项目实施,落实离岸在孵项目364个,成功签约江苏旭顺东明汽配有限公司与上海工程技术大学“车联网4G通信技术”、江苏亚星锚链股份有限公司与中国船舶重工集团公司第702研究所“海洋工程长期系泊水下关键连接装备研发及产业化”、江苏上骐集团有限公司与中科院理化所“特种制冷系统关键技术”等项目56个。引导各镇(园区)创新离岸孵化项目服务模式,做深做细项目落地前期工作,推进一批在孵项目落地产业化,累计备案国鹰航空科技(江苏)有限责任公司、江苏志励警用装备制造有限公司、江苏永圣自动化科技有限公司、江苏旭辉光电科技有限公司、江苏金十字新材料有限公司等落地项目91个。

1月,上海机电学院靖江科技孵化基地签约揭牌

(市科技知识产权局提供)

科技项目

【概况】 2017年,全市获省级以上科技项目资金3488.14万元。其中,中科睿凌江苏低温设备有限公司和江苏亚星锚链股份有限公司2个项目共获省科技成果转化专项资金1800万元,江苏法尔机械制造有限公司和江苏乐科节能科技股份有限公司2个项目共获省重点研发计划(产业前瞻与共性关键技术)扶持160万元,靖江市华信科技创业园有限公司、江苏骏龙光电科技股份有限公司2家孵化器共获省科技型创业企业孵育计划资金115万元,江苏雅博动物健康科技有限责任公司等34家企业共获省高新技术企业培育资金166.6万元,江苏恒义汽配制造有限公司等51家企业共获研究开发费用省级财政奖励资金622.54万元。江苏民生特种设备集团有限公司“大型高效大面积双管板式换热系统关键技术研发及产业化”项目、江苏亚星锚链股份有限公司“锚链热处理系列技改”项目获省科学技术奖三等奖,江苏大学与江苏上骐农业装备有限公司等合作研发的“智能化履带式全喂入水稻联合收获机关键技术与装备”项目获教育部颁发的2017年度高等学校科学研究优秀成果奖(科学技术)一等奖,中国科学院理化所与中科睿凌江苏低温设备有限公司等合作研发的“系列规格撬装式天然气液化装置技术开发及应用”项目获北京市科学技术奖一等奖。此外,23项科技成果获泰州市科学技术奖,50项科技成果获靖江市科学技术奖。江苏骏龙光电科技股份有限公司获第5届“创业江苏”科技创业大赛三等奖,获评

全国电子信息行业总决赛成长组“优秀企业”，江苏龙腾门业有限公司、江苏鼎杰合金科技有限公司获2017“创富泰州”科技创业大赛二等奖。

【省科技成果转化专项资金项目】 年内，组织实施省科技成果转化专项资金项目2项，分别为“可移动式页岩气、天然气开采撬装成套装备研发及产业化”项目、“海洋工程长期系泊水下关键连接装备研发及产业化”项目。

“可移动式页岩气、天然气开采撬装成套装备研发及产业化”项目，由中科睿凌江苏低温设备有限公司承担，中国科学院理化所提供技术支持。该产品是一种用于页岩气、煤层气、天然气等气源开采的撬装成套装备，主要由净化单元、液化制冷单元、储运单元和控制单元组成，采用撬装式设计，结构紧凑，装卸快捷，移动方便，高效节能，特别适用于偏散气源和偏远气源的收集、运输。项目实施期内计划生产15台套，实现销售收入2.5亿元、税收1800万元、利润3200万元，创汇800万美元。

“海洋工程长期系泊水下关键连接装备研发及产业化”项目，由江苏亚星锚链股份有限公司承担，中国船舶重工集团公司第702研究所提供技术支持。该产品是海上浮体长期系泊定位的水下连接件（也称为长期系泊附件），主要用于各种海上结构物及高技术船舶的系泊定位、安装与锚泊的连接。项目实施期内计划销售项目产品5000吨，实现销售收入15000万元、税收1050万元、利润2600万元，创汇1000万美元。

【省重点研发计划项目】 年内，组织实施省重点研发计划（产业前瞻与共性关键技术）项目2项，分别是“海水淡化高压泵与透平式能量回收一体机研制与应用”项目、“自回热精馏节能装备共性关键技术研发”项目。

“海水淡化高压泵与透平式能量回收一体机研制与应用”项目，获省拨款120万元，由江苏法尔机械制造有限公司承担，采用流场可视化、一体化转子锻造、透平三维叶片焊接等关键技术，提高产品质量及使用效率。项目产业化后年生产能力200台套，满足国内舰船、海洋平台等中小型海水淡化工程建设需求。

“自回热精馏节能装备共性关键技术研发”项目，获省拨款40万元，由江苏乐科节能科技股份有限公司承担，基于自回热理论，采用机械压缩方法，提升精馏塔顶蒸汽品位，全面回收精馏塔顶蒸汽潜热，实现精馏过程能源系统的循环利用。项目研发成功后，再沸器的传热性能提升超20%，达产后实现年增销售收入8000万元、利税1280万元。

2017年靖江市获省级以上科技资金项目一览表

表35

项目类别	项目名称	项目承担单位	金额（万元）
成果转化	海洋工程长期系泊水下关键连接装备研发及产业化	江苏亚星锚链股份有限公司	900
	可移动式页岩气、天然气开采撬装成套装备研发及产业化	中科睿凌江苏低温设备有限公司	900
新型研发机构	靖江机器人智能制造（焊接）中心建设	靖江市产业技术研究院	500
自然基金	飞机用多通道高精度光频域反射检测技术的研究	江苏骏龙光电科技股份有限公司	10
科技副总	翟　明	靖江市海鸿塑胶科技有限公司	5
	丁左武	江苏旭顺东明汽车配件有限公司	5
	程　科	江苏荣泰门业有限公司	5
	朱大胜	江苏靖江叉车有限公司	5
	周亦胄	江苏飞跃机泵集团有限公司	5

续表 35

项目类别	项目名称	项目承担单位	金额（万元）
农业科技社会化服务奖补资金	靖江设施蔬菜产业分店奖补	靖江市红芽香沙芋专业合作社	14
知识产权项目	知识产权战略推进计划	江苏艾兰得营养品有限公司	30
	知识产权管理贯标奖补	江苏亚梅泵业集团有限公司	20
	十九届中国专利奖	江苏华雕机械有限公司	20
	中小学知识产权教育试点学校	靖江市实验学校	5
省重点研发计划(产业前瞻与共性关键技术)	自回热精馏节能装备共性关键技术研发	江苏乐科节能科技股份有限公司	40
	海水淡化高压泵与透平式能量回收一体机研制与应用	江苏法尔机械制造有限公司	120
科技型创业企业孵育计划资金	科技型创业企业孵育计划	靖江市华信科技创业园有限公司	65
	科技型创业企业孵育计划	江苏骏龙光电科技股份有限公司	50
省高新技术企业培育资金	省高新技术企业培育	江苏雅博动物健康科技有限责任公司等 34 家企业	166.6
企业研究开发费用省级财政奖励资金	企业研究开发费用省级财政奖励	江苏恒义汽配制造有限公司等 51 家企业	622.54

2017 年靖江市获省部级以上科学技术奖项目一览表

表 36

项目名称	获奖类别	完成单位	参与人员
大型高效大面积双管板式换热系统关键技术研发及产业化	2017 年度江苏省科学技术奖三等奖	江苏民生特种设备集团有限公司 江苏科技大学	倪家明 王学生 程 科 刘兴亚 李滨城 陈庆芳 邹家生 冯翼飞 倪 飞 陆卫明
锚链热处理系列技改	2017 年度江苏省科学技术奖三等奖(工人创新奖)	江苏亚星锚链股份有限公司	袁步华
智能化履带式全喂入水稻联合收获机关键技术与装备	2017 年度高等学校科学研究优秀成果奖(科学技术)一等奖	江苏大学 江苏上骐农业装备有限公司等	徐立章 李耀明 陈 进 唐 忠 马 征 梁振伟 印 辉 胡必友 朱金光 张奋飞 范建中
系列规格撬装式天然气液化装置技术开发及应用	北京市科学技术奖一等奖	中国科学院理化所 中科睿凌江苏低温设备有限公司等	吴剑峰 公茂琼 孙兆虎 董学强 周 远 沈 俊 邹 鑫 陈高飞 程逵炜

2017年靖江市获泰州市科学技术奖项目一览表

表37

项目名称	主要完成人	完成单位	奖励等级
ZJ500钻井平台电机	樊进海 刘广峰 王学青 李 洋 张荣斌	江苏航天动力机电有限公司	二等奖
SDQL型高效强制循环泵	严建华 欧鸣雄 金宁宁 浦海燕 石彩萍 冯 剑 陆亚栋	江苏双达泵阀集团有限公司	二等奖
新能源汽车电驱变速箱控制系统用阀体总成	万小民 张 伟 万 方 张习娟 管 律 侯舒文 印燕峰	江苏恒义汽配制造有限公司	二等奖
CAP1400双壳体化容补水泵的研制	张 兴 项 伟 顾 炀 项达章 倪加龙 陈 军 谭志萍	江苏海狮泵业制造有限公司	二等奖
产前血清学组合芯片在唐氏综合征筛查中的应用	薛艳春 朱 伟 卞桂萍 车彦军 王建江 卫 伟 刘松琴	靖江市人民医院 东南大学化学化工学院	二等奖
球磨机用改进型节能中合金油淬火防堵篦板	顾开明 王丽萍 顾 鹏 顾红军 邓厚平 葛宏明 何雪兰	江苏双星特钢有限公司	二等奖
基因多态性及多模影像评估下脑卒中治疗策略的优化	刘 艳 刘文鹏 丁云龙 魏 灿 张艳荣 顾志群 王文娟	靖江市人民医院	二等奖
用于偏散气源提纯回收撬装天然气液化装置	黄佳华 樊 军 贺科峰 刘来军 吴晓美	中科睿凌江苏低温设备有限公司 中国科学院理化所	三等奖
30TQD双重制动智能电动牵引车	陆 铭 陈 浩 张缓缓 马其华 杨国平	江苏靖江叉车有限公司 上海工程技术大学	三等奖
BHR35CT-HiSi U型乙烯辐射管	赵亚军 黄正勇 王均亚 陈 刚 郑 剑	江苏标新工业有限公司	三等奖
用于桥梁监测的光频域反射仪（OFDR）	朱 俊 闻玉南 羊金泉 王 磊 高 健	江苏骏龙光电科技股份有限公司	三等奖
平板一体式太阳能热水器	王锁刚 马巍菲 范庭伟 范廷亮 卞彩霞	江苏光芒新能源股份有限公司	三等奖
履带式切纵流全喂入高产水稻联合收割机	沈玉涛 陈均均 魏永鑫 陆 静 叶 丹	江苏上骐农业装备有限公司	三等奖
高温气冷堆核电站MZS-1E低压开关成套设备	刘炉钢 蔡满涛 周 俊 刘正南 朱士敏	江苏苏中开关厂有限公司	三等奖

续表 37

项目名称	主要完成人	完成单位	奖励等级
一种小型化抗铁磁谐振过电压全绝缘电压互感器的研究	杜桂芬 于 杰 印丽琴 周 楠 吴兴燕	江苏靖江互感器股份有限公司	三等奖
高效型制氢转化炉	魏世忠 夏 浩 余 炎 戴玉明 李勤峰	江苏双勤民生冶化设备制造有限公司	三等奖
新型节能甲醇钠生产装置及方法	彭 涛 夏君君 唐 昊 朱昌允 曹 林	江苏乐科节能科技股份有限公司	三等奖
(空调钢塑)直流无刷电机	环剑斌 董正刚 张小媛 李祥志 李士新	江苏三江电器集团股份有限公司	三等奖
清热化痰方在干预痰热证肥胖型糖耐量异常中的研究和应用	孙 斌 徐 霖 肖一公 谈晓琴 孙 婴	靖江市中医院	三等奖
中药"四黄悬液"外敷治疗骨折早期肢体肿痛的临床研究	鲍自立 周国柱 倪建平 田跃军 朱金华	靖江市中医院	三等奖
中耳力学原理在听力重建手术中的运用	朱 敬 顾兴华 陈 燕 李亚波 卢炳红	靖江市人民医院	三等奖
红花活血调经物质基础研究	姚 东 王林艳 缪 莉 王 铮 杜爱萍	靖江市中医院	三等奖
组蛋白去甲基化酶 KDM2A 在胃癌发生发展中的作用	黄余峰 于立江 马 德 陆网坤 崔丽华	靖江市人民医院	三等奖

2017 年靖江市科学技术奖项目一览表

表 38

项目名称	完成单位	完成人员	奖励等级
ZJ500 钻井平台电机	江苏航天动力机电有限公司	樊进海 刘广峰 王学青 李 洋 张荣斌	一等奖
SDQL 型高效强制循环泵	江苏双达泵阀集团有限公司	严建华 欧鸣雄 金宁宁 浦海燕 石彩萍 冯 剑 陆亚栋	一等奖
新能源汽车电驱变速箱控制系统用阀体总成	江苏恒义汽配制造有限公司	万小民 张 伟 万 方 张习娟 管 律 侯舒文 印燕峰	一等奖

续表 38

项目名称	完成单位	完成人员	奖励等级
CAP1400双壳体化容补水泵的研制	江苏海狮泵业制造有限公司	张　兴　项　伟　顾　炀　项达章　倪加龙　陈　军　谭志萍	一等奖
产前血清学组合芯片在唐氏综合征筛查中的应用	靖江市人民医院 东南大学化学化工学院	薛艳春　朱　伟　卞桂萍　车彦军　王建江　卫　伟　刘松琴	一等奖
基因多态性及多模影像评估下脑卒中治疗策略的优化	靖江市人民医院	刘　艳　刘文鹏　丁云龙　魏　灿　张艳荣　顾志群　王文娟	一等奖
球磨机用改进型节能中合油淬火防堵篦板	江苏双星特钢有限公司	顾开明　王丽萍　顾　鹏　顾红军　邓厚平　葛宏明　何雪兰	二等奖
用于偏散气源提纯回收撬装天然气液化装置	中科睿凌江苏低温设备有限公司 中国科学院理化所	黄佳华　樊　军　贺科峰　刘来军　吴晓美	二等奖
30TQD双重制动智能电动牵引车	江苏靖江叉车有限公司 上海工程技术大学	陆　铭　陈　浩　张缓缓　马其华　杨国平	二等奖
BHR35CT-HiSi U型乙烯辐射管	江苏标新工业有限公司	赵亚军　黄正勇　王均亚　陈　刚　郑　剑	二等奖
用于桥梁监测的光频域反射仪（OFDR）	江苏骏龙光电科技股份有限公司	朱　俊　闻玉南　羊金泉　王　磊　高　健	二等奖
平板一体式太阳能热水器	江苏光芒新能源股份有限公司	王锁刚　马巍菲　范庭伟　范廷亮　卞彩霞	二等奖
履带式切纵流全喂入高产水稻联合收割机	江苏上骐农业装备有限公司	沈玉涛　陈均均　魏永鑫　陆　静　叶　丹	二等奖
高温气冷堆核电站MZS-1E低压开关成套设备	江苏苏中开关厂有限公司	刘炉钢　蔡满涛　周　俊　刘正南　朱士敏	二等奖
一种小型化抗铁磁谐振过电压全绝缘电压互感器的研究	江苏靖江互感器股份有限公司	杜桂芬　于　杰　印丽琴　周　楠　吴兴燕	二等奖
高效型制氢转化炉	江苏双勤民生冶化设备制造有限公司	魏世忠　夏　浩　余　炎　戴玉明　李勤峰	二等奖
新型节能甲醇钠生产装置及方法	江苏乐科节能科技股份有限公司	彭　涛　夏君君　唐　昊　朱昌允　曹　林	二等奖
（空调钢塑）直流无刷电机	江苏三江电器集团股份有限公司	环剑斌　董正刚　张小媛　李祥志　李士新	二等奖

续表 38

项目名称	完成单位	完成人员	奖励等级
复合维生素矿物质制剂及其组分中B族维生素、维生素C及D的高效测定技术开发和应用	江苏艾兰得营养品有限公司	夏旭东 张国栋 包亚君 高 平 张 兴 张沛霞 徐小明	二等奖
优良彩叶树种——北美红栎、欧洲鹅耳枥引种栽培试验	江苏紫藤园艺绿化工程有限公司 靖江市林业科技推广中心	仲秀林 徐惠群 胡利民 陈卫平 徐习芳 徐 锋	二等奖
清热化痰方在干预痰热证肥胖型糖耐量异常中的研究和应用	靖江市中医院	孙 斌 徐 霖 肖一公 谈晓琴 孙 婴	二等奖
中药“四黄悬液”外敷治疗骨折早期肢体肿痛的临床研究	靖江市中医院	鲍自立 周国柱 倪建平 田跃军 朱金华	二等奖
中耳力学原理在听力重建手术中的运用	靖江市人民医院	朱 敬 顾兴华 陈 燕 李亚波 卢炳红	二等奖
红花活血调经物质基础研究	靖江市中医院	姚 东 王林艳 缪 莉 王 铮 杜爱萍	二等奖
组蛋白去甲基化酶KDM2A在胃癌发生发展中的作用	靖江市人民医院	黄余峰 于立江 马 德 陆网坤 崔丽华	二等奖
序贯性建立人工气道在重症患者救治中的应用	靖江市人民医院	郑 鹏 高 峰 徐 坡 张文青 徐 燕 张 杰 韩乔燕	二等奖
铸造行业职业病危害预防控制技术应用示范	靖江市安全生产监督管理局	蔡 斌 张志伟 陈 俊 张玲玲 沈志博	三等奖
YBX4系列隔爆型超超高效率三相异步电动机	江苏大中电机股份有限公司	王荷芬 顾飞龙 孙建民 周 剑 叶海滨	三等奖
乘用车专用双质量飞轮	靖江三鹏模具科技股份有限公司	钱爱华 严正峰 杨耀本 卢 兑 孙 勇	三等奖
新型高耐磨无泄漏一次风管组件	江苏星源电站冶金设备制造有限公司	赵飞文 赵国华 朱华平 何友根 戴洪焱	三等奖
耐强腐蚀抗结焦合金钢辐射管	江苏华冶科技股份有限公司	王茂庭 王利金 沈礼宏 王金龙 顾 敏	三等奖
高浓度悬浮溶液浓缩机组	江苏和诚制药设备制造有限公司	徐建涛 倪 松 钱 露 徐 翔 王 建	三等奖
高效节能无泄漏钢质车用气瓶	江苏民生特种设备集团有限公司	高华金 杨 伟 刘兴亚 张文彬 倪 飞	三等奖
智能控温节能蒸汽过热炉	靖江格兰石化设备有限公司	张卫宏 许送波 程永军 贾翼亮 戴笔耘	三等奖
经轴布筒纱测试仪	靖江市华夏科技有限公司	殷玉敏 夏筛根 许敏忠 包洪兴 黄 鑫	三等奖

续表 38

项目名称	完成单位	完成人员	奖励等级
YMK 高扬程大流量耐酸耐磨泵	江苏亚梅泵业集团有限公司	朱巧君　王友宏　彭光杰　戴　冰　黄明荣	三等奖
新型高效盘螺轧后冷却装置	江苏东方成套设备制造集团有限公司	朱才网　陈　健　陈正华　蒋亚群　赵增宝	三等奖
工件快速夹持用机床主轴	江苏星晨高速电机有限公司	刘　钊　刘森钢　刘　凯　闻　帅　朱桂先	三等奖
缝制设备用智能一体式永磁电机	江苏上骐集团有限公司	印光宇　徐兆明　吴胜章　周爱君　印　辉	三等奖
带有防堵装置的远距离输送耐磨管道	江苏耐尔冶电集团有限公司	杨　飞　姚圣高　朱兴荣　王　猛　吴　谦	三等奖
高强度锁紧螺母	江苏永昊高强度螺栓有限公司	朱汉华　赵灵杰　洪建权	三等奖
酥脆肉片肉脯加工技术研究	江苏双鱼食品有限公司 江苏农牧科技职业学院	褚洁明　刘　靖　姚　芳　赵瑞靖　陆　银	三等奖
靖江市水稻生产全程机械化技术集成推广应用	靖江市农机化技术推广服务站	朱亚东　印永忠　展旭东　李旭琴　施惠燕	三等奖
窄带成像结合放大肠镜下 Sano 分型对结直肠肿瘤性和非肿瘤性病变的诊断价值	靖江市人民医院	朱炳良　沙　杰　杨爱萍　鞠艳云　鞠　丽	三等奖
中药穴位敷贴治疗慢性阻塞性肺病	靖江市中医院	孙靖峰　田万青　林　敏　卢云武　马惠娟	三等奖
超声引导下股神经阻滞加鸡尾酒疗法在膝关节镜术中的应用	靖江市中医院	张维娥　刘奕君　高培松　邵雪梅　翟　欢	三等奖
大剂量生黄芪在慢性阻塞性肺病中的临床应用	靖江市中医院	孙　腾　徐　坡　吴明华　赵　俊　陆元洁	三等奖
手部屈肌腱修复术后反向弹力固定法临床效果观察	靖江市第二人民医院	李金付	三等奖
一次性根管治疗术和常规根管治疗术治疗隐裂牙伴牙髓炎的疗效比较	靖江市第二人民医院	陈少华	三等奖
早期削痂 ADM 脱细胞异种皮覆盖治疗深Ⅱ度烧伤的效果评价	靖江市第二人民医院	高鹏飞　陈丽云　张　敏　于　俊　戴靖宇	三等奖

高新技术产业

【概况】 2016年,全社会研究与试验发展经费支出19.22亿元,占GDP比重2.4%。2017年,全市加快高新技术特色产业基地建设,推进国家新技术船舶特色产业基地、国家微特电机及控制产业基地、省核电装备科技产业园建设,建成泰州市先进电机及控制产业技术创新战略联盟,高端暖通装备科技产业园被认定为江苏省高端暖通装备科技产业园,城北园区申报创建泰州市级和省级高新区。年内,全市认定国家高新技术企业37家、省高新技术企业培育库入库企业34家、省级民营科技企业58家,新增省级高新技术产品110项。全年实现高新技术产业产值828.6亿元,占规模以上工业总产值比重44.2%。

2017年靖江市认定国家高新技术企业名单一览表

表39

企业名称	企业名称
靖江市大诚自动化工程有限公司	靖江市东达铝业有限公司
江苏永佳光电科技有限公司	江苏雅博动物保健品有限责任公司
中机国达电力科技江苏有限公司	江苏世能化工设备有限公司
江苏博林机械制造有限公司	江苏盛信重工有限公司
靖江市永信特钢有限公司	江苏凯特尔节能技术有限公司
靖江市亚泰特种材料制造有限公司	江苏谷泰粮食机械科技有限公司
江苏迈威科技有限公司	江苏海天科技有限公司
江苏安邦伟业人工环境有限公司	靖江市格利环保科技有限公司
江苏奥凯环保科技有限公司	江苏沙龙机电科技有限公司
江苏力阳电器制造有限公司	靖江国林木业有限公司
江苏新时代造船有限公司	靖江市海源有色金属材料有限公司
江苏乐科节能科技股份有限公司	江苏上骐集团有限公司
卓然(靖江)设备制造有限公司	无畏警用装备有限公司
靖江市新程汽车零部件有限公司	江苏龙腾门业有限公司
江苏东华测试技术股份有限公司	靖江神驹容器制造有限公司
江苏艾兰得营养品有限公司	江苏联兴成套设备制造有限公司
靖江三鹏模具科技股份有限公司	江苏皓日汽车零部件有限公司
江苏双达泵阀集团有限公司	江苏亚星锚链股份有限公司
江苏三江电器集团股份有限公司	

知识产权

【概况】 2017年,全市专利申请量6684件,其中发明专利申请量2127件;实现专利授权量1811件,其中发明专利授权量174件;全市万人发明专利拥有量13.01件。成立市创建国家知识产权强县工程试点县工作领导小组,出台《靖江市创建国家知识产权强县工程试点县工作方案》。开展专利申请奖励,资助专利授权、发明专利申请2690件567.32万元。开展企业参加知识产权标准化管理培训,培养企业知识产权管理人才,12人通过知识产权工程师资格评审,6人通过知识产权助理工程师资格评审。配合泰州市知识产权局检查流通领域知识产权执法情况,查处涉嫌假冒专利商品105件,责令商家下架并限期整改。江苏亚梅泵业集团有限公司获评省知识产权管理标准化项目示范先进单位,江苏艾兰得营养品有限公司获评"国家知识产权优势企业",获省知识产权战略推进计划项目资助30万元。

【华雕机械专利获中国专利奖】 年内,江苏华雕机械有限公司的"一种采用非接触式旋转接头的高速自动换刀电主轴"发明专利获第19届中国专利奖,实现全市中国专利奖零的突破。该发明专利技术将传统的机床主轴与主轴电机融为一体,解决电主轴自动换刀的问题,提高产品市场竞争力,入围江苏省高新技术产品项目。

科技政策及服务

【概况】 2017年,靖江推进科技体制改革,研究制定并出台《关于实施创新驱动发展战略,推进创新型城市建设的意见》《靖江市加快推进创新型城市建设若干政策措施》,实施科技创新载体建设、关键技术攻关、创新型企业培育、创新服务平台建设等创新发展四大工程。建立并运营"靖江科技"微信公众号,启动创新型企业"科技管家"服务行动计划。发放科技政策宣传资料1000余册,培训企业200余家。发放科技创新券4645万元,兑现资金2036.66万元。落实科技政策减免税额2.53亿元,比上年增长29.64%。制定出台《靖江市科技型中小企业信贷风险补偿资金池管理办法》和《靖江市科技型中小企业信贷风险补偿资金池("苏科贷")管理实施细则》,推进"苏科贷""科技贷""惠科融"等科技金融产品,向16家科技型中小企业发放贷款8910万元。

【农业科技创新】 年内,加快省农村科技服务超市建设,新增省农村科技服务超市靖江特种水产产业分店和2家便利店,靖江设施蔬菜产业分店获省农业科技社会化服务奖补资金14万元,并获年度考评优秀等次。支持星创天地创新发展,江苏红芽农业科技有限公司的"芋香天下"星创天地通过省级、国家级星创天地备案,靖江紫藤园、百德惠、贵人缘星创天地通过泰州市级星创天地备案,靖江紫藤园等8家星创天地通过靖江市级星创天地备案。加快培育省农业科技型企业,江苏永涛实业有限公司、江苏尚香食品有限公司被认定为省农业科技型企业。组织江苏骥洋食品有限公司等5家农业龙头企业参加第24届中国杨凌农业高新科技成果博览会,采集最新农业科技成果信息,并走访西北农林科技大学洽谈产学研合作项目。精选最新农业科技信息100余条编印《农业科技信息汇编》,利用"科技三下乡"、科普宣传周等活动发放1800余册。

【重要科技服务活动】 4月20日,市科技知识产权局召开2017年高新技术企业申报工作培训会,全市2017年度重点培育的科技型企业、即将到期的高新技术企业等90余家企业160余人参加。培训会专题讲解高新技术企业优惠政策、申报条件、申报流程和申报工作注意事项,并现场辅导答疑。

4月21日,市科技知识产权局至中建钢构有限公司(华东大区)开展知识产权基础知识培训,该企业研发、生产和技术等部门的30余名业务骨干参加。培训就企业提出的专利申请、专利挖掘与布局、企业核心技术保护等方面的问题进行讲解。通过培训,市科技知识产权局详细了解企业在经济转型升级过程中对知识产权的内在需求,制定相应培训计划,以面对面、网络视频等多种形式开展知识产权服务。

4月26日,围绕"创新创造改变生活 知识产权竞争未来"主题,开展知识产权宣传周活动,市科技知识产权局联合市市场监管局、文广新局和法院等单位在百富绅家居广场进行宣传,通过咨询、展板宣传、发放资料等形式,解答市民关于专利申请、商标注册、正版软件及知识产权诉讼等相关问题,提升社会知识产权保护意识。

5月,"科技管家"服务工作队成立 (市科技知识产权局提供)

5月10日,举办"科技管家"服务工作队成立暨动员部署会,启动创新型企业"科技管家"服务行动。会议组织和发动全市各级科技系统管理者,充分利用科技镇长团、高校院所科技和人才资源,以服务创新型企业为重点,成立"科技管家"队伍,构建和完善"科技管家"服务体系,服务企业创新发展,提升企业创新能力。

10月20日,市科技知识产权局召开2017年省高新技术企业入库培育申报工作培训会,40余家科技型中小企业60余人参加。培训会专题讲解省高新技术企业入库培育最新政策、入库培育申报条件、申报流程等。通过培训,增加企业参与入库培育的积极性,推动广大科技型小微企业加快成长为高新技术企业。

【"靖江科技"微信公众号开通】 5月18日,市科技知识产权局微信公众号"靖江科技"开通。该公众号设有科技创新动态、信息发布宣传、大走访大落实等板块,旨在面向全市企业及科技工作者,宣传国家、省市有关科技创新工作政策,提供政府科技资源信息,展示靖江科技创新实践成果,关注重点科技项目实施进展,研判新形势下科技工作热点、难点,打造靖江科技工作微门户、科技服务发展微窗口、科技工作者互动交流微平台。至12月31日,共推送图文信息89篇,图文总阅读量10361人次。

(王跃军 薛婷婷 刘 滢)

防震减灾

【概况】 2017年,全市有地震台1个、宏观测报点12个,向省地震台网中心速报地震22次。年内,市地震局推进监测预报、震害防御、应急救援"三大体系"融合发展,完善防震减灾统筹管理机制,加强台站建设运行,严格抗震设防监管,健全群测群防体系,夯实应急响应基础,拓展科普宣传模式。年末,市地震局获评江苏省县级防震减灾工作优秀单位,获泰州市防震减灾工作综合考评第二名。

【地震台建设】 全市有地震台1个。年内,市地震局明确地震台观测保护界址,制作观测环境保护牌,加装全方位视频监控系统,坚持每日巡查制度,监测设备、供电、通信、防雷等保障设施,测量接地电阻,地震台全年运行正常。

【震情测报】 年内,出台《2017年度震情监视和短临跟踪方案》,明确组织机制和工作职责,依法保护地震台监测环境,履行监测设施日巡查制度,加强地震群测群防工作管理,提高地震监测观测资料质量。孤山地震台测震运行率98.22%,强震运行率100%,地倾斜观测运行率(试运行)90.0%,年平均连续运行率99.48%。2016年11月—2017年10月,地震台记录可分析的近、远震123个(近震44个,远震79个),地震速报27个。

【群测群防体系】 年内,健全社区、学校防震减灾组织机构,建立防震减灾知识宣传阵地,组织开展各类宣传、演练活动,滨江新区办事处康阳社区创建成国家级地震安全示范社区,滨江新区办事处兴阳社区创建成省级地震安全示范社区。更新"三网一员"(地震宏观测报网、地震灾情速报网、地震知识宣传网,防震减灾助理员)及防震减灾联席成员单位分管领导、联络员信息,延伸"三网一员"至行政村、居委。修订《靖江市地震宏观观测基地管理考核办法》,细化管理措施与考核细则,加强地震宏观观测基地管理。至年底,有宏观测报点12个,实现街道、镇全覆盖。

【防震减灾宣传】 年内,制定印发《2017年度防震减灾科普宣传要点》,利用文化、科技、卫生"三下乡"以及科普宣传周、全国科普日、"5·12防灾减灾日"、"10·13国际减灾日"等契机,在镇、社区、学校开展防震减灾科普知识宣传教育活动。全年参加市级科普宣传活动2次,开展地震科普知识讲座2场,组织参观防震减灾科普教育基地2次,组织应急疏散演练4次,发放宣传资料6000余册,在国家、省、市地震系统网站发布活动信息20余篇。

【地震突发事件处理】 2月5日00时45分,江阴市发生2.7级地震,震源深度约14千米,靖江部分地区震感明显。市地震局根据新修编的《靖江市地震应急预案》中有感地震事件应急流程,开展应急处置工作。及时了解震情,分析震情,第一时间向省、泰州市地震局汇报;联系省台网中心,请省专家组会商,提出震情分析意见,做出震情趋势研判;积极应对社会舆情,消除民众恐震心理,"12345"政府服务热线接听群众震情咨询电话44个,市地震局值班电话接听咨询电话5个。

(王海庆 刘玉林)

综　述

【概况】 2017年，全市有各类学校（不含常州大学怀德学院）93所，其中幼儿园44所、义务教育学校43所、高中4所、特殊教育学校1所、中等专业学校1所。至年末有在籍学生71054人，专任教师6403人。年内，市教育系统围绕教育转型升级，深化管理创新和教学改革，加快教育现代化建设，推动教育均衡发展。落实学前和义务教育免试就近入学制度，严格执行高中阶段招生政策，各学段招生工作平稳有序。加强教育宣传，办好靖江教育网、微博、微信“一网两微”平台，每月发布“美德善行榜”“教师风采点赞”，弘扬教育正能量。落实各学段资助政策，发放政府助学经费1484.21万元，向98名学生发放“宏志奖学金”“阳光助学金”“桃杏春风公益基金”等共29.4万元。成立家长学校总校，组织百场家长讲堂。重视教学科研，3项教学成果获省级一等奖，2项教学成果获泰州市特等奖、7项获一等奖；申报立项省级课题59个、泰州市级课题100个，出版教师专著11本。年内，高考本科上线率、本一上线率，中考均分和录取控制线均列泰州第一。各学科奥林匹克竞赛中，获全国一等奖1人、二等奖40人，省一等奖122人、二等奖158人、三等奖62人，在省珠心算年赛中获团体第三名。靖江获评第2批全国中小学校责任督学挂牌督导创新县（市、区），在江苏省教育现代化监测中综合得分位列泰州第一；市教育局获评江苏省教育宣传工作先进集体、省学生资助工作优秀单位、省关心下一代工作先进集体，在泰州市政府教育工作督导、学前教育督导、年度教育工作考核中均获优秀等次。

【学校建设】 年内，调整优化中小学幼儿园布局规划，新增民办幼儿园2所，建成幼儿园6所，改扩建学校3所。加强教育装备建设，改善11所义务教育薄弱学校基本办学条件，改建多媒体教室94个，新增录播教室3个，更新计算机500台，铺设预制型橡胶跑道和人工草坪1.8万平方米，5所学校获评泰州市首批“智慧校园”，全市义务教育现代化学校比例达93.02%。深化教育科研，承办江苏省、泰州市及跨县区教研培训活动30次，建成省级普通高中课程基地5个、省级薄弱初中课程基地3个。推动学校均衡建设，出台《关于统筹推进城乡义务教育一体化促进优质均衡发展的若干意见》，推进省四星级高中全覆盖工程，建成省职业学校现代化实训基地1个、省标准化社区教育中心1个。重视校园安全，常态化开展校园安全检查、整治工作，开辟线上线下相结合的安全法治教育平台，定期组织开展应急疏散演练，建立校园周边“五岗”（交通岗、治安岗、城管岗、食安岗和文化岗）管理模式，85所学校聘请“五岗”管理人员230人，添置各类警用防卫器械414件，63所学校周边道路交通安全设施得到完善。

提升后勤保障能力,完善学校财务管理、工程项目建设管理、教育装备采购、国有不动产出租等制度,组织泰州市学校食堂“五常管理”(常组织、常整顿、常清洁、常规范、常自律)现场观摩会,定期举办食堂开放日活动。年末,全市创建泰州市安全教育先进学校5所、消防安全先进校3所、食品安全先进校10所、交通安全先进校9所、法治校园5所。

【素质教育】 年内,组建“小香橼艺术团”,举办体育节、艺术节、科技节等活动。落实体艺“2+1”项目,让学生通过学校的课外体育和艺术教育活动,掌握2项运动技能和1项艺术技能。在泰州市小学生田径比赛中获团体冠军,在泰州市青少年校园足球文化节啦啦操比赛中分获小学组、初中组一等奖,泰州市中小学生合唱比赛中获一等奖4个,并获优秀组织奖。年末,新创全国环境教育示范学校1所,全国优秀文化艺术传承学校1所,全国篮球、足球特色学校4所;新创江苏省、泰州市优质幼儿园7所,新增课程游戏化建设项目4个;建成江苏省健康促进金牌学校2所,江苏省国防教育特色学校、华文教育基地学校、特色文化建设项目学校、书香校园建设示范点各1所;10所学校获评泰州市“一校一品一特色”学校,8所学校获评泰州市素质教育“5+2”工程(实施主题教育、自主学习、青春活力、实践体验、未来素养五大行动,构建区域推进展示和学校微创激励两大机制)先进学校,在泰州市素质教育“5+2”工程考核中获一等奖。

【“关爱留守学生,争做教师妈妈”活动】 5月,市教育局开展“关爱留守学生,争做教师妈妈”活动。“教师妈妈”通过走村入户、座谈访谈、问卷调查等形式走访留守学生家庭,掌握其家庭基本情况,建立档案,制定“一人一策”帮扶措施,落实生活补助,帮助留守儿童养成良好生活习惯,增加与家长感情联络,定期回访,及时更新留守学生相关信息。同时,市教育局组织留守学生进行常规体检,开设心理健康知识讲座,建立“留守学生之家”,开放各类功能教室、图书馆以及实验室,丰富留守学生学习生活。

5月,2017年市中小学生“春之声”艺术节开幕 (市教育局提供)

【市政协民主评议教育】 9—11月,市政协开展民主评议教育活动。其间,听取市教育局从科学规划优布局、集团办学促均衡、科研兴教出成果、素质教育育人才、队伍建设见成效、特色办学提品质、产教融合促发展7个方面汇报靖江教育事业改革发展情况;与教师代表“面对面”交流,就优质资源供给、办学条件改善、课后延时服务、师资队伍建设、有偿家教治理、教师职称评聘等社会各界比较关注的热点、难点问题提出相关意见和建议;实地考察第一实验幼儿园前进分园、莲沁幼儿园、长盛幼儿园、江阴—靖江工业园区小学、莲沁小学、城南新区初中等学校。

基础教育

【概况】 2017年,全市有幼儿园、小学、初中、高中91所,在校学生67461人。其中,幼儿园44所,在园幼儿15485人,适龄幼儿学前三年入园率108.82%;小学23所,在校学生27858人,年内新招学生5010人,小学适龄儿童入学率100.27%,在校学生巩固率、升学率100%;初级中学(含九年一贯制学校)20所,在校学生15722人,年内新招学生5294人,入学率100.64%,在校学生巩固率100%,毕业生升学率98.7%;普通高中4所,在校学生8396人,年内新招学生2828人,毕业生升学率80.58%。年内,推进学校规划建设,修编中小学幼儿园布局规划和第二轮学前教育五年行动计划，御水湾幼儿园、长安幼儿园、新佳幼儿园、大觉幼儿园、四墩子幼儿园、长盛幼儿园建成投用，改扩建柏木小学、第五中学、生祠初中，改善特殊教育学校、生祠中心小学等11所义务教育薄弱学校办学条件，改建多媒体教室94个，新增录播教室3个，更新计算机500台，铺设预制型橡胶跑道和人工草坪1.8万平方米。新创成2所省优质幼儿园和1所义务教育现代化学校，全市省优园比例83.3%，义务教育现代化学校比例93.02%；5所学校获评泰州市首批"智慧校园"。关注学生身心健康，建成未成年人健康成长指导中心，提供心理咨询和服务237人次。年内，全市学校在各学科奥林匹克竞赛中获全国一等奖1个、二等奖40个，省一等奖122个；高考本一、本二上线率两项指标均在泰州领先，高中教育获泰州市专项考核第一名；中考普通高中最低控制线继续保持泰州第一。

【特殊教育】 2017年，全市有特殊教育学校1所。9月，在校学生107人，其中学前班9人、小学70人、初中28人，新招31人，毕业22人，送教上门学生23人。至12月，在校学生112人，其中新增8人、转出1人、死亡2人，送教上门学生21人。针对特殊学生的兴趣特点，学校开设剪纸、陶泥、串珠、书法、乒乓球等多个走读班课程；针对重残儿童，学校开展送教上门志愿服务，"一生一案"定期送教。学校创新培智教育学前融合教育，设立融合部，根据各个特殊幼儿的特点和残障程度，将智障儿童按一定比例与正常儿童安置在相同的教育环境中。年末，学校融合部有3个班级共85人，其中特殊儿童9人(自闭1人、唐氏综合征4人、脑瘫幼儿3人、发育迟缓1人)。

【高考】 2017年，全市高考实际参考2879人，比上年减少186人。本科上线2566人(其中普通类2435人、体艺类131人)，上线率89.13%，列泰州各市(区)第一。普通类考生中，达本一控制线947人，上线率33.25%，列泰州各市(区)第一，本二上线率85.48%。400分(含)以上考生13人，理科最高分425分，并列全省第6名。2320人在提前、本一、本二批次中被各类高校录取，其中理科录取1655人，文科录取558人，体艺类录取107人，省内高校录取人数占录取总人数的70%。400分(含)以上考生录取学校情况分别是3人清华大学、1人北京大学、2人浙江大学、1人中国科学院大学、3人复旦大学、3人上海交通大学。从录取专业看，选择管理类、电气工程与自动化、金融经济、电子信息类、语言类、土木工程与建筑、材料学等专业的考生较多，400分以上考生大多选择经济学类、土木类、临床医学、人文地理与城乡规划、电气与自动化等专业。

2017年靖江考生录取高校情况一览表

表40 单位：人

提前录取本科	提前录取专科	第一批本科	第二批本科	体艺本科	普通专科	体艺专科
86	0	799	1328	107	422	42

说明：高职单招提前录取279人(专科)。

【"适合的教育"靖江经验】 6月，江苏省"适合的教育"讨论会在靖江召开，淮安、无锡、南京、常州、苏州、盐城等地教育工作者参加。会上，江苏教育报刊总社发布《江苏学生家长教育需求调研报告》，省教育厅厅长葛道凯就"适合的教育"理念和实践等问题作专题发言，靖江介绍经过实践探索形成的"适合的教育"靖江经验：以现代先进的教育理念为引领，探索符合教育发展规律、适合学生身心健康的发展路径；立足群众和社会需求，通过规划引领、政策扶持和多元投入，统筹各类教育发展，建立适合时代发展的教育格局；坚持依法治教，深化综合改革，优化师资配备，激发学校办学活力，营设适合学校发展的外部环境；各级各类学校立足主体，因材施教，加强课程建设，坚持特色立校、品牌强校，办好适合学生成长成才的学校。会前，与会代表参观城中小学、滨江学校，了解课堂教学。

【未成年健康成长指导中心建成】 8月，市未成年人健康成长指导中心建成并投用。中心位于市体育中心少年宫，面积200平方米，配备接待室、团体沙盘室、心理宣泄室、团体心理辅导室、热线电话室、个别辅导室、心理放松室、心理测评室等，有三级以上资质的专兼职专业心理咨询师23人。中心以"关注未成年人心理发展，促进未成年人健康成长"为宗旨，通过"热线咨询、网上交流、面询指导、辅导讲座”等形式，为全市未成年人免费提供成长指导服务。年内，提供心理咨询和服务237人次。

8月，市未成年人健康成长指导中心建成并投用 （市教育局提供）

【首届“开学第一课”活动】 9月1日，市首届中小学生“开学第一课”活动在城中小学举行，全市各中小学校校长及学生、教师、家长代表300余人参加。活动以祁智为主讲人，以“我拿什么献给你”为主题，分享其成长故事，引导广大少年儿童弘扬社会主义核心价值观，培育爱党、爱祖国、爱社会主义，爱家乡、爱自然、爱他人的家国情怀，以及爱学习、爱劳动、爱生活的精神品质，树立远大志向，培育美好心灵。

【“中国微型小说校园行”启动】 10月27日，由《微型小说月报》杂志社、市文联、省靖中共同主办的中国微小说校园行启动仪式暨首届微小说与校本课程高峰论坛在省靖中举行，国内部分教育专家、名师、作家参加，通过座谈等多种形式交流研讨微小说文化，展示微型小说经典作品，加强微型小说作家与学生的沟通交流。

【市一中获评全国志愿服务示范学校】 12月，在全国中学生志愿服务工作现场推进会上，市一中被评为首批全国中学生志愿服务示范学校。市一中坚持“奉献、友爱、互助、进步”理念，连续20年组织学生开展以生态文明为主题，以学生全面发展为目标的环保特色青年志愿服务，通过实施第2届中国青年志愿服务项目大赛银奖项目“保护长江水生物”和江苏省优秀志愿服务项目“万名青少年参与传播生态文明教育”项目，逐步打造“校园自然季”“社区环保行”“长江生态保护”子项目品牌。

【中小学生课业减负】 12月，市教育局贯彻落实省教育厅关于进一步规范学校管理切实减轻中小学生课业负担的意见，部署开展课程管理、优化作业管理、治理违规集中补课、社会培训机构管理、优化作息时间专项行动。严格执行国家课程方案，开齐开足全部课程，不随意增减课程课时、增加课程难度、加快教学进度；统筹控制作业总量和难度，建立学校、年级、班级作业平衡机制，探索弹性作业机制，小学一、二年级不布置书面家庭作业；重视指导学生节假日学习，不要求或者变相要求学生到校、留校、返校组织集中上课、考试、补习、自习等，不推荐、暗示、要求、组织学生到校外补课培训或网上付费学习；开展社会培训机构集中整治活动，规范办学行为；推迟各中小学上午到校时间，保障学生充足睡眠时间，促进学生健康成长。

职业教育

【概况】 2017年，全市有职业学校1所(省靖江中专校)，在校学生3486人，新招录1401人，其中五年制高职208人。年内，加强学科建设，新增与泰州学院联办的“3+4”财务管理专业、与江阴职业技术学院联办的“3+3”平面设计专业。推进职业教育创业富民工作，依托学校主体，结合各相关专业，组建星火众创空间。优化职业教育资源配置，实现校企合作、产教融合，完成职业教育产教融合工程。年末，省靖江中专校获评江苏省教育成果奖一等奖，申报、开题省级课题4个，承办的“先进制造技术”实训基地项目被江苏省教育厅、财政厅认定为“江苏省职业学校现代化实训基地”。

社区教育

【概况】 2017年，靖江加强市、镇、村三级社区教育组织网络和基础能力建设，各镇(街道、办事处)通过新建、调整、撤并等形式，学校建筑面积、师资队伍、教学设施基本满足教育培训需要。至年末,全市有省社区培训学院1所、全国社区教育示范乡镇2个、江苏省社区教育示范乡镇1个、江苏省标准化社区教育中心10个、江苏省高水平农科教结合富民示范基地1个、江苏省农科教结合示范基地3个、江苏省标准化居民学校91所,孤山镇社区教育中心建成省标准化社区教育中心,全市实现省标准化社区教育中心全覆盖。社区培训学院和各镇(街道、办事处)社区教育中心开展实用技术培训、致富骨干培训、职业技能培训、创业培训、农村劳动力转移培训、失业人员再就业培训等活动,引导企业开展职工岗前培训、岗位培训和继续教育,组织老年人文化、娱乐、卫生、保健教育活动,尝试婴幼儿早期教育和青少年校外教育。全年从业人员参加各级各类教育培训20余万人次,终身学习网络覆盖率98.5%,从业人员继续教育年参与率61.35%,城区居民、农村居民、老年人社区教育活动年参与率分别为61.69%、42.32%、22.15%。与市民政局、政务办联合年检民办教育机构,并通过媒体向社会公示,要求整改4个,取消办学资格2个。与公安等部门联合整治非法办学机构,取缔非法办学机构2个。年末,全市有办学许可证的非学历民办教育机构48个。

师资建设

【概况】 2017年,全市各级各类学校有公办教职工5737人,其中正高级职称8人、高级职称1232人、中级职称2540人、初级职称1882人;有专任教师(不含非公幼师)5553人,其中幼儿园259人、小学(含特殊教育学校)1969人、初级中学1881人、普通高中1035人、职业学校409人,各学段教师学历达标率均为100%。年内,组织1.3万余人次参加全国、省级、泰州市级各项培训,24人次参加海外培训。实施第2批"马洲322志愿支教行动",遴选6人至局机关锻炼,10人至名优学校跟岗见习,5人志愿赴西藏等地支教。落实教师交流制度,专任教师、骨干教师交流比例分别为18.39%、28.76%。加强乡村师资队伍建设,签订乡村定向培养师范生33人,成立乡村初中英语骨干教师培育站,组织名特骨干教师送课至农村100课、送培训至农村100次。加强师德师风建设,落实"讲师道 重品行 铸师魂"师德师风建设主题教育实践活动方案,组织教职工学习《师德手册》,与各校签订师德师风责任状;开展"初心守廉"主题教育、"有偿家教"专项治理等行动。年内,全市新增泰州市三级骨干教师85人,其中学科带头人17人、教学能手41人、教坛新秀27人;新增泰州市名校长2人、名教师2人,靖江市名校长5人、名教师10人,全市骨干教师占专任教师总数的28%。73人在各级各类大赛中获特等奖或一等奖,262人次在"一师一优课"活动中获市级以上优课奖;1人入选国家万人名师计划,1人被评为江苏省有突出贡献中青年专家;评选市"人民满意好教师""十佳班主任"各10人、"优秀班主任"90人、"优秀教育工作者"71人、"扎根农村、奉献教育"年度优秀人物和"师德标兵"各20人。

8月,首届"杏坛论道"校长论坛在滨江学校开讲 (市教育局提供)

【"杏坛论道"校长论坛】 8月,首届"杏坛论道"校长论坛在滨江学校开讲,全市各中小学(幼儿园)副校(园)级以上人员参加。首届论坛的主题是"做有良知的教育"。"杏坛论道"靖江校长论坛由市教育局主办,每季度1期,每期设不同主题,以主题发言、现场访谈为主要形式,辅以参观考察名校,为全市教育系统提供相互交流、学习、探讨的平台。论坛交流内容每年结集出版,让更多教育工作者从中学习获益。

【浦鑫成为泰州首位国际级垒球裁判员】 2月,浦鑫被国际棒垒球联合会(WBSC)授予国际级垒球裁判员称号,成为泰州首位国际级垒球裁判员。浦鑫为市实验学校教师,2015年底获评国家级垒球裁判员,2016年至四川参加国际棒垒球联合会(WBSC)及亚洲垒球联合会(SCA)联合举办的国际垒球裁判员培训班,通过理论、实践、体能方面的考核,成为国际级垒球裁判员。

【范骏至西藏支教】 7月,经过自愿报名和严格审核,市一中教师范骏启程赴西藏拉萨实验中学,开展为期2年的支教活动。范骏是市一中地理学科组副组长,2003年开始任教,一直担任班主任,先后获评靖江市青年岗位能手、泰州市教学能手,是泰州市"311"高层次人才工程培养对象、泰州市高中地理名师工作室成员。2008年响应江苏省教育厅"千校万师支援苏北农村教育"号召,主动申请至阜宁县芦浦中学支教1年,先后被阜宁县、靖江市评为支教工作先进个人。

【"杏坛书社"教师书法培训】 10月13日,靖江市"杏坛书社"教师书法培训开班典礼在江阴—靖江工业园区小学举行,来自全市各小学的45名书法教师参加。该培训班为期3年,每周集中学习1次,进行技能训练和理论研读,授课教师包括本土知名书法家、省内外中青年书法家、大学教授、博士生导师等。

【2人至印尼开展华文教育】 年内,靖江首次获得华文教育外派任务。12月,市第一实验幼儿园中虹分园刘霞、夏露萍经层层选拔,派往印尼泗水崇高基督教国际学校任教1年,成为靖江首批外派华文教师。刘霞是中虹分园副园长,分管教育教学工作,曾获"泰州市教坛新秀"等荣誉;夏露萍是市第一实验幼儿园本部年级组长,在组织幼儿歌咏比赛、毕业会演等活动中表现出色。

(黄继鑫　叶爱国)

常州大学怀德学院

【概况】 2017年,常州大学怀德学院(下称"学院")设有机械与化学工程系、建筑与环境工程系、信息工程系、经济管理系、外语系、艺术系6个系及基础课部、体育部2个部。年内,建成图书馆、阶梯教室、大学生活动中心并投入使用。根据社会需求和办学条件,恢复高分子和自动化2个专业招生,获得人力资源管理、财务管理、物流管理3个专业学士学位授予权。是年,招生2351人,其中专升本234人,有全日制在校生8481人。2017届学生毕业率96.73%,学士学位授予率95.35%,就业率92.02%,考研录取率6.25%。

【师资队伍】 2017年,学院获本科院校教师职称、实验技术职称评审权。年末,学院有教职工203人,其中具有正高级职称者10人、副高级职称者40人、中级职称者65人,另有常州大学兼职教师、外聘教师267人。注重培养青年教师,通过师徒结对、青年教师教案评比、"新任课、新开课"教师试讲考核、新教师座谈会、督导听课、培训等方式,提升青年教师教学能力。年内,学院获江苏省教学成果奖二等奖1项,1人获第3届全国高等院校工程应用技术教师大赛二等奖,4人获2017年泰州市高校青年教师优质公共课教学竞赛二等奖,1人获常州大学青年技艺大赛二等奖、5人获三等奖,1人获批2017年度省"青蓝工程"优秀骨干教师培养对象。

【学生培养】 持续推进创新创业教育。重视学生科技创新、创业及实践应用能力培养,组织学生参加各类竞赛和社会实践。6月,学院组织师生参加第15届全国挑战杯江苏省决赛,获特等奖1项、三等奖1项,并获优秀组织奖。全面推进校地合作,新增产学研合作基地和大学生实践教学基地21个,承担市或企业培训项目3个,新设奖、助学金项目6个。启动骥江创客街区建设,组织学生申报创业项目,7个创业项目孵化成功并登记注册,其中2个项目获评江苏省优秀大学生创业项目,2个项目获评泰州市优秀大学生创业项目,共获项目资助经费28万元。年内,学院新增专利申请30项,其中发明专利18项(学生申请1项)、实用新型专利12项,5项发明专利获得授权、14项实用新型专利获得授权。

(解　凌)

【扶风戏曲社获评全国优秀社团】 10月,由团中央、全国学联、全国少工委联合举办的第二届"中华学子青春国学荟"优秀国学项目评选结果揭晓,常州大学怀德学院扶风戏曲社获评2017年度"全国优秀大学生国学社团"。该社团成立于2015年,创新地将传统戏曲(京剧)与现代文化相结合,引导学生从对戏曲的纯兴趣爱好向文化自信靠拢,弘扬中华传统文化,丰富社团活动内涵。

文学艺术

【文学】 2017年，李筱纲、邵秀萍加入江苏省作家协会。庞余亮在《江南》《诗刊》《芳草》《星火》等发表长篇小说《有的人》、小说《擒贼记》、组诗《晦暗书》等，散文集《顽童驯师记》由希望出版社出版，长篇小说《小不点》获首届曹文轩儿童文学奖，组诗《亲爱的老韭菜》《晦暗书》分获紫金扬子江诗学奖、第5届汉语诗歌双年十佳。庞羽获第6届紫金山文学奖新人奖，成为江苏省作协第9届签约作家，在《小说选刊》《小说月报》《人民文学》《上海文学》《北京文学》《作家》《花城》等杂志发表短篇小说20余篇。陈震参与合译的《鲍勃·迪伦诗歌集》由广西师范大学出版社出版，译著《放任自流的时光》(增补版)由光明日报出版社出版。刘华君的长篇小说《两世欢》(全二册)由百花洲文艺出版社出版，并签署影视及游戏版权；长篇小说《碧霄九重春意妩》(新版)由重庆出版社出版；长篇小说《玉镜台》入选2017年度全国网络文学重点园地工作联席会议重点作品扶持选题。时林圣、陈志君的长篇小说《铁记庄园》由中国文联出版社出版。12月，《朱根勋文集》由南京师范大学出版社出版发行。曹敏在《姑苏晚报》等报纸发表散文10篇，其散文《屏幕化的生活》入选江苏凤凰文艺出版社《苏州杂文选(1999—2015)》，散文《又见盂城驿》刊登于《江苏作家》2017年第4期。葛东升的小说《卖画》获《检察日报》主办的“中国廉政小小说”三等奖。蒋天佐的《一九四九年九月二十一日夜的雷雨》、庞余亮的《在人间》《就像你不认识的王二》《阿斯匹林之后的春天》和崔益稳的《夜车穿越海安老家》入选《江苏百年新诗选》。

【音乐舞蹈】 2017年，展勤美加入中国音乐家协会，陈可可、顾秋加入江苏省音乐家协会。殷剑钢作曲的《七彩的梦》发表在《儿童音乐》2017年第8期。秦逸、严羽、陈永光共同作词，殷剑钢作曲的《香香的靖江》获首届“泰州市音乐奖”作品奖。秦逸、琴心作词，殷剑钢作曲的《Happy fly》获首届“泰州市音乐奖”提名奖，成为江苏省中小学音乐优秀课评比活动的主题歌。严羽、秦逸作词，殷剑钢作曲的歌曲《筑梦路上》当选市第5届运动会主题歌。鞠俊武作词、张卫忠作曲并编导的表演唱《阳光生活》获泰州市老年文艺会演一等奖。

【美术】 年内，刘媛的漆画作品《Hello—艾克瑞》获江苏省第6届新人美术作品展览新人奖。

【书法】 年内，刘家骏的篆刻作品入展“觉群杯”全国禅语楹联书法大赛，获第2届海峡两岸中青年篆刻大赛银奖。王元庆的书法作品入展首届“弄潮杯”钱塘江全国书法大赛，分别在“惠而浦”杯书法报书法海选现场决赛和“大力弘扬愚公移山精神”全国美术、书法作品展中获中青年组铜奖、优秀奖。顾如平书法作品入展第二届中国书法注册教师作品展和中国汉城·书法报工作站站长书法作品展，并被收藏。

【摄影】 2017年，王伟、王峰、毛筛银、刘玉兴、朱其、张柏平、徐宏、徐建新、戴红章加入江苏省摄影家协会。祁骥程的《悲伤的战友》《蒙古温度》《新妆》《慈母手中线》《春茶》《霜林比翼》《渴望》入围第26届奥地利特伦伯超级摄影巡回展，其中《悲伤的战友》获金奖；另有《望穿秋水》获2017意大利泰瓦尔基“关爱妇女”国际四地摄影巡回展FiAP勋带奖，组照《净土》获2017平遥国际摄影大展优秀奖，《印度之眸》入选2017黟县国际乡村摄影大展。许浩坤的《比赛》获上海国际“郎静山摄影艺术奖”慈善摄影大赛金像奖。叶江的《粮仓》《钢铁礼花》、王剑锋的《向快乐出发》、顾军的《夜幕下的体验馆》、陆振海的《画里画外》、徐宏的《丰收乐》、戴红章的《彩绘》《生命在于运动》《碧水蓝天润靖城》入展泰州市喜迎十九大摄影作品展。缪自永的《年轮》、戴红章的《晨曲》获泰州市“歌颂祖国、赞美家乡”摄影作品征集入选奖。

【民间文艺】 2017年，王青、刘振宇、黄靖、高峰加入中国民间文艺家协会，刘卫平、张东海、鞠东平加入江苏省民间文艺家协会。刘正坤所著《玉婵女十二美》获泰州市政府颁发的第十届哲学社会科学优秀成果奖一等奖。

【戏剧】 2017年，张卫忠、黄铭、陈蕾加入江苏省曲艺家协会。

（张卫忠）

群众文艺

【概况】 2017年，全市文化广电新闻出版系统完善公共文化服务体系，创新公共文化服务方式，提升公共文化服务整体水平。开展“文明熏陶”系列文化工程，建设“书香靖江”“社区文化阵地”，推进校园文化建设，提高城市文明水平。打造“戏舞乡村”“马洲大舞台”等广场文化活动品牌，举办或协办各类专题文化活动15项，组织参加泰州市级以上文化活动8次，与多部门联合开展文化科技卫生“三下乡”活动，全年送戏下乡400余场、送书3万册。全市各镇（街道、园区、办事处）平均举办各类文体活动10余次。

【文化设施建设】 年内，持续推进文化设施建设。建成东兴、马桥、生祠、孤山、季市、斜桥、滨江园区办事处、靖城街道办事处8个镇（街道、园区、办事处）文化馆分馆。建成文艺活动基地马洲艺文馆，建成标准化村（社区）综合性文化服务中心48个。建成靖江农商行、生野咖啡等13个“牧城书驿”城市阅读联盟点、68个机关“牧城伴读角”。在马桥镇建成首家岳飞主题图书分馆。启动建设西来镇综合文化中心。至年末，全市有文化馆1个、文化馆分馆9个、镇文化中心活动室8个，有1000平方米以上的文化中心7个，176个行政村、64个社区建成达标文化室，实现农家书屋全覆盖，基本建成城市“15分钟文化圈”和农村“十里文化圈”。

年内，市文化馆免费开设声乐培训班 （市文广新局提供）

【群众文艺活动】 举办群文大讲堂，开设“舞蹈编导技巧”“舞蹈创作技巧”“小品编创技巧”“歌词创作技巧”“音乐创作技巧”等系列讲座。举办首届“书香马洲”读书节开幕式暨“图书之夜”广场文艺晚会、“书香溢马洲”快闪活动、董民强国画作品纪念展、第2届幼儿绘本讲读大赛等专题文化活动15项。组织参加第8届“江苏廉政文化周”暨泰州市“亲语连廉”廉政专场文艺演出、泰州市全国获奖青年十佳书画提名展、2017泰州新创文艺节目调演、“精彩江苏”全省优秀群众文艺作品巡演、江苏省基层院团优秀戏曲现代戏交流展演、首届泰州非物质文化遗产博览会等泰州市级以上文化活动8次。女声表演唱《螺之梦》获2017年泰州新创文艺节目调演最佳节目奖，小品《幸福的红丝巾》获优秀创作奖和演出奖；琵琶弹唱《医改送来春意浓》获第十五届中国人口文化奖曲艺类二等奖。举办“龙腾生祠·福耀马洲”舞龙大赛，保护和传承生祠镇金星村舞龙文化品牌。文化馆免费开设舞蹈、声乐、古筝、二胡、吉他、戏剧表演、美术、书法等12个培训班，培训人员1000余人次。

【市第35届文艺节】 3月，市第35届文艺节启动。该届文艺节以“喜迎十九大，共筑中国梦”为主题，举办“重温经典——名家名篇朗诵会”全国巡演靖江专场活动、“春之声”中小学生艺术节、第6届戏剧节“群英荟萃”戏曲名家专场演出、“我欢歌、我快乐”业余文艺团队展演、“喜迎十九大”全市书画影展、“共同的旋律”文化交流演出、“美丽家园”微视频大赛、“硕果飘香”市第35届文艺节专场演出、编印《江花红胜火——靖江35届文艺节集锦》9项系列活动。其中，“硕果飘香”文艺晚会作为市第35届文艺节专场演出，于12月1日在省靖中礼堂举行，晚会集中展示全市历届文艺节精品节目，包括获“群星奖”的男女声对唱《荡湖船》、混声小合唱《打豆号子》，获江苏省五星工程奖的舞蹈《竹编》《东线第一帆》等。

（闻　波）

【市收藏协会成立】 2月，市收藏协会注册成立。该协会由收藏爱好者发起，宗旨为“求知证史、鉴赏交流”，收藏范围包括陶瓷器、木器、玉器、红色藏品、烟标等多个门类。至年底，协会有会员30余人。（朱苏钢）

【首届“书香马洲”读书节开幕】 4月21日，靖江首届“书香马洲”读书节开幕。开幕式上，授牌成立市显华书友会，向市农商银行颁发“牧城书驿·城市阅读联盟1号服务点”铭牌，在真武小学、外国语学校城南分校设置“图书漂流箱”和“图书共享箱”，祁智向市图书馆、西来镇中心小学、靖城中学、第一中学捐书，闻氏宗亲代表向市图书馆捐赠《闻氏家谱》，市新华书店向“靖江179志愿者之家”捐书，读者代表宣读《建设“书香马洲”全民阅读倡议书》。

（闻　波）

【岳飞文化传承研究】 3月，靖江首届岳飞文化节在马桥镇白衣堂岳家军主题园开幕，中国法制文学研究会会长、岳飞后裔岳宣义，岳飞后裔联谊会副会长岳惠来，副会长兼秘书长岳久成等参加开幕式。开幕式上，岳飞文化研究会和岳飞文化主题图书馆揭牌，河南汤阴县岳飞纪念馆向马桥镇赠送白色战袍，由人民日报文化传媒联合导演金铁木团队共同打造的大型人文纪录片《岳飞》开机。文化节期间，组织开展岳飞文化书画展、岳飞文化学术交流等系列纪念活动。

【晨阳社区组建民乐队】 3月，滨江新区晨阳民族乐团正式成立。该乐队由王顺余和滨江新区办事处晨阳社区的文艺爱好者组成，有成员20余人，分别负责二胡、笛子、扬琴、琵琶、中阮、三弦、电子琴和笙等10余种乐器的演奏。发起人王顺余退休前担任大觉乡文化站站长，擅长竹笛演奏，后又自学二胡。2016年，其组织社区有乐器演奏特长的老年人，每周在社区训练器乐合奏，为组建乐队打下基础。

戏　剧

【概况】 2017年，市锡剧团送戏下乡演出《玲珑女》《相思梦》等全本戏40余场以及综艺、折子戏80余场，观众3万余人次。8月，原创锡剧《呼唤》参加泰州市“亲语连廉”廉政专场文艺演出，并被江苏艺术基金管理中心列为2017年度传播交流推广资助项目，同时入围江苏省基层院团优秀戏曲现代戏评选剧目；12月，原创锡剧《召唤》入选2018年江苏艺术基金推广资助项目。

（盛建军）

图　书

【概况】 2017年，全市有图书总馆1个、图书分馆132个、农家书屋240个。市图书馆有藏书70万余册，年内采编图书近8万册，征订报刊721种，征集有较高收藏价值的地方文献13种18册、家谱59部、古籍1部2册;全年累计发放有效图书借阅证件4万余个,接待读者60万人次,借阅图书56万册次。依托市图书馆总馆,创新阅读社会化服务模式,构建等"图书馆+"阅读服务新模式,新建13个"牧城书驿"和68个"牧城伴读角",该做法被《中国文化报》《人民网》等主流媒体专题报刊道。开通移动图书馆,借助手机、平板电脑等移动设备,完成个人借阅查询、图书续借、馆藏查询等移动阅读服务。启动地方文献特色数据库建设,保护弘扬地方文化。实施第4轮农家书屋转型升级工程,结合村级综合文化服务中心建设,转型升级农家(社区)书屋48个。推进全民阅读体系建设,开展首届"书香马洲"读书节、共享图书漂流工程、"阅读之星"评选、少儿绘本讲读大赛等活动。组织全市学生参加江苏省和泰州市"红领巾读书"征文活动,获江苏省征文二等奖5篇、三等奖5篇,获泰州市征文一等奖5篇、二等奖5篇、三等奖6篇。年内,市图书馆通过文化部组织的县级"国家一级图书馆"第六次评估定级检查验收工作,并被评为"2017年全国十佳绘本馆""2017—2019年度江苏省社会科学普及示范基地",馆刊《显华》获2017年中国图书馆界阅读推广类内刊报新秀奖,马桥镇徐周村建成全国示范农家书屋。

市图书馆读者服务中心

【"共享图书漂流"工程启动】 4月,全市启动"共享图书漂流"工程。"图书漂流站"设置在市图书馆一楼大厅及部分学校,收集市民捐出的家中闲置图书,通过以书换书,实现循环利用。读者在"图书漂流站"登记姓名及联系方式,即可无偿取走图书。年内,"图书漂流站"收到市民捐赠书籍8000余本,借阅书籍6000余本。

【"牧城书驿"阅读联盟建设】 年内,全市开展"牧城书驿"城市阅读联盟建设,探索图书馆与社会力量共建共享的全民阅读公益服务机制。市图书馆与城区经营规模大、经营质态好、环境舒适、客流量大的咖啡馆、茶座、花店、银行、酒店等12家企业,结为阅读联盟,建立"牧城书驿"提供社会化图书服务。根据书驿设置点的人群特点,市图书馆定制配送图书,并在各书驿点配置自助借还系统和借书证办理系统,读者可现场办理借书证,并实现书籍在"图书馆总分馆制"体系内通借通还。 (钱 奇)

【首个岳文化主题图书馆建成】 2月,全市首个岳文化主题图书馆——市图书馆神一驰园分馆建成开放。该馆位于以岳文化为主题的现代农业休闲生态园神一驰园内,面积约60平方米,藏书2000余册,大部分是关于岳飞传记、岳文化研究、宋史研究、国学经典类图书,其中包括出自河南汤阴的岳飞连环画册及岳飞真迹临摹本等。

文化遗产保护

【概况】 2017年,全市有国家级"非遗"项目1个;有省级"非遗"项目3个,"非遗" 项目代表性传承人3人;有泰州市级"非遗"项目5个,"非遗"项目代表性传承人11人;有靖江市级"非遗"项目23个,"非遗"项目代表性传承人20人,其中新增5人。4月,王国良创作的宝卷《刘国钧创业记》在生祠镇首讲,该宝卷以刘国钧事迹为蓝本,讲述靖江故事,弘扬刘国钧创业精神。6月,靖江宝卷、靖江民歌、蟹黄汤包制作技艺、孤山泥狗子、季市老汁鸡制作技艺等"非遗"项目参加首届泰州非物质文化遗产博览会,通过现场表演、制作等方式展示靖江在“非遗”保护方面的成果。是月，以全国第12个文化和自然遗产日为契机，在孤山镇望江社区组织开展“非遗”知识宣传、“非遗”项目展示活动。9月22日—25日，举办中国说唱文学暨靖江宝卷研讨会，并挂牌成立北京大学中文系民间文学实习基地，来自全国的36名专家、学者出席。年内，公布全市20处市级文保单位保护范围及建设控制地带划定方案。启动刘国钧故居陈列馆提升工程。推进生祠岳庙、季市印庄巡检司衙门旧址申报第8批省级文保单位工作，完成全市水文化遗产摸底调查工作。参与省文物局文化遗产日征文、全省文博优秀论文征文活动，市博物馆提供的《浅谈文化创意产品开发研究与实践探索》被省文物局评为优秀论文。12月，市博物馆文物库房由交通银行金库整体搬迁至市史志档案办档案库房。

（闻　波　朱苏钢）

《靖江日报》

【概况】 《靖江日报》为4开24版彩报，每周出版6期，年发行量2.98万份。2017年，《靖江日报》围绕市委全委会、靖江“两会”、空调特色小镇论坛、全球供应链大会、国际创新创业大会、靖江国际咨询委员会成立、“新智造·新营养”靖江国际高峰论坛、中国山水盆景名城授牌等重要会议和重大活动，强化新闻策划，组织20余个专题报道，刊发报道200余篇。开设《齐心协力创建全国文明城市》《创建全国文明城市大家谈》《创建全国文明城市——不文明行为曝光台》《创建全国文明城市——家门口的变化》等六大专题栏目，刊发报道200余篇，强化全民文明意识和文明素养，为创建全国文明城市营造浓烈舆论氛围。开设《啄木靖江》《两减六治三提升在行动》等栏目，强化《现场》《面孔》《城事》《帮忙》《热线》等版面和栏目，做好民生新闻、社会新闻报道，关注社会热点、焦点和难点问题，回应市民关切，增加服务的广度和深度，提高解疑释惑和柔性引导能力。推出“马洲英才”系列报道，宣传靖江籍高层次人才，提升在外优秀人才归属感和凝聚力，增强靖江人自豪感。《靖江好人》《老兵新传》《敬老之星》《金婚夫妇》等系列报道，倡导社会主义核心价值观，弘扬真善美，传播正能量。出版《文明靖江》杂志4期、《眼界》6期，提升市民素质，丰富市民阅读。不断拓展外宣渠道，配合《中国国家地理》杂志全媒体平台开展“靖江风物志”采风采访活动，协同香港超讯传媒在《超讯》杂志推出大型报道《靖江小康之路——小城演绎精致故事》。全年在各类大型媒体平台发布新闻作品200余件。年内，靖江日报社获评江苏省县市报先进单位，“两微一端融合宣传平台”项目获中国报业协会2017媒体融合创新三等奖，“文创产品助力报业经营转型”项目获第4届全国县市区域报经营成功案例金奖，报纸印刷质量获2015—2016年度江苏省优质奖；王平获泰州市首届“名编辑”称号，韩彩霞、贾秋敏获第3届全国县市区域报“百佳优秀报人”称号，周俊获泰州市“十行百星”称号。

2017年，靖江日报社签约入驻人民日报全国党媒信息公共平台

【媒体融合】 2017年，靖江日报社强化媒体融合，扩大传播影响力。加强“靖江网”网站、“靖江日报”微信公众号和“掌上靖江”APP的运营和建设。创新传播方式，借力新媒体资源平台，入驻新华社客户端“现场云”和人民网“全国党媒信息公共平台”，在搜狐、今日头条、凤凰网等媒体开通“靖江日报”账号，传播靖江声音，讲好靖江故事，发布新闻超千条。与新华社现场云等平

台合作,开启现场视频直播,全年直播靖江新年音乐会、"两会"、市委全委会、西来桃花节、中国空调小镇发展高峰论坛、国际创新创业大会、靖江国际咨询委员会成立、中国山水盆景名城授牌、生祠荷花节、中央电视台《乡约》栏目录制等会议和活动15次,创下《乡约——江苏靖江新桥》凤凰网直播2小时内超30万人次观看的纪录。至年末,靖江网网友覆盖全球150余个国家和地区,日均网页浏览量3万次。"掌上靖江"APP用户3.5万个,微信9.2万人。年度新媒体发稿5000余条,点击阅读量800余万人次,主要竞争力指标居江苏县市报媒第二位。靖江网发布的网络帖文《人行道上装地锁 如此"圈地"太不该》获评2017年度泰州"十佳网络帖文",网络图片《"打汤校长"走红网络 超两万网友为其点赞》获评2017年度泰州"十佳网络图片"。

【人才培养】 举办《靖江日报》"传媒讲坛"、员工素质网上提升培训班,选送优秀记者、编辑外出培训学习。先后邀请《扬州日报》副总编辑拾景炎、超讯传媒总编辑纪硕鸣等授课,邀请第三届中国"好记者讲好故事"节目获奖者胡俭作专题报告。创新开展时政知识抢答赛活动,突出针对性和实用性,全面考察报社员工阅读积累和工作态度。

【公益活动】 依托《小红帮忙》栏目,开展以"学雷锋、献爱心""感恩相伴20年""助残慰问"等主题活动8次,千余名志愿者走进乡村社区,近万名市民享受健康、文化、科技、绿化、法律、安全等方面的服务。春节前,策划组织"新春暖心"大型公益行动,为30户特困家庭募集近14万元善款和千余件物品。

【《靖江日报》复刊20周年纪念活动】 6月,《靖江日报》推出纪念特刊《我们与靖江同行》,分《我》《我见证》《我记录时代》《我和你的故事》《我们携手向未来》5个专题200个版面,全面总结回顾《靖江日报》与靖江经济社会发展同频共振历程。7月1日,报社举办"《靖江日报》复刊20年靖江30大新闻"评选揭晓暨《花样年华》首发式,市四套班子主要领导,各镇(园区、街道)主要负责人、市宣传文化系统各部门单位主要负责人、《靖江日报》优秀通讯员、优秀业余作者、热心读者代表和靖江日报社全体员工参加活动。

7月,靖江举办三十大新闻图片展

【"三十大新闻评选"活动】 年内,为纪念《靖江日报》复刊20周年,靖江日报社发起评选"《靖江日报》复刊20年靖江三十大新闻",精选刊载于《靖江日报》、对靖江发展产生重大影响和推动作用的50件靖江新闻,由专家评选与读者投票相结合,最终评选出三十大新闻,以图片展的形式在《靖江日报》复刊20周年纪念活动中展出,并至各镇、街道、园区、办事处巡展。

附:《靖江日报》复刊20年靖江三十大新闻

1. 1997年7月18日,我国地方船厂首艘万吨轮在靖江造船厂顺利下水。

2. 1997年8月31日,江苏省靖江高级中学揭牌。

3.1999年5月,靖江演出的小品《枣儿》以最高分夺得"1999中国曹禺戏剧奖·小品小戏奖"一等奖。

4. 1999年9月28日,江阴长江公路大桥建成通车。

5. 2001年12月15日,靖江·江阴沿江开发促进会在靖江成立,两岸经济合作揭开新篇章。

6. 2003年11月18日,靖江举行江堤达标建设暨夏仕港闸竣工典礼。

7. 2004年10月13日,靖江

市和德国巴伐利亚州安斯巴赫市结为友好城市。

8. 2004年10月22日，靖江市与江苏阳光集团签约，共建靖江滨江新城，开全国政企合作开发建设城市先河。

9. 2005年2月23日，靖江首次表彰功勋企业家。

10. 2006年6月，"聚沙成洲，奋发超越"被确定为新时期"靖江精神"。

11. 2006年7月6日，江阴经济开发区靖江园区被明确为省级经济开发区，并更名为江苏江阴—靖江工业园区。

12. 2006年8月，靖江公开征集家规家训，此举为全国首创。

13. 2007年4月20日，靖江市荣膺"中国江鲜菜之乡""中国汤包之乡"称号。

14. 2007年6月，靖江区域供水工程管网铺设全部结束，全市人民全部喝上长江水。

15. 2007年11月29日，靖江确定香橼、兰花为靖江市市树、市花。

16. 2009年4月，"光芒""亚星"被认定为"中国驰名商标"。这是靖江首批获国家工商总局认定的驰名商标。

17. 2010年1月3日，靖江行政中心启用。

18. 2010年1月19日，陈燕萍先进事迹报告会在北京人民大会堂举行。

19. 2010年12月28日，亚星锚链在上海证交所上市，成为靖江第一家在A股成功上市的企业。

20. 2012年11月22日，国务院批复靖江港口岸全线对外开放。

21. 2012年12月11日，靖江经济开发区升级为国家级经济技术开发区，定名为靖江经济技术开发区。

22. 2014年5月26日，教育部批复同意常州大学怀德学院整体迁址靖江办学。

23. 2015年2月28日，靖江荣膺全国文明城市提名城市。

24. 2015年5月，李克强总理肯定靖江市场监督管理局"一照多址"深化行政审批改革案例。

25. 2015年8月22日，靖江入围第十五届全国县域经济与县域基本竞争力百强县，列第25位。

26. 2015年，靖江港吞吐量达1.06亿吨，成为长江以北首个县级亿吨港口。

27. 2016年2月，"以强基层为突破口，有力推进医改工作"的基层医疗改革"靖江模式"叫响全国。

28. 2016年7月，中国共产党靖江市第十二次代表大会号召全市上下涵养"人心齐、士弘毅、敢争先"的靖江品格，创造新优势，实现新超越，奋力谱写"率先领先争先"崭新篇章。

29. 2016年11月17日，《人民日报》点赞"靖江不开发区的智慧"。

30. 2017年5月11日，中国暖通空调交易中心在靖江启动运营。

【纪念文集《花样年华》出版】 年内，靖江日报社出版文集《花样年华》。该文集以《靖江日报》20年发展和变迁为主线，精选20年间的优秀新闻作品、版面、图片及副刊作品，分别辑录为"花""样""年""华"4册，由古吴轩出版社出版发行，在《靖江日报》复刊20周年纪念日首发。

（朱　亮　韩彩霞）

广播·电视

【概况】 2017年，市广电台自办广播频率1个，有《乐行早高峰》《乐享好时光》《乐听正当午》《乐居风尚秀》《吃喝玩乐go》5档直播节目，全天播出18.5小时；自办新闻综合、社会法治、文化生活、经典点播、互动资讯5个电视频道和1个高清频道，新闻综合频道每天播出1小时自办新闻节目，优化经济类、文化生活类节目，设节目《健康有约》《车行天下》《我爱我家》《爱尚靖江》，其中《车行天下》新设《车市动态》《车友汇》《大驾光临》《车友导航》等栏目，文化生活类节目保留《我爱靖江话》《靖江讲经·新人新卷》《靖江大明星》《双鱼厨房》，取消《花开千朵》《快乐翻翻翻》，新办节目《非常民星》。全市广播、电视综合覆盖率100%。

【新闻宣传】 2017年，市广电台通过全媒体、多角度、立体式宣传，提升新闻引导力，形成舆论强势。围绕十九大，推出"两聚一高当先锋，喜迎党的十九大""砥砺奋进的五年""我的创业故事""喜迎十九大 空中看靖江"等系列报道；围绕"率先领先争先"主题，推出"推进'两聚一高'，建设最美靖江""创建全国文明城市，共建美好幸福靖江""百优企业技改行动""聚焦项目突破""创业富民"等主题报道。结合市委、市政府中心工作，全年推出报道15组148篇。

【节目创新】 年内，推出《走基层·大美靖江行》《"一带一路"沿线行》《天南地北靖江人》《看靖江“农业供给侧改革”》等大型报道，挖掘社会各界参与经济社会建设的感人故事，多角度、全方位展示改革发展、民生福祉和时代变迁。形成公益广告制播长效机制，播出文明城市创建、创业富民、大走访大落实、征兵工作、“兰沁橼香 品味靖江”、“喜迎十九大”、“砥砺奋进的五年”等公益宣传广告，黄金时段公益广告占比超30%。

【媒体融合】 2017年，市广电台加强“影响靖江”微信平台运营和建设，关注人数超14万人，日均阅读量超5万次，头条阅读量全年累计超500万次。以民生服务为突破口，完善“智慧靖江”客户端。开设移动直播栏目《骥直播》，全年策划新闻类、活动类、体验类直播80余次，“交警查酒驾”“靖江首座天桥架设”等直播关注超6万人次。打造视频、音频、图片栏目，提升“智慧靖江”的影响力和传播力。其中，短视频发布栏目《容视频》制作发布纪录片、短新闻、资讯等视频，声音发布栏目《靖听》重点推送接地气的音频产品，图片发布栏目《兰图》发布新闻图片及美景图片。完善服务功能，新增水电缴费、高速路况查询、打车服务等功能。至年底，“智慧靖江”下载量超14万次，位列2017年全国县域最强广电APP四强。此外，增加“今日头条”“凤凰新闻”“搜狐新闻”客户端等传播渠道，在微信推出电视专题栏目《靖江印记》系列微视频，得到普遍关注。

【对外宣传】 主动对接中央、省市主流媒体和主流门户网站，高频率宣传靖江，提高靖江关注度。中央电视台《新闻联播》《经济信息联播》《经济半小时》《生财有道》等栏目相继走进靖江，全方位展示靖江经济发展和人文历史风貌。3月30日，中央电视台综合频道《大美中国》栏目播出反映靖江城市风貌的微视频《大美中国·探春——靖江》；4月17日，“最美环卫工人救人事迹”经“1818民生直通车”和“智慧靖江”APP推出后，在江苏卫视《江苏新时空》、《扬子晚报》、泰州电视台等媒体刊播，并于4月18日在中央电视台新闻频道播出；5月18日，中央电视台财经频道《生财有道》栏目播出《江苏靖江：一口鲜的背后商机》专题。至年末，靖江稿件被《江苏新时空》采用120余篇，被泰州台采用约600篇。

【节目创优】 年内，电视方面，栏目《宝贝来啦》获江苏省广播电视播音与主持作品一等奖，《诗文靖江》获江苏省电视文学节目二等奖，《芳馨流韵》获江苏省电视专题节目三等奖，《起点》获江苏省电视播音文艺三等奖。广播方面，长消息《江苏德桥仓储发生大火 近千名消防官兵奋战16小时将其扑灭》获中国广播协会新闻二等奖，新闻专题《居广奇——用坚守书写生命的厚度》、广播文艺《在文艺作品中重温长征力量》获中国广播协会新闻三等奖，《两岸流行音乐主题沙龙》获江苏省广播音乐节目三等奖。

【活动运营】 年内，运用全媒体方式开展运营活动，提升活动影响力。举办中国广播艺术团走进靖江惠民演出暨靖江市第6届春晚、“重温经典·名家名篇朗诵会”靖江巡演、大型车展、“靖江大明星”选拔、第8届施坦威全国青少年钢琴比赛泰州赛区靖江预选赛、《行走江南》活动走进靖江、传统经典锡剧《红楼梦》演出、靖江首届洗护节、“媒体融合与产业创新”研讨会、靖江市首届少儿春晚等活动，协助举办“3·15”国际消费者权益日系列活动、“家乡味·团圆情”季市镇首届团圆节、岳飞文化节、2017靖江·马桥草莓节、“先锋荟”、“靖江政协·容湖论坛”、靖江第5届运动会开幕式等活动。开展系列公益活动，帮助社会弱势群体。公益活动“高温下的坚守”征集100余家店铺，为全市户外工作者提供爱心歇脚点；“淘靖江”电商平台开展爱心助农项目，帮助生祠镇利珠村、东兴镇农户销售农产品，通过组织市民现场采摘等解决农产品销售问题。全年发起“公益微捐”32次，募集25万元。

【市第6届春晚】 1月14日，中国广播艺术团走进靖江惠民演出暨靖江市第6届春节联欢晚会在市体育中心录制。晚会以“我们的靖江 我们的春晚”为主题，分“江花红胜火”“靖江绿如蓝”“人心齐 士弘毅 敢争先”3个篇章，通过民歌联唱、相声、舞蹈、小品、黄梅戏等形式多样的节目，集中展示靖江经济、社会、人文、生态等方面发展建设成果。晚会于大年初一在靖江电视台新闻综合频道首播。

【“重温经典·名家名篇朗诵会”靖江巡演】 3月24日，由中国诗歌学会主办，靖江市委宣传部、中国诗歌学会朗诵演唱专业委员会协办的“重温经典·名家名篇朗诵会”在省靖中礼堂巡演，近千人现场观看演出。朗诵会分“序”“中国古典诗词”“外国经典作品”“中国近代诗”“结尾”部分，来自北京的老中青三代表演、朗诵、演播、配音艺术家联袂登台，并穿插歌舞、雷琴、唢呐等节目，将诵读与多种艺术形式相结合，以声音传递中华文化精髓。

【《“一带一路”沿线行》新闻行动】 年内，市广电台启动《“一带一路”沿线行》新闻行动。首站为“一带一路”重要节点新疆。记者深入乌鲁木齐、石河子市、库车、昭苏等地采访，挖掘江苏援疆、靖江人参与“一带一路”建设的精彩故事和新疆企业走出去的成功案例，记录新疆“吴仁宝式”书记何友根的感人事迹，推出系列报道7篇。

链接：

来自“一带一路”沿线上的靖江人故事

20世纪80年代，邓方乔是靖江一家企业的销售员，经常出差到新疆接洽业务。1996年，邓方乔因所在的企业改制下岗，便带领一群伙伴赴新疆乌鲁木齐创业，在一片戈壁滩上买地投资办厂，为周边企业配套生产法兰、垫片等。邓方乔和他的员工以靖江人的踏实和勤劳，在周边的石化企业中渐渐赢得口碑。他们经常半夜接到客户电话，去现场爬高塔、量尺寸；大检修时随叫随到，为他们提供现场服务。良好的信誉和过硬的产品获得越来越多企业的信任，20年过去了，邓方乔创办的乌鲁木齐石化配件厂已具规模，所在的戈壁滩也成为绿树成荫的工业园。随着“一带一路”倡议的深入实施，新疆成为国际协同的桥头堡，他相信自己的企业也会迎来新的发展机遇。 （秦 卿）

3月，“重温经典·名家名篇朗诵会”在靖江巡演 （市广电台提供）

【“媒体融合与产业创新”研讨会举行】 4月27日—28日，2017中国区县广电“媒体融合与产业创新”研讨会在靖江举行，宁夏贺兰、哈尔滨尚志、山东沂南等区域广电联盟代表以及浙江、安徽、江苏等地长三角广电台代表参加。该会旨在推进学科融合与学科发展，创新新闻传播人才培养机制，培养媒介融合环境下新闻传播人才与文化产业人才。会议围绕“媒体融合”“产业创新”战略命题，紧扣“前沿”“跨界”“创新”“融合”关键词，从媒体融合、数据链接、粉丝经济等多方面，交流讨论“传统媒体与新兴媒体融合发展”“传媒产业的新业态及如何革新”“新媒体与文化产业融合的新经济形态”等议题。

社科研究

【概况】 2017年，市社科联新增业务主管学会靖江市弘毅家庭教育研究会，至年末，业务主管学会7个，会员200余人，管理民办非企业单位3个。年内，市社科联组织开展学术研讨、学会管理、社科普及、社科评奖、专项课题调研等各项工作，《在文化名城建设中把脉靖江文化——靖江文化界关于“靖江文化”的围炉漫话》课题获评泰州市社科应用研究精品工程三等奖。市社科联获江苏省第14届社会科学普及宣传周主题知识有奖竞答活动鼓励组织奖，严震被省社科联评为该项活动先进个人。

【社科普及】 全年开展科普活动10余项。3月，与市委宣传部、江苏有线靖江分公司等单位联合创办“靖江百姓学堂”，先后开设“中医健康养生法”“靖江精神与城市品格”“防范非法集资和电信诈骗”3期讲座。9月—10月，组织参加省科普周知识竞答活动，宣传《江苏省社会科学普及促进条例》《关于培育和践行社会主义核心价值观的意见》《关于实施中华优秀传统文化传承发展工程的意见》，以及“聚力创新、聚焦富民，高水平全面建成小康社会”目标任务。11月，与市文广新局、教育局联合举办靖江市第2届绘本讲述大赛。市图书馆通过复评，继续保持省级科普示范基地称号，获得建设经费和活动经费共2万元。

【学会管理】 年中，市社科联配合市民政局进行社会组织年检，逐一审核把关业务主管学会和民办非企业单位的年检材料。帮助成立市弘毅家庭教育研究会，协助其开展对外宣传活动。锡剧艺术研究会、弘毅家庭教育研究会、岳飞文化研究会3家11项活动被纳入泰州市2017年度社科普及百场活动。

【课题调研】 2月，市社科联与有关部门及经济实体沟通联系，协助泰州社科联(社科院)“新经济发展”调研组在靖江调研。11月，指导并推荐市政协、市经信委、市委党校的“靖江市智能制造的调查与研究”课题，申报“江苏省社科应用研究精品工程”市县专项课题，该课题获得立项和1万元经费资助。

(严　震　卢　钰)

党史、方志、档案

【党史宣传】 加强党史研究。《全面从严治党永远在路上》《周恩来早期主要革命活动及其贡献》参加全省党史系统迎接党的十九大理论研讨会交流，在《泰州晚报》发表《靖江独立团两下江南拔据点》，在江苏省《党史资料与研究》发表《中国现代印刷业的革命先驱——柳溥庆》。开展地方党史教育，在渡江战役胜利68周年纪念日，至常州大学怀德学院作“与信仰对话——略述靖江人民对渡江战役的贡献”主题报告。修改完善《影像靖江(1949—1978)》图文资料。按期编发月度《靖江大事记》。

【年鉴编纂】 按期出版《靖江年鉴(2017)》。该年鉴设34个类目，有随文照片138幅，在全面记述靖江2016年度经济、政治和社会发展状况的基础上，彰显靖江地方和人文特色。设专记、沿江开发·跨江联动、凡人善举·新人新事、知名文化人、马洲史话等类目，记述靖江中韩产业创新合作活动，汇集社会多领域年度状况调查结果，反映靖江推进跨江联动开发的举措和成效，弘扬域内凡人善行、年度新人新事所体现的文明素养和道德风尚，摘录部分靖江知名文化人的艺术成就，厚积靖江历史人文底蕴。

【档案管理】 加强基础业务建设。继续开展到期档案依法移交进馆工作，全年接收档案17个全宗8572卷45002件；调查统计乡镇企业档案，按新的规范要求整理进馆单位全宗卷，盘点核对馆藏档案；接收61家单位的到期政府信息公开文件836件；完成13家破产改制企业档案的鉴定及目录登记，其中永久保管档案2981卷8920件。加大监管指导力度。贯彻国家档案局8号令，先后指导市卫生、住建、水利系统修订室藏档案分类方案、文件材料归档范围和档案保管期限表；开展全市机关事业单位及有关国有企业档案工作的执法检查，合格率94%；配合泰州市党史方志档案办公室完成国土、交通系统的执法检查，联合市宗教局、水利局推动全市宗教场所和江河堤闸规范化建档，联合市教育局执法检查全市学校档案；检查全市13个乡镇(办事处、园区)、26个村(社区)的归档文件材料整理情况；制定农村土地承包经营权确权登记颁证档案整理标准和考核办法，配合市委农工办完成检查任务；加大档案规范化测评单位指导力度，9家单位通过测评，市地税局通过省五星级规范和省AAAA级数字档案室测评，成为泰州市机关档案规范管理教育示范基地。加快数字化进程。开发核心功能基于OAIS模型的数字档案馆应用软件平台，完成数字档案室系统数据向虚拟档案室系统的迁移工作；根据进馆序时进度安排，实现电子档案和纸质档案“双套制”接收进馆；扫描馆藏民国档案、婚姻档案、破产改制企业档案100余万页，正确率98%以上，挂接准确率100%；开展二、三期数字化加工数据逐卷逐条的校对工作，馆藏档案数字化率85%；重建靖江党史方志档案信息网，新建网站设有11个一级类目、24个二级类目；做好机房设备和网站的日常运维，确保“三网一库”(局域网、电子政务网、互联网和数据库)正常使用。注重档案征集编研。征集到方祖岐将军书画作品、诗词手稿等497件(张、套)，陈燕萍、刘守仁等人档案资料100件，《顾氏家谱》等家(族、宗)谱4件，尉天池等题字4件，侯锦元立功奖状、功劳证等零散纸质档案6件，《靖江企业家》《靖江工商联》等地情书籍26本；编纂完成靖江历次党代会报告汇编、靖江历年政府工作报告汇编、改革开放以前靖江风情珍贵照片汇编和馆内外档案利用效益汇编等;配合江苏省档案局完成靖江市部分乡镇企业口述历史采集制作工作。扩大档案宣传。"国际档案日"期间,开展系列档案宣传活动;联合社区开展家庭建档主题宣传活动,发放《靖江市家庭档案实用操作手册》,介绍家庭档案基本知识,传授家庭档案分类、整理、编目操作技能;至中建钢构有限公司设立便民服务台,宣传企业档案工作知识;发文组织"档案——我们共同的记忆"主题征文活动,上报征文33篇,获泰州市征文活动组织奖;加强未成年人爱国爱乡教育,接待"喜迎十九大 童眼看变化"小记者采风夏令营,组织社区学生至档案馆开展"党在我心中 成就中国梦"主题志愿者活动等。提升服务水平。自办或与其他系统联办档案业务培训班7次,培训400余人次;有序应对退伍军人查档高峰,提供高效窗口服务,共接待查档9855人次,查阅档案13843卷913件;开展档案专业技术职称工作,12人取得档案专业技术资格,其中高级1人、中级4人、初级7人。

【《靖江市志(1988—2007)》出版】 1月,《靖江市志(1988—2007)》由江苏人民出版社出版。该志140余万字,32篇,体裁丰富,全面、系统、客观记述靖江行政区域内1988—2007年间自然、经济、政治、文化、社会状况。采取单立篇章、升格处理、加大篇幅等方法,彰显靖江地方特色。设《开发区建设·跨江联动开发》篇目,记述靖江沿江开发、跨江开发的政策、措施和成效,展示靖江经济发展中的创新举措;坚持人文与经济并重的编纂原则,在《方言》章节中汇集古语今用词、地方惯用语和俗成语,增加沙上话音系、词汇等,丰富靖江作为"吴语飞地"的语言文化;《家训》章节收录优秀传承家训和原创家训,《风尚》章节记载普通市民在敬业奉献、助人为乐、孝老爱亲、见义勇为等方面的感人事迹,《人物》篇收录近百位人物的生平事迹和卓越成就等,厚积靖江人文底蕴。江苏人民出版社评价该志"是一部难得一见的各方面质量都很高的志书"。7月12日,举行《靖江市志(1988—2007)》首发式。

7月,靖江举行《靖江市志(1988—2007)》首发式

(市史志档案办提供)

【"老兵乡愁"方祖岐诗书画作品展举行】 3月,原南京军区政委、上将方祖岐向家乡捐赠497件(张、册、套)珍贵资料,其中包括照片、荣誉证书、诗词手稿、书画集等。3月26日,"老兵乡愁"方祖岐将军诗书画作品及档案资料捐赠仪式暨诗书画作品展在市档案馆举行。作品展以"爱我中华"为主题,展出系列名家名篇诗词书法作品,以及反映34个省级行政区特色景点的山水画作等。

【《中国共产党靖江历史(1978—2002)》启动编写】 11月27日,党史"三卷本"编写工作动员部署暨业务培训会议召开,全市68个党史专题资料承编单位参加会议。会上部署"改革开放以来靖江党史专题资料"编写相关工作,泰州市党史方志档案办公室党史编研处袁锦云进行党史专题资料编写的专题辅导。 (王 樱)

文化市场

【概况】 2017年,全市有文化娱乐单位411家,其中歌舞娱乐场所31家、游戏娱乐场所79家、互联网上网服务营业场所113家、网络文化经营单位3家、出版物发行单位137家、演出场所4家、演出经纪机构4家、艺术品经营机构3家、影院11家、博物馆2个、文保单位24处。年内,继续推进网吧行业转型升级,发展"朝阳网吧”“零点网吧”等区域化连锁品牌。新增数字电影院2家，有银幕44块，全年放映电影6.3万场，观众110.8万人次，票房收入3771.9万元。

【文化市场监管】 全年开展部门联合执法6次，出动检查人员1600人次，检查各类文化市场经营场所2200家次，办结行政处罚案件46件。年内，围绕文明城市创建专项行动，开展校园周边环境专项整治和工农路“诚信示范街”创建活动。开展演出市场专项整治，监管大型演出活动4次。开展保护未成年人专项执法检查，取缔无证游艺场所2家。联合文化产业协会在相关行业开展诚信经营活动。邀请泰州市文广新局和市安委会专家对全市人员密集场所、印刷企业等经营业主300余人进行法律法规和安全生产培训。组织开展了人员密集场所经营单位灭火和消防疏散演练活动2次。

（闻海彬）

【版权保护】 宣传版权保护知识，联合市知识产权局、市场监管局、公安局、法院等部门开展“保护知识产权、打击侵权盗版”宣传活动。全年共登记版权作品67件。开展“剑网2017”专项行动，进一步规范影视和新闻作品网络版权秩序。

【扫黄打非】 制定《靖江市2017“扫黄打非”行动方案》，开展“护苗”、“清源”、“固边”、“净网”、“秋风”及校园周边环境整治、印刷行业专项整治等专项行动，持续开展“扫黄打非”各类专项行动。加强日常监管，与公安、市场监督局等部门开展多次联合行动，净化全市出版物市场和网络环境。全年出动执法人员680人次，检查出版物市场、店档摊点和印刷复制企业800余家次，取缔无证出版物摊点16个，收缴非法出版物1265册(盘)，办结各类行政案件16起。（钱　奇）

【激光放映影院落户靖江】 9月，中影世纪影城在泰州地区率先启用激光放映技术，还原影片震撼影音效果。该技术相较于普通氙灯放映，亮度高、色彩还原精准、画面绚丽、3D效果好，实现高亮度、纯色彩、高饱和度、低衰减度的光影体验，同时激光光源使用寿命长，无需频繁更换灯泡，具备较低的功耗和小巧的体积，减少热量和碳排放量，至少节能60%。（李　丹）

山水盆景(八)

云山叠彩

综 述

【概况】 2017年，全市有医院、卫生院30个，其中县级公立医院3个(三级医院2个，二级医院1个)、镇卫生院15个(二级医院2个)，民营医院12个(二级医院3个)；有疾病预防控制中心、卫生监督所、妇幼保健院、皮肤病防治所、健康促进中心、血站6个市直卫生单位；有城市社区卫生服务中心4个、城市社区卫生服务站9个、村卫生室104个、工厂和学校等企事业单位所属医疗保健机构25个，门诊部21个，个体诊所91个。有卫生技术人员4244人、住院病床5000张。全市医疗机构年门急诊总量419.3万人次、住院病人11.72万人次、出院病人11.71万人次，分别比上年增长5.4%、5.6%、6.3%。患者域内就诊率92%。患者门诊次均费用157.1元，比上年增长1%，住院次均费用7812.7元，比上年下降5.5%；平均住院日9.7天，与上年基本持平；平均药占比35.51%，比上年下降3.28%。年内，市卫生计生委以"健康靖江"建设为着力点，坚持"保基本、强基层、建机制"原则，统筹推进医药卫生体制改革各项工作。制定出台《靖江市县域医疗联合体建设工作方案》《靖江市分级诊疗工作实施方案》《靖江市医疗机构双向转诊制度(试行)》，以市人民医院、市中医院为牵头单位，镇卫生院为成员单位，组建2个县域纵向型医疗联合体，推动建立城乡医疗机构分工协作、上下联动机制，促进城乡医疗卫生一体化优质均衡发展。加快构建现代医疗卫生体系。规划启动妇幼保健院迁建、生祠中心卫生院整体搬迁、新港城医院门诊楼新建工程；中西医结合医院、第二人民医院一期工程、新港城医院消毒供应中心建成投用；新桥城医院完成整合搬迁。医疗科研工作取得成效，基因多态性及多模影像评估下脑卒中治疗策略的优化、产前血清学组合芯片在唐氏综合征筛查中的应用等科研项目分别获泰州市、靖江市科技进步奖(见269页2017年靖江市获泰州市科学技术奖项目一览表、270页2017年靖江市科学技术奖项目一览表)。市第二人民医院创建成为二级甲等精神病专科医院，市人民医院获评全国"改善医疗服务示范医院"，靖江被国家卫计委表彰为"2014—2016年度全国计划生育优质服务先进单位"，创建成为江苏省首批"基层卫生十强县(市、区)"、省流动人口基本公共卫生服务均等化示范市。

【基层卫生机构建设】 年内，加强基层卫生机构建设，孤山镇卫生院创建成为全国"群众满意的乡镇卫生院"，季市中心卫生院创建成为省"示范乡镇卫生院"，马桥镇经纶村、孤山镇新一村等5个村卫生室创建成为"省示范村卫生室"，城南办事处社区服务中心获评"江苏省基层医疗机构妇幼健康规范化门诊"，生祠、马桥等5个卫生院获评"泰州市基层医疗机构妇幼健康规范化门诊”，新桥镇德胜村卫生室曹峰等3名乡村医生获评首届泰州市“十大最美家庭医生”。

【医疗服务】 年内，落实改善医疗服务行动计划，制定优化诊疗服务流程、完善便民服务设施、强化院前急救服务、改善住院保障条件等40项具体措施。探索实施临床路径和日间手术，完成临床路径病例约6000例。推行预约诊疗服务，二、三级医院采用电话、网上预约挂号，预约诊疗率40%，复诊预约率60%。深入推进医养融合，八圩、生祠、季市、孤山镇卫生院和中西医结合医院医养融合服务实质运行。推进家庭医生签约服务工作，联合市人社局、财政局、物价局等部门制定《家庭医生签约服务绩效考核办法》，家庭医生签约服务覆盖率100%，其中一般人群签约率30.03%、重点人群签约率60.8%。加强基层医疗机构护理服务能力建设，举办基层医疗机构护理业务知识培训班8期，组织医护人员参加泰州市和江苏省基层康复岗位练兵和技能竞赛活动，市卫计委获泰州市优秀组织奖，惠丰卫生院获泰州市团体三等奖，惠丰卫生院顾鹏程、生祠中心卫生院刘浩春、孤山卫生院朱燕分别获省个人二等奖、泰州市个人三等奖和泰州市个人优秀奖。

【医疗扶贫帮困】 年内，出台《靖江市低收入农户医疗救助工作实施意见(试行)》，实行低收入农户就医诊疗免收普通门诊挂号费、一般诊疗费、三大常规检验费等优惠制度，实施“红十字博爱病房”医疗救助政策，对因病住院治疗的城乡贫困居民给予医疗救助。全市各公立医疗机构累计救助12731人次，救助金额331.65万元。

【中医药工作】 2017年，加强和完善基层医疗机构“中医馆”建设，全市基层医疗机构提供中医药服务率达100%。八圩、滨江新区卫生院中医馆建设通过泰州市卫计委考核验收。巩固“基层中医药服务能力提升工程”实施成果，举办基层中医药知识和技能培训600余人次。完善中药饮片“五统一”(统一招标、统一价格、统一质量、统一配送、统一结算)管理制度，规范中药饮片招标采购配送。加强中医药人才培养，市中医院张海峰、盛骥锋、朱金华、印勇被评为泰州市名中医；周国柱、刘焱、王璐、朱敏、徐坡、陈胜男通过泰州市首批老中医药专家学术经验继承结业考核；周国柱被评为泰州市中医“优秀继承人”；鲍自立被评为泰州市中医“优秀指导老师”、被国家中医药管理局授予“全国基层名中医”称号；林轶蓉入选“第三批江苏省中医临床优秀人才研修项目培养对象”。开展“示范中医科”“中医药示范点”创建活动，市中医院巩固完善“全国基层中医药工作先进单位”创建成果通过南京中医药大学附属医院评审验收。

1月4日，市人民医院组织医务人员为农民工体检

医政管理

【概况】 年内，以深化医院医药价格综合改革、优化医疗卫生资源配置、强化医疗质量监管为重点，推进医政管理各项工作。完善医保支付制度改革，推行总额预付为主，按日均、病种付费为辅的复合式结算办法，符合规定的省外异地就医住院费用直接结算。实行城乡居民医疗保险“八统一”(统一政策制度、缴费标准、财政补贴、医保目录、待遇水平、经办服务、管理部门、信息系统)，针灸、治疗性推拿等中医非药物诊疗技术统一纳入基本医疗保险目录。鼓励社会资本参与卫生事

业发展，年内新批准开设个体诊所、门诊部18个，审核发放首张“中医诊所备案证”。巩固完善基本药物制度，县级公立医院全面配备、优先使用基本药物，基层医疗机构基本药物制度覆盖率100%。加强医疗质量监管，健全和完善抗菌药物分级管理制度，降低抗菌药物使用比例和使用量，二级以上医院全面停止门诊静脉输注抗生素。开展医疗安全专项整治，完善医疗纠纷第三方调解机制，规范医患矛盾纠纷调处，全年共受理医疗投诉38件，无重大医疗责任事故发生。

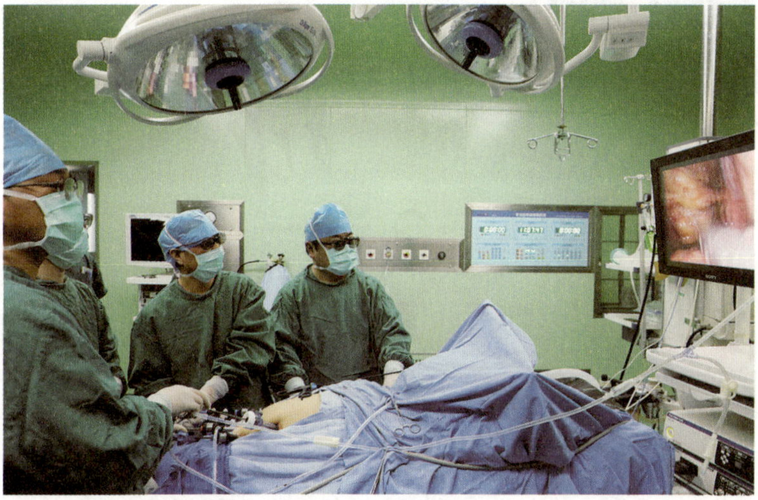

2月，市人民医院成功施行首例3D腹腔镜手术

【规范药品及医用耗材采购】 年内，健全药品供应保障体系，完善公立医院医药价格综合改革。稳步推进公立医院药品采购“两票制”改革，药品供应由原来的层层代理、多票销售转变为直接从生产企业到流通企业、流通企业到医疗机构两次开票采购形式，减少流通环节，降低药品价格。推进全市公立医疗卫生机构医用耗材统一带量谈判议价工作，防范和治理行业内商业贿赂行为，规范大型医用设备申报、审核、审批程序，全市医疗机构临床检验试剂、耗材实行统一采购配送。

【无偿献血】 年内，市卫生计生委进一步规范血液管理工作，推广成分输血和自体血回输。全市医疗卫生机构无自采自输血液行为发生。全年组织无偿献血10598人次，采集全血211.96万毫升，机采血小板4332治疗量，机采粒细胞2治疗量，成分输血率99.9%。其中，医务人员献血514人次，献全血10.29万毫升，机采血小板4个治疗量。

卫生监督

【概况】 2017年，市卫生监督所完善“双随机一公开”（监督人员、监督单位随机，检测结果公开）“双公示”（行政许可、行政处罚公示）等事中事后监管制度，规范卫生行政许可。全年新发放公共场所卫生许可证167件、从业人员证3272份。开展“尚德守法 共享共治食品安全”宣传，“健康中国，职业健康先行”职业卫生宣传，医疗机构负责人、从业人员法律法规知识培训，“3·15”国际消费者权益日咨询服务等活动。专项整治医疗机构依法执业、医疗美容、中医服务等领域存在问题。监督检查公共场所集中空调系统、学校饮水卫生安全等，共检查重点监督监测单位84家，抽检样品134份，监测合格率92.6%。查处卫生违法案件，受理公共场所卫生、医疗卫生等方面投诉举报和来信来访18起，立案查处11起，罚款5.12万元，投诉举报处置率、案件办理及时率均为100%。

疾病预防控制与基层卫生

【概况】 2017年，全市医疗单位累计报告传染病乙、丙类14种1456例，发病率212.84/10万，比上年下降37.91%。其中乙类9种540例，发病率78.94/10万，比上年下降16.41%。前五顺位乙类传染病为梅毒、肺结核、肝炎、淋病、艾滋病，占乙类发病数的98.15%。传染病疫情、突发公共卫生事件网络直报率、及时调查处理率均为100%。制定完善公共卫生服务方案、考核标准与考核办法，规范公共卫生服务项目，按照人均60元标准筹集项目资金4122.6万元，根据质量与数量考核结果，及时足额发放。加强镇村医疗卫生管理，制定《靖江市2017年度村卫生室运行管理绩效考核标准》，实行明察与第三方暗访、督导与考核、结果与经费挂钩工作机制，委托第三方暗访村卫生室覆盖率204%。全市村卫生室人员医疗责任险、养老保险、重大疾病险等实现全覆盖。

【卫生应急】 年内,开展突发公共卫生事件应急预案培训121人次、水污染事件卫生应急演练1次。重点监测各类传染病疫情、出厂水和末稍水水质等,合格率100%。规范处置突发公共卫生事件,其中水痘聚集性疫情10起、手足口病聚集性疫情2起、病毒性胃肠炎聚集性疫情2起。处置食品安全事故(疑似食物中毒)3起。开展重大传染病防控培训和应急演练,强化卫生应急物资储备。与市总工会联合举办市卫生应急技能竞赛,全市21家医疗卫生单位63名选手参赛,市人民医院获团体一等奖;组织医护人员参加泰州市卫生应急技能竞赛,获泰州市卫生应急技能竞赛团体二等奖。

【重点传染病防控】 年内,加强肠道传染病防治工作,18个医疗单位腹泻病门诊按照"三专五有"(专职医生、护士,专用诊疗室,专用厕所;有采样瓶、有消杀药品、有抢救药品、有肠道门诊登记簿和送检单、有肠道门诊规章制度和医护人员工作职责)要求开诊,登记腹泻病人16970人,送检1966人,送检率11.59%,送检数达全市总人口数的2.87‰,未检出阳性。检索水产品、重点水源、食品等霍乱病原体,提取样品72份,未检出阳性。加强人感染H7N9禽流感的监测和防控工作,监测城乡活禽市场、家禽规模养殖户外环境禽流感病毒,采集样品135份。做好手足口病的防治和病原学监测,常规采集咽拭子、肛拭子标本55份。

【血吸虫病、寄生虫病及地方病防治】 年内,市卫生计生委组织2001人查螺816.22万平方米,未查到活螺。督查易感染区急性血吸虫病防治工作,查治病人5097人、船民1022人,检出DDIA(胶体染料试纸条法)阳性13例,无粪检阳性。发现境外输入恶性疟1例。完成肠道线虫省级监测点工作,肠道蠕虫检测1012人,未检出阳性。监测居民食盐300份,合格率98.3%。完成人群碘营养监测、农村饮用水碘监测和不同妊娠期孕妇碘营养水平监测工作。

2月,市中医院预防接种门诊开诊

【免疫规划】 年内,市卫生计生委落实国家扩大免疫规划政策,建有11个二级门诊、9个一级门诊,适龄儿童建卡(证)率100%,11种一类疫苗单苗接种率、新生儿乙肝疫苗首针接种率95%;流动儿童建卡(证)率98%,单苗接种率、全程接种率95%。定期监测处置接种副反应,接种副反应报告率100%。入托入学儿童预防接种证查验覆盖率100%,儿童应查验9682人,查验率100%,补种率76.01%。20个接种单位预防接种短信通软件正常运转,接种门诊前1~2天用短信方式提醒儿童家长。中心自筹资金购买医用冰箱20台、冷藏包(50升)50个、温度自动记录仪50个下发到各接种门诊,建成全市冷链设备温度实时监测系统,实时监控接种单位冰箱使用温度,发现问题及时处置。全年无接种事故发生。

【艾滋病综合防治】 年内,继续做好艾滋病综合防治工作,7个艾滋病初筛实验室13个检测点检测血清6.42万份,检出HIV感染者或病人24例。完成艾滋病自愿咨询检测869例,检出HIV抗体阳性8例。行为干预62家娱乐场所从业者3643人次、吸毒人员824人次。MSM人群行为干预866人次,检测184人,HIV抗体阳性14人。完成省青年学生艾滋病行为学监测点工作。

【结核病防治管理】 年内,加强结核病防治管理工作。发现并防治管理结核病人186例,其中初治涂阳病人48人,涂阴病人101人,结核性胸膜炎、肺外结核病人37人,现代结核病控制策略

(DOTS)覆盖率100%。各医疗机构结核病人报告率、转诊率均为100%，追踪到位率、健康管理率、规则服药率分别为95%、95%和94%，各项工作指标均达省市要求。按照国家基本公共卫生服务规范要求，每月一次随访在治结核病人，及时将随访督导情况录入“靖江市公共卫生信息系统”。

【慢性病综合防治】 年内，建立居民电子健康档案57.45万份(含外来常住流动人口建档3938份)，建档率83.6%。其中，65岁以上人群健康档案11万份，管理率75.61%；高血压患者登记管理7.52万人，管理率63.25%；糖尿病患者登记管理2.11万人，管理率66.64%。建立健全全死因报告体系，完成恶性肿瘤登记报告2458人，发病率376.34/10万(标化发病率181.01/10万)，居民死因登记报告4930人，报告率7.2‰。加强中小学生被伤害监测，监测学生常见病4.22万人。

妇幼保健

【概况】 2017年，靖江严格执行母婴保健技术服务机构及人员准入制度，做好实名制分娩登记、“出生医学证明”发放、“两禁止”(禁止非医学需要胎儿性别鉴定、禁止选择性别人工终止妊娠)管理、托幼机构卫生保健管理、“三网监测”(孕产妇死亡、儿童死亡、新生儿缺陷监测)质控分析等工作。加强孕产妇和0～6岁儿童系统管理，孕产妇系统管理率80.10%，3岁以下儿童系统管理率89.18%，7岁以下儿童保健管理率94.69%。全市婴儿死亡率2.02‰，新生儿死亡率1.28‰，出生缺陷发生率3.66‰，5岁以下儿童死亡率3.12‰，孕产妇死亡率0/10万。严格执行剖宫产手术权限管理制度，剖宫产率控制在45.10%。新生儿疾病筛查率99.83%、听力筛查率99.83%。完成新生儿先心病筛查9559例，发现异常55例，手术康复4例。推广使用《母子健康手册》，优化婚前、孕前、孕期和产后服务流程，实行免费孕前优生检查、免费婚检、婚姻登记“一站式”服务。开展婚前检查2200对，孕前优生检查2008人，计划生育持证引产率100%，计生避孕药具不良反应监测报告215例，上报率100%。对10461名孕产妇进行HIV、梅毒和乙肝检测，随访管理梅毒感染孕产妇12例，对285例乙肝表面抗原阳性孕产妇所生286名新生儿进行乙肝免疫球蛋白注射。开展两癌筛查25938人，查出宫颈病变100人，其中宫颈低级别病变23人、高级别病变74人，宫颈癌3人；查出乳腺癌5人，其中浸润性导管癌4人，浸润性小叶癌1人。发放孕产妇住院分娩补助3834人190.73万元。农村妇女增补叶酸2727人。加强特色科室建设和专业技术人员培养，妇幼保健院宫颈病诊治专科和产后康复专科创建成为市特色专科工作室，全院共有高级职称11人，中级职称24人，两者占总人数的43.6%。年内，省级科研项目结题1项，在研2项，卫技人员发表论文16篇。妇幼保健院儿童保健与妇女保健被确认为“泰州市妇幼健康重点学科”。

11月，靖江首个音乐放松室落户市第二人民医院

【信息服务】 年内，市妇幼保健院完善妇幼健康信息系统，新开发母子保健手册、家庭医生签约、孕产妇风险筛查与评估等管理模块，满足孕产妇儿童个性化服务及精准化医疗服务需求，实现全市妇幼保健机构、社区卫生服务机构、医院、镇卫生院、村卫生室信息全覆盖。与国家、省、市级妇幼和计生专线信息平台对接融合，及时沟通解决疑难问题，为全市妇女儿童全生命周期的健康服务提供技术支撑。

健康教育

【概况】 年内,市健康促进中心深化健康素养促进行动,以世界睡眠日、世界急救日、世界艾滋病日、世界防治结核病日、世界防治糖尿病日、全国防治碘缺乏病日、全民健康生活方式日等为节点,开展健康宣传咨询活动14次,培训社区居民和在校学生3000余人次,发放健康宣传资料千余份。着力提高市民对疾病的防范意识,制作常见病健康教处方12种,发放《健康之窗》6期、《江苏卫生保健》杂志百余本、《中医体质保健指导》6万余份、自制宣传资料20余万份。做好健康教育音像宣传工作,购买健康教育音像资料133套,开展各类健康教育培训11002人次,其中救护员培训856人。全年进行网上素养监测30859人次,知识知晓率82.35%,行为形成率92.2%。

9月,人体奥秘科普馆开馆

【全国首家县市级“人体奥秘科普馆”建成】 9月20日,靖江人体奥秘科普馆开馆。该馆投资400余万元,面积800平方米,由主题展馆、健康大讲堂和心灵驿站3个部分组成。主题展馆设有人体探秘、健康认知、科学生活、生命延续4个板块,运用声、光、电等增强现实技术,将静态与动态相结合,现实与虚拟相结合,展示人体知识。年内,该科普馆获评“全国健康促进与教育优秀实践基地”“江苏省科普教育基地”“江苏卫生应急全民自救互救体验馆”“泰州市红十字应急救护培训示范基地”“靖江市青少年素质教育基地”。 (朱忠林)

爱国卫生

【概况】 2017年,全市以迎接国家卫生城市复审、病媒单项达标复审、卫生镇村创建、病媒生物防制等工作为重点,广泛开展爱国卫生活动。围绕“除害防病,维护健康”主题,举办病媒生物防制、“除四害”和健康教育等宣传活动,发放饮用水卫生、健康科普手册、病媒生物防制等宣传资料4000份;举办世界防治结核病日、世界卫生日等主题日活动,培训4000余人次,发放健康宣传资料2万余份、宣传画400余张,制作健康教育宣传展板800块。开展控烟专项督查2次,检查150家单位控烟工作。开展环境卫生整治,整治重点场所105处,清理垃圾4250处、清洁水体245处、清除卫生死角5000余处,“四害”密度得到有效控制。推进健康城市、健康促进示范市创建,生祠镇卫生院、新桥城实验学校创建成为健康促进单位,市第二人民医院通过省级健康促进医院考核验收。开展卫生镇创建活动,新桥镇创建成为“国家卫生镇”,生祠镇创建成为“省级卫生镇”,率先实现县域内省级卫生镇全覆盖。

【国家卫生城市创建通过复审】 2017年,围绕“国家卫生城市”创建复审,实施环境卫生综合治理。制作中大型公益广告89个、宣传展板900块,发放《复审迎检工作手册》《路段长应知应会》《市民卫生文明行为引导手册》等宣传资料5万余份。专项整治市容秩序、城市河道、洗车点、垃圾回收站点、“十乱”(乱搭乱建、乱堆乱倒、乱停乱放、乱贴乱画、乱拉乱挂),累计拆除违章建筑8.25万平方米、披棚2364个、违规广告2855个,整治出摊经营户1479户、排污洗车点8家、垃圾回收站点160个,清理“僵尸”船、经营船44艘,调水冲污清理河面漂浮物。开展大规模环境卫生突击整治,共整治卫生“四小店”[小歌舞厅、小旅馆、小浴室(足浴)、小理发美容店]653家、食品“三小店”(小餐饮、小超市、小加工场所)1904家,达标改造公共厕所109座,建设分类垃圾收集房 279 处，标准化、超市化升级改造农贸市场 11 家。6 月，靖江通过国家卫生城市省级明察暗访，7 月通过国家复审。

【病媒生物防制达标】 年内，坚持“五统一”（统一安排、统一培训、统一时间、统一用药、统一检查）和“三结合”（环境卫生治理与药物消杀相结合、经常与突击相结合、专业队伍与群众相结合）防制原则，在市区范围内集中开展除“四害”达标活动，新建毒饵站 1.6 万个，投放鼠药溴鼠灵毒饵和蜡丸 2.9 吨、球形芽孢杆菌 7.3 吨、高效氯氟氰菊酯粉剂和微囊悬浮剂 2.3 吨、2.15%吡虫啉杀蟑胶饵 4700 支、0.05%氟虫睛杀虫饵粒 35000 袋。10 月，市病媒生物防制单项控制达标先进城市复审工作通过省专家组评估，达到蜚蠊 B 级、蚊虫 B 级、鼠类 C 级、蝇类 C 级国家标准。 （卢国旺）

人口与计划生育服务

【概况】 2017 年，全市登记生育 4075 人，出生总数 5601 人，人口自然增长率 -4.71‰，出生性别比 102.65，继续保持在正常值范围。计划生育政策符合率 99.89%，批准再生育 87 例。健全特殊家庭帮扶体系，全面实施住院护理保险代办制度、计划生育公益金、计生特殊家庭就医绿色通道、特殊家庭心理援助计划等 10 项帮扶政策。落实特别扶助政策，发放特别扶助金 886.38 万元，受助 1384 人。落实计划生育奖励政策，向持“独生子女父母光荣证”的退休企业职工及城镇非从业居民发放一次性奖励 1239 万元，奖励农村部分计划生育家庭 2126.64 万元，帮扶计划生育手术并发症对象 1136 人，发放扶助金 148.62 万元。制定实施计划生育技术服务标准和操作常规，各医疗单位设置免费药具发放点，开展避孕方法知情选择以及生育咨询指导。西来镇、季市镇人口健康文化园被评为“泰州市示范基地”。

【计生特殊家庭帮扶】 年内，市人口与计划生育领导小组印发《关于实施失独家庭人身意外保障计划的通知》，调拨镇级计划生育公益金为失独家庭投保人身意外险，赔付投保期内因意外亡故或残疾的人员等。与市人社局、财政局联合印发《关于对参加城乡居民医保的计划生育特殊困难家庭成员给予扶助的通知》，由财政为参加城乡居民医保的失独家庭代缴基本医疗保险，提高门诊补偿待遇，取消大病保险起付标准，提高补偿比例。联合市民政局、财政局制定《靖江市失独家庭养老实施办法》，就近安排选择养老机构入住，参照五保供养人员标准享受养老补贴；以发放服务券形式为选择居家养老人员提供服务，参照重残人员标准 1.5 倍以上系数，向居家养老的失能半失能人员发放护理补贴。

【流动人口卫生计生服务】 年内，市卫生计生委搭建“流动人口健康驿站”服务平台，为流动人口提供便捷优质服务。推进企业、农贸市场、镇、村等流动人口集聚区服务平台建设，在全市范围内张贴“流动人口健康教育核心”宣传海报，举办流动人口健康教育讲座 26 场次，在莲沁苑社区举办“健康伴您同行”主题观摩活动。开展农村留守儿童“合力监护，相伴成长”关爱保护专项行动，开设农村留守儿童健康教育课程，印发“情暖童心.让爱成长”健康读本 9000 册，对农村 15 周岁以下 1305 名留守儿童实行家庭医生签约服务。开展健康企业、健康家庭示范创建活动，培育江阴—靖江工业园区周爽家庭、靖城街道谢志家庭等 21 家示范典型；江苏新时代造船股份有限公司被评选为“全国流动人口健康教育促进工作示范单位”，靖江通过省流动人口基本公共卫生计生服务均等化目标评估验收。 （徐 吉）

山水盆景（九）

大江东去

体　育

编辑　朱艳燕

综　述

【概况】 2017年,靖江体育工作深入贯彻创新、协调、绿色、开放、共享理念,着力提升公共体育服务能力和水平。优化公共体育设施配置,各镇(园区)新增体育健身场地44个,配建健身路径398件;新增篮球场14个、足球场2个,农村体育设施覆盖率95%。至年末,全市有晨晚练点436个,健身步道54.7千米,人均拥有公共体育场地面积2.56平方米。健全全民健身网络,形成覆盖各类人群的体育组织,每万人拥有社会体育指导员23人。发展体育产业。市体育场馆运营成效明显,全年接待健身市民30余万人次,举办各类赛事、文体活动50余场次,总收入1280万元;全市160个体育彩票销售网点完成体彩销售2.61亿元,比上年增长84.8%,列全省第12位。组织开展各类体育比赛。引进高品位体育赛事,承办全国乒乓文化巡展、全国围棋甲级联赛、“乐钓靖江”全国钓鱼大奖赛、江苏省青少年游泳冠军赛、江苏省青少年田径短跨项群赛、泰州市首届电子竞技大赛等大型赛事;成功举办市第5届运动会。发展竞技体育,全年在全国以上比赛中获金牌9枚、银牌3枚、铜牌5枚。靖江体育工作在江苏省县级体育重点工作督查中列苏中第一,市体育馆获评“2017江苏省十佳最具活力体育场馆”,市体育局获评“2017年度江苏省体彩销售先进单位”。

(吕　婷)

【国民体质监测中心建成开放】 2月,市国民体质监测中心建成。该中心位于市体育中心内,设有超声骨密度检测仪、坐位体前屈测试仪、动脉硬化检测仪等近20台(套)测试仪器,开展16项检

靖江第五届运动会篮球联赛

测,自动生成体质评估报告和综合评估报告,同时出具营养膳食建议以及综合锻炼指导、运动风险评估、运动能力评估等报告。中心建成后常年向成年市民免费开放。 (赵一阳)

群众体育

【概况】 2017年,市体育局统筹推进各类人群健身活动均衡发展。全市有各类体育俱乐部20个、体育社团25个,各级各类社会体育指导员1700人,大学生村官担任社会体育指导员比例100%。推广全民健身活动,足球、羽毛球、乒乓球、篮球四大联赛列入群众体育常规赛事,广场舞、掼蛋、钓鱼、绿色骑行、长跑、太极拳、武术、瑜伽等活动在市民中广泛开展。市体育局获评"2013—2016年度全国群众体育先进单位"。

靖江足球联赛开赛

【广场健身舞大赛举办】 年内,市文明办、市体育局、市邮政分公司联合主办"邮政杯"广场舞大赛。大赛7月初开赛,8月27日在天一广场举行总决赛,参赛队伍有26支、500余人。经过现场评分(占90%)、网络票选(占10%)计算成绩,斜桥博爱艺术团、季市康乐健身队和十圩桥时尚辣妈队分获前三名,并代表靖江赛区参加泰州市决赛。

【环太湖城市男子篮球赛举行】 8月4日—5日,由市政府主办,市体育局承办的第5届环太湖城市联盟体育交流活动—男子篮球赛在市体育中心体育馆举行,昆山、江阴、宜兴、靖江等8个城市参赛。经过2天角逐,昆山市代表队获冠军,张家港市、宜兴市、武进区、溧阳市、靖江市、江阴市、常熟市代表队分别获得第二至第八名。举办该赛事旨在进一步加强环太湖城市联盟各成员单位间的交流沟通,推进区域性群众体育活动开展。

【季江、侯晓云、臧岚武术交流赛获冠】 4月29日—5月1日,"润州杯"国际武术交流赛暨中华艺术环球武术交流大会在镇江举行,全国各地1000余名武术爱好者参赛。比赛设器械、拳术类集体赛和个人单项赛。靖江11名陈式太极拳业余爱好者获拳术类中青年组团体第一名;季江、侯晓云获拳术小组并列第一名;臧岚获女子春秋大刀、拳术小组第一名。

【汪鉴、吴晓阳全运会群众比赛项目获冠】 6月,新程羽毛球俱乐部参加全国东西南北中羽毛球大赛沈阳分站赛,获男子双打项目冠军,俱乐部汪鉴、吴晓阳等4人入选第13届全运会群众比赛江苏省羽毛球队。9月3日,在天津举办的第13届全运会群众比赛羽毛球项目中,汪鉴、吴晓阳代表江苏队,以2比1战胜北京队马小斌、罗川组合获冠。

【新程羽毛球俱乐部获全国业余赛冠军】 12月16日—17日,由中国羽毛球协会举办的全国羽毛球业余俱乐部赛在湖北宜昌举行,全国各地28个羽毛球俱乐部、300余人参赛。比赛设甲组五场制混合团体赛,分别为男子双打(35岁以上)、女子双打、男子双打、男子单打、混合双打;乙组三场制混合团体赛,分别为男子单打、混合双打、男子双打。江苏新程俱乐部以3:1的比分战胜浙江银江羽毛球俱乐部,获甲组冠军。

竞技体育

【概况】 2017年,全市有注册运动员140人。市体育局突出机制转型，注重竞技体育协调发展，承办江苏省青少年田径短跨项群赛、江苏省城市假日联赛游泳俱乐部冠军赛(靖江站)等赛事。竞技成绩突出，朱敏、朱亚运、陆天杰、徐佳琦、钱天一、吴椒、孙美琳、李尹娜在第13届全运会上，获1枚金牌、2个第五名、3个第六名、2个第七名。全年在全国以上比赛中共获金牌9枚、银牌3枚、铜牌5枚。其中，钱天一在世界青年乒乓球锦标赛中获1金1银1铜，在亚洲青少年乒乓球锦标赛中获女子团体金牌和女子单打第二名，在中国青少年乒乓球锦标赛中获2金；虞正阳在亚洲青少年乒乓球锦标赛中获少年组男子团体金牌、男子单打第三名；王禹涵在全国青少年田径锦标赛中获1金1铜；陆心怡在全国中学生乒乓球比赛中获1金；高赵杰、杨成锐、朱城锐、陈雨睛在全国中学生跆拳道联赛（华北赛区）中获1金1银2铜。市田径队在江苏省(县)组田径比赛中获2金2银3铜，在全省排名第21位。

【朱敏全运会夺冠】 9月4日，第13届全运会击剑女子佩剑团体决赛在天津体育学院体育馆举行，靖江籍运动员朱敏和队友杨恒郁、张雪倩、钱佳睿代表江苏队，以45:41的成绩战胜对手广东队获冠，为靖江夺得首枚全运会金牌。朱敏系2012年亚洲击剑锦标赛女子佩剑个人冠军、女子佩剑团体冠军，此次是她第3次参加全运会。

【王禹涵全国青年田径锦标赛夺冠】 6月3日—5日，由国家体育总局田径运动管理中心主办的全国青年田径锦标赛在内蒙古鄂尔多斯市体育中心体育场举行。全国34支代表队、716名运动员参赛，靖江籍运动员王禹涵在1.75公斤铁饼比赛中，以54.39米领先第二名近5米的成绩夺冠，填补靖江铁饼项目获奖空白。此外，他还以15.67米的成绩获男子铅球比赛铜牌。

【联办江苏省游泳俱乐部冠军赛】 7月1日—2日，由江苏省体育总会秘书处和市体育局联合主办的江苏省城市假日联赛游泳俱乐部冠军赛靖江站比赛在市体育中心游泳馆举行，全省300余名游泳爱好者参赛。比赛设置100米自由泳、4×50米自由泳、混合泳接力等50个少儿项目以及32个成人项目，市冬泳协会王桂彬获男子36～60岁组别50米蛙泳和100米蛙泳冠军。

【承办2项省级赛事】 5月4日—7日，由江苏省文明办、江苏省体育局、江苏省教育厅等联合举办，泰州市体育局、靖江市体育局承办的江苏省青少年游泳冠军赛在市体育中心游泳馆举行。全省13个城市700余名运动员参赛。比赛设100米蛙泳、仰泳、蝶泳、自由泳，400米自由泳、混合泳，1500米自由泳和4×100米自由泳接力等项目，南京市、苏州市、无锡市代表队分别以总分678分、587分、445分获团体冠、亚、季军。7月3日—4日，由江苏省文明办、江苏省体育局等联合主办，靖江市体育局承办的江苏省青少年田径短跨项群比赛在市体育中心开赛，全省13个市以及国家级和省级田径单项后备人才基地近400名运动员参赛。比赛设100米、200米等10个短跨项目，经过39轮比赛，角逐出100米、200米、400米、110米栏、400米栏5个项目，12～14岁、15～16岁男、女4个组别冠军20个。

学 校 体 育

【概况】 2017年，加快推进“体教融合”，加强运动员文化素质培养，在学校体育普及化基础上，提高学校训练队训练水平。完善青少年足球竞赛体系，提高学校足球训练水平，命名市刘国钧中学、生祠镇初级中学、城南新区中学、马桥镇初级中学、新桥城实验学校、斜桥镇中心小学、马桥镇中心小学、季市镇长安学校、孤山镇中心小学、东兴镇中心小学为靖江市第二批足球传统项目学校。与市教育局联合举办中小学生田径、篮球、乒乓球、武术、跆拳道、中国象棋等比赛，以及校园足球联赛、阳光体育节等，进一步丰富中小学生业余生活。在校学生体质达标率95.1%。

(吕　婷)

【中小学生田径运动会举行】 11月18日—19日，由市体育局、教育局联合举办的中小学生田径运动会在市第一高级中学举行，全市各中小学650余名学生参赛。比赛设置高中组、初中组、中心小学组、乡镇小学组4个组别，经过两天紧张激烈地角逐，市第一高级中学、靖城中学、城中小学、惠丰小学分获各个组别冠军。

【校园足球联赛】 11月11日—26日，由市体育局、教育局联合举办的校园足球联赛分别在新桥城实验学校和刘国钧中学举行。比赛分小学组、初中组和高中组，全市31支代表队430余名运动员参加94场比赛。生祠镇中心小学获小学组男子、女子组冠军，城南新区中学、生祠初中分别获初中组男子、女子组冠军，省靖中获高中组冠军。

【承办泰州中小学生举重比赛】4月2日，由泰州市体育局、教育局联合举办，靖江市体育局、教育局承办的泰州市中小学生举重比赛在市实验学校天水分校进行，市实验学校天水分校、新桥实验学校和兴化市体校、泰州市扬桥中心小学的22名学生参赛。比赛分中学、小学两个组别，设抓举和挺举两项比赛。实验学校天水分校赖阿玲以抓举65公斤、挺举80公斤，总成绩145公斤获小学生组女子58公斤以上级冠军；高璐以抓举35公斤、挺举45公斤，总成绩80公斤获小学生组女子48公斤级冠军；杨宇鑫以抓举65公斤、挺举90公斤，总成绩155公斤获中学生组男子69公斤级别冠军。

（赵一阳）

2017年靖江市获全国以上比赛前三名统计表

表41

序号	项目	姓名	性别	比赛名称	比赛时间	比赛地点	比赛名次
1	乒乓球	钱天一	女	世界青年乒乓球锦标赛	11月30–31日	意大利里瓦德尔加尔达	女子团体第一名；女子双打第二名；女子单打第三名
2	乒乓球	钱天一	女	亚洲青少年乒乓球锦标赛	6月29–7月4日	韩国	女子团体第一名；女子单打第二名
3	乒乓球	钱天一	女	中国青少年乒乓球公开赛	6月25日	江苏太仓	女子团体第一名；女子单打第一名
4	乒乓球	虞正阳	男	亚洲青少年乒乓球锦标赛	6月29–7月4日	韩国	少年组：男子团体第一名、男子单打第三名
5	乒乓球	陆心怡	女	全国中学生乒乓球比赛	7月27–31日	浙江桐乡	女子团体第一名
6	跆拳道	高赵杰	男	全国中学生跆拳道联赛（华北赛区）	5月28–30日	福建南平市	男子45公斤级第一名
7	跆拳道	杨成铭	男	全国中学生跆拳道联赛（华北赛区）			男子45公斤级第二名
8	跆拳道	朱城锐		全国中学生跆拳道联赛（华北赛区）			女子+63公斤级并列第三名
9	跆拳道	陈雨晴	女	全国中学生跆拳道联赛（华北赛区）			女子+63公斤级并列第三名
10	田径	王宇涵	男	全国青年田径锦标赛	6月3日–5日	内蒙古鄂尔多斯市	男子铁饼第一名；男子铅球第三名
11	佩剑	朱　敏	女	全国第十三届运动会	9月3日	天津体育学院	佩剑团体第一名

居民生活

【居民收入】 2017年,靖江居民人均可支配收入3.24万元,比上年增长9.5%。按常住地分,城镇居民人均可支配收入4.32万元,比上年增长8.7%;农村居民人均可支配收入2.14万元,比上年增长9.0%。城乡居民人均收入倍差为2.020,比2016年缩小0.006。

工资性收入 居民人均工资性收入2.08万元(比上年增加1708.7元,增长8.9%),占居民可支配收入的64.3%,是居民收入的主要来源,对居民可支配收入增长的贡献率为60.6%,拉动收入增长5.8个百分点。其中,城镇居民人均工资性收入2.76万元,增长8.1%;农村居民人均工资性收入1.38万元,增长8.4%。

经营净收入 居民人均家庭经营净收入4096.6元(比上年增加396.8元,增长10.7%),对居民可支配收入增长贡献率为14.1%,拉动收入增长1.3个百分点。其中,城镇居民家庭人均经营净收入5506.3元,增长10.3%;农村居民家庭人均经营净收入2659.5元,增长9.2%。

财产净收入 居民人均财产净收入3136.2元(比上年增加310.0元,增长11.0%,增幅最高),对居民可支配收入增长贡献率为11.0%,拉动收入增长1.0个百分点。其中,城镇居民人均财产净收入4286.9元,增长9.6%;农村居民人均财产净收入1963.1元,增长11.3%。

转移净收入 居民人均转移净收入4328.0元(比上年增加402.1元,增长10.2%),对居民可支配收入增长贡献率为14.3%,拉动收入增长1.4个百分点。其中,城镇居民人均转移净收入5734.2元,增长9.2%;农村居民人均转移净收入2894.5元,增长10.1%。

【居民消费】 2017年,居民人均生活消费支出2.34万元,比上年增加1800.8元,增长8.3%。其中,城镇常住居民人均生活消费支出2.82万元,增加1655.7元,增长6.2%;农村常住居民人均生活消费支出1.85万元,增加1523.9元,增长9.0%。

食品烟酒 随着城乡居民生活水平的不断提高,食品烟酒类支出在生活消费支出中的占比逐年下降。全年人均食品烟酒消费支出6972.8元,比上年增长6.7%。其中,城镇居民人均食品烟酒支出8312.4元,增长4.5%,占生活消费支出的29.5%,比上年下降0.4个百分点;农村居民人均食品烟酒支出5607.2元,增长7.6%,占生活消费支出的30.3%,比上年下降0.4个百分点。

衣着 网购和微商等新型购物方式的盛行,降低了衣着类购置成本,使得靖江居民在衣着支出方面增幅放缓。全市居民人均衣着消费支出1448.9元,比上年增长3.3%。其中,城镇居民人均衣着消费支出1824.9元,增长1.2%;农村居民人均衣着消费支出1065.6元,增长3.8%。

居住 房地产业升温,加上

建材类价格涨幅较大,拉动住房装潢支出的较快增长。全市居民人均居住消费支出4615.3元,比上年增长11.9%。其中,城镇居民人均居住消费支出6058.6元,增长9.1%;农村居民人均居住消费支出3144.0元,增长12.6%。

生活用品及服务　各类新型家电、个人生活用品、护理用品日益增多,居民家庭生活用品的选择由经济实用向品牌、智能、节能、环保方向发展,居民在生活用品及服务上的支出更为理性。人均生活用品及服务支出1160.2元,比上年增长4.6%。其中,城镇居民人均生活用品及服务消费支出1301.6元,增长6.0%;农村居民人均生活用品及服务消费支出1016.2元,增长1.7%。

交通通信　交通建设的日益完善和移动通信设备的普及,居民出行越来越便利,交通通信支出也逐年提高。全市居民人均交通通信消费支出4285.7元,比上年增长8.7%。其中,城镇居民人均交通通信消费支出4639.5元,增长6.6%;农村居民人均交通通信消费支出3925.1元,增长10.3%。

教育文化娱乐　由于居民家庭越来越重视并加大对教育的投入,旅游、健身、娱乐成为家庭业余生活的重要组成部分,教育文化娱乐支出增长较快。全市人均教育文化娱乐消费支出2747.6元,比上年增长11.8%。其中,城镇居民人均教育文化娱乐消费支出3311.8元,增长10.2%;农村居民人均教育文化娱乐消费支出2172.4元,增长11.7%。

医疗保健　居民健康意识逐年提高,定期检查、治病不如防病、攒钱不如攒健康的观念深入人心,保健品消费、保健器材购买、医院体检支出成为医疗保健支出的新亮点。全市人均医疗保健支出1435.2元,比上年增长8.5%。其中,城镇居民人均医疗保健消费支出1957.6元,增长4.9%;农村居民人均医疗保健消费支出902.7元,增长10.9%。

其他商品和服务　全市人均其他商品和服务消费支出734.9元,比上年增长4.2%。其中,城镇居民人均其他商品和服务消费支出819.0元,增长1.7%;农村居民人均其他商品和服务消费支出649.0元,增长6.2%。

2017年末靖江市百户家庭耐用消费品拥有量一览表

表42

指　标	单位	全市	城镇	农村
1. 家用汽车	辆	51	55	43
2 .摩托车	辆	57	56	61
3. 助力车	台	147	135	174
4. 洗衣机	台	116	110	128
5. 电冰箱(柜)	台	119	115	128
6. 微波炉	台	99	99	102
7. 彩色电视机	台	240	245	228
其中:接入有线电视	台	213	223	192
8. 空调	台	232	254	184
9. 热水器	台	108	108	107
其中:太阳能热水器	台	88	85	93
10. 洗碗机	台	1	1	0
11. 排油烟机	台	73	82	52
12. 固定电话	部	64	64	64
13. 移动电话	部	289	296	275
其中:接入互联网	部	194	201	180
14. 计算机	台	96	108	69
其中:接入互联网	台	86	97	62
15. 照相机	台	27	35	10
16. 中高档乐器	架	5	6	2
17. 健身器材	台	9	11	3
18. 空气净化器(含新风系统)	台	0	0	0
19. 吸尘器	台	0	0	0

(朱利亚)

劳动就业

【概况】 2017年,市人社局紧扣"民生为本、人才优先"工作主线,聚力服务发展，聚焦民生担当，有效解决民生热点难点问题。创业就业稳中向好，全年城镇新增就业1.82万人，净增就业1.4万人，新增创业1.75万人，扶持自主创业0.8万人，带动就业4.16万人。全年引进高层次人才241人，引进高校毕业生3450人，新增高技能人才1.06万人，高技能人才总数超5.55万人，每万名劳动力中高技能人才数达1353人，位居泰州前列。劳动关系持续保持稳定，全市规模以上企业劳动合同签订率100%，劳动人事争议调解成功率全省领先；“12333”服务热线主动评价满意率99.84%，位列泰州第一。节后企业复工、用工情况政务信息被国务院办公厅采用，创富靖江、乐业马洲等多项工作得到上级肯定与表扬。年末，市人社局被市委、市政府表彰为先进单位。

【就业创业】 2017年，城镇新增就业1.82万人，净增就业1.4万人，城镇登记失业率1.82%，低于全省平均水平。全年组织创业富民主题招聘10场，举办各类单位招聘会136场次，为600多家用人单位提供用工1.2万人。组织“百家企业院校行”外出招聘活动24次，收取简历1100余份，达成意向869人。开展毕业生就业见习活动和就业服务百日行动，重新认定30家就业见习基地，为高校毕业生提供就业见习岗位800个，为31名建档立卡困难高校毕业生发放求职创业补贴4.65万元，高校毕业生就业率97%。签订《靖江市和永寿县劳务协作协议》，做好与陕西省咸阳市永寿县的对口援助工作。实施就业困难对象精准帮扶和“一对一”实名援助，成功帮助1835名就业困难人员实现再就业，为2574名就业困难对象发放社保补贴1095万元。做好援企稳岗工作，惠及企业180家，稳定岗位31116个，发放稳岗补贴834万元。推进大众创业、万众创新，开展省创业型社区、街道、园区创建工作，建成创业型社区(村)27个、创业型街道1个、创业型园区1个、乡镇创业富民中心6个。巩固创业平台建设成果，新建靖江市级创业示范基地12个，申报泰州级创业孵化基地2个、省级创业示范基地1个。出台《靖江市众创空间管理细则》，骏龙优客社、青商·青创中心和创客工场3家众创空间获评省级众创空间，全市建成各类众创平台156个。打造“靖江美食”创业品牌，建成“靖江美食”品牌店25家。常态化运营创客服务总部，组织“千名人力资源从业人员培训”，举办“创富靖江”青年创新创业大赛、家庭服务业技能大赛和“创富靖江”摄影大赛，开设创业大讲堂，培养创客导师150人。加大创业资金扶持，出台《靖江市创业担保贷款基金管理办法》，全年发放创业担保贴息贷款1.21亿元，培育优秀创业项目，组织靖江创客参加创业创新大赛，其中9个项目成功申报泰州市级大学生优秀创业项目、5个项目获评省优秀大学生优秀创业项目。

2017年春季高校毕业生就业招聘服务周活动 （市人社局提供）

【职业技能培训与鉴定】 2017年，市人社局建立城乡劳动者终身职业培训体系，完善就业技能培训与岗位需求对接机制，加大培训课程开发，扩大就业培训面，引进全球模拟公司、歌德电商等专业培训机构，开展创业实训，提高全市劳动者创业就业能力。启动新一轮技能再提升培训，为80余家企业开展在岗职工技能提升培训14229人，新增高级工8896人、技师1659人。开展名师带千徒技能人才培训活动，通过23家技能大师工作室“传、帮、带”，培养实用型高技能人才1100人。实施靖江“千名工匠青苗”培养计划，建成怀德学院和电大中专校培训基地，培养“工匠青苗”215人。开展华达千名新型学徒制试点，遴选一线关键技术岗位培养对象1000人，配备带徒导师，实施岗位育才。年内，完成城乡劳动者职业技能培训2.35万人、创业培训1.73万人、新生代农民工培训7216人、企业在岗职工全员技能培训1.86万人，1.39万人取得职业技能等级证书、1.06万人取得高级职业技能等级证书。

【职工工资与劳动合同管理】 2017年，靖江执行江苏省二类地区工资标准，月最低工资标准为1720元，非全日制用工每小时最低工资标准为15.5元。落实劳动用工备案制度，全市规模以上企业劳动合同签订率100%，已建工会企业劳动合同签订率99.99%。开展“春季和秋季集中要约、应约”行动，新签、续签集体合同950个，签订工资集体协商合同780个、区域性工资集体协商合同136个，合同报送审查率100%。建立健全覆盖城乡的劳动关系协调工作管理体系，劳动关系协调工作进社区（村）率100%。加强企业工时制度管理，审批14家企业特殊工时工作制，涉及职工7133人。调查靖江62家企业薪酬情况，发布企业工资增长指导线。

【劳动保障监察】 2017年，市人社局加强基层劳动保障监察网格建设，划分劳动监察一级网格12个、二级网格106个，配备劳动保障监察专职协理员21人、兼职协理员230人。高效运行劳动监察举报投诉平台，全年累计录入网上登记信息7168条，受理投诉举报675起，实时录入率、按期运行率均为100%。其中，通过市劳动保障监察大队和监察网格联动成功调处583件，立案查处92件，移送公安部门13件，行政处理、处罚12家，罚款金额50742元；追发劳动者工资及经济补偿2256万元，涉及劳动者2325人；督促参保登记缴费58户，涉及人数516人。开展人力资源市场秩序清理整顿，规范劳动用工和劳务派遣行为，摸底排查农民工工资支付情况，全年书面审查企业3454家，比上年增长8.68%；书面审查网上申报率85%以上，书面审查率100%，逐步建成动态监管、部门协同、监测预警、用工数据一网运行的工作体系。通过各类专项检查，督促476家用人单位依法缴纳社会保险，新增参加社保五险1631人、单独工伤保险5512人；督促依法签订劳动合同2634份，督促支付工资4351.8万元；对51户违反工时、休息休假规定的用人单位提出整改；移送公安案件13起，涉及339人、金额269万元。推行劳动监察协理员轮训学习制度，抽调21名监察协理员分期分批至市劳动监察大队跟班轮训学习，加强劳动保障监察队伍建设，提高全市基层人社所劳动保障监察协理员的业务能力。开展诚信企业培育创建活动，评定诚信示范企业和诚信企业75家。完善劳动保障维权接处中心建设，增设4个案件调处室和办事群众等待区，形成咨询服务、接待受理、调查处理等门诊式一条龙服务，全年提供电话咨询服务27251人次，接待来访6520余人。完成互联网+劳动监察预警指挥平台建设，健全欠薪防范处置工作机制，维护社会和谐稳定。

年内，深入社区开展劳动保障普法宣传 （市人社局提供）

【劳动人事争议仲裁】 2017年，市人社局推进劳动人事争议基层调解组织建设全覆盖工作，健全以市劳动关系调处中心、市总工会维权中心、市工商联调处中心、镇（街道、办事处、园区）及行业（商会、协会）调处中心为龙头，企事业单位调解委员会为基础的多级调解组织网络。至年末，全市共有532家企业建立劳动争议调解室，其中中船澄西新荣船舶有限公司劳务企业劳动关系调处中心获省人力资源和社会保障厅表彰。开展“劳动仲裁开放月”活动，邀请市人大代表、政协委员、律师、企业及群众代表等社会各界人士，近距离了解劳动人事争议调解仲裁工作。全年处理劳动人事争议2544件,其中各类基层调解组织调解1904件,立案640件,裁决劳动人事争议案151件,一裁终结79件,按期结案率100%。

【打造“创富靖江”新模式】 2017年,靖江发放创业富民“三张券”(创业培训券、贷款贴息券、租房租金券),营造创业乐园,提高城乡居民经营性收入1个百分点。全年为全市高等院校毕业生等城乡各类劳动者发放创业富民“三张券”3.86万张,惠及创业者2万余人,向高校毕业生等劳动者提供免费创业培训,扩大创业担保贷款规模,给予初始创业补贴。举办全市青年创业大赛、家庭服务业技能大赛、“创富靖江”摄影大赛,评选“百名靖江创业之星”“十佳靖江创业榜样”。新增各类众创平台156个,培育省级众创空间3家、泰州市级众创空间5家。靖江“营造创业乐园”做法被人民网、《新华日报》等多家媒体报道。

【公益性岗位安置就业困难人员】 2017年,市人社局开发保安、保洁、保绿及辅助性就业等公益性岗位300个,对“4050人员”、低保家庭、零就业家庭等6类就业困难群体实行优先安置、托底就业,按全市最低工资标准(1720元/月)的50%给予补贴。

【打造半小时维权服务圈】 2017年,市人社局建设劳动保障维权接处指挥中心、劳动监察预警指挥系统和劳动监察移动执法APP软件平台,为254个村社区劳动保障专干配备执法移动终端,方便开展企业欠费欠保、规模裁员、拖欠工资情况动态监测,形成半小时维权服务圈,即时处置劳动关系突发事件。

社会保障

【概况】 2017年,市人社局围绕“服务发展,保障民生”,建设覆盖城乡的社会保障体系,织密扎牢社会保障安全网。开展社会保险稽核扩面,全年新增参保单位706户,新增企业职工基本养老保险参保2710人、医疗保险参保2710人、失业保险参保2710人、工伤保险参保16107人,新增城乡居民养老保险参保600人、机关事业单位养老保险参保9400人。全市企业职工基本养老、医疗(含生育)、失业、工伤保险参保人数分别达18.19万人、28.83万人、15.3万人、19.11万人,参保率96%以上;城乡居民养老保险参保4.29万人,机关事业单位养老保险参保7.58万人;社会保障卡持卡人数达65万人,占全市人口97%以上。推进被征地农民社会保障新老政策衔接,新办理25个村组1382人参保,年内新征地农民社保覆盖率100%。全市被征地农民参加基本生活保障累计9.95万人,城乡居民基本医疗保险参保31.35万人。全市21.43万人领取各类养老待遇。医疗保险实施以总额控制为主、按病种付费为辅的复合式付费方式,病种数提高到106种。机关事业单位养老保险制度改革工作获省人社厅肯定。

【企业职工基本养老保险】 2017年,全市企业养老金按时足额发放率和社会化发放率均为100%。调增退休人员养老待遇,企业退休人员人均增加126元,惠及86164名退休职工。完善退休审批程序,建立行政和经办层层制约内控制度,全年新增退休(职)5215人,其中正常退休4861人、特殊工种提前退休245人、因病退休77人、因病退职32人。办理离退休死亡1512人,新增遗属补助等供养待遇133人。

2017年,社保自助机装进“家门口” (市人社局提供)

【医疗工伤生育保险】 2017年,全市城镇职工基本医疗保险基金收入11.22亿元(含利息收入

3763万元、医保关系转入时个人账户余额收入194万元、办理退休时一次性缴纳费用2.01亿元),其中记入统筹基金6.31亿元、记入个人账户4.91亿元(含转移性收入194万元)。当年职工基本医疗保险基金支出8.85亿元,其中统筹基金支出4.88亿元、个人账户支出3.97亿元。工伤保险基金收入9207万元(含利息87万元、滞纳金3万元),支出8265万元(其中工伤预防支出29万元),全年有2347人享受待遇。全市城乡居民基本医疗保险筹资标准为每人760元(其中个人缴纳120元、财政补助640元),参保人数为31.35万人,全年共筹医保基金2.40亿元,其中财政补助2.01亿元。全年居民基本医疗保险基金支出2.17亿元,支付人保财险靖江支公司大病保险投保费用1811万元。推进医保支付制度改革,全市实施以总额控制为主,按病种付费为辅的复合式付费方式。在总额控制基础上,全面推进病种付费,确定106个病种付费限额。开展城镇职工医保和生育保险合并试点工作。7月1日起,全市所有用人单位不再单独征收生育保险费,生育保险基金并入职工医保基金,用人单位的职工基本医疗保险缴费费率由原8%调整为8.5%,个人缴费费率仍为2%。试点后享受生育待遇3662人次,支出2150万元。9月1日起,城镇职工基本医疗保险实施2017版《国家药品目录》,新版目录增加药品368种,其中西药159种、中成药209种,同时将36种“高价刚需”谈判药品纳入新版药品目录,基金支付比例为50%。开展医保精准扶贫,全年建档立卡低收入人员发生的普通门诊费用报销比例提高10%,年度最高限额由300元提高到500元,同时取消城乡居民医保大病保险起付标准。根据《泰州市2017年工伤保险定期待遇调整方案》,7月1日起,对全市264人调整工伤保险定期待遇。1~4级工伤职工伤残津贴增长6%,保底数128元;享受养老金的伤残津贴补差人员增长6%;供养亲属抚恤金增长6%,保底数50元;生活护理费依据完全、大部分、部分护理等级,按上年度城镇非私营企业职工月平均工资5089元的50%、40%、30%发放。由政府购买服务,市医保中心将工伤预防宣传、安全培训、案件报案查勘等业务,通过招投标选择与中国人寿保险公司靖江支公司合作,双方于4月1日签订《靖江市工伤预防服务协议》,开设室外电子宣传栏,开通24小时工伤保险服务热线,年内举办工伤预防安全教育培训40余场,培训人员约3500人。

4月1日起,开展工伤预防服务,图为教育培训现场

(市人社局提供)

【失业保险】 2017年,扩大失业保险覆盖面,出台领取失业金人员年龄界限相关规定,加强失业金内控管理,提升企业在岗职工技能补贴。全年共发放失业职工失业保险金29451人次、金额3215.54万元,帮助29116名失业职工缴纳医疗保险费839.33万元。

【机关事业单位养老保险】 2017年,实施机关事业单位养老保险改革,协调配合市委组织部综干科、市人社局工资科、市编办共同做好人员核定审核,严把人员进口关和数据质量关,参保数据全部迁入省业务经办系统,做到应保尽保。会同市财政局出台《关于印发靖江市机关事业单位工作人员视同缴费指数方案的通知》《关于做好市级财政工资统发单位退休人员基本养老金改由社保机构发放工作的通知》,全市机关事业参保单位460户,参保缴费职工1.58万人,领取养老待遇1.04万人,社会化发放率100%。调整1.01万名机关事业单位离退休人员养老金,人均每月增加230元,人均水平达到每月4361元。全年机关事业单位养老保险收入3.38亿元,收缴率100%;基金累计支出2.87亿元。

【城乡居民基本养老保险】 2017年,推进被征地农民社会保障,全年新增3009名被征地农民参加养老保险,全市累计有63个村530个组9.95万名被征地农民参加基本生活保障,其中7.23万人领取生活补助费,2.72万人享受养老待遇。做好特殊对象保障帮扶工作,免费为1803名重残、低保人员办理城乡居民养老保险,财政补贴18.03万元。深化城乡居民基本养老保险便民服务标准化示范建设,优化服务内涵和范围,实现村级平台小型终端服务机全覆盖,城乡居民参保缴费不出村。推进城乡居民养老保险续缴费工作,续缴率95.77%,全年新增2530人参加城乡居民养老保险,累计8.67万人享受城乡居民养老待遇。从1月起调增城乡居民养老保险待遇标准,基础养老金每人每月由125元提高到135元,个人账户养老金在原基础上增长8%。

【离休人员医疗保障】 2017年,全市参加统筹的离休干部242人,统筹标准每人每年3万元;新中国成立前老工人53人,统筹标准每人每年2.2万元;享受遗属补助的251人,统筹标准每人每年0.3万元。全年征收统筹金917.9万元,其中市财政负责征收639.1万元、市统筹办负责征收278.8万元。全年离休干部、新中国成立前老工人、遗属共发生医疗费2267.6万元。全市参加医疗统筹的6级以上革命伤残军人有169人,统筹标准为每人每年3万元。全年应收统筹金507万元,由市财政全额负担专项拨付。全年6级以上革命伤残军人共发生医疗费540.84万元。全年财政共拨付离休人员和6级以上革命伤残军人医疗费2540.84万元;全年支付医疗费2540.84万元,其中市医疗集团承担267.6万元。

2017年,市人社局深入社区宣传医保精准扶贫政策

(市人社局提供)

【离退休人员社会化管理】 2017年,做好离退休人员社会化管理服务,全年接收离退休人员档案6733份,新进社区管理6733人,退休人员档案接受率、社区(村)社会化管理率均为100%。对9.15万名3月31日之前离退休(含定补)人员进行资格认证,认证率100%。组织6.22万名符合条件的退休人员免费健康体检,体检率100%。春节慰问296名特困退休人员,发放慰问金11.84万元。重阳节慰问5346名80周岁以上老人,发放慰问金42.77万元。

【社保"精准扶贫"】 2017年,靖江取消困难人群的城乡居民医保大病保险起付标准,住院和门诊特殊病费用中的个人自付部分可直接享受大病保险待遇。开展社保扶贫,帮扶5488户建档立卡的低收入家庭。为12965名重点优抚对象、低保户、五保户、特困户免费办理城乡居民医疗保险,为2432名低保、重残人员免费办理城乡居民养老保险,2748人领取城乡居民大病保险补偿1450万元。

【跨省异地就医直接结算开通】 2017年,市人社局启动"百日攻坚"专项行动,完成与国家平台接口改造衔接任务,实现异地安置退休、异地长期居住、常驻异地工作和异地转诊4类跨省就医人群医保结算全覆盖。全年跨省双向联网结算72人次、金额81万元;省内异地就医联网结算门诊费16361人次、金额1004万元,联网结算住院费1449人次、2994万元。

【优化靖江退管服务品牌】 2017年,市人社局优化"幸福银潮、康宁万家"退管服务品牌,为全市5万余名企业退休人员建立个人健康档案,开展"万人学太极拳、万人学计算机、万人进课堂”活动。组织24式陈式太极拳、计算机操作等免费培训，培训离退休人员2660人次。举办“喜看新时代、共说靖江好”离退休人员书画摄影作品展、“欢庆十九大，歌舞迎重阳”退休人员文艺会演。组织参加“喜迎十九大、健康舞起来”泰州市退休人员舞蹈展演活动，4个项目入选，获最佳组织奖。建设20家社区示范性“退休人员之家”，为全市退休人员提供“乐享、康享、安享、福享、学享、为享”“六享”服务。

（朱金水　徐乔华
倪光军　李庆峰）

2017年，“康宁万家”退休人员文艺会演现场　（市人社局提供）

民政事务

【概况】 2017年，全市民政系统践行“民政为民、民政爱民”理念，推进民政事业可持续发展，不断提升人民群众获得感、幸福感、安全感。城乡居民低保年人均标准提高至7320元，农村居民“五保”供养年人均标准提高至8830元；新建21个标准化城乡社区居家养老服务中心，新增养老护理员121人；打造幸福和谐社区，97.2%的城市社区、93%的农村社区创建成省级和谐社区；创建省级双拥模范城，开展文化、科技进军营活动，投资新建民兵训练基地，帮助驻靖江部队官兵提高生活、训练、执勤条件；助力脱贫致富，结对帮扶1200户城乡贫困户；推进社会组织审批改革，每万人拥有社会组织9个；做好防灾减灾工作，建成200平方米标准化救灾储备仓库，创建成“全国综合减灾示范社区”1家。

【优抚安置】 2017年，接收退役士兵285人，发放退役士兵优待金、安置补偿金、超期服役金、大学生奖励金等2784.47万元、立功奖励金33.03万元。做好退役士兵职能技能培训工作，参培率82%以上，双证（执业资格证书、培训结业证书）获取率94%。贯彻落实涉军政策法规，发放抚恤补助资金4633.6万元、门诊补贴56万元、医疗救助137.2万元。实现优抚对象抚恤补助护理费标准第19次自然增长，年增资金350余万元。足额发放优抚对象水、电、气、有线电视补贴232.65万元，组织5302名优抚对象免费体检并建立健康档案，推进“一助一”结对帮扶工作，帮扶困难重点优抚对象350户。落实优抚对象精神抚慰机制，开展清明祭扫革命先烈活动和9月30日烈士公祭活动。

【社区建设】 2017年，实施“建设睦邻微平台　打造幸福和谐社区”社会治理创新项目，深化“三社”（社区、社会组织、社工）联动，新增泰州市十佳社区服务品牌2个和优秀社区服务品牌1个。开展和谐社区创建工作，97.2%的城市社区、93%的农村社区达到省级和谐社区标准。规范城乡社区服务能力建设专项补助资金使用和社区干部管理，制定《靖江市社区干部基本报酬绩效考核实施办法》。做好村（居）换届选举后续工作，举办新一届村（居）委会主任及村（居）务监委会主任培训班。加强村务公开和民主管理工作，实施村务公开阳光行动，印发《村组织公开手册》4万份，组织开展专项检查2次，健全村务监督机制，结合农村“三资管理”（集体资金、集体资产和集体资源管理）创新，在马桥镇开展试点，帮助制定并转发《马桥镇村务监督委员会工作规范（试行）》，推动全市各村务监督委员会规范有序开展工作。

【社会救助】 2017年，全市有城乡居民最低生活保障对象7323人，其中城市居民979人、农村居民6344人。7月1日起，城乡低保标准由每人每年7080元调整到7320元,农村“五保”(保吃、保穿、保医、保住、保葬)老人供养标准由年人均8120元提高到8830元,孤儿救助标准由年人均14280元提高至15600元,城市“三无”(无劳动能力、无收入来源、无法定赡养人)老人救助标准由年人均16560元提高至17880元。全年发放临时救助资金412.5万元,救助群众1.36万人次;结对帮扶1200户,落实帮扶资金208.55万元。推进防灾减灾救灾体系建设,免费为全市66.8万名户籍居民购买自然灾害商业保险,斜桥镇港阜社区获评2017年度全国综合减灾示范社区。实施残疾人补贴政策,发放困难残疾人生活补贴4317人、金额2912.72万元,发放重度残疾人护理补贴830人、金额119.52万元。

年内,市领导慰问低收入农户　　（市民政局提供）

【社会组织管理】 2017年,建立社会组织直接登记制度,对行业协会商会类、科技类、公益慈善类、城乡社区服务类社会组织,依据相关法律法规实行直接登记。培育扶持社会组织发展,建立市、镇、村三级社会组织“三位一体”培育平台,4月组织开展“全市社会组织与社区治理创新”主题宣传月活动,6月开展民办非企业会计制度培训,7月开展百优社会组织创建活动,全市每万人拥有登记社会组织9.2个。建立社会组织社会评价、失信惩戒和“黑名单”等信用管理制度,加强与有关部门协调联动,对民办教育机构和养老机构进行专项检查,对部分名存实亡的社会组织履行撤(注)销程序。建立党建工作“三同步”机制,在社会组织登记注册时,同步登记党建工作情况,在社会组织年检时,同步审核党建工作情况,在社会组织等级评估时,同步考核党建工作情况,实现社会组织党建工作全覆盖。对社会组织实行联合年检,年检率92%。全面实施社团、民办非企业等级评估,全市获评等级的社会组织占总数的50%。推进行业协会商会与行政机关脱钩,首批10家社会组织按照要求完成脱钩任务。开展社会组织评优活动,市“家有儿女”志愿者协会被共青团江苏省委、江苏省残疾人联合会授予江苏省青年志愿者助残“阳光行动”服务基地,“助飞小候鸟童伴计划”关爱留守儿童项目被中共江苏省委宣传部、江苏省文明办、江苏省民政厅、共青团江苏省委联合评为金奖项目。

【社工人才建设】 2017年,组织社会工作师考试,有55人、21人分别通过初级、中级社会工作师考试。继续实施优秀社会工作人才培育工程,与7个社工人才工作室签订资助合同,增选10名培养对象,江山路社区支部书记徐涛入选江苏省首届“最美社工”。健全社工人才激励机制,印发《关于给予全市社会工作师职称奖励的通知》,对取得社会工作师初级、中级、高级职称的非社区专职工作者给予一次性职称奖励。

【福利工作】 2017年,市民政局坚持社会化运作,突出医养融合,着力构建多元化的养老服务体系,全市拥有各类福利院26家,其中公办养老机构10家,千名老人床位38张。11月—12月,市民政局联合市规划局、住建局等7部门和养老机构所在镇(街道、园区、办事处),按照“尊重事实、一院一策、规范经营、确保安全”的原则,逐一梳理检查全市养老机构,重点排查消防安全、房屋质量等,列出问题清单,明确整改时限,各养老机构对照清单于12月底之前完成整治改造。加大社区居家养老服务中心建设和督查力度,建成标准化城乡社区居家养老服务中心30个,建成老年人助餐点33个。在靖城街道成功试点推行政府购买居家养老服务，指导靖城街道办事处“虚拟养老院”建设和运行升级，为老年人特别是高龄、空巢、独居等老年人提供丰富的精神关爱服务。开展老年人“安康关爱行动”，为老年人提供健康服务和意外伤害保险。开展初、中级护理员免费培训，新增121名养老护理员。稳步推进福彩销售，全年销售福利彩票8200万元。

【殡葬管理】 2017年，进一步规范人口死亡医学证明和信息登记管理工作，从3月1日起启用新版“居民死亡殡葬证”。健全惠民殡葬制度，简化办理手续。推进殡葬设施建设，启动编制全市殡葬设施布局规划，拟定龙泉公墓二区规划选址和公益性骨灰堂等节地生态葬设施建设方案。加强清明祭扫管理和宣传工作，落实安全预防措施，倡导文明低碳祭扫，确保祭扫和谐有序。强化殡仪馆内部管理，提高服务水平，全年共火化遗体5495具。

【区划地名管理】 2017年，调整地名委员会成员，实施无锡市、泰州市行政区域界线联合检查工作。深化平安边界创建层级，组织有关镇(街道)与张家港市、江阴市相应镇(街道)签订镇级平安边界创建协议。完善第二次地名普查工作成果，核对修订各类普查成果登记表，对一些遗漏地名进行补充普查，加强对普查成果的质量控制，完成普查成果数据入库工作。启动编制《靖江市政区图》，补充征集历史地名，完成标准地名词典靖江部分26个地名词条的编撰，完成6个新建小区和商业用房以及2条道路命名登记工作。

【婚姻和收养登记】 2017年，严格执行《婚姻登记工作规范》，制定元旦、情人节等日子的登记应急预案，做好人流高峰期的登记工作。全年办理结婚登记4779对、离婚登记1454对，补领结婚证1530对、离婚证75件，完成2016年度婚姻档案移交工作，合格率100%。开展《中华人民共和国反家暴法》宣传，在办理结婚登记时向每对新婚夫妇发放《致新婚夫妇一封信》，让他们认识到家庭的责任和义务。依法开展收养登记工作，全年办理收养登记39件。

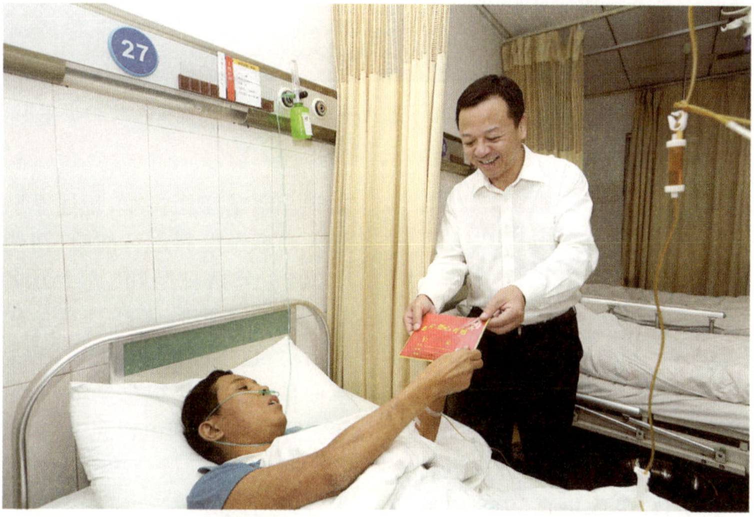

2017年，慈善网络捐助平台捐出爱心款 （市民政局提供）

【慈善救助】 2017年，围绕“助困、助医、助学、助残、助老”开展慈善救助活动，全年募集慈善款物1025.5万元，支出救助款(物)837.71万元，惠及城乡困难群众8900人(次)。组织第7届“靖江慈善日”活动，共接收捐款100.43万元。加强慈善组织建设，新设立“省靖中专慈善工作站”。创新慈善款物募集方式，与慈善总会联合打造靖江慈善网络捐助平台，多渠道募集资金，营造便捷、透明的公益捐赠环境。加强慈善资金管理，修订和完善相关管理办法和规定，指导分会及时公开社会各界爱心人士捐赠的善款去向，自觉接受监管部门的监督与审计，做到阳光透明、精准扶贫。年内，有10家单位和30名个人分别获评2017年度“慈善之星”先进集体和先进个人。

【未成年人保护】 2017年，市民政局牵头实施农村留守儿童“合力监护、相伴成长”关爱保护专项行动，将全市所有农村留守儿童纳入有效监护范围，父母一方外出另一方无监护能力的家庭得到有效帮扶，实现无户籍农村留守儿童户口登记全覆盖。实施困境、留守儿童关爱保护“三三三”工程，打造“市、镇(街道、园区、办事处)、村(居)”三级关爱保护工作平台，建立三级联动机制，健全“家庭、政府、社会”三位一体关爱保护模式。市未成年人救助保护中心牵头组织开展“小梦想，大未来”“爱心之约，公益助学”“读暑益智”等关爱公益活动 20 余次，让困境儿童在关爱中敞开心扉、在合作中得到快乐。

2017 年，“读‘暑’益智”少儿才艺大赛演出现场　　（市民政局提供）

拥军拥政

【概况】 2017 年是省级双拥模范城检查验收之年。全市双拥工作围绕创建省级双拥模范城“九连冠”目标，按照“标准更高、特色更优、品牌更亮”创建要求，丰富军地互相支持、优势互补、建设互动、成果共享的双拥工作内涵，形成双拥工作与各方面工作协调推进，地方发展与部队建设同步提高的良好局面。

【双拥宣传】 2017 年，持续在市广播电台、靖江电视台、《靖江日报》等新闻媒体开辟专刊专栏，宣传双拥工作和优抚安置等政策法规，提升军民法律意识。市双拥办出刊《双拥简报》6 期，及时传递双拥信息，反映双拥动态。总结和推广双拥工作亮点，在全国、江苏省、泰州市双拥网、《双拥简报》等登载双拥信息 10 余条。在靖江日报社《眼界》杂志专刊介绍靖江籍将军，记述军队好人好事及老兵创业故事。清明节、烈士公祭日期间，近 3 万名社会各界人士开展祭奠革命先烈活动，缅怀先烈丰功伟绩，接受革命传统教育。纪念建军 90 周年之际，开展革命电影巡映、参观烈士纪念场馆、革命故事进社区等专题活动，和社会组织合作开展“六进”（进机关、进社区、进学校、进军营、进企业、进农村）活动，用先烈精神激励广大军民投身“重树苏中标杆、率先融入苏南”征程。推进双拥文化建设，建设双拥文化广场，打造“岳飞文化”主题景观带，筹建靖江将军馆和东线第一帆文化碑林，丰富双拥文化品牌内涵。宣传靖江人民医院、江阳社区等双拥典型，推进社区双拥工作站示范点建设，加快双拥工作社会化步伐。

【双拥活动】 开展慰问进军营活动。春节、八一建军节期间，市四套班子主要领导分组慰问驻军官兵，送去慰问金慰问品，向优抚对象发送年画、慰问信，与 63680 部队、海军靖江舰互访互问，增进军地情谊；各基层双拥单位组织人员走进军营、走到优抚对象家中，为他们办实事、解难题，送去党和政府的关爱。开展文化进军营活动。组织“流动图书车”进军营、援建军营图书室等系列活动，为驻靖江部队免费提供精神食粮；组织靖江锡剧团、江苏有线靖江分公司等编排 2台文艺节目，慰问驻靖江各部队，丰富官兵精神文化生活；开展送“立动喜报”上门、挂“光荣人家”入户活动，发放“光荣人家”牌匾 2.4 万张，提升军人荣誉感和获得感。开展科技进军营活动。向驻靖江部队赠送电脑，帮助组建网站，建设自动化电子指挥系统和电子值勤监控系统，帮助驻军解决新装备运用、信息化建设和军事训练中遇到的技术难题；为驻军开设科普知识讲座，举办科普知识图展，组织技术攻关小组帮助市消防大队研制水带固定支架，提高高层救火效率。开展实事进军营活动。召开市委常委议军专题会议，深入驻靖江部队了解驻军单位及部队官兵的需求，帮助驻靖江部队官兵改善工作、生活、训练条件；在新城区划拨 3.07 公顷土地，投资 6000 余万元，减免各项规费，建设民兵训练基地；投资 100 万元，添置反恐车辆及装备，帮助武警中队提高训练、执勤条件；制定市消防大队五年发展规划，将消防设备采购纳入财政预算，投入100万元，帮助市消防大队完成江平路执勤点改造；继续制作拥军卡，供驻靖江部队官兵免费乘坐城乡公交车、客车，设立军营公交专线，方便官兵进城返营。开展爱民走军营活动，各驻靖江部队运用独有资源，勇担防洪救灾等急难险重任务，助力驻地经济社会发展。驻靖江63707部队将双拥工作纳入党委工作计划，经常性开展国防教育，到文峰大世界科普国防知识、资助困难学生，照顾孤寡老人；市人武组织民兵预备役人员结对帮扶困难优抚对象，资助贫困学生就学；市消防大队开展"春风行动"和"送温暖、献爱心"等活动，为孤寡老人、军烈属排忧解难；市武警中队积极参加安全保卫、义务献血、植树造林等活动；靖江边防检查站组织官兵参加"5·18"慈善一日捐活动、开展为民献血奉爱心等活动。

11月17日，市领导调研双拥共建工作　　（市民政局提供）

【国防教育】 2017年，《靖江日报》专刊《国防视野》每月一期介绍国防知识和国防教育开展情况，靖江电视台《双拥天地》栏目及时播出双拥动态，靖江广播电台专设《人武战线》播报全市民兵预备役活动内容，市政府门户网站设双拥专栏，反映全市双拥工作状况。明确每年8月为"国防教育月"，重点宣传《中华人民共和国国防教育法》《中华人民共和国兵役法》《中华人民共和国反国家分裂法》。举办"党管武装好书记""关心国防企业家""情系国防好家庭""国防教育先进单位和个人"等评比活动。依托15个少年军（警）校，把国防教育与各学科文化教学有机融合，实现国防教育进课表、进教案、进课堂，营造关心国防、支持国防的浓厚氛围。

老 龄 工 作

【概况】 2017年，全市老龄工作围绕"六个老有"（老有所养、老有所医、老有所教、老有所学、老有所为、老有所乐）目标，为老年人办实事、办好事，维护和保障老年人的合法权益，丰富老年人的精神文化生活，促进全市老龄事业持续健康发展。至年末，全市有60岁以上老人17.46万人，占总人口约25%。其中，80~89岁老人1.9万人、90~99岁老人3800余人、98周岁以上老人130人，全年新增八旬老人2788人，发放八旬以上老年人尊老金1610.5万元。

2017年靖江百岁老人分布一览表

表43　　单位：人

镇（园区）	总数	男	女
季市	17	2	15
滨江	5	1	4
江阴园区	6	1	5
城北	3	0	3
城南	8	1	7
靖城	19	1	18
东兴	10	1	9
孤山	11	1	10
马桥	6	2	4
西来	9	2	7
斜桥	13	0	13
新桥	7	4	3
生祠	16	1	15
合计	130	17	113

【老年人活动】 2017年，市老龄委组织参加第4届"江苏福彩"杯老年好声音大赛，1人闯入决赛。选送说唱节目《阳光生活》《家风》参加泰州市"中国人寿杯"老年文艺会演，分获一、二等奖。此外，组织参加《老年周报》喜迎创刊30周年老年人书画作品征集活动。开展"敬老月"宣传活动，宣传老年优待政策。10月，举办"关爱老年人、欢庆十九大"文艺会演，丰富全市老年人的精神生活。

【老年人服务】 2017年，利用新闻媒体，结合走访慰问，宣传《中华人民共和国老年人权益保障法》,推介尊老敬老新人新事,弘扬敬老传统美德。发动社会各界为困难老人献爱心,组织社区志愿者为高龄、空巢和困难老年人理发、打扫、洗衣服、送重阳糕等。完成八旬以上老年人增减申报、审核工作,全年办理老年证968个,接待老年人来信来访31件次,老年人满意率100%。促进养老医疗融合发展,建成3家医养融合养老机构。为失独家庭提供个性化养老帮扶。加快推进居家养老服务,建成21个标准化社区(村)居家养老服务中心、23个老年人助餐点、1个日间照料中心。依托靖城街道试点仁爱虚拟养老,加快养老信息化应用进程,为老年人特别是空巢、独居、高龄老人提供紧急救援、生活照料、康复护理、医疗保健等居家养老服务。举办第3期护理员培训,提升养老服务专业化水平。

2017年,说唱节目《阳光生活》获泰州市"人寿杯"老年文艺会演一等奖
(市民政局提供)

【老年人慰问】 2017年1月,联合市文明办、市卫计委以及靖城街道办事处,在德城广场举办"爱心敬老·情满靖江·双节慰问"送温暖活动,组织50多家特约合作单位,在春节前为老人献爱心。重阳节期间,走访慰问10个敬老院、380位困难老人,为90岁及以上老人发放重阳慰问金155.95万元。各镇(街道、园区、办事处)和20多个涉老单位常态化开展尊老敬老活动,为离退休老人发放重阳慰问品。

(褚晓春)

民族、宗教事务

【概况】 2017年,全市在籍少数民族1427人、29个族别。多数是婚嫁至靖江的女性及婚生子女。其中土家族人数最多,有415人,苗族次之。城市流动少数民族人口5300余人,大多来自新疆、甘肃、青海等地,主要从事兰州拉面和商贸经营。全市有市佛教协会、市道教协会和市基督教三自爱国运动委员会3个宗教团体,依法登记的宗教活动场所20处,其中佛教寺院10处、道教宫观2处、基督教聚会场所8处;有经资格认定备案的宗教教职人员87人,其中比丘34人、比丘尼3人、道士(坤道)24人、基督教牧师2人、长老1人、传道员23人;有佛教皈依居士近4800余人、道教信徒400余人、基督教受洗信徒近3000人。年内,市民宗局贯彻落实中央民族工作会议和全国宗教工作会议精神,推进民族团结进步示范创建工作,不断促进民族、宗教关系和谐稳定。

【民族事务】 2017年,市民宗局落实民族政策,为28名符合条件的少数民族考生办理中、高考政策加分证明,为1名符合条件者办理民族成分更改手续。启动港澳台侨少数民族宗教界政协委员结对关爱少数民族贫困家庭活动,21位政协委员与全市24户少数民族贫困家庭结对,通过定期联系、走访慰问、结对帮扶,帮助少数民族贫困家庭脱贫致富。开展少数民族低保优惠政策落实情况"回头看"活动,健全完善11户少数民族低保户台账资料,为开展精准帮扶打好基础。继续推进民族团结进步示范创建工作,结合泰州市第五个民族团结进步宣传周活动启动仪式,开展民族政策法规宣传、民族进步知识有奖问答、兰州拉面展示等活动。组织开展"民族一家亲 爱我新泰州"主题征文活动,收到征文30余篇,其中3篇入选泰州市民族团结进步宣传读本。在全市开展民族团结进步宣传"进社区、进学校、进机关、进企业、进乡镇、进宗教场所"等活动,在广场、学校等公共场合发放各种宣传资料1200余份。依法妥善化解涉及少数民

2017年靖江市少数民族人口基本情况一览表

表44　　　　　　　　　　　　　　　　　　　　单位：人

族别	人数	族别	人数	镇区	人数
土家	415	纳西	11	靖城	202
苗	229	仫佬	7	西来	206
壮	153	景颇	3	新桥	220
满	124	哈尼	11	斜桥	141
布依	82	畲	17	季市	113
回	80	仡佬	15	孤山	126
蒙古	43	白	13	东兴	100
侗	62	维吾尔	5	生祠	108
彝	45	傣	6	马桥	73
瑶	43	羌	6	江阴园区	74
朝鲜	14	水	5	滨江园区	14
黎	18	东乡	1	城南园区	55
藏	11	拉祜	4		
鄂温克	2	锡伯	1		
普米	1				
合计		29	1427	合计	1427

6月21日，第五个民族团结进步宣传周活动启动现场

（市民宗局提供）

族人员的矛盾纠纷2起，确保民族关系和谐稳定。

【宗教事务】 年内，市民宗局加强宗教政策法规宣传教育，提高依法管理宗教事务的意识。组织“宗教政策法规学习月”活动，开展政策法规普及咨询、政策法规学习心得交流和宗教政策法规知识竞赛，组织参观泰州市宗教法制教育基地，举办宗教法制教育讲座，共发放宣传资料1000余份，收到心得交流材料26篇，参与活动的宗教教职人员、信教群众累计1500余人次。健全各项规章制度建设。在全市宗教活动场所建立民主管理组织和财务管理小组，健全《宗教场所财务监管工作规范》《先进宗教场所和优秀教职人员评选表彰办法》《民主管理组织推选产生办法》《靖江市宗教界端正教风、提升形象十项规定》《靖江市教职人员违反教风惩戒试行办法》等规章制度，全市各宗教活动场所管理逐步走上规范化轨道。有序开展宗教活动场所星级认定。市史志档案办认定三星级档案单位2家、二星级档案单位1家，靖江孤山寺和靖江关圣寺分别被泰州市认定为四星级和三星级宗教活动场所。发展宗教文化和慈善事业。举办孤山庙会、马桥岳飞文化节、新桥东平王庙会；举办首届道教文化节，期间开展道音道乐、道法自然养生讲座和道德经讲解等活动；举办佛教文化月活动，组织佛教书画展、作品义卖和讲经比赛。组织“宗教慈善周”活动，开展“宗教慈善走进朝西村”、帮扶少数民族困难学生和重大疾病困难家庭等慈善活动8场次，全市宗教界募集善款10余万元，直接受益近百人。强化安全防范意识，保持宗教领域的和谐稳定。定期开展矛盾隐患排查工作，对宗教建设项目和重大活动进行社会稳定风险评估。加强社情民意和网络舆情的收集分析，全年妥善化解涉及宗教人员的矛盾纠纷4起。与各宗教活动场所签订安全责任书，开展安全生产大排查大整治专项行动、应急安全演练、安全隐患整改“回头看”等系列活动，及时消除各类隐患问题33个。加强宗教团体能力建设，推进三大宗教团体集中办公。市佛教协会完成换届工作。

【民族团结进步宣传周系列活动】 6月21日，靖江第五个民族团结进步宣传周活动启动仪式在市体育中心“青春梦”剧场举行。该活动以“民族一家亲 共筑中国梦”为主题，广泛宣传民族团结进步先进事迹，巩固和发展平等、团结、互助、和谐的社会主义民族关系。启动仪式上，主办方向常州大学怀德学院、城南办事处、靖城街道公园弄社区、马桥镇中心校赠送《民族团结教育简明读本》《社区民族工作手册》，举行富有浓郁民族特色的文艺演出和民族知识竞答活动。与会人员至靖城街道公园弄社区观摩民族团结进步示范社区建设，参观市内部分宗教活动场所。活动当天，市民宗局在步行街广场开展民族、宗教政策法律法规咨询及民族、宗教工作图片展，组织律师现场为群众提供民族、宗教法律法规咨询服务。

【西来寺行脚朝拜九华山】 5月10日起，西来寺住持仁决法师带领寺院僧俗22人，历时15天，行脚380千米，途经江阴、常州、溧阳、宣城等地，最终到达安徽青阳县九华山地藏王菩萨道场。行脚朝拜九华山活动主题为“悲智行愿·同行五人”，意在与观音、文殊、普贤、地藏四大菩萨相伴随行，一起将大悲、大愿、大行、大智洒向人间。西来寺通过此次活动旨在践行禅宗人间佛教的传统，引领僧人和信众磨砺肌体，坚固道心。

5月10日，西来寺僧众朝山行脚九华山　　（市民宗局提供）

【基督教信众圣诞联欢】 12月16日，市内300余名基督教信众欢聚一堂，举办丰富多彩的迎圣诞联欢会。泰州市基督教三自爱国运动委员会秘书长万宝常出席联欢会，给予信众美好祥和的祝福。靖江基督教各基层教会组织歌舞、小品、朗诵、乐器演奏等16个节目，近80名信众参加演出。节目紧扣生活，弘扬真善美，反映新时代基督教信众的幸福生活。

（张朝斌）

山水盆景(十)

静思

凡人善举

【用爱心撑起一个特殊的"家"】孙凤益，市光荣院、儿童福利院院长，52岁。2003年，他从一家企业调任市光荣院院长。2008年，市儿童福利院成立，与市光荣院合署办公。2015年，在他的积极争取下，市光荣院、儿童福利院迁至滨江新城通江路，老人和孩子们的生活条件得到极大改善。市光荣院住着15位老人，其中年龄最大的88岁。每到节日，他总会主动联系一些志愿者团队、爱心单位为老人送慰问品、送演出。2017年春节前的一个深夜，70多岁的张志华突发肺心病，他和值班人员立即将其送至市人民医院，幸亏抢救及时，才未危及生命。市儿童福利院住着23名孤残孩子，其中年龄最大的16岁。为了让院里的残疾儿童得到最好的康复治疗，他邀请专家一对一指导他们参加康复训练。他一次次往返于教育部门和学校之间，把适龄孤残儿童送进学校接受教育，还联系义工为他们补课。2014年，刚出生不久的婷婷因患先天性心脏病被遗弃在市儿童福利院附近，孙凤益发现后立即抱回院内，安排专人照顾，第一时间为她申请"残疾孤儿手术康复明天计划"救助。2017年，婷婷在南京市儿童医院顺利完成心脏手术。14年来，孙凤益坚守岗位，用爱为革命孤老献上胜似亲人的浓浓真情，为孤残儿童送上父亲般的深切关怀。

【老吾老以及人之老】 韩春华，生祠镇金星村人，靖江市金星夕阳红公寓院长，48岁。早年，他在本地一家建筑公司当项目经理，收入颇丰。其间，他经常去敬老院捐资捐物，义务劳动，并和很多老人结下深厚情谊。2005年5月，韩春华个人投资600余万元，建起集养老、敬老、休闲娱乐为一体的民办养老机构——靖江市金星夕阳红公寓。刚开始，由于对养老工作一无所知，他就逼自己从头学习简单的医疗知识和护理技能，逐渐在摸索中成为行家里手。2012年初，考虑到老人的实际需要，韩春华又投资50余万元在公寓建成老人洗浴中心，专门为公寓及当地60岁以上老人提供免费洗浴服务，每年冬天均服务老人近千名。夕阳红公寓开办以来，他放弃节假日，吃住在公寓，一心扑在养老事业上。平时，他总是抽出时间陪老人聊天解闷，成了老人最知心的人。2014年，该公寓被评为AAA级社会组织。至2017年年底，夕阳红公寓先后收养社会空巢老人600余人，供养生祠镇五保孤寡老人30余人。

【心系乡间老人】 马许权，斜桥镇大觉村人，52岁。1992年，他外出发展，从跑运输开始，慢慢经营起石化公司、物流公司。20多年来，他坚持对弱势群体施以援手，不仅时刻关注老家近邻远亲，更将尊老敬亲之举延伸到力所能及的地方。2004年，得知村中有一户人家生活困难，房屋因年久失修倒塌,他立即将自家老宅3间平房借给其居住。2015年,自家老宅亦老旧濒危,他就自掏腰包拿出3万多元补足该户建房的资金缺口。马许权的很多长辈定居在太仓、芜湖等地,他每次出差,只要时间允许,总会带上家乡的肉脯、汤包等土特产,为他们送去礼物和问候。近年来,他出资赞助村里的老年艺术团,拿出10万元拓宽村里道路,捐助3.6万元为村里安装路灯……马许权始终觉得:自己富了,更应该行善社会,感恩长辈,造福乡邻。

【义务照顾智障流浪者22年】 孙明芳,靖城街道虹桥社区居民,59岁。1995年的一天,她正在自家经营的早餐店里忙碌,无意中看到一位成年男子一动不动躺在对面屋檐下。当时碰巧有朋友送来一碗馄饨,她见这名男子实在可怜,就把馄饨送给了他,并从此担负起了照顾他的责任。后经了解,该男子是被人用卡车运至靖江的智障人,他栖身之地是附近邮政支局的走廊。2015年,由于种种原因,他失去了避身的地方。为了方便照顾他,孙明芳花了近1周时间,在离家200米左右的住宅区找到一间无人居住的空房,整理一番后,又从家里拿来被子帮他铺好。从此,流浪人有了一个遮风避雨的住处。夏天蚊虫肆虐,孙明芳拿来蚊香并反复演示使用方法;闲暇时,常帮其洗洗手,擦擦脸,整理整理屋子;更多的时间,她则是一点一滴教其如何生活自理……久而久之,流浪智障人认准了孙明芳,说她是好人。22年来,孙明芳带给这名流浪智障人的是家人般的温暖。2017年,孙明芳一家当选为靖城街道公益家庭。

【六旬老人组建民乐队】 王顺余,滨江新区办事处晨阳社区居民,65岁。他多才多艺:最拿手的乐器是竹笛,初中时就闻名乡里;2015年学习二胡,仅用两年多时间就拉得有腔有调;摄影更是他生活的一部分,2008年成为中国摄影家协会会员。退休后,他想利用自己的艺术特长为社区服务,展示自己的文化担当。2016年,他着手组建民乐队。为了实现这一理想,他全身心投入筹备工作,婉言谢绝元林老年大学摄影班授课的邀请,遍访社区有乐器演奏特长的老年人……2017年5月,属于晨阳社区自己的民乐队终于成立,队员20余人。之后,他又为配全乐器挖空心思,为安排训练场地东奔西走,为排练节目绞尽脑汁。他精心安排排练计划,周二训练乐器磨合,周五教唱排练曲目,民乐队的演出受到社区居民的欢迎和好评。

【八旬老人开设公益音乐课堂】 王沂,靖城街道幸福新村居民,80岁。1955年扬州师范学院毕业后分配到靖江城北小学工作,他因会弹会唱在众多老师中脱颖而出,当起了音乐教师。1988年退休后,王沂到原老干部大学任教,很受学员欢迎,慕名而来学唱歌的老年学员越来越多。2013年,老干部大学调整,停开音乐班,很多学员想继续跟他学唱歌,王沂想都没想就痛快地答应了。这一年,他在家中开设了免费的音乐课堂。4年来,他的音乐课上有20余名固定的老年学员,年纪最大的包奶奶87岁。每次上课,他用伴随他50多年的老式风琴,边弹边唱,边打节拍。他教唱的大多是老年人喜欢的红歌,传播正能量。每到寒暑假,他还爽快地接受社区工作人员的邀请,教社区孩子唱歌练歌。他说:“我的这一生应该献给音乐教学事业,我要发挥余热,将好的音乐一直传承下去。”

【年近九旬不忘初心】 祁玉良,靖城街道北大街社区居民,年近90岁。从17岁入党宣誓那一刻起,祁玉良就决心为党奉献终身。1949年,他是靖江渡江支前民工连连长兼指导员,积极协助组织船只和担架队,跟随大部队渡过长江。渡江后,他所在的民工队又担任运送伤员的任务,一路上他们面对敌人袭击,勇敢地与敌人周旋,最终将400多名伤员安全送达伤员接待站。离休后,祁玉良从不闲着,经常参加社会公益活动,到学校、机关和工厂讲渡江战役的故事,激励更多的年轻人牢记历史,珍惜今天的幸福生活。他的党组织关系不在北大街社区,但是他多次到社区要求就近参加组织生活,为社区建设献计献策。他建议社区成立老年阅读队,主动拿出多年积累的关于长征、抗日战争、解放战争的系列剪报,送给社区作为阅读资料。

【身残不减公益情怀】 朱炳凯,马桥镇白衣村人,靖江市爱心QQ群群主。他3岁时患小儿麻痹症,左脚被鉴定为二级残疾,成年后被安排进一家福利企业做工。2011年,他在网上看到“退伍兵李大爷生病住院,膝下无儿无女的他只能靠年迈的老伴照料”的帖子,便与几个热心人自发到医院探望,为老人过生日,陪老人聊天,直至老人去世。随后,他组建了一个爱心团队——爱心QQ

群，成立之初，团队仅有近20人。朱炳凯自己家庭也很困难，上世纪70年代芦苇盖的草屋住了整30年，直到2016年才进行危房翻建，但这丝毫影响不了他对公益事业的热衷。他担任群主，是团队活动策划的主力，服务弱势、帮扶困难群体成为他生活中不可缺少的一部分。6年多时间里，他和他的团队开展关爱留守儿童、帮扶孤寡老人、资助困难家庭等爱心活动上百次，他自己坚持风雨无阻地参加每一次志愿活动。他的爱心也感染和带动了身边越来越多的人，至2017年，爱心QQ群已拥有100多名固定志愿者。

【一颗公益心，情暖两地人】 季雪林，季市镇人，42岁。有一次回家过年，他听乡亲谈论一位90岁独居老人的境况，便和村里人一起去看望老人，帮老人打扫整理。此后，每逢过年过节和老人生日，季雪林都会去看望老人，帮老人打扫卫生，陪老人一起吃饭。2013年，他和几位公益热心人士成立“思岳公益”志愿服务组织。该组织经常开展公益服务活动，帮助更多需要帮助的人。此外，季雪林在城中小学附近经营一家文具店，但凡遇到买学习用品却没带够钱的孩子，他总会赊欠给他们。当得知虹桥小学几名学生家庭困难时，他准备好文具用品赠送给他们。季雪林还在苏州经营一家汽修店，身在他乡也不忘做公益。一次，隔壁拉面店主上小学的孩子放学时走失，他主动一条街一个巷子寻找，终于找到这个走失的孩子。2016年，季雪林作为江苏省灾害社工服务队的一员，赶赴盐城灾区送去慰问物资。多年来，季雪林往返奔波在靖江、苏州两地，积极参加该组织的每一次公益活动。

【六旬夫妇相约身后捐献遗体】 石厚芝，东兴镇惠丰村乐兴圩人，66岁。5年前，他和妻子张四美患糖尿病，两人每月的医药费要花四五百元。惠丰卫生院得知老人情况后，主动减免了老两口的医药费，这使他们深受感动。2013年6月，石厚芝在电视上看到遗体捐献一事，他觉得人总有生老病死，能用自己的遗体做有意义的事，岂不更好。为了回报社会，他萌生了捐献遗体的想法。他将此事告知家人，得到大家的支持。妻子在其影响下，愿意和他一起捐献遗体。当年9月，市红十字会工作人员上门为石厚芝夫妇办理了相关手续。此后，石厚芝常常向老友、邻居提及捐献之事，动员他们也成为志愿者。

【把百岁婆婆当成宝】 张美云，江阴—靖江工业园区办事处恒义村人，57岁。1982年，她嫁给鄂宏章，成为王翠云的儿媳妇。她的丈夫是家中的小儿子，公婆两人也就随他们一起生活。5年后，公公去世，为了改善生活，她的丈夫外出打工，家中事务全落在张美云身上，照顾婆婆成了其必修课。无论多忙，她始终将婆婆放在第一位，老人吃的穿的用的都是她一手张罗。婆婆分别在83岁、91岁、95岁时摔伤，均在其照料下得以康复。91岁时的摔伤最为严重，腿骨骨折，缝了12针，在市人民医院住院1个多月。其间，张美云像照顾小孩一样照顾婆婆，做可口的饭菜端到床前，一口一口地喂，定时端水端尿，擦身按摩……接回家中后，张美云坚持帮婆婆做康复训练，半年后老人竟奇迹般地能借助拐杖行走。在她熏陶下，两个孩子也常常帮着搭把手。得益于张美云的精心照料，101岁的婆婆依然行动自如，成了家中一宝。

【孝敬婆婆的好儿媳】 叶满芬，西来镇龙飞村人，57岁。她婆婆年轻时因生育得了双腿“水肿”的怪病，行动不便，虽辗转多家医院治疗，始终不见疗效。叶满芬24岁嫁到侯家后，对婆婆就像对亲妈妈一样孝敬。土地流转前，她除了起早贪黑忙农活，还每天到附近的汽配公司上班，但无论多忙，她从不忽视对婆婆的照顾，更没让婆婆受过一回气。有一次，婆婆生病住院，叶满芬毫无怨言地在病床前侍奉了1个月，喂饭、接大小便、擦洗身子，什么活都干。近年来，婆婆因双腿原因经常持续几天莫名发高烧。其间，她总是陪伴婆婆同睡一床，悉心照料，适时为她物理降温，减轻痛苦。平时再忙，她都会抽出时间陪婆婆看看电视，扯扯家常，让婆婆开心。家住连云港的女儿女婿想接爸妈去享享福，但为了一心一心意服侍婆婆，她选择了放弃。几十年如一日孝敬婆婆的事迹感动得村里人个个称赞她是好儿媳。

【让八旬婆婆再次下地行走】 薛秀珍，季市镇利民村人，70岁。她刚嫁入利民村，虽说夫家不算富裕，但生活也能过得去。随着公公离世，一大家子的生活重担便压在她夫妇身上。当时，3个小叔子中最小的才8岁，薛秀珍既顾小家又顾大家，家务料理得井井有条。3个小叔子相继成家后，薛秀珍将婆婆接到自己家赡养。10年前，婆婆不小心摔伤了腿，只能卧床休养。她坚持一日三餐送到床头，还每天帮婆婆擦洗身体、抓痒涂药。8个月后，薛秀珍为婆婆购回轮椅,天天推着老人出门走走,边走边讲村里的新鲜事。眼见婆婆身体好转,她又买来拐杖,鼓励婆婆下地行走。在她的搀扶下,婆婆从行走5分钟,渐渐增加到半个小时。这些年来,薛秀珍对婆婆的孝心从未改变,隔三差五,她就给老人炖鸡汤或骨头汤补补身子。村民们都说,这样的好媳妇真是少有。

【只为公公有个幸福晚年】 毛彩娣,孤山镇勇进村人,58岁。1987年,她的婆婆去世,公公不通家务,于是料理家务、照顾长辈的重任便落到毛彩娣身上。公公冬天怕冷,她总是帮他铺上厚被保暖,且按时做好一日三餐端到床前。每到做月饼季节,她总会第一时间买回公公爱吃的洗沙月饼。公公喜欢吃肉圆,不喜欢吃肉馅的馄饨;喜欢串门,不喜欢一个人待在家里……毛彩娣对老人生活习惯的每个细节都了如指掌。2015年10月,90岁的公公患上阿尔茨海默病,发病时六亲不认,整夜哭喊笑闹,她更是十分谨慎地照料。2017年正月,公公病状越发严重,一次竟拿起剪刀舞弄。她见状心惊肉跳,与丈夫等人合力才夺下老人手中的剪刀。此后,毛彩娣藏起家中所有有棱有角的物件,只要老人一发病,她就会寸步不离地守着。毛彩娣说:"为了公公有一个幸福的晚年,我们再苦再难,都算不了什么。"

【用爱撑起一个家】 陈道萍,新桥镇新合村母子圩人,48岁。1990年,21岁的陈道萍嫁到该村,与公婆同住,和丈夫生养一儿一女。1998年,她的丈夫罹患癌症。随后的4年时间里,丈夫治疗费花掉几十万元,不仅家中积蓄全无,还欠了一大笔外债,最终仍没留住丈夫的生命。陈道萍面对年幼的儿女和衰老的公婆,深感肩上担子沉重。当时很多人劝她改嫁,她却义无反顾地撑起这个家。为了还清债务,她拼命打工赚钱。2009年,厄运再度降临,她的公公患重病,陈道萍不得不再次借钱,带着公公到上海求医。手术后,公公身体虚弱,她便准备好每日食谱,变着花样为老人食补,按时将服用的药物送到公公跟前,8年来从不间断。2013年,她的婆婆患病去世,饱受生活打击的陈道萍患上狂躁症,通过药物治疗才使病情得到控制。尽管不能外出打工,但她仍坚持做点家务,用爱撑起这个家。20年来,陈道萍面对命运的坎坷,始终坚守孝道,勇敢担当,是村民口中的敬老孝善之星。

编辑说明:本类目遴选身边的普通人,介绍其热心公益、帮扶他人、孝老爱亲等感人事迹,内容改编自2017年《靖江日报》相关报道。

2017年度精神文明新人新事

【1月新人新事】 ①3日,市公交车驾驶员印桂红,将乘客遗落的内有5.4万元现金的钱包交还失主。

②5日,新港派出所辅警陆见锋、黄银,在上班途中遇一女子遭遇车祸重伤,当即将其送往医院抢救。

③22日,市委宣传部等22个部门在季市镇举行2017年文化科技卫生"三下乡"集中示范活动,为当地村企、群众提供项目扶持、政策咨询、扶贫慰问等服务。

④24日,市区一火锅店服务员许清,将在店内捡到的1万元现金交还失主。

⑤生祠镇东进中心村党委书记张金荣,10年来坚守基层一线,把贫困村建成美丽乡村,获评泰州"最美基层干部"。

⑥市地税局职工郁云岚、市179志愿者协会秘书徐君,多年来积极关爱残疾人,当选江苏省优秀助残志愿者。

⑦外国语学校教师商永洁,长期资助贫困孤儿,并成立"小太阳中队"为学生搭建传递爱心的平台。

⑧靖城街道正南社区居民朱网玉,收留流浪哑女16年,联系百家媒体为其找到亲人。

【2月新人新事】 ①2日,马桥镇朝西村村委会主任花红江,跳入冰冷的河中救起一名落水男童。

②斜桥镇富民村九旬老人刘灿根,春节前拿出3000元养老金资助本村一贫困家庭。

③春节前夕,西来镇中心校党员教师为20名贫困学生捐助5900元特殊党费。

④春节期间,生祠镇利珠村丁金勇夫妇,将捡到的8000元现金交还失主。

⑤武警泰州消防支队靖江中队消防员周洛阳,15年坚守一线灭火抢险,并积极参与公益活动,获评江苏省"岗位学雷锋标兵"。

⑥市交通运输局职工陶建东,多年来在工作之余参加公益志愿服务活动,当选泰州"最美志愿者"。

⑦省靖中高三学生史乐琰,

品学兼优，爱好广泛，热心公益，当选全国“最美中学生”。

⑧靖江籍无锡协警秦加财，16年来坚守马路保护行人安全，成为敬业“网红”。

【3月新人新事】 ①13日，靖江举办首届岳飞文化节，弘扬岳飞精神，发展文化旅游。

②15日，市环卫工人熊锦、陈金美、俞风美在路段打扫时，发现一男子骑车摔成重伤，及时对其进行救助。

③17日，河北籍外来务工人员李亚杰、宋新坡，从火灾中救出被烧伤的室友，并将室内的煤气罐等易燃易爆物品抱出。

④市第二人民医院副院长陈青松，21年专攻精神心理疾病治疗，获评江苏省第三届“医德之星”。

⑤裕纶纺织集团公司细纱挡车工侯桂娟，苦练操作技术，推进技术创新，获评泰州市“最美巾帼人物”。

⑥市公交车驾驶员夏国庆，将乘客遗落的内有6万多元现金的钱包交还失主。

⑦孤山镇土桥村20多户村民，自发承担照顾本村一贫困残疾家庭的责任，轮流负责该家庭成员的生活起居。

【4月新人新事】 ①15日，孤山派出所辅警陈江，从一着火的居民房屋内将液化气罐拎出，避免事故发生。

②21日，靖江市首届“书香马洲”读书节开幕，倡导市民爱读书、善读书、读好书。

③27日，斜桥中学师生为本校一名突发重病的高三学生捐款6.6万余元。

④靖江蜂芸饲料公司总经理何卫星，勇于创新创业，获评泰州市“最美青年”。

⑤斜桥镇丹华村号召社会各界，共同为本村一名患肝病的青年捐善款近50万元。

⑥靖城街道虹桥社区居民孙明芳，义务照顾智障流浪人22年。

⑦叶鑫等热心市民，自2016年12月起在市人民医院附近设立爱心午餐点，免费为困难群体提供午餐。

【5月新人新事】 ①6日，市民沈柏兴、刘树勋，协助民警将一名落水的铲车司机救上岸。

②19日，在全国公安系统英雄模范立功集体表彰大会上，靖江市看守所副所长居广奇被授予“全国特级优秀人民警察”荣誉称号。

③21日，市公交车驾驶员常明松及20余名热心乘客，合力将车上一名突发癫痫的男子送至医院急救。

④江苏恒力制动器制造有限公司员工胡正林，加强技改创新，攻克多项技术难题，获评泰州市“最美职工”。

⑤东兴镇何德村村民戴天明，连续11年为该镇敬老院老人献爱心。

⑥城北园区关工委常务副主任朱浩勋，10多年来帮助村、社区开设校外辅导站，开展各项关爱未成年人活动。

⑦靖江一理发店店主朱铭，6年来与同事累计为500余名老人免费理发。

【6月新人新事】 ①2日，靖江三鹏模具科技股份有限公司向第一实验幼儿园中虹分园捐赠15万元，用于幼儿图书馆建设。

②17日，城北园区王庄村工作人员黄红娣、陈建其，将一名落水的孤寡老人救上岸。

③大学生村官顾乐、奚加鹏，服务基层、创新创业，获评泰州市“最美大学毕业生”。

④马桥镇集福村村民陈桂英，得知一村民家中着火，立即前往灭火并勇救被困老人。

⑤市地税局职工环建军，2004年成为红十字志愿者，至当月累计献血量达15万毫升，并长期资助贫困学子。

⑥靖城街道公园弄社区79岁老人缪翠莲，10多年来扶贫助孤超百次。

⑦马桥镇栗树村村民刘满环，照顾高龄母亲20余年，在母亲瘫痪后，更是与妻子共同悉心照料。

⑧全市在各类公共场所新建12家社会化“牧城书驿”，为市民提供便捷的阅读服务。

【7月新人新事】 ①29日，孤山镇土桥村刘宗海、范明华夫妇，及时将晕倒的邻居送往医院救治，并主动对其进行照料。

②30日凌晨，山西小伙郭洪杰在真武河附近夜钓时遇一对青年男女落水，他用一根绳子将两人拉住直到民警到来，为营救两人争取了时间。

③市检察院公诉局副局长赵小凤，坚持司法为民，维护公平正义，当选泰州市“最美基层共产党员”。

④西来交警中队民警朱庆奇，爱岗敬业、规范执法、不畏艰险，积极维护人民警察的尊严和良好形象。

⑤斜桥镇东阜小区保洁员陆勇富，将在路边捡到的装有1.6万元现金、两部手机及各类票据

的钱包交还失主。

⑥季市中心卫生院退休职工杨明华,10多年来悉心抚育失去双亲的侄女及智障的侄儿。

⑦东兴镇惠丰村村民贾恒宏,捐资6万元在当地两家卫生院设立红十字博爱病房,定向帮助因病致贫的家庭。

⑧靖城街道小关庙社区居民马鞠明,坚持8年义务打扫住宅楼的公共通道,并自出资金对公共通道的墙面粉刷出新。

【8月新人新事】 ①7日,季市镇季新村居民陈金明、孙小银等3人,合力将一名不慎落水的男子救上岸。

②江苏风雷武器装备制造有限公司董事长朱铭强,退伍后自主创业,致富不忘回报社会,获评泰州市"最美复转军人"。

③东兴镇万盛村村民蒋宏祥,几十年如一日和家人一起照顾从小患病的哥哥。

④城北园区齐心社区邵志彬、杨玉华夫妇,二十多年来积极参与关心下一代工作,并为社区孩子开设校外辅导站。

⑤靖城街道北大街社区居民王育善,23年义务为小区出黑板报,并热心参与小区环境管理。

【9月新人新事】 ①18日,第六届江苏省道德模范揭晓,市人民医院医生胡方斌、靖江消防中队消防员周洛阳获评"敬业奉献模范"。

③斜桥中学教师王振宇,两次远赴西藏进行教育援藏工作,获评泰州市"最美教师"。

②27日,新时代造船有限公司员工刘兴贤,将捡到的内有5000多元现金及20多张银行卡的钱包交还失主。

④新桥镇新合村村民陈道萍,在丈夫早逝后把公婆当亲生父母,八年如一日照顾生病公公,用坚强撑起一个家。

⑤孤山镇山东村村民陈同兴,近年来出资10多万元支持村里基础设施建设。

⑥市地税局职工郁冰,多年来积极关爱弱势群体,向灾区和社会特困人员、家庭捐资捐物。

【10月新人新事】 ①16日,出租车司机卢燕刚、市民杨建明等9人,不畏危险合力将一名假警察制服,获市见义勇为基金会表彰。

②26日,靖江举行"我们的节日——爱在重阳·孝在身边"十大最美金婚夫妇、十大敬老之星评选表彰活动,营造尊老敬老的社会氛围。

③新桥镇德胜村杨恒俊家庭、西来镇义兴村周竹青家庭,弘扬家庭美德,传承优良家风,获评江苏"最美家庭"。

④市锡剧团舞台美术设计师姚骏,潜心研究舞美创作,获评泰州市"最美双创之星"。

⑤靖江籍医生吴小波,在出国探亲往返航班上两度出手救助发病乘客,其救死扶伤的事迹被央视、新华网等多家媒体报道。

⑥市出租车司机陆汉银,及时将乘客遗落在车上的内有2万元现金的钱包交还失主。

⑦靖城街道玉带社区居民彭晨珠,多年来与丈夫、儿子分居两地,独守家中照顾无血缘关系的爷爷。

【11月新人新事】 ①9日,西来镇西来村村干部蔡建勇,路遇西来镇车站路旁居民家发生火情,奋不顾身及时将大火扑灭。

②市人民医院心内二科主任胡方斌,医德高尚、救死扶伤,获第六届全国道德模范提名奖。

③江苏光芒集团有限公司董事长范朝洪、江苏新程汽配制造有限公司董事长顾灿兴,多年来以诚信为本发展企业,获评泰州市"最美诚信之星"。

④城北环卫所环卫工人陆宝华,主动将捡到的价值3万元的金首饰归还失主。

⑤城南办事处莲沁苑社区60岁居民殷素娥,13年如一日照顾植物人儿子,诠释伟大母爱。

⑥城南园区火炬村村民施燕,心系云南山区儿童,发动志愿者为15个孩子筹集全年学费,与60个孩子结对帮扶。

【12月新人新事】 ①10日,市邮政局员工陆曙光,路遇一农用车起火,及时提醒并帮助车主灭火脱险。

②市第一高级中学多年来积极开展中学生志愿服务活动,获"全国中学生志愿服务示范学校"称号。

③市检察院朱国根,从检23年忠于检察事业、坚持执法为民,获评泰州市"最美法治人物"。

④博爱老年关爱之家志愿者组织创办人陈丽萍,自筹10万元购置200件羽绒服送给社区困难老人。

⑤马桥镇白衣村残疾村民朱炳凯,六年如一日拄拐坚持爱心公益事业。

⑥"日行一善"免费爱心午餐摊点设立一年来,每天坚持为需要的市民提供免费午餐,累计受助者达万余人次。

靖城街道

【概况】 靖城街道位于靖江中部，东接斜桥镇、滨江新区办事处，南临横港，西邻马桥镇，北连孤山镇，镇域面积131.62平方千米，实际管辖面积58.56平方千米，常住人口（含流动人口）约18万人、户籍人口12.1万人，辖22个社区居委、11个行政村，有992家工业企业。2017年，靖城街道实现一般公共预算收入1.76亿元，工业开票77.66亿元，城镇居民人均可支配收入4.10万元。

【经济建设】 工业经济集群发展，形成以华达汽车科技股份有限公司为龙头的汽车配件制造行业、江苏环胜铜业有限公司为龙头的金属压延加工行业、江苏扬阳化工设备制造有限公司为龙头的压力容器制造行业、靖江恒丰新材料制造有限公司为龙头的石化品制造行业、靖江华电机械制造有限公司为龙头的机电产品制造行业等企业集群。45家列统企业实现产值139.92亿元、销售139.92亿元、利税16.93亿元、利润9.93亿元，各项指标同比增幅均在10%以上。项目招引有序开展，成功签约项目7个，总投资21.4亿元，新开工亿元以上项目2个。稳步推进农业发展，新增家庭农场10家、规模经营面积43.33公顷，新建城郊蔬菜基地17.33公顷，新增村级电商服务站1个、区域性为农服务综合体3个、标准化为农服务社3个。

【城镇建设】 推进重点工程，如期完成D级危房解危、城市道路建设、基础设施建设、低洼地块改造、农村环境综合整治、城西大道两侧产业布局规划等29个街道重点工程项目。加强基础设施建设，实施老旧小区道路、管网、杆线、路灯、绿化提升工程，改造星级老旧小区28个，更换窨井盖600个，疏通下水道46千米，清理垃圾2500吨，清除露天粪坑560个，立面出新20公顷，硬化道路2.80公顷，修补道路2.75公顷、路牙2.5千米，绿化硬化零星地块3.6公顷。加快旧城改造。投入5594万元，完成测绘厂宿舍、皮革厂宿舍、民政局宿舍等15处老旧危楼治理任务，涉及283户1.33万平方米；完成玉皇殿社区城中村改造工作。加大城乡环境整治力度。组织机关驻村居工作组和村居工作人员，会同14个市级部门，以人民路为界，分设东西两组开展主次干道两侧环境综合整治，拆除违章建设2.17万平方米、披棚0.37万平方米、违建广告0.47万平方米，清理占道堆放物0.39万平方米、出摊经营235处，老二招老干部宿舍区实行关店封墙；结合交通干道沿线环境整治专项行动，清理堆积物1000余吨；整顿辖区内畜禽污染，关停4家养殖场，疏浚农村二、三级河道15条。

【社会建设】 促进就业创业。组织下岗失业人员免费技能培训432人，提供142类工种1000多个就业岗位;以上海城商业圈为载体,开辟就业创业孵化基地,发放创业富民“三张券”1700张,建立众创空间平台3个;协助创业人员办理小额担保贷款26人次906万元,创业培训343人,年内创建为省级创业型街道。加大社会救助力度。发放各类救助金82.9万元,救助1305人次;结对帮扶城乡贫困户256人,投入11.34万元为810名特困人员办理医疗保险。开展文明创建。实施“一居一品”工程,集中推出15大类46个特色社区品牌,示范打造以志愿者服务为特色的公园弄社区颐园小区;深化文明社区、文明小区、文明楼栋、文明家庭创建活动,形成幸福“三姓弄”、江华“阿姨家”、创业诚信吧等特色亮点。完成农业普查任务,登记农户5874家、农业经营单位50家。加强安全监管,实现安全生产“零事故”。 (樊 华)

年内,靖城街道工作人员帮扶困难群众

2017年靖城街道主要经济社会指标一览表

表45

指标名称	单位	数值	指标名称	单位	数值
地区生产总值	亿元	127.07	三产实体	个	2433
农业总产值	亿元	1.75	镇村主干道	千米	4.5
工业总产值	亿元	160.28	中、小学校	所	10
工业利税总额	亿元	16.93	在校中、小学生	人	13660
工业技改投入	亿元	19.75	年末职工人数	人	72478
当年到账外资	万美元	501	职工人均工资	元	53760
自营出口额	万元	199539	参加社保人数	人	56145

2017年靖城街道各村基本情况一览表

表46

村名	党支部(总支、党委)书记	村委会主 任	年人均纯收入(元)	村名	党支部(总支、党委)书记	村委会主 任	年人均纯收入(元)
东郊村	戴卫国	高海洪	29148	西郊村	浦卫东	侯镇俊	29508

续表 46

村名	党支部(总支、党委)书记	村委会主　任	年人均纯收入(元)	村名	党支部(总支、党委)书记	村委会主　任	年人均纯收入(元)
东南村	陈　兴	朱小进	27686	进步村	沈惠南	沈惠南	20633
汤家村	张建波	侯　钧	27514	龙王村	杨建军	张　炎	23900
柏木村	陈玉明	盛建兴	27903	友仁村	顾桃红	顾桃红	24783
光明村	褚宇宏	刘　燚	27170	正西村	刘云南	黄荣君	20651

注:靖西村未列入村统计

靖江市人民政府滨江新区办事处

11 月,滨江新区举办"新城杯"首届群众文体节

【概况】 滨江新区办事处东接斜桥镇,南与江阴市隔江相望,西邻城南办事处,北连靖城街道,是市政府办公所在地。辖晨阳、江阳、华阳、富阳、朝阳、康阳、兴阳7个社区居委会,代管雅桥、新普、宜稼、宜和、越江、木金、小桥、同安、同康9个村,面积26平方千米,人口约4.5万人。办事处是新城区管理、新社区培育。2017年,办事处获全市镇、开发区(街道、园区、办事处)经济社会发展综合考评先进单位三等奖、农业农村工作考核先进单位促进富民增收奖、社会治安综合治理暨"一线一品、一镇一品"创新项目奖,获评全市信访工作先进集体、全市安全生产隐患排查治理和安全生产改革创新先进单位,办事处政协工委获评全市先进政协工委。

【城区管理】 平稳推进拆迁安置。实施生态园三期安置区建设项目拆迁,涉及宜稼、雅桥两个村61户农户;推进新城区城市阳台地块小桥锻压件厂、蒋国柱等8户拆迁户扫尾,确保市重点项目正常推进;受市妇幼保健院委托实施妇幼保健院迁建一期工程项目拆迁;3月组织新城十期拆迁择房大会,安置同安、雅桥、小桥村515户拆迁户。序时推进重点工程。推进全长3.05千米的东天生港,1.5千米的雅桥港建设,年内完成周边清障拆违。加强城镇环境整治。开展"263"专项行动,江阳社区试点生活垃圾分类收集,西天生港东侧排污水管接入城市管网,关停化工企业3家、畜禽养殖户32个、燃煤锅炉5台;加强执法队伍建设,开展城市治理专题培训,采取"路段包干+片区轮岗"方式,细化市容环境卫生、违法建设网格化巡查,建立早中晚高峰时段值班制度,实行每天累计至少15小时轮流值守管理;开展工农路、晨阳路等主次干道环境综合整治,整治店外出摊经营加工120户,拆除沿线披棚、违建3238平方米,取缔多处废品回收点;按照创建标准升级改造晨阳农贸市场,摊位由办事处统一组织对外招标，租金年收入增加15万元以上；严格执行渣土准入制度，规范工地管理；加大商业小区违建查处力度，拆除违建面积8025平方米；整顿违规土地流转，依法查处土地流转中违规使用及改变用途3210平方米；规范新城建筑立面管理，制止小区车库开门开窗、顶层搭建、新建高层小区违规安装防盗窗等行为，新交付的纯安置小区秸盛花苑做到无一例违规安装防盗窗，确保建筑立面与设计的景观效果相符。

【社区管理】 加强社区服务品牌建设，培育富阳社区“五一驿站、打造熟人社区”、江阳社区“幸福工作法”、兴阳社区“托起明天的太阳”等社区服务品牌，其中兴阳社区培育的“托起明天的太阳”获评泰州市十佳社区服务品牌，江阳社区“幸福工作法”在靖江村(社区)书记论坛获得专家好评。推进社区去行政化改革，晨阳社区物业管理首次向社会公开招标，实行市场化运作。深化“三社”(社区、社会组织、社会工作)联动，培育社区社会组织，兴阳社区“向阳花”公益组织升级为市级社会组织，朝阳社区建成“三社联动坊”，靖江市家有儿女爱心志愿者协会滨江分会于6月挂牌成立。实施公益创投项目。运营公益创投项目8个。实行社会治理“两网化”(网格化、网络化)管理服务，7个社区全部建成QQ群、微信群、微信公众号等网上交流服务平台，以便及时发布社区信息，多渠道受理群众诉求。拓展“智慧康阳”平台功能应用，及时向居民推送相关信息，加强社区文化信息共享，构建以党建学习为引领的网络交流园地。营造创建文明城市氛围。在辖区公共区域设置创建标语，在7个社区设计主题鲜明、别具匠心的特色楼道文化，打造“一居一品”创建特色；开展首届滨江新区“新城杯”文体节、“走千家、访万户、听民意、促文明”主题活动，动员群众参与创建。

(陈卫境)

靖江市人民政府城南办事处

【概况】 城南办事处位于靖江城区南部，规划区域北至横港，南至沿江公路，东至十圩港，西至四圩港，规划面积35.12平方千米，建成区面积24.1平方千米，辖10个社区居委会和7个行政村，户籍人口5.54万人。

【经济建设】 2017年，辖区有企业近500家，其中规模以上企业85家、高新技术企业35家。推进技术创新和转型升级。企业加强与高校、科研院所合作，与西安交通大学、广东工业大学、上海电机学院、南京工业大学等10所高校签订共建离岸孵化基地协议，实施在孵项目49项，落地项目16个；区内18家企业参加全国“过程强化及节能减排技术”论坛；加快“机器换人”步伐，开建中机国达电力科技江苏有限公司的集箱自动化生产线、江苏恒义汽配制造有限公司的EUD总成智能生产车间等自动化智能化技改项目，年内有11家企业购置机器人设备，对生产线进行智能化改造，其中靖江市亚泰特种材料公司购置10台焊机机器人，整体生产线效率提高30%。

【城镇建设】 着力提升城市功能。建成交付市车辆管理中心和完成江苏有线靖江分公司业务楼土建和室外配套，完成党风廉政教育中心大楼土建和加固改造；建成靖泰西路、联泰路、联友路、兴业路等12条道路；开挖通达河，铺设中圩路、苏源路2.1千米污水管道；完成小游园、道路和重要节点绿化，绿化面积约11公顷；在8号小游园、新洲桥南侧新建公厕，按标准改造修缮辖区内所有垃圾中转站和公厕；维护和添置小区内体育设施。优化城市环境。根据市“263”专项行动工作要求，拆除所有砖瓦企业和2家化工企业设备，靖江市庭奎锅炉配件厂和靖江市荣盛涂料厂通过市经信委“减化”(减少落后化工产能)验收，提前完成“减化”目标；签约关停103户养殖户，发放补偿资金，完成省级关停任务；清淤清杂建新社区6组、13组、康兴安置区1区河道，进行驳砌及岸坡植皮；实施建新小区雨污分流改造；整治靖江高速南出口及高速沿线、新车站及富海广场周边环境；集中整治各社区暴露性垃圾和绿化带漂浮物等，在各小区内增绿补绿。推进违建治理，拆除工农路、三江路违规店面招牌、违章建筑，取缔店外出摊经营。推进拆迁安置。实施中桥、十圩港景观带、昆圣龙圣公墓扩建等项目拆迁，签约159户，拆房103户；建成交付城南花苑南区二期867套安置房，安置56户96套安置房。

【社会建设】 加强精神文明建设。组织2017年党员春训，开展习近平总书记讲话、党的十八届六中全会和省、市党代会精神知识竞赛活动；组建大学生村官理论故事宣讲团，走进社区、企业、学校开展宣讲；做好“幸福城南”系列主题新闻宣传工作，定期更新微信公众号“幸福城南”信息内容，展示城南经济社会发展情况；拍摄《石榴花开》微电影，制作《南城时光》宣传画册并举办首映典礼；开设“城南大讲堂”、城南办事处道德讲堂，推进“文明熏陶”系列文化工程，开展“文明养成”系列教育活动、“文明守望”系列志愿者服务、“书香城南”系列活动、文明创建各项活动，举办“传承好家训，弘扬好家风”演讲比赛和“创智同赢”杯第14届文体节；选送《荣郎爷爷》参加泰州“喜迎党的十九大·砥砺奋进的五年”百姓名嘴集中首场宣讲活动，选送《东线第一帆》参加“精彩江苏”全省优秀群众文艺作品巡演；春节、端午、中秋等传统节日期间，组织村、社区开展“我们的节日”系列活动；指导各村、社区、企事业单位开展文明村（社区）、文明单位创建工作。实施精准扶贫，党员干部全面参与低收入农户脱贫工作，至年末，共脱贫85户194人；研究制定敬老院和残疾人托养中心建设意见，推进鼎和花苑社区AAA级居家养老服务中心、“馨港湾”残疾人之家和辅助中转中心建设，做好重点优抚对象医疗巡诊、残疾人意外伤害保险办理等工作。成立城南志愿者协会，多方位开展志愿服务活动。落实河长制，实现办事处、村级河长全覆盖。落实各项惠民政策，稳步推进社会保障工作，增强群众获得感。（杨浏 黄燕）

11月，城南办事处举办“创智同赢杯”第十四届文体节

江阴—靖江工业园区办事处

【概况】 江阴—靖江工业园区办事处位于靖江“南大门”，东起新十圩港，西至下一圩港，南临长江，西北与东兴镇、城南园区相连，辖区面积16.5平方千米，辖行政村10个（恒义、五星、迎江、江防、江峰、万丰、四圩、五圩、六圩、八圩）、安置社区2个（莲沁苑、溢馨苑）和渔业第三、七分公司（与八圩居委合署办公），村民小组112个，常住人口4.25万人，外来人口1.10万人。2017年，江阴—靖江工业园区办事处围绕服务园区开发、推进社会事业、加强民生保障、创新社区管理、构建和谐园区，序时完成各项工作。全年实现列统产值7.48亿元、列统销售6.84亿元、开票4.1亿元、利税4857.5万元、利润1519.8万元。

【城镇建设】 有序推进拆迁。全年完成拆迁192户6.5万平方米。其中，四圩村8~12组环境整治拆迁78户，四圩村15组拆迁31户，六圩村20~22组安置房建设拆迁72户，五圩村永益华元项目拆迁8户，八圩村东方能源项目拆迁3户。按期进行安置，推行房票安置试行制度，安置277套商品房，将历年在外的189户拆迁户安置在溢馨苑社区。推进惠民实事工程。投资1200余万元，新建排涝站18个、涵洞55个，完成八圩港莲沁苑段驳砌和八圩老镇区排涝畅道工程，彻底解决汛期内涝问题。加快推进江阴—靖江工业园区幼儿园建设，确保按期竣工交付。集中清理违章搭建。加大集镇规划巡查力度，建立每日巡查机制和日报表制度；全年拆除各类违章建筑1.42万平方米，拆除各类违章搭建披棚96处、住人集装箱17个、违章招牌165处、大型户外广告4处、其他各类广告220个，取缔占道经营、店外经营473处，清理僵尸车20辆，清除废弃物品堆放点及各类杂物2300余吨，取缔废品收购点6处。推进环境整治。完成八圩港河道河岸驳砌、生态护坡工程；治理污染企业，关闭化工企业1家，搬迁污染企业1家，拆除砖瓦企业1家，关停砖瓦企业1家；开展畜禽粪污治理，关停27户养殖户；实施河长制，明确二、三级河道河长，落实河长责任；改造雨污分流管网，排查排污口、雨水口24个，确保八圩港污水治理工作顺利实施。

1月，江阴—靖江工业园办事处迎新春文化惠民演出

【社会建设】 强化安全生产。成立防止"地条钢"死灰复燃工作领导小组，建立驻村领导挂钩联系工作制度，推进智慧安监平台建设，开展专项整治，加大宣传、督查、执法力度，发现并督促整改各类安全隐患168项，查处违规存放液化气瓶和非法分装案件3起。完善社会保障。新增城乡居民保险参保60人，续交率95%，新增失地农民保险参保107人；开展救灾救济，发放棉衣棉被45件，临时救济困难户200户，发放临时救济金9.2万元；开展精准扶贫、阳光扶贫，建成阳光扶贫信息平台，完成232户593人扶贫建档工作，建档率100%。落实强农惠农。完成高效设施农业保险保费16.78万元，发放耕地地力保护资金102.71万元；确权登记颁证7个村2006户土地，土地确权证书发放率99.6%。加强社区特色建设，投入300余万元，建成莲沁苑社区樱花步道、溢馨苑社区文化广场和社区服务中心，完善和提升城南大院、扬子英伦社区服务功能。化解矛盾纠纷。建立重大突发事件现场处置、社会面管控、舆情引导"三同步"处置机制，采取"一人一方案、一人一策、二级包案"的形式，确保做到小事不出村、大事不出园区、矛盾不上交，排查出面上矛盾36起，全年接待处理各类矛盾纠纷64起，其中重复上访5起；答复信访件10件，化解积案2件。 （祁江恋）

西 来 镇

【概况】 西来镇位于靖江东部，西北靠季市镇，东北与如皋市毗邻，西南接斜桥镇，东南与张家港市隔江相望，镇域面积46.73平方千米，镇区面积2.88平方千米。辖3个社区居委、16个行政村320个村民小组，总人口4.87万人，有工业企业329家。2017年，西来镇以"建设靖江东大门 打造特色西来镇"为目标，实现地区生产总值58.75亿元、财政收入2.29亿元、一般公共预算收入1.01亿元，农村居民人均收入2.33万元。

【经济建设】 工业经济质态良好。新增规模以上工业企业3家，签约亿元以上项目12个，开工亿元以上项目3个，竣工亿元以上项目3个；完成产业投资27.72亿元，其中工业投资20.51亿元；规模以上工业企业实现产值179.52亿元、营业收入168.36亿元、利税18.03亿元、利润10.97亿元、工业开票销售48.1亿元。企业自主创新能力加强。新增国家级高新技术企业2家，共建产学研联合体4家；开工500万元以上技改项目64个，技改投入19.09亿元；申请专利320件，获发明专利授权8件；高新技术产业产值占比提高至80%。现代农业有序推进。复垦土地9.4公顷，新增高效农业170公顷、6.67公顷以上复合种养基地2个、高效规模设施园艺基地2个，建成连片育秧池24.53公顷；完成农村土地承包经营权确权登记颁证；新成立家庭农场11家，新增土地流转253.33公顷，累计流转土地1440公顷；推广新型农业机械30台，其中粮食烘干机14台；拓宽改造农业示范园区内道路7条，新建桥梁1座；农村"三资"实际利用2.2亿元，开工规模以上农业项目3个。三产服务业发展平稳，服务业固定资产投资7.2亿元，新增服务业企业法人23个。

【镇村建设】 镇村规划日趋优化。编制完成西来镇总体规划、

镇区控制性详规、特色镇村规划，发挥西来集镇龙头作用，协调土桥、敦义两个片区同步发展，基于现有特色资源，将交通、水系、绿化、建筑等纳入城镇形象范畴，统筹发展垂钓、乡村游乐、禅意养生等项目，加大省旅游风情小镇创建力度，着力助推地域、历史、人文、产业互相融合。镇村建设稳步推进。植物园建成景观桥3座，疏浚人工湖，驳砌湖岸；实施向阳河驳岸加固改造，开挖六圩埭前河道并迁移管线；完善垂钓中心周围设施环境，三江垂钓中心停车场完成填土压实；建成植物园路东侧小游园，启动植物园南路建设和植物园东扩工程；开工建设文化艺术中心，完成六圩埭景观工程设计；完成见龙集居区B区、C区绿化，建成A区南侧47栋统建房；交付社会治安管理中心、垃圾中转站；完成禁建区农户房屋拆迁，实施开发区电子产业园赵家1组及丰产化工控制区、商混企业集中区农户搬迁。镇村管理持续加强。加强规划建设管控，出台“两违”（违法用地、违法建设行为）防治工作实施意见及考核细则，规范农村建房审批流程，加大巡查监管力度；取缔土桥集镇马路市场，强化临街广告牌管理，实施镇区店招店牌改造；实行生活垃圾分类收集，在镇区及江平路干道逐步建成垃圾分类收集棚及相关配套设施；开展镇域G345沿线“脏乱差”及违章搭建整治。节能减排成效明显。摸底排查镇域13家化工企业，关停4家化工企业，其中3家完成注销手续，1家由生产企业变更为经营企业；配合市砖瓦生产企业专项整治行动，关停并拆除龙华、东来、丰产3家砖瓦企业；排查燃煤锅炉企业，将22家企业列入整治名单，监督其关停或整改到位；督促企业改造废气废水处理设施，6家企业完成挥发性有机物治理。强化综合治理。推进河长制，建立镇、村两级“河长”管理体系，落实全镇范围内19条二级河道、303条三级河道河长职责；疏浚二级河道5条13.7千米、三级河道79条59.3千米，改造修缮沿江涵洞、排涝泵站等水利设施，确保全镇安全度汛；加大农业面源污染及畜禽粪污染治理力度，17家养殖场（户）建成245立方米蓄粪池，关停养殖场（户）8家；整治镇域内混凝土生产企业3家，有效保护夏仕港清水通道。生态建设持续推进。完成成片造林23.33公顷、农田林网100公顷，加强新老江平线、沿江路绿化管理；秸秆禁烧禁抛率、机械化全量还田率均为100%；推广农村公共服务运行维护标准化经验，垃圾收集清运实现日产日清。

3月31日，西来镇举办第五届桃花节　（西来镇提供）

【社会建设】 做好创业服务工作，发放就业创业培训券1000张、创业贷款贴息券150张、创业租房补贴券50张。加大扶贫攻坚力度。全年低收入农户469人脱贫，234户低保户、186户五保户做到应保尽保；发放临时救助金689人次20.4万元、结对帮扶资金98户12.53万元、贫困户慰问金73户5.23万元、困难残疾人家庭慰问金1.9万元；医疗救助生活困难家庭104人次，发放大病救助金34.52万元，红十字博爱病房救助43名贫困户患者；将全镇6名孤儿纳入最低养育标准保障范畴，为其免费体检，建立健康档案；开展“慈善一日捐”活动，募集善款20余万元。加强社会保障，新增参保277人，续保缴费率97.4%，城乡居民医疗保险参保26691人（含学生参保数），做到应保尽保。做好养老服务，为235名80岁以上老年人办理尊老金补助，重阳节慰问10位百岁老人；推进西来敬老院和“馨港湾”残疾人之家建设，敬老院主体工程完工。做好优抚工作，为5名符合条件的60岁退伍士兵申办定期补助，为8名生活困难的转业士官和志愿兵申报生活困难补助金，为5名“两参”(参战、参核)人员申报专项慰问金；元旦、春节发放双拥慰问金17.29万元。公共服务更趋完善。教育事业稳步推进，教育质量保持优良，校园基础设施得以完善；提升公共卫生服务均等化水平，疾病控制、预防保健、健康教育等公共卫生管理达到全市先进水平，出生人口政策符合率100%，申报农村计划生育家庭奖励扶助352人、特别扶助10人。文化事业稳步发展，举办第5届桃花节暨生态文化旅游节、祁智文化讲座、刘灿铭书法展、廉政文化展及庆“五一”文艺晚会、“送戏下乡”等专场演出，开展花间骑游、“桃花节”杯全国钓鱼精英赛等系列活动；三江垂钓中心举办13场国家级钓鱼赛事，获评江苏省竞技垂钓基地。加强平安法治建设。推进“七五”普法工作，完善矛盾纠纷排查预警制度，加大“以案定补”激励措施，建立矛盾纠纷“滚动排查、即时化解、动态清零”长效机制；规范“阳光信访”办理程序，建立网上网下联动工作机制，落实信访维稳包案责任；创新开展“一镇一品”项目建设活动，整合公安、司法、综治、信访等资源，与如皋市毗邻乡镇建立有效顺畅的区域联动机制，维护边界区域和谐稳定；开展综治平安“大走访、大巡防”专题活动，解决群众最关注的安全问题，在市委政法委、市统计局开展的“公众对社会治安综合评价”民意调查中西来镇得分位列全市第一。强化安全生产检查，实现安全生产零事故目标，获评泰州市安全生产先进镇。推进农贸市场、校园周边、流动摊贩食品安全专项整治，获评泰州市食品安全示范镇。完善突发事件应急处置预案，妥善做好各类突发事件的应急处置及后续稳定工作。

(陆宏进　张　凌)

2017年西来镇主要经济社会指标一览表

表47

指标名称	单位	数值	指标名称	单位	数值
地区生产总值	亿元	46.71	集贸市场成交额	亿元	5.51
农业总产值	亿元	3.00	镇村主干道	千米	90
工业总产值	亿元	207.91	中、小学校	所	6
工业利税总额	亿元	19.90	在校中、小学生	人	2032
企业实交税金	亿元	5.84	年末职工人数	人	20148
进出口总额	万美元	2696	职工年人均工资	元	29031
三产实体	个	36			

2017年西来镇各村基本情况一览表

表48

村名	党支部(总支、党委)书记	村委会主　任	年人均纯收入(元)	村名	党支部(总支、党委)书记	村委会主　任	年人均纯收入(元)
西来村	蔡建勇	朱　军	23090	封家村	夏山海	刘晓明	22230
见龙村	季新程	顾永先	22835	泥桥村	钱满华	夏玉波	22764
赵家村	王永兴	吴瑞雪	20560	桐村村	肖桂珍	刘国强	19226

续表 48

村名	党支部(总支、党委)书记	村委会主　任	年人均纯收入(元)	村名	党支部(总支、党委)书记	村委会主　任	年人均纯收入(元)
东来村	王　坤	姜新奇	20145	永胜村	陈金华	杜振邦	20770
普福村	邵光明	梅灿国	28800	龙华村	马小红	鞠海洋	19895
义兴村	杜接娣	鞠　清	21676	龙飞村	周坤铭	陈良洲	21643
丰产村	许网其	徐扣萍	23007	东升村	刘爱民	曹玉娟	23222
郁家村	陈卫东	顾小东	21309	敦义村	朱灿根	李正芳	22002

斜桥镇

年内，斜桥镇组织高龄、留守、孤寡老人赏桃花

【概况】 斜桥镇位于靖江东部，东邻西来镇，南与张家港隔江相望，西与滨江新区办事处、靖城街道、孤山镇相接，北靠季市镇，镇域面积107.88平方千米，镇区面积6.1平方千米。辖8个社区居委会、26个行政村493个村民小组、2个渔业分公司、1个渔业农场，总人口9.59万人，有工业企业398家。2017年，斜桥镇实现地区生产总值57.9亿元、开票销售收入33亿元、财政收入1.89亿元，农村居民民人均纯收入2.52万元。获评靖江经济社会发展综合考评先进单位、一般公共预算收入考核先进单位、开放型经济考评先进单位、国土资源节约集约利用先进园区和信访工作先进集体，获农业结构调整奖、项目集聚奖、招商引资奖、社会治安综合治理暨“一线一品、一镇一品”创新项目奖。

【经济建设】 工业经济稳步发展。实现工业开票33亿元，比上年增长32.7%。列统企业实现工业销售收入63.4亿元、利税5.43亿元、利润3.05亿元，比上年分别增长17.4%、12.9%、12.7%。实施工业技改项目24个，其中亿元以上项目5个，分别是靖江新舟合金材料有限公司耐磨合金材料技术改造项目、江苏刚宸建设有限公司汽车零部件加工制造项目、靖江黄埔机械部件制造有限公司汽车零部件加工制造项目、江苏凯元科技有限公司研发大楼建设及车间改造项目和江苏亚龙数码科技有限公司高端材料膜制品生产项目。坚持创新驱动发展，全年培育离岸孵化项目15个、高质量产学研合作项目3个，获发明专利8个、实用新型专利90个。现代农业高效发展。年内推广机插秧面积1643.33公顷，建成0.33公顷以上育秧池15.74公顷；培训科技示范户、新型农民483人次；智慧农业服务平台注册473户、“农技耘”平台注册82户；申报无公害农产品2个、无公害基地1个，实施示范园新项目6个。三产服务业扩容发展。围绕开发区本部区域产业结构调整和城镇人口集聚生活服务需求，重点发展服务外包、交通运输、餐饮住宿、批发零售业，年内新增服务业企业48家,全镇实现服务业增加值18.1亿元,完成服务业固定资产投资2.48亿元,分别比上年增长8.5%、18.3%。

【镇村建设】 推进基础设施建设,完成江海路江平段升级改造工程,编制夏仕港路、创顾桥等道路桥梁改造计划。成片造林23.68公顷,农田造林119.87公顷,珍贵用材树种覆盖率80%,红旗村创建成省级绿化达标村。结合筱山村"美丽乡村"总体规划,疏浚万福港、旺桥港、小夏仕港等7条二级河道24.42千米。加强环境治理,建立健全农村环境"八位一体"综合管护与精细化集镇管护机制,拆除新世纪大道两侧81户120间等违建1800余平方米,关停4家化工企业和江苏新时代造船有限公司生产垃圾填埋场,完成畜禽粪污治理,整治黑臭河道4条,落实长效管护责任。

【社会建设】 推进精准扶贫,实施分类帮扶。为有自主劳动能力的提供就业岗位,年内组织召开3次岗位推介会,安排就业再就业1781人次;为有半劳动能力的安排政府辅助性就业,协调安排"八位一体"环卫保洁、怀德学院后勤等岗位7个;成立"馨港湾"残疾人之家,为26名残疾人提供就业;做好老弱病残无劳动力家庭关爱救助工作,全年精准救济贫困家庭300户。加强安置社区建设。改造提升社区绿化亮化等配套设施,加强社区车辆停放管理;开展社区"德孝慰问暖民心""德孝家庭展风采""德孝摄影感人心""德孝论坛弘美德"等系列活动,组织"最美斜桥·樱花之约"公益徒步活动,举办"文明家庭"评选活动。加强社会管理。开展大排查、大整治,积案化解成效明显;加大重点行业领域安全生产专项整治力度,关闭取缔违规烟花爆竹经销点12家、液化气经销点7家。

(钱 莹)

2017年斜桥镇主要经济社会指标一览表

表49

指标名称	单位	数值	指标名称	单位	数值
地区生产总值	亿元	57.9	集贸市场成交额	亿元	0.59
农业总产值	亿元	5.25	镇村主干道	千米	63
工业总产值	亿元	167.2	中、小学校	所	6
工业利税总额	亿元	8.1	在校中、小学生	人	4527
工业投入	亿元	8.6	年末职工人数	人	11221
自营出口额	万美元	302	职工人均工资	元	27813
外贸供货额	万美元	427	参加社保人数	人	22361
三产实体	个	136			

2017年斜桥镇各村基本情况一览表

表50

村名	党支部(总支、党委)书记	村委会主任	年人均纯收入(元)	村名	党支部(总支、党委)书记	村委会主任	年人均纯收入(元)
斜桥村	徐建银	夏 云 李金涛	25707	富民村	钱旺林	朱国方	20065
新华村	刘 军	张 宏 孙仁江	24650	海圩村	束金朝	祁灿刚	19495

续表 50

村名	党支部(总支、党委)书记	村委会主任	年人均纯收入(元)	村名	党支部(总支、党委)书记	村委会主任	年人均纯收入(元)
安宁村	殷栋涛	唐有祥	25213	柏一村	刘兴坤	刘兴坤	25886
丰宁村	王金松	陆彩红	22798	罗家村	杜金满	陈状林	23476
六助村	徐炳和	朱卫松 郑 元	25402	旺桥村	夏银国	杜 磊	22995
黄普村	郭汉彬	沈红彬	21855	新木村	刘 飞	刘爱平	24307
广福村	吴 斌	李进球	21394	荷花村	钟明江	刘金宏	27066
江平村	严明松	徐 军	24033	丹华村	夏建栋	陈炳兴	23032
红旗村	王 皓	陆奇东	24307	五圩村	朱国邦	褚汉郎	23119
民政村	蔡俊杰	刘文俊	22342	创新村	杜海清	夏鸿斌	23236
大觉村	徐金芳	高 进	22119	井兴村	蒋玉林	陈胜江	26411
筱山村	徐正昌	夏建宏	22995				

注:六助与六一村、新木与高家村、丹华与王胜村合署办公,六一、高家、王胜村未列入统计

季 市 镇

季市老街特色建筑群

【概况】 季市镇位于靖江北部,是靖江“北大门”,东邻西来镇,南连斜桥、孤山镇,西接孤山镇,北靠泰兴市。镇域面积 41.63 平方千米,辖社区居委会 2 个、行政村 24 个,户籍人口 4.89 万人,有工业企业 383 家。2017 年,季市镇实现地区生产总值 38.1 亿元、公共财政预算收入 5518.8 万元,农村居民人均收入 2.38 万元。

【经济建设】 工业经济稳中有进,全年完成工业开票销售 24.5 亿元,比上年增长 29.6%,其中江苏大中电机有限公司、江苏双星特钢有限公司等企业开票销售增幅超 15%。加快企业转型升级。江苏大中电机有限公司建成超高效节能电机智能生产线 8 条,江苏双星特钢有限公司 V 法铸造工艺技改项目完成设备调试;新认定省高新技术产品 7 个,新增民营科技企业 4 家,靖江市格利环保科技有限公司、江苏奥凯环保科技有限公司被评定为国家级高新技术企业,实施

高质量产学研合作项目4个，申报科学技术进步奖3项，申请国内外专利348件，其中发明专利168件。加大招商引资力度，全年获取有效项目信息28个，签订意向投资项目12个，新开工、竣工亿元项目各2个。加快发展现代农业。新增高效设施农业166.67公顷，2个行政村整村推进农业结构调整；新增家庭农场10个253.33公顷；新建农民示范合作社8个，建成为农综合服务社24个、电商平台12个；完成复垦63处，新增耕地19.2公顷；成功获批国家农业综合开发高标准农田建设项目和省级国土整治项目，上争财政投资4504万元。三产服务业提速发展，全年投资3.05亿元，比上年增长30.4%，完成销售收入3.2亿元，比上年增长12.1%。

【镇村建设】 加快基础设施建设。完成“一事一议”项目14个、公共服务运行维护项目21个，建成小农桥10座；实施三庆路、裕井路、花新路、季斜线、老姜八路提档升级改造工程；改造农村危房11户，建成集中居住区三期首批35户；建成花家、大庆、长安、庄帜等村便民服务中心和派出所便民服务大厅，祁安变电站、垃圾中转站等功能性项目并投入使用；季市医院主体工程封顶，完成季市中心小学异地新建前期工作。加强镇村环境治理。完成成片造林34.53公顷、农田林网252公顷，“四旁”(路旁、沟旁、渠旁和宅旁)植树2.77万株，“三化”(珍贵化、彩色化、效益化)树种覆盖率70%；疏浚二级河道6条、三级河道232条；关闭砖瓦企业3家，整治燃煤锅炉13个；修缮印庄巡检司衙门、朱氏老宅、西街客栈等古建筑6处，完成季市中路、府前路沿街商铺仿古立面改造258处。

【社会建设】 促进就业创业，举办职业技能、创业培训班3期，发放创业富民“三张券”1510张，成功申报省级创业型村(社区)2个、泰州市创业指导站1家，新增众创空间3家、富民创业项目2个，建成“靖江美食”品牌店4家。健全社会保障体系。新增城乡居民养老保险258人，免费体检企业退休人员4565人；利用阳光扶贫APP，推行靶向扶贫模式，全年帮扶165户低收入户脱贫；开展第7届“慈善一日捐”活动，募集善款12.6万元，向各类困难群众救助金发放26.3万元。挖掘红色文化，成立靖江市新四军历史研究会，采编红色革命故事，编制湾腰沟红色革命基地旅游规划。加强安全生产监督，落实安全风险分级管控和隐患排查治理双重预防制度，全年检查各类场所435家，整改隐患2362起。强化食品药品安全专项检查，严格农村家宴提前备案登记制度，全年未发生食品药品安全事故。加强社会治理，创成泰州市级以上法治建设示范村3个。 (黄晓芳)

2017年季市镇主要经济社会指标一览表

表51

指标名称	单位	数值	指标名称	单位	数值
地区生产总值	亿元	38.1	三产实体	个	92
农业总产值	亿元	2	集贸市场成交额	亿元	0.33
工业总产值	亿元	154.34	镇村主干道	千米	55
工业利税总额	亿元	20.09	中、小学校	所	3
工业投入(当年技改数)	亿元	15.54	在校中、小学生	人	1381
当年到账外资	万美元	50	年末职工人数	人	14212
自营出口额	万美元	2521			
外贸供货额	万美元	318	职工年人均工资	元	27388

2017年季市镇各村基本情况表

表52

村名	党支部(总支、党委)书记	村委会主　任	年人均纯收入(元)	村名	党支部(总支、党委)书记	村委会主　任	年人均纯收入(元)
季新村	张洪滨	张洪滨	23638	季市村	祝建林	祝建林	26143
井圩村	张士兴	许建林	21658	季西村	贲同生	丁　伟	27375
宁界村	吴立贵	范兴福	20697	横河村	钱美华	蔡银灿	21496
勤盛村	丁建忠	印靖丰	22296	廉尚村	朱汉松	朱汉松	20829
花家村	李卫民	李卫民	19828	庄帜村	王剑锋	顾炳宏	23081
裕福村	周祖宏	黄炳其	21890	长安村	吴　娟	吴　娟	20396
陈塘村	唐胜余	顾德清	22947.34	安武村	朱浩基	刘志刚	19422
星光村	肖银红	肖云宏	20512	文嘉村	顾灿忠	朱熀鑫	20184
大庆村	韩建新	缪拥军	20386	石榴村	严　凯	严　凯	20133
曙光村	张红卫	张红卫	20429	利民村	张明琦	朱　银	20123
关桥村	曹银辉	季国民	25778	新安村	周平桂	陈满松	19214
季东村	曹玉圣	张金海	30523	祈安村	刘熀祥	刘灿峰	18054

孤山镇

【概况】 孤山镇位于靖江中北部，因有“苏中六峰，唯此独秀”的孤山而得名，东依斜桥镇，南邻靖城街道，西接马桥镇，北靠泰兴市和季市镇，镇域面积48平方千米，镇区面积1.2平方千米，辖4个社区居委、14个行政村291个村民小组，常住人口4.1万人。2017年实现地区生产总值21.1亿元、财政总收入1.91亿元，农村居民人均纯收入2.44万元。

孤山庙会讲经演唱现场

【经济建设】 经济质态持续优化。全镇列统工业企业完成产值25.87亿元、销售25.93亿元、利税2.09亿元、利润0.78亿元，分别比上年增长13.51%、13.82%、13.67%、13.58%；实现工业开票21.43亿元，比上年增长34.38%。科学技术稳步发展。申报各类专利450件，申报国家级高新技术企业1家、省民营科技企业4家、省高新技术产品3个，新建离岸孵化基地3个，实施离岸孵化项目14个、落地项目3个。现代农业高速发展。机插秧推广面积1766.67公顷，建成高效农业项目4个，引进千万元以上农业种植项目1个，万顷良田农业智慧生态园申报泰州市农业科技示范园项目；乐稼村建成总面积超66.67公顷的芡实种植基地；农业“三资”利用2亿元，申报“一事一议”项目7个，争取省级补助资金115万元。发展电子商务业。依托空调产业建立运行由政府主导、企业合作、互联网公司运作的中国暖通空调交易中心，借助电子商务平台为镇内空调企业推介销售产品；有6个行政村建立村级特色农副产品网站，培育以“清之坊”为代表的上百家电商零售食品网店，年末获评江苏省农村电子商务示范镇。

【镇村建设】 利民工程加快推进。围绕特色小镇建设，修建新建北路、园山北路等道路；启动孤山风景区提档升级工程，姜八路两侧管线下埋和沿街店铺立面改造出新工程通过验收，完成景观河整治，交付农民集中点二期二批次房屋160户。加大镇村环境保护力度。开展“263”专项行动，关停转迁居民集中区及饮用水水源地等重点区域化工生产企业6家，开展27条二级河道巡河督办工作，实现水资源无缝保护；推进畜禽养殖污染、清水通道环境、黑臭水体治理，关停37户养殖户；新建绿化成片林23.33公顷、农田林网166.67公顷，全镇森林覆盖率36%；开展交通干线沿线综合整治，拆除违章建筑3285平方米、批棚36个、违规广告65个、非法码头2个，整治干道沿线出摊经营120户；通太村“美丽乡村”建设通过泰州验收。

【社会建设】 推进创业富民工作。发放创业富民“三张券”1480张，提供就业岗位1500余个；建设“馨港湾”残疾人之家，为10余名残疾人提供就业岗位。加强保障体系建设。新农保续费4121人，续费率94.88%，新增参保336人；为1759名等困难对象办理农村合作医疗，为923名持证残疾人办理意外保险。完善社会救助体系。开展“春风助医”“慈善助学”“阳光助残”等活动，发放救助金、帮扶金80余万元；开展阳光扶贫工作，组织机关干部走访慰问低收入农户1138人；结对帮扶残疾人37人。完善公共服务。实施“农家书屋”建设工程，打造“15分钟文化圈”，送电影下乡20余场，举行各类专题文艺演出30余场；孤山卫生院成功创建“全国群众满意乡镇卫生院”，建成全市首个红十字博爱广场。推进社区服务升级，开展“政社互动”和社区减负工作，按网格化管理各项要求，做好社区管理，引进179志愿者协会、行知社工等社会组织，完善社区服务功能，增强社区管理实效。

【空调小镇建设】 年内，孤山镇以建成“全国最具特色的空调末端产业基地”“江苏省迈向工业4.0的空调智造小镇”“靖江市中小企业自主创新核心平台”为目标，加快推进特色小镇建设，年内空调小镇总体规划、产业规划通过评审、报批。2月，孤山空调小镇智能制造产业园中的中国暖通空调交易中心项目、城北教育中心项目、标准化厂房区产业孵化基地及靖江市春意空调制冷设备有限公司、江苏金剑中央空调设备有限公司、江苏安本电子科技有限公司、江苏吉祥空调设备有限公司、江苏润达空调设备有限公司、靖江市翔宇空调设备工程有限公司等6家投资过亿的空调企业项目集中开工。5月11日—12日，举办中国空调特色小镇发展高峰论坛暨中国暖通空调交易中心运营启动仪式，康艳兵、吴德绳、路宾3位专家分别作《中国空调特色小镇的时代背景与机遇》《打造中国空调特色小镇，推动靖江空调产业创新发展》《完善产学研载体，提升靖江空调产业竞争力》主题演讲，暖通空调交易中心运营首日完成交易额3000万元。论坛举办期间签约空调平台载体类项目1个、产学研合作协议3个、产业类项目8个。 （肖陆彬）

2017年孤山镇主要经济社会指标一览表

表53

指标名称	单位	数值	指标名称	单位	数值
地区生产总值	亿元	21.10	三产实体	个	64
农业总产值	亿元	1.68	中、小学校	所	4

续表 53

指标名称	单位	数值	指标名称	单位	数值
工业总产值	亿元	87.63	在校中、小学生	人	722
工业利税总额	亿元	7.01	年末职工人数	人	28285
工业投入	亿元	11.4	职工年人均工资	元	42352

2017 年孤山镇各村(社区、居委)基本情况一览表

表 54

村名	党支部(总支、党委)书记	村委会主　任	年人均纯收入(元)	村名	党支部(总支、党委)书记	村委会主　任	年人均纯收入(元)
孤山村	刘金芬	范富兴	25008.00	李王村	陈海兴	徐　振	21600.00
山东村	刘　彬	刘　彬	23352.75	乐稼村	肖云海	陈红灿	22518.01
勇进村	黄林芝	印红明	23246.21	广陵村	张亚峰	陈　铭	21273.15
通太村	宋鲁江	鞠燕红	24341.34	新联村	刘万里	常灿红	21556.79
新庄村	翁金国	叶松林	22984.98	土桥村	丁祖兴	常进二	20822.80
联东村	徐建平	徐建平	21902.12	乐庄居委	宋亚楠	钱光裕	23611.11
联华村	黄森洪	—	22829.19	园山居委	刘靖北	程天华	23098.46
石桥村	刘红芳	范海林	24574.86	望江社区	郁剑球	倪月云	22921.98
勤丰村	孙静波	郑玉明	21664.16	蹑云社区	龚桂清	弓金涛	21668.18

马桥镇

【概况】 马桥镇位于靖江西郊，东邻靖城街道、孤山镇，南连城南办事处、东兴镇，西接生祠镇，北依泰兴市，镇域面积 50.31 平方千米，镇区面积 6.96 平方千米。辖 2 个社区居委、18 个行政村 355 个村民小组，总人口 3.66 万人。2017 年，马桥镇实现一般公共预算收入 6322 万元，工业开票销售 20.78 亿元，列统工业企业实现产值 48.06 亿元。

【经济建设】 开展项目攻坚突破。全年完成固定资产投资19.13 亿元；签约亿元以上项目 8 个，其中 3 亿元以上项目 5 个，开工靖江市天鹅乐器有限公司、靖江伊香食品有限公司提质扩产项目，投资 15 亿元的万德航空材料生产基地落户正北村，江苏卓诚输配电设备有限公司、江苏亿鑫金属制品有限公司、江苏思源空气源热泵热水器制造有限公司 3个亿元项目通过泰州市竣工验收；与同凯科技(香港)有限公司签订 1000 万美元新能源材料生产项目协议，实际利用外资100万美元，实现马桥到账外资“零的突破”；引进靖江科创网络科技有限公司APP云检测中心项目，该项目占地500平方米，计划年开票3500万元。推进企业转型创新。建成离岸孵化基地3个，新增在孵项目10个，建成研究生工作站、博士工作站各1个，江苏泽宇环境工程有限公司与中国科学院生态环境研究中心联合成立中科泽宇水环境处理研发中心，江苏百德惠生态农业发展有限公司与江苏省淡水研究所联合成立百德惠现代渔业研究院；全年申报各类专利510件，新增发明专利授权14件；加强人才队伍建设，引进“双创型”（创新、创业）人才2人。组织“创二代”企业家至江苏科技大学产学研合作交流，与常州大学怀德学院、靖江电大工校合作“订单式”培养各类人才，解决企业用工难题。引导靖江市悦达安防设备有限公司、江苏苏中开关厂有限公司、靖江康爱特环境工程有限公司申报高新技术企业，江苏元泰防腐工程有限公司、江苏星晨高速电机有限公司、江苏泽宇环境工程有限公司申报省民营科技企业，江苏苏中开关厂有限公司完成改制，与中国广核集团有限公司达成初步合作意向；推行安全监管改革创新模式，采集140家企业的安全生产风险评估和基础信息，为103家企业安装智慧安监平台。现代农业取得进展。举办2017靖江·马桥草莓节，签订现代农业项目5个总投资2.65亿元，完成2.87公顷农村创业发展基地项目选址、规划环评、图纸设计等准备工作，签约3家企业入驻；与北斗天绘信息技术有限公司签订战略合作协议，制定智慧农业发展计划，为农业生产提供精准化种植、可视化管理、智能化决策；发展创意农业，三爱村确定为创意农业示范点，建成三爱草莓园区间道路260米、硬质化渠道1450米，7月，大美徐周休闲养生创意主题农园获评首批省级主题创意农园；新增高效农业241.53公顷，建成高标准农田333.33公顷，复垦土地14.73公顷；4个村、2个农场实施农业结构整体调整；推广复合种养模式，祖师村66.67公顷中华鳖养殖基地、九一村润丰蔬菜专业合作社10公顷水肥一体化智能控制芦笋基地和江苏百德惠生态农业发展有限公司18.67公顷稻鳖共作及6.67公顷稻鱼共作基地投入使用；发展农产品深加工产业链，打造芦笋食品、芦笋保健品、芦笋日化等健康养生系列品牌，全年销售50万件，销售额250万元；推广南粳“5055”优质水稻品种，组织农产品绿色认证4个、无公害农产品认证1个。加强农经管理。推进泰州市纪委“三资”“制度+平台”创新管理试点，开通“阳光三农”综合信息管理服务平台；开展农村集体资产产权制度改革，出台《马桥镇农村财务规范化管理实施细则》，组织村级财务专项检查，引入第三方审计监督机制，实现财务审计全覆盖。加快发展服务业，商贸服务业实现固定资产投资1.16亿元、开票销售18.22亿元，规模以上批零营业收入2.49亿元。旅游发展初具形态。培育祖师香沙芋、三爱草莓、徐周葡萄、青宁芦笋、九一芡实、百德惠稻鳖等特色农产品生态采摘品牌，通过举办草莓节，成功推荐乡村旅游点12个，吸引1.5万名游客参与草莓采摘等休闲活动，发展亲子游、学生游等品牌旅游业务；发展养生养老农旅项目，培育候鸟式民宿，全年接待8000人，营业额135万元；重建孙家老宅，开发孙家老宅酒坊，打造集手工游乐、传统农耕、民俗文博为一体的孙家老宅文博园，接待宝骊集团千人员工家庭文化游团队。

马桥镇治安管理服务中心　　（马桥镇提供）

【镇村建设】 推进特色镇村建设，编制完成镇总体规划和控制性详细规划。有序推进重点工程。建成城西商业街、马桥治安管理服务中心;S229盐锡线和联马大道马桥段通车;治理危房35栋11581.7平方米,完成老旧危楼解危治理任务;开工建设农旅产品展示交易中心,完成生态旅游南入口及2座景观桥招投标,制定“大美徐周”生态旅游走廊景观提升方案,完成部分河道清杂、驳岸、景观道路修建;徐周村成为泰州市特色田园乡村试点;夹心埭整治实施方案和规划设计方案通过评审,三爱村“美丽乡村”建设建成五圩港路、微动力生活污水设施;新建集中居住区四期E标段49户,2018年1月竣工验收。完善基础设施。五圩港路白衣段新设错车道4处,完成振兴南路五瑞桥至横港闸提档升级,完成庙宇港路、三圩港路、四圩港路迎祥段、六圩港路新市段大中修;常态管养农村公路,通过泰州市农村公路管养考核;改造集中居住区三期污水管网工程;实施严家港河道南段疏浚、生态护坡,打造生态水景;实施镇核心区景观提升工程,完成镇区江平路沿线环境整治、立面出新、绿化补缺及集中居住四期绿化配套。优化城乡环境。建立农村违法建设长效机制,拆除违法建筑22处;推进“263”专项行动,整治化工生产企业9家,关停砖瓦生产企业2家,淘汰14家燃煤锅炉落后设备,在全市率先完成减煤减化任务;开展畜禽粪污治理,治理养殖户71户、关停2户;实行河长制,建立镇、村、组三级河长管理体系,调查摸底448条河流情况,轮浚河道169条107.53千米;开展交通干线沿线环境综合整治行动,取缔占道经营14户,拆除高速公路沿线高炮广告6个、非法搭建4处,年内获评泰州市园林小城镇,横港村通过省级“水美乡村”验收。

【社会建设】 做好就业创业帮扶工作。举办“送政策、送岗位、送服务”招聘会,落实招聘单位15家、岗位150个,现场达成意向就业50余人次;发放“三张券”1280张,新增创业注册登记120家。加强社会救助。与180名五保供养对象签订关爱照料协议,为377人办理农村部分计划生育奖励扶助,结对帮扶失独家庭和残疾家庭52户;开展“情系学子·爱心圆梦”助学活动,救助26名学生。推进精准扶贫。制定脱贫致富奔小康工程实施方案,年内帮扶139户274人脱贫;做好建档立卡动态调整,新增建档立卡4户11人,开展医疗精准扶贫帮困,为低收入农户提供免费医疗救助,实行缓缴住院预付款、医保报销后再补报5%等优惠。发展文教卫生事业。镇社区教育中心、文体中心、中心幼儿园投入使用,中心幼儿园通过省优质幼儿园复评,中心小学鼓号队获泰州市、靖江市比赛一等奖,初中“初升高”成绩在全市农村中学名列前茅;举办第7届群众文体节,承办道德讲堂靖江总堂,开展“写一封家书”“最美家庭评选”“万家文明风、千人功德榜、百堂道德课”等系列活动,徐周村获评全国文明村、全国示范农家书屋;实施基本药物制度,镇卫生院和村卫生室实行一体化管理。完善养老服务基础设施,18个村居家养老服务中心均达省AAA级标准。加强社会管理。新建镇级社会组织培育中心和“馨港湾”残疾人之家,实现“双拥”工作站18个村全覆盖,规范化建设镇社会管理服务中心,完成侯河村、三爱村法治文化宣传阵地建设、正北村反邪教文化阵地建设以及镇政法综治工作中心的改扩建;组织食品药品监督检查,全年未发生食品卫生安全事故;开展安全隐患检查,整改安全隐患630处,未发生重特大安全生产事故;开展电气火灾综合治理、群租房消防安全专项整治等,组织消防安全检查380余次,责令整改安全隐患320余项,办理消防案件109起;加大消防基础建设投入,为18个村配发微型消防站器材设备,组建村级专兼职消防队,定期组织安全生产应急演练;在农贸市场、正北社区等开展“法润马桥”活动,提升普法实效;打造综治平安“一镇一品”创新项目,制定矛盾纠纷滚动排查和多元化解工作新机制,矛盾纠纷化解率96%,信访按期办结率、信访积案化解率均为100%;全年186名适龄青年报名应征,超额完成征兵任务。

【首届岳飞文化节开幕】 3月13日,靖江市首届岳飞文化节在马桥镇白衣堂岳家军主题园开幕,开幕式上揭牌成立靖江岳飞文化研究会、岳飞文化主题图书馆,举行大型人文纪录片《岳飞》开机仪式。全国文联副主席、评书表演艺术家刘兰芳通过视频和信件向文化节表示祝贺。中国书法家协会副会长、江苏省书法家协会会长孙晓云为岳飞文化节书写“精忠报国,武穆雄风”。河南汤阴县岳飞纪念馆代表岳飞将军故里,向马桥镇赠送白色战袍。

(季　松　周　霜)

2017年马桥镇主要经济社会指标一览表

表55

指标名称	单位	数值	指标名称	单位	数值
地区生产总值	亿元	20.11	三产个体	个	485
农业总产值	万元	46151.3	集贸市场成交额	万元	19788
工业总产值	万元	701473	镇村主干道	千米	92.29
当年到账外资	万美元	500	在校中小学生	人	1127
自营出口额	万美元	4594	中、小学校	所	3
年末职工人数	人	11121	职工年人均工资	元	39500

2017年马桥镇各村基本情况一览表

表56

村名		党支部(总支、党委)书记	村委会主任	年人均纯收入(元)	村名	党支部(总支、党委)书记	村委会主任	年人均纯收入(元)
徐周中心村	徐周村	徐忠祥	陈峥	26964	横港村	朱建江	吴惠贤	26421
	铭坤村		钱平	20400	侯河村	朱海平	陆林芬	25504
白衣中心村	白衣村	何明仁	吕亚君	22399	福兴村	高贵江	朱金红	19798
	新市村		王平	20158	集福村	高卫忠	陆汉松	21529
正北村		杨建红	鞠亚林	27627	经伦村	徐玉奇	侯汉坤	21731
马桥村		陈汉年	刘一飞	26364	三爱村	陈小海	臧桂清	22866
朝西村		陈小海	花红江	19934	迎祥村	刘红林	刘林	24103
栗树村		周冠栋	马满和	19538	幸福村	徐建平	张俊	23075
九一村		何亚华	刘银祥	20927	祖师村	夏小荣	杨金福	21962

生祠镇

【概况】 生祠镇位于靖江西北部,东接马桥镇,南连东兴镇,西靠新桥镇,北邻泰兴市。镇域面积70.19平方千米,镇区面积4.69平方千米。辖2个社区居委,18个行政村472个村民小组,总人口4.77万人。2017年,实现地区生产总值44.13亿元、公共财政预算收入6750万元,农村居民人均纯收入2.17万元。

【经济建设】 经济发展总体趋好。第一、二、三产业分别实现增加值2.84亿元、31.25亿元、10.04亿元,比上年增长4.5%、5.9%、15.1%;完成固定资产投资15.2亿元、技改投入12.5亿元,分别比上年增长16.5%、15%。超额完成招商引资任务,全年签约亿元以上项目12个,开工靖江市浩祺金属制品制造有限公司汽车零部件生产等项目5个,竣工乳制品加工、冶金机械生产项目2个。引导企业科技创新。实施传统产业提升工程,江苏华曼冶金机械制造有限公司、江苏谷泰粮食机械科技有限公司完成技改;新认定国家级高新技术企业2家、省级高新技术产品5个,成功申报泰州级“双创计划”项目3个,建成省级研究生工作站2个、泰州市工程技术研究中心1个,开展产学研合作项目13个,落地离岸孵化项目7个。现代农业高速发展。新增设施园艺基地3个、农业物联网基地2个,申报“三品”认证4个;江苏红芽农业科技有限公司“芋香天下星创天地”入选第二批国家级“星创天地”备案名单;东进村建成占地13.33公顷的“七彩荷塘”创意农业基地,种植10余种荷花;利珠村有1家科技型农业公司、6家种植专业合作社、17家特色家庭农场,建成菌菇、优质大米、绿色水果、高档蔬菜种植区、高效畜禽养殖区和特色花卉苗木繁育区等设施农业基地,配套建设农家乐、垂钓等休闲娱乐项目,年内获评省级观光农业示范村和泰州市级农业产业园;加强规模经营,农业引资2.7亿元,新增家庭农场12个,2个行政村进行整村制结构调整。深化农村改革,建成为农综合服务社16个、村级电商服务站9个,土地确权颁证工作通过省级验收。

8月26日,生祠镇东进村首届荷花节开幕

【镇村建设】 实施特色小镇规划。按照“布局合理、功能完善、生态宜居、特色鲜明”的原则,高标准编制《生祠镇特色镇村规划》,合理划分文教功能区、公共服务区、历史文化街区、集中居住区等四大功能区;统筹推进苑艺小镇总体规划,优化集镇功能分区,形成苑艺小镇核心区与历史文化街区南北呼应、两翼齐飞的空间布局;调整镇域土地利用规划,确定农电站、广电站、水站等公共服务机构选址规划,形成生祠卫生院、幼儿园异地搬迁项目设计方案,人防疏散基地项目通过省级立项。加强基础设施建设。本着“群众自发、政府引导、统一规划”的原则,创新集镇居民区连片整治举措,集中实施思岳新村57户居民旧房改造工程;传承镇区文化记忆,启动刘国钧故居改造工程,实施思岳路沿街立面改造,完成故居路主体路面施工;启动农村富民创业基地规划选址工作,完成百姓大舞台方案设计,郭璞文化园选址方案通过市规委会审核,初步完成项目所涉农户搬迁;生祠初中食堂主体工程完工,新农贸市场投入使用,新镇区四期房屋交付;疏浚河道142条,铺设污水管道4.5千米,新建改造小农桥17座,建成农村道路15千米,创建省级“四好农村路”2条;完成生祠大道、弘毅路等沿线绿化2.6公顷。开展“263”专项行动,关停化工企业4家、砖瓦生产企业1家。推行农村环境“八位一体”综合管护,实现管护工作全覆盖,实施环境连片整治工程3个。11月,生祠镇通过省级卫生镇专家考评组验收。

【社会建设】 关注民生就业创业。举办新春就业招聘会,落实招聘单位33家,达成就业意向169人;运用校企离岸孵化机制,为靖江市隆力佳机械制造有限公司等企业提供人才储备,带动60余人就近就业;镇创业富民服务中心、创业指导中心建成,江苏皓日汽车零部件有限公司、靖江市海鸿塑胶科技有限公司建立众创空间;序时完成“4045”就业困难人员社保补贴申报及2017年合作医疗征缴工作;规范企业用工行为,170余家用人单位完成劳动保障定期书面审查;开展年终工资支付摸底调查,实时跟踪企业欠薪问题,确保民工工资按时足额发放到位。加强社会保障。建成生祠镇“馨港湾”残疾人之家,为11名残疾人提供辅助性就业;成功申报AAA级居家养老点6个、助餐点7个;结对帮扶贫困家庭130户,按标准落实低保家庭312户768人各项救助政策;成功运行“阳光扶贫”网上监管平台,为163户低收入农户建档立卡。促进文化旅游事业发展。举办舞龙邀请赛、岳飞诞辰纪念等活动;8月,东进村举办首届荷花节,锡剧表演艺术家、中国戏剧梅花奖获得者、国家一级演员倪同芳,国家级盆景大师、靖江山水盆景制作领衔人盛定武及学子张家瑜被聘任为首届荷花节形象大使;分步实施岳文化观光水系走廊建设,丽园、海鸿生态园分别创成三星、四星级乡村旅游景点。着力推进基层治理。开展大走访大落实与大排查大整治、"手拉手"专职调解等活动,信访积案"双百攻坚"成效明显;"六无村"(无群体访、无越级访、无非正常访、无重大刑事案件、无较大安全事故、无涉恐涉邪涉毒人员)创建达标率85%,七里村创成全国无邪教示范村;强化安全管控能力,企业安全生产标准化建设有序推进,全年未发生重特大安全事故。 (鞠 彬)

2017年生祠镇主要经济社会指标一览表

表57

指标名称	单位	数值	指标名称	单位	数值
地区生产总值	亿元	44.13	三产实体	个	4
工业总产值	亿元	130.79	集贸市场成交额	亿元	0.97
农业生产总值	亿元	5.05	镇村主干道	千米	113
工业利税总额	亿元	5.23	中、小学校	所	4
工业投入	亿元	17.5	年末职工人数	人	9210
当年到账外资	万美元	35	职工平均工资	元	38400
自营出口额	万美元	19052	参加社保人数	人	19922
外贸供货额	万美元	25289			

2017年生祠镇各村(社区、居委)基本情况一览表

表58

村名	党支部(总支、党委)书记	村委会主 任	年人均纯收入(元)	村名	党支部(总支、党委)书记	村委会主 任	年人均纯收入(元)
生祠居委	吴桂芬	吴桂芬	20520	红英村	孙金明	严满林	20254
萃竹苑社区	钱立胜	陆海兵	20520	地藏村	顾金飞	严卫国	21034
生祠村	陈银夏	朱汉明	20699	利珠村	冷红明	王洪波	23567
金星村	刘 伟	丁建荣	21192	涨公村	侯银进	朱伟龙	20231
三河村	刘 松	朱卫东	20149	新义村	陆章炳	倪 刚	20267
新生村	严建平	顾俊杰	20462	法喜村	史荣兴	陆明荣	20949
七一村	龚建军	刘 芸	20753	新丰村	顾金飞	倪立新	20488
七里村	龚建军	藏翕坤	21084	新跃村	周鸿钧	卢金明	20697
大进村	周富和	田灿华	20754	老港村	朱亚进	叶灿华	23010
东进村	张金荣	卢桂琴	20580	三圩村	张金荣	陆荣根	20413

东兴镇

【概况】 东兴镇位于靖江市西南部,南临长江,东连江阴—靖江工业园区办事处,西接新桥镇(新桥园区),北邻生祠镇。辖区总面积46.83平方千米,镇区面积6.2平方千米。辖12个行政村260个村民小组,总人口3.4万人,其中农村户籍3.30万人。有工业企业575家,其中列统企业19家。2017年,实现地区生产总值54.8亿元,比上年增长10.2%;一般公共预算收入1.31亿元,比上年增长7.5%;农村居民人均纯收入2.28万元。

东兴镇景　（东兴镇提供）

【经济建设】工业经济稳健运行。实现工业开票销售33.96亿元,有年开票销售超0.5亿元的企业14家、超1亿元的企业8家、超3亿元的企业2家。村级工业发展迅速,实现工业开票12.83亿元,比上年增长13.5%,占全镇工业开票总额的37.8%,有工业开票超亿元的村5个。科技创新能力加强。新增工业机器人20余台,建成自动化焊接修补线2条;江苏亚星锚链股份有限公司领衔制定并发布世界首个系泊链国际标准,江苏永涛实业有限公司参与起草育秧机国家标准;建立离岸孵化基地4家,在孵项目16个,落地项目6个;新增授权发明专利12件,万人发明专利拥有量达16.59件。项目招建成效显著。完成产业投资27.92亿元,其中工业投资21.79亿元、服务业投资6.13亿元;签约亿元以上项目14个,签约额32.5亿元,其中3亿元以上项目7个。现代农业高效推进。实现农业总产值3.81亿元,比上年增长6.1%;在海镇、成德、合兴等村建成机插秧高产示范片213.33公顷、百亩高产核心示范方3个。加速发展服务业,新增服务业企业27家,现代服务业实现开票收入11.67亿元。

【镇村建设】 加强集镇基础设施建设。编制完成东兴镇控制性详细规划、特色镇村规划;整治公新公路、沿江路道路两侧和农贸市场周边环境,清理非法废旧收购点10个,拆除违章搭建60余处、广告牌200余处;完成振兴西路雨水管网建设及管线下埋,上五圩港东路、文昌西路和上五圩港景观带建设工程,设立公交站台5个;完成东兴镇防洪除涝规划,新建改造排涝站4座,新改建涵洞38座;评比选定沙上文化主题公园方案。开展"263"专项行动,全年关停化工生产、砖瓦生产企业各1家,关停畜禽养殖企业29家,整治养殖企业16家。实施绿化工程。新增成片林62.67公顷,"四旁"植树3万株,特色树种覆盖率70%;完成文昌西路、上五圩港东路绿化亮化,栽种东兴大道、公新公路行道树,全年集镇新增绿化面积3.5万平方米。开展土地复垦,完成土地开发复垦6.93公顷、建设用地增减挂钩复垦2.67公顷。

【社会建设】 加大精准扶贫力度。低收入户建档立卡337户,其中199户年底脱贫;发放结对帮扶款16余万元、临时救济金80余万元、慰问金5.4万元,为317名低保对象办理新型农村合作医疗。加强社会保障。全镇城乡居民养老保险新增参保206人,续保3716人,续保缴费率97.04%;新型农村合作医疗参保缴费17931人。促进就业创业。举办东兴镇新春招聘会,提供315个就业岗位;开展职工技能再提升培训,689人取得职业技能等级证书;发放创业富民"三张券"1200余张,建立"靖江美食"创业品牌店3家。文教卫生事业有序推进。筹集资金200余万元,设立东兴镇“奖教奖学基金”；实施“万人阅读”工程，投资建设新华书店东兴分店、东兴书吧；推行家庭医生签约服务，全镇家庭医生签约2206户，服务7749人次。开展农村社区示范镇创建，年内获评江苏省农村社区建设示范镇。做好安全监管工作，全年无重特大安全事故发生。（徐　鸣）

2017年东兴镇主要经济社会指标一览表

表59

指标名称	单位	数值	指标名称	单位	数值
地区生产总值	亿元	54.8	三产实体	个	444
农业总产值	亿元	3.8	集贸市场成交额	亿元	0.5
工业总产值	亿元	160	镇村主干道	千米	65
工业利税总额	亿元	19.3	中、小学校	所	2
工业投入	亿元	21.78	在校中小学生	人	2125
实际利用外资	万美元	10	年末工业企业职工人数	人	5451
进出口总额	万元	54601	参加社保人数	人	15527
出口额	万元	53628			

2017年东兴镇各村基本情况表

表60

村名	党支部(总支、党委)书记	村委会主　任	年人均纯收入(元)	村名	党支部(总支、党委)书记	村委会主　任	年人均纯收入(元)
上六村	施久龙	奚志华	23354	成德村	鞠金虎	王玉银	24617
万圣村	朱金华	孙道祥	21671	海镇村	季云燕	王　鑫	23457
何德村	胡银根	殷桂红	26926	克成村	李金洪	金学进	22560
旺稼村	陆纪圣	盛联华	21625	惠龙村	王　勇	王　勇	19695
东兴村	莫靖中	杜庆良	24105	惠圣村	印　冰	印　冰	21868
合兴村	黄　成	冷小凤	21879	惠丰村	蒋礼富	魏　东	19699

新桥镇

【概况】 新桥镇位于靖江西部，东邻东兴镇，南与江阴市、常州市隔江相望，西隔界河与泰兴市毗邻，北依生祠镇，总面积61.3平方千米，镇区面积26.8平方千米，辖5个社区居委会、18个行政村398个村民小组，总人口6.15万人。2017年，全镇实现工业开票销售63.56亿元、一般公共预算收入1.86亿元、固定资产投资79.4亿元。

【经济建设】 项目建设成效明显。年内，签约项目32个，总投资75亿元,开工亿元以上项目11个,竣工项目13个;建成新桥园区产业园三期,确定四期入驻项目。增强科技创新活力。开展高新企业和龙头企业培育行动,申报高新企业6家、高新技术产品13个,高新技术产业产值占全镇规模工业产值的48.6%;建立离岸孵化基地6家,签约孵化项目30余个、孵化落地9个,江苏法尔机械制造有限公司承担的“海水淡化高压泵与透平式能量回收一体机研制与应用”项目获省级重点研发专项扶持资金120万元。加强服务企业力度。成立10人专职招商队伍,优化“店小二”服务机制;会同省铸造协会,为98家企业制定行业转型升级行动方案;健全法律顾问制度,成立新桥镇微小企业法律服务团;做好企业债务链化解工作,打击恶意逃废债,稳定金融生态环境。加快现代农业发展,建成千亩核心示范方3个,新桥镇现代农业示范园区获评泰州市级现代农业产业园区,德胜村入选泰州市级特色田园乡村建设试点,靖江市紫藤园艺绿化工程公司列入省级现代农业扶持项目。现代服务业稳步提升,新增个体工商户697家、服务业列统企业1家。

【镇村建设】 完善基础设施。实施新江路、九圩港提升泵站等建设工程,新建修建道路100余千米,四墩子幼儿园、治安管理服务中心等工程交付投用,整合优化集镇广场,增设健康步道4条,城乡功能综合提升项目纳入省级PPP项目库。环境整治取得实效。拆建还绿10公顷,改造公厕7座,新建公厕2座,新建公共停车场6个1000余个车位,增设太阳能光源公交站台16座,建成垃圾收集点56个,新增垃圾箱300余个,拆除违章搭建3000余平方米;规范“五小行业”(小食品经营加工单位、小理发美容店、小旅店、小浴室、小歌舞厅)经营行为,推行城镇长效管理机制,探索无物管社区治理新模式;镇村环境卫生实行包干管理,建立落实河长制和路段长制,主要街道和关键部位实行专业化保洁养护,每天保洁作业时间不低于10小时,所有垃圾做到日产日清,垃圾密闭清运率100%;实施河道双清工程,疏浚整治河道239条;推广秸秆全量还田技术,完成秸秆禁烧禁抛任务。年内新桥镇创建成靖江首个国家级卫生镇,益民村创建省级美丽乡村,新柏村创建省级绿化示范村、AAA康居村。

10月,中央电视台《乡约》节目在新桥录制

【社会建设】 推进“阳光扶贫”工作,对口帮扶陕西省永寿县常宁镇。增强民生保障,新型城乡居民养老保险续保率98%;在全省首创“贫困户精准医疗救助”模式,与中国人寿保险公司靖江市分公司合作,镇政府为贫困户每人购买精准医疗救助保险400元,保险公司为其报销相关医药费用,通过城乡居民医疗保险、民政二次救助及精准医疗救助后,救助对象住院实际报销比例达90%以上。做好就业工作,搭建就业服务平台,新增就业205人。推进保障性安居工程,交付安置公寓235套、联排别墅63户。加强社会治理。开展安全生产夜查、应急演练,完善综合执法制度,年内获评泰州市十佳安全监管先进集体;设立企业综治工作站,实施“七五”普法,提供法律咨询350余人次;稳妥处置“7·7”交通肇事事件、“12·26”火灾事故。文教卫生均衡发展。开设国学讲堂,辖区“初升高”成绩位居全市前5名;新桥城医院投入运营,完成村级卫生室标准化提升工程;推进精神文明建设,建成社会主义核心价值观主题社区、诚信文化主题广场;10月13日,录制中央电视台《乡约》节目。(刘昭东)

2017年新桥镇主要经济社会指标一览表

表61

指标名称	单位	数值	指标名称	单位	数值
地区生产总值	万元	860277	出口产品交货额	万美元	2050
第一产业增加值	万元	18194	三产实体	个	29
第二产业增加值	万元	541278	集贸市场成交额	万元	17128
第三产业增加值	万元	300805	镇村主干道	千米	224
财政总收入	万元	32647	财政总支出	万元	14435
农业总产值	万元	36208	中、小学校	所	1
工业总产值	万元	2505038	在校中小学生	人	3221
工业销售收入	万元	2188091	年末职工人数	人	20592
工业利润总额	万元	133059	农村居民年人均纯收入	元	27356
工业投资	万元	580842	城乡社保人数	人	28137

2017年新桥镇各村基本情况一览表

表62

村名	党支部(总支、党委)书记	村委会主　任	年人均纯收入(元)	村名	党支部(总支、党委)书记	村委会主　任	年人均纯收入(元)
新合村	徐月兰	黄桂成	25652	双龙村	朱国华	徐君忠	21159
孝化村	耿光明	耿光明	29887	滨江村	陈继章	唐　瑜	24020
新桥村	朱　杰	赵　勇	24147	太东村	戴分宏	洪秀兰	20230
务本村	陶泰成	—	22589	益民村	陆锡良	龚玉银	22046
水三村	顾国华	程桂华	20658	五星村	冯锦忠	陈洪才	21917
新柏村	奚正华	吴步才	24602	礼圣村	徐朝章	沈　勇	23372
三兴村	李　军	顾文彬	21436	太和村	袁　飞	朱方剑	20151
德胜村	杨恒俊	杨纪福	23662	文东村	龚玉金	严怀根	23815
三太村	李云龙	李　乐	30330	礼士村	吴金福	钱洪岗	19286

人 物

·新任市领导·

尤 红

1962年12月生，江苏靖江人，中共党员，大专学历。2017年1月，任靖江市人大常委会主任、党组书记。

1978年12月—1982年1月，在扬州工业专科学校无线电技术专业学习。1982年2月—1984年9月，为靖江县广播事业局办事员。1984年9月—1994年9月，任靖江县（市）劳动局工资福利股办事员、副股长，局党办主任。1992年9月—1993年12月，在靖城镇挂职镇长助理。1994年9月—1997年1月，任靖江市劳动局副局长。1997年1月—1998年10月，任靖江市靖城镇党委副书记、镇长。1998年10月—1999年1月，任靖江市太和镇党委书记。1999年1月—2000年3月，任靖江市太和镇党委书记、人大主席。2000年3月—2002年11月，任靖江市新桥镇党委书记。2000年9月—2002年12月，在苏州大学商学院经济管理专业研究生课程进修班学习。2002年2月—2002年9月，在江阴市澄江镇挂职党委副书记。2002年11月—2005年1月，任靖江市委常委、新桥镇党委副书记。2005年1月—2011年7月，任靖江市委常委、宣传部长。2011年7月—2012年1月，任靖江市委常委，靖江经济开发区党工委书记、管委会主任。2012年1月—2014年10月，任靖江市委常委，靖江经济开发区党工委书记。2014年10月—2015年1月，为靖江市政协主席候选人。2015年1月—2017年1月，任靖江市政协主席。

范 敏

1965年6月生，女，江苏靖江人，中共党员，硕士研究生学历。2017年1月，任靖江市政协主席、党组书记。

1982年9月—1985年7月，在江苏南通农业学校植物保护专业学习。1985年9月—1986年7月，在常州职业师范学院（扬州教育学院）职教师资专科班学习。1986年9月—1993年6月，任靖江团县委办事员、组织部副部长、组织部部长。1988年9月—1991年7月，在江苏省委党校干部函授学院扬州分院对外经济专业本科函授学习。1993年6月—1996年10月，任靖江团县

(市)委副书记。1996年10月—2001年1月,任靖江团市委书记。2001年1月—2001年5月,任泰兴市委常委。2001年5月—2002年1月,任泰兴市委常委、姚王镇党委书记。2002年1月—2002年11月,任泰州市妇联副主席。2002年11月—2012年1月,任靖江市副市长。2008年9月—2010年6月,在南京农业大学攻读农业推广硕士学位。2012年1月—2016年8月,任靖江市委常委、统战部部长。2016年8月—2017年1月,任靖江市人大常委会党组副书记。

王 权

1971年9月生,江苏泰州人,中共党员,省委党校研究生学历。2017年9月,任靖江市委常委、市纪委书记。

1991年12月—1993年12月,为泰兴磷肥厂技术员。1993年12月—2002年11月,历任泰兴日报社记者、编辑、采访部副主任、广告部主任、副总编。1995年9月—1998年7月,在复旦大学成人教育学院新闻学专业大专函授学习。2000年9月—2003年7月,江苏省委党校政治经济学专业在职研究生。2002年11月—2006年6月,历任泰兴市古溪镇党委副书记、镇长。2004年3月—2004年7月,挂职无锡市锡山区东北塘镇党委副书记。2006年6月—2011年2月,历任泰州市科协普及部部长、办公室主任、秘书长兼办公室主任。2009年9月—2009年12月,在泰州市第八期青干班学习。2011年2月—2015年4月,任泰州市人口计生委副主任、党组成员。2015年4月—2017年9月,任泰州市卫生计生委纪委书记、党委委员。

赵巧新

1965年2月生,江苏江阴人,中共党员,大学学历。2017年12月,任靖江市委常委(挂职)。

1981年9月—1985年7月,为南京工学院自动控制系学生。1985年7月—1989年2月,为无锡无线电厂技术员、助理工程师。1989年2月—1990年2月,在江阴市经协物资总公司工作,其间借调至江阴市经济技术协作委员会。1990年2月—1993年8月,任江阴市体改委秘书科秘书。1993年8月—2001年7月,历任江阴市委办公室秘书科秘书、副科长、科长,副主任。2000年9月—2002年9月,在复旦大学经济系经济思想史专业院研究生课程进修班学习。2001年7月—2003年11月,任江阴市北漍镇党委书记。2003年11月—2006年1月,任江阴市顾山镇党委书记(顾山镇与北漍镇合并)。2006年1月—2008年2月,任江阴市澄江镇党委书记(副处级)。2008年2月—2011年6月,任无锡市锡山区委常委、政法委书记。2011年6月—2016年12月,历任江阴临港新城(江阴临港经济开发区)党工委委员、管委会副主任、新能源产业园党委书记。2016年12月—2017年8月,任江阴市人民政府党组成员、江阴临港经济开发区党工委委员、管委会副主任、靖江园区党委书记。2017年8月—2017年12月,任江阴市人民政府党组成员、靖江园区党委书记。

季士发

1968年9月生,江苏靖江人,中共党员,大学学历。2017年1月,任靖江市人大常委会副主任、党组成员。

1988年9月—1990年7月,徐州煤炭工业学校矿山测量专业学习。1990年8月—1993年11月,为徐州矿务局义安矿组织人事科办事员、党政办公室秘书、地质测量科技术员。1993年11月—2000年2月,为靖江市水利局农水科、人秘科办事员,工会副主席。2000年2月—2001年2月,任靖江市水利局人秘科科长。2000年9月—2003年7月,在江苏理工大学法律专业大专函授学习。2001年2月—2002年9月,任靖江市水利局人秘科科长、党委组织委员。2002年9月—2005年1月,任靖江市政府办公室信息科科长。2005年1月—2006年1月,任靖江市政府办公室主任助理。2006年1月—2009年2月,任靖江市政府办公室副主任。2007年7月—2009年12

月，在中央党校函授学院法律专业本科函授学习。2009年2月—2011年3月，任靖江市政府办公室副主任、研究室主任（正科职）。2011年3月—2011年8月，任靖江市政府党组成员、办公室主任、研究室（挂牌）主任、应急办（挂牌）主任。2011年8月—2012年2月，任靖江市政府党组成员、办公室主任、研究室（挂牌）主任、应急办（挂牌）主任、法制办（挂牌）主任。2012年2月—2013年2月，任靖江市政府党组成员、办公室主任、研究室（挂牌）主任、应急办（挂牌）主任。2013年2月—2015年5月，任靖江市政府党组成员、办公室主任、应急办（挂牌）主任。2015年5月—2017年1月，任靖江市政府党组成员、办公室主任。

邵春宁

1971年3月生，女，江苏靖江人，省委党校研究生学历。2017年1月，任靖江市副市长。

1986年9月—1989年7月，在泰兴师范学校学习。1989年8月—1998年7月，任靖江县（市）城南中心小学教师、副教导主任、教导主任、副校长。1993年9月—1996年6月，在江苏教育学院小学教育专业自考大专学习。1998年7月—1999年8月，任靖江市实验学校校长助理。1999年8月—2001年1月，任靖江市实验学校副校长。2000年9月—2003年7月，省自考委南京师范大学小学教育专业大学本科学习。2001年1月—2001年12月，任靖江市教委副主任、靖江市实验学校副校长。2001年12月—2003年3月，任靖江市教育局副局长、靖江市实验学校副校长。2003年3月—2007年11月，任靖江市教育局副局长。2007年11月—2014年12月，任高港区副区长。2008年9月—2011年7月，江苏省委党校宪法学与行政法学专业在职研究生。2015年1月—2017年1月，任靖江市政协副主席。

姚东辉

1971年5月生，江苏扬州人，中共党员，省委党校研究生学历。2017年1月，任靖江市副市长，党组成员。

1990年9月—1992年7月，在扬州教育学院英语专业学习。1992年8月—1996年12月，为邗江县甘泉中学教师、团委副书记、教导处副主任。1996年12月—1998年11月，任靖江市委宣传部办事员。1997年8月—1999年12月，在中央党校函授学院经济管理专业本科函授学习。1998年11月—1999年11月，任靖江市委宣传部党员教育科副科长。1999年11月—2001年7月，任靖江市委宣传部党员教育科科长。2001年7月—2004年7月，任靖江市委宣传部办公室主任。2004年7月—2006年1月，任靖江市委宣传部部长助理、办公室主任。2006年1月—2011年7月，任靖江市政府办公室副主任。2008年9月—2011年7月，江苏省委党校政治经济学专业在职研究生。2011年7月—2012年3月，任靖江市马桥镇党委书记。2012年3月—2014年12月，任靖江市马桥镇党委书记、人大主席。2012年7月—2012年10月，挂职任上海浦东新区高东镇党委书记助理。2014年12月—2017年1月，任靖江市委办公室主任、研究室（挂牌）主任。

赵建国

1969年1月生，江苏靖江人，中共党员，大学学历。2017年4月，任靖江市副市长、党组成员。

1990年8月—1996年2月，历任靖江县（市）太和镇政府办公室文书、团委副书记、计生办副主任。1996年2月—1998年3月，任靖江市太和镇党政办公室主任。1998年3月—2000年3月，任靖江市太和镇团委书记。2000年3月—2002年5月，任靖江市新桥镇党委秘书、人大秘书。2002年5月—2003年5月，任靖江市新桥镇党委秘书、江苏光芒集团公司党委副书记。2003年5月—2006年3月，任靖江市新桥镇党委组织委员。2004年3月—2006年12月，在江苏省委党校函授学院经济管理专业大专函授学习。2006年3月—2008年5月，任靖江市新桥镇党委副书记。2007年8月—2009年12月，在中央党校函授学院经济管理专业本科函授学习。2008年5月—2008年7月，任靖江市新桥镇党委副书记、党政办主任。2008年7月—2009年1月，任靖江市委宣传部副部长、市文明办副主任。2009年1月—2011年2月，任靖江市委宣传部副部长、市文明办主任。2011年2月—2011年8月，任靖江市委宣传部副部长、外宣办(市政府新闻办)主任，市文明办主任。2011年8月—2012年1月，任靖江市委宣传部副部长、外宣办(市政府新闻办)主任。2012年1月—2017年1月，任靖江市靖城街道党工委书记。

张佳炜

1981年12月生，江苏靖江人，中共党员，省委党校研究生学历。2017年1月，任靖江市副市长。

1994年9月—1999年7月，在泰兴师范学校小学教育专业学习。1999年8月—2005年7月，任靖江市城西小学教师。2000年7月—2003年12月，在江苏教育学院公共事业管理专业自考本科学习。2003年2月—2005年7月，借调靖江团市委工作。2005年7月—2006年10月，任靖江市城北园区团工委书记、党政办副主任、经发科副科长。2006年9月—2009年7月，江苏省委党校区域经济学专业在职研究生。2006年10月—2007年12月，任靖江市城北园区办公室主任、团工委书记、党政办副主任、经发科副科长。2007年12月—2010年1月，任靖江市城北园区办公室主任、团工委书记、组织科科长。2010年1月—2012年3月，任靖江团市委副书记。2012年3月—2013年3月，任靖江市季市镇党委副书记、常务副镇长(正科职)。2013年3月—2016年5月，任靖江市季市镇党委副书记、镇长。2016年5月—2017年1月，任靖江市季市镇党委书记。2017年1月—2017年5月，任靖江市副市长、季市镇党委书记。2017年5月—2017年8月，任靖江市副市长、季市镇党委书记，陕西省永寿县委常委、副县长。2017年8月，任靖江市副市长，陕西省永寿县委常委、副县长。

郭传海

1974年8月生，河南睢县人，中共党员，大学学历。2017年5月，任靖江市副市长、党组成员(挂职)。

1994年9月—1998年7月，在西北农业大学资源与环境科学系农业环境保护专业学习。1998年7月—2011年9月，历任咸阳市人大常委会城建环资工委办公室科员、副主任科员、主任科员、科长。2005年10月—2006年10月，挂职武功县城建局副局长。2010年11月—2011年4月，在陕西省大人常委会机关学习锻炼。2011年9月—2013年12月，任咸阳市人大常委会机关离退休人员服务管理办公室主任(副处级)。2013年4月—2013年10月，挂职广西壮族自治区河池市大人城乡建设环境保护委员会主任助理。2013年12月—2016年9月，任陕西省长武县委常委、统战部部长。2016年9月—2017年5月，任陕西省永寿县委常委、统战部部长。

李　明

1980年8月生，江苏徐州人，中共党员，省委党校研究生学历。2017年7月，任靖江市副市长、党组成员(挂职)。

1999年9月—2003年8月，在南京审计学院工商管理专业学习(省选调生)。2003年8月—2004年3月，任泰州市泰东镇政府招商办公室办事员。2004年6月—2007年8月，历任共青团海陵区委办公室办事员、副主任、主任、青工青农部部长。2007年8月—2009年9月，历任共青团海陵区委副书记、书记、区青联副主席。2008年9月—2011年12月，在江苏省委党校宪法学与行政法学专业研究生班学习。2012年1月—2014年3月，任共青团海陵区委书记、区青联副主席，海陵工业园区党工委副书记，京泰路街道党工委副书记、人大工委主任。2014年3月—2016年11月，历任海陵区城北街道党工委副书记、办事处主任、政协工委主任。2016年11月—2017

年7月，任泰州市信访局副局长、党组成员。

李建新

1965年11月生，江苏靖江人，中共党员，大学学历。2017年1月，任靖江市政协副主席、党组成员。

1982年12月—1992年7月，为靖江葡萄糖厂工人、会计、团委书记。1983年4月—1984年7月，借用县纪委经案办、检察院工作。1992年7月—1994年4月，为靖江县（市）建设银行职工。1993年8月—1995年12月，在中央党校函授学院经济管理专业本科函授学习。1994年4月—1997年5月，任靖江市化学建材工业局团委书记。1997年5月—1999年1月，靖江市斜桥镇科技镇长助理。1999年1月—2002年3月，任靖江市斜桥镇副镇长。2002年3月—2004年2月，任靖江市招商局局长、开发区党工委委员。2004年2月—2004年7月，任靖江市招商局局长、开发区招商局局长。2004年7月—2005年1月，任靖江市招商局局长、开发区招商局局长，城南园区管委会副主任、城南办事处党工委副书记。2005年1月—2006年3月，任靖江经济开发区党工委委员、经济发展局局长，市招商局局长。2006年3月—2006年7月，任靖江经济开发区党工委委员、市招商局局长。2006年7月—2007年1月，任靖江经济开发区党工委委员、市招商局局长、市沿江开发开放办（挂牌）主任。2007年1月—2011年7月，任靖江经济开发区管委会副主任、党工委委员，市招商局局长，市沿江开发开放办（挂牌）主任。2011年7月—2012年10月，任靖江经济开发区管委会副主任、党工委委员，市招商局局长，市沿江开发开放办（挂牌）主任，新港园区党委书记。2012年10月—2015年12月，任靖江经济开发区管委会副主任、党工委委员，新桥镇党委书记、新桥园区管委会主任。2015年12月—2017年1月，任靖江经济开发区管委会副主任，新桥镇党委书记、新桥园区管委会主任。

·新闻人物·

刘念光

1957年12月生，靖江市马桥镇人。2017年7月，任国防科技大学政治委员。

1974年12月入伍参军，历任战士，文书，营部书记，师政治部秘书、组织科干事，连政治指导员，军政治部干部处干事，沈阳军区政治部干部部干事，沈阳军区政治部干部部计划调配处副处长、处长，第64集团军某师政治部主任，沈阳军区政治部宣传部副部长，第64集团军某师政治委员。1998年10月，任第39集团军某旅政治委员（保留正师职待遇）。2000年，任第39集团军某师政治委员。2006年3月，任第40集团军政治部主任。2007年7月晋升少将军衔。2008年2月，任第40集团军副政治委员。2008年9月，任第40集团军政治委员。2012年，任中国人民解放军成都军区政治部主任。2015年7月，晋升中将军衔。2016年3月，出任成都军区善后办政委。

刘　涛

1967年生，靖江市靖城街道人，博士研究生学历，“蛟龙号”副总设计师，中国船舶重工集团公司第七〇二研究所副总工程师、博士生导师。2017年，参与的“蛟龙号载人潜水器研发与应用”项目获国家科技进步奖一等奖。

1989年，毕业于哈尔滨工程大学船舶与海洋工程专业。1992年获中国舰船研究院工学硕士学位，2001年获中国舰船研究院工学博士学位。1992—1998年，在中国船舶重工集团公司第七〇二所结构室、研究试验部从事潜艇结构强度、舰艇复合材料结构特性研究和船舶结构疲劳强度研究等。1998—2001年，任中国船舶重工集团公司第七〇二所水下工程研究室副主任，从事深海无人自治机器人、援潜救生等装备研制。2002—2010年，任中国船舶重工集团公司第七〇二所副总工程师兼主任、“蛟龙”号副总设计师，从事深海载人潜水器、潜艇装备等研制，参与“蛟龙”号潜水器研制的各个阶段工作。2010年，任中国船舶重工集团公司第七〇二所副总工程师，从事战略发展规划和重点项目研制，致力于深海勘察作业装备系统的研制，负责6000米无人自治水下机器人和7000米载人潜水器的载体结构系统技术研究。

邵新宇

1968年11月生，靖江市东兴镇人，博士研究生学历，华中科技大学党委书记、博士生导师，教育部“长江学者奖励计划”特聘教授，国家杰出青年科学基金获得者，“973”项目首席科学家。2017年5月，被人社局、中国科协、科技部、国务院国资委授予全国创新争先奖。

1986年，邵新宇从靖江县中学(现省靖中)被保送至华中工学院(今华中科技大学)。1990年被保送读研，1992年攻读博士，1995—1998年系美国密歇根大学联合培养博士。归国后，从事高端制造装备与工艺的研究开发与应用推广，担任制造装备数字化国家工程研究中心主任，主持国家自然科学基金委“高性能数字制造装备基础研究”项目，担任“863”计划“重大装备与工艺技术”主题召集人，担任科技部“数控一代机械产品创新应用示范工程”专家组组长和广东华中科技大学工业技术研究院院长，为产业转型升级提供技术支持与服务。2015年，带领团队完成的“汽车制造中的高质高效激光焊接、切割关键工艺及成套装备”项目，获国家科学技术进步一等奖。

陈燕萍

1964年4月生，女，江苏省盐城市人，中共党员，大学学历，靖江市人民法院副院长、党组成员。2017年7月，当选中国共产党第十九次全国代表大会代表。

1979年12月参加工作。1988年12月，任江苏省盐城市城区人民法院书记员。1990年9月起，历任靖江县(市)法院书记员、助理审判员、审判员、副庭长、党组成员、副院长。陈燕萍扎根基层，刻苦钻研，勤奋工作，是大家公认的办案女状元；立足岗位，服务大局，廉洁自律，是干群心中的优秀党员、法官楷模；心系群众，公正办案，真情调解，化解诉争，是百姓赞誉的人民公仆；关注民生，长期帮助残疾儿童，被人们亲切地称为“法官妈妈”。她先后获得全国人民法庭优秀法官、全国优秀女法官、全国先进工作者、全国三八红旗手标兵、第三届全国道德模范提名奖、全国“十大法治人物”、全国“十大正义人物”、全国优秀共产党员、“第三届江苏省助人为乐模范”、“50位新中国成立以来感动江苏人物”、“与共和国一起走过——江苏省最具影响力的巾帼英杰”等荣誉。2008年当选为第十一届全国人大代表，2011年当选为江苏省委第十二届候补委员，2012年当选为中国共产党第十八次全国代表大会代表，2013年当选为全国妇联第十一届执行委员会委员，2016年当选为江苏省委第十三届候补委员。

居广奇

1966年3月生，江苏靖江人，中共党员，大学学历，市看守所副指导员。2017年5月，被人社部、公安部授予“全国特级优秀人民警察”称号。

1999年，居广奇从部队转业至市城南派出所，成为一名民警。2003年5月，被检查出肺癌以来，居广奇同志先后进行了两次手术，化疗5个周期，放疗25次，凭借坚强的毅力一次又一次脱离死亡的边缘。病痛的折磨没有摧毁他的意志，反而让他更加感恩，感恩生命的馈赠、感恩组织的关怀。病情稳定后，他主动向组织提出，调任看守所管教民警。为提升对被监管人员的心理管控能力，他报名参加培训考试，成为国家三级心理咨询师。他多方查阅资料，改进监管方法，提出“奖罚适当、娱乐多样、区分对象”的管教工作设想，付诸实践后效果显著。他严格落实“九必谈”和“一日生活”制度，及时掌握在押人员的思想动态，对刑期较重、身患疾病、情绪异常等情况特殊的在押人员，重点安排控制力量，保证监管期间的人身安全，其分管的监室安全实现“零事故”，多次被评为文明监室。他始终坚持人性化管理，在每个细节上给在押人员以尊严，组织在押人员定期大扫除、洗澡、剪指甲、刮胡子，确保监所以及个人的干净卫生；对于在押人员提出的联系家人送被子、送生活费、会见律师等合理合法要求，总是第一时间联络安排，并及时将情况反馈给在押人员，让其安心改造。在他的真诚感召下，管教对象纷纷敞开心扉、吐露心声，在押期间提供线索539条，协助破案132起，监所充分发挥出了打击违法犯罪“第二战场”的作用。居广奇先后被评为“泰州市优秀监管民警”“泰州最美职工”“泰州爱岗敬业先锋”“泰州市政法之星”“陆立才式的监管民警”。2016年3月，在“2016感动中国·江苏十大感动人物”评选中获敬业奖，8月被省公安厅记个人一等功。

高 津

1959年4月生，靖江市马桥镇人，硕士研究生学历。2017年7月晋升上将军衔，10月当选中国共产党第十九届中央委员会委员。

1978年参军入伍。1985年考入二炮指挥学院并获工程学硕士学位。毕业后，先后担任文书、技师、作战训练参谋、营长、旅副参谋长、参谋长、副旅长。2006年7月，任某基地副司令员，晋升少将。2009年，升任该基地司令员，晋升正军级。2011年12月，任二炮部队参谋长。2013年7月，晋升中将军衔。2014年转任总参谋长助理，后出任军事科学院院长，2015年12月任战略支援部队首任司令员。参与组建中国人民解放军第一支新型导弹部队，组织实施首枚新型导弹发射，先后立一等功2次、二等功1次、三等功3次，事迹多次被《人民日报》等国家级媒体宣传报道，被誉为“科技强军的带头人”。

鲍自立

1963年11月出生，靖江市靖城街道人，本科学历，中共党员，主任中医师，市中医院副院长，南京中医药大学兼职副教授。2017年，被国家中医药管理局授予“全国基层名中医”称号。

1982年毕业于扬州医学院，后在上海长海医院、广东省佛山市中医院等地进修。从医30余年中，在骨与关节损伤、颈肩腰腿疼痛、骨伤疑难杂症等方面，积累丰富的临床经验，擅用中西医结合方法治疗各种骨折、脱位及其他骨伤病症，可熟练开展骨伤科各种常规手术、关节镜及内窥镜微创手术等，建有“鲍自立名中医传承工作室”。工作之余，积极开展科研及新技术新项目研究工作，在专业期刊发表学术论文10余篇，多次获省市级科技成果奖项，并率先在省内县级医院开展微创椎间孔镜治疗腰椎间盘突出症，手术伤口仅为数毫米，患者术后即可下床活动。鲍自立多次被评为泰州市和靖江市“优秀共产党员”“先进工作者”等，2013年被授予“靖江市优秀科技工作者”称号。

鞠 平

1962年7月生，靖江市生祠镇人，河海大学教授、博士生导师，是中国杰出青年科学基金获得者、国内电力系统建模第一人。2017年，主持的“支撑大电网安全高效运行的负荷建模关键技术与应用”成果获国家科技进步奖二等奖。

1978年9月起，在南京工学院（现东南大学）电力系统及其自动化专业本、硕连读。1985年，进入浙江大学电力系统及其自动化专业攻读博士学位。1988年，博士毕业后参与创建河海大学电力系统及其自动化专业。1993年，作为洪堡学者，在德国Dortmund大学从事研究工作。1995年回国后被聘为河海大学校长助理。1997年，任河海大学副校长。作为负责人，鞠平先后承担国家杰出青年科学基金项目1项、国家自然科学基金重点项目1项，主持的“支撑大电网安全高效运行的负荷建模关键技术与应用”成果获国家科技进步奖二等奖。出版专著4部、教材1部，获国家级教学成果二等奖2项，被授予“全国留学回国人员成就奖”，获评“做出突出贡献的中国博士学位获得者”。

荣 誉 栏

·先进集体名录·

【全国先进集体】

获奖单位	荣誉称号	颁发单位	授予时间
靖江市	2014—2016 年度全国计划生育优质服务先进单位	国家卫计委	2016-12
靖江市	中国山水盆景名城	中国盆景艺术家协会	2017-11
靖江市	2018—2020 年创建周期全国文明城市提名城市	中央文明办	2018-02
市人民医院	全国改善医疗服务示范医院	国家卫计委	2017-01
市体育局	2013—2016 年度全国群众体育先进单位	国家体育总局	2017-08
人体奥秘科普馆	全国健康促进与教育优秀实践基地	国家卫计委	2017-11
市工商联	全国"五好"县级工商联	中华全国工商业联合会办公厅	2017-12
孤山镇卫生院	全国群众满意的乡镇卫生院	国家卫计委	2017-12
江苏新时代造船股份有限公司	全国流动人口健康教育促进工作示范单位	国家卫计委	2018-02

【省级先进集体】

获奖单位	荣誉称号	颁发单位	授予时间
靖江市	基层卫生十强县(市、区)	江苏省卫计委	2017-12
靖江市	2015—2017 年度江苏省文明城市	江苏省文明委	2018-01
市社科联	2016 年度工作创新奖	江苏省社科联	2017-01
市烟草局	2016 年度江苏省安康杯竞赛优胜单位	江苏省总工会、江苏省安全监督管理局	2017-03
市总工会	安康杯竞赛先进单位	江苏省总工会	2017-03
泰州市烟草公司靖江分公司工会	江苏省劳动保护工作示范工会	江苏省总工会	2017-04

获奖单位	荣誉称号	颁发单位	授予时间
江苏长江商业银行	小微企业金融服务工作先进单位	中国银监会江苏监管局	2017-04
市总工会困难职工帮扶中心	江苏省工人先锋号	江苏省总工会	2017-04
城南办事处合兴社区	江苏省巾帼文明岗	江苏省妇联	2017-04
市水利局	小型农田水利工程管理优秀等次	江苏省水利厅、江苏省财政厅	2017-05
市水利局	农村河道长效管护优秀等次	江苏省水利厅、江苏省财政厅	2017-05
市公安消防大队党委	先进基层党委	中共武警江苏省消防总队委员会	2017-06
市教育局	江苏省教育宣传工作先进集体	江苏省教育厅	2017-06
市教育局	江苏省学生资助工作绩效评价优秀等次	江苏省教育厅	2017-06
市教育局	江苏省关心下一代工作先进集体	江苏省文明办、江苏省关工委	2017-07
靖江引航站党支部	先进基层党组织	长江引航中心党委	2017-07
市总工会	全省工会财务会计工作竞赛一等奖	江苏省总工会	2017-07
市总工会	推动厂务公开民主管理工作先进单位	江苏省总工会	2017-09
新桥镇德胜村	江苏最美乡村	江苏省文明办、江苏省委农工办、江苏省农委、江苏省住建厅、江苏省文化厅、江苏省环保厅、江苏省旅游局、江苏省妇联等	2017-09
靖江日报社	江苏省报纸印刷质量优质奖	江苏省报业协会	2017-11
市社科联	江苏省第14届社会科学普及宣传周主题知识有奖竞答活动鼓励组织奖	江苏省社科联	2017-11
市气象局	2016年度江苏省气象局重大气象服务先进集体	江苏省气象局	2017-11
江苏三江现代物流中心	省级生产性服务业聚集区	江苏省发改委	2017-11
靖城街道	省级创业型街道	江苏省人社厅	2017-12
季市中心卫生院	江苏省示范乡镇卫生院	江苏省卫计委	2017-12
市总工会	推动厂务公开民主管理工作先进单位	江苏省总工会	2017-09

获奖单位	荣誉称号	颁发单位	授予时间
马桥镇经伦村卫生室	江苏省示范村卫生室	江苏省卫计委	2017-12
孤山镇新一村卫生室	江苏省示范村卫生室	江苏省卫计委	2017-12
季市镇宁界村卫生室	江苏省示范村卫生室	江苏省卫计委	2017-12
生祠镇七里村卫生室	江苏省示范村卫生室	江苏省卫计委	2017-12
东兴镇海镇村卫生室	江苏省示范村卫生室	江苏省卫计委	2017-12
城南办事处社区服务中心	江苏省基层医疗机构妇幼健康规范化门诊	江苏省卫计委	2017-12
城南办事处	农村电子商务示范镇	江苏省商务厅	2017-12
靖江电商创业中心	省级科技企业孵化器	江苏省科技厅	2017-12
城南办事处建新社区	江苏省民主法制示范村	江苏省司法厅	2017-12
城南办事处新江海社区	江苏省民主法制示范村	江苏省司法厅	2017-12
城南办事处火炬村	省级创业型社区(村)	江苏省人力资源和社区保障厅	2017-12
城南办事处合兴社区	省级创业型社区(村)	江苏省人力资源和社区保障厅	2017-12
城南办事处前进村	省级创业型社区(村)	江苏省人力资源和社区保障厅	2017-12
城南办事处工会劳动保护监督检查员片区服务站	全省“五星级”工会劳动保护服务站	江苏省总工会	2017-12
市司法局	2017年度全省司法行政系统新闻宣传工作先进集体	江苏省司法厅	2018-01
市科技知识产权局	2017年度知识产权工作成绩突出单位	江苏省科技厅、江苏省知识产权局	2018-01
市人武部	先进团级单位	江苏省军区	2018-01
市人武部	基层武装工作先进单位	江苏省军区	2018-02
市信访局	群众满意接访窗口	江苏省信访局	2018-02
市司法局	2017年全系统政务信息工作先进集体	江苏省司法厅	2018-03

获奖单位	荣誉称号	颁发单位	授予时间
市粮食局	全省粮食安全工作先进集体	江苏省粮食局、江苏省人社厅	2018-03
新桥镇	江苏省生态文明建设示范乡镇	江苏省环保厅	2018-03
新桥镇德胜村	江苏生态文明建设示范村	江苏省环保厅	2018-03
市司法局	2017 年度全省司法行政系统队伍建设创新成果评比三等奖	江苏省司法厅	2018-04

【泰州市委、市政府、军分区表彰的先进集体】

获奖单位	荣誉称号	颁发单位	授予时间
靖江市	泰州市科技创新工作目标考核先进市一等奖	泰州市委、市政府	2018-02
政府办	市长信箱人民来信办理工作先进单位	泰州市政府	2018-01
市信访局	十九大安保维稳集体三等功	泰州市委、市政府	2018-01
市安监局	十九大安保维稳工作先进集体	泰州市政府	2018-01
市安监局	2017 年度泰州市安全生产执法先进单位	泰州市政府	2018-02

·先进个人名录·

【全国先进个人】

姓　名	荣誉称号	颁发单位	授予时间
胡方斌	中国“仁心仁术”好医生	国家文明办、国家卫计委	2017-06
高　峰	全国卫生先进工作者	国家卫计委	2017-08
张状松	全国住房和城市建设系统先进工作者	人力资源社会保障部、住房城乡建设部	2017-12

【省级先进个人】

姓　名	荣誉称号	颁发单位	授予时间
陆海琪	优秀职工标兵	江苏省军区	2017-01
周洛阳	十佳基层士兵	武警江苏省消防总队	2017-02

姓　名	荣誉称号	颁发单位	授予时间
郑永刚	全省信访系统先进工作者	江苏省人社厅、江苏省信访局	2017-02
陈青松	江苏省第三届医德之星	江苏省委宣传部、江苏省文明办、江苏省卫计委	2017-03
吴金福	江苏省农技推广服务先进工作者	江苏省人社厅、江苏省农委	2017-04
刘晴楚	全省沿海发展工作先进个人	江苏省沿海地区发展领导小组办公室	2017-05
夏剑鑫	全省消防部队优秀团干部	武警江苏省消防总队	2017-05
周洛阳	全省消防部队优秀共产党员	中共武警江苏省消防总队委员会	2017-06
沈　佳	全省消防部队优秀党务工作者	中共武警江苏省消防总队委员会	2017-06
张志刚	江苏省优秀学生资助工作者典型	江苏省教育厅	2017-06
夏灵峰	江苏省关心下一代工作先进个人	江苏省文明办、江苏省关工委	2017-07
陆　焱	全省侨办系统先进工作者	江苏省人民政府侨务办公室	2017-07
周洛阳	第六届江苏省道德模范敬业奉献模范	江苏省文明委	2017-09
胡方斌	第六届江苏省道德模范敬业奉献模范	江苏省文明委	2017-09
梁文彬	嘉奖	武警江苏省消防总队	2017-09
魏　健	三等功	武警江苏省消防总队	2017-11
戴　兴	嘉奖	武警江苏省消防总队	2017-11
朱晓宇	嘉奖	武警江苏省消防总队	2017-11
朱　铮	嘉奖	武警江苏省消防总队	2017-11
梁文彬	嘉奖	武警江苏省消防总队	2017-11
彭　宇	嘉奖	武警江苏省消防总队	2017-11
曾　颖	嘉奖	武警江苏省消防总队	2017-11
赵彦忙	嘉奖	武警江苏省消防总队	2017-11
杨粤铭	嘉奖	武警江苏省消防总队	2017-11
杨黔江	嘉奖	武警江苏省消防总队	2017-11
赵佳豪	嘉奖	武警江苏省消防总队	2017-11
秦　佳	江苏省劳动人事争议调解员业务能手	江苏省人社厅、江苏省劳动仲裁委员会、江苏省总工会	2017-11
周洛阳	第五届“江苏最美警察”提名奖	江苏省公安厅、江苏省委宣传部等	2017-11

姓 名	荣誉称号	颁发单位	授予时间
田 华	全省司法行政系统首批专家型人才：法治宣传工作领域专家型人才	江苏省司法厅	2017–11
严 震	江苏省第十八届社会科学普及宣传周主题知识有奖竞答活动先进个人	江苏省社科联	2017–11
姚 烽	江苏省优秀老干部工作者	江苏省委组织部、江苏省委老干部局、江苏省人社厅	2017–12
顾鹏程	江苏省 2017 年基层康复技能竞赛总决赛个人二等奖	江苏省卫计委	2017–12
吴馨宇	第三届司法行政青年创客行动三等奖	江苏省司法厅	2017–12
李晓东	全省司法行政系统党的十九大安保维稳工作先进个人	江苏省司法厅	2017–12
徐丽丽	十九大消防安保工作先进个人	武警江苏省消防总队	2017–12
徐丽丽	2017 年度消防宣传工作先进个人	武警江苏省消防总队	2018–02
夏阳	江苏省军区基层武装工作先进个人	江苏省军区	2018–02
叶晓庆	新华报业传媒集团优秀管理先进个人	新华报业传媒集团	2018–02
韩彩霞	新华报业传媒集团优秀编辑	新华报业传媒集团	2018–02
宋亚楠	2017 全系统政务信息工作先进个人	江苏省司法厅	2018–03

【泰州市委、市政府、军分区表彰的先进个人】

姓 名	荣誉称号	颁发单位	授予时间
朱惠健	年度财经之星	泰州市委	2017–09
陈亚宏	泰州市党的十九大安保维稳工作先进个人	泰州市政府	2018–01
吴 可	党的十九大安保维稳个人嘉奖	泰州市委、市政府	2018–01
孙 昊	泰州市招商引资先进个人	泰州市委、市政府	2018–02
孔祥瑞	2017 年度泰州市安全生产先进个人	泰州市政府	2018–02
殷浩鹏	2017 年度泰州市安全生产先进个人	泰州市政府	2018–02
张玲玲	2017 年度泰州市安全生产先进个人	泰州市政府	2018–02
陈界平	2017 年度泰州市安全生产先进个人	泰州市政府	2018–02
陈 俊	2017 年度泰州市安全生产先进个人	泰州市政府	2018–02
朱建涛	2017 年度泰州市安全生产先进个人	泰州市政府	2018–02

重要文件摘要

中共靖江市委 靖江市人民政府 关于实施创新驱动发展战略 推进创新型城市建设的意见

靖发〔2017〕34号

一、总体要求

(一)指导思想

全面贯彻党的十九大精神,高擎习近平新时代中国特色社会主义思想伟大旗帜,以"五位一体"总体布局和"四个全面"战略布局为统领,紧紧抓住"一带一路"、长江经济带建设、长三角一体化等国家战略在靖江交汇叠加的重要战略机遇,积极对接苏南国家自主创新示范区,坚持以创新驱动战略实施为核心,以创新型城市建设为主线,以体制机制改革激发创新活力,着力培育战略性新兴产业、建设创新平台和载体、优化创新环境氛围,加快科技与产业、人才与企业、项目与资本的无缝对接,努力推动产业结构向中高端迈进,全面提升科技竞争力,形成具有靖江产业特色的创新发展模式,为实现"创新绿色融合"发展、建设全面小康美好靖江提供强劲科技支撑。

(二)基本原则

坚持服务发展。充分发挥科技创新对经济社会发展的支撑引领作用,加快区域经济增长方式的转变,推动科技成果转化为现实生产力,实现经济结构战略性调整和可持续发展,大幅度提高科技实力、经济实力以及综合竞争力。

坚持协同创新。以改革驱动创新,充分发挥高校院所等创新资源优势,强化创新成果同产业对接、创新项目同现实生产力对接,释放科技创新潜能,打造创新驱动发展新引擎。

坚持企业主体。以增强战略

产业和重点领域创新能力为重点，建立以企业为主体、市场为导向、产学研结合的技术创新体系，培育一批具有自主知识产权、持续创新能力强的创新型企业。

坚持人才优先。始终把人才作为创新的第一资源，加强科技人才的引进和培育，强化激励机制，优化发展环境，汇集一批高水平创新型人才、高层次创新型企业家，为加快科技创新发展提供智力支撑。

（三）主要目标

第一步，到2020年，创新型城市建设取得重要进展。全市重点领域自主创新能力和技术水平明显提升，创新型企业和创新型人才持续涌现，基本形成以创新为主要引领和支撑的经济体系和发展模式。

——自主创新能力不断增强。到2020年，万人发明专利拥有量达18件以上，每万人口拥有研发人员数120人以上，全社会R&D经费投入占GDP比重达2.6%以上，科技进步贡献率进一步提升。

——经济发展质态不断提升。到2020年，高新技术产业产值占规模以上工业总产值比重提高到50%以上，新兴产业增加值年均增长15%以上。

——创新型企业规模不断壮大。到2020年，全市高新技术企业达200家以上，全市大中型工业企业和规模以上高新技术企业研发机构建有率达95%以上，培育创新型领军企业3家以上。

——科技创新资源不断集聚。到2020年，新增产学研合作项目200项以上，与高校、科研院所共建产学研联合体50家以上，实施国际科技合作项目10项以上。省级以上科技企业孵化器达5个以上，每年新增孵化企业50家以上。

——创新体系效能不断提高。到2020年，科技服务业规模达10亿元以上，创业投资管理资金规模达5亿元以上，科技税收减免额达2亿元以上，省级以上高新区建设取得突破，省级以上科技创新载体达100个以上。

第二步，到2035年，跻身创新型城市先进行列。创新体系更加完善，创新要素更加集聚，创新制度更加健全，形成一批具有区域影响力和主导地位的创新型领军企业，建成国内县域科技创新示范区。

——科技与经济深度融合。建成开放型区域创新体系，形成适应创新驱动发展要求的体制机制，经济社会和科技创新协同发展，区域创新布局不断优化，创新活力显著增强，创新效率和效益达国内领先水平。

——产业迈向中高端水平。以科技创新引领新产业、新技术、新业态、新模式，集聚一批高端科技人才，攻克一批关键核心技术，建成一批重大产业技术创新平台，成为国内重要的制造中心和创新中心。

——创新层次向领跑迈进。进军科研高端前沿领域，一些关键节点技术创新水平达国际先进行列，全社会R&D经费投入占GDP比重达3%以上，实现从“跟跑并跑”向“并跑领跑”的重大跨越。

第三步，到2050年，成为具有国际竞争力的创新型城市。科技创新对社会事业发展的支撑引领作用突出，创新成为经济社会发展的核心资源，一大批位居世界前沿的产业创新成果和机构争相涌现，社会创新环境进一步优化，为国家建成世界主要科学中心和创新高地做出应有贡献。

二、重点任务

（一）聚焦重点关键领域，推进产业持续创新

1. 实施关键技术攻关工程。结合我市产业基础和未来发展需求，加大对前沿性、公益性、战略性和关键技术研究部署，以创新驱动、高端制造、绿色制造推动产业向中高端迈进。加大高新技术、先进适用技术的研发和应用推广力度，推动工业发展动力向创新驱动转变。加快运用信息技术改造提升现有产业，推动智能制造装备研发应用，重点发展精密和智能仪器仪表与试验设备、自动控制系统等产品，打造数字化车间、智能车间。加强节能环保技术、工艺、装备推广应用，打造能源梯度利用、资源接续利用、废弃物循环利用的新型工业产业链条。

2. 实施新兴产业发展行动。高端装备制造业：重点发展智能制造装备、高技术船舶及海洋工程装备、化工成套装备、核电配套装备、先进农业机械装备、先进轨道交通装备等。新材料产业：积极推进稀土材料、纳米材料、碳纤维等高性能复合性、功能性材料的开发及应用。节能环保产业：加快突破污染防治设备、节能产品、中央空调等方面核心装备。电子信息产业：着力推进大数据、云计算、物联网、工业互联网等新一代信息技术应用。健康产业：发展功能性保健食品、医疗器械、健身器械等重点领域，形成在国内具有一定影响力的产业基地。

3. 实施传统产业提升行动。船舶产业：瞄准高技术船舶方向，

推进产品转型绿色化、生产制造数字化、军民融合深度化。汽配产业:优化产品结构,推动零部件向总成件延伸、硬件向软件延伸、普通件向核心件延伸、商用车配套向乘用车延伸、传统汽车向节能与新能源汽车延伸、国内品牌向国际品牌延伸。机械装备产业:加强液压部件、传动部件、智能控制系统、配套动力系统等领域关键技术攻关,全面提升工程机械、泵阀、压力容器、通用零部件等行业的综合竞争力。电机电器产业:重点发展超高效电机、稀土永磁电机、伺服电机、新能源汽车驱动电机、智能家用微特电机等产品,推动整机企业和配套企业协同发展。

(二)培育壮大创新主体,完善创新发展机制

4. 实施创新型企业培育工程。定向培育、分类扶持,打造以创新型领军企业、科技上市企业、高新技术企业和科技型中小企业为骨干的"金字塔"式创新型企业成长梯队。大力培育科技型中小企业,加大对种子期、初创期中小微企业技术创新活动的服务支撑力度。加快培育高新技术企业,设立高新技术企业培育奖补资金。实施科技企业上市培育计划,为拟上市科技企业开辟绿色通道。实施创新型领军企业培育行动计划,打造国内领先的科技领航大企业、大集团。到2020年,全市高新技术企业达200家以上,培育创新型领军企业3家以上。

5. 深化产学研协同创新。深入推进"企业院校行""技术专家巡诊"和"离岸孵化"工作,分行业、分专业、常态化开展政产学研活动。充分发挥中科院合作联盟品牌效应和科技镇长团、科技副总的桥梁纽带作用,开展面广量大、形式多样的产学研合作。深化与国内重点高校院所、中科院的全面科技合作,每年开展5次以上专业性科技人才交流活动,建立紧密的政产学研联盟,形成具有示范作用的产学研长效合作新模式。到2020年,组织实施重大科技创新与产业化项目10项以上。

6. 推进国际高科技合作。充分发挥卡内基梅隆大学、德希尼布FMC等境外合作资源优势,扩大科技合作范围,吸引更多高科技项目、高层次人才扎根靖江。积极争取国内外著名高校院所、科技服务机构在靖江设立研发分支机构和成果转化分中心,筹建"千人计划"研究院、院士工作室等高端研发机构,促进科技成果优先在我市落地转化。拓展"跨境孵化+产业协同"合作网络,鼓励企业高位嫁接,通过新办、收购、并购等形式在境外设立研发机构,提升企业国际竞争力。到2020年,组织实施国际科技合作项目10个以上。

(三)加强创新载体建设,增强创新支撑能力

7. 实施科技创新载体建设工程。围绕"一企一校一平台"的目标,支持企业与高校院所联合建立各类研发机构和成果转化基地。实施企业研发机构提质行动,以大中型工业企业为重点,鼓励企业建设国家、省级工程技术研究中心、工程中心、技术中心、重点实验室、工程实验室等高水平研发机构。持续招引大院大所,重点建设模具CAD国家工程研究中心华达分中心、"新型潜油直线电机抽油系统"试验中心等。围绕产业链布局创新链,重点组建空调、模具、汽配等行业协会和电机产业联盟,紧扣转型需求,攻克共性难题。到2020年,大中型工业企业和规模以上高新技术企业研发机构建有率达95%以上,有效建有率达到90%以上。

8. 实施创新服务平台建设工程。整合我市主导产业和特色产业创新优势,与权威科研机构共建一批服务水平高、辐射带动能力强的区域性公共服务平台。重点建设江苏省机器人智能制造焊接技术公共服务平台、泰州市泵阀科技公共服务平台,加强产业共性技术研究及其服务。完善中科院理化所、金属所靖江技术转移中心等技术转移服务平台,加快科技成果向我市转移转化。重点建设Intertek靖江检品中心、国家空调设备质量监督检验中心靖江工作站等平台,积极发展面向设计开发、生产制造、售后服务全过程的检验检测认证服务。

9. 支持行业产业技术研究院建设。以市产业技术研究院为依托,围绕新兴产业布局一批行业产业技术研究院,由行业骨干企业牵头组建,探索发展管投分离、市场化运行、企业化管理、理事会监督的创新创业新模式。面向我市特种合金材料及装备产业,建设上海材料研究所靖江先进材料技术研究院。充分发挥现有汽车零部件和机电装备产业基础,建设同济大学智能新能源汽车研究院。立足我市环保产业基础,建设中科院微生物所江苏新南洋资源与环境研究院、日本群马大学靖江土壤修复技术研究院。

(四)优化区域创新布局,提升创新发展水平

10. 推动科技园区创新发

展。重点支持国家火炬计划微特电机及控制、新技术船舶、专利产业化(沿江产业)等国家级特色产业基地、省级核电装备科技产业园、省船舶智能制造产业产学研协同创新基地等创新型产业集群建设,加快船舶配套科技产业园、中科院理化所产业园等科技产业园发展,打造全市战略性新兴产业和特色产业重要基地。引导靖江经济技术开发区向创新型园区转型,坚持高端发展的战略取向,将城北园区打造成省级高新区,不断提升产业创新集聚水平。

11. 完善全市科技孵化器体系。挖掘国家级科技企业孵化器资源潜力,鼓励、扶持开发区和各镇(街道、园区、办事处)开展各具特色的专业孵化器创建工作,支持有条件的重点园区争创国家级科技企业孵化器。充分利用科技产业园、科技创业园、企业孵化器、商贸企业集聚区、闲置厂房等现有条件,通过市场化方式构建一批创新与创业相结合、孵化与投资相结合的众创空间,打造经济发展新引擎。到2020年,全市众创空间达20家以上,省级以上科技企业孵化器达5个以上,孵化面积达20万平方米以上。

12. 构建离岸孵化基地网络。依托与高校系统、中科院系统、国防科工系统的传统产学研合作,拓宽科技合作范围,在上海电器科学研究院等高校院所挂牌一批离岸孵化基地。结合自身产业发展特色,依托国内优质孵化器,合作一批离岸孵化基地;聚焦国际创新集聚区,驻点一批离岸孵化基地;选择国内外相关联的产业集聚区,自建一批离岸孵化基地。围绕已建的离岸孵化基地,加快孵化项目实施、培育、转化、产业化,推进一批项目实现异地转化和落地产业化。

13. 完善基层科技创新体系。整合优化全市创新创业资源,推动科技创新资源向基层集聚,进一步发挥基层创新主体作用,构建多层次、多元化的创新创业格局。充分利用开发区、各镇(街道、园区、办事处)科技创新优势和产业空间资源,加快推动创新型乡镇和科技小镇建设,发展高新技术产业和特色产业,提升产业创新能力和区域综合竞争力。依托科技创新推动社会建设,调动全社会优势资源搭建科技支撑体系,提高社会建设和城市精细化管理水平,推动科技成果惠及民生。

(五)实施知识产权战略,激发创新创造活力

14. 提升知识产权创造水平。以国家知识产权强县工程试点县建设为契机,实施专利质量提升工程,大力推进知识产权强市建设。强化支持专利申报的政策引导,加大对授权专利的奖励力度,对当年度进入实审的发明专利以及各类授权专利给予资助奖励,鼓励企事业单位引进高价值专利,积极维护自主知识产权。支持企业加强知识产权创造,构建以企业为主体的知识产权创造体系,鼓励企业知识产权工程师全程参与创新活动,促进高质量专利产出。到2020年,全市万人发明专利拥有量达18件以上。

15. 增强知识产权保护能力。全面加强执法维权体系建设,强化知识产权行政执法机构和队伍建设,优化行政执法资源配置,健全知识产权执法机制。以侵权案件高发地、制造业集中地、专业市场、互联网为重点开展执法,严厉打击侵权假冒违法行为。建立知识产权侵权违法档案,将假冒专利、假冒商标、侵权盗版等不良信息纳入企业或个人诚信系统。开展知识产权维权援助工作,建立健全多元化知识产权纠纷解决机制。

16. 推进知识产权管理应用。以创新型领军企业、科技型上市企业、高新技术企业为重点,大力推行企业知识产权管理规范国家标准,引导企业建立健全知识产权管理制度。建设知识产权公共服务平台,在重点产业领域开展专利分析和咨询工作,推动知识产权信息传播利用和共享,满足不同层次的知识产权信息需求。围绕特色优势产业和支柱产业,加快培育知识产权密集型产业,建设主导产业专题专利数据库,推进专利信息在各特色产业基地、创新孵化器和科技创业园的传播利用。完善知识产权质押融资管理办法,引导各类商业银行开展知识产权质押融资业务。

(六)打造创新人才高地,形成创新发展优势

17. 建立健全更具竞争优势的人才引进机制。聚焦我市重点产业、重点企业和重要领域,挖掘发现一批产业发展最前沿、科技创新最核心的领军人才,鼓励世界一流顶尖人才(团队),带技术、带项目、带资金创新创业。立足经济社会发展实际需求,大力引进先进制造业、现代服务业等领域紧缺急需的各类专业人才,支持产业紧缺人才在靖江设立机构、出资创办企业或由本地机构引进合伙创业。深入对接省“外专百人计划”“十大领域海内

外引才行动计划”,加强海智工作基地、海外引才工作站等引才平台建设,吸引掌握国际先进专业技术、管理经验的外国专家和海外留学人员来靖发展。

18. 建立更加务实管用的人才培养机制。深入推进企业经营管理人才培育工程,重点面向科技企业家、新生代接班人和高级经营管理人才三类对象,开展境内外培训、学习考察、座谈交流等活动,帮助提升企业管理人才引领产业发展的能力。强化高技能人才实用技能培训,定期评选“靖江工匠”“技能大师工作室”,加快培养一支与产业体系相匹配的高技能人才队伍。积极发掘和培养各领域能工巧匠、民间艺人等乡土人才,充分发挥乡土人才“带领技艺传承、带强产业发展、带动群众致富”的作用。紧扣青年人才成长规律,加大支持扶持力度,加快培养造就一大批创新创业青年人才。

19. 建立更为高效有力的人才激励机制。加大人才激励力度,鼓励企事业单位通过股权、期权、分红等激励方式吸引人才,充分调动科研人员创新积极性。创新编制岗位管理办法,探索推进聘用制、先挂后任等做法,促进人才资源有效配置。建立个人素质、紧缺指数和薪酬水平“三位一体”人才评价体系,推动人才评价去行政化。完善人才生活服务保障,加大人才公寓建设力度,优化人才购房券实施细则,升级“马洲英才卡”服务功能,着力解决人才的后顾之忧。

(七)促进科技金融结合,强化创新支持力度

20. 设立产业投资基金。设立靖江市产业投资基金,联合其他社会资本设立包括高投新兴产业投资基金、精密制造产业基金等子基金,推动我市优势和主导产业发展。构建以离岸孵化风险投资、融资担保、贷款风险补偿基金和成果奖励资金为重点的资金保障体系,形成金融服务支撑离岸孵化的集成效应。设立创业投资引导基金,通过阶段性参股,与科技型企业孵化器、众创空间、园区等共同合作,为我市初创期科技型企业提供天使投资。拓宽创业投资资金来源,吸引境内外股权投资基金、社保基金、保险公司等投资机构开展创业投资业务。

21. 推进科技型企业直接融资。实施科技型企业上市培育计划。按照“储备一批、改制一批、上市挂牌一批”的思路,集成各类科技计划,加大对科技型企业上市挂牌的支持力度,着力推动具有自主知识产权、市场前景好的高成长性科技型中小企业完成股份制改造并加快上市挂牌。对拟上市科技型企业,在高新技术企业认定、企业研发中心建设、科技项目立项、知识产权服务等方面给予重点支持。支持符合条件的科技型企业发行绿色债、项目收益债、私募债等创新型债务融资工具,进一步扩大科技型企业直接债务融资规模。

22. 优化科技型企业信贷服务。落实“苏科贷”“科技贷”科技金融政策,推动“惠科融”金融产品推广应用,动态管理金融支持科技企业名录,畅通科技企业融资租赁渠道,优化科技型企业融资服务机制。支持设立和引进服务科技型企业的各类专营金融机构,实行专门的科技信贷管理与考核机制。鼓励银行机构设立科技支行,为科技型企业提供专业化服务;支持龙头企业发起设立科技小额贷款公司。推动银行机构基于科技型企业成长周期前移金融服务,创新投贷联动等金融产品,为种子期、初创期、成长期的科技型企业提供资金支持。

(八)深化科技体制改革,优化创新资源配置

23. 改革科技创新管理机制。围绕“经济、科技、人才”三位一体,健全部门间科技投入、资源配置和重大项目等重点工作会商机制,构建统筹协调、职责清晰、科学规范、公开透明、监管有力的科研项目和资金管理机制。强化科技项目管理平台的综合应用,探索创新调查和科技报告制度,实现科技综合信息互联互通。健全科技活动监督管理制度,试行重大项目经费审核评估和预决算公开,建立逐级考核问责机制和责任倒查制度。

24. 完善科技成果转化机制。建立科技成果转化项目库,主动加大科技型项目收集力度,瞄准具有创新性、成长性的“潜力股”,在更大范围、更广领域拼抢世界前沿技术成果和特色产业项目。结合我市制造业基础和创新优势,在智能制造、增材制造、信息技术、新材料等领域打通科技成果转移转化链条,推进一批重大成果转化实施。建立技术创新市场导向机制和成果转化激励机制,营造良好的成果转化环境,激励更多优质科技成果到靖江转化。

25. 优化科技创新服务机制。大力发展科技服务业,实施创新服务平台建设工程,促进创新链、产业链和服务链深度融合,全面提升研发设计、创业孵化、技术转移、科技金融、知识产权、科技咨询、技术标准、检验检测认

证、科学技术普及等科技服务业态发展水平。大力弘扬“店小二”精神，推动科技干部下沉、创新资源下沉、服务重心下沉，不断放大“科技管家”服务行动的品牌效应，为企业提供针对性服务，促进企业跨越式发展，加快实现强化创新服务支撑、化解企业发展难题、提升区域创新能力的目标。

三、保障措施

（一）建立健全科技创新领导机制

成立市创新驱动发展工作领导小组，完善部门沟通协调和工作联动机制，凝聚各方智慧力量，合力推进科技创新。各有关部门要牢固树立全局观念，紧密结合自身实际，围绕科技创新工作要求，加强协调配合，提高行政效能。各镇（街道、园区、办事处）党委、政府要把科技创新摆上重中之重的位置，按照规划总体部署要求，建立工作责任制，明确发展目标和任务措施，确保规划落实到位。加强监督考核，研究制定科技创新指标体系和评价办法，并将评价结果纳入地方党政领导干部考核范围。

（二）切实完善科技创新投入体系

强化政府对科技创新投入的引导作用，建立财政科技投入稳定增长机制，确保各级财政科技投入优先安排、持续增长。以普惠性政策引导企业增加科技投入，更多运用财政后补助、间接投入等方式，支持企业创新活动，使企业成为创新投入的主体。鼓励社会资金投入创新研发，完善资本市场支持创新的体制机制，形成全社会、多层次、多渠道的科技投入体系。健全优先使用创新产品的采购政策，促进创新产品的研发和规模化应用。

（三）着力推进科技创新政策落实

进一步健全科技创新政策体系，加强与国家、省、泰州市科技创新政策的衔接，推动科技创新与经济、社会等方面的政策、规划和改革举措的统筹协调。用足用好各类鼓励科技创新的政策举措，落实各项科技税收优惠政策，建立科技、财税等部门定期会商制度，优化操作流程，切实做到应免尽免、应减则减。加大创新政策宣传培训力度，开展业务辅导，全面落实高新技术企业所得税优惠、企业技术开发费用税前加计扣除等政策。

（四）积极营造创新创业环境氛围

大力营造尊重知识、崇尚创新的浓厚氛围，积极倡导敢为人先、勇于冒尖的创新自信，使创新成为全社会的主流价值导向。深入实施全民科学素质行动计划，加强科学普及工作，广泛开展群众性科技创新活动，夯实推动创新发展的社会基础。强化创新的法治保障，培育公平、开放、透明的市场环境，健全激励创新的体制机制，营造良好的创新生态，增强各类市场主体的创新动力，推动大众创业、万众创新。加强对重大科技成果、典型创新人物、创新型企业的表彰和宣传，树立创新典型，努力营造有利于创新创业的良好舆论氛围。

市政府关于印发靖江市小微企业“助升计划”实施意见的通知

靖政发〔2017〕74号

一、总体要求

深入贯彻“大众创业、万众创新”的决策部署和“以港兴市、产业强市”的发展理念，发挥小微企业在深化改革、搞活经济、保障民生、扩大就业等方面的重要作用，通过实施小微企业“助升计划”，推动小微企业由“低、散、弱”向“高、精、优”迈进。构建有利于小微企业成长升级的有效工作机制和平台，着力化解制约小微企业发展的瓶颈和难题，优化小微企业成长环境，助推小微企业转型升级、加快发展、做大做强，为打造靖江经济的“升级版”和实现“率先领先争先”奋斗目标做出新的贡献。

二、培育目标

以“五大发展理念”为指导，以提升小微企业发展质量和效益为中心，以现有年主营业务收入1000万~2000万元规模的小微企业为重点，实施分类指导服务，积极助推一批、帮扶一批、培育一批，将具有发展活力、增长潜力、竞争实力的小微企业培育成为规模企业，每年净增规模以上企业30家左右，至2020年，全市规模以上企业达600家以上，为下一个五年计划的实施打下坚实基础。

三、具体措施

（一）摸清底数、建库培育。各镇（街道、园区、办事处）要结合年度“助升计划”任务，按照突出重点、分层分类、梯度培育的原则，在充分调研分析的基础上，筛选一批产品有市场、技术有含量、成长有保障的小微企业，建立小微企业培育库（“助升计划”目标分解见附件）。培育库按培育目标企业数的1.5倍设立，实行年度动态更新、一年一报一公示。（责任单位：市经信委，各镇、街道、园区、办事处）

（二）明确目标、完善制度。各镇（街道、园区、办事处）要针对每个小微企业成长进规模过程中的重点和难点，帮助策划制定企业发展战略和经营计划，明确发展目标；采用挂钩帮扶、服务包保、集中和个别辅导相结合等方式，帮助小微企业梳理管理架构、业务流程、管理制度、管理标准等，提出完善小微企业的管理建议；协同专家为企业制定产品销售、市场推广、客户服务等方案，组织“助升计划”企业参加由政府组织的各种会展，拓展企业销售渠道。依托法律服务机构为企业提供法律咨询。（责任单位：市经信委，各镇、街道、园区、办事处）

（三）人才引进和创新。在市人社局和相关人力资源机构的支持下，帮助“助升计划”企业每年引进技术、营销、管理骨干人才、高技能员工；通过对企业技术人员进行辅导和培训，建立产品开发体系，解决技术难题，为小微企业申报专利牵线搭桥，建立产学研合作关系；免费提供“商务智能软件包”，推动企业开展电子商务。对企业的个性化要求，选择合适的信息化机构进行辅导，对接策划企业信息化工作方案。（责任单位：市人社局、科技局、商务局、经信委，各镇、街道、园区、办事处）

（四）学习培训和交流。依托培育单位和培训（基地）机构，组织开展企业家队伍建设培训，优先推荐参加省、泰州市和中小企业服务中心举办的各种高层次免费培训；采用集中或者“拼盘”的方法，优先推荐“助升计划”企业参加中层营销、技术、管理、财务人员和员工技能的培训；组织“讲师团”“咨询顾问”深入企业开展内训和互相学习观摩等交流活动。（责任单位：市经信委、人社局，各镇、街道、园区、办事处）

（五）融资支持。依托财务、税务、审计、会计等咨询服务机构，帮助企业完善财务管理和会计核算体系，助力企业顺利实现融资。鼓励和引导商业银行、担保公司为“助升计划”企业提供创新金融产品和服务。政府转贷资金优先为“助升计划”企业提供转贷支持。（责任单位：市经信委、金融办、人行，各相关金融机构）

（六）加大社会化服务体系建设。发挥中小企业服务中心在政府、服务机构、企业间的桥梁与纽带作用，按照“政策引导、资源整合、解决瓶颈”的思路，积极整合社会资源，与入库培育企业有效对接，为“助升计划”企业提供便捷、高效、价廉的社会化服务。完善中小企业公共服务平台网络功能，提供“一键应答、全网联动、全程追溯”的智慧服务，引导服务机构对入库企业降低收费标准，实行服务业绩效考核，创建企业“服务券”制度，对优秀服务机构实施奖补。（责任单位：市经信委、财政局）

（七）加大政策扶持。进一步落实国务院和省政府扶持小微企业发展税费及企业降本减负增效的优惠政策，对首次工业开票销售达到2000万元且新进规模的企业，奖励3万元。同时，当年每净增1家规模以上工业企业，对所在镇（街道、园区、办事处）奖励2万元，用于企业培育工作。未完成净增规模以上企业数年度计划数的镇（街道、园区、办事处）不予奖励。（责任单位：市国税局、地税局、经信委、统计局）

（八）开展入库企业监测活动。建立“助升计划”企业月报制度，各镇（街道、园区、办事处）要积极做好培育企业的入库培育、数据报送、指导服务和动态监测工作，并加强与统计、国税、地税等部门的沟通协调，确保将新进规模的企业及时纳入统计范围。（责任单位：市经信委及相关部门）

（九）加强工作考核。各镇（街道、园区、办事处）要搭建专门班子，推进区域内小微企业“助升计划”相关工作，研究制订实施方案和配套措施。加大考核力度，提高全市工业经济考评中“净增规模以上企业数”分值至12分。市各有关部门要加强协调联动，落实相应责任，为入库企业提供各类政策扶持，积极助推小微企业成长。

附件

2017—2020年各镇、开发区（街道、园区、办事处）小微企业助升计划表

单位：个

单位名称	2016年规模企业数	2020年规模企业目标数	每年培育库企业（1000万元以上）	每年重点进规企业（1500万元以上）
全市	486	600	62	32
开发区	280	359	40	20
开发区本部（斜桥镇）	46	73	14	8
其中：1. 开发区经发局	21	41	10	6
2. 斜桥镇	25	32	4	2
城南园区（城南办事处）	86	102	8	4
城北园区（孤山镇）	74	92	9	4
新桥园区（新桥镇）	74	92	9	4
江阴—靖江工业园区	16	16	—	—
江阴—靖江工业园区办事处	8	8	—	—
镇域	182	217	20	10
靖城街道	48	55	4	2
东兴	19	30	4	2
西来	33	39	4	2
季市	23	32	4	2
生祠	29	31	3	2
马桥	27	30	3	2
滨江新区	3	—	—	—

市政府办公室关于印发靖江市特色小镇培育政策的通知

靖政办发〔2017〕81号

一、用地保障

1. 规划空间支持。支持特色小镇编制专项规划,推进"多规合一"。统筹特色小镇土地利用总体规划、城镇总体规划、控制性规划等,实现资源的合理配置、有效利用。按照节约集约用地要求,对规划确定的小镇各类建设项目用地规划空间作出安排,确保小镇建设必要的建设用地空间。(牵头单位:市国土资源局、规划局;责任单位:生祠镇、孤山镇)

2. 用地政策支持。支持特色小镇产业发展,特色小镇建设要按照节约集约用地的要求,充分利用存量建设用地;在安排年度新增建设用地计划指标时,优先保障特色小镇基础设施、产业发展项目用地需求;指导特色小镇开展建设用地布局优化,充分利用城乡建设用地增减挂钩政策,解决部分用地计划指标。(牵头单位:市国土资源局)

二、财政奖补

3. 特色小镇列入泰州市级特色小镇培育名单后,规划空间范围内主导产业新增财政收入上交市财政部分,前3年全额返还、后2年返还一半给镇财政。(牵头单位:市财政局)

4. 统筹上级各类激励奖补政策,加大对特色小镇基础设施和公共服务配套建设投入的支持力度。(牵头单位:市财政局;责任单位:市住建局、科技知识产权局、水利局、环保局、交通运输局)

5. 对特色小镇内的众创空间予以补助;对特色小镇内为服务特色产业而新设立的省级科技公共服务平台、泰州市级科技公共服务平台,分别一次性给予50万元、20万元资助。(牵头单位:市财政局;责任单位:市人社局、经信委、科技知识产权局)

6. 对新设立企业,最高第一、二年给予年房租额100%的房租补助或减免,第三、四、五年给予年房租额50%的房租补助或减免。(牵头单位:市财政局)

三、金融服务

7. 设立特色小镇产业投资基金,发挥财政资金杠杆放大效应,引导和带动社会资本参与特色小镇产业调整升级。加强银行机构与政府、社会资本合作项目(PPP)的融资对接,积极支持特色小镇运用PPP模式开展项目建设。(牵头单位:市财政局;责任单位:生祠镇、美丽乡村公司)

8. 引导银行机构针对特色小镇主导产业的发展特点,按照"分类服务、一镇一策"的原则,精准对接小镇特色产业的金融需求,助推特色小镇产业集聚、产业创新和产业升级。鼓励有条件的银行机构针对特色小镇的特色产业,开发专项金融产品,提供产业链融资服务。充分发挥人民银行应收账款融资服务平台功能,围绕产业链中的核心企业,通过应收账款质押、核心企业担保、票据融资、保理等方式,为小镇产业链上下游的企业提供批量授信和融资支持。(牵头单位:市金融办、人行;责任单位:市各金融机构)

9. 引导银行机构在特色小镇优先发展商标、专利、知识产权质押融资等产品,助推特色小镇产业化。鼓励银行机构尝试开发商铺经营租赁权质押、门票收费权质押贷款等业务,灵活有效满足特色街区商户经营、住房按揭等需求。引导银行机构进一步完善创业担保贷款政策,简化贷款发放手续,落实贷款贴息和风险补偿政策,加大对特色小镇创业者、众创空间的信贷支持。(牵头单位:市金融办、人行;责任单位:市各金融机构)

10. 探索特色小镇投贷联动业务,以"股权+债权"模式对特色小镇项目提供有效资金。鼓励银行机构与创业投资、风险投资、天使投资等开展合作,以适当方式分享特色小镇内初创期企业的股权或期权,引导社会资金参与企业股权融资。推动银行机构加强与股权投资机构的交流合作，通过分享投融资项目、共同开展调查等方式，协同发挥各自优势，实现投贷联动。（牵头单位：市金融办、人行；责任单位：市各金融机构）

四、运营保障

11. 全程电子化登记。加快推进工商登记全程电子化，提供涵盖网上申请、网上受理、网上审核等功能的一条龙在线服务，以新的服务模式推动特色小镇发展。（牵头单位：市市场监管局）

12. 设立市场监管服务室。市市场监管局派驻工作人员提供企业名称预先核准、企业登记、品牌培育、消费投诉处理等业务受理、咨询和指导，为入驻企业提供有针对性的、更加便捷的政务服务。（牵头单位：市市场监管局）

13. 加快推进“五证合一”登记制度。对入驻企业全面实行“五证合一”登记制度，由市市场监管局统一收件，与国税、地税、人社、统计等部门并联审批，核发加载统一社会信用代码的营业执照。（牵头单位：市市场监管局）

14. 实行集群化住所登记。入驻企业可以利用特色小镇管理机构提供的集中办公场所作为住所，凭各镇（街道、园区、办事处）出具的证明办理工商登记，实行“一址多照、一照多址”，不设上限。（牵头单位：市市场监管局；责任单位：各镇、街道、园区、办事处）

15. 大力发展商务秘书企业。为降低入驻企业的创业成本，针对特色小镇内创业群体的需求，支持特色小镇发展商务秘书企业，为电子商务、软件研发、创意设计、文案策划等企业（个体户）提供住所托管、代理企业登记、代理记账、代理收递法律文件等服务。商务秘书企业托管的企业达50户以上、个体户达200户以上，并办理社保、依法纳税的，按其托管的企业数给予5万～100万元一次性补贴。（牵头单位：市市场监管局）

16. 加强知识产权保护力度。加大对侵犯入驻企业的注册商标、企业名称、商业秘密等违法行为的查处力度，有效保护创业创新的积极性，维护公平竞争的市场秩序。（牵头单位：市科技知识产权局）

五、文旅支持

17. 支持特色小镇历史文化资源的保护传承利用。加强特色小镇区域内文物资源的调查、挖掘和保护，通过文物建筑、传统村落等的保护修缮和展示利用，鼓励和扶持生祠苑艺小镇的规划发展，进一步加强历史文化与苑艺基地的结合，大力弘扬岳飞忠义精神、刘国钧先生士弘毅、敢争先的靖江品格，彰显文化特色，优化人文环境。（牵头单位：市文广新局；责任单位：市旅游局，各镇、街道、园区、办事处）

18. 配合特色小镇提供具有地域特色的公共文化服务。支持多渠道投资特色小镇图书分馆、文化馆分馆、大剧院、文化中心等相关公共文化设施建设，采取政府购买服务等多种方式加强公共文化产品供给，在特色小镇开展更具特色的公共文化服务。（牵头单位：市文广新局；责任单位：市旅游局，各镇、街道、园区、办事处）

19. 支持特色小镇文化旅游融合发展。强化特色小镇文化、旅游、产业功能融合，以文化资源为内涵，以产业资源为引导，以旅游业态为载体，深入挖掘镇、村历史人文底蕴，发扬历史传统文化，打造良好的生态环境特色，提供优美的旅游环境，形成文化旅游新品牌。（牵头单位：市旅游局；责任单位：市文广新局，各镇、街道、园区、办事处）

20. 鼓励支持文旅企业进驻特色小镇。打造文旅众创空间，开发建设文旅创客综合体，投资开发文旅创客景区、创客街区、创客公寓。以文化创意推动特色小镇旅游产业提升发展，重点开发具有地域特色、民族风情、文化品位的旅游商品、纪念品和文化创意体验产品。（牵头单位：市旅游局；责任单位：市文广新局，各镇、街道、园区、办事处）

六、人才服务

21. 对特色小镇发展引进的各类紧缺急需人才，给予工作、生活等方面的关爱支持。对来特色小镇创业就业的硕士研究生以上学历学位或副高以上职称人员，根据人才不同层级，提供3年免费人才公寓或5万～10万元租房补贴，在靖江定居购房者发放6万～100万元“购房券”，3年内给予每月800～5000元生活补贴。对首次到我市企业就业并缴纳社会保险的急缺急需专业全日制普通高校本科毕业生，发放3万～5万元“购房券”和3年内每月300～500元的生活补贴。（牵头单位：市委组织部；责任单位：市财政局）

22. 以提高特色小镇人才创新能力和专业技能为核心，加大各类人才培养支持力度。支持特色小镇企业与高校院所建立多元化、深层次、紧密型战略合作关系，深化人才创新载体建设。对新认定为国家级、省级工程技术研究中心、企业技术中心、工程

中心的企业，当年分别奖励50万元、20万元。(牵头单位：市委组织部；责任单位：市科技知识产权局)

23. 加大特色小镇人才服务力度，营造人才发展良好氛围。对高校院所或本市企业在特色小镇内设立人才公共服务机构的，给予5万元一次性资助，3年内免费提供50平方米以内的办公用房。对入驻特色小镇设立地区总部的知名人力资源服务机构，全球前50强的给予20万元一次性资助，大中华区前100强的给予5万元一次性资助，3年内免费提供100平方米以内的办公用房。(牵头单位：市委组织部；责任单位：市财政局)

重要文件索引

市委文件

文　号	文　件　题　名	发文日期
靖发〔2017〕11号	关于印发《靖江市深化供销合作社综合改革实施方案》的通知	2017-03-24
靖发〔2017〕14号	关于实施法治宣传教育“五聚五高两惠及”行动计划的意见	2017-04-01
靖发〔2017〕15号	关于印发靖江市“两减六治三提升”专项行动实施方案的通知	2017-03-30
靖发〔2017〕19号	关于印发《靖江市2017年全面深化改革工作要点》的通知	2017-05-08
靖发〔2017〕22号	关于印发《全市深化行政审批制度改革加快简政放权激发市场活力重点任务分解方案》的通知	2017-06-06
靖发〔2017〕23号	关于在全市开展党组织和党员干部结对帮扶城乡贫困户活动的通知	2017-06-23
靖发〔2017〕24号	关于大力发展全域旅游的实施意见	2017-08-02
靖发〔2017〕30号	关于进一步加强全市基层专职人民武装干部队伍建设的意见	2017-11-08
靖发〔2017〕31号	关于认真学习宣传贯彻党的十九大精神的通知	2017-11-10
靖发〔2017〕33号	印发《关于推进全面从严治党建设“廉洁乡村”的意见》的通知	2017-11-24
靖发〔2017〕34号	关于实施创新驱动发展战略推进创新型城市建设的意见	2017-12-25

市人大常委会文件

文　号	文　件　题　名	发文日期
靖人大〔2017〕06号	关于印发靖江市人大常委会2017年度工作要点和议题安排的通知	2017-03-23
靖人大〔2017〕11号	关于印发《靖江市人大常委会关于调整市人大常委会部分工作机构的决定》的通知	2017-05-27
靖人大〔2017〕26号	关于印发《靖江市人大常委会〈关于加强行政执法检察监督及公益诉讼工作的决定〉》的通知	2017-11-28

文　　号	文　件　题　名	发文日期
靖人大〔2017〕28号	关于印发《靖江市人大常委会关于批准靖江市2017年市级预算及省转贷地方政府新增债券资金调整方案的决议》的通知	2017-11-28
靖人大〔2017〕31号	关于开展镇政府民生实事项目人大代表票决制试点工作的通知	2017-12-25

市政府文件

文　　号	文　件　题　名	发文日期
靖政发〔2017〕19号	关于促进农业供给侧结构性改革的若干政策意见	2017-03-13
靖政发〔2017〕63号	关于下达全市2017年国民经济和社会发展主要指标的通知	2017-05-20
靖政发〔2017〕74号	关于印发靖江市小微企业助升计划实施意见的通知	2017-06-28
靖政发〔2017〕165号	关于推进“互联网+新型商业模式”发展的实施意见	2017-12-18

市政协文件

文　　号	文　件　题　名	发文日期
靖协发〔2017〕4号	关于开展“传递正能量　聚力新作为”主题活动的意见	2017-03-15
靖协发〔2017〕7号	关于印发《政协靖江市委员会主席会议工作规则》的通知	2017-07-10
靖协发〔2017〕8号	关于印发《政协靖江市委员会常务委员会工作规则》的通知	2017-07-10
靖协发〔2017〕9号	关于印发《政协靖江市委员会提案委员会工作规则》的通知	2017-07-10
靖协发〔2017〕10号	关于印发《政协靖江市委员会关于加强委员履职管理考核的意见》的通知	2017-07-10

市委办公室文件

文　　号	文　件　题　名	发文日期
靖委办〔2017〕37号	关于印发靖江市农业招商引资与项目建设考核奖励办法的通知	2017-03-13
靖委办〔2017〕50号	关于印发《靖江市干部待岗培训暂行办法》的通知	2017-04-24
靖委办〔2017〕72号	关于印发在全市全面推行河长制的实施意见的通知	2017-05-23
靖委办〔2017〕75号	关于印发《关于在全市开展“文明养成”系列教育活动的实施意见》的通知	2017-05-26
靖委办〔2017〕76号	关于印发《关于在全市开展“文明熏陶”系列文化工程的实施意见》的通知	2017-05-26
靖委办〔2017〕77号	关于印发《关于在全市开展“文明守望”系列志愿者服务的实施意见》的通知	2017-05-26

文　　号	文　件　题　名	发文日期
靖委办〔2017〕80 号	关于印发《靖江市"服务发展"督查问效及追究问责暂行办法》的通知	2017-06-05
靖委办〔2017〕120 号	关于印发《靖江市政法机关党组织向市委请示报告重大事项实施办法》的通知	2017-08-14
靖委办〔2017〕129 号	关于印发《落实"两个责任"深化扶贫领域监督执纪问责工作方案》的通知	2017-08-28
靖委办〔2017〕132 号	印发《关于依法严厉打击逃废金融债务的管理办法(暂行)》的通知	2017-09-07
靖委办〔2017〕152 号	关于印发《靖江市健全落实社会治安综合治理领导责任制实施方案》的通知	2017-09-07
靖委办〔2017〕182 号	印发《关于推行法律顾问制度和公职律师公司律师制度的实施方案》的通知	2017-12-06
靖委办〔2017〕197 号	印发《靖江市深化文化市场综合执法改革实施方案》的通知	2017-12-11

市人大常委会办公室文件

文　　号	文　件　题　名	发文日期
靖人大办〔2017〕05 号	关于进一步加强和改进人大宣传工作的意见	2017-03-28
靖人大办〔2017〕15 号	关于印发《靖江市 2017 年镇、街道、办事处人大工作考核办法》的通知	2017-06-06
靖人大办〔2017〕19 号	关于设立靖江市人大代表服务中心的请示	2017-07-06

市政府办公室文件

文　　号	文　件　题　名	发文日期
靖政办发〔2017〕15 号	关于进一步规范土地经营权流转行为保护流转双方合法权益推进农业适度规模经营的通知	2017-03-13
靖政办发〔2017〕53 号	关于印发《靖江市推进不见面审批(服务)改革实施方案》的通知	2017-06-06
靖政办发〔2017〕71 号	关于印发靖江市推进普惠金融实施方案的通知	2017-07-40
靖政办发〔2017〕81 号	关于印发靖江市特色小镇培育政策的通知	2017-07-19

市政协办公室文件

文　　号	文　件　题　名	发文日期
靖协办〔2017〕9 号	关于设立靖江市政协委员服务中心的请示	2017-07-03
靖协办〔2017〕10 号	关于在界别成立委员工作室的通知	2017-08-30

一、综 合

全市概况一览表

表 63

指标名称	计量单位	2017 年	指标名称	计量单位	2017 年
行政区划			#水田	公顷	22671.20
一、国家级经济开发区	个	1	水浇田	公顷	111.08
二、省级经济开发区	个	1	旱田	公顷	4134.29
三、街道办事处	个	1	总户数	户	211024
四、乡级镇政府	个	8	户籍总人口	人	661662
五、基层群众自治组织			常住人口	万人	38.73
居民委员会	个	79	#城镇人口	万人	45.05
村民委员会	个	188	城镇化率	%	65.55
村民小组	个	3427	人口密度(按户籍人口计算)	人/平方千米	1009.3
居民小组	个	956	火车站数	个	1
土地面积			铁路营业里程	千米	23
全市土地总面积	平方千米	655.58	公路里程	千米	1393.48
#陆地面积	平方千米	569.16	等级公路	千米	1393.48
长江水域	平方千米	86.42	#高速公路	千米	24.42
年末耕地面积	公顷	26916.57	一级公路	千米	153.74

续表 63

指标名称	计量单位	2017 年	指标名称	计量单位	2017 年
年末实有公共汽车营运车辆	辆	136	烟(粉)尘排放总量	吨	2761.44
全年公共汽车客运总数	万人次	1065	工业废水处理量	万吨	2897.52
年末实有公共汽车折合标台	标台	159	工业废水排放量	万吨	783.61
出租汽车数	辆	394	工业化学需氧量产生量	吨	18540.48
天然气供气总量	万立方米	10077	工业化学需氧量排放量	吨	717.84
#家庭用量	万立方米	1176	工业氨氮产生量	吨	450.66
家庭用天然气人口	万人	18.57	工业氨氮排放量	吨	70.35
供气管道长度	千米	954.65	工业二氧化硫产生量	吨	35475.72
废水排放总量	万吨	1758.18	工业二氧化硫排放量	吨	1355.95
化学需氧量排放总量	吨	9044.09	工业氮氧化物产生量	吨	6136.40
氨氮排放总量	吨	1044.41	工业氮氧化物排放量	吨	2708.99
二氧化硫排放总量	吨	1742.45	工业烟(粉)尘产生量	吨	116661.05
氮氧化物排放总量	吨	2772.63	工业烟(粉)尘排放量	吨	2761.42

城市概况一览表

表 64

指标名称	计量单位	2017 年	指标名称	计量单位	2017 年
城市面积	平方千米	143	城市道路长度	千米	478.16
建成区土地面积	平方千米	33.62	城市道路面积	万平方米	597.52
城市建设用地面积	平方千米	32.65	#人行道面积	万平方米	69.36
#绿地与广场用地	平方千米	12.92	城市排水管道长度	千米	691
城区人口	万人	22.19	#污水管道长度	千米	493
城区人口暂住人口	万人	4.05	绿化覆盖面积	公顷	1629
人均住房建筑面积(住户调查)	平方米	58.52	#建成区	公顷	1424
自来水综合生产能力	万吨/日	25	园林绿地面积	公顷	1512
供水管道长度	千米	855	#公园绿地面积	公顷	361
供水总量	万吨	2926	公园个数	个	7
#生活用水	万吨	1135	公园面积	公顷	232
用水人口	万人	26.24	生活垃圾清运量	吨	188239
液化石油气供气总量	吨	13850	生活垃圾处理量	吨	188239
#家庭用量	吨	10200	生活垃圾处理率	%	100
家庭用液化石油气人口	万人	7.67			

总户数、总人口和人口变动一览表

表 65

项目	单位	数值	项目	单位	数值
总户数	户	211024	死亡人口	人	8727
总人口	人	661662	死亡率	‰	13.14
#男	人	327118	人口自然增长数	人	-3126
#女	人	334544	人口自然增长率	‰	-4.71
出生人口	人	5601	城镇人口	人	374318
#女婴	人	2774	乡村人口	人	287344
出生率	‰	8.43	全年平均人口	人	664161

二、工　业

规模以上工业总产值一览表

（按当年价格计算）

表 66　　单位:万元、万千瓦时

项目	数值	项目	数值
工业总产值总计(现行价格)	18762757	工业销售产值总计(现行价格)	18385584
在总计中:新产品产值	2365525	在总计中:出口交货值	2615625
在总计中:轻工业	1993209	在总计中:轻工业	1927867
重工业	16769548	重工业	16457717
在总计中:国有企业	113694	在总计中:国有企业	113694
集体企业	124214	集体企业	124136
股份合作企业	2878	股份合作企业	4112
股份制企业	12209354	股份制企业	11914337
外商及港澳台商投资企业	5947657	外商及港澳台商投资企业	5871484
其他经济类型企业	364960	其他经济类型企业	357821
在总计中:国有控股企业	1585078	在总计中:国有控股企业	1581112
其中:大中型企业	1277455	其中:大中型企业	1282493
在总计中:民营工业	12134375	在总计中:民营工业	11837341
其中:私营企业	6945478	其中:私营企业	6789798
在总计中:大中型工业企业	12800978	在总计中:大中型工业企业	12523399
其中:国有企业	113694	其中:国有企业	113693.8

三、农 业

农林牧渔业总产值一览表

表 67　　单位:万元

项目	当年价	项目	当年价
总计	414826	其中:生猪	62189
一、农业总产值	248230	山羊	5750
其中:谷物及其他作物	137170	家禽	14775
蔬菜园艺作物	103982	#禽蛋	12108
水果、坚果等作物	6978	四、渔业产值	35048
中药材	100	其中:海水产品	2724
二、林业产值	5024	淡水产品	32324
三、牧业产值	87624	五、农林牧渔服务业产值	38900

牧业、渔业生产情况一览表

表 68

项目	单位	数值	项目	单位	数值
一、畜、禽、蜂年末数			2. 羊出栏	万只	4.6
1. 牛	万头	0.14	3. 家禽出栏	万羽	138.57
2. 猪	万头	21.1	4. 蜂蜜产量	吨	9
3. 羊	万只	3.09	5. 禽蛋产量	吨	10314
4. 家禽	万只	65.86	6. 鹌鹑	万只	167
5. 兔	万只	—	三、水产品养殖面积	公顷	—
6. 蜂	箱	143	四、水产品产量	吨	10017
二、畜、禽、蜂、蚕茧产量			其中:海水产品	吨	530
1. 肉猪出栏	万头	37.69	淡水产品	吨	9487

主要农作物播种面积和产量一览表

表 69

作物名称	面积（公顷）	单产（千克/公顷）	总产量（吨）	作物名称	面积（公顷）	单产（千克/公顷）	总产量（吨）
农作物总播种面积	51110	—	—	二、经济作物			
一、粮食总计	41340	7102	293616	1. 油料	1890	2778	5251
1. 夏粮	20620	5578	115025	其中:油菜籽	1750	2715	4752
其中:小麦	20150	5590	112633	2. 药材	10	—	—
元麦	140	4786	670	三、其他农作物			
2. 秋粮	20720	8619	178591	1. 蔬菜	6250	36527	228291
其中:稻谷	19090	9075	173242	其中:香沙芋	1760	17700	31152
薯类	250	5932	1483	2. 瓜果类	540	31319	16912
大豆	1240	2615	3243				

林业面积和产量一览表

表 70

项目	单位	数值	项目	单位	数值
一、果园面积	公顷	500	其中:梨	吨	2500
其中:桃	公顷	117	桃	吨	2500
梨	公顷	114	葡萄	吨	3100
葡萄	公顷	120	白果	吨	1400
白果	公顷	173	三、育苗面积	公顷	743
二、水果产量	吨	9869	四、造林面积	公顷	395

四、国内贸易和对外经贸

社会消费品零售总额一览表

表 71 单位:万元

项目	全年总计	项目	全年总计
社会消费品零售总额	1970406	限额以下	952608
一、按销售单位所在地分		限下企业	75616
1. 城镇	1800889	限下个体户	876992
其中:城区	1355651	(三)住宿业	25375
2. 乡村	169517	限额以上	5061
二、按行业分		限额以下	20314
(一)批发业	170354	限下企业	3766
限额以上	7933	限下个体户	16548
限额以下	162421	(四)餐饮业	293952
限下企业	54793	限额以上	40854
限下个体户	107628	限额以下	253098
(二)零售业	1480725	限下企业	8586
限额以上	528117	限下个体户	244512

外向型经济主要指标一览表

表 72

指 标 名 称	计量单位	2017 年	2016 年	同比增长(%)
一、自营进出口总额	万美元	294296	269862	9.1
1. 自营出口总额	万美元	218074	192900	13.1
其中:三资企业	万美元	163511	142620	14.6
生产企业	万美元	38462	32779	17.3
贸易公司	万美元	16101	17501	-8.0
2. 自营进口总额	万美元	76222	78242	-1.0
二、年内批办三资企业	个	11	3	266.7
三、年末实有三资企业	个	110	117	-6.0
四、协议注册外资	万美元	43612	2900	1403.9
五、实际利用外资	万美元	24439	2290	967.2
六、对外经济合作营业额	万美元	10216	10033	1.8

五、财政、金融、保险

财政收支情况一览表

表 73　　　　单位:万元

收入项目	金额		支出项目	金额
		靖江本级		
财政总收入	1456524	1289970	财政总支出	1155430
上划中央收入	390457	308460	公共财政预算支出	702122
增值税(50%)	248484	209159	#一般公共服务	83749
营业税(50%)	430	430	国防	5305
消费税(100%)	540	540	公共安全	50021
企业所得税(60%)	114239	72774	教育	132016
个人所得税(60%)	26765	25557	科学技术	17136
一般预算收入	600913	516356	文化体育与传媒	8590
#税收收入	487099	406336	社会保障和就业	75646
#增值税(50%)	248484	209159	医疗卫生与计划生育	65224
企业所得税(40%)	76159	48516	节能环保	15789
个人所得税(40%)	17843	17038	城乡社区	89943
城市维护建设税	33391	29109	农林水	43500
城镇土地使用税	18639	15062	交通运输	22661
土地增值税	30153	29561	商业服务业	13959
契税	30635	30036	住房保障	30376

金融机构信贷年末余额一览表

表 74 单位:亿元

项目	年末余额	比年初增减数	项目	年末余额	比年初增减数
各项存款合计	957.40	17.23	各项贷款合计	787.06	93.04
(一)境内存款	957.16	17.29	(一)境内贷款	787.06	93.04
1. 住户存款	492.07	19.89	1. 住户贷款	221.10	60.18
(1)活期存款	128.32	8.87	(1)短期贷款	76.43	22.81
(2)定期及其他存款	363.76	11.02	(2)中长期贷款	144.67	37.37
2. 非金融企业存款	324.36	-35.00	2. 非金融企业及机关团体贷款	565.96	32.86
(1)活期存款	109.03	-1.98	(1)短期贷款	254.34	8.24
(2)定期及其他存款	215.33	-33.01	(2)中长期贷款	285.41	44.42
3. 广义政府存款	138.87	32.77	(3)票据融资	24.46	-18.81
(1)财政性存款	5.97	-0.41	(4)融资租赁	—	—
(2)机关团体存款	132.90	33.18	(5)各项垫款	1.75	-0.99
4. 非银行业金融机构存款	1.86	-0.37	3. 非银行业金融机构贷款		
(二)境外存款	0.23	-0.06	(二)境外贷款	—	—

保险业保费收支情况一览表

表 75

财产险					
承保数量	万元	291144	运输险	万元	174
保险金额	万元	22317874	船舶险	万元	2766
保费收入	万元	59561	责任险	万元	1829
企财险	万元	1591	保证险	万元	5
家财险	万元	106	信用险	万元	2551
工程险	万元	68	人意险	万元	1518
总车辆险	万元	46300	健康险	万元	191
商业车险	万元	36597	大病险	万元	1485
汽车交强险	万元	9477	农险	万元	960
摩托车交强险	万元	176	赔付支出	万元	37678
拖拉机交强险	万元	50	个人代理人	人数	154
人寿险					
保险收入	万元	141693	# 营销	万元	118182
# 健康险	万元	4157	团险	万元	3036
意外险	万元	3870	银邮代理	万元	20475
一般险	万元	71620	个人代理人	人数	6087
分红险	万元	61808	退保	万元	17431
万能险	万元	237	理赔给付	万元	5386
投连险	万元	1	其他给付	万元	34288

六、交通、电力

公路里程、水路运输、汽车拥有量一览表

表 76

项目	单位	数值	项目	单位	数值
公路里程	千米	1393	公路客运量	万人	1991
等级公路	千米	1393	公路货运量	万吨	1784
#高速公路	千米	24	水上货运量	万吨	974
一级公路	千米	154	外港货物吞吐量	万吨	10644
火车站数	个	1	机动车保有量	万辆	18.94
铁路营业里程	千米	23	民用汽车拥有量	万辆	13.44

全社会用电量情况一览表

表 77

单位:万千瓦时

行业名称	2017 年	2016 年	同比增幅(%)
全社会用电总计	407838	374696	8.8
A. 全行业用电合计	345643	316837	9.1
第一产业	3009	2570	17.1
第二产业	289318	267757	8.1
第三产业	53316	46510	14.6
B. 城乡居民生活用电合计	62195	57859	7.5
城镇居民	26518	24390	8.7
乡村居民	35677	33469	6.6
全行业用电分类	345643	316837	9.1
一、农、林、牧、渔业	3009	2570	17.1
二、工业合计	285590	264297	8.1
1. 轻工业	37683	36446	3.4
2. 重工业	247907	227851	8.8
三、建筑业	3728	3460	7.7
四、交通运输、仓储和邮政业	8196	6154	33.2
五、信息传输、计算机服务和软件业	2970	2784	6.7
六、商业、住宿和餐饮业	16325	16460	-0.8
七、金融、房地产、商务及居民服务业	11498	9250	24.3
八、公共事业及管理组织	14327	11862	20.8

七、文化、广播电视、教育、卫生

文化事业基本情况一览表

表 78

指标名称	计量单位	2017 年	指标名称	计量单位	2017 年
一、影剧院	个	8	四、艺术事业		
市级	个	6	文艺团体	个	1
乡镇级	个	2	演职员工人数	人	62
二、文化馆、站	个	10	演出场次	场次	143
文化馆	个	1	观众人数	万人次	8
文化站(办事处)	个	1	五、图书馆		
乡镇文化站	个	8	机构数	个	10
三、电影事业			市图书馆	个	1
电影放映队	个	3	乡镇图书馆	个	9
# 乡镇	个	1	藏书册数	万册	71
电影放映场次	场次	474	市图书馆	万册	59.5
观众人次	万人次	1.8	乡镇图书馆	万册	11.5

广播电视事业基本情况一览表

表 79

指标	单位	数量	指标	单位	数量
一、广播			4.全年播出自制节目时间	时:分	6466:30
广播节目播出语种种类	名称	1	5.全年播出购买、交换节目时间	时:分	104:00
全年播出公共节目时间	时:分	6752:30	二、电视		
(一)按节目类型分			(一)电视节目播出语种种类	名称	1
1.全年播出新闻资讯类节目时间	时:分	1095:30	(二)公共电视节目套数	套	1
2.全年播出专题服务类节目时间	时:分	1460:00	全年播出公共节目时间	时:分	5235:00
3.全年播出综艺类节目时间	时:分	1277:00	按节目类型分		
4.全年播出广播剧类节目时间	时:分	104:00	1.全年播出新闻资讯类节目时间	时:分	1268:00
5.全年播出广告类节目时间	时:分	547:00	2.全年播出专题服务类节目时间	时:分	730:00
6.全年播出其他节目时间	时:分	2269:00	3.全年播出综艺益智类节目时间	时:分	125:00
(二)按节目来源分			4.全年播出影视剧类节目时间	时:分	2200:00
1.全年转播中央台节目时间	时:分	182:00	5.全年播出广告类节目时间	时:分	730:00
2.全年转播省级台节目时间	时:分	0	6.全年播出其他节目时间	时:分	182:00
3.全年转播地市级台节目时间	时:分	0			

续表 79

指标	单位	数量	指标	单位	数量
按节目来源分			全年制作新闻资讯类广播节目时间	小时	1095:30
1.全年转播中央台节目时间	时:分	182:30	全年制作专题服务类广播节目时间	小时	1460:00
2.全年转播省级台节目时间	时:分	0	全年制作综艺广播节目时间	小时	1277:00
3.全年转播地市级台节目时间	时:分	0	全年制作广播剧类广播节目时间	小时	104:00
4.全年播出自制节目时间	时:分	1480:00	全年制作广告类广播节目时间	小时	547:00
5.全年播出购买、交换节目时间	时:分	3572:30	全年制作其他类广播节目时间	小时	2269:00
全年农村节目播出时间/栏目	时:分/个	5235:00/15 个	(二)电视		
全年少儿节目播出时间	时:分	7.604166667	全年制作电视节目时间	小时	5235:00
全年被中央电视台采用新闻类节目条数	条	20	全年制作新闻资讯类电视节目时间	小时	1268:00
全年电视剧播出数	部/集	72/2200	全年制作专题服务类电视节目时间	小时	730:30
全年动画电视播出时间	时:分	—	全年制作综艺益智类电视节目时间	小时	125:00
三、广播电视节目制作情况			全年制作影视剧类电视节目时间	小时	2200:00
(一)广播			全年制作广告类电视节目时间	小时	730:00
全年制作广播节目时间	小时	6752:30	全年制作其他类电视节目时间	小时	182:00

表 80

教育事业基本情况一览表

	计量单位	基础教育总计	幼儿园	小学	普通中学			特殊教育	中等职业学校
					合计	高级中学	初级中学		
学校总数	所	92	44	23	24	4	20	1	1
毕业生数	人	18011	4945	5354	7690	2676	5014	22	898
招生数	人	18241	5078	5010	8122	2828	5294	31	1401
在校学生数	人	67568	15485	27858	24118	8396	15722	107	3486
教职员工数	人	6520	1450	1981	3058	1125	1933	31	442
#专任教师	人	5929	1014	1969	2916	1035	1881	30	423

表 81

卫生机构、床位、人员数一览表

卫生机构名称	机构数(个)	床位数(张)	人员数(人)			
				卫生技术人员	其他技术人员	管理人员
总计	292	4775	5865	4631	445	123
一、医院	15	3479	3082	2523	285	92
综合医院	6	2186	2120	1794	176	26
二、基层医疗卫生机构	271	1296	2522	1915	121	24

续表 81

卫生机构名称	机构数(个)	床位数(张)	人员数(人)			
				卫生技术人员	其他技术人员	管理人员
社区卫生服务中心(站)	13	40	103	91	5	—
卫生院	15	1226	1630	1341	102	14
村卫生室	106	—	249	18	—	—
门诊部	21	30	297	230	11	10
诊所、卫生所、医务室	116	—	243	235	3	—
三、专业公共卫生机构	5	—	242	186	30	7
疾病预防控制中心	1	—	63	53	8	1
专科疾病防治院(所、站)	1	—	24	16	5	—
妇幼保健院(所、站)	1	—	78	60	10	1
采供血机构	1	—	45	26	7	5
卫生监督所(中心)	1		32	31	—	—
四、其他卫生机构	1	—	19	7	9	—
医学在职培训机构	1	—	19	7	9	—

八、固定资产投资

固定资产投资完成情况一览表

表 82

项目	计量单位	2017 年	2016 年
固定资产投资	万元	5398207	4999951
规模以上投资	万元	4973959	4649140
房地产开发投资	万元	424248	350811
第一产业投资	万元	—	—
第二产业投资	万元	3221384	2733260
工业投资	万元	3212998	2712598
第三产业投资	万元	2176823	2266691

房地产开发企业销售情况一览表

表 83

项目	单位	2017 年	2016 年	项目	单位	2017 年	2016 年
商品房销售面积	平方米	1070126	809900	商品住宅销售套数	套	7446	5448
其中:现房销售面积	平方米	281532	279204	其中:现房销售套数	套	1907	1759
期房销售面积	平方米	788594	530696	期房销售套数	套	5539	3689
商品房销售额	万元	864933	544090	空置面积	平方米	379655	621469
其中:现房销售额	万元	176916	182285	其中:空置 1—3 年面积	平方米	180770	302758
期房销售额	万元	688017	361805	空置 3 年以上面积	平方米	48026	34928

九、人民生活

城镇非私营单位从业人员和劳动报酬情况一览表

表 84

指标名称	在岗职工平均人数(人)	在岗职工工资总额(千元)	在岗职工平均工资(元)
总　　计	108793	7387609	63898
一、按经济类型分组			
1. 国有单位合计	16637	1828205	99242
2. 城镇集体单位合计	3564	358760	96736
3. 其他单位合计	88592	5200644	56582
4.企业单位合计	92655	5600306	58023
二、按执行会计制度类别分组			
1. 企业	92655	5600306	58023
2. 事业	10711	1174446	97318
3. 机关	5187	590670	105508
4. 民间非营利组织	—	—	—
5. 其他	240	22187	92446
二、按国民经济行业分组			
1. 农、林、牧、渔业	—	—	—
2. 采矿业	—	—	—
3. 制造业	33130	1842802	57694
4. 电力、热力、燃气及水生产和供应业	2078	120893	58338
5. 建筑业	46253	2736534	54424
6. 批发和零售业	1537	71827	46809
7. 交通运输、仓储和邮政业	3308	266902	80363
8. 住宿和餐饮业	590	23351	39578
9. 信息传输、软件和信息技术服务业	741	70141	94538
10. 金融业	2413	329588	131853
11. 房地产业	814	38133	45475
12. 租赁和商务服务业	1290	76614	56774
13. 科学研究、技术服务业	1042	96469	90564
14. 水利、环境和公共设施管理业	640	56374	84273
15. 居民服务、修理和其他服务业	15	1656	117750
16. 教育	5817	571034	94434
17. 卫生和社会工作	3329	431923	123980
18. 文化、体育和娱乐业	260	21362	78337
19. 公共管理、社会保障和社会组织	5536	632006	92440

城乡居民家庭抽样调查资料一览表

表 85 单位:元

指标名称	全体	城镇	农村
调查户基本情况			
调查户数(户)	197	136	61
平均每户家庭常住人口(人)	3.5	3.6	3.4
平均每户就业人口(人)	2.2	2.2	2.3
平均每一就业人口负担人数(人)	1.6	1.7	1.5
平均每户就业面(%)	62.1	60.3	66.4
平均每人现住房建筑面积(平方米)	61.9	57.5	72.1
可支配收入	32362	43152	21361
一、工资性收入	20801	27625	13844
二、经营净收入	4097	5506	2660
三、财产净收入	3136	4287	1963
四、转移净收入	4328	5734	2895
生活消费支出	23401	28225	18482
一、食品烟酒	6973	8312	5607
二、衣着	1449	1825	1066
三、居住	4615	6059	3144
四、生活用品及服务	1160	1302	1016
五、交通通信	4286	4640	3925
六、教育文化娱乐	2748	3312	2172
七、医疗保健	1435	1958	903
八、其他用品和服务	735	819	649

十、主要经济指标比较资料

泰州三市一区主要统计指标对比一览表

表 86

指标名称	计量单位	兴化市		靖江市		泰兴市		姜堰区	
		2017 年数值	比上年增长(%)	2017 年数值	比上年增长(%)	2017 年数值	比上年增长(%)	2017 年数值	比上年增长(%)
年末常住人口	万人	125.53	0.0	68.73	—	107.74	0.0	73.07	—
年末户籍人口	万人	158.25	0.1	66.17	-0.7	119.31	-0.2	78.66	-0.2
年平均常住人口	万人	125.52	—	68.72	—	107.73	0.0	73.06	0.1
年平均户籍人口	万人	158.21	0.2	66.42	-0.3	119.42	-0.2	78.74	-0.5

续表 86

指标名称	计量单位	兴化市		靖江市		泰兴市		姜堰区	
		2017 年数值	比上年增长(%)	2017 年数值	比上年增长(%)	2017 年数值	比上年增长(%)	2017 年数值	比上年增长(%)
地区生产总值	亿元	748.85	10.1	923.35	7.8	832.91	10.8	583.19	10.0
第一产业	亿元	102.59	1.5	23.69	2.7	53.95	1.4	40.1	1.4
第二产业	亿元	289.85	10.8	448.44	5.9	388.52	10.8	264.44	9.3
#工业	亿元	251.07	11.6	403.26	6.7	340.07	11.7	216.02	10.3
第三产业	亿元	356.41	12.1	451.22	10.2	390.44	12.2	278.65	12.1
人均地区生产总值(按常住人口计算)	元	59662	10.1	134364	7.8	77315	12.4	79813	11.8
人均地区生产总值(按户籍人口计算)	元	47333	12.3	139017	7.8	69746	12.7	74065	12.0
固定资产投资完成额	亿元	419.66	20.0	539.82	8.0	687.46	22.6	494.82	16.8
第一产业	亿元	0.93	11.6	—	—	0.38	-85.3	5.37	357.5
第二产业	亿元	327.67	24.8	322.14	17.9	461.50	24.7	337.41	24.0
#工业	亿元	327.67	24.8	321.30	18.4	459.53	25.0	337.41	25.1
第三产业	亿元	91.06	5.7	217.68	-4.0	225.58	20.0	152.03	1.1
#房地产开发投资	亿元	22.49	23.4	42.42	20.9	67.69	14.4	30.72	-14.8
财政总收入	亿元	62.45	-11.8	145.65	8.0	161.85	2.6	—	—
#公共财政预算收入	亿元	37.06	-9.3	60.09	2.0	57.20	8.4	35.60	1.9
公共财政预算支出	亿元	97.52	-0.2	70.22	9.5	75.82	12.4	66.96	9.4
农林牧渔业总产值(现价)	亿元	167.86	2.2	41.48	2.5	91.76	9.9	68.35	9.4
规模以上工业总产值	亿元	1810.41	16.2	1876.28	11.6	3082.42	18.8	1486.14	13.9
规模以上工业增加值	亿元	348.1	12.4	385.32	7.0	737.14	14.3	302.22	9.6
全社会用电量	亿千瓦时	63.38	7.8	40.78	8.9	54.57	5.1	28.14	1.7
#工业用电量	亿千瓦时	50.46	6.1	28.56	8.1	42.46	3.1	19.90	-3.9
社会消费品零售总额	亿元	172.16	11.4	197.04	11.8	215.01	12.3	172.51	11.8
进出口总额	万美元	52350	-3.1	294296	9.1	257528	5.8	95497	12.2
#出口	万美元	48960	-0.5	218074	13.1	123280	-1.7	82645	9.2
实际外商直接投资	万美元	18324	275.0	25609	1018.3	35269	8.7	13702	37.4
金融机构年末存款余额(人民币)	亿元	681.08	17.3	957.40	1.8	912.30	20.9	656.96	11.8
#居民储蓄存款余额	亿元	483.63	12.3	492.07	4.2	465.34	8.6	427.01	10.2
金融机构年末贷款余额(人民币)	亿元	428.41	9.0	787.06	13.4	581.39	15.8	484.89	15.7
在岗职工平均工资	元	51228	9.0	63898	5.4	60913	5.9	59857	1.6
城镇居民人均可支配收入	元	33614	7.8	43152	8.7	36521	8.1	36898	8.1
农村居民人均纯收入	元	16916	8.9	21361	9.0	17842	8.8	17599	8.8

组织机构及负责人名录

中共靖江市委员会

书　　记:赵　叶
副 书 记:叶冬华　赵国庆
常　　委:丁　斌(8.4免)
王　权(9.9任)
王　玮　包国芳(女)
申晓勇　潘企根
沈南松　史骥涛
罗晓东
赵巧新(挂,12.15任)
委　　员:(按姓氏笔画排列)
丁　斌(8.4免)
于　政
王　权(9.9任)
王　玮　王　靖
王靖东　尤　红
仇　颖　叶冬华
申晓勇　史骥涛
印江红　包国芳(女)
朱　俊　刘　贵
刘定邦　羊进明
李江豪　李建新
沙旭东　沈南松
张劲松　陆钧涛
范新宏　罗晓东
季士发　周如勇
赵　叶
赵巧新(挂,12.15任)
赵国庆　赵建国
姚东辉　陶　虹
蒋国庆　潘企根
候补委员:何　健　刘　强
张佳炜　闻韵萍(女)
钟云峰　钱灿兴
夏建新

靖江市人大常委会

(1.12日换届选举)

主　　任:尤　红
副 主 任:丁少华　黄文龙
叶丽华(女)　季士发
委　　员:(按姓氏笔画为序)
王靖东　史亚萍(女)
冯晓东　朱忠武
刘拥政　孙学勤
李江豪　杨文萍(女)
杨美娣(女)　吴一江
吴铭华(9.27免)
何　虹(女)　张兴松
张志坚　陆林祥
陆国胜　陈兆彬
邵　卫　环剑斌
范朝洪　杭建兵
赵映敏(女)　闻　杰
贾雪梅(女)　徐　烽
徐　婷(女,9.27免)
徐志红(女)　高永祥
常　亮　董　因(女)

靖江市人民政府

(1.12日换届选举)

市　　长:叶冬华
副 市 长:沈南松　周如勇
邵春宁(女)　姚东辉
赵建国　张佳炜
陶敬东(挂)
郭传海(挂,5.27任)
李　明(挂,7.27任)

政协靖江市委员会

(1.11日换届选举)

主　　席:范　敏(女)

副 主 席:毛雨华　庞余亮
王绍斌　李建新
秘 书 长:仇　颖
常　　委:(按姓氏笔画为序)
马　鉴　王月娟(女)
王灿平　王建江
毛卫平　毛念新
仁　决　包洪萍(女)
吕　胜　朱惠健
刘士钢　刘小平
刘海金　羊　兴
杨　翰　杨泽宏
吴明飞　吴金凤(女)
张　丽(女)　张　铸
张卫忠　张永杰
张颖武　陈永光
季子文　赵灿冬
胡文华　闻晓明
夏军联(女)　徐　松
徐玉海　徐玉蓉(女)
唐卫成　唐明澍
展旭东　陶　红(女)
潘　慧(女)　鞠小平

中共靖江市纪律检查委员会

书　　记:丁　斌(8.4免)
王　权(9.9任)
副 书 记:夏军联(女)　赵鹏涛
常　　委:顾　静(女)　刘　军
严春涛　陈卫军
委　　员:(按姓氏笔画为序)
丁　斌(8.4免)
王　权(9.9任)
方　强　刘　军
孙晓军　严春涛
陈卫军　陈永光
陈爱国　范红波
赵鹏涛　夏军联(女)
顾　静(女)　唐文勇
蔡龙彬　薛新红
办公室主任:薛新红(4.22免)
王田煜(4.22任,9.1免)
曹　雷(9.1任)
纪检监察干部管理监督室主任:
张　艺(女)
宣传教育室主任:
王田煜(4.22免)
陈润松(4.22任)
信访室主任:刘　彬
党风政风监督室主任:朱明忠
第一纪检监察室主任:陈小东
第二纪检监察室主任:刘晓东
第三纪检监察室主任:
陈卫军(4.22免)
第七纪检监察室主任:
陈今朝(12.11任)
案件审理室主任:冯大宏
第一派驻纪检监察组组长:
朱启东(9.1任)
第二派驻纪检监察组组长:
黄红曙(9.1任)
第三派驻纪检监察组组长:
范红波(9.1任)
第四派驻纪检监察组组长:
陈　�(女,9.1任)
第五派驻纪检监察组组长:
刘卫东(9.1任)
第六派驻纪检监察组组长:
曹正新(9.1任)
第七派驻纪检监察组组长:
周荣根(9.1任)
第八派驻纪检监察组组长:
杨　靖(女,9.1任)
第九派驻纪检监察组组长:
赵建刚(9.1任)
第十派驻纪检监察组组长:
孙逸萍(女,9.1任)
第十一派驻纪检监察组组长:
吴逸南(9.1任)
第十二派驻纪检监察组组长:
师伟荣(9.1任)
第十三派驻纪检监察组组长:
蒋云红(女,9.1任)
第十四派驻纪检监察组组长:
王正芳(女,9.1任)
第十五派驻纪检监察组组长:
刘晓斌(9.1任)
市委巡察办主任:
刘　军(8.24任)
市委巡察办副主任:
鞠新宇(8.24任)
包敏松(8.24任)
第一巡察组组长:严春涛(9.1任)
第一巡察组副组长:
陶明利(9.1任)
王亚军(9.1任)
第二巡察组组长:陈卫军(9.1任)
第二巡察组副组长:
蒋秀红(女,9.1任)
吴熠军(9.1任)
第三巡察组组长:马　斌(9.1任)
第三巡察组副组长:
徐　凯(9.1任)
吴志钧(9.1任)
第四巡察组组长:陈靖曙(9.1任)
第四巡察组副组长:
王　东(9.1任)
朱　敏(女,9.1任)

市人武部、法院、检察院

人　武　部

部　　长:潘企根
政　　委:张庆祥(12.25任)
副 部 长:韩晓强(3.31免)
顾　兵(6.26任)

法　　院

院　　长:许　飞(1.12任)
党组书记:许　飞
副 院 长:陈燕萍(女)　高玉军
卢旭东　梅　岭
纪检组长:金正国(9.1免)
审委会专职委员:许安海
政治处主任:王新妹(女,1.16任)
执行局局长:梅　岭

检　察　院

检察长、党组书记:刘　贵
党组副书记:毛金生

副检察长:毛金生 方 强
陶 华(女)
刘 磊(挂,1.20免)
纪检组长:陈 筠(女,9.1免)
检委会专职委员:丁明霞(女)
政治处主任:盛振宇(1.16任)
反贪污贿赂局局长:
居振波(12.11免)
反渎职侵权局局长:
陈今朝(12.11免)

市委工作部门及直属单位

办公室
(挂研究室、国家保密局牌子)
主 任:姚东辉(1.16免)
于 政(1.16任)
副主任:徐加宽(1.16免)
何剑君(1.16免)
孙卫东(1.16任,11.22免)
王文泽(1.16任)
张 忠(8.24免)
汪东初(兼)
朱艳明(4.22任)
王田煜(11.22任)
研究室主任:于 政
督查室主任:王田煜(9.1任,11.22免)
机关绩效考核办主任:
朱艳明(4.22免)
羊 烽(8.24任)

机要保密局
(与办公室合署办公)
局 长:严 格(女)
副局长:徐 靖 俞 飞

组织部
(挂组织员办公室、人才工作办公室牌子)
部 长:申晓勇
副部长:王靖东(常务)
徐玉蓉(女)
王海清(1.16任)

党建办
主 任:王靖东
专职副主任:朱荣琪(4.22任)

“两新”工委
(与组织部合署办公)
副书记:吴明飞(兼)
杨 钧(兼)
王 瑜(兼,1.16免)
毛立仁(兼,11.22免)

宣传部
(挂市文明办、市委外宣办、市政府新闻牌子)
部 长:史骥涛
副部长:叶晓庆(兼,1.16免)
陈永光
严 羽(兼,1.16免)
王 涛(1.16任)
吕宏坤(8.24任)
文明办主任:王 涛(1.16任)
文明办副主任:陈 凯
王月娟(女,挂,8.24任)
毛立仁(挂,11.22任)
外宣办(新闻办)主任:陈永光
外宣办(新闻办)副主任:吴俊杰

统战部(挂市政府台办、市政府侨办牌子)
部 长:包国芳(女)
副部长:毛卫平(兼)
王明生(8.24免)
吴明飞
吴东初(1.16免)
王 伟(1.16任)
王森红(女,8.24任)
侨办主任:吴东初(1.26免)
王 伟(1.26任)

台办
(与统战部合署办公)
主 任:王明生(9.15免)
王森红(女,9.15任)
副主任:郁香萍(女)

编委办
(挂市事业单位登记管理局牌子)
主 任:陈又红
副主任:陆林峰 梅 笛
事业单位登记管理局局长:
陈又红
事业单位登记管理局副局长:
陆林峰

农村工作办公室
(挂市政府农村工作办公室牌子)
主 任:刘德基
副主任:王振玉(8.24免)
江南平 杨 江

政法委员会
书 记:王 玮
副书记:周如勇(兼)
刘 贵(兼)
薛 松(1.16免)
苏孔兴
国安办专职副主任:朱神锋

社会治安综合治理委员会办公室
(与政法委员会合署办公)
主 任:薛 松(1.26免)
苏孔兴(1.26任)
副主任:范旭东
薛卫东(5.8免)
高 健(女,5.8任)

610办公室
主 任:顾国华
副主任:高桂兴 唐祖奇

信访局
(挂市政府信访局牌子)
局 长:汪东初
副局长:曹建芳(女)
张逸群
周汉平(8.24任)
陈旭东(挂,4.22任)
纪检组长:吴熠军(9.1免)
信访督查专员:周汉平(8.24免)
朱玉华(8.24任)
市政府信访局局长:汪东初
市政府信访局副局长:
曹建芳(女)

市级机关工委
书 记:闻韵萍(女)
副书记:商新民
纪工委书记:王 云(女)

党史方志档案办公室

(挂市档案局、档案馆牌子)

主　　任:王宇清
副 主 任:马莲娜(女)　郭文冰
　　　　　夏艺萍(女,8.24任)
档案局局长:王宇清

老干部局

局　　长:徐加宽(1.16任)
离退休干部工委书记:
　　　　　王靖东(12.11任)
副 局 长:朱　萍(女)
　　　　　侯　杰(4.22免)
　　　　　丁　炜(4.22任)

党　　校

校　　长:赵国庆(兼)
常务副校长:郁　雷
副 校 长:徐　进　肖　媛(女)

市人大常委会工作机构

办　公　室

主　　任:吴一江
副 主 任:徐　烽　张兴松

财经工作委员会

(5.27机构更名为财政经济工作委员会,增挂预算工作委员会牌子)

主　　任:杨文萍(女)
副 主 任:董　因(女)

农村工作委员会

(5.27机构更名为农业农村工作委员会)

主　　任:李江豪
副 主 任:陈兆彬

法制工作委员会

(5.27机构更名为内务司法工作委员会,增挂法制工作委员会牌子)

主　　任:高永祥
副 主 任:朱忠武

教科文卫工作委员会

主　　任:何　虹(女)
副 主 任:杨美娣(女)

环境资源城乡建设工作委员会

主　　任:吴铭华(9.27免)
　　　　　陈建定(9.27任)
副 主 任:徐志红(女)

人事代表工作委员会

(5.27机构更名为人事代表联络工作委员会)

主　　任:冯晓东
副 主 任:陆国胜

市政协工作机构

办　公　室

主　　任:仇　颖
副 主 任:刘静琰(女,8.24免)
　　　　　成　喆
　　　　　唐卫成(8.24任)

学习文史委员会

主　　任:胡文华

提案委员会

主　　任:马　鉴

经济科技委员会

主　　任:唐明澍

教卫文体委员会

主　　任:张颖武

社会法制委员会

主　　任:季子文

市政府工作部门及直属单位

办　公　室

(挂研究室、人民防空办公室、法制办公室、外事办公室、旅游局牌子)

主　　任:季士发(1.12免)
　　　　　陶　虹(2.9任)
副 主 任:陆　炜
　　　　　孙卫东(1.26免)
　　　　　徐永清
　　　　　沈永江(1.26免)
　　　　　宋　立(1.26免)
　　　　　林承凡(1.26免)
　　　　　陈　刚(挂,1.26任)
　　　　　吴东初(挂,1.26任)
　　　　　徐常青
　　　　　李华兵(9.15免)
　　　　　褚剑云(1.26任)
　　　　　赵小华
　　　　　刘　骥(女,1.26任)
　　　　　戴靖乾(12.11任)
　　　　　倪志鹏(12.11任)
　　　　　夏　羽(挂,1.26任)
研究室主任:陶　虹
人民防空办公室主任:
　　　　　陈建定(12.11免)
　　　　　孙卫东(12.11任)
人民防空办公室副主任:
　　　　　顾鸿涛
　　　　　鲍可庆(12.11任)
法制办公室主任:徐永清
法制办公室副主任:
　　　　　孙晓梅(女,5.8任)
外事办公室主任:陆　炜
旅游局局长:林承凡(1.26免)
　　　　　陈　刚(1.26任)
旅游局副局长:
　　　　　张　云(女,5.8任)
市政府督查室主任:
　　　　　赵翠萍(女,1.26任)
市应急办公室专职副主任:
　　　　　赵小华(1.26免)
电子政务中心主任:沈　磊(女)

市机关事务管理局

局　　长:毛红燕(女)
副 局 长:丁　炜(5.8免)
　　　　　丁啸宇
　　　　　张永杰(5.8任)

金融工作办公室

主　　任:翟勇军
副 主 任:何　湫

行政学校

校　　长:沈南松(兼)
常务副校长:郁　雷
副 校 长:徐　进　肖　媛(女)

发展和改革委员会

(挂物价局、粮食局、服务业发展局牌子)

主　　任:于　政(1.12免)

马晓波(2.9 任)
党组书记:马晓波
副 主 任:常金林 王艺明
黄灿波(5.8 免)
杨恒庭(兼)
赵秀荣(5.8 任)
纪检组长:闻学贤(4.22 免)
能源办公室主任:王艺明
物价局局长、党组书记:李旭东
物价局副局长:钱桂松 沙爱平
物价局纪检组长:
丁惠明(8.24 免)
物价局检查分局局长:
张苏红(女)
粮食局局长、党委书记:杨恒庭
粮食局党委副书记:黄翠凤(女)
粮食局纪委书记:潘永新(9.1 免)
服务业发展局局长:马晓波

经济和信息化委员会
(挂中小企业局牌子)

主 任:沈 阳(1.12 免)
何 健(2.9 任)
党工委书记:何 健
党工委副书记:魏小飞(1.16 任)
副 主 任:魏小飞(1.26 免)
王金付 徐卫清
高剑平
宋永东(1.26 任)
纪工委书记:吴逸南(9.1 免)
信息化与新兴产业办公室主任:
王荣明
中小企业局局长:何 健
中小企业局副局长:
张 纲(1.26 免)

教 育 局
(挂政府教育督导室牌子)

局 长:范新宏(1.12 免)
夏灵峰(2.9 任)
党工委书记:夏灵峰
纪工委书记:蒋云红(女,9.1 免)
副 局 长:张志坚 潘建新(女)
李 兴 袁 斌
高招办(自考办)主任:
袁 斌(5.8 免)
倪 斌(女,5.8 任)

科技知识产权局

局 长:郑企力(1.12 免)
孙晓军(2.9 任)
党组书记:孙晓军
副 局 长:王海庆 黄 伟
王月娟(女)
纪检组长:刘晓斌(9.1 免)
地震局局长:沈满松(5.8 免)
王海庆(9.15 任)

公 安 局

局长、党委书记:周如勇
督 察 长:周如勇
政委、党委副书记:卢明华
副 局 长:顾国华
薛 松(1.26 任)
缪金桂(4.22 兼任党委副书记)
陈爱国
张益新(5.8 任)
刘邦银(5.8 任)
副 政 委:侯爱坤
宋永东(1.16 免)
纪委书记:王正芳(女,9.1 免)
维稳办主任:周如勇
政治处主任:张益新(4.22 免)
徐建军(4.22 任)
维稳办专职副主任:
刘映明(5.8 免)
陈宇亮(5.8 任)
指挥中心主任:许晓波
指挥中心教导员:钟 燕(女)
国内安全保卫大队大队长:
姚文明(12.11 免)
宋洪锋(12.11 任)
国内安全保卫大队教导员:
宋洪锋(11.22 免)
姚文明(11.22 任)
治安警察大队大队长:叶 锋
治安警察大队教导员:
常进其(4.22 免)
陈 忠(4.22 任)
交通警察大队大队长:吴金涛
交通警察大队教导员:
刘 萍(女)
刑事警察大队大队长:范明栋
刑事警察大队教导员:周满章
经济犯罪侦查大队大队长:
郑 卫(5.8 免)
薛 松(5.8 任)
经济犯罪侦查大队教导员:
陈 忠(4.22 免)
郑 卫(4.22 任)
网络安全保卫大队大队长:
苏骥军
网络安全保卫大队教导员:
杨志勇
巡特警大队大队长:
徐建军(5.8 免)
龚银钢(5.8 任)
巡特警大队教导员:
刘 青(女,4.22 免)
刘建春(8.24 任)
水警大队大队长:
顾正飞(5.8 免)
张 军(5.8 任)
水警大队教导员:薛际平
出入境管理大队大队长:
陆红梅(女,5.8 免)
刘 青(女,5.8 任)
出入境管理大队教导员:
江晓东(11.22 免)
警务督查大队大队长:
顾文舟(5.8 任)
警务督查大队教导员:
夏霞兰(女)
城东派出所所长:陈小刚
城东派出所教导员:
顾志江(8.24 任)
城西派出所所长:杨 震
城西派出所教导员:
秦 勇(4.22 免)
城南派出所所长:陈 彬
城南派出所教导员:
高 彬(8.24 免)
华 东(8.24 任)
城北派出所所长:
凌 云(5.8 免)
马永红(5.8 任)
城北派出所教导员:何建友
城中派出所所长:项景明

城中派出所教导员：
周旭华(4.22任)
滨江新区派出所所长：
陈文杰(5.8免)
常进其(5.8任)
滨江新区派出所教导员：
宋心燕(女,4.22免)
刘卫国(11.22任)
西来派出所所长：薛　军
西来派出所教导员：
蒋红彬(4.22免)
狄全胜(11.22任)
斜桥派出所所长：姚亚珠(女)
斜桥派出所教导员：王　强
季市派出所所长：
商　桐(5.8免)
陆友权(9.15任)
季市派出所教导员：
陆友权(8.24免)
张文华(11.22任)
孤山派出所所长：
龚银钢(5.8免)
陈文杰(5.8任)
孤山派出所教导员：王兴波
马桥派出所所长：陈旭东(5.8免)
秦　勇(5.8任)
马桥派出所教导员：严亚明
生祠派出所所长：唐海洲(5.8免)
蒋红彬(5.8任)
生祠派出所教导员：居永红
东兴派出所所长：顾文舟(5.8免)
东兴派出所教导员：卢章进
新桥派出所所长：陈波涛
新桥派出所教导员：
周旭华(4.22免)
仇宣东(8.24任)
新港派出所所长：刘邦银(5.8免)
唐海洲(5.8任)
城北园区派出所所长：
刘卫国(12.11免)
江晓东(12.11任)
城北园区派出所教导员：焦桂红
江阴—靖江工业园区派出所所长：　印宝红
江阴—靖江工业园区派出所教导员：　凌　云(4.22任)

监察局(与纪委合署办公)

局　　长：夏军联(女)
副 局 长：唐明澍(3.22免)
陈卫军(10.13免)
薛新红(10.13任)

民　政　局

局　　长：宋　亮(1.12免)
刘　强(2.9任)
党委书记：刘　强
党委副书记：褚剑云(1.16免)
陈靖曙(4.22任,9.1免)
高　军(11.22任)
副 局 长：王　瑜(1.26免)
陈靖曙(5.8免)
陆荣华
曹永东(5.8任)
姚　明(9.15任)
纪委书记：朱启东(9.1免)

司　法　局

局　　长：印江红(1.12免)
徐　跃(2.9任)
党组书记：徐　跃
副 局 长：杨泽宏　田　华(女)
纪检组长：黄红曙(9.1免)
社会矛盾纠纷调处服务中心主任：　陆兴富

财　政　局

(挂国有资产监督管理办公室牌子)

局　　长：殷爱华(1.12免)
张劲松(2.9任)
党组书记：张劲松
副 局 长：徐　群　张汉平
张卫东　杨国荣
纪检组长：范红波(9.1免)
国有资产监督管理办公室主任：
张劲松
非税收入管理办公室主任：
耿昌林
国库集中收付中心主任、会计核算中心(挂牌)主任：徐加胜

人力资源和社会保障局

(挂公务员局牌子)

局　　长：符　平(1.12免)
范新宏(2.9任)
党委书记：范新宏
党委副书记：朱建忠
副 局 长：王海清(1.26免)
包洪萍(女)
赵亚平　张庆中
徐　婷(女,9.15任)
纪委书记：刘卫东(9.1免)
医疗保险管理中心主任：
张立新
人力资源就业管理中心主任：
朱金水(女)
社会保险管理中心主任：
徐　婷(女,9.15免)
瞿明海(12.11任)
公务员局局长：范新宏

国土资源局

局长、党委书记：沙旭东
副 局 长：张小虎　蒋　青
赵　敏(女)　陈胜昌
纪委书记：孙　凤(女)

住房和城乡建设局

(挂城市管理局、城市管理行政执法局牌子)

局　　长：马晓波(1.12免)
顾灿红(2.9任)
党委书记：顾灿红
党委副书记：展秋霖
副 局 长：樊兴华(5.8免)
邹　明　范　薇(女)
王　伟
蒋东平(5.8任)
纪委书记：赵建刚(9.1免)
建筑工程局局长：顾灿红(兼)
城镇住房制度改革办公室主任：
姚　蔚(女)
集体土地房屋拆迁管理办公室主任：　鲍可庆(12.11免)
蔡　勇(12.11任)
城市管理局局长：
黄洪涛(1.26任)

城市管理局党组书记：
黄洪涛（1.16任）
城市管理局副局长：
黄洪涛（1.26免）
侯荣伟
薛卫东（5.8任）
城市管理局纪检组长：
吴灿其（4.22免）
包敏松（4.22任，8.24免）
城市管理行政执法局局长：
黄洪涛（1.26任）
城市管理行政执法局副局长：
黄洪涛（1.26免）
侯荣伟
城市管理综合执法大队大队长：
黄洪涛（1.26免）
江旭东（5.8任）

数字化城市管理监督指挥中心

主　　任：黄洪涛（1.26任）
副 主 任：黄洪涛（1.26免）
侯荣伟
薛卫东（5.8任）

规　划　局

局　　长：仇　颖（1.12免）
刘振东（2.9任）
党组书记：刘振东
副 局 长：丁　华
唐卫成（5.8免）
商　桐（5.8任）
总规划师：季宋晔
纪检组长：王　东（9.1免）

交通运输局

局　　长：黄玉平（2.9任）
党委书记：黄玉平
党委副书记：卢红进
副 局 长：沈关红　侯　栋
纪委书记：孙逸萍（女，9.1免）
地方海事处主任：
田秋红（女）
运输管理处主任：李晓峰

水　利　局

局长、党委书记：羊文华
党委副书记：朱建平
副 局 长：罗　平（5.8免）
刘　坤
樊兴华（5.8任）
戴靖乾（5.8任，12.11免）
纪委书记：陶明利（9.1免）
江河堤闸管理处主任：
吴益新（5.8任）

农业委员会

（挂农业机械管理局、农业资源开发局牌子）

主　　任：李江豪（1.12免）
陈焕新（2.9任）
党委书记：陈焕新
党委副书记：褚善民（8.24免）
李　华（8.24任）
副 主 任：李　华（9.1免）
刘　锋　张　伟（兼）
顾凤琦（兼）
展旭东（12.11任）
纪委书记：杨　靖（女，9.1免）
农业机械管理局局长：陈焕新
农业机械管理局副局长：
陈　云（1.26免）
农业干部学校校长：顾凤琦
农业科学技术推广中心主任：
朱　杰

现代农业开发区

党工委书记：李华兵（1.16任，8.24免）
管委会主任：李华兵（1.26任，9.15免）
管委会副主任：陈　云（1.26任）

商　务　局

局　　长：吴铭华（1.12免）
刘　俊（2.9任）
党组书记：刘　俊
副 局 长：杨立岸
戴金山（12.11免）
倪亚娟（女，5.8免）
周荣根（5.8免）
陆红梅（女，5.8任）
丁建国（12.11任）
纪检组长：吴志钧（9.1免）

投资促进局

局　　长：孙卫东（1.26免）
吴东初（1.26任）
副 局 长：刘丽霞（女）　周　燕

文化广电新闻出版局

局　　长：刘舰平（1.12免）
王建禔（2.9任）
党委书记：王建禔
党委副书记：陈　新
副 局 长：商海霞（女）
黄益涛　吴　彬
周俊伟（12.11任）
纪委书记：曹正新（9.1免）

体　育　局

体育局局长：陈　刚（1.26免）
严　羽（1.26任）
体育局副局长：杨晓东
陶炳义　吴　健

卫生和计划生育委员会

主　　任：刘灿均
党委书记：何艳红
党委副书记：刘灿均　陈曙剑
副 主 任：刘凤云（女，5.8免）
唐晓勤（9.15免）
王志刚
王　涛（1.26免）
朱亚明　钱　军
陶　钢（12.11任）
纪委书记：师伟荣（4.22任，9.1免）

审　计　局

局长、党组书记：唐文勇
副 局 长：徐爱华（女）　殷建平
纪检组长：范乐观（9.1免）

环境保护局

（11.22撤销党委、纪委）

局　　长：朱　靖
党委书记：朱　靖（11.22免）
党委副书记：毛振钟（11.22免）
副 局 长：苏　平　倪　云
张　丽（女）
纪委书记：顾爱东（11.22免）
环境监察大队大队长：
张群峰

江阴—靖江工业园区分局局长:
朱　靖
江阴—靖江工业园区分局副局长:　陈鸿林(2.17免)

统　计　局

局长、党组书记:夏建新
副 局 长:周网琪　吕益红
朱桂芳(女)
纪检组长:沈　湧(9.1免)

安全生产监督管理局

局　　长:朱晓波(1.12免)
蔡　斌(2.9任)
党组书记:蔡　斌
副 局 长:孔祥瑞
韩　进(1.26免)
张志伟
殷浩鹏(5.8任)
纪检组长:唐海清(9.1免)
安全生产监察大队大队长:
殷浩鹏(5.8免)
陈亚宏(9.15任)

市场监督管理局

局　　长:顾灿红(1.12免)
陆兴松(2.9任)
党委书记:周劲明
党委副书记:陆兴松
副 局 长:陆兴松(2.9免)
范崇义(9.15免)
朱建明　杨伟程
毛立仁(12.11免)
徐啸宇(女)
肖瑞成
纪委书记:陈丽萍(女,8.24免)
食品药品监督管理局局长:
陆兴松(1.26任)
食品安全委员会办公室专职副主任:　王　勇(5.8任)
靖城分局局长:闻骥棠
城南分局局长:方鉴青(女)
孤山分局局长:丁　磊
港城分局局长:周志军
新区分局局长:田亚铭
马桥分局局长:徐　勇
新桥分局局长:龚良初(5.8任)
市场监管稽查大队大队长:
孙红银
产品质量综合检验检测中心主任:　章力军

民族宗教事务局

局　　长:毛卫平
副 局 长:朱　银(9.15免)
耿志红
刘静琰(女,9.15任)

广播电视台

台　　长:沈永江(1.26任)
党委书记:沈永江(1.16任)
党委副书记:陈　权
纪委书记:丁　艺(女)
副 台 长:赵金君　刘苏靖
朱红芳(女)

政务服务管理办公室

主　　任:何剑君(1.26任)
党工委书记:何剑君(1.16任)
党工委副书记:许　鉴
纪工委书记:许　鉴(9.1免)
副 主 任:叶卫华　钱少华(女)
政务服务中心主任:钱　斌

供销合作总社

主任、党委书记:卢　杰
党委副书记:朱凤祥
纪委书记:曹永东(4.22免)
周荣根(4.22任,9.1免)
副 主 任:王习同　印明荣

口岸工作办公室

(挂港口管理局牌子)

主任、党组书记:李达林
副 主 任:丁建新　王向群
钱　忠
纪检组长:鞠新宇(8.24免)
港口管理局局长:李达林
港口管理局副局长:丁建新
王向群

渔 业 公 司

经理、党委书记:张　伟

国有资产经营管理(集团)公司

(4.22撤销党委、纪委)

董 事 长:张劲松(兼)
党委书记:张劲松(兼,4.22免)
总 经 理:蔡永进(9.26免)
党委副书记:蔡永进(4.22免)
沈桂荣(4.22免)
副总经理:陆汝光(9.26免)
纪委书记:沈桂荣(4.22免)

医 疗 集 团

党委书记、管委会主任:高　峰
党委副书记、纪委书记:叶玉东
管委会副主任:吴　剑　黄继勋

重点学校

江苏省靖江高级中学

校长、党委书记:陈国祥
党委副书记、纪委书记:
陈　尧(女)
副 校 长:陈　尧(女)　陈　斌
赵灿冬
江苏省靖江中等专业学校
校长、党委书记:戴建坤
党委副书记、纪委书记:许文云
副 校 长:刘汉华　顾卫国
徐　刚

人民团体

总　工　会

主　　席:叶丽华(女,兼)
党组书记:杨　钧
副 主 席:杨　钧
朱天媛(女,8.24免)
张链斌
王　艳(女,11.22任)
纪检组长:曹　雷(9.1免)

共青团靖江市委员会

书　　记:闻　杰
副 书 记:刘　矛(女)　龚　帅
吴　钺(挂,12.5任)
鞠　鑫(兼,12.5任)

妇女联合会

主席、党组书记:史亚萍(女)
副 主 席:张桂琴(女)
王森红(女,8.24免)

张　丹（女，8.24任）
纪检组长：蒋秀红（女，9.1免）

科学技术协会

主席、党组书记：刘拥政
副 主 席：吴林基　沈　云
纪检组长：徐　凯（9.1免）

文学艺术界联合会

主　　席：王　青
副 主 席：史爱梅（女）
周俊伟（11.22免）
张卫忠（11.22任）
崔益稳（兼）
商海霞（女，兼）

哲学社会科学界联合会

（与市委宣传部合署办公）
主　　席：严　羽（1.16免）
吕宏坤（8.24任）
副 主 席：严　震（女）

工商业联合会

主　　席：黄文龙（兼）
党组书记：吴明飞（兼）
副 主 席：吴　德
高　军（11.22免）
戴金山（11.22任）
纪检组长：王亚军（9.1免）

残疾人联合会

理事会理事长：侯兴华（9.15免）
羊　兴（9.15任）
理事会副理事长：
羊　兴（9.15免）
潘继铭
陆　焱（女，9.15任）
纪检组长：朱　敏（女，4.22任，9.1免）
主席团副主席：侯兴华
羊　兴　潘继铭
徐永清（兼）
刘灿均（兼）

归侨侨眷联合会

（与市委统战部合署办公）
主　　席：吴东初（1.16免）
王　伟（1.16任）

红 十 字 会

专职副会长：周晓敏

开发区、各镇领导机构

靖江经济技术开发区

党工委书记：赵　叶
党工委副书记：罗晓东　刘定邦
管委会副主任：张劲松　朱　俊
李建新（2.20免）
王　靖（10.17任）
于　政（10.17任）
纪工委书记：蔡龙彬
办公室主任：闻亚星（5.8任）
办公室副主任：邵剑江
党群工作部部长：
宋　立（1.16任）
党群工作部副部长：詹卫才
经济发展局局长、船舶出口基地管理办公室（挂牌）主任：
钱明华
经济发展局副局长：朱为国
招商局局长：闻亚星（5.8免）
刘　锋（5.8任）
招商局副局长：郭惠斌（5.8免）
方　巍　张　良
郭惠斌（挂，5.8任）
侯　杰（5.8任）
戴金山（挂，12.11免）
王　涛（挂，5.8任，12.11免）
周　兴（挂，5.8任）
港口事务局局长：陈　兴
港口事务局副局长：
王　涛（12.11任）
建设局局长：毛小平
建设局副局长：熊　平（女，兼）
赵晔岭（挂，5.8任）
财政金融局局长：杜正宇
财政金融局副局长：陈宇霞（女）
褚　雷（挂，5.8任）
社会管理办公室主任、政法综治办公室（挂牌）主任：陆林祥
社会管理办公室副主任：施　政
安监局局长：项建国
安监局副局长：熊志忠
监察室主任：孙立翔（5.8任）
国土资源局开发区分局局长：
沙旭东（兼）
环保局开发区分局局长：
朱　靖（兼）
市场监管局开发区分局局长：
陆兴松（兼）
市场监管局开发区分局副局长：
黄　圣

新　港　城

（4.22撤销党委、纪委）
党委副书记：黄颖锋（4.22免）
副 主 任：黄颖锋（兼）
赵晔岭　褚　雷
熊　平（女）

城 南 园 区

党委书记、管委会主任：羊进明
党委副书记：杨晓波（1.16任）
副 主 任：杨晓波　王海波
刘　锋（5.8免）
郭惠斌（5.8任）
蔡　勇（5.8任，12.11免）

城 北 园 区

党委书记、管委会主任：王　靖
党委副书记：郭建秋（4.22免）
副 主 任：郭建秋（5.8免）
蒋东平（5.8免）
卢新初
顾梓娣（女，5.8任）
常国平（5.8任）
纪委书记：郭建秋（4.22免）

市政府城南办事处

党委书记、人大工委主任：羊进明
主　　任：杨晓波（1.26任）
党委副书记：杨晓波（1.16任）
陆　铭（1.16任）
政协工委主任：陆　铭（3.16任）
纪委书记：高基银
副 主 任：蔡　勇（5.8免）
朱　勇
徐志斌（1.26任）

徐　建(5.8任)
人大工委副主任:吴立峰
宣传(统战)委员:季红卫(女)
政法委员:倪　萍(女)
组织委员:徐志斌(1.16免)
朱为民(1.16任)
人武部部长:王　勇(2.6任)
政协工委副主任:季红卫(女)
江苏江阴—靖江工业园区办事处
党委书记、人大工委主任:
印江红
主　　任:缪红卫
政协工委主任:王文泽(3.16免)
党委副书记:缪红卫
王文泽(1.16免)
纪委书记:陆敏华(女)
副 主 任:杜迎松　何疆斌
人大工委副主任:邵　卫
组织委员:周云华(女)
宣传(统战)委员:陈荣坤
政法委员:王建东
人武部部长:刘宏江
政协工委副主任:陈荣坤

新桥园区

管委会主任:吴　彬
副 主 任:陈　伟(5.8任)
王　伟(1.26免)
耿　华

滨江新区办事处

党工委书记、人大工委主任:
陈海涛
主　　任:范红梅(女)
党工委副书记:范红梅(女)
徐冠平
政协工委主任:徐冠平(6.28任)
纪工委书记:张加红(1.16任)
副 主 任:戴靖乾(5.8免)
鞠　俊　徐　琳(女)
人大工委副主任:丁月琴(女)
宣传(统战)委员:钱　禹
人武部部长:赵永忠
政法委员:李德华
组织委员:张加红(1.16免)
陈　勇(1.16任)
政协工委副主任:钱　禹

靖城街道

党工委书记:赵建国(1.16免)
陆钧涛(1.16任)
办事处主任:卢　忠
人大工委主任:陆钧涛
党工委副书记:卢　忠
吴玉平　刘　琪
政协工委主任:刘　琪
纪工委书记:林浩良
办事处副主任:陆澄萍(女)
唐以龙　瞿玉清(女)
闻　毅　王建兴
人大工委副主任:孙学勤
宣传(统战)委员:仇小卫
政法委员:缪剑锋
人武部部长:夏　阳
组织委员:范建红(女)
政协工委副主任:仇小卫

西来镇

党委书记:叶亚明
镇　　长:缪立强(9.28免)
张　忠(9.28任)
人大主席:高卫南
党委副书记:缪立强(8.24免)
张　忠(8.24任)
陆宏进
纪委书记:刘　燕(女)
副 镇 长:卢　栋　何琰如(女)
赵明贵　杨卫东
王新华(1.4任)
政法委员:陈　彬
宣传(统战)委员:
张　凌(1.16任)
组织委员:刘　俊
人武部部长:张　凌(2.6免)
蔡建勇(2.6任)
政协工委副主任:
张　凌(3.16任)
人大副主席:刘　俊(1.4任)

斜桥镇

党委书记:黄颖锋
镇　　长:黄颖锋(1.3免)
郑立平(1.3任)
人大主席:姚爱国
政协工委主任:陆　铭(3.16免)
王　瑜(3.16任)
党委副书记:郑立平
陆　铭(1.16免)
王　瑜(1.16任)
纪委书记:陶　鸿
副 镇 长:吴炳东
吴剑秋(1.3免)
刘　荣　秦美娟(女)
顾炼炼(女,1.3任)
王　涛
人武部部长:刘旭红(12.7免)
朱　彬(12.7任)
宣传(统战)委员:
赵国红(1.16任)
组织委员:夏　羽(11.22免)
苏　江(11.22任)
政法委员:朱　彬(11.22免)
刘　飞(11.22任)
政协工委副主任:
赵国红(3.16任)

孤山镇

党委书记:王　靖
镇　　长:施泉国
党委副书记:施泉国　刘金康
政协工委主任:刘金康
人大主席:陈卫清
纪委书记:曾靖杰
副 镇 长:宋汝明(1.4免)
顾梓娣(女,7.31免)
沐凌飞　朱　光
刘鲲鹏(1.4任)
刘　斌(11.6任)
宣传(统战)委员:黄天棋(女)
人武部部长:周　兴
政法委员:盛小卫(女,1.16任)
组织委员:刘　斌(8.24免)
张　颖(女,8.24任)
人大副主席:刘　斌(11.6免)
张　颖(女,11.6任)
政协工委副主任:黄天棋(女)

季市镇

党委书记:张佳炜(8.24免)
季祖平(8.24任)
镇　　长:季祖平(9.28免)
李华兵(9.28任)

党委副书记:季祖平(8.24免)
李华兵(8.24任)
贾界平
政协工委主任:贾界平
人大主席:顾兴宇
纪委书记:王华军
副镇长:刘 沣(1.15免)
袁锦鸿
夏柳松(1.15免)
缪永忠
周艳红(女,1.5任)
花 耘(女,1.5任)
人武部部长:陈亦松
政法委员:陆 创
组织委员:徐 东
宣传(统战)委员:
侯湘莹(女,1.16任)
人大副主席:徐 东(1.5任)
政协工委副主任:
侯湘莹(女,3.16任)

马桥镇

党委书记:蒋国庆
镇长:陈焕新(1.3免)
吴文彬(1.3任)
人大主席:王友同(1.3免)
朱海平(1.3任)
党委副书记:吴文彬 周 彬
纪委书记:夏建锋
副镇长:朱海平(1.3免)
朱丽萍(女) 刘红旗
谢小彬
袁俊章(1.3任)
组织委员:张 钰(女)
宣传(统战)委员:孙唯一(女)
政法委员:刘晓林
人武部部长:王 刚(2.6任)
人大副主席:张 钰(女,1.3任)
政协工委副主任:孙唯一(女)

东兴镇

党委书记:钱灿兴
镇长:鞠晔红
党委副书记:鞠晔红 杨 静
政协工委主任:杨 静
人大主席:何兴南(1.4免)
管苏艳(女,1.4任)
纪委书记:赵正兴
副镇长:王 林(1.4免)
管苏艳(女,1.4免)
徐 建(7.28免)
唐以伟
王建波(1.4任)
宋 平(1.4任)
宣传(统战)委员:钱纪程
组织委员:沈 燚(女)
政法委员:吴 双(女,8.24任)
人武部部长:刘林松(12.7免)
刘 杰(12.7任)
政协工委副主任:钱纪程
人大副主席:沈 燚(女,1.4任)

生祠镇

党委书记:钟云峰
镇长:陆红娟(女)
人大主席:羊国锋
政协工委主任:张永杰(7.10免)
党委副书记:陆红娟(女)
张永杰(4.22免)
卞正洪(5.5任)
纪委书记:刘 湘(女)
副镇长:刘国银
王 斌(1.3免)
严建军 吴卓明
卞正洪(8.5免)
周 华(1.3任)
王 忠(10.15任)
宣传委员、统战委员:
顾万铭(女)
组织委员:汤金涛
政法委员:朱 慧
人大副主席:汤金涛(1.3任)
政协工委副主任:顾万铭(女)

新桥镇

党委书记:吴 彬
镇长:吴 彬(1.4免)
陈 伟(1.4任)
人大主席:朱国宽
政协工委主任:刘昭东
党委副书记:陈 伟 刘昭东
纪委书记:陈 航
副镇长:朱月华
王 伟(1.4免)
顾友发(1.4免)
耿光明 耿 华
刘香霞(女)
朱 洁(1.4任)
刘 阳(1.4任)
政法委员:刘 洪
组织委员:侯 军
宣传(统战)委员:
周美萍(女,8.24免)
冯锦忠(10.10任)
人武部部长:朱 洁(12.8免)
人大副主席:侯 军(1.4任)
政协工委副主任:
周美萍(女,10.10免)
冯锦忠(10.10任)
党政办公室主任:刘昭东
社会事业和民生保障局局长:
朱月华(5.8免)
耿光明(5.8任)
农业和农村工作局局长:
朱月华(5.8任)
建设局局长:耿 华
经济发展局局长:刘 阳
社会管理服务中心主任:刘 洪
组织人事局局长:侯 军
财政和资产管理局局长:
朱 敏(女,5.8免)
黄丹彬(5.8任)
综合执法局局长:
耿光明(9.15免)
羊宇锋(9.15任)
便民服务中心主任:
冯锦忠(9.15免)
徐 寅(9.15任)

省、泰州市条线管理部门

靖江日报社

总编:叶晓庆
副总编:崔益稳 余中兴
王 平 何鋆清(女)

地方税务局

局长、党组书记:陆静波

党组副书记:李学军(7.24免)
副 局 长:王小勇(7.24免)
周浒城(7.24任)
朱永忠
纪检组长:李学军

国家税务局

局长、党组书记:王　华
副 局 长:王　翔　黄　蔚
杜晓飞(10.27任)
纪检组长:陈　铭

邮 政 公 司

总经理、党委书记:徐赣林
副总经理:季小成(11.28免)
朱卫东(5.18任)
纪委书记:季小成(11.28免)
总经理助理:王　梅(女,11.2任)

电 信 公 司

总经理、党委书记:郭宏文
副总经理:蒋红兵
李　峰(3.2免)
刘新宇
纪委书记:蒋红兵(3.2任)

供 电 公 司

总经理、党委副书记:
黄　宏
党委书记:周奕兵
副总经理:周奕兵　王　鹏
袁建平　唐达燊
纪委书记:褚　鑫

靖江出入境检验检疫局

局　　长:袁晓华
副 局 长:黄泓轩　徐建胜

靖 江 海 关

关　　长:吴建华
副 关 长:周和明　应文南

靖江海事处

副 处 长:吴云锦(主持工作)
朱靖成(2.6免)
耿佩武
严　栋(2.6免)
韩加平(2.6任)

靖江边防检查站

站　　长:高　明
政　　委:张　荣
副 站 长:张迎军　杜运明

综合办公室主任:周　鹏

靖江引航站

站　　长:江原生(12.13免)
副 书 记:徐明春(12.13免)
张庆九(12.13任)
副 站 长:姜小林(12.13免)
肖向阳(12.13任)
徐明春(12.13任)

长江靖江航道管理处

处　　长:陈永东(12.26任)
副 处 长:沈坚阳

中国人民银行靖江市支行

行长、党组书记:陈　林
副 行 长:刘　洪　秦海坤
纪检组长:秦海坤

中国农业发展银行靖江市支行

行　　长:郑懋岚(女)
副 行 长:刘红娟(女,3.6免)
徐敏慧(女)
行长助理:吴亦斌(12.21任)

中国工商银行股份有限公司
靖江支行

行长、党委书记:邓　纯(6.1免)
吕　毅(6.1任)
副 行 长:於剑青
吕　毅(6.1免)
罗　靖(女)
徐亚红(女,6.1任)
纪委书记:王　旋(女)

中国农业银行股份有限公司
靖江市支行

行长、党委书记:
刘月江(女,8.11免)
徐圣涛(8.16任)
纪委书记:臧湘兵
副 行 长:臧湘兵　洪　锋
王　俊　顾云红(女)

中国银行股份有限公司
靖江支行

行长、党委书记:陈丽霞(女)
党委副书记:方亚东(10.20任)
副 行 长:黄红虎(11.20免)
刘马扣(8.1免)
卢云霞(女)
陈　超(10.20任)

中国建设银行股份有限公司
靖江支行

行长、党委书记:叶　军
纪委书记:何晓宏(10.25免)
蔡爱萍(女,12.29任)
副 行 长:陈旭东
蔡爱萍(女,12.29免)
潘　炜(女,12.29任)

交通银行股份有限公司
靖江支行

行　　长:杨小林(8.7免)
陈　兵(8.7任)
副 行 长:吴亚明
陈　兵(8.7免)
行长助理:蒋　锐(10.7任)

上海浦东发展银行
股份有限公司靖江支行

行　　长:沈静芬(女)
副 行 长:徐　震
行长助理:王　政　羊　玲

江苏靖江农村商业银行
股份有限公司

董事长、党委书记:
曹文铭(9.18免)
王国平(9.18任)
行长、党委副书记:朱友宽
副 行 长:闻进军(7.10免)
卢　丹(7.10免)
陈　东　徐　云
何建军(7.10任)
袁　媛(女,7.10任)
纪委书记、监事长:叶反修

江苏长江商业银行股份有限公司

董 事 长:朱惠健
行　　长:史玉泉(女)
副 行 长:秦桂涛　金文斌
监 事 长:王建林

中国人民财产保险股份有限公司
靖江支公司

经　　理:邵　铭
副 经 理:朱宏波　刘　号
陈　雷

中国人寿保险股份有限公司
靖江支公司

经　　理:徐爱东

副 经 理:许海斌(5.22 免)
吴金凤(女,5.22 任)
倪 颖(女,4.15 任)
经理助理:张明华(4.15 任)

中国太平洋财产保险股份有限公司靖江支公司

副 经 理:孙月琴(女,主持工作)
鞠丽军

中国太平洋人寿保险股份有限公司靖江支公司

副 经 理:沈 燕(女,主持工作)
罗玉清(女)

烟草专卖局(烟草公司)

局长(经理)、党组书记:周建平
副 局 长:陈新友
副 经 理:顾之远

盐务管理局(盐业公司)

局长、经理:张松林(4.21 免)
副经理(主持工作):
臧 彧(4.21 任)
支部副书记(主持工作):
顾振亚(女,4.21 任)
副局长、副经理:丁红盛
臧 彧
顾振亚(女,4.21 免)

气 象 局

局 长:吴金凤(女)
副 局 长:张振国(3.28 免)
李志军(3.27 任)

航道管理站

站 长:陈子兴
党支部书记:叶旭东

住房公积金管理中心靖江分中心

主 任:陈亚中
副 主 任:顾艳娟(女)

国家统计局靖江调查队

队 长:赵明华
副 队 长:沙建彬

(张 智)

2017 年靖江市标准地名命名

·小区和建筑物命名·

1. 靖江市供销商贸中心:商业用房,位于江平公路南北两侧。江平公路以北区域,东至友仁村村委会办公楼,西至城西大道,北至友仁村钱家埭;江平公路以南区域,东至马桥供电所,西至城西大道,南至友仁村河口垈。

2. 鼎尚花园:商住区,位于新洲路南侧、同安路东侧地块,南至望江路,北至新洲路,西至同安路,东至点尚未规划命名。

3. 铂悦滨江花园:商住区,位于新洲路南侧、通江路东侧地块,东至同安路,西至通江路,南至望江路、天生港,北至新洲路。

4. 钰景小区:商住区,位于新普村,南至牧城公园,西至沿江高等级公路,东至点和北至点尚未命名。

5. 港阜新村:农民集中居住区,位于江平公路南侧、章春港路西侧,东至章春港路,西至斜新路,南至阜前路,北至江平公路。

6. 兴阜新村:农民集中居住区,位于江平公路北侧、斜大路东侧,东至康桥路,西至斜大路,南至江平公路,北至小夏仕港。

·道 路 命 名·

1. 城西大道:位于城区西部的 229 省道靖江改线段道路,南至沿江高等级公路,北至新江平公路与渔婆港交界处东侧。

2. 河口弄:位于原家私城地块,南至友仁村河口埭,北至江平公路。

靖江市部分单位信息发布平台

单位名称及网址	微 博	微 信
单位名称:市人大 网址:www.jsjjrd.gov.cn	—	微信名:靖江人大发布 微信号: 二维码:

单位名称及网址	微 博	微 信
单位名称:市政协 网址:http://www.jjzx.gov.cn/	微博名:靖江政协 微博地址:http://weibo.com/jjzhengxie 二维码:	微信名:靖江政协 微信号:jjzx214500 二维码:
单位名称:市委组织部 网址:www.jsjjdj.gov.cn	—	微信名:智汇靖江 微信号:zhjj1518 二维码:
		微信名:靖江先锋 微信号:jjxf2017 二维码:
单位名称:市司法局 网址:www.jingjiang.gov.cn	微博名:靖江市司法局视频中心 微博地址:http://weibo.com/jjsfj 二维码:	微信名:靖江司法 微信号:jjssfj 二维码:

单位名称及网址	微博	微信
单位名称:市安监局 网址:www.jingjiang.gov.cn	微博名:靖江安监 微博地址:http://weibo.com/u/3723305314 二维码:	微信名:靖江市安监局 微信号:gh_335095fa3b33 二维码:
单位名称:市公安局 网址:www.jingjiang.gov.cn	微博名:靖江公安 微博地址: http://weibo.om/p/1001061834587054/home?from=page_100106&mod=TAB#place 二维码:	微信名:平安靖江 微信号:pinganjingjiang 二维码: 微信名:靖江警方 微信号:jsjjpolice 二维码:
单位名称:市检察院 网址:tzjj.jsjc.gov.cn	微博名:江苏省靖江市人民检察院 微博地址:http://e.t.qq.com / tzjjjcy	微信名:靖江检察明霞窗口 微信号:jjjiancha 二维码:

单位名称及网址	微 博	微 信
单位名称:市体育局 网址://tyj.jingjiang.gov.cn/	微博名:靖江体育 微博地址:https://weibo.com/jjstyj 二维码:	微信名:靖江市体育 微信号:jjstyj89180531 二维码:
单位名称:市教育局 网址:www.jingjiang.gov.cn	微博名:靖江教育 微博地址:http://weibo.com/u/3317614514?opener=weiyonghu 二维码:	微信名:靖江教育 微信号:jjjygffy0523 二维码:
单位名称:市总工会 网址:www.jingjiang.gov.cn	微博名:靖江工会 微博地址:http://weibo.com/jjszgh/profile?rightmod=1&wvr=6&mod=personinfo 二维码:	微信名:靖江职工之家 微信号:jjszgh 二维码:
单位名称:团市委 网址:www.jjtw.gov.cn	微博名:青春靖江 微博地址:weibo.com/u/2012863460	微信名:青春靖江 微信号:qingchunjingjiang

单位名称及网址	微 博	单位名称及网址	微 博
单位名称:市国土资源局 网址:www.jingjiang.gov.cn	微博名:靖江国土 微博地址:http://weibo.com/u/5394066862 二维码:	单位名称:市环保局 网址:www.jingjiang.gov.cn	微博名:靖江环保 微博地址: http://weibo.com/jjhb 二维码:

单位名称及网址	微　　博	单位名称及网址	微　　博
单位名称:常州大学怀德学院 网址: http://hdc.cczu.edu.cn	微博名:常州大学怀德学院 微博地址: weibo.com/u/5592889900	—	—

单位名称及网址	微　　信	单位名称及网址	微　　信
单位名称:市消防大队	微信名:靖江消防 微信号:jjxfdd119 二维码:	单位名称:市城管局 网址:www.jingjiang.gov.cn	微信名:靖江城管人 微信号:JJCHGR 二维码:
单位名称:市金融办	微信名:靖江金融办 微信号:jjsjrb 二维码:	单位名称:市残联 网址:www.jjscl.org	微信名:靖江阳光助残 微信号:jjygzc 二维码:
单位名称:市气象局	微信名:靖江气象 微信号:jjqx8866 二维码:	单位名称:江苏长江商业银行 网址:www.cjccb.com	微信名:微长江 微信号:changjiangbank 二维码:

单位名称及网址	微　　信	单位名称及网址	微　　信
单位名称:靖江农村商业银行 网址:www.jjbank.net	微信名:靖江农商银行 微信号:js_jjbank 二维码:	单位名称:靖江润丰村镇银行	微信名:靖江润丰村镇银行 微信号:jjrfczyh 二维码:
单位名称:靖江海关	微信名:E路靖关通 微信号:jjhg2015 二维码:	单位名称:靖江地税局	微信名:靖江地税 微信号:shuilianjun 二维码:
单位名称:靖江市国税局	微信名:靖江国税纳税服务 微信号: 二维码:	单位名称:东兴镇政府 网址:www.jingjiang.gov.cn	微信名:东兴发布 微信号: 二维码:
单位名称:靖江农委 网址:www.jingjiang.gov.cn	微信名:靖江农委 微信号:jjnongwei 二维码:	单位名称: 东海证券股份有限公司靖江江平路证券营业部 网址:	微信名:东海证券靖江营业部 微信号:dhzqjjyyb 二维码:

单位名称及网址	微　　信	单位名称及网址	微　　信
单位名称:靖江市文联	微信名:靖江文艺 微信号:jingjiangwenyi 二维码:	单位名称:靖江市政务服务管理办公室	微信名:靖政通 微信号:jjzwfw 二维码:
单位名称:靖城街道 网址:www.jingjiang.gov.cn	微信名:靖江城 微信号:jingjiang-cheng 二维码:	单位名称:生祠镇人民政府 网址:www.jingjiang.gov.cn	微信名:景秀苑艺美丽生祠 微信号:gh_7429fabeeb8e 二维码:
单位名称:市红十字会	微信名:靖江市红十字会 微信号:jjshzh89180515	单位名称:市规划局 网址:www.jingjiang.gov.cn	微信名:靖江市规划局 微信号:jingjiangGHJ
单位名称:靖江边检站	微信名:江苏边防总队靖江边防检查站 微信号:jjbfjcz	单位名称:市商务局	微信名:靖江商务 微信号:jjsw0523
单位名称: 华泰证券股份有限公司 靖江营业部	微信名:华泰证券靖江人民中路营业部 微信号:htjj0523	单位名称: 靖江市科学技术知识 产权局	微信名:靖江科技 微信号:gh_262e6aae19e6
单位名称:滨江新城投资开发公司 网址://www.jjbjxc.com	微信名:靖江市滨江新城公司 微信号:gh_e4f24351acd1	—	—

单 位 名 称	单 位 名 称	单 位 名 称	单 位 名 称
单位名称:市交通局 网址:www.jingjiang.gov.cn	单位名称:市机关事务局 网址:www.jingjiang.gov.cn	单位名称:市文广新局 网址:www.jingjiang.gov.cn	单位名称:市审计局 网址:www.jingjiang.gov.cn
单位名称:市委机关工委 网址: http://www.jjjgdjw.com/	单位名称:市政务办 网址:www.jingjiang.gov.cn	单位名称:市统计局 网址:www.jingjiang.gov.cn	单位名称:市物价局 网址:www.jingjiang.gov.cn
单位名称:市公共资源交易中心 网址:http://www.jjggzyw.com/jjweb/default.aspx	单位名称:市 12345 政府服务热线 网址:http://12345.jingjiang.gov.cn/	单位名称:市供销合作总社 网址: http://www.jsjjcoop.com	单位名称:市住建局 网址: http://www.jjcin.gov.cn
单位名称:市民政局 网址:www.jingjiang.gov.cn	单位名称:靖江引航站 网址:http://www.cj-pilot.com.cn:9001/jjz/index.php	单位名称:长江航道局 网址: http://www.cjhdj.com.cn/	单位名称:市史志档案办 网址:www.jingjiang.gov.cn
单位名称:市老干部局 网址:www.jjlgj.gov.cn/	单位名称:滨江新区办事处 网址:www.jingjiang.gov.cn	单位名称:城北园区 网址: http://www.jjcb.com.cn	单位名称:城南办事处 网址:www.jingjiang.gov.cn
单位名称:江阴—靖江工业园区办事处 网址:www.jingjiang.gov.cn	单位名称:马桥镇政府 网址:www.jingjiang.gov.cn	单位名称:新桥镇政府 网址:www.jingjiang.gov.cn	单位名称:孤山镇政府 网址:www.jingjiang.gov.cn
单位名称:西来镇政府 网址:www.jingjiang.gov.cn	单位名称:斜桥镇政府 网址:www.jingjiang.gov.cn	单位名称:季市镇政府 网址:www.jingjiang.gov.cn	—

马洲史话

【靖江城隍庙】 明成化七年(1471年)靖江建县,首任知县张汝华刚一到任,即规划在县城营建"一衙三庙",即县衙、孔庙、城隍庙、崇圣寺。

城隍庙位于东城门内,始建于明成化八年,即建县第二年,后经历任县官扩建和改建,至清道光年间(1821—1850年),已是气势恢宏的大庙。走到山门前,能见两根高大的旗杆;山门旁,有一对雄壮的石狮;山门内,两侧各有泥马一匹。往里走是东西庑廊,内有面目狰狞的十殿阎罗和令人丧胆的"二十四司"。"二十四司"所表现的是恶人进入阴间遭受酷刑的情景,有上刀山、下油锅、破腹、割舌及用锯子、碓磨肢解和粉碎人体等等。其中还有形象可怖的牛头、马面、判官、小鬼、夜叉、无常等等鬼官和鬼卒。再向后是大殿。殿正中后面的台上坐着木身金装、峨冠博带的城隍,叫"坐坛城隍";台子的前面,站着木雕粉面、身着锦袍的城隍,叫"行坛城隍"。城隍左右,列有三班六房,两边还有手拿铁链、枷锁、笞鞭等刑具的捕快皂隶。大殿后面是梳妆楼,楼下是城隍的寝宫,有城隍娘娘和宫女的塑像,并备有蚊帐被褥、马桶汤盆、梳洗用具、胭脂花粉等。除此以外,还有供游客观赏的堂、室、亭、池等配套建筑。

靖江城隍庙规模未必比其他城隍庙大,但等级比其他城隍庙高。例如与江阴城隍庙比,靖江的城隍庙就比江阴城隍庙高一级,靖江的城隍叫"灵应侯",江阴的城隍叫"靖海伯"。按公、侯、伯、子、男的爵序排列,伯和侯正是一级之差。靖江的城隍为什么可以封侯?据说太平军进驻江阴时,准备夜袭靖江,因见靖江城外一片灯火,疑是清军早有防备,未敢北渡。后来,人们就把灯火说成是城隍放的神火,以此保佑百姓平安。县官将此事上奏朝廷,皇帝便敕封靖江城隍为"灵应侯",算是对他的嘉勉和"提拔"。

寺庙既是宗教场所,也是展示文化之地,其特征之一,就是庙内有许多文化品位很高的楹联。以靖江城隍庙为例,走进山门,首先见门两旁有楹联一副:"入斯门肺腑如见;到此处心胆俱寒。"这是给人们一个"下马威",提醒人们在进庙时要有心理准备——接受阎王爷对你所作所为的检验,同时也给人们一种"必须进去看一看"的悬念。"二十四司"的联语十分吓人,读了使人毛骨悚然。例如锯解司前的联语是:"颠倒夹起,你如今直也不直?凭中锯下,我这里公而又公!""直"和"公"在这里妙语双关,既表现了锯解恶人之状,又巧妙地说明:正因为你在阳间不正直,所以死后我要公平地对你施以这种刑罚。大殿中城隍塑像前两边立柱上也有一副楹联,一边是"雪逞风威,白占田园能几日";另一边是"云乘雨势,黑漫天地不多时"。这副楹联告诫人们不要作恶,有我城隍在,你的"威"和"势"是不会长久的。最直截了当,最令人见之胆寒,也是最精彩的,是大殿两柱上的楹联:

问你平生所干何事,欺人懦,诈人财,奸淫人妻女,强占人田地,是不是?摸摸心,想想从前万千诡计阴谋,可还用得着么?

到我这里有冤必报,破尔家,荡尔产,降罚尔灾殃,绝灭尔子孙,怕不怕?睁睁眼,看看世上多少恶焰凶锋,果曾饶了哪个?

这副楹联把人世间的罪恶和惩罚罪恶的手段概括无遗,如果说前面的楹联均属铺垫,这副楹联便达到了高潮,具有总结性意义。

可惜的是,1953年,靖江城隍庙被拆除。靖江城内的三大寺庙中,它是拆得最早的,也是拆得最不留痕迹的。从此,一座具有500多年历史的寺庙,就在靖江土地上永远消失!

(郭寿明)

【靖江文峰塔】 靖江有这样两句民谣,叫作"靖江宝塔连根倒,江阴宝塔火烧头"。江阴宝塔曾遭雷击,被削去整个塔顶,故称"火烧头",而靖江宝塔建于何时何处?又为何"连根倒"?

这事还得从明万历二十三年(1595年)说起。是年,知县朱邦宪到任。他考察了靖江的地理之后,认为靖江的龙脉来自八卦中的乾、艮,唯有在巽方,即县城东南方建一座宝塔,含老龙抱珠之势,靖江才能兴旺发达。他把这一想法与地方人士商量,当即得到他们的赞同。其中有一位叫朱正约的绅士,家中颇有资产,愿意个人出资建塔。建塔地点就选在城外东南方的江边上。可是建塔耗资巨大,建了一年,因财力不济,工程便停止了。

明万历四十六年(1618年),刘志斌任靖江知县。他见宝塔成了半拉子工程,感到十分可惜。为使宝塔完工,他捐出自己的俸银,又向绅士们集资,终于使工程告竣,取名"文峰塔"。同时在塔西建庙,塔前建厅,塔后建殿,又建了若干配套房屋,统称为"宝塔寺"。此时朱正约已到暮年,他为弥补自己未能建成宝塔的遗憾,主动捐出香火田1.06公顷,作为宝塔寺日常开支和修缮经费的来源。朱正约去世后,他的后人不愿继续资助宝塔寺,将香火田收回。宝塔寺因经费无从着落,便渐渐颓败下去。

清顺治年间(1644—1661年),宝塔寺已破败不堪。当家和尚“六修”不愿看到寺庙倾圮,便四处化缘维修宝塔寺。可是未曾修完,“六修”便圆寂了。直到乾隆二十九年(1764年),一位叫朱溶的绅士带头募捐,共募得白银2400两,耗时3年,才将宝塔寺维修完毕。也就是说,文峰塔从初建到最后维修结束,整整用了172年的时间。

此时的宝塔寺,成了靖江名闻遐迩的寺庙,而文峰塔则成为靖江的象征。由于该塔屹立江边,江上的船客从几十里外便可见它的雄姿。外地到靖江的客人一见此塔,仿佛见到主人对他们肃立迎迓。归来的靖江游子见到它,则觉得是慈母在向他们招手,心中倍感温暖。

不幸的是,100多年后,即嘉庆十八年(1813年),靖江城外发生大面积江坍,坍塌处离城脚只有43丈,宝塔寺连同文峰塔一并坍入江中。在此前后,江阴宝塔遭受雷击,削去塔尖,由此产生了此文开头所说的那两句民谣。

(郭寿明)

【靖江崇圣寺】 崇圣寺是靖江规模最大、历史最长的寺庙之一。

明成化七年(1471年),首任知县张汝华为使城内有“习仪祝福”的场所,决定将崇圣寺从城外衙前港迁建于东城门内。此时的崇圣寺环境仄逼,屋宇简陋,不像个寺庙。而后该庙的和尚通过化缘筹集资金,购买土地,建大雄宝殿、山门、法堂等,使崇圣寺初具规模。崇圣寺的发展是在明隆庆以后。隆庆二年(1568年),知县张秉铎视察崇圣寺,决定将寺庙扩大和整修,并用一年时间,在寺前建造钟楼。钟楼建成后,张秉铎亲自撰写了《崇圣寺钟楼记》的碑文,说明了他建钟楼的目的:其一,靖江没有高耸的楼阁,在景观上是个缺陷,须建钟楼以弥补;其二,城内居民日出而作,日落而息,不知时间,建钟楼可为居民报时;其三,靖江靠近故都南京,百姓为朝廷励精图治的精神所振奋,应当有崇尚文化的雅兴,建钟楼正是崇尚文化的表现。此外,他还从钟楼的钟声,联想到它的教化作用:君子听到钟声,就想到要修养自己的品德;小人听到钟声,就想到要少犯错误。这位县官出于以上目的建造钟楼,表现出他对地方和百姓的拳拳之心。

万历三十四年(1606年),朱勋出任靖江知县。他对崇圣寺的最大贡献,是在大雄宝殿后建了一座藏经楼,并在楼的西侧建亭阁、假山和放生池,统称西花园。作为寺庙,至此算是完整了。而西花园则是现今人民公园最早的雏形。

万历四十二年,赵应旟出任靖江知县。他视察崇圣寺后,对寺庙本身的构建十分满意,唯一感到不足的是庙前缺少一座作为正门的牌坊,于是便决定在今靖城公园弄北段临街处建“万寿坊”,坊名乃赵应旟亲笔所书。此坊造型别致,结构精巧,别处罕见。加之赵应旟是书法家,他题写的坊名有极高的艺术价值。可惜的是这座牌坊在“文化大革命”中被“造反派”拆除,使靖江乃至全国失去一件很有价值的地面文物。

崇祯九年(1636年),陈函辉任靖江知县。他见崇圣寺年久失修,便命该寺了凡和尚募捐重建山门,修葺万寿坊、金刚殿,疏浚四眼井(该井何时始建无考),并在井上建四角亭一座。四眼井和钟楼侥幸逃过了“文化大革命”浩劫,今天成为省级文物保护单位。

新中国成立后,崇圣寺被逐步肢解。先是佛像被捣毁,而后山门和金刚、哼哈二殿被拆除,仅留下万寿坊、大雄宝殿和藏经楼,后者成了县文化馆的办公场所。20世纪50年代至60年代,大雄宝殿和藏经楼成了展览馆,所谓“大跃进”展览、“阶级教育”展览、“红太阳”展览,都在这里举办。“文化大革命”期间,继万寿坊被拆之后,大雄宝殿、藏经楼也都先后被拆,只有钟楼和四眼井向隅而立,成了无皮之毛,致使今天不少人根本不知道它们因何而有!

(郭寿明)

【靖江递铺】 古代各县都有传递文书的机构,名为递铺,也叫驿站。设于县城的叫总铺,相当于后来的邮政局;设于乡间的叫分铺,相当于后来的邮政所。

明成化七年(1471年)靖江建县,城内即有总铺,地点约在今察院弄之西的工商银行储蓄所附近。总铺有铺长1人,铺兵和勤杂人员若干人。铺长、铺兵都属“在编人员”,享受国家俸禄。总铺下辖的分铺有4个,分别设于澜港(靖城西南)、七里(水洞港)、白衣、生祠。每个分铺有铺兵9人。递铺的主要交通工具是马,铺兵既是“邮递员”,又是喂养马匹的马夫。

递铺除传送文书,还传递货物和供来往官员歇宿换马。封建社会,地方官要向朝廷进贡,因公务在身,不可能亲送贡品,就由递铺运送。从外地过境的官员,中途走累了,或走到县境时天色已晚,就在递铺休息,递铺提供床位和饮食。如果官员的马疲惫了，也可以在这里换乘精力充沛的马匹，便于第二天继续赶路。这当然是小官，如果来的是大官，就不会让他们在递铺食宿，而是请他们住进宾馆，招待规格也高得多。

嘉靖三十三年(1554年)，倭寇作乱，沿江一带备受骚扰。为及时获取和传递信息，知县应昂将总铺从城内迁至南门外，倭寇一有风吹草动，递铺立即得知，并迅速将消息传递出去。嘉靖三十五年倭寇进犯，应昂率官兵征剿，结果"斩首七十余级"而大获全胜。此次胜利，递铺传递情报及时功不可没。

万历三十二年(1604年)，在澜港增设急递铺。急递铺的任务是传递紧急文书和紧急物品，因为要快速递送，急递铺的马都是追风快马，铺兵年轻力壮，精于骑术，能耐劳苦。他们执行任务时，身穿号衣，悬挂腰牌，背上系着装有紧急文书和急送物品的包裹。凭着这副标志，一路上可以横冲直撞，不受任何阻挡。行人避让不及，往往被马匹踩死或撞死。当然，在传递急件的过程中，铺兵和马匹累死的也不少。

清咸丰三年(1853年)前，靖江递铺没有接转文书的任务。那时靖江有两条邮路，一条由总铺向西至泰兴县太平圩，一条由总铺向南至江阴黄田港，文书送达以上两地，再由两地转送。后来太平天国运动爆发，南京、扬州被太平军攻克，邮路中断。而靖江未遇战事，文书的接转就改到了靖江。由于工作量加大，铺兵也由原来9人增加到19人。这一状况，一直延续到太平天国运动结束。同治七年(1868年)起，由于实际情况的需要，靖江递铺重新担负接转文书的任务，被接转的州县为泰州、泰兴和海门。由此可见，随着历史的发展，靖江的交通位置愈来愈重要，地理优势也愈来愈明显。

光绪二十九年(1903年)，递铺裁撤，被邮寄代办所取代。

(郭寿明)

【靖江炮台圩】 顾名思义，炮台圩是因为该圩曾建有炮台而得名。靖江建炮台的缘起，要追溯到清道光二十二年(1842年)鸦片战争时期。是年8月，侵华英军乘舰船进犯靖江。此时靖江"城垣卑薄，兵不满百，武器简陋"，结果硬是凭借靖江兵民的精诚团结和大智大勇，才将英军打败。通过这场斗争，官府认识到要能有效打击来犯之敌，必须加强防御设施，因而建造炮台十分必要。

一年后，炮台建成，台址在老十圩港口十段南滩，与江阴大石湾和小石湾炮台相对峙，构成长江第三重门户。台基用泥土夯实，高7米，长70多米，宽8米。台上安放大炮24门，小炮12门。炮台旁设有兵营，驻守的官兵每年定期试炮。为了养活这些官兵，官府除按规定给其粮饷外，又在台旁置田4公顷，供台兵耕种，其收获作为对官兵的补贴。

清咸丰年间(1851—1861年)，太平军进军江南。为防御太平军，上级官府下令将靖江的大炮小炮全部移解镇江和苏州，致使靖江炮台有台无炮，不多时台基上便长满荒草。

光绪元年(1875年)，外强频频入侵，国内局势动荡，在此情况下，清政府决定在靖江重建炮台两座。一座在天生港，一座仍在十圩港，于光绪二年竣工。新建的十圩炮台比原来的炮台规模更大，并且驻扎重兵，以加强对炮台的守护。

炮台建成后，靖江并未遇到战事，时间一长，守台官兵的纪律便日渐松弛。他们既不操练，也不养护大炮，而是玩耍嬉闹，酗酒赌博，有时还到百姓家里抢东西。百姓看在眼里，恨在心里，可又对他们奈何不得。

光绪二十三年，惨剧终于发生。这天，天生港炮台一名台兵闲得无聊，便玩弄枪弹。谁知枪弹走火，射中炮台的火药库。只听"轰"的一声巨响，兵营和附近居民的房屋飞上天空。不少官兵和居民被炸死，田野里躺着一具具血肉模糊的尸体，树梢上挂着被炸者的四肢和内脏，其状惨不忍睹！这次事故以后，天生港炮台元气大伤，不得不于光绪二十八年报废。

天生港炮台报废后，十圩炮台成为靖江唯一重要的军事设施。宣统三年(1911年)辛亥革命爆发，为实现靖江和平光复，革命党人对炮台台长晓以民族大义，敦促其弃暗投明。台长在革命党人的感召下率部起义，十圩炮台就此成为历史。

如今靖江炮台虽不复存在，但十圩炮台所在地的"炮台圩"这一地名却保留了下来。

(郭寿明)

【靖江体育场的前世今生】 靖江东门外有一处具有现代标准的健身场所，人们习惯地称之为老体育场。从它最早的前身演武场算起，已有500多年的历史。

明正德元年(1506年)，知县周奇健上任不久，即对下属武官提出要去演武场视察士兵操练。武官对他说："我们没有演武场，士兵只能在县衙内空地上操练。"周奇健说："靖江建县已30多年，士兵没有专门的操练场所怎么行?为了提高士兵们的武艺，演武场一定要建！"于是他亲自勘察，决定在东门外征地1.31公顷建造演武场,并同时建成3间前厅和5间茶室,作为检阅、接待宾客和官兵休息之用。正德六年,殷云霄任靖江知县,他视察演武场后,认为场地面积不大,有些操练项目难以开展,便对演武场进行扩建。万历四十三年(1615年),知县赵应旗见演武场年久失修,设施破旧,便进行重修。而后又经历任县官修建多次,使演武场愈益完善。可是清嘉庆十八年(1813年),靖江城外发生大面积江坍,演武场离江边不远,大部分坍入江中,仅存地基0.31公顷。嘉庆二十二年,知县章增拨库银购买民田0.91公顷,重建演武场,同时恢复前厅、茶室,并新建点将台一座。咸丰二年(1852年),知县齐在镕再拨田0.4公顷,将演武场扩大到前所未有的规模。至此,演武场不但可供县内水陆两军同时操练,一些大型民间活动也在这里举行。

民国4年(1915年),国民政府提倡体育。为了有一个较大的体育运动场所,县政府将演武场改为公共体育场,始建篮、足球场地,置办简单的运动器材,并于同年举办全县首届体育运动会,县长周寿昌到会致辞,并给运动员颁奖。1937年靖江沦陷,体育场成了日军的练兵之地。日军将体育设施破坏殆尽,在场边修筑碉堡,在场中放马,还将它变为屠杀抗日志士和无辜群众的刑场。

新中国成立后,靖江公共体育场改称为人民体育场,由县政府拨款,逐步将这片荒芜的场地建成2500平方米的运动场。1983年翻建体育场,建成400米煤屑跑道,铺设下水道,四周焊制铁栏杆,场中植上草皮,具备作为县级体育场的基本条件。

进入新世纪后,随着靖江各项社会事业的蓬勃发展,体育场原有的设施已越来越不能适应体育运动的需要。2010年,市政府投入大量资金,按现代标准升级改造体育场,使这座百年体育场重新焕发生机,成为广大市民十分向往和喜爱的健身场所。

(郭寿明)

【叶公亭】 靖江东门外有一座石亭,名“叶公亭”,是为纪念知县叶滋森而建。

叶滋森是一位传奇知县。古代吏规,县官在一地任期一般为3年,期满离任后不再回任。而叶滋森却于清同治六年(1867年)、十一年、光绪元年(1875年)三任靖江知县,任职时间共达13年,这在靖江的历任县官中是绝无仅有的。

叶滋森之所以三任靖江知县,是因为他清正廉洁,勤政爱民,深受百姓拥戴。他每次离任后,百姓都向上级呈文,请求让他重回靖江任职。上级体察民意,破例满足了百姓的要求。

叶滋森的政绩是多方面的,其中之一是裁撤尼庵,使社会上的污浊之风得到扭转。

这事发生在叶滋森第三次在靖江任职期间。这天他到民间察访,得知有不少良家妇女被拐卖到江南,使被拐卖者的家人痛不欲生,而罪魁祸首竟是尼庵中的尼姑。尼姑因何拐卖妇女?因为当时江南正逢战乱之后,不少年轻妇女在战乱前逃亡在外,或在战乱中遭到残害,因而女子奇缺。有些人在当地找不到老婆,就到江北买女为妻。靖江紧靠江南,自然首当其冲。而尼姑又方便与妇女发生联系,这样她们就当起了媒介的角色,并从中渔利,许多原来十分美满的家庭被她们活生生地拆散了。叶滋森还了解到,有些尼姑本身就是暗娼,个别尼庵容留妇女卖淫,成了变相的妓院。更不能容忍的是,有的尼姑将妇女骗到庵中,用各种手段迫其就范,供男人淫乐。叶滋森了解这些情况后,怒不可遏,下决心裁撤全部尼庵。

叶滋森裁撤尼庵不但行动果断,而且措施周到。全县共裁撤尼庵34所,107名老少尼姑全部还俗。尼姑中有家的回家,有亲友的投靠亲友。愿意嫁人的,如找到对象,又两相情愿,当堂发配。一些无依无靠或年老的尼姑,由县府在城郊留一总庵,让她们合住一起,用劳动养活自己,不足部分由县府补贴,直到她们去世。尼庵裁撤后,共清出庵田46公顷,房屋345间。这些田产分别作为医药局、救生局、牛痘局的经费,其余部分用以发展文化教育事业。这些举措,深得各界人士的赞许。

光绪六年(1880年),叶滋森最后一次离任,百姓争相送别,出现万人空巷的感人情景。地方人士为了纪念他,特地在东门外横港边建“叶公亭”1座。该亭面积约6平方米,高3米,全用麻石构成。前后石柱上各刻楹联一副,迎面的一副是:“载石想高风,南海至今传陆氏;冷泉留胜迹,西湖从此属坡公。”此联中的“陆氏”“坡公”,分别指陆绩和苏东坡。陆绩在南海为官廉洁自律,乘船离任时舱内除行李别无他物,因怕船体太轻难御风浪,不得不载石压舱;苏东坡任杭州太守时为民造福,深得百姓敬仰。背面一副楹联是:“一代循良留德水;千秋遗迹补文峰。”“循良”即循吏、良吏,对贤能官吏的美称;“文峰”指文峰塔,于清嘉庆年间坍入长江。两副楹联,都是对叶滋森为官为人的高度赞誉。

1956年拓浚横港时,叶公亭

被毁。（郭寿明）

【靖江的当铺】 靖江农村有些埭是以典当命名的，如斜桥的陆家典当埭、孤山的刘家典当埭、生祠的朱家典当埭等等。这说明在靖江历史上，典当业曾兴旺一时。

清代中期，靖江始有当铺，创始人叫瞿景川。此人精明干练，当铺开得十分红火。他的儿子瞿七斤继承父业，且经商本领比其父更胜一筹。他名下有当铺7家，1家开在靖城，6家开在乡村和邻县，还有1家与他人合股。瞿七斤无嗣，死后产业由族人接管。族人不擅此道，加之吃喝嫖赌，挥霍无度，到了清末，便将瞿七斤的产业全部败光。

继瞿家当铺倒闭之后，一位叫周圣和的人，成为靖江典当业的佼佼者。民国初年，他除靖城、季家市、广陵镇等地有当铺外，还将当铺开到泰兴、泰州和姜堰。这些当铺互相支持，形成网络，既便于交流行情，又便于资金周转，营业日趋兴旺。不幸的是后来军阀混战，兵匪每到一地，都将当铺视为抢劫的首选目标。周家当铺因不堪兵匪的掠夺而倒闭。

论当铺的实力，要数靖城的“庆余”当铺最为雄厚。此当铺最初为常州人袁励准所开，后来“盘”给当地人刘焕文。刘焕文是靖江有名的大地主，他接手“庆余”后，便对当铺大肆扩张。占地面积从几亩扩大至十几亩，房屋从十几间扩大至几十间。可是它的命运与前者同样悲惨。1927年，国民革命军第一师进驻靖城，强令县政府将存入该当铺的1万余元公款交给他们提取。县长明知这是勒索，但在枪杆子面前不敢有丝毫抗拒，只好照此办理。这笔巨款被提走之后，当铺的资金便无法周转，只好关门歇业。

1935年，又一当铺在靖城开张。此当铺名为“裕靖公典”，为本地人盛舜臣集资2.4万元开设。起初营业情况良好，可1937年抗日战争全面爆发，12月5日，日军飞机狂轰滥炸靖城，“裕靖公典”被炸弹击中，损失惨重。12月8日，日军进城后，又抢掠和焚烧当铺，使当铺彻底毁灭。至于乡间的当铺，也由于时局动荡等原因先后倒闭。抗日战争后，靖江虽然也有当铺营业，但景况已与此前不可同日而语。到新中国成立前夕，所有当铺都不复存在。时至今日，后人只能从“典当埭”这一地名中，想见当初靖江典当业的状况。

（郭寿明）

【靖江学宫】 学宫和孔庙为同一场所。称它孔庙，因为它是祭祀孔子的庙宇；称它学宫，因为它是培养生员的“学子之宫”。一个县有了学宫，就意味着这个县有了县办教育。

靖江学宫（孔庙）建于明成化八年（1472年），为首任知县张汝华所建。初建时受财力所限，只能“圆木为柱，茅草为顶”，十分简陋。而后经过历任县官15次大规模修建、扩建，至清代末年，学宫终于成为包括泮池、学场、斋房、庑廊、大成殿、明伦堂、藏经楼在内的共137间房屋的庞大建筑群。

学宫作为县办教育机构和县内最高学府，严格规定入学者的资格。入学者的身份必须是秀才，入学后叫作生员。秀才是科举中的第一级考试。只要中了秀才，就有资格开设教馆或私塾，见县官可以不跪，还可免去差役和田赋，社会地位大大提高。但有志于仕途的人并不满足秀才身份，他们还要参加第二级考试——乡试，以博取举人的头衔。有了举人头衔，才有资格做官或参加第三级考试——会试及殿试，成为进士乃至探花、榜眼、状元。因而对于向往平步青云的学子来说，学宫是不可或缺的台阶。

生员所读的功课为四书、五经等儒家经典，同时也要学习诗词歌赋和写八股文。因为学宫的教育规格高，讲学者都是县府花重金聘请的饱学之士，有时甚至是县官亲自担任主讲。如进士出身的靖江知县韦商臣、陈函辉就曾为生员授课，成了学宫的“兼职教授”。

学宫由教谕、训导管理，他们都属地方官员，享受朝廷俸禄，相当于现在的校长、教务主任。学宫的经费主要来自学田，其余靠富绅赞助。靖江学宫有学田53.33公顷，收取租粮，作为房屋维修费和生员的伙食费、灯火费等等。如需大规模的扩建和维修，则由县府专项拨款或向社会各界人士募捐。考虑到生员的质量和经费问题，学宫严格控制生员的学额，最多时40人，最少仅4人。清康熙十六年（1677年）起，学宫招收“附生”，即生员缴纳一定数量的钱粮，本人又具有入学资格，就可以入学宫就读，而且不受名额限制，学成后同样可以赴考。这样既满足生员就读的需要，又增加学宫的收入，实乃明智之举。

学宫为培养人才做出很大贡献，据旧县志记载，靖江从建县起至光绪五年（1879年），共考中举人131名，进士34名，他们都在外地做官，有的还做了大官。如陕甘总督朱勋，就是先在靖江学宫就读，成为国子生后走上仕途，最终成为封疆大吏的。

（郭寿明）

【靖江早期的学堂】 靖江素有

重教的传统。明清时期,靖江除有官办的学宫,还有民办的书院和学塾。清光绪三十一年(1905年),朝廷颁布“废科举、兴学堂”的诏书,靖江官方和民间人士积极响应,在他们的共同努力下,各类学堂(后称“学校”)很快遍及城乡。

光绪三十一年秋,也就是朝廷下诏的当年,靖江创办了“县立高等小学堂”,也是全县第一所学堂,校址在魁星阁旁马洲书院旧址。最初仅有初级和优级两个班,初级读一年升入优级,进优级三年毕业。当时学生有几个特点:一是年龄较大,都在20岁左右,有的已娶妻生子;二是国学基础较好,个别人还中过秀才;三是每个学生都留着又粗又长的辫子,这些“辫子生”汇聚一堂,形成校园内独特的风景。他们之所以弃旧学而求新学,是因为受了维新思想的影响,希望获得新知识以经世致用。

光绪三十二年,初等小学堂诞生,分公立和私立两种。城内设公立小学堂5所,校名分别为“翌成”“东云”“南秀”“西兴”“北英”,即后来的城中、城东、城南、城西、城北小学的前身。以此推算,这5所小学都有百年以上的历史,值得在校史上大书一笔。私立小学有两所。一所名为“迪升”,校址在今城中小学附近;另一所名为“益求”,校址在东门崇圣寺内。这两所学堂后来都因缺少经费而停办。

光绪三十四年,靖江首创女子学堂,校名“浚化”,校址在今靖城街道办事处西侧。创办女子学堂在当时不是容易的事。一是创办者要有领风气之先的精神;二是入学者要有挑战封建势力的勇气。因为当时不管是大家闺秀还是小家碧玉,都深受旧礼教的禁锢,要她们抛头露面地入学读书,自然遭到封建卫道者的反对,因而该学堂创办之初,入学者寥寥,后经多方提倡,学生才渐渐多了起来。

光绪三十三年,靖江创办了第一所师范学校,名为“师范传习所”,校址在今人民公园内梅花阁。创办的目的是培养初小教师,后来同样因为缺少经费而停办。

1916年,靖江有了第一所职业学校——“乙种工业学校”,第一年只设染织科,第二年增设藤竹科,第三年增设洋袜科。以上专业的开设,说明靖江很早就有了纺织业和竹器工艺。

1919年,靖江有了第一所高等学校——“国学专修馆”。创办人为当地人士刘藕舫鲶、朱立等,校址在团结路老靖城镇政府所在地。“国学专修馆”不光教“国学”,也教数理化和外语,聘请的教师都是县内外知名的饱学之士。该校先后招生150人,学制9年。1928年,军阀混战,靖江处于战乱之中,该校被迫停办。

相比而言,靖江中学创办较晚,1925年才有第一所私立中学。创办人商发尼是当时的社会名流,校址在靖城北门火皇庙。虽然只招初一、初二各一个班,又于第二年停办,却开创了靖江普通中学之先河,在靖江教育史上有着特殊地位。同年还创办了靖江县立初级中学。该校最初设于孔庙,第二年迁于魁星阁旁。1976年增设高中部,改名靖江县靖城中学。

值得一提的还有全县第一所幼儿园(时称幼稚园)的创办。1929年,靖江地方政府本打算开办幼儿园,但因缺少经费迟迟不能上马。此事被一位普通妇女袁陆氏得知,她慨然捐出良田10亩,使幼儿园得以建成。她的义举在全县被传为美谈,其名字和事迹被载入《靖江县志》。

(郭寿明)

【靖江最大的地主庄园——铁记庄】 明清至民国时期,靖江有不少被称为“庄房”的地主庄园,其中最大的庄园,当数坐落于今木金村的铁记庄。

铁记庄的庄主刘焕文,是靖江有名的地主兼资本家,他开设的“庆余”当铺,是靖江资本最为雄厚的当铺。由于他有强大的经济实力,加之有争强好胜之心,所以能把庄园打造得在全县无与伦比。

铁记庄的特点一是规模宏大。庄园占地百亩以上,建有房屋99间。为什么是99间而非百间?因为古有“盈满则亏”之说,而100为满,如将房屋建成满数,主家就要走下坡路。由此联想到北京故宫,据说明代永乐皇帝初建皇宫,下令将房屋建为9999间,乃是同样的原因。

二是布局完美。走近庄园,首先看到的是环绕四周的园沟。园沟宽数丈,深丈余,与河港相通以引进活水。沟内养鱼和种植菱藕,既改善水质,又增加庄园的美观。园沟迎正门设一吊桥,夜晚吊桥吊起以防盗贼,白天吊桥放下供家人和宾客出入。走过吊桥、穿过晒场便是正屋。正屋前后两进,与两边厢房组成大四合院。前排正屋设有磨房、食堂、仓库,前屋与后屋之间是一个大场院,院内有假山、鱼池和各种花木。东厢房供塾师和子女居住,西厢房为长工、女佣等“下人”的住所。后屋正中为客厅,两边是书斋和主人的卧室。屋与屋之间有庑廊相通,以保夏天不被日晒,雨天不用打伞。如此布局,既有庄园的气派,又有农居的特色，达到二者的完美结合。

三是装饰华美。铁记庄房屋的装饰十分考究。正门为实木大门，外包铁皮，上钉“蟹壳”铜钉，配以虎头门环，显得庄严而霸气。地面为水磨地砖铺设，平整光滑，且有冬暖夏凉的效果。廊柱、窗户、板壁漆成红色，彰显喜庆色彩。门窗为落地格子窗，下半部刻有浮雕，内容为象征高贵吉祥的花卉和福禄寿三星等传说故事中的人物。整个装饰中，最华美和最有艺术性的乃是房屋的屋脊。屋脊为两股两线，高度足有1米，上面绘有“二龙戏珠”“丹凤朝阳”等图案。屋脊正中安放“宝瓶”，内插刀枪剑戟等古代兵器模型。这些兵器锋刃朝上，直指苍穹，以驱除来自各方的邪气，屋脊两端装“孵鸡头”。“孵鸡头”形似母鸡，但嘴角上翘，鸡眼圆睁，模样十分凶狠。关于“孵鸡头”的寓意，民间有两种说法。第一种说法是：“孵鸡头”很像蹲窝孵雏的母鸡，装上它可使这家人丁兴旺，子孙绵延不绝。第二种说法是：母鸡虽然温驯，但为保护鸡雏，对来犯者也会奋起斗争，所以它的模样凶狠。这样，“孵鸡头”又有了保护家人平安的作用。屋脊艺术是靖江房屋建造方面的奇葩，尤其沙上地区，为房屋“做脊”的人家十分普遍，而铁记庄的屋脊艺术，则是这方面的集大成者。

铁记庄庄主刘焕文的两个儿子刘达生和刘特生，虽然出身富豪，却行为端方，处事低调，全无纨绔之气。大儿子刘达生少年聪慧，读书勤奋，14岁即中秀才。小儿子刘特生天赋堪比乃兄，10多岁也中秀才。1912年举行全国国会议员选举，29岁的刘特生高票当选议员。值得称道的是，兄弟二人均能洞察世事，不失大节。1928年，中共靖江地下组织因国民党“围剿”而遭到严重破坏。1931年，中共江苏省委派刘述周（靖江人）来靖江重建党的组织，不料又遭叛徒出卖。在十分危急之际，刘述周不得不投奔刘达生避难。刘达生冒生命危险保护了刘述周，使他安全脱险。抗日战争时期，日伪知道刘达生名重乡里，要他担任伪县自治会会长。他坚决不当汉奸，举家避居黄桥，闭门谢客。他的这些正义行动，得到当地百姓的拥护和中共靖江地下党的赞赏。（郭寿明）

【**靖江历史上的自然灾害**】 今天的人们提起靖江，都说她是钟灵毓秀的风水宝地，生活在这片土地上的人是幸福的。可历史上的靖江还有另外一面，就是她经常遭受自然灾害的侵袭。

靖江第一自然灾害是水灾。明清时期，靖江共发生较大水灾118次，其中明代77次、清代41次。为何水灾如此频发?因为靖江襟江近海，那时没有坚固的堤防，只有泥石筑成的土坝。这种土坝全无抗洪能力，洪水袭来，土坝即被冲垮，坝内顿成泽国，不及逃生的百姓常被活活淹死。历史上造成死亡人数最多的水灾有两次，一次是明嘉靖元年（1522年）七月二十三日，是日“大风雨，潮涨如海，民房崩塌，庐舍漂没，死者数万”；一次是明隆庆三年（1569年）六月初一，“潮大涨，潮势如海，漂没民房无数，溺死万余口”。当时靖江人口不足10万，一次水灾就淹死万人以上，可见灾情之惨烈。

靖江第二自然灾害是风灾。明清时期，靖江共发生风灾66次，其中明代41次、清代25次。靖江风灾频发也是因为襟江近海，岸线绵长，且无屏障，难以抵御台风的肆虐。其中有两次风灾，不但风势猛烈，而且后果离奇。一次是清顺治五年（1648年），某日下午，城西一位老农在河的北岸放牛，突然台风袭来，将老农吹倒。老农吓得两手抱头，双目紧闭，听凭上苍的主宰。台风过去，老农睁眼一看，牛已到了河的南岸，正在安然吃草。还有一次风灾发生在清康熙元年（1662年），这次台风横扫靖江全境后，吹到了泰兴严家港和靖江朱束港之间的界河大桥。此桥宽3米，长20米，可供载重车辆通行。可是台风吹过，桥被连根拔起，一直飞到3里之外的田野里。

靖江第三自然灾害是旱灾。明清时期，靖江共发生旱灾51次，其中明代36次、清代15次。频发旱灾的原因是靖江虽有临江之利，但因境内灌溉条件缺失，一旦久旱不雨，灾害便会发生。翻开志书，这样的文字比比皆是：明崇祯八年至十一年（1635—1638年），“连续四年干旱，百姓无食，饿殍遍野”；清顺治九年（1652年），“大旱，每石米银四两”……当时对付旱灾的唯一办法是人工浇灌，此法乃杯水车薪，于事无补。

靖江第四自然灾害是蝗灾。蝗灾是靖江虫灾中最可怕的灾害。明清时期，靖江共发生蝗灾38次。其中最严重的有两次，一次是赵应旗任知县的明万历四十三年（1615年），一次是陈函辉任知县的崇祯十一年（1638年）。志书对两次蝗灾的记载基本相同：“蝗从西北来，声如烈风，遮云蔽日，落地盈尺，禾苗树竹立尽。”所幸赵应旗和陈函辉都是贤能县官，为扑灭蝗灾，他们决定由县府出资，以每担300文向百姓购买蝗虫和虫卵，从而提高了百姓灭蝗的积极性。结果分别购得蝗虫和虫卵数百担,蝗灾终被扑灭。

以上是靖江历史上自然灾害的典型案例,随着时代的进步与科学的发展,这些灾害已被逐一克服。靖江风水宝地名副其实了。(郭寿明)

【郭璞葬母于马驮沙上】 郭璞(276—324年),字景纯,河东郡闻喜县(今山西省闻喜县)人,西晋建平太守郭瑗之子。是东晋著名文学家、训诂学家、风水学者。

西晋末年,战乱渐起,郭璞与家人从山西一路南逃,避居晋毗陵郡暨阳县(今江阴市)。当时,江北的马驮沙隶属于暨阳县。

东晋元帝永昌元年(322年),郭家累遭不幸,母亲与两个哥哥相继去世。郭璞通过占卜,将母亲与哥哥葬于"去水百步许"的马驮沙上。别人都感到很奇怪,认为这儿离水太近。郭璞却说:"当即为陆矣。其后沙涨,去墓数十里皆为桑田。"

郭璞葬下母兄后写了一首诗:"北阜烈烈,巨海混混。累累三坟,惟母与昆。"

上面的说法见于正史《晋书·郭璞传》。巧合的是,史书的记载得到考古学支持。《靖江县志》记载:在隐山团生祠堂东,国朝乾隆初,居民掘土,得断碣,字多漶漫,唯剩有"郭璞暨阳"等字可辨,知下有墓,随掩覆之。无独有偶,上世纪"文化大革命"时期,靖江市金星村村民又一次将该碑挖出,后出于对先哲的尊重,村民又将石碑就地掩埋,现仍长眠于地下。两次重见天日,又两次被掩埋的石碑,是郭璞葬母于靖江的铁证。

史书记载,郭璞好古文、奇字,精天文、历算、卜筮,是两晋时代最著名的方术士。由于他精通天文地理,知道江北会连年涨滩,是一块风水宝地,所以大胆地将其母兄葬于"去水百步许"的江岸。

郭璞还是文学家。主要著作有《游仙诗》14首、《江赋》、《尔雅注》及《葬经》等,明人有辑本《郭弘农集》(郭璞被追赠官职"弘农太守")。

有一个故事很好地说明了郭璞的文学才能。南朝文人江淹,本来文笔平平。一日夜宿城西孤山,睡梦中,见神人授他一支五彩神笔,自此文思如涌,成了一代文章风流魁首,当地人称为"梦笔生花"。和"梦笔生花"故事相成始末的是,江淹到了晚年,才思微退。传说有一天晚上他梦见一个人,自称是郭璞,他对江淹说道:"我有一支五色彩笔留在你处已多年,请归还给我吧!"江淹从怀中取出,还给了那人。其后他写的文章就日见失色,时人谓之才尽,于是便有"江郎才尽"一说。

无论是"梦笔生花"还是"江郎才尽",都从另一个侧面说明郭璞非凡的文艺才华。《诗品》称其"始变永嘉平淡之体,故称中兴第一"。《文心雕龙》也说"景纯仙篇,挺拔而俊矣"。《诗品》与《文心雕龙》的评价是甚为中肯与恰当的。(闻慧斌)

【靖江范氏起源】 据《靖江县志》记载,明朝初年,北宋文学家、政治家范仲淹的后裔范子惠,初居江阴,后因其父遇盗沉江,于是偕兄弟从江阴迁徙到江北马驮沙,并在马驮沙广置土地,靖江范氏由此繁衍开去。

2004年,靖江市民范子龙向市史志档案办捐献《范氏宗谱》。该宗谱长29.5厘米,宽17.5厘米,共11卷。卷面左侧,印有隶体"范氏宗谱(汉光敬题)"字样。右上角,则是毛笔手写的"子、丑、寅、卯……"序号,一直排到"戌"卷,卷首的"靖江范氏谱序"记载着靖江范氏的发展史。上面记载,明朝永乐年间,范仲淹的第三子之后范子惠由江阴太宁乡迁居靖江马洲南隅,开始修纂本谱;1927年,范子惠的后人再次重修宗谱。

《范氏宗谱》一直藏在范子龙老家的大衣柜中,上世纪80年代祖宅翻建时被发现。当察觉卷书上有不少虫蛀的小洞时,为保全宗谱,范子龙便将其无偿捐赠给国家。

《范氏宗谱》的发现证实县志的记载,进一步明确了靖江范氏的来源,对研究靖江的移民文化具有很高的史料价值。

《范氏宗谱》明确记载,范子惠于明永乐二十年(1422年),由江阴迁居马驮沙。范子惠与诸兄弟最初的落脚地在今靖江市城北八千米处的原团结镇(现属孤山镇)石桥头,因当地范氏人数众多,世称范家石桥。范子惠为靖江范氏的第一任祖先,其先祖是范仲淹的第三子范纯礼。范纯礼,宋哲宗元佑中,召为光禄卿,进给事中。后改天章阁待制、枢密都承旨,出知亳州。徽宗立,以龙图阁直学士知开封府,擢尚书右丞,罢知颍昌府。崇宁中,贬静江军节度副使,徐州安置,移单州。五年,提皋鸿庆宫,卒,年七十六,谥恭献,《宋史》有传。与其父范仲淹一样,也因性格耿直,屡遭贬职,但是又很能干,所以又得升迁。就这样宦海沉浮,几上几下。

靖江范氏秉承其先祖热爱读书的传统,明清以来,靖江范家出了很多文化人。范世桢就是其中杰出的一位。

范世桢，万历丁酉举人。曾任安徽寿州学政、湖北罗田县令。据《范氏宗谱》记载，范世桢担任罗田县令期间，访民疾苦，力除民害，乡绅士民感念其德政，将其事迹刻入德政录。因考绩优秀，父母都蒙受朝廷恩赐。《罗田县志》记载：范世桢，直隶靖江人，举人出身，万历年间任罗田县令，后升任别职离开罗田时，当地人曾立碑纪念他。《靖江县志》记载：范世桢，进士，担任过罗田县令，直隶广平府同知。《靖江县志》说范世桢是进士出身，应该是笔误，因为《范氏宗谱》只记载其为举人，如果是进士，宗谱绝对不可能遗漏。《罗田县志》也记载他为举人出身。

范世桢工于书法，诗文，钟楼内观音大士石刻座碑上额篆书即其手笔。 （闻慧斌）

【“一条鞭法”税制的先行者——靖江籍进士刘光济】 明正德十五年(1520年)，刘光济出生于靖江，他自幼聪明好学，24岁便高中进士，先后担任过河南卫辉知府，江西巡抚，南京吏部尚书、兵部尚书等职，是明朝杰出的政治家，同时也是诗人与书法家。《嘉靖二十三年进士登科录》载：刘光济，贯直隶常州府江阴县，民籍，靖江县人。此记载证明刘光济是土生土长的靖江人。

嘉靖二十九年（1550年)八月，蒙古俺答汗率军自古北口入犯，长驱至通州，直抵北京城下，京师为之震动。明世宗朱厚熜急集兵民及四方应举武生守城，并飞檄召各地兵马勤王。十八日，大同总兵仇鸾先期率兵到达。朱厚熜拟派郎中以上级别的官员前去犒赏。此时，蒙古铁骑就驻扎在北京城外，出城随时都有可能碰上敌军。众官员面如土色，纷纷低头不语。此时，刘光济挺身而出，慷慨说道：生不食县官耶?意思是说，难道我们不是吃朝廷俸禄的吗?他穿上盔甲，带着十几名老弱兵丁，押着辎重乘夜出城。这帮兵丁没有打过仗，听到风声潇潇，便吓得魂飞魄散，以为有伏兵，想要逃跑。刘光济手按宝剑，身先士卒，走在队伍最前列。终于不辱使命，将犒军辎重送交大同过来的援军。

那时候，当世最杰出的大文学家王世贞担任刑部员外郎，与刘光济毗邻而居，他得知此事后，由衷地说：予之善刘君，自庚戌秋事，始居未尝不指屈，窃叹服也。从此王世贞与刘光济成为一生的好友知己。因这次不俗的表现，刘光济很快官升户部山西司郎中，并于第二年外放河南卫辉担任知府。

隆庆元年(1567年)，刘光济出任江西巡抚。此时，江西百姓因赋税沉重，生活艰难。刘光济到江西后，经过一段时间调查研究，决定全力推行一条鞭法。先在南昌、新建两地试行。隆庆三年、四年乃遍行于江西72县。同时，刘光济还废除许多冗役，从而使一条鞭法成为与农民承受力比较符合的新的赋税制度。

刘光济在江西推行的赋税改革成为当时颇有影响的事件。他大胆而可贵的探索与尝试，使这项赋税制度更趋完善与成熟。万历九年(1581年)，一条鞭法作为张居正“万历新政”的一项重要内容在全国推开。毫不夸张地说，刘光济是一条鞭法的最有力的先行者。

隆庆四年六月，刘光济奉调南京户部右侍郎，隆庆六年转为吏部左侍郎。同年万历皇帝登基，张居正成为首辅。居正独断专行，“内外大计，一出其手定，部院不过一承行吏书而已”。刘光济对此十分不满，先后三上奏折，以养病为由要求去职回乡。张居正没批准刘光济退休的请求，改任他为南京工部尚书，后又任南京吏部尚书，之后转任南京兵部尚书、参赞机务。

万历五年(1577年)九月，张居正的父亲病故。按明代礼制，张居正应“丁忧守制”，即辞官在家守孝27个月。但张居正担心一旦离去，他人谋其位，更怕自己推行的改革大业毁于一旦，因此拒绝回江陵奔丧守孝。这在礼法严谨的明朝，可是大逆不道之事。当时许多正直的官员都上书反对张居正的做法，刘光济也上书表达了反对意见。刘光济因此得罪了张居正，于万历五年，被勒令致仕还乡。

刘光济还乡后，在江阴城买地建房，决定从此过诗酒田园生活。万历六年清明，刘光济回靖江扫墓，顺便登孤山，眺望故乡景色，赋诗一首：“孤峰突兀峙江浔，阅世浮生几陆沉。三月莺花堪载酒，一时冠盖此披襟。沧波浩渺迷蓬岛，香界迢遥出梵音。不是王乔飞舄下，那能春尽更招寻。”借景抒情，既描述了孤山美景，又表达了对人事沉浮的感慨。

万历十二年，刘光济去世，年六十四。三年后，王世贞为刘光济作《墓志铭》，高度评价刘光济的一生。 （闻慧斌）

编辑说明：本类目文章摘录于2017年《靖江日报》。这些文章为靖江历史风物研究新成果，摘录时按年鉴体例作适当修改。

主题分析索引说明

1. 本索引主要采用主题分析法提取,部分则选用关键词。

2. 本索引按首字汉语拼音字母顺序排列。

3. 索引名称后的数字表示内容所在的页码，数字后面的 a、b、c 分别表示左栏、中栏、右栏。

4. 本索引编有附见系统和互见系统,同一内容“互见”只标页码及条目标题。

5. 表格标题的索引后注有“表”字,图片后注有“图”字。

6. 彩页、大事记未作索引;特载、文件选编、统计资料、附录等类目只索目题。

7. 为便于读者检索,在靖江市境内的企事业单位和发生的事件名称,除易产生歧义者外,略去“靖江市”或“靖江”。

A

B

C

D

G

H

J

M

R

S

T

W

Y